长沙市开发区志系列丛书

W.EDZ

望城经济技术开发区志

1992-2015

Wangcheng National Economic and Technological Development Zone

◉长沙市地方志编纂委员会

方志出版社
Publishing House of Local Records

图书在版编目（C I P）数据
长沙市开发区志．望城经济技术开发区志：1992—2015/长沙市地方志编纂委员会编．—北京：方志出版社，2017.5
ISBN 978-7-5144-2349-5
Ⅰ．①长… Ⅱ．①长… Ⅲ．①技术开发区—概况—长沙—1992-2015 Ⅳ．①F127.641

中国版本图书馆CIP数据核字(2017)第031324号

长沙市开发区志·望城经济技术开发区志（1992—2015）

编　　者：长沙市地方志编纂委员会
责任编辑：齐　笑

出 版 人：冀祥德
出 版 者：方志出版社
地址　北京市朝阳区潘家园东里 9 号（国家方志馆4层）
邮编　100021
网址　http://www.fzph.org
发　　行：方志出版社图书经销中心
电话（010）67110500
经　　销：各地新华书店
印　　刷：湖南金太阳印刷有限公司

开　　本：889×1194　1/16
印　　张：39.5
字　　数：612千字
版　　次：2017年5月第1版　2017年5月第1次印刷
印　　数：0001～2000册

ISBN 978-7-5144-2349-5　定价：280.00元

长沙市开发区志丛书编纂委员会

《望城经济技术开发区志（1992—2015）》编纂委员会

《望城经济技术开发区志（1992—2015）》
编 辑 部

主 编 审　余梅香　李小平

副 编 审　张土旺

编　　审　向章平　瞿宏斌　杨文耀　陈端霞　谢鸿超　夏志刚　杨晓科
　　　　　魏吉辉　任代伟　李雄辉　廖建武　袁　劲　何　谈　陈光宏

主　　编　李小平（兼）

执行主编　周特滋

副 主 编　龙胜祥　王金汉

编　　辑　陆正斌　曾文武　武秋生　胡小文　余志斌　张利国　李　敏
　　　　　姚慧芝　彭　珊　刘双富　王　琳　刘　科　季忠发　刘效艺
　　　　　李　丹　刘　成　高　婷　陈柄丞

编　　务　朱　娜　曹　花　杨　霞　周　密　石建君　黄　婧　梁南平
　　　　　易　超　邓月婵　刘孟怡　姚　琼

初　审（按姓氏笔画排序）

卜博霖　代　辉　任代伟　向章平　刘双富　刘效艺　李小平　李志斌
李雄辉　杨文耀　余梅香　张　莺　张土旺　张泽刚　陈　超　陈光宏
陈柄丞　陈端霞　胡小文　袁　劲　夏志刚　黄　戬　彭　珊　谢鸿超
廖建武

复　审（按姓氏笔画排序）

龙　宇　李小平　李文沙　李富强　杨文耀　吴　皓　余梅香　张　权
张　毅　张土旺　徐志刚　熊泽南

终　审（按姓氏笔画排序）

王习加　龙　宇　李小平　李文沙　杨文耀　张列群　陈先枢　周秋光
单旭红　赵祖翔　姚寿主　贺国成　高　路　蔡立人

中华人民共和国国务院办公厅

国办函〔2014〕24号

国务院办公厅关于湖南望城经济开发区升级为国家级经济技术开发区的复函

湖南省人民政府、商务部：

你们关于湖南望城经济开发区升级为国家级经济技术开发区的请示收悉。经国务院批准，现函复如下：

一、国务院同意湖南望城经济开发区升级为国家级经济技术开发区，定名为望城经济技术开发区，实行现行国家级经济技术开发区的政策。

二、望城经济技术开发区规划面积仍为6.333平方公里，区域范围为国务院有关部门公布的开发区审核公告确定的四至范围。

三、要深入贯彻落实科学发展观，加快转变经济发展方式，深化改革、扩大开放，按照先进制造业与现代服务业并重、利用外资与境内投资并重、经济发展与社会和谐并重的要求，致力于提高发展质量和水平，致力于增强体制机制活力，促进国家级经济技术开发区向以产业为主导的多功能综合性区域转变，充分发挥窗口、示范、辐射和带动作用。

四、必须严格实施土地利用总体规划和城市总体规划，按规定程序履行具体用地报批手续；必须依法供地，以产业用地为主，严禁房地产开发，合理、集约、高效利用土地资源。

五、商务部要会同有关部门加强指导和服务，促进望城经济技术开发区健康发展。

中华人民共和国国务院办公厅

2014年2月18日

（此件公开发布）

抄送：中央办公厅，发展改革委、科技部、财政部、国土资源部、住房城乡建设部、人民银行、海关总署、税务总局、工商总局。

望城经济技术开发区区域图

望城经开区成立于2000年，2014年经国务院批准升级为**国家级望城经济技术开发区**。园区规划控制面积60平方千米，已建成面积25平方千米，东临雷锋大道，西至黄桥大道，北起旺旺路，南连长沙高新区，是长沙重点建设的枢纽之城、产业之城、商贸之城。

园区已入驻企业800多家，其中规模以上企业136家，境内外上市公司、世界500强企业38家，已组建国家级实验室4个，国家级企业技术中心3个，博士后工作站5个，院士工作站2个，已拥有中国驰名商标15个，湖南省著名商标48个，是湖南省十大最具投资价值产业园区、国家知识产权试点园区、国家级有色金属新材料精深加工高新技术产业化基地。2015年完成规模工业总产值776亿元、规模工业增加值200亿元，实现财政总收入31亿元。

园区形成了以旺旺、中粮可口可乐、澳优、百威英博为代表的食品医药产业，以晟通集团、金龙铜业、恒飞电缆为代表的有色金属精深加工及先进制造产业，以证通电子、梦网科技为代表的电子信息产业，以金桥国际商贸城、高星物流园、环球奥特莱斯为代表的现代商贸物流产业等四大主导特色产业集群。

十三五期间，园区将围绕“打造千亿主导产业，进军全国百强园区”为目标，建设湖南湘江新区先进制造业聚集区、宜业宜居宜游的现代化工业新城，成为湘江之畔一颗璀璨的明珠。

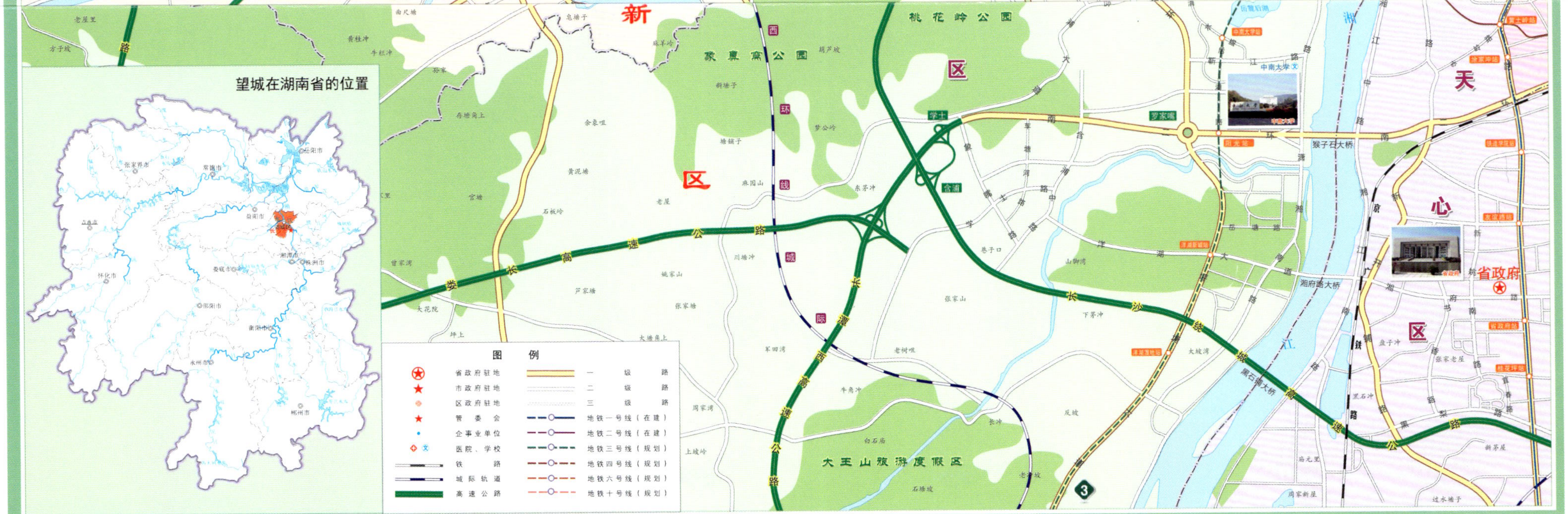

地图审图号：湘S（2017）031号

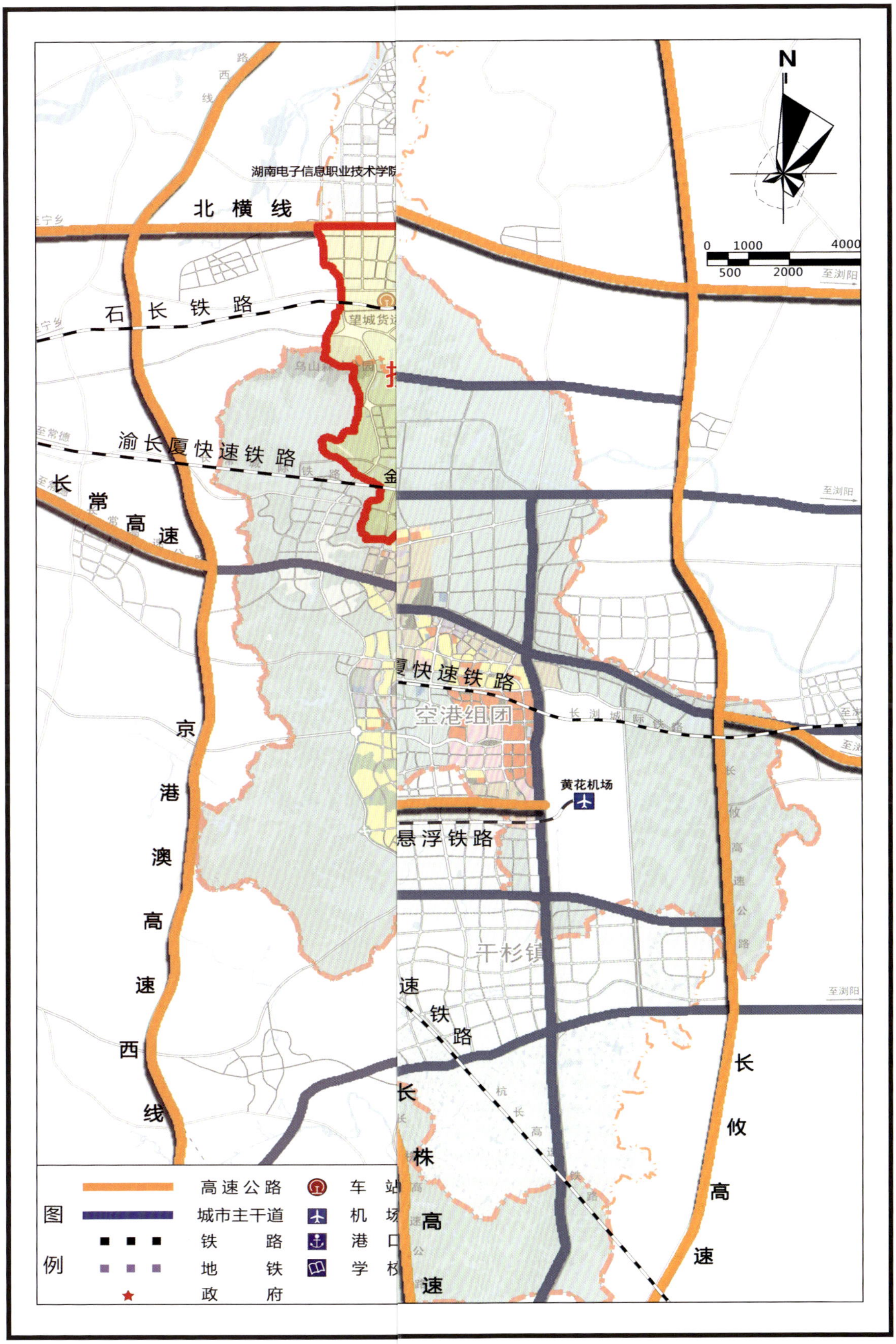

地图审图号：湘S（2017）031号

望城经开区交通区位示意图

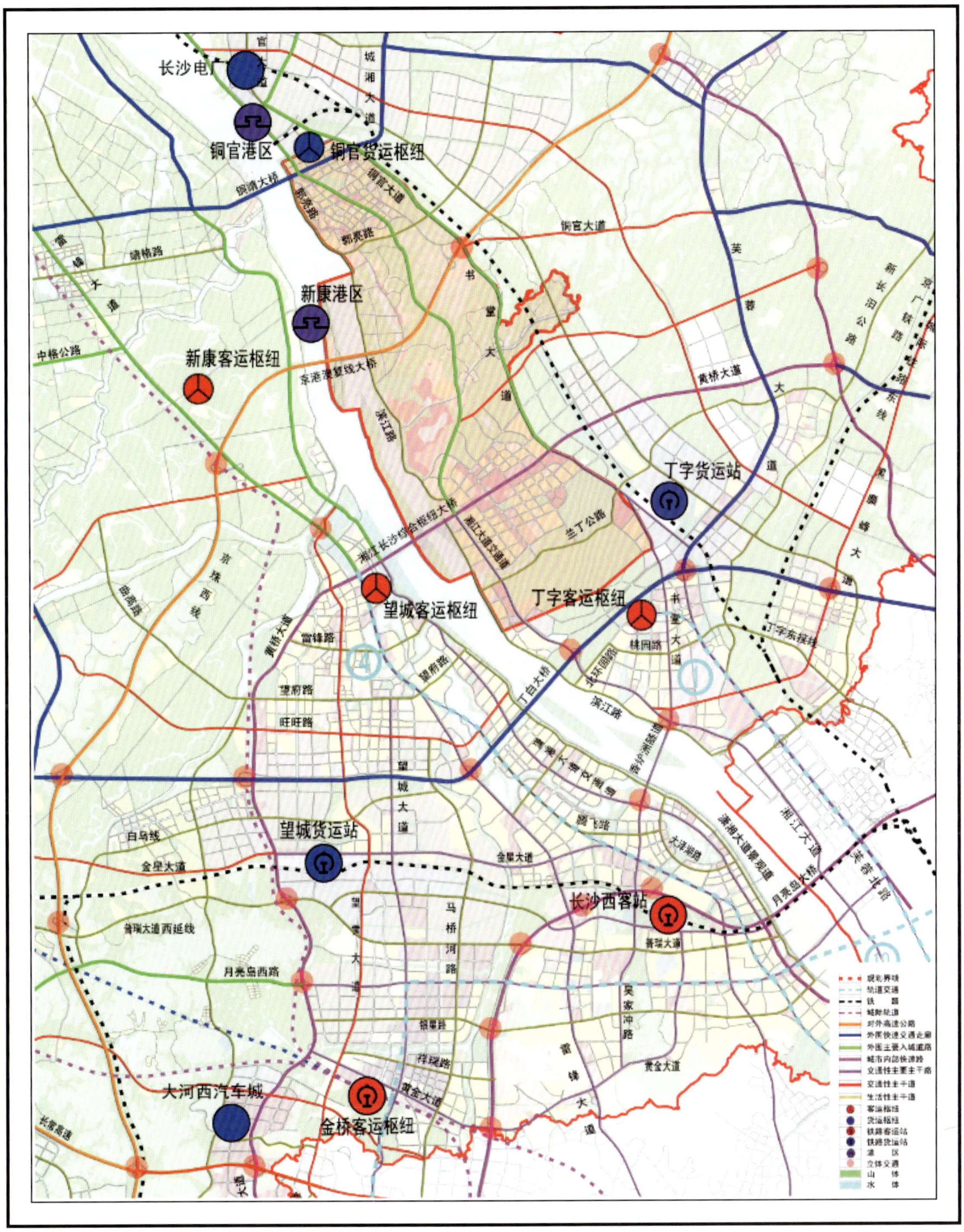

地图审图号：湘S（2017）031号

望城经开区一小时经济圈示意图

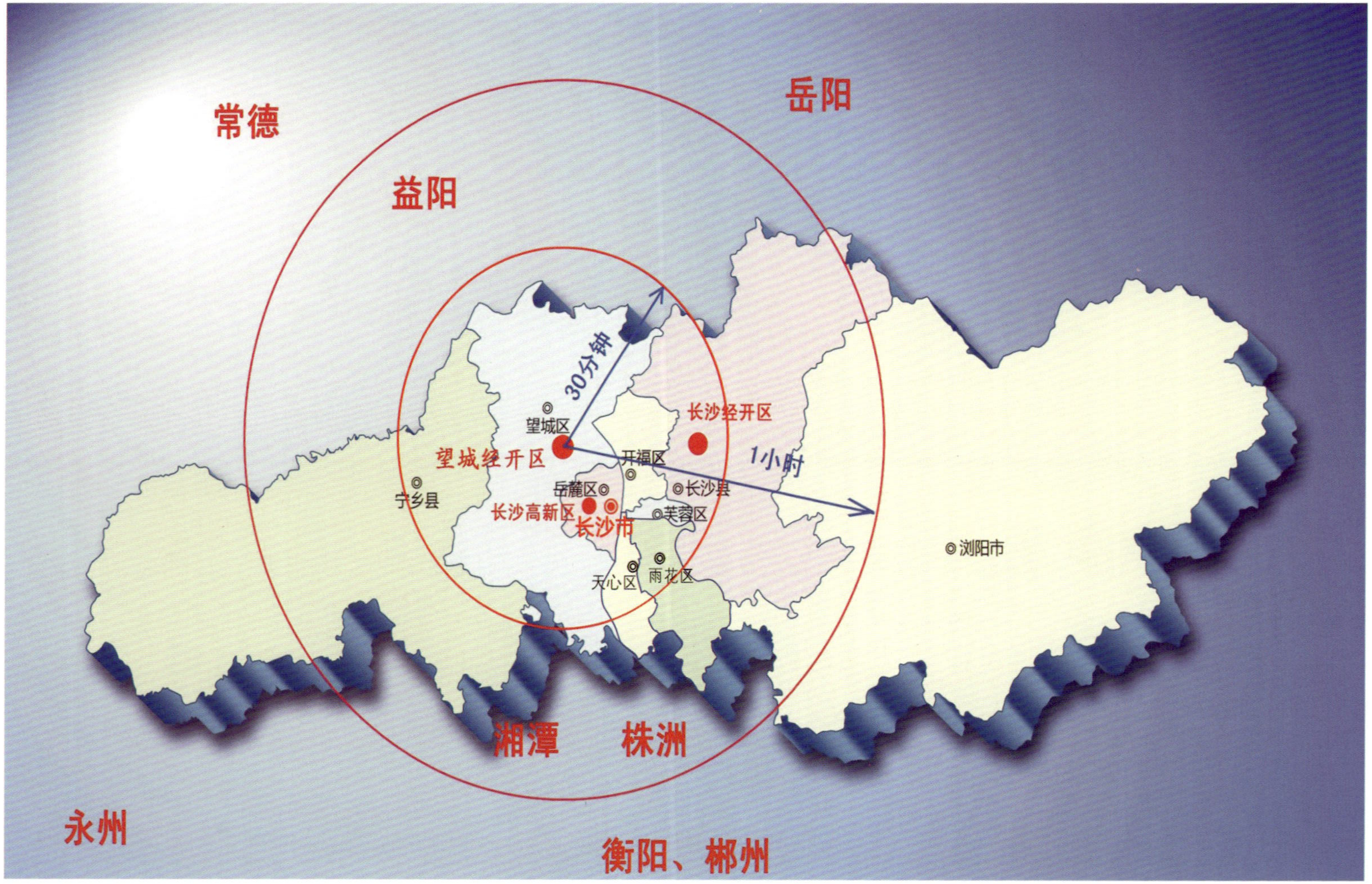

第二部分 春风化雨

1994年5月31日湖南省委书记王茂林（右一）考察湖南旺旺食品有限公司

2007年7月3日湖南省委常委、长沙市委书记陈润儿（右一）考察湖南大北农有限公司

2008年4月22日湖南省委书记张春贤（左一）考察望城经开区湖南天闻印务有限公司

2009年4月7日湖南省副省长郭开朗（左二）考察望城经开区湖南天闻印务有限公司

2009年5月5日湖南省委副书记、省长周强（前左一）考察望城经开区食品加工龙头企业，湖南省委常委、长沙市委书记陈润儿（前左二）陪同考察

2009年6月23日广东省副省长雷于蓝（左二）考察望城经开区湖南天闻印务有限公司

2010年12月14日长沙市政府副市长、长沙大河西先导区常务副主任赵文彬（右二）调研望城经开区

2010年12月22日全国人大解放军总政组姜吉初中将（前右二）、王梦云少将、齐三平少将一行考察望城经开区航天航空产业园，长沙市人大常委会主任余合泉、望城县委书记黄佳惠、县长谭小平和望城经开区领导陪同考察

2010年8月20日菱格木业董事长刘彬彬与美国地板协会会长PICTURE会谈后合影

2011年1月12日湖南省人民政府副省长韩永文（右一）考察望城经开区长高集团

2011年3月14日长沙市政府副市长文树勋（左三）调研望城经开区湖南泰嘉新材料科技股份有限公司

2011年3月3日湖南省委副书记梅克保(左一)调研望城经开区有色金属产业园

2011年7月25日湖南省委副书记、省长徐守盛（前左三）、湖南省委常委、长沙市委书记陈润儿（前左二）一行调研望城经开区晟通科技集团

2013年12月18日南苏丹教育部副部长YUOL BOL MAKUENG（右二）一行到望城经开区湖南天闻印务有限公司考察

2013年4月17日长沙市委副书记、市长张剑飞（左二）调研望城经开区企业，望城区区委书记谭小平（右二）、望城经开区党工委副书记、管委会主任吴皓（左一）陪同调研

2014年2月23日湖南省委常委、长沙市委书记易炼红（左一）与金桥国际商贸城负责人交流，望城区委书记谭小平（右二）陪同

2014年2月24日长沙市委书记易炼红（左二）考察望城经开区

2014年5月26日中共中央委员、中国航天科工集团董事长高红卫（右二）考察望城经开区湖南航天磁电有限责任公司

2014年6月3日湖南省委常委、长沙市委书记易炼红（右三）调研望城经开区重点项目建设情况，望城区委书记谭小平、区长孔玉成、望城经开区党工委书记张权陪同调研

2014年7月29日湖南省委书记、省人大常委会主任徐守盛（前左二），考察望城经开区科技创新情况，省委常委、长沙市委书记易炼红（前左一）陪同

2014年8月20日长沙市委副书记、市长胡衡华（右一）调研望城经开区湖南泰嘉新材料科技股份有限公司

2015年7月8日湖南省委副书记、省长杜家毫（左一）到望城经开区调研新材料产业发展情况，望城区委书记李蔚（右三），区委副书记、区长孔玉成（右一）等陪同

2015年12月4日,省委副书记、省长杜家毫（中）调研望城经开区优美科富虹(湖南)锌业有限公司，区委书记孔玉成（前排左二）陪同调研

2015年12月黄伯云（右二）（中科院院士、时任中南大学校长）、刘经南（右三）（中科院院士、时任武汉大学校长）考察望城经开区澳优乳业，望城区委副书记、经开区党工委书记张毅（右一）陪同考察

（本栏目图片由望城经开区办公室供稿）

第三部分 活动剪影

2014年9月29日湖南省委常委、长沙市书记易炼红（右一）、湖南省副省长何报翔（左一）共同为国家级望城经开区揭牌

2002年1月1日天龙制药有限公司员工开展走进基层服务群众活动

2009年9月23日湖南航天磁电有限责任公司高新材料与装备产业园奠基典礼

2008年9月25日中航飞机起落架有限责任公司奠基仪式

2010年4月25日全国锯条行业企业家交流研讨会在望城经开区泰嘉新材料科技股份有限公司召开

2010年7月29日望城经开区举行企业孵化中心落成揭牌暨招商项目签约仪式，长沙市人大常委会主任余合泉、长沙市委常委、宣传部长陈泽珲、市人大常委会副主任罗购三、市政协副主席龙建强出席仪式

2010年7月29日湖南高星（钢铁）物流园中南钢材批发大市场奠基典礼

2010年8月31日望城经开区获湖南十大最具投资价值产业园区称号

2010年10月11日，由望城县委、县政府主办、望城经开区承办的“望城籍院士专家故乡行”活动在普瑞温泉酒店举行

2010年12月29日望城经开区举行十周年庆典（前排从左至右：浣望明、谭平安、熊泽南、徐志刚、余梅香、李彦波）

2010年12月30日望城经开区十周年庆典文艺晚会

2010年12月望城经开区10周年庆典党工委班子及各局室长合影
（前排从左至右 李小平 浣望明 徐志刚 熊泽南 谭平安 余梅香 李彦波）

望城经开区成立10周年评选的10大突出贡献人物
（从左至右 钟国华 陈礼建 姚慧芝 任尧 周中立 龚敏 马孝武 廖清圳 徐军 陆正斌）

2012年3月28日由望城经开区党工委组织的"手牵手·心连心"结对共建活动在辖区内举行，经开区党工委委员余梅香（右五）、李小平（右七）参加活动

2012年4月26日省发改委主任胡衡华(前排中)一行视察铜官循环经济工业园，望城经开区党工委委员、管委会副主任、铜官循环经济工业园党工委书记刘彪（前排右一）陪同

2013年3月18日金桥国际商贸城开工典礼

2013年6月25日工业招商专题推介会签约仪式

2013年6月25日，国家科技部为望城经开区“长沙望城国家有色金属新材料精深加工高新技术产业化基地”授牌

2011年2月24日湖南天闻新华印务有限公司与增资凯基印刷（上海）有限公司签约仪式在普瑞温泉酒店举行。湖南省委常委、宣传部部长蒋祖烜，湖南出版投资控股集团有限公司总经理张天明出席，新华印务有限公司总经理岳勇主持仪式

2011年3月8日望城经开区庆“三八”员工演讲、跳绳比赛

2013年9月9日湖南车商汽车城开业庆典

2013年9月16日望城经开区员工乒乓球赛

2013年11月30日望城经开区举行产业项目集中签约仪式

2013年12月31日长高集团元旦晚会

2014年4月22日旺旺乳饮新厂奠基典礼

2014年6月14日湖南金龙集团职工篮球赛

2014年8月4日铁路专用线入园开工奠基仪式

2014年9月29日，望城经开区重大产业项目签约仪式

2014年10月20日，中国外交协会前会长、前驻德国大使梅兆荣（左四）为望城经开区中德有色工业园授牌

2014年10月23日以“创新驱动 有色生辉”为主题的2014院士专家望城行活动在望城经开区举行。中国有色金属学会理事长康义（左三）等专家出席会议

2015年1月28日望城经开区举行工业产业项目集中签约暨光电产业基地启动仪式，长沙市委常委、副市长张迎春（左五）、市工信委副书记、副主任刘光辉和望城区委书记谭小平、望城区区长孔玉成出席

2015年4月27日中德有色产业园推介交流会在望城经开区举行

2015年6月18日，中粮可口可乐华中项目签约仪式在望城经开区举行

2015年8月14日美特新材料科技有限公司开工典礼

2015年11月7日，中德企业（湖南）国际合作服务中心在望城经开区正式成立。湖南省副省长何报翔（右三）出席揭牌仪式

（本栏目图片由望城经开区办公室供稿）

第四部分 产业强园

望城经开区企业孵化楼（2011年摄）

望城经开区办公楼（2011年摄）

望城经开区南大门——雷锋大道望城区与岳麓区交界处 （2014年摄）

望城经开区俯视
（2014年摄）

石长铁路望城货运站
（2015年摄）

京珠西线与长常高速立交
（2015年摄）

世界五百强——百威英博（湖南）啤酒有限公司
（2014年摄）

望城经开区远照（2015年摄）

望城经开区选照（2015年摄）

望城经开区选照（2015年摄）

金龙铜业（2015年摄）

环球奥特莱斯一角（2015年摄）

金龙铜业生产车间选照（2015年摄）

中航飞机起落架有限责任公司（2015年摄）

中航飞机起落架公司生产车间（2015年摄）

湖南晟通集团（2015年摄）

晟通生产车间选照（2015年摄）

长高集团（2013年摄）

长高集团生产车间（2013年摄）

长沙黑金刚实业有限公司（2015年摄）

五福食品有限公司（2014年摄）

旺旺食品厂老厂区（1997年摄）

旺旺乳饮新厂（2015年摄）

旺旺食品公司生产车间（1997年摄）

中联重科望城工业园（2015年摄）

长沙素加营养品有限公司（2015年摄）

大北农饲料公司（2015年摄）

泰嘉新材生产车间选照（2014年摄）

华腾包装厂（2014年摄）

亚华乳业望城工业园（2015年摄）

金桥国际商贸城未来城（2015年摄）

普瑞温泉大酒店（2015年摄）

（本栏目图片由望城经开区产业局供稿）

第五部分 宜业宜居

园区宣传墙（2015年摄）

金桥国际商贸城集群全貌（2015年摄）

奥特莱斯购物广场夜景（2015年摄）

金桥国际商贸城展示厅（2015年摄）

湘江航电枢纽（2015年摄）

湘江航电枢纽（2015年摄）

沩水水闸（2015年摄）

龙夫高尔夫球场（2014年摄）

园区幼儿园剪影（2015年摄）

长沙医学院剪影（2015年摄）

北津学院（2015年摄）

长沙医学院体育馆、学生宿舍（2015年摄）

望城一中体育场（2015年摄）

美丽斑马湖（2015年摄）

雷锋湿地公园（2015年摄）

望城一中课间操（2015年摄）

雷锋湿地公园（2015年摄）

雷锋雕像（2015年摄）

百果园剪影（2015年摄）

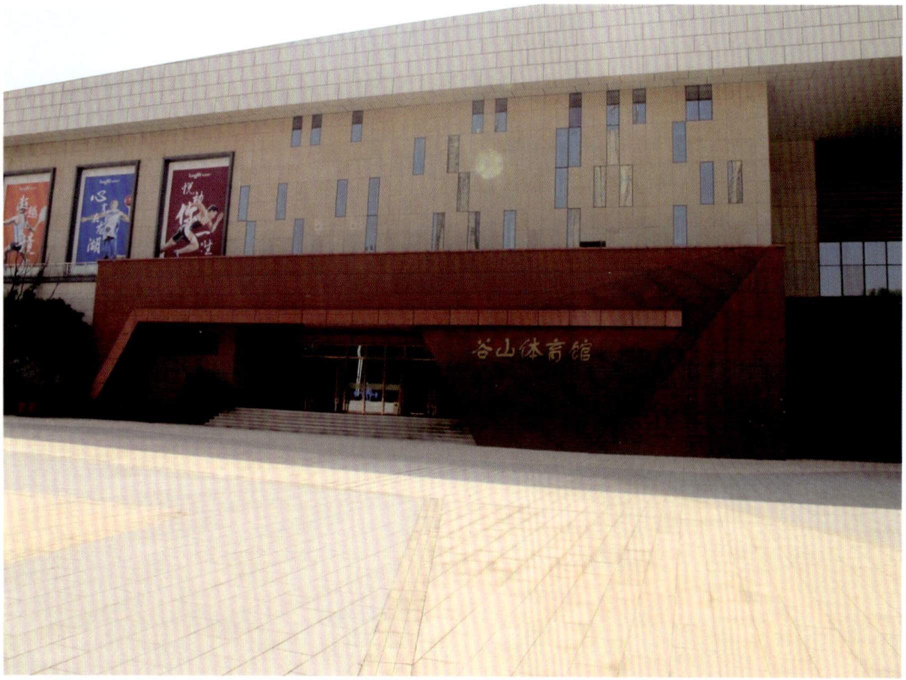

谷山体育公园（2015年摄）

百果园剪影（2015年摄）

百果园剪影（2015年摄）

马桥河景观道（2015年摄）

美丽小区（2015年摄）

锦绣生态农庄（2014年摄）

金桥国际商贸城家居城外景（2015年摄）

花园式厂区——天龙制药（2015年摄）

菱格木业装饰的东方艺术中心建筑（2015年摄）

望城区舞龙大赛（2014年摄）

“欢乐潇湘” 文艺会演剪影

望城区 “扬清风 颂廉洁” 廉政文艺会演剪影

望城区民俗文化艺术节剪影

（本栏目摄影者陈柄丞、曹学文、周特滋）

长沙市开发区志总述

长沙市自二十世纪八十年代末开始兴办开发区，按照“布局合理、用地集约、产业集聚、形成特色”的要求，紧紧围绕推进新型工业化和城镇化这两大战略，加大招商引资力度，着力引进战略投资者。充分利用现有基础条件和优势，以发展现代制造业为主，着力优化产业、产品结构，培育优势产业和骨干企业，发展配套和关联企业，拉长产业链条。开发区逐步成为长沙经济社会发展特别是工业发展的主力军、主战场和主阵地。

2015年长沙市全部工业增加值占全省比重1/3，成为全省工业经济增长的关键支撑。全市规模工业总产值达到10565亿元，规模工业增加值3228亿元。2015年产值过100亿的企业8家，湖南中烟、三一集团、中联重科等企业先后入围中国企业500强，企业实力不断增强。

工业发展对全市经济社会的贡献更加凸显。2015年全市全部工业增加值占GDP比重42.3%，工业对全市经济的贡献率43.1%；贡献税收972.2亿元，占全部税收的比重为62.5%；规模工业企业创造利税总额1590.7亿元，实现主营业务收入9638.36亿元，利润总额618.44亿元。工业成为拉动就业的主渠道。2015年全市规模工业企业期末从业人员64.36万人，占全社会从业人员的比重13.9%。

开发区的发展使企业逐步向园区集中，产业向园区集群聚集。2015年园区规模工业增加值1881.4亿元，占全市规模工业的比重58.3%。全市开发区共集聚了1213家规模工业企业，占全市规上工业企业总数的46%；规模工业企业前100强中，开发区占91家。初步形成工程机械、新材料、食品烟草三大支柱、电子信息、汽车、生物医药三个补充的多点支撑的产业发展格局。2015年，工程机械、汽车及零部件、食品、新材料、电子信息、生物医药六大产业集群实现规模工业总产值、规模工业增加值分别达到7395.95亿元、2367.21亿元，占全市规模工业总产值和增加值的比重分别达到70%和73.3%。

据统计，“十二五”时期，开发区工业累计投资7469.64亿元。全市开发区共引进上海大众、广菲克、联通长沙云数据、中兴通讯长沙基地、格力电器生产基地项目等重大项目105个，总投资2736亿元，全部竣工投产、达产后预计新增产值6800亿元。在建工程中德有色工业园、蓝思科技新材料面板项目、杉杉新能源、比亚迪电动卡车、大学科技城等10亿元以上项目共计56个，总投资1400亿元，项目竣工、达产后预计新增产值4200亿元。竣工投产的广汽菲亚特及广菲克SUV项目、上海大众、广汽三菱、尔康制药、中联环境产业园、介面光电、中电软件园等10亿元以上项目共计28个，完成投资600亿元，将新增产值860亿元。

2015年，开发区规模工业企业拥有自建研发机构数500余个，机构人数超过3万人；2015年全市共取得省部级以上科技成果340项；专利申请和授权专利分别达17763件和11448件，城市万人有效发明专利拥有量居全国省会城市第4位；以中联重科、三一重工、楚天科技、千山制药为代表的工业企业专利授权量达7070件。2015年全市高新技术产业实现产值8611.3亿元，实现增加值2730亿元，占GDP的比重达32.1%；全市高新技术产业增加值占全省比重44.5%。

全市规模工业企业计算机普及率达99.9%，85%的规模企业配有信息技术人员。推进“两型社会”（资源节约型、环境友好型社会）建设，构建绿色工业体系，指导企业推广应用节能新技术、新工艺和新设备，突出目标责任，强化重点企业节能监管，49家企业获批“两型示范企业”、5家园区获批“两型示范园区”。据统计，“十二五”期间全市规模万元增加值能耗累计下降42.09%，年均下降12.6%，规模工业综合能耗量实现年均下降1.2%。

按照“政府扶持枢纽平台—平台聚合服务中介—中介集合服务企业—企业集体受益发展”的思路，着力打造融资担保、就业辅导、管理咨询、技术创新、市场开拓、人才培育、法律维权、信息服务八个服务平台，为全市中小微企业提供全方位、立体化的服务，2014年成为国家工信部认定的国家中小企业公共服务示范平台。深度服务中小微企业800余家，举办各类培训讲座近300场，辐射服务企业数千家，帮助大批中小微企业有效突破了技术和管理瓶颈，得到人民日报、经济日报、湖南日报等多家媒体报道，并被称为企业服务的“长沙模式”。

长沙市开发区志丛书编纂委员会

2016年6月

序　言

彰往察来　再铸辉煌

中共望城区委副书记、望城经开区党工委书记

《望城经济技术开发区志（1992—2015）》行将付梓，掩卷沉思，深感发扬艰苦奋斗的优良传统，我们就拥有建设一流国家级园区的强大力量，就拥有光辉灿烂的前程。

解放思想，开拓创新。望城经开区源于中共望城县委、望城县人民政府“五区一路”发展战略，1992年布局落子，历经建设“湖南省高科技食品工业基地”“湖南省台商投资区”“湖南望城国家农业科技园”，“三园合一”建设省级园区“望城经济开发区”，跻身国家级平台建设“望城经济技术开发区”，24载创业历程，谱写了艰苦奋斗的雄浑乐章。

24个春夏秋冬，望城经开区人不断解放思想，在开发建设中探索强园规律，在无私奉献中涵养兴业智识，科学破解发展难题，不断凝聚发展共识，着力增强发展动力，精心厚植发展优势，“产业立园、科技强园、生态建园、和谐兴园”的理念迸发出了强大的活力。

24载顽强拼搏，望城经开区人以久久为功的韧劲，取得了满林摇曳的成果：园区规模逐步扩大，品质不断提升，成功跻身国家级开发区行列；招商引资捷报频传，强优项目竞相落户，700多家企业入园大展宏图；产业经济蓬勃发展，“有色金属新材料、食品加工、电子信息、商贸物流”四大支柱产业蒸蒸日上；综合管理日益科学，管理方法不断改进，体制机制日臻完善；法制司法严密规范，依法依规办事，经济社会和谐稳定；社会事业全面进步，精神文明建设硕果累累，园区大地欣欣向荣；党的建设不断加强，工、青、妇、关工委等群团组织生机勃勃，先模人物层出不穷。

回眸过去的24载，望城经开区人真切地感受到：这波澜壮阔的发展历程，这绚丽多彩的强园画卷，源于改革大潮迭起，源于国家、省、市、区党委政府高瞻远瞩、科学决策，源于望城经开区人以园为家、奋发作为，源于企业家们勇立潮头、顽强拼搏，源于人民群众大力支持、无限期待！

手捧首部《望城经济技术开发区志》，我对所有为园区发展壮大付出智慧

和汗水的建设者们油然而生敬意。衷心感谢各级领导对望城经开区开发建设作出科学决策，进行精心指导！衷心感谢各界朋友为望城经开区发展壮大倾注满腔热情，给予大力支持！

存世垂鉴，彰往察来。《望城经济技术开发区志（1992—2015）》，无疑是望城经开区“本来”的再现，必将助推我们开辟更加美好的“未来”。静心细读园区上下齐心合力尤其是编纂者不畏辛劳、精益求精，以铁的事实和鲜活形象著就的这部志书，我们定会对望城经开区的历史满怀温情的敬意，从中找到强国富民的精神密码，使自己的思想进入更高的境界；定能在回望历史中更加深刻理解“创新、协调、绿色、开放、共享”的发展理念，把我们的“强园梦”推向崭新的高度。诚如是，我们一定能肩负起时代的使命，乘胜前进，再铸辉煌，使望城经开区跻身一流国家级园区的行列，阔步奔向更加美好的明天！

是为序。

2016年8月

凡　例

一、本志以马列主义、毛泽东思想、邓小平理论、“三个代表”重要思想、科学发展观和习近平总书记系列重要讲话精神为指导，坚持用辩证唯物主义和历史唯物主义的理论和方法，全面系统客观记述望城经济技术开发区自然、社会的历史和现状。

二、本志记述时限：上限为1992年，下限为2015年，酌情适当上溯或下延。

三、本志记述地域范围：以望城经济技术开发区范围为主，按“一区（开发区）带多园”的实际情况，覆盖到“望城铜官循环经济工业基地”、“望城乌山创业富民基地”。

四、本志采用语体文、记述体，采用述、记、志、图、表、录等体裁，以志为主；全志设篇、章、节、目四个层次；全书平列9篇。本志选用的区域位置图、规划图均采用原始图纸。表的序号统一编排，如第一篇第一张表编为“表1-1”，第三篇第二张表编为“表3-2”。

五、本志各种数据、图表百分比、公元纪年均用阿拉伯数字；计量单位按《中华人民共和国法定计量单位》的规定执行，少数记述中为叙述方便沿用传统单位，如亩、斤等。

六、记述中涉及组织机构、团体单位、职务、地名均依历史称呼，有变化的括注今名。记述中多次涉及机关、团体和会议名称时，首次记述采用全称(括注简称），再次出现时用简称。

七、人物记述坚持“生不立传”的原则。凡对社会有较大贡献或有影响的人物，均列表予以记述，并在有关专志中以事系人，突出人物的活动。

八、本志对中国香港、澳门、台湾商人及其独资或合资在园区创办的企业，分别称为“港商”“台商”和“港资企业”“台资企业”，其投资均不列入“外资”系列。

九、本志凡用“元”为货币单位的均属人民币。其他币种都予注明，如“港币”“美元”等。

十、本志资料，经考证鉴别后载入，一般不注明出处；统计数据以统计部门资料为准。

目 录

概　述

望城经济技术开发区（以下简称“望城经开区”）位于望城区中南部，东以雷锋大道为界与望城区滨水新区毗邻，南与长沙高新区接壤，西至黄桥大道，北起高塘岭街道宝粮路，占地60平方公里。截至2015年，望城经开区范围内，有高塘岭、喻家坡、月亮岛、白沙洲、大泽湖、金山桥、黄金园7个街道，共16个行政村、15个社区。

望城经开区的发展沿革经历了四个阶段。

第一阶段：1992年年初至1999年年底为园区初创孕育探索期。

1992年，中国共产党望城县委员会（以下简称“望城县委”）、望城县人民政府(以下简称“望城县政府”)确立了加快引进、开发，建设“五区一路”的发展战略计划，在全县范围内建立望城坡经济开发区等五个经济开发区。同年11月24日，动工建设从长沙汽车西站至望城县城的雷锋大道。几年时间内，望城县各经济开发区基础设施建设均作出规划并动工建设，同时加大了力度开展招商引资工作。截至1996年，望城坡经济开发区已签约引进企业69个；城关镇外资企业区已引进台湾旺旺集团等企业十余个。

1996年6月19日，长沙市人民政府（以下简称“长沙市政府”）以长政（1996）24号文件调整行政区划，望城县天顶乡、霞凝乡分别划入长沙市岳麓区、开福区管辖，原属于望城县的望城坡经济开发区、捞霞经济开发区分离望城县。望城县委、县政府随即调整望城经济发展思路和战略格局，以原城关镇外资企业区为基点，沿雷锋大道向南、向西发展，把北起宝粮路，南至黄金乡，西至雷高公路一大片区域作为望城经济开发的重点区域，从而奠定了望城经济开发区的根基。1998年3月2日，望城县委决定成立望城县城区开发建设管理委员会（以下简称“望城县城管委”），全面负责城区开发建设和招商引资工作。

这一阶段，望城县委、县政府感受到全国改革开放的大好形势，本着“发展才是硬道理”的初衷，殚精竭虑地谋划着望城的发展。但是，望城经济开发的方向和目标还处于探索之中，由于旺旺食品有限公司的入驻望城，1999年制定的《望城县县城总体规划》中，把招商引资的方向仅定位为台商及国内外食品高科技企业。这种探索孕育着望城经济的蓬勃发展，是望城经开区的滥觞。

第二阶段：2000年年初至2005年年底为三园并立起步拓展期。

2000年7月13日,湖南省人民政府（以下简称“湖南省政府”）以湘政办函（2000）95号文件批复批准同意在望城县建立湖南省高科技食品工业基地，属省级开发区系列。2001年3月27日，湖南省政府以湘政办函（2001）40号文件批复批准同意在望城县设立湖南省台商投资区,列入省级开发区系列,实行市、县共管，以县为主。2001年9月3日，科学技术部国科发农社字（2001）322号《关于批准山东寿光等21个农业科技园区为第一批的“国家农业科技园区(试点）”的通知》，其中“湖南望城国家农业科技园区”在21个首批之列。2004年2月19日，长沙市编委以长编发（2004）3号文件通知，将湖南省高科技食品工业基地、湖南省台商投资区、湖南望城国家农业科技园区整合，实行三块牌子、一套管理委员会班子、一套人马的管理机制,园区党工委、管委会分别为县委、县政府的派出机构。

这一阶段，截至2005年底，园区已引进注册企业118家。晟通科技、湘仪检测、众城石化、中吉科技、大北农等一批高科技的企业入驻望城,工业项目已拓展至食品加工、有色金属新材料精深加工、先进制造、农业科技等多个领域，为“三园合一”、望城经开区起步腾飞奠定了良好的基础。

第三阶段：2006年年初至2014年2月为省级湖南望城经开区发展壮大期。

2006年1月26日，国家发展和改革委员会根据国办发（2003）70号《国务院办公厅关于清理整顿各类开发区加强建设用地管理的通知》精神，按照“布局集中、用地集约、产业集聚”的要求，以2006年第8号公告的形式，将湖南省高科技食品工业基地、湖南省台商投资区、湖南望城国家农业科技园区“三园合一”，更名为“湖南望城经济开发区”。2006年7月21日，长沙市编制委员会根据国家发展和改革委员会2006年第8号公告精神，明确湖南省高科技食品工业基地（湖南省台商投资区、湖南望城国家农业科技园区）更名为“湖南望城经济开发区”（以下简称“望城经开区”）。

这一阶段，望城经开区明晰提出了“产业立园、科技强园、生态建园、和谐兴园”的发展理念，确立了坚持建设现代化工业新城的目标定位。截至2013年底，8年内园区引进入驻企业305家。望城经开区步入了持续发展壮大的康庄大道，确立了“打造千亿级、进军国家队”的目标。

第四阶段：2014年2月18日起，为国家级望城经开区提质加速期。

2014年2月18日，中华人民共和国国务院办公厅国办函《国务院办公厅关于湖南望城经济技术开发区升级为国家经济技术开发区的复函》（〔2014〕24号），同意湖南望城经济技术开发区升级为国家经济技术开发区，定名为“望城经济技术开发区”（以下简称“望城经开区”），实行现行国家级经济技术开发区的政策。望城经开区在国家级平台上，进入了提质加速发展的阶段。

1992年年初到2015年年底，望城经开区经历了24年的发展历程。

24年的发展，望城经开区坚持规划先行。园区在发展的各个阶段，都注重了规划的编制。1999年12月由望城县政府组织，制定了《望城县县城总体规划（1999—2020）》。规划中用地选址县城东南角，总面积6.33平方公里。2001年3月，望城县设立湖南省台商投资区，同年4月，望城县城管委组织编制《湖南省台商投资开发区控制性详细规划》。台商投资区位于望城县城南，总用地5平方公里。2002年5月，望城国家农业科技园区管委会组织编制《湖南望城国家农业科技园区总体规划（2002—2005）》。规划范围包括雷锋大道两旁高塘岭镇、星城镇、黄金乡三镇所辖的8个行政村。园区核心区总面积966.67公顷。2006年，望城三个园区合一，落户望城的企业已达140多家，园区开发用地大幅增加，望城经开区管委会组织编制了《湖南望城经济开发区总体规划（2005—2020）》。此规划是在1999年《望城县县城总体规划》的基础上的扩容提质。规划用地范围涉及高塘岭镇、星城镇两大板块，以高塘岭板块工业用地为主，总面积为32.34平方公里。2010年，望城经开区依据园区发展的实际情况，对2005年《湖南望城经济开发区总体规划》再一次修编、扩容，望城经开区管委会组织编制《湖南望城经济开发区发展控制规划（2010-2030）》。规划范围包括高塘岭镇莲湖村等六个行政村（社区），星城镇马桥河村等四个行政村（社区），黄金乡的金坪村等9个行政村（社区）。规划总面积增加至59.69平方公里。依据国家相关政策、法规，望城经开区逐步形成了一套规划管理体制。

24年的发展，望城经开区的基础设施建设不断完善。道路交通:1992年，前望城县对外沟通只有一条雷高公路。2015年年底，望城经开区区域内已形成六纵五横的公路主干道路网结构；已有次干道和支路共18条，总长度超过50公里；石长铁路（复线）横贯园区；沟通省会长沙市及区域内的公交车线路共25条。供水排水：1995年，在望城经开区范围内新建一座自来水厂—-望城水厂，供水水管总长69494米，可以满足望城经开区全境工业和生活用水；排水为雨、污分流制，2009年6月新建的望城污水处理厂通过环保验收投入商业运行。供配电:望城经开区的主供变电站是2005年建成的220千伏楠竹塘变电站，次供变电站有1986年建成的110千伏高塘岭变电站和2006年建成的110千伏金沙变电站，可以满足望城经开区全境工业和生活用电需求。供气：2003年，望城县政府批准管道燃气项目立项，同时注册成立望城县新华联燃气有限公司，授予该公司管道燃气特许经营权30年。新华联燃气公司天然气利用工程于2006年11月实现点火通气。2012年，望城县新华联燃气有限公司成为华润燃气集团下属成员公司，更名为“长沙华润燃气有限公司”，承担望城区的管道天然气的建设、经营、安装、维修，其燃气供应的范围覆盖望城经开区全境。2014年年底，望城经开区内原有的燃煤锅炉清零。电信邮政：望城经开区的电信邮政建设，由望城区电信局、邮政局实施区域管理。2006年，望城经开区区域内新增电信端局2个、模块局3个，新增邮政支局3个；新建通信管群系统为综合通信管群，包括电信业务、有线电视、通信网络、交通信号、局间中继、数据用户等多种信息传输功能。区容建设：包括绿化工程、亮化工程、标牌标识工程、环境卫生工程均得到有序推进。

24年的发展，望城经开区严格依法依规做好土地征用与拆迁安置工作，此项工作由园区社会事务局主要负责。2000年3月至2015年12月，望城经开区共征地1699.71公顷，征地资金均已足额到位。2000年3月，长沙市政府常务会议通过并颁发《长沙市征地补偿安置条例实施办法》（60号令）。从2000年3月至2009年2月，望城经开区被征地农民的住房安置全部按60号令规定执行留地自建的安置模式，共安置了1598户6258人，用地96.63公顷。2008年2月，长沙市政府常务会议通过并颁发《长沙市征地补偿实施办法》（103号令）。2009年3月至2015年年底，望城经开区被征地农民住房安置全部按103号令规定执行货币安置模式。为妥善解决被征地农民的长远生计和社会保障问题，望城经开区依据上级有关政策认真做好区域内被征地农民的社会保障工作。通过举办各种就业培训班，多渠道促进园区劳动年龄阶段内的失地农民就业；依据上级有关政策推进了养老保险、医疗保险、失业保险等工作。望城经开区认真做好信访接待工作，为被征地农民解决实际问题，调解纠纷、化解矛盾，保障了园区内的安定团结、社会和谐。

24年的发展，望城经开区把招商引资工作作为谋划发展的重中之重，园区产业经济的规模不断扩大。历届中国共产党望城经济开发区工作委员会（以下简称“党工委”）、望城经济开发区管理委员会（以下简称“管委会”）针对经济形势的发展变化，不断更新思路，推出新举措；完善招商机构，强化优惠政策，创新招商形式，优化招商环境，提高服务水平，做到以诚招商、以优招商、以信安商、以实惠商。1992年至2015年，望城经开区在园区工商注册落户的企业712家。园区发展与时俱进，特别是“十二五”期间，园区推进转型升级、提质发展，坚持“产业立园、科技强园、生态建园、和谐兴园”的发展理念，一部分劳动力密集型、科技含量不高的企业被淘汰，一大批资源节约型、环境友好型、科技含量高、规模较大的企业落户望城经开区。园区初步形成有色金属新材料精深加工、食品加工、现代商贸物流、电子信息四大产业集群。工业总产值和财税收入逐年增长。截至2015年，园区共有企业634家，其中规模以上企业130家，世界500强企业、境内外上市公司30家，年产值过百亿元企业2家，年产值过亿元的企业65家，年税收过亿元的企业6家，过千万元企业32家。“十二五”期间，规模工业总产值由2010年的206.2亿元增加到2015年的769.6亿元，年均增长30.17%。

24年的发展，望城经开区紧紧围绕经济建设中心，强化了综合管理。本着“精简、高效”的原则，园区建立设置相应的管理机构，园区内设各机构合署办公，实行“一站式”全程服务。园区的经济管理，包括财政管理、税务管理、工商行政管理，都形成了一整套的工作流程、管理体制与监管机制。园区的工程项目建设，在工程立项审批、招投标、合同的签订与管理、质量监理等方面，都按有关政策，有相应的规章制度。望城经开区重视安全生产，2006年成立了安全生产领导小组，完善了安全生产的规章制度，适时举办安全生产培训班，仅2013年、2014年两年期间就共举办了9期，参培人员817人次。园区管委会与各企业都签订了《安全管理目标责任书》，并强化了安全督查。望城经开区人才管理分园区管委会和园区企业两大块。望城经开区管委会人才引进由党工委主管，人员管理归口望城经开区办公室党建人力资源科负责；企业的人才引进和管理由企业自主负责，归口园区产业发展局协调。望城经开区畅通招聘渠道，多途径引进管理人才和企业人才，每次招聘都确立了应聘条件和招聘程序，做到公开、公正、公平；已招进的人员尽量做到人尽其能、优化组合，尽可能帮助引进人员克服生活、工作方面的困难，促使所有人员安心工作。望城经开区把综治维稳工作作为一项持之以恒、常抓不懈的工作。2008年，望城经开区就成立了“望城经开区社会综合治理委员会”，由党工委书记任主任，管委会主任任副主任，设立了综治维稳办公室。为强化综治维稳责任制，望城经开区采用网格化巡防模式，将园区区域划分为9个责任区块，明确了每个区域的责任人，实施“联调、联防、联勤、联治、联创”为内容的联动机制，并把平时考核与年终考核结合，实行了严格的考核考评制度。考核结果与评优、评先、晋级挂钩。

24年的发展，望城经开区坚持依法治园。法制工作在望城区政法委的统一领导下开展，由地处园区的同心派出所、望城经开区巡回法庭、望城区行政综合执法大队经开区中队联合组织实施，为园区的经济和各项社会事业的发展保驾护航，确保了园区的和谐稳定。

24年的发展，望城经开区的科技、教育、文化、医疗卫生事业不断进步。科技事业：园区内一大批高科技含量的企业，都拥有了一批科技创新、研发的领军人物，形成了一支真抓实干的科研队伍，搭建了一批科研平台。截至2015年，园区内拥有“湖南省有色金属新材料精深加工高新技术产业化基地”“湖南省循环经济试点示范园区”等十个专业科技园区，有国家实验室、企业技术中心7家，省级技术（工程）中心37个。从2010年开始，望城经开区每年获得国家授权专利都在30项以上。一大批科研项目成功实现技术突破在省级、国家级获奖，如湖南晟通科技集团有限公司的“新型阴级结构高效节能铝电解技术”达到世界先进水平。教育事业:归属望城区教育局区域管理,到 2015 年，望城经开区区域内有幼儿园38所、小学10所、初级中学3所、高级中学1所、大学3所。2012年，为解决小学生入学难的问题，望城经开区出资1400万元，与晟通集团共同投资，新办砂子塘新世博寄宿制学校，由砂子塘教育集团负责管理。截至2015年下学期，该校在校学生已达1900多人。文化事业：归属望城区文化体育广播电视局区域管理。望城经开区内的园区文化丰富多彩，区旗区歌的创作、各类雕塑的创立，众多文化广场的修建，以广场舞为代表的群众文化体育活动的开展，特别是各企业的各类文艺活动、体育竞赛活动、野外拓展训练活动的举办，合法宗教场所的存在，人文或自然的绿化、亮化环境，都彰显着园区的文化氛围。医疗卫生事业：归属望城区卫生局区域管理。园区内所涉

8个街道有4个卫生院，另有长沙医学院附属第一医院，还有民营的恒康医院。这些卫生院、医院，医疗设施设备较完善，有一批医疗学术专家。望城经开区内设有计划生育服务机构；园区内被征地农民，依据相关政策按照不同年龄阶段，实行不同的医疗保险制度，均已落实到位。

24年的发展，望城经开区党组织和行政机构的建设，随着园区开发建设的拓展和扩容升级逐步建立健全。党工委坚持一手抓经济，一手抓党建，构建党建工作的长效机制。在抓好党的组织建设的同时，持续抓好思想建设。从1998年开始，先后进行了“讲学习、讲政治、讲正气”的“三讲”教育、“三个代表”重要思想教育、科学发展观教育、共产党员先进性教育、理想信念教育、群众路线教育实践活动和“三严三实”教育活动。党工委持之以恒地抓党风廉政建设，成立了党风廉政建设领导小组和纪检监察室，制定了《党员严格自律制度》、“干部职工拒收礼金、礼品登记制度”和《干部廉洁自律举报制度》，对违反党纪党规的党员干部严格执纪问责。

24年来，望城经开区紧紧抓住长株潭“两型社会”综合改革实验和建设大河西先导区的重要战略机遇，坚持“以工业项目为主”，“产业升级，生活融城，生态持久和文化延续”的宗旨，着力打造新型工业化实验区，致力于把望城经开区建设成一座工业化与城市化相协调、二三产业相配套、宜业宜居的现代化工业新城。2015年，国务院批复同意设立湖南湘江新区，望城经开区全境纳入湘江新区的核心区。在湖南湘江新区这个战略大平台上，望城经开区已迎来更好的发展机遇、更广阔的拓展空间。

大 事 记

▲1992年

3月22日 石（门）长（沙）铁路专家评估组经实地考察，同意修建石长铁路长沙段方案，即接轨点在捞刀河，修建湘江公路铁路两用桥，铁路穿越望城县谷山、大湖、城关镇、乌山等乡镇。1993年年底，湘江公铁两用桥正式动工建设。

4月25日 望城县委、县政府召开专题会议，制定了“开发五区、建设一路”的发展战略。

7月2日 第一家进入湖南投资的大型台资企业——湖南旺旺食品有限公司（以下简称“旺旺公司”）在城关镇征地3.44公顷办厂，生产旺旺米果系列产品。同年12月25日举行奠基仪式。1994年1月17日正式投产，当年产量4500吨。

7月29日 望城坡经济开发区奠基开工。同年12月28日，湖南省体改委发文将该开发区定为省级开发区。

11月24日 雷锋大道破土动工，全长16.2公里，比原来望城至长沙路程缩短18公里，设计路幅宽60米。1996年11月完成混凝土浇筑工程，正式通车。

▲1993年

2月9日 望城县在星城镇罐子岭动工建设“长沙星城工业商贸旅游经济区星月小区”。

2月21日 航天工业部所属3028厂即湖南湘陵机械厂，从湖南大庸（现张家界市）迁来望城县城关镇白芙塘、裕农两村，征地8.06公顷建厂。3月20日破土动工。2000年1月28日正式投产。

12月6日 望城县委五届三次全体（扩大）会议审定了“望城县经济发展总体构思”。其中“118”工程提出以望城坡经济开发区为龙头，以雷锋大道为轴线，在80平方公里的范围内新建一个外资工贸区，一个农业科技示范区，加快坪塘、雷锋、黄金、城关镇等8个乡镇的发展步伐。

▲1994年

7月13日 在北京国际展览中心举办“第五届亚太国际贸易博览会”上，旺旺公司产品“仙贝”“雪饼”“浪味仙”荣获系列金奖。

9月3日 望城县政府以望政发〔1994〕14号文件，印发《雷锋大道两侧引进开发实施办法（试行）》。

10月25日 全国政协副主席杨汝岱一行到湖南旺旺食品有限公司考察，湖南省政治协商会议（以下简称“湖南省政协”）主席刘正等陪同。

▲1995年

1月12日 望城县政府成立对外经济贸易合作局，负责全县招商工作。

2月3日 湖南省人民政府（以下简称“湖南省政府”）办公厅批准成立望城高科技农业示范区。

3月14日 农业部副部长杜子端到湖南旺旺食品有限公司检查工作，湖南省人民代表大会（以下简称“省人大”）常务委员会副主任余海潮陪同。

3月17日 轻工业部副部长、中国食品协会会长王文哲在湖南省经贸委负责同志陪同下，到旺旺公司考察。

3月23—27日 中国共产党中央委员会总书记江泽民到湖南考察期间，观看了旺旺公司食品展览。中国共产党湖南省委员会（以下简称“湖南省委”）书记王茂林，湖南省委常委、秘书长胡彪，湖南省政府副省长王克英陪同。湖南省委领导特别推荐旺旺公司食品作为江泽民总书记湖南行的休闲食品。

6月12日 中共中央政治局委员、国务院副总理兼外交部部长钱其琛在湖南省委常委、中国共产党长沙市委员会（以下简称“长沙市委”）书记秦光荣等陪同下，到湖南旺旺食品有限公司考察。

6月19日 中共中央政治局常委、全国人大常委会委员长乔石在湖南省委书记王茂林等陪同下，考察湖南旺旺食品有限公司并题词“希望旺旺集团人旺财旺”。

10月12日 中央顾问委员会常委、原国家副主席汪东兴一行，到湖南旺旺公司视察，并题词“为繁荣湖南经济作贡献”。

长沙旺旺食品有限公司成立（独资）。

11月5—8日 农业部“三元结构”（粮食作物、经济作物、饲料作物）种植试点县考察组到望城考察，确定望城县为国家“三元结构”种植试点县。

▲1996年

1月30日 湖南省监察厅和长沙市、望城县监察局为被确定的“企业重点保护单位”旺旺公司挂牌保护。

4月9日 中共中央政治局委员、国务院副总理邹家华在湖南省委副书记、省长杨正午等陪同下考察旺旺公司。

5月10日 中共中央政治局委员、国务院副总理李岚清在湖南省委书记王茂林陪同下考察旺旺公司。

6月14日 湖南富虹锌业实业有限公司在星城镇西塘村举行奠基仪式，次年2月建成投产。

12月18日 长沙国道绕城公路西北段工程开工。该段公路经望城县星城镇和黄金乡，过境14.27公里，1999年10月30日建成通车。

▲1997年

5月22日 全国人大常委会副委员长吴阶平一行在湖南省、长沙市相关领导陪同下考察旺旺公司。

6月15日 中共中央政治局委员、全国人大常委会副委员长田纪云在湖南省委副书记、省长杨正午陪同下，考察旺旺公司并题词“兴旺发达 长旺不衰”。

8月1日 黄金乡被确定为湖南省“现代农业试点乡”。

9月12—14日 望城县委第六次代表大会提出了实施“开放强县、科教兴县、借城活县、依法治县”战略。

10月8日 望城水厂第一期工程竣工投产。水厂总设计能力为日供水15万吨，第一期工程为日供水5万吨。

11月 湖南三环颜料有限公司的铁系颜料系列产品开发和黄金无公害系列绿色农产品开发两个项目，被列为国家“星火计划”项目。

▲1998年

1月6日 望城县委出台招商引资优惠政策，明确到高塘岭工业经济区投资办企业实行“无费”政策。

1月22日 旺旺公司的“旺旺”“旺仔”图形和“浪味”“旺仔”商标，被评为1997年湖南省著名商标。

3月2日 望城县委决定成立望城县城区开发建设管理委员会（以下简称“望城城管委”）。

4月3日 美国迪克西农场管理有限公司副总裁克里夫希汉一行到旺旺公司考察。

6月5日 望城县召开全县进一步优化经济发展环境动员大会，制定《关于进一步优化经济发展环境的若干规定》。

8月16日 湖南天龙制药有限公司（以下简称“天龙制药”）落户望城。2000年9月28日正式投产。

8月18日 国家（湖南）果茶良种场在黄金乡金沙村破土动工。良种场占地70公顷，动用省长基金500万元，先后从日本、美国等地引进优质果茶25个品系、158个品种，进行培育推广。

10月1日 石长铁路（石门—长沙）建成通车。石长铁路经望城县白箬、乌山、高塘岭、星城4个乡镇20个村，过境长25.52公里，设站3个。

10月18日 全国政协副主席、中共中央统战部部长王兆国在湖南省委副书记郑培民等陪同下，考察旺旺公司并题词“市场繁荣 旺旺兴旺”。

▲1999年

3月19日 望城县政府下发望政发（1999）16号文件，决定将原星城房地产公司更名为望城县城区开发建设总公司。望城县城区开发建设管理委员会与城区开发建设总公司实行两块牌子、一套人马管理体制。

3月29日 中国海峡两岸交流协会常务副会长唐树备到旺旺公司考察。

4月23日 农业部和中央电视台《中国农业五十年》专题片联合摄制组到旺旺公司采访。中央电视台随后报道了该公司农产品加工和招商引资情况。

9月10日 中共中央台办主任陈云林在湖南省台办主任余友文陪同下，到旺旺公司考察。

▲2000年

4月30日 湖南省新闻出版局在星城镇征用土地40.13公顷，建设湖南出版基地。

6月18日 湖南大旺食品有限公司成立。

6月20日 望城城管委聘请长沙市环境科学研究所编制《高科技食品工业基地环境影响报告书》。

6月28日 望城县委、望城县政府聘请中国工程院院士袁隆平、刘筠为望城县经济社会发展高级顾问。

7月13日 湖南省政府湘政办函〔2000〕95号文件，批准同意在望城县建立湖南省高科技食品工业基地。该基地属省级开发区系列，一期用地控制为133.34公顷，纳入长沙高新技术产业开发区，享受长沙高新技术产业开发区优惠政策。

9月20—21日 望城城管委在长沙天心宾馆举行新闻发布会，推介湖南省高科技食品工业基地。省、市、县领导和实业界人士共300余人出席。当场签约6个项目。

10月11—13日 望城县委书记张湘涛、副县长熊泽南和望城城管委负责人参加深交会，会上成功签约引进5个项目。

10月16日 城白路拓宽改造工程正式启动。

11月3日 统一集团吴梦章一行到望城考察湖南省高科技食品工业基地。望城县委书记张湘涛、望城县政府县长王武亮、副县长熊泽南和城管委领导陪同考察。

11月11日 台湾商会一行30人到望城考察湖南省高科技食品工业基地。

11月27日 望城选送的“黄金园”湘粉丝和“黄贡”无公害大米在湖南省第二届农业博览会上分别获得金牌和银牌。

▲2001年

1月18日 台湾商会一行10人到望城考察湖南省高科技食品工业基地。

1月31日 中共中央政治局常委、国家副主席曾庆红在湖南省委书记、省人大常委会主任杨正午陪同下到望城百果园考察。

2月15日 长沙市委、长沙市政府授予了湖南旺旺总厂“优秀高新技术企业”奖牌。

2月22日 中共望城县委批准成立湖南省高科技食品工业基地党工委，为望城县委派出机构。

3月12日 省、市环保局专家到望城城管委对湖南省高科技食品工业基地进行环保评审。

3月27日 湖南省政府湘政办函〔2001〕40号文件，批准在望城县设立“湖南省台商投资区”，列入省级开发区系列，实行“市、县共管，以县为主”的管理机制。湖南省台商投资区位于望城县城南端，南邻石长铁路，北靠城白路，东至雷锋大道，西抵郭亮路。规划范围总用地为5平方公里，实行“无费区”管理。10月20日举行揭牌仪式。

3月28日 长沙高新技术开发区管委会主任柳冠群等一行到望城考察湖南省台商投资区。

4月7日 台商王世展回乡考察湖南省高科技食品工业基地。望城县政府县长王武亮、副县长熊泽南和望城城管委负责同志陪同考察。

4月8日 湖南省政府副省长庞道沐一行考察湖南省高科技食品工业基地的沐林公司。

6月2日 湖南坤源塑化有限公司（以下简称“坤源塑化”）奠基典礼在旺旺路举行。翌年10月31日建成投产，填补了湖南大口径PVC管材的空白。

6月8日 湖南省委常委、长沙市委书记张云川一行考察高科技食品工业基地湖南沐林食品有限公司（以下简称“沐林食品”）、湖南派派食品有限公司（以下简称“湖南派派”）、天龙制药等企业。

7月16日 湖南省委书记杨正午一行在望城县委书记张湘涛、县长王武亮等陪同下，考察坤源塑化、沐林食品、天龙制药、湖南派派等企业，并就台商投资区建设作了重要讲话。

7月28日 长沙市政府副市长张伟玦率台商一行考察了沐林食品、天龙制药、湖南派派等企业，望城县政府县长王武亮陪同考察。

8月6日 湖南省政府副省长周时昌、省科技厅厅长季益贵一行，考察沐林食品、湖南派派等企业，听取了望城县委、县政府关于望城农业科技园区建设情况的汇报。县委书记张湘涛、副县长熊泽南等陪同考察并作汇报。

8月7日 湖南省政府办公厅湘政办函〔2001〕11号文件，批准成立湖南雷锋农业科技园区协调领导小组。胡彪、罗海藩、庞道沐任协调领导小组顾问，周时昌任组长,谭仲池、季益贵、杜远明、余英生任副组长,余合泉、张湘涛、王武亮等任成员，领导小组负责园区开发建设的组织、领导、协调和政策落实工作，指导实施园区总体规划，协调解决园区建设中的重大问题。

9月3日 科技部国科发农社字〔2001〕322号文件批准“湖南望城国家农业科技园区（试点）”为全国首批农业试点科技园区，成为湖南省唯一被批准的首批国家级农业科技园。

广东省工商联部分实业界人士考察湖南望城台商投资区企业。

9月6日　望城县委、县政府作出《关于加快奶业发展的决定》。

9月7日　湖南省台商投资区领导赴厦门参加厦交会。会议期间，湖南省政府举办了湖南省台商投资区推介会，会上成功签约3个项目。

9月27日　长沙市委副书记欧代明考察坤源塑化。

9月29日　湖南派派第一条具有国际先进水平的生产线建成投产。

10月20日　湖南省台商投资区举行揭牌庆典。长沙市政府副市长胡进安、望城县委书记张湘涛、台湾知名人士金世英、旺旺集团湖南总公司董事长廖清圳等出席庆典仪式。

10月20—21日　“2001长沙·台湾经贸合作洽谈会”在长沙华天大酒店举行。会上，望城县与8家台商签订合资项目协议，签约资金6370万美元。

10月23—25日　湖南省台商投资区负责人接待金门金师露酒业董事长、总经理一行。25日，金门金师露酒业签约落户湖南省台商投资区。

10月25日　望城县委望组发〔2001〕32号文件，批准成立中共湖南望城国家农业科技园区管理委员会工作委员会。

10月26日　沐林食品举行投产庆典与六方营养健康论坛系列活动，省、市、县领导、北京专家及各有关部门300余人参活动。

10月31日　望城县委发布望发〔2001〕45号文件，聘请袁隆平、刘筠院士等15名农业知名专家为湖南望城国家农业科技园区高级顾问，并设立专家委员会开展工作。

11月1日　“湖南望城国家农业科技园区新闻发布会暨招商推介会”在望城县举行。会议由长沙市政府副市长张伟抉主持，湖南省委副书记、省人大常委会副主任吴向东、湖南省政府副省长庞道沐、省科技厅厅长季益贵、长沙市委副书记欧代明等出席并讲话。会议还邀请了农业知名专家、上市公司代表、食品企业代表、投融资公司专业人员出席。会议期间9个项目签约落户园区，合同总金额2.23亿元。

11月6日　深圳市工商联一行50人到望城考察湖南台商投资区。

11月12日　望城县委望发〔2001〕46号文件《关于加强非公有制经济组织党建工作意见（试行）的通知》，要求有3名以上中共党员的非公有制企业都要成立党组织。2003年8月10日沐林食品率先在非公有制企业中成立中共党委。

长沙市政府副市长孔光明视察湖南派派等园区企业。

11月20日 百事可乐分部中国区工程项目总监夏立群、林碧宝、业务发展部经理蔡聪雅一行到湖南省台商投资区考察。望城县委书记张湘涛、副县长熊泽南陪同考察。

11月27日 湖南省副省级老干部一行76人到望城参观湖南台商投资区。

天津市津南区政府农业代表团一行，参观湖南望城国家农业科技园区。县委副书记邱俊杰、副县长王贵荣、园区管委会主任谭平安陪同考察。

12月4日 以科技部农村社会发展司综合协调处金逸民处长为组长的检查组到湖南望城国家农业科技园检查工作。湖南省科技厅副厅长李求长、望城县有关领导陪同检查。

▲2002年

1月16日 望城县十届人大五次会议通过《关于2002年确定为招商引资年的议案》。

3月12日 印尼驻华大使馆官员一行参观旺旺食品公司。

应长沙市政府邀请，中央驻湘和湖南省、长沙市30余家新闻媒体组织专题记者，到旺旺公司进行联合采访。

4月30日 望城县政府望政办发〔2002〕39号文件明确，同意设立“湖南省高科技食品工业基地管理委员会 ”，并加挂“ 湖南省台商投资区管理委员会”牌子，属望城县政府正科级派出机构。管委会下设办公室、招商计划处、规划建设处、征拆安置处、开发经营处、科技产业发展处，实行“两块牌子、一套人马”的管理体制。

5月16日 国台办主任陈云林率部分知名台商一行40余人，到湖南省台商投资区考察，重点考察了旺旺公司。

5月26—30日 “湖南·上海商贸活动周”在上海举行，湖南省台商投资区引进项目5个，协议引进资金18亿元。

6月10日 科技部副部长刘燕华在湖南省科技厅厅长季益贵、副厅长王腊生等陪同下，考察湖南望城国家农业科技园区农产品加工基地，并深入沐林食品、湖南派派等企业进行调研。

6月12日 湖南省委常委、长沙市委书记梅克保，市委副书记、市长谭仲池率相关部门负责人，组织召开湖南望城国家农业科技园区建设现场办公会，就加快农业科技成果转化和农业产业结构调整进行了认真研究和部署。

南非北开普省议会议长史密斯考察旺旺公司。

8月6日　全国政协副主席毛致用在湖南省委常委长沙市委书记梅克保、省委副秘书长章彦武、长沙市政协副主席韩铁凡陪同下，考察湖南望城国家农业科技园区。先后考察了园区农产品加工企业沐林食品、湖南派派、旺旺公司等企业。

8月7日　湖南省委书记、省人大常委会主任杨正午，省委副书记、省长张云川率全体省委常委、副省级以上领导干部、相关厅局一把手以及湖南各市、州委书记、市、州长150多人参观考察湖南望城国家农业科技园，对湖南望城国家农业科技园区在优化经济环境、加大招商引资工作、扶持企业发展等方面给予充分肯定。

9月24日　金星大道望城段破土动工。金星大道南起岳麓区望麓桥，北至望城县白沙洲街道马桥河社区，全长15.6公里，望城境内长8.54公里，是连接长沙市河西新城与望城经开区又一条高等级的道路。

9月26日　望城县委、县政府和中国经济时报社联合举办“区域创新和园区经济暨高科技食品工业发展理论研讨会”。国务院发展研究中心副主任鲁志强、国家计委宏观研究院副院长王一鸣等领导和专家出席。

10月13日　湖南省首个印刷包装工业园挂牌成立。该园选址黄金乡金沙、青山村，占地200公顷。

10月20日　湖南台杰食品有限公司与湖南台商投资区签约。该公司投资2000万元，征地1.34公顷，落户望城大道17号。

10月26日　中国佛教协会会长释一诚大和尚（望城县乌山镇人，洗心禅寺出家）在黄金乡坪塘村举行洗心禅寺重建奠基法会。

11月28日　亚华宾佳乐乳品工业园在高塘岭镇仁和村奠基。

12月21日　望城县政府举行招商引资项目专场签约仪式，共有6个项目落户望城，其中包括1个院士项目（湖南继善高科技公司），合同总投资人民币21亿元。至此，2002年望城县共签约招商项目117个，协议引进资金80亿元。

▲2003年

1月6日　东起白沙洲西至马桥河与旺旺路相接的白旺路（后纳入“旺旺东

路”）全线接通，全长2.1公里。

1月8日 湖南长高高压开关集团股份公司（以下简称“长高集团”）落户湖南望城国家农业科技园区。项目位于星城镇桑梓村金星大道西侧，占地12公顷，投资1亿元。2006年3月5日，长高集团搬迁至新址，2007年10月正式投产。

1月15日 湖南派派朱家冲养殖示范场从上海购进200头原产于荷兰经品种改良后的中国荷斯坦奶牛。

4月1日 省人大常委会副主任庞道沐率省人大农业与农村工作委员会部分组成人员和部分省、市人大代表，深入沐林食品、湖南派派、旺旺公司等企业检查食品质量安全工作。

4月3日 湖南康寿制药有限公司（以下简称“康寿制药”）落户湖南省台商投资区，注册资金1000万元，2004年12月建成投产。

4月13日 望城县委、县政府选派12名具有大专以上学历、任职乡镇和政府经济工作部门的负责干部，赴广东顺德市进行为期两个月的培训、调研，学习顺德工业园区建设和管理经验。

4月17日 湖南中吉科技有限责任公司落户湖南台商投资区。项目征地0.97公顷，投资900万元。

4月18日 望城县委副书记、代县长罗衡宁一行与深圳总利公司董事长胡之木正式签约长沙印刷包装工业园项目。

6月2日 长沙众城石油化工有限责任公司落户湖南省台商投资区。该公司征地4公顷，11月4日破土动工。

6月8日 望城县政府在长沙神龙大酒店举行招商引资签约仪式，引进项目10个，总投资8.8亿元。

6月30日 国家开发银行湖南省分行与望城县人民政府签约，在未来5年内，向望城县投放12亿元，用于星城经济区路网工程等9个基础设施项目建设。

7月2日 湖南省台商投资区、湖南省高科技食品工业基地汇总各类项目121个，在望城县建设银行培训中心举办望城首届银企合作洽谈会。会上正式签约项目14个，签约资金10.4亿元；意向合同34个，意向签约资金19.94亿元，年内到位资金2.53亿元。

7月4日 省人大常委会副主任唐之享率省人大有关部门负责人深入光明、派派奶牛养殖场、望城国家农业科技园区考察指导工作。

7月8日 长沙旺旺公司获“全国保健品百强企业”“三连冠保健品百强企业”称号；旺仔牛奶获评“全国保健品百强产品”。

7月7—11日 由国家科技部主办，湖南省科技厅、湖南省望城国家农业科技园区管理委员会承办的“国家农业科技园区综合评价指标体系（中部）座谈会”在望城举行。中部地区11个省、4个副省级城市科技部门和国家级园区所在地政府相关领导出席了会议。

8月7日 在湘全国人大代表和部分湖南省、长沙市人大代表300多人考察望城国家农业科技园区。

8月27日 袁隆平高科技股份有限公司与望城国家农业科技园区签订合同，在园区建立无公害粮区46.67公顷杂交水稻新 组合展示基地。

8月23日—9月8日 湖南望城国家农业科技园区组织申报科技部农业专家大院项目，编写《湖南望城国家农业科技园区管理委员会农业专家大院实施方案》两赴北京答辩，申报成功。

8月28日 湖南省机构编制委员会湘编办〔2003〕56号文件批复，确定湖南省高科技食品工业基地管委会为正处级机构。

9月15日 澳优乳业（中国）有限公司落户湖南高科技食品工业基地旺旺东路2号。该公司占地10公顷，是一个拥有全球最完善的从收奶、生产到市场终端销售的国际乳品工业公司，在中国、北美、西欧、俄罗斯、中东都拥有销售网络。

9月16日 望城县总工会批复同意成立湖南省高科技食品工业基地管理委员会工会组织。

10月13日 望城县城站前路（2006年更名为金星中路）建成通车。站前路西起雷高公路高冲，经火车站前，东至星城镇东马，与雷锋大道、金星大道相接，全长4875.93米，路幅宽54米，双向6车道。

10月15日 在深圳举办的中国国际高新技术成果交易会上，湖南泰嘉新材料科技股份有限公司（以下简称“泰嘉新材”）等企业签约落户望城。

10月28日 袁隆平高科技股份有限公司TCDC国际杂交水稻培训班的学员和来自9个国家的外国专家一行19人考察湖南高科技食品工业基地，重点考察了旺旺公司。

11月18日 湖南华越食品有限公司（以下简称“华越食品”）、湖南长鸿实业有限公司（以下简称“长鸿实业”）、沐林食品等17家企业参展中国湖南第五届（国际）农博会，受到好评。

11月22日 科技部副部长程津培、基础司副司长马燕和、基础研究处处长叶玉江在湖南省副省长甘霖等省、市、县领导陪同下，考察湖南望城国家农业科技园区。

12月30日 华电长沙电厂在铜官镇花果村奠基。长沙电厂投资100亿元，建设装机容量为240万千瓦（4×60万千瓦）的火力发电机组。

▲2004年

1月8日 长沙电厂主厂区征用地交接举行签约仪式，望城县委书记王武亮、副书记邱俊杰等出席。

2月19日 长沙市编委下发长编发〔2004〕3号文件，明确将湖南省高科技食品工业基地、湖南省台商投资区、湖南望城国家农业科技园区整合，实行三块牌子、一套管理班子的管理体制；园区党工委、管委会分别为望城县委、县政府的派驻机构，内设办公室、规划建设局、招商合作局、农业科技发展局、社会事务局5个局室，均为正科级机构，核定专项编制20名。

3月5日 湖南省政府副省长贺同新在望城县委书记王武亮等陪同下考察天闻印务中心出版基地建设情况。

4月6日 亚华望城乳品工业园竣工投产。

4月8日 在2004年湖南（望城）·香港投资推介暨经贸洽谈会上，望城县与香港实业界签订7个项目，合同金额21.4亿元。

6月2日 湖南省政府副省长甘霖到望城国家农业科技园区调研农民增收情况。

6月9日 解放军总后勤部军需装备研究基地在湖南沐林食品有限公司挂牌。沐林公司成为部队“营养快餐”生产基地。

6月28日 湖南（望城）新华燃气工程开工典礼在高塘岭镇举行。

7月20—23日 2004年全国知名涉农企业长沙行活动在普瑞温泉酒店举行。望城共签约项目5个，签约资金11.8亿元。

8月14日 英国大学生文化交流团一行20余人参观考察旺旺公司。

8月16日 湖南省委副书记戚和平考察望城国家农业科技园区。

8月30日 参加全省发展县域经济暨要素市场改革工作会议的省直有关厅局和全省各地、州、市等有关领导一行近400人，在湖南省委书记杨正午、省长周伯华带领下，参观考察湖南省高科技食品工业基地。

10月5日　湖南省人大常委会副主任唐之享考察湖南省高科技食品工业基地。

10月18日　全国政协科教文卫体委员会副主任、全国政协常委、民进中央副主席蔡睿智，全国政协社会和法制委员会委员齐景发等一行40人到望城经开区调研考察“科技兴农”工作。

10月22日　长沙鹏城房地产开发有限公司首期投资1.2亿元，在雷锋大道与长沙国道绕城公路西南角征用土地8.16公顷，建设全省规模最大的废旧物资交流大市场项目。

10月23日　参加“2004湘洽会”的30多位知名台商参观考察望城经开区。

10月25日　在中国湖南投资贸易洽谈会上，望城签约5个项目，合同引进资金30亿元。其中，包括首期投资13亿元、年产21万吨高精铝板带箔项目的晟通科技集团有限公司（以下简称“晟通科技”）的湖南晟通科技工业园和投资5亿元开发金星大道高尚住宅小区的深圳南山项目。

10月27日　全国政协台盟、台联界委员在省政协副主席王汀明等省、市领导陪同下，考察望城台资企业的发展与台商权益保护情况。

10月30日　全国政协港澳台侨委会副主任张道成陪同荷兰中国商会会长胡志光一行考察湖南省台商投资区。

11月17日　省人大常委会副主任吴向东考察望城国家农业科技园区。

11月26日　望城经开区企业生产的产品：黄金园粉丝、沐林食品、华越风味豆豉、三环颜料、蜂巢颜料、爱晚床垫6个产品荣获湖南省名牌产品称号。

▲2005年

1月10日　长沙市委副书记吴志雄率市直相关部门负责人到湖南高科技食品工业基地调研。

2月22日　湖南大旺食品有限公司被评为“利税过500万元企业”，长沙旺旺食品有限公司、湖南真旺塑料包装有限公司及旺旺公司被评为“利税过1000万元企业”。湖南旺旺集团被评为“长沙工业百户重点调度企业”“技术改造先进企业”。

2月27日　泰嘉新材第一条双金属复合钢带生产线竣工投产。湖南省政府副省长徐宪平等省、市领导出席了竣工典礼。

3月21日　湖南省高科技食品工业基地组织全体在园企业举办“同心谋发

展，合力铸辉煌”演讲比赛。

3月28日 湖南高科技食品工业基地举办“红太阳”歌舞晚会，所有在园企业的中共党委、党支部组织全体党员和积极分子参加了晚会。

4月7日 湖南省政府副省长贺同新到望城考察湖南省台商投资区。

4月18日 长沙菱格木业有限公司整体搬迁至湖南省台商投资区并正式投产。

4月26日 望城县举行雷锋大道（同心段）、旺旺路、郭亮路拓改工程开工典礼。10月25日，雷锋大道（同心段）、旺旺路、郭亮路拓改工程及普瑞路、金星大道两纵三横道路建设全面竣工。

5月10日 全国人大常委会副委员长韩启德到旺旺公司、亚华乳业和长沙医学院考察。

5月17—20日 湖南望城国家农业科技园区组团参加在福州举办的“第七届海峡两岸经贸交易会”，设立展位1个，发布重点招商项目10个，成功签约项目一个。

5月23日 国家发展和改革委员会批复同意长沙电厂建设。

5月24日 湖南省副省长郑茂清率省、市有关部门负责人到湖南高科技食品工业基地现场办公，研究解决晟通科技、中联重科等园区重大项目的用电问题。

5月27日—6月3日 “2005年中国湖南（香港）投资洽谈活动周”在香港会展中心举行。其间，望城与世界500强和记黄埔地产有限公司等企业签订6个项目，合同总投资22.2亿元。

台湾高雄市地方基层民意代表团一行27人到望城参观、考察湖南省台商投资区。

6月16日 湖南大北农农业科技有限公司落户望城国家农业科技园区。该公司征地6.67公顷，注册资金2000万元。

7月27—29日 中国农业科学院农业经济研究所张春敏博士后受国家园区办的委派，到湖南望城国家农业科技园区调研考察。他充分肯定望城园区发展思路明、运行机制好、建设规模大、带动功能强、发展后劲足，运作模式值得全国推介。

8月10日 巴塞罗那华人商贸总会会长戚显进、西班牙总商会会长陈汉忠、巴塞罗那工商联合会会长张甲林等西班牙华人工商界客人一行10余人，考察湖南省高科技食品工业基地。

9月20—23日 由湖南高科技食品工业基地主办、湖南天龙制药有限公司协办的高科技食品工业基地迎国庆“天龙杯”男子篮球赛，在天龙制药有限公司举行。

9月28日 湖南省科技厅组织有关专家，对湖南望城国家农业科技园区2001年至2003年科技部“奶牛无公害优质饲草生产与加工综合配套技术研究”“湖南望城国家农业科技园区科技服务体系建设”“湖南望城国家农业科技园区能力建设”三个部级项目进行验收，全部获得通过。

9月29日 泰嘉新材的“高速锯切用特种双金属复合钢带”项目，被列为国家高技术产业化示范工程。

10月10日 湖南省政府副省长贺同新到望城考察“湘台经贸交流与合作高峰论坛”筹备工作。

10月28—29日 由湖南省政府主办，湖南望城农业科技园承办的“2005湘台经贸交流与合作高峰论坛”在望城开幕。国务院台湾事务办公室主任陈云林，省委副书记、省长周伯华，国务院台湾事务办公室副主任李炳才等出席，副省长贺同新主持。200多位台商和200多位省内外专家、学者、企业界人士相聚一堂，共商经贸交流与合作大计。活动期间，望城共签约15个项目，签约资金3.9亿美元。

10月29日 由园区承办的《同一首歌·走进湖南望城》大型文艺晚会在贺龙体育馆举行。

11月7日 湖南省高科技食品工业基地工会联合会成立。原“望城县湖南省高科技食品工业基地管理委员会工会”更名为“望城县湖南省高科技食品工业基地管理委员会机关工会”。

▲2006年

1月4日 湖南省高科技食品工业基地被农业部确认为“全国农产品加工示范园区”。

1月26日 国家发展和改革委员会根据国办发〔2003〕70号《国务院办公厅关于清理整顿各类开发区加强建设用地管理的通知》的精神，按照“布局集中、用地集约、产业集聚”的要求、将湖南省高科技食品工业基地（湖南省台商投资区、湖南望城国家农业科技园区）更名为“湖南望城经济开发区”。

2月22日 长沙菱格木业有限公司获得TSE国际免检认证；3月1日获得自营

出口经营权。

2月25日 湖南省人大常委会副主任、全国人大代表吴向东一行到望城经开区考察工作。

2月26日 旺旺湖南总厂被评为“利税过一亿元企业”。

6月1日 “望城行政执法大队园区中队”组建成立。

6月30日 天卓塑胶有限公司正式落户望城经开区。该公司位于经开区银杏路1号，占地4.75公顷，2007年4月投产。2011年6月18日该公司在经开区赤岗路新征用土地8.67公顷，投资2.59亿元，2014年12月全面竣工投产。

7月9日 古巴共产党中央政治局委员、国务委员会副主席埃斯特万拉索埃尔南德斯一行，在中共中央对外联络部副部长陈凤翔和湖南省农业厅总农艺师雷秉乾等有关领导陪同下，参观考察湖南省高科技食品工业园区。

7月21日 长沙市编委根据国家发展和改革委员会2006年8号公告精神，下发长编发〔2006〕33号文件明确，将湖南省高科技食品工业基地（湖南台商投资区、湖南望城国家农业科技园区）更名为“湖南望城经济开发区”，保留湖南望城国家农业科技园区牌子，内设机构“农业科技发展局”更名为“产业发展局”；同意望城县财政局在望城经开区内设立派出机构，名称为“湖南望城经济开发区财政分局”。同年11月，湖南望城经济开发区财政分局正式挂牌成立。

8月18日 湖南省委常委、长沙市委书记梅克保，长沙市政府市长谭仲池，市委副书记吴志雄，副市长刘晓明等到望城经开区现场办公，对晟通科技集团等重大工业项目进行协调调度。

8月23日 湖南省委副书记谢康生率相关部门负责人在长沙市委副书记余合泉的陪同下，到旺旺食品公司考察。

9月11日 长沙市永生彩印有限公司落户望城经开区金星路，投资6500万元，2011年2月1日竣工投产。

9月15日 星城中路（后改称“普瑞中路”）拓改工程竣工通车。

9月26日“长沙湘江西岸（望城）大工业区投资推介会”在普瑞酒店举行。会上有12个项目成功签约，协议引进资金70亿元。

10月9日 湖南金龙国际铜业集团（以下简称“金龙铜业”）举行奠基典礼。

10月12日 望城县政府召开中国·望城（洗心禅寺）首届“和”文化论坛

新闻发布会。

10月18日 重庆市党政代表团在中共湖南省委副书记、代省长周强等陪同下，参观望城经开区天闻印务出版基地和部分企业。

路凯（湖南）科技有限公司在望城经开区成立。该公司占地4.85公顷，投资1900万元。

11月23日 湖南交泰建材有限公司动工建设。

11月28日 湖南大学研究院和澳大利亚悉尼大学有关专家学者，参观考察望城经开区，重点考察了旺旺公司。

11月30日 湖南省委常委、长沙市委书记陈润儿率市经委、市财政局、市科委相关领导，在望城县委书记罗衡宁、县长黄佳惠陪同下考察了长高集团等企业。

12月26—28日 望城县成功举办以“和善、和睦、和谐、和平”为主题的中国·望城首届“和”文化节。27日举行开幕式与“和”文化论坛。全国政协原副主席毛致用，全国政协民宗委主任、中央委员钮茂生，全国政协教科文卫委主任、中央委员袁伟民，湖南省委常委、宣传部部长蒋建国，长沙市委副书记、市长谭仲池等中央、省、市领导和海内外大德高僧、知名文化学者、商界名人等400余人参加了活动；28日，举行洗心禅寺落成庆典和开光法会，并举办了“和之声”大型音乐盛典。

▲2007年

3月20日 韩国国会议员金在彻教授和韩国世株式参社专务理事柳秉基等一行，考察望城经开区，重点考察了旺旺公司。

3月27日 长沙市政府副市长刘晓明率市经委等单位负责人一行，考察长高集团、晟通科技，泰嘉新材，金龙铜业等企业。

4月15日 望城经开区最大铜业基地——金龙铜业首期项目投产。金龙铜业是首届中博会签约项目中第一个开工建设并实现投产的企业。项目总投资10.26亿元，计划6年内全部建成。

4月24日 长沙市委副书记吴志雄、副市长刘晓明率市发改委、市财政局、市地税局、市金融证券办以及望城县政府有关部门和望城经开区的负责人就加快资本运作问题在长高集团召开现场办公会。

6月8—12日 望城县政府参加“第四届泛珠三角区域合作与发展论坛暨经

贸洽谈会”，共签约内资项目7个，签约资金174.8亿元；外贸项目6个，签约资金3.35亿元。

6月21日 湖南省科技厅厅长王柯敏、长沙市副市长谢志迪、市政府副秘书长余冬阳和省科技厅、市科技局、高新区管委会负责人一行调研长高集团的1100千伏开关生产情况。

6月22日 望城污水处理厂举行奠基仪式。建成后污水处理厂总规模为日处理污水8万立方米，服务面积70平方公里，服务人口12万人，涵盖整个望城经开区范围。

7月5日 望城经开区与中航飞机起落架（集团）股份有限公司（以下简称“中航公司”)举行项目签约仪式,该公司是全国唯一的飞机起落架生产企业。项目投资35亿元、征地80公顷建设长沙航空工业园。

7月19日 湖南省委副书记梅克保，市委副书记吴志雄、余合泉、长沙市政府副市长刘晓明考察长高集团。

7月31日 占地166公顷月亮岛项目与深圳盛世基置地有限公司成功签约。

8月7日 湖南省委副书记梅克保，省委常委、统战部部长李薇薇一行到望城经开区调研。

9月4日 长沙市台协换届暨湖南省台商投资区推介会在望城县普瑞温泉酒店举行。会议签署了《协作共建湖南省台商投资区的框架协议》。

10月6日 国家环保总局副局长李干杰实地考察了望城经开区重点建设项目，了解望城经开区企业生态环境保护设施建设情况。

10月18日 长沙市委常委、副市长向力力率市政府办公厅、市发改局、市财政局等部门负责人，在望城县委书记罗衡宁、望城县政府县长黄佳惠以及望城经开区领导陪同下考察长高集团。

10月23日 位于铜官循环经济工业基地的华电长沙电厂第一台60万千瓦超临界燃煤火力发电机组平稳通过168小时满负荷试运行，正式投产发电转入商业运营，彻底结束了湖南省会长沙没有支撑电源的历史。同年12月25日，2号机组顺利发电，转入商业运营，标志着华电长沙电厂一期2×600兆瓦机组工程建成投产。

10月27—28日 由望城国家农业科技园区和新东阳农场有限公司共同举办的“新东阳精品农业园2007首届两岸农业论坛”在普瑞温泉酒店举行。台湾农业大学教授施明山 、大陆“ 杂交水稻之父 ”袁隆平等两岸知名农业专家、学者，共同交流探讨了湖南及望城未来农业发展的愿景。

▲2008年

3月11日 湖南省国防科工办主任、党组书记罗月林一行考察中航公司。

3月17日 雷锋大道拓改工程开工建设。该工程北起星城镇东马集镇，南至岳麓区交界的双拥门楼，全程约6公里，双向六车道，总投资2.3亿元，当年9月19日全线竣工通车。

3月20日 “旺旺”商标被国家工商总局认定为中国“驰名商标”。

安徽省安庆市市委考察团一行到望城经开区考察，重点考察了长高集团。

4月19日 全国人大常委会委员、全国台联党组书记、会长梁国扬，全国政协常委、全国台联副会长陈杰率全国台联机关党员到望城经开区考察。考察团充分肯定园区取得的成绩，看好台资企业的发展前景，并表示愿为园区发展牵线搭桥。

4月22日 湖南省委书记、省人大常委会主任张春贤一行到望城经开区考察了部分重点企业后，对望城经开区在重大项目建设、优化经济发展环境等方面所做的工作给予高度评价。

6月16—22日 望城县组团参加“沪洽周”活动，成功签约长沙航空工业园、湖南有色金属集团控股有限公司、金龙铜业二期等三个大型工业项目，协议引进资金70余亿元。签约资金在长沙市九区、县中名列第一。期间还与首创置业股份有限公司签订了合作协议。首创置业拟在望城经开区投资80亿元建设奥特莱斯产业综合体，发展品牌折扣店等新型业态。

6月23日 湖南省委常委、长沙市委书记陈润儿，长沙市委副书记、市政府市长张剑飞到望城经开区考察，重点考察了长沙航空工业园的规划建设情况。

7月2日 望城县高乔大道南接线拓改工程开工。工程北起沩水桥，南至马桥河，全长6.7公里，按城市一级主干道标准建设，路基宽60米，机动车道宽23米，双向6车道。2009年5月18日竣工通车。

7月4日 “湖南省有色金属精深加工产、学、研基地”在望城经开区举行奠基仪式。湖南省政府副省长陈肇雄、教育厅厅长张放平等领导出席仪式。

7月29日 望城经开区铜官循环经济工业基地管委会正式挂牌成立。这是湖南省首个循环经济工业基地。

9月22日 湖南高星（钢铁）物流园项目与望城经开区签订入园协议，协议投资103亿元。2013年一期工程竣工开业。

9月25日 长沙航空工业园一期工程隆重举行开工仪式。

奥特莱斯世界名牌折扣城控股有限公司（以下简称“奥特莱斯”）长沙旗舰中心现代服务产业园项目在望城县签约，落户望城经开区。长沙市委副书记、市政府市长张剑飞等出席了签约仪式。

湖南省政府副省长徐宪平率省政府相关部门负责人调研长高集团上市准备工作。

10月23日 受湖南省委常委、长沙市委书记陈润儿委托，长沙市政协副主席谢明德、市电力局局长罗检仔考察望城经开区建设项目并现场协调长沙航空工业园建设进度，解决园区输电线路和配电站建设问题。

10月24日 长沙市政府副市长、长沙大河西先导区管委会副主任赵文彬到望城经开区调研，就土地利用规划和基础设施建设等进行讨论研究。

10月27日 “广东·湖南商会企业家望城行活动”在普瑞温泉酒店举办。湖南粤湘工业园等四个项目成功签约，总签约资金16亿元。

11月5—7日 望城经开区参加2008年中国（长沙）科技成果转化交易会，集中发布了望城县企业技术需求信息24条 ，投融资需求信息12条 。交易会期间，成功签约26个项目，签约资金19亿元。

11月7日 由中国·长沙科技成果转化交易会主办、望城县科技局、招商局、铜官循环经济工业基地管委会承办的“2008年科交会·循环经济产业发展论坛暨铜官循环经济工业基地推介会”在麓谷会展中心举行。铜官循环经济工业基地成功签约资源环保型项目8个，签约金额10.15亿元。

11月8日 澳洲商会组织的“澳大利亚—中国商业奖”在香港揭晓，望城经开区澳优乳业获得最佳推广奖。

12月15日 泰嘉新材被评定为湖南省第二批“创新型试点企业”。

▲2009年

2月5日 湖南航天磁电有限责任公司项目签约望城经开区，同年9月23日举行奠基仪式。这标志着中国航天科工集团公司068基地“湖南航天科技工业园”建设项目全面启动。

2月13日 长沙市人大常委会主任余合泉率长沙地区市、县有关领导考察望城经开区，重点考察航空工业园建设情况。

2月17日 湖南省台办副主任刘丽华到望城经开区调研台资企业发展情况。

3月3日 望城经开区成立企业服务“110”，并实行专家咨询制度，开通求助专线0731-8074110，实行24小时接听。

3月10日 湖南省委副书记梅克保率省、市有关部门领导到长沙航空工业园考察检查工作。

3月14—15日 科技部农村司处长许增泰、中国农业大学教授陈阜等领导和专家对望城国家农业科技园区进行实地审查验收。

4月10日 中国人民解放军海军副司令员张永义一行到中航公司考察。

5月5日 湖南省委副书记、湖南省政府省长周强等领导视察望城经开区食品加工龙头企业。

5月9日 望城经开区顺利通过全国第一次污染源普查验收。

5月12日 中纪委、中组部第六地方巡视组组长蔡长松视察望城经开区开发建设情况。

汶川大地震一周年之际，望城县委书记黄佳惠率望城经开区、县委宣传部、县发改局、建设局等单位负责人前往中航公司汉中基地慰问，捐款100万元支持公司灾后重建。

5月22日 望城经开区管委会主要负责人参加“湖南·香港洽谈周第五届泛珠三角区域合作与发展论坛暨经贸洽谈会”。

6月2日 中航公司参加“首届中国长沙—— 重点大学人才战略合作峰会”，与65所重点高校签订了“湖南长沙重点大学企业人才战略联盟共建协议”。

6月7日 国务院台湾事务办公室和湖南省人民政府共同举办的“2009海外台商湖南行”活动在望城县普瑞温泉酒店开幕，200多名来自美国、英国、越南等国家的海外台商参加活动。9日，出席活动的海外台商参观考察望城经开区。

7月1日 长沙市人大常委会主任余合泉等领导考察中航工业园建设情况。

7月3日 湖南省政府省长周强、长沙市政府市长张剑飞和省、市相关领导到长沙航空工业园调研。

7月7日 湖南省委常委、湖南省政府副省长陈肇雄到长沙航空工业园检查工作。

8月24日 斯里兰卡代表团一行参观考察天闻印务。

9月 湖南望城国家农业科技园区管委会通过湖南省红十字会向台湾受灾地区同胞捐赠人民币50万元。

9月23日 湖南航天磁电有限责任公司举行湖南航天高新材料与装备产业园奠基典礼。

10月8日 澳优乳业成功在香港主板上市，成为内地第一家在港上市的婴幼儿乳制品企业。

10月14日 湖南省国防科工局局长罗月林率投资考察团到长沙航空工业园考察。

10月20日 中联重科路面机械分公司落户望城经开区。

10月28日 中南地区规模最大的珠宝交易中心——天园地芳国际珠宝城项目在望城经开区举行奠基仪式。该项目总投资3.2亿元，总规划占地17万平方米，打造珠宝步行街、国际珍珠文化馆、世界珍珠交易区、潇湘特产经营区等功能区域。项目建成后将创设5000个就业岗位，联动千余珍珠养殖户，填补湖南乃至中南地区珍珠产业在原材料买卖、产品精加工、成品销售等环节的多项空白。

10月29日 “长沙安全食品创业基地（望城）专题招商推介会”在望城经开区举办，共签约9个项目，协议引资7.06亿元。

10月30日 望城县政府望政发〔2009〕63号文件明确，望城经济开发区开发管理范围向南扩充北以经开区现有管辖范围为界、南与麓谷对接、东至雷锋大道、西至黄桥大道，控制面积约75平方公里，包括高塘岭镇莲湖、白芙塘仁和、喻家坡、原佳、高冲村（社区），星城镇马家河、东马、腾飞、戴公庙村（社区），黄金乡金坪、金山桥、黄金园、桐林坳、桂芳村（社区）。在此范围内，授权望城经开区管委会行使规划审查职权。

▲2010年

1月8日 长沙金红叶纸业有限公司、湖南湘江涂料集团有限公司等10个项目与望城经开区集中签约，落户望城经开区。

2月1日 百威英博（湖南）啤酒项目投产运行。长沙市政府副市长文树勋等出席投产仪式。

2月4日　在湖南省政府召开的重点项目表彰会上，中航公司被授予“2009年度湖南省重点劳动竞赛先进集体”荣誉称号。

2月21日　湖南省工商联、省总商会组织的考察团一行30余人参观考察湖南派意特服饰有限公司，并就多个领域的合作事项进行沟通和交流。

2月22日　湖南省委书记、省人大常委会主任张春贤在省国防科工局局长罗月林陪同下，考察长沙航空工业园。

2月24日　湖南省委常委、长沙市委书记陈润儿到望城经开区调研。

3月3日　长沙市委常委、统战部部长、市推进创业富民工作领导小组常务副组长虢正贵到望城经开区调研。

3月4日　湖南宝利沥青有限公司在望城经开区成立。该公司总投资1.2亿元，占地4公顷，2012年建成投产。

3月17日　长沙市人大常委会主任余合泉到望城经开区调研。

奥特莱斯项目在望城经开区星城镇举行奠基仪式。

3月25日　台湾海基会董事长江丙坤在湖南省、长沙市、望城县政府相关领导陪同下，到望城经开区考察，重点考察了旺旺集团公司。

4月9日　湖南大北农农业科技有限公司股票在深交所成功上市（股票简称“大北农”）。

4月20日　“望城经开区之歌”评选活动圆满结束。由徐志刚作词，殷景阳、张长松作曲的《望城经开区之歌》从全国各地送评的200多件作品中胜出入选。

4月26日　望城经开区在“湖南招商引资暨承接产业转移工作会议”上作典型发言。

4月28日　晟通科技“10万吨工业铝型材”项目开工建设。

5月5日　长沙市人大常委会主任余合泉，长沙市委常委、市政府常务副市长谢建辉到望城经开区调研“两帮两促”工作。

5月6日　长沙市科技领导小组办公室研究决定，望城经开区列入市科技进步目标管理考核单位，并参加2010年度科技进步目标管理考核。

5月22—23日　第四届海峡两岸经贸论坛在望城举行。

5月26日　工业和信息化部副部长、国防科工局局长陈求发一行在湖南省国防科工局局长童旭东陪同下考察长沙航空工业园。

5月31日　中国人民解放军某部队向中航公司发来感谢信，感谢中航公司在3月份西南地区严重旱情和4月14日青海玉树7.1级地震的危急关头，及时派出骨干力量服务部队，确保运八飞机始终处于良好状态，为抗旱救灾的胜利赢得了宝贵时间。

7月2日 长高集团A股在深交所中小板成功上市。(股票简称“长高集团”)。7月20日 ， 深交所为公司举行了隆重上市仪式 ，长沙市副市长文树勋 、省机械工业厅、省证监局、市科技局、望城经开区的主要领导出席了仪式。

7月9日 中国商飞公司与中航公司、德国利勃海尔公司在长沙正式签署国产C919大型客机起落架系统和机轮、轮胎及刹车系统合作意向书。湖南省委书记周强，湖南省委副书记、省政府代省长徐守盛，湖南省委常委、长沙市委书记陈润儿，中国商飞公司董事长张庆伟，总经理金壮龙等领导出席了签约仪式。

7月24日 国台办常务副主任郑立中一行考察旺旺集团公司等台资企业。

7月27日 湖南省委常委、长沙市委书记陈润儿调研望城经开区园区建设情况。

7月29日 望城经开区投资服务中心、企业孵化中心揭牌。

望城经开区重大项目集中签约仪式在新落成的投资服务中心举行。长沙市人大常委会主任余合泉，长沙市委常委、宣传部部长陈泽珲，长沙市人大常委会副主任罗购三，长沙市政协副主席龙建强，先导区管委会国土规划部部长文雄，望城县委书记黄佳惠，望城县委副书记、县政府县长谭小平和县人大、县政协的领导出席了会议。湖南兰天投资有限公司的“河西国际汽车城”，湖南湘联汽车销售股份有限公司的“河西商用汽车城”等11个项目签约，签约资金122.85亿元。

高星（钢铁）物流园项目开工奠基。

8月22日 湖南光明乳品有限公司，通过潇湘晨报组织全市30名小报童，拉开“快乐小报童—光明健康之旅”活动序幕。小报童们参观光明乳品现代化车间和生产设备，从显微镜中看酸奶产品中的“益生菌”活动，收到了良好的效果。

8月28日 金龙铜业电缆有限公司举行“成立十三周年暨交联项目投产庆典”。

8月31日 望城经开区荣获“湖南十大最具投资价值产业园区”殊荣。

9月8日 坤源塑化于2009年10月研制的“新型节能存水弯”获国家知识产

权局颁发的实用新型专利。

9月29日 望城经开区与邵阳商会投资有限公司在湖南经济合作洽谈会暨第四届湘商大会上成功签约，签约项目为中南地区最大的商贸物流项目——长沙大河西商贸物流城（后更名为金桥国际商贸城），投资总额100亿元。

10月11日 由望城县委、望城县政府主办、望城经开区承办的“望城籍院士专家故乡行”活动在普瑞温泉酒店举行。应邀出席的50多位望城籍在外地工作的院士、专家、学者共商望城发展大计，共话望城美好未来。26位院士、专家被聘为望城科技顾问。

10月12日 2010年中国（长沙）科交会望城有色专场活动——湖南望城有色金属精深加工高新技术产业化基地暨中国五矿湖南有色高新材料产业园专场推介会在普瑞温泉酒店举行。会上，投资总额逾7亿元的9个有色金属产业化项目成功签约；中国长沙有色金属精深加工产业技术创新战略联盟宣告成立。

湖南望城有色金属精深加工高新技术产业基地正式落户望城经开区。

10月15日 长沙市委、长沙市政府、市人大、市政协老领导100余人在市委副书记谢建辉陪同下参观考察望城经开区。重点参观了长沙航空工业园。

10月20日 全国人大长沙小组代表一行考察中航公司。

11月22日 湖南省人大常委会副主任谢勇到望城经开区调研对台经贸交流工作情况。

11月25日 湖南百家汇投资有限公司正式成立，全面负责金桥国际商贸城项目的开发运营。

12月8日 中国共产党湖南望城经济开发区工作委员会、湖南望城经济开发区管理委员会入驻新建的投资服务中心大楼并举行升旗仪式。

12月11日 在台湘籍人士及台湾各界代表参观考察湖南旺旺集团。

12月15日 望城县委、县政府在望城经开区组织召开现场办公会，决定成立进军国家级园区领导小组并审查园区发展控制规划。望城经开区申报国家级经济技术开发区工作全面启动。

12月22日 长沙市政府向湖南省政府呈报《长沙市人民政府关于同意湖南望城经济开发区申报国家级经济技术开发区的请示》。

全国人大解放军总政组代表成员姜吉初中将、王梦云少将、齐三平少将等一行，在长沙市人大常委会主任余合泉，望城县委书记黄佳惠，望城县委副书记、县政府县长谭小平及望城经开区领导陪同下考察长沙航空工业园。

12月29日 望城经开区成立十周年庆典暨经开区十年“十大突出贡献企业”“十大突出贡献人物”颁奖典礼在普瑞温泉酒店举行。湖南省政府顾问唐之享，省人大常委会原副主任罗海藩，长沙市委常委、市政法委书记张湘涛，长沙市委常委、统战部部长虢正贵、长沙市政府副市长、大河西先导区管委会常务副主任赵文彬等领导出席。望城经开区党工委副书记、管委会主任徐志刚介绍了望城经开区十年奋斗取得的成果和“十二五”蓝图。强调要充分发挥区位交通、先行先试、产业基础三大优势，全面做强三大主导产业，加快推进新型工业化、新型城市化和信息化建设，提出了“打造千亿级、进军国家队”的宏伟目标。

▲2011年

1月1日　印度尼西亚总统府顾问吴明义博士偕夫人参观旺旺公司。

1月12日 湖南省政府副省长韩永文一行到望城经开区调研，主要调研长高集团企业上市工作。

1月20日 望城经开区承办的望城县企业界人士新春团拜会在普瑞温泉酒店举行。

3月2日 中国五矿有色控股集团党委书记黄国平等领导考察望城经开区。

3月3日 湖南省委副书记梅克保到望城经开区湖南有色金属研究院产业化基地调研。

3月9日 望城县行政综合执法局正式成立。同年4月16日，望城县行政综合执法局驻望城经开区行政综合执法中队正式挂牌。

3月18日 湖南国家农业科技园区综合研发服务中心项目开工建设。服务中心占地1.33公顷，投资1200万元，集办公、科研、培训服务于一体。

中共中航公司第一次党代会在望城经开区长沙航空工业园召开，来自47个党支部从1463名党员中选出的81名党员代表出席大会。

4月11日 望城经开区第一个科技创业园——黄金创业园项目开工。

5月 望城经开区被湖南省知识产权局确定为“湖南省知识产权工作试点园区”。

5月15—17日 湖南科技活动周暨第四届湖南科技博览会在长沙红星国际会展中心举行。中航公司专利成果“小型飞机起落架电动收放装置”获科技创新奖。

5月20日 国务院国函（2011）57号批复撤销望城县，设立长沙市望城区。望城区以原望城县行政区域为行政区域 ，辖15个乡镇（含已移交托管的雷锋镇）总面积969平方公里，总人口55.19万人。

6月 望城经开区党工委新一届领导班子产生，徐志刚同志任经开区党工委书记，张权同志任经开区党工委副书记、管委会主任。

6月18日 长沙天卓塑胶有限公司扩大规模，在赤岗路新征用地8.67公顷，投资2.59亿元 ，建设天卓环保管道及检查井项目 。项目于2014年4月7日动工建设，2014年12月竣工投产，年产管道20万吨。

6月30日 长沙起重机有限公司落户望城经开区。2013年8月竣工投产。

7月25日 湖南省委副书记、省长徐守盛，省委常委、长沙市委书记陈润儿，省政府秘书长盛茂林，长沙市委副书记、市长张剑飞一行到望城经开区晟通科技集团调研。

9月29日 全国政协副主席李金华在湖南省委副书记、省长徐守盛，省委常委、长沙市委书记陈润儿陪同下考察望城经开区中航公司。李金华副主席听完汇报后挥毫题词“融入世界 融入地方 为湖南经济发展出力”。

10月21日 津巴布韦总统特使昆顿（Eng.QuintonC.Kanhukamwe）参观望城县（乌山）创业富民基地长沙黑金刚实业有限公司，观看了凿岩机和风动工具的生产流程。参观后，昆顿诚挚邀请该厂把产品出口到津巴布韦。

12月22日 长沙市委副书记、市长张剑飞视察派意特服饰有限公司。

12月27日 旺旺东路拓改工程正式启动。该路段拓改工程西起雷锋大道马桥河广场，东至潇湘大道北延线景观道白沙洲地段，全长约2.16公里，总投资1.51亿元。

▲2012年

1月11日 韩国CCT公司与湖南阳光富源光电产业有限公司合资的新型超轻LED路灯项目落户望城经开区。该项目一期投资5000万美元。

2月8日 长沙市委副书记、市长张剑飞一行参观考察了望城经开区百威英博、澳优乳业、旺旺集团等企业，并在望城经开区投资服务中心与全市10多家食品企业的负责人举行座谈。张剑飞市长在座谈中强调，要把食品产业做大做强，使之成为长沙的支柱产业和新的经济增长点。

金圆路和新港南路正式开工建设;金圆路东起吴家冲路，西至雷锋大道，全长1.15公里，路幅宽30米，总投资7700万元。新港路南起黄金大道，北至银星路，全长1.49公里，路幅宽20米，总投资6800万元。

2月14日 湖南纳菲尔新材料科技股份有限公司核心技术“钨合金表面处理”技术获得国家技术发明二等奖。该公司何凤姣、高晖、黄宇宁、雷同鑫、苏长伟、王二立六人获此殊荣。公司总工程师何凤姣代表公司到北京人民大会堂出席颁奖仪式，受到了国务委员刘延东等领导的接见。

2月15日 长沙成进汽车配件有限公司落户望城经开区黄金创业园。这是韩国SJM集团在中国成立的一家独资企业，同年7月正式投产。2013年12月公司产品顺利出口马来西亚。

2月18日 清华大学与望城经开区签订“人才服务、科技创新领域战略合作”协议。双方确定在科技成果转化、科技人才培养等领域展开全面合作，大力推进产、学、研有机结合，切实提升望城经开区的科技创新能力。

3月6日 澳优乳业（中国）有限公司与北京大学签订10年“产、学、研”战略合作协议并联合成立“北大澳优母婴营养研究中心”。

3月12日 长沙中联消防机械有限公司举行搬迁入驻中联重科望城工业园开业庆典。

4月8日 望城经开区举行长沙新奥燃气有限公司总部项目签约仪式。该项目总投资10亿元，选址普瑞大道与潇湘大道景观道交叉口，占地11.67公顷。

4月11日 望城区委书记、区长谭小平召集区四大家领导，就望城经开区发展建设召开办公会议。会议强调：“要把望城经开区作为望城经济发展的‘特区’来看待，要什么、给什么，缺什么、补什么，举全区之力，推动望城经开区又好又快发展”。

4月24日 万家乐热能科技有限公司落户湖南望城经济开发区，注册资本1.02亿元，项目总投资2.08亿元。2013年1月1日正式动工建设，2014年7月18日投产。

4月27日 派意特服饰有限公司的“派意特”商标被国家工商总局评定为“中国驰名商标”。

菱格木业有限公司自主品牌“天格地板”被国家工商总局评定为中国驰名商标。

5月16日 举行“相约雷锋家乡、共建希望之城”第七届中博会望城经开区投资环境推介暨重大项目发布签约仪式，现场签约38个项目，合同协议资金

127亿元。签约项目涉及食品、医药、金融、卫星应用、现代服务业等。

6月18日 望城经开区与湖南省公路建设投资有限公司签订合作框架协议。双方确定在联合储备土地一级开发和周边基础设施建设等方面进行广泛合作。

6月29日 望城经开区举行“庆祝建党91周年大会暨‘我身边的雷锋’演讲比赛”。会上，经开区党工委对中共泰嘉新材委员会等13个先进的基层党组织、丁玉珍等38名优秀共产党员、王乾等10位优秀党务工作者进行表彰。

7月16日 旺旺公司一仓库因电路老化引起火灾，武警消防200名官兵经过9个小时奋战，扑灭了大火。火灾造成经济损失800万元，没有殃及其他仓库，没有人员伤亡。

8月14日 望城经开区与湖南财润投资公司本着互利双赢、共同发展的原则，就湖南省公路建设投资有限公司总部搬迁项目签订合作协议。

8月29日 湖南省委常委张文雄一行考察望城经开区湖南航天磁电有限责任公司等企业。

9月6日 望城经开区举行金星大道、普瑞大道、雷锋大道提质改造竣工典礼暨希望广场揭幕仪式。

9月8日 万家乐热能科技产业园开工仪式在望城经开区举行。

9月12日 湖南省军民结合卫星应用产业园奠基仪式在望城经开区举行。湖南省委副书记、湖南省政府省长徐守盛出席仪式并宣布奠基。

10月 长高集团申请的发明专利“开合高参数母线转换电流1100千伏特高压隔离开关”获得国家知识产权局发明专利授权。

10月9—11日 晟通科技参加有“铝业奥林匹克”之称的德国国际铝工业展览会，展出的双零箔、空调箔、箔坯料、工业型材等一系列产品获得了客户好评。

▲2013年

1月18日 长高集团的“特高压交流输电关键技术成套设备及工程应用”项目获2012年度国家科技进步奖特等奖。

1月20日 湖南大学电气与信息学院博士研究生研究基地在长高集团挂牌成立。

1月29日 国台办经济局副局长余红考察旺旺集团等台资企业。

2月21日 全国人大常委会委员、全国台联会长汪毅夫，全国政协常委、全国台联副会长陈杰，全国台联台胞部处长李永红等一行考察望城经开区，重点考察了湖南旺旺集团。

3月12日 旺旺集团湖南总厂乳饮新区举行开工奠基仪式。该项目总投资3亿美元，将引进目前最先进的生产设备，对湖南总厂米果、包材等生产线进行全方位升级改造。29条乳饮生产线、17条米果生产线将于2016年全部建成投产，成为旺旺系列产品全国最大规模生产基地。

3月18日 金桥国际商贸城开工建设。该项目是商务部全国20大物流配送基地之一，也是湖南省“十二五”规划十大重点建设工程之一。

4月10日 湖南省委常委、统战部部长李薇薇，长沙市委常委、统战部部长文树勋考察派意特服饰公司。

4月17日 长沙市委常委、市政府市长张剑飞一行考察望城经开区湖南航天磁电有限责任公司等企业。

5月21日 望城经开区召开工会联合会第一次代表大会。大会选举产生了望城经开区工会联合会主席、副主席、经济审查委员会主任，协商产生了女职工委员会组成人员及女职委主任。至2013年5月，望城经开区企业总用工量达13000余人，拥有基层工会组织70多家。

6月4日 望城经开区获批国家知识产权试点园区，标志着望城经开区知识产权工作迈上了新台阶。截至2013年，园区已拥有国家驰名商标13个、湖南省著名商标48个、湖南名牌产品18个。

6月6日 长沙市委常委、副市长张迎春视察金桥国际商贸城项目，并在望城经开区召开发展现代服务业专题会议。

6月7日 以“女性创业与区域合作”为主题的第八届中国——南亚商务论坛、女性企业家合作会议在昆明召开。湖南派意特服饰有限公司的董事长姜学军应邀参加并作大会发言，与来自印度、巴基斯坦、尼泊尔、斯里兰卡、孟加拉、马尔代夫、不丹等南亚国家嘉宾以及香港、澳门、国内部分省、自治区女企业家代表300余人交流管理经验。

6月23日 全国政协副主席马飙到洗心禅寺视察洗心基金慈善会工作。

湖南旺旺总厂党支部组织全体共产党员进行“学习十八大精神、增强党员凝聚力”党的知识抢答赛活动。望城经开区党工委、旺旺总厂领导出席活动。

6月25日 科技部正式为望城经开区“长沙望城国家有色金属新材料精深

加工高新技术产业化基地”授牌。

举办“投资旺地·产业望城”湖南望城工业招商推介会，望城经开区成功签约华菱（望城）工业产业园、宝湾物流（华中）高端仓储物流中心、天章绿色印刷产业园等16个重点项目。

8月29日 全国工商联在北京发布2013年中国民营企业500强名单，望城经开区晟通科技集团有限公司、大汉控股集团有限公司、湖南金龙国际集团榜上有名。

9月8日 大河西汽车城开篇之作——车商汽车城开业。该项目规划用地33.33公顷，总投资20亿元，车商汽车城销售20多个商用车主导品牌，经营范围涵盖商贸物流 、汽车前市场和汽车后市场等多元化业态 。企业采用网络化、信息化、规模化的商业新模式，旨在实现汽车营销产业链双向延伸，建成辐射全省乃至全国的新型汽贸物流产业园。

10月21日 湖南省科技厅厅长彭国甫一行到望城经开区考察调研。

10月23日 “2013年长沙（上海）招商活动周”在上海举行。望城区委书记谭小平、望城经开区党工委书记张权、望城区政府副区长杨利成和望城经开区招商局及区直相关部门负责人出席了此次活动。10月30日16时，长沙市政府在上海大酒店上海厅举行“投资推介会暨重大项目签约仪式”，奥克斯商业广场、美高梅商业广场等项目在会上签约。

11月30日 望城经开区举行产业项目集中签约仪式。望城经开区与高端进口汽车主题文化科技产业园、联东U谷望城产业综合体、华润万家中南地区加工配送中心、勤业光电LED产业园等10个优质产业项目成功签约，总投资116.26亿元。

12月28日 湖南高星（钢铁）物流园举行开业庆典。1000余家钢贸经营户正式入驻。该项目是经湖南省发改委核准的大型钢铁产业集群项目,也是“省市、区”三级重点建设项目。物流园以流通服务集成为主干，依托先进的电子商务平台打造中部地区“一站式”、现代化、超大规模的钢材物流园。项目一期18万平方米交易区和5万平方米仓储区及2万平方米堆场区已全部对外开放。

▲2014年

1月 湖南省经信委确定望城经开区为湖南省新型工业化示范基地。

1月15日 长沙众城石油化工有限责任公司曾海、廖顺知发明的“高机械安定性聚脲基润滑脂及其制备方法”获得国家发明专利。

2月18日 国务院国办函〔2014〕24号文件同意湖南望城经济开发区升级为国家级经济技术开发区，定名为“望城经济技术开发区”，实行现行国家级经济技术开发区政策。

2月23日 湖南省委常委、长沙市委书记易炼红视察金桥国际商贸城项目。

3月 望城经开区知识产权试点工作成功通过省知识产权局考核验收，望城经开区纳入湖南省首批知识产权示范园区。

3月5日 长沙市委常委、长沙市先导区党工委书记、管委会主任赵文彬视察金桥国际商贸城项目。

3月9日 望城经开区召开开展党的群众路线教育实践活动动员大会。

3月12日 盈成油脂工业（长沙）有限公司在铜官循环经济工业基地正式动工建设。该项目占地14.16公顷，总投资7亿元，为年加工30万吨双低菜籽油和4.5万吨米糠毛油深加工项目。

3月27日 湖南省人社厅厅长胡伯俊、长沙市政府副市长何寄华在望城区委书记谭小平和望城经开区相关领导陪同下考察派意特公司的安置就业和“五险”购买情况，并听取望城经开区党工委领导关于园区就业安置和社会保险情况的汇报。

4月18日 《望城经济技术开发区志》正式启动编纂。同年6月25日，望城经开区党工委、管委会召开修志工作动员大会。

4月22日 望城经开区举办2014全民健身“绿地香树花城杯”春季马路赛跑。

5月10日 望城经开区在深圳市举办“投资旺地·希望之城”招商推介；会上，望城经开区与省驻深办签订了《招商引资战略合作框架协议》。

5月26日 中共中央委员、中国航天科工集团董事长高红卫一行到望城经开区考察航天企业。

6月3日 湖南省委常委、长沙市委书记易炼红到望城经开区调研，考察了长高集团、泰嘉新材、万家乐热能产业园、旺旺乳饮新厂、金桥国际商贸城等重点企业和重点建设项目。

6月18日 湖南高星（钢铁）物流园发展有限公司与石长铁路有限责任公司正式签订《湖南高星(钢铁)物流园铁路专用线项目推进建设合作协议书》。

6月25日 世界品牌实验室主办的“世界品牌大会”2014年“中国500最具价值品牌”排行榜揭晓，首次参加评选的晟通集团以94.15亿元的品牌价值跻身排行榜第214位。

7月10日 中国有色金属学会会长康义，学会副秘书长杨焕文，学会办公室副主任崔雅秋，湖南省科协党组副书记、副主席荣诚，中国科协科技咨询服务中心副主任王诚以及中南大学常务副校长周科朝等专家学者一行考察望城经开区有色金属企业。

7月11日 望城区召开长沙市台湾同胞投资企业协会望城分会成立大会，湖南台杰食品有限公司董事长林忠村当选会长。

7月17日 长沙市委常委、市纪委书记李军一行到望城经开区调研。

7月22日 望城经开区与湖南省有色金属管理局签订《共建中德有色工业园战略合作协议》。

7月29日 湖南省委书记、省人大常委会主任徐守盛到望城经开区晟通集团等企业考察企业科技创新情况。

8月20日 长沙市委副书记、市长胡衡华一行考察望城经开区百威英博、泰嘉新材、中航公司和铜官循环经济工业基地产业发展情况。

8月29日 长沙市望城区新侨和留学生创业服务站在黄金创业园挂牌成立。

9月2日 “2014中国企业500强榜单”揭晓，大汉集团以营收291.5亿元入榜中国企业500强第396位。

9月18日 湖南省人大常委会副主任刘莲玉调研考察奥特莱斯项目。

9月29日 湖南省委常委、长沙市委书记易炼红，湖南省政府副省长何报翔共同为国家级望城经济技术开发区揭牌。在当天举行的重大产业项目签约仪式中，中德有色工业园、开利星空进口汽车销售中心等项目成功签约落户望城经开区。

10月1日 长沙环球奥特莱斯购物中心正式开业。

10月13日 全国政协常委、经济委员会主任周伯华率调研组考察望城经开区“支持中小微企业技术创新”工作情况。湖南省政协主席陈求发、副主席武吉海、秘书长袁新华，长沙市政协主席范小新、长沙市政府副市长何寄华、长沙市政协党组副书记谢明德、秘书长彭志一参加考察。

10月20日 由中国公共外交协会与欧洲之友主办、中国驻欧盟使团协办的

2014年中欧论坛圆桌会议在望城举行。开幕式上，中国人民外交协会前会长、前驻德国大使梅兆荣为望城中德有色工业园授牌。

10月23日 望城经开区举办以“创新驱动 有色生辉”为主题的2014院士专家长沙望城行活动。中国有色金属学会会长康义，中国工程院院士余永富，中国科技咨询中心副主任王诚，湖南省科协党组副书记、副主席荣诚，湖南省科技厅副厅长杨薇，湖南省有色金属管理局副局长邓家军，长沙市相关领导夏建平、谢明德及望城有色行业专家和企业家出席了此次活动。会上,有5个企业8个项目成功签约。康义会长作了“当前我国有色金属工业发展形势与对策”的主题报告。

11月3日 金桥国际商贸城项目举办“创新创业 金桥万商光彩行”活动在望城经开区金桥国际市场举行。活动期间，举办了创新创业企业入驻基地仪式。

11月12日 湖南省人大常委会副主任蒋作斌考察金桥国际商贸城和晟通集团。

11月7日—19日 湖南省有色金属管理局、湖南省贸易促进会、望城经开区在德国柏林、莱比锡举办“中德有色工业园招商推介会”。

11月26日 湖南华纳手性药物有限公司高端原料药生产基地项目在望城经开区铜官循环经济工业基地举行开工仪式。

12月11日 湖南省委常委、长沙市委书记易炼红，市委副书记、市长胡衡华率全市项目建设流动观摩团到望城经开区金桥国际市场集群实地观摩，点评督导项目建设推进工作。

12月15日 长沙市政协主席范小新到铜官循环经济工业基地调研金驰能源材料有限公司电池正极材料生产基地项目建设情况。

12月31日 国家发改委批准望城经开区建设开发总公司发行12亿元7年期企业债券。

▲2015年

1月8日 望城经开区与湖南科太电气高低压软启动装置项目签约仪式在望城经开区企业孵化中心举行。湖南省经济技术协作办公室党组副书记、副主任祝拥军出席签约仪式。

1月21日 望城经开区债券“15望城经开债”在中央国债登记结算有限责

任公司正式簿记发行。

1月28日 望城经开区工业产业项目集中签约暨光电产业基地启动仪式在望城经开区举行。

3月11日 长沙市人大常委会主任袁观清率市人大常委会主任会议成员一行到望城经开区万家乐热能产业园、中航公司、合生元乳业公司等企业调研。

3月31日 望城经开区党工委、管委会在在望城经开区企业孵化中心大会议室举办“企业家讲坛”理论学习活动。

4月8日—10日 望城经开区承办的全国有色金属结构材料制备加工技术交流会在长沙举行。

4月14日 全国政协常委、港澳台侨委员会副主任郑中立一行到湖南旺旺公司考察调研。

4月23日 香港总商会主席余国贤一行到望城经开区考察。

5月12日 望城经开区在“2014年度湖南省开发园区‘节约集约用地’评比”中获全省唯一特等奖。

5月29日 望城经开区党工委召开“三严三实”教育活动动员大会，党工委书记张权主讲第一堂党课。

6月18日 中粮可口可乐华中项目在普瑞温泉大酒店正式签约落户望城经开区。中粮可口可乐饮料有限公司董事长栾秀菊、财务首席执行官许志文、总经理陈宏兵，长沙市委副书记、市长胡衡华及市经信委、市商务局领导，望城区委书记李蔚，区委副书记、区长孔玉成，望城经开区党工委书记张权、管委会主任吴皓等领导出席签约仪式。

7月1日 望城经开区举办庆祝中国共产党建党94周年表彰大会暨文艺汇演活动。

7月8日 湖南省委副书记、省长杜家毫到望城经开区调研新材料产业发展情况。

7月13日 湖南省委常委、长沙市委书记易炼红考察长沙恒飞电缆有限公司特种电线电缆工组。

8月6日 中粮可口可乐（华中）项目建设启动仪式在望城经开区举行，湖南省委常委、长沙市委书记易炼红，长沙市委副书记、市政府市长胡衡华出席仪式。

8月20日 湖南省委常委、省委统战部部长李薇薇考察望城经开区黄金创业园，并在黄金创业园组织召开全省归国人员座谈会。

10月14日　开利星空汽车城签约暨项目启动仪式在望城经开区举行。

10月15日　望城经开区联合湖南省股交所在黄金创业园共同成立“企业挂牌上市孵化基地”，同年11月15日正式揭牌。

10月22日　湖南智能交通产业园起步区项目举行签约仪式，入驻望城经开区。

10月23日　湖南省政府参事室副巡视员郭玉平一行到望城经开区金桥国际金龙铜业、泰嘉新材等企业调研。湖南大学经济与贸易学院副院长、教授、博士生导师罗能生，湖南农业大学资源环境学院原院长、教授段建南，湖南大学博士彭郁，湖南省参事室参事业务处副调研员章腊生等参加调研。

10月26日　湖南安多福生物制药有限公司产业基地项目启动建设仪式在望城经开区举行。湖南省政府驻深办主任廖克勤，深圳市盐田区委副书记、区长吴德林，望城区委副书记、区长孔玉成，副区长杨利成，望城经开区党工委书记张权，管委会主任吴皓出席仪式。

11月2日　证通电子互联网大数据科技产业园签约仪式在望城经开区举行。长沙市委常委 、副市长张迎春 ，望城区委书记李蔚，区委副书记、区长孔玉成，望城经开区党工委书记张权出席签约仪式。

11月　望城经开区范围内高塘岭镇和星城镇“土地利用总体规划调整”获长沙市人民政府批准。

11月7日　“中德企业（湖南）国际合作服务中心”在望城经开区正式成立。湖南省政府副省长何报翔出席中心揭牌仪式，并参观了在望城经开区办公大楼布置的“中德企业联合展示中心”的展览。

11月11日　梦网科技发展有限公司与望城经开区战略合作协议签约仪式在深圳市梦网科技发展有限公司举行。

11月24日　湖南省政府驻深办事处主任廖克勤和深圳湖南商会一行19人考察望城经开区部分企业。

11月27日　金桥国际——中国商贸物流峰会在望城经开区举行。湖南省商务厅副厅长肖彬、长沙市政府副市长廖健、望城区委书记孔玉成出席会议。

12月4日　湖南省委副书记、省长杜家豪到望城经开区优美科富虹(湖南)锌业有限公司考察。

12月9日　长沙市委副书记、市政府市长胡衡华一行到望城经开区恒飞电缆有限公司、湘江涂料有限公司、中航公司等重点企业考察项目发展建设情况。

第一篇 建置 地理

ESTABLISHMENT AND GEOGRAPHY

望城境域和行政建置在中华人民共和国成立后几经变化。1949年8月，湖南全境解放，1949年8月—1951年6月，望城全境属长沙县辖区，没有望城县的行政区划。1951年5月26日，中央政务院发文批复，长沙县划为长沙、望城二县，1951年7月1日，望城县人民政府宣告成立。县名得于县治所在地望城坡，辖区面积从庞大的长沙县析出，辖湘江东岸西北角一部分以及原长沙县湘江西岸的全部土地，共72个乡镇47万余人。1952年3月,县政府机关迁往高塘岭镇。同年9月，长沙专区改称湘潭专区，望城隶属湘潭专区。1958年12月24日，望城归属长沙市。1959年3月，望城县撤销，与之前作为行政单元的长沙市郊区一起并入长沙县。这一调整是出于做大做强农业县的考量。望城自清代以来，就是著名的粮仓，还是当时南方13省最重要的生猪养殖基地。1977年12月21日,国务院批准恢复望城县建制。以后10多年发展,望城县仍以农业经济为主。

1992年，望城县迎来了巨大的转机。邓小平发表了南方重要讲话，党的十四大精神，将改革开放的春风吹遍了祖国大地。望城县委、县政府重新修订“八五”规划，确立“五区一路”（建立五个经济技术开发区，修好与长沙贯通的雷锋大道）的发展战略，吹响了发展工业、拓城融城的号角。

1996年6月，望城县霞凝乡划归长沙市开福区，天顶乡划归长沙市岳麓区管辖。2008年，望城县的含浦、坪塘、莲花、雨敞坪四镇划入长沙市岳麓区，雷锋镇划归长沙高新技术开发区托管。至此，望城县辖区跨湘江下游两岸，东与长沙县和长沙市开福、岳麓区毗连，南邻岳麓区、高新技术开发区及319国道，西及西南接宁乡，西北交益阳市赫山区，北连湘阴县，东北一隅界汨罗市。

望城县区域的缩小，并没有减慢望城改革开放、融城扩城前进的步伐。2011年5月20日,国务院发函批复，望城撤县设区，望城区成为长沙市第六区。起源于1992年的望城经开区，重点加速雷锋大道两厢开发、融城扩城的战略布局，由乡镇管理，到县级管理，由三个省级开发园区并立到三园合一，由省级开发区到跻身国家级开发区，走过了一条艰苦创业、砥砺奋进，跨越式发展的道路。截至2015年底，望城经开区工业、商业、服务业、农业多元化发展，成为了一座宜工宜居的“两型”化美丽新城。

第一章 建置

◆第一节 区域位置

望城经开区位于望城区中南部，东以雷锋大道为界，南与长沙高新区接壤，西至黄乔大道，北起高塘岭街道宝粮路，地处北纬28° 14′ 56″ 至28° 21′ 14″，东经112° 47′ 10″ 至112° 52′ 12″，区域呈不规则长方形，规划面积60平方公里。与园区隔湘江相对的是长沙深水港码头，其下游5公里处便是湘江航电综合枢纽工程；长石铁路穿园而过，并在园区境内设有货运站；6纵5横公路路网联接园区内外，水陆交通便利，区位优势独特。

湖南望城经济开发区发展控制规划

——开发区与周边用地发展关系图

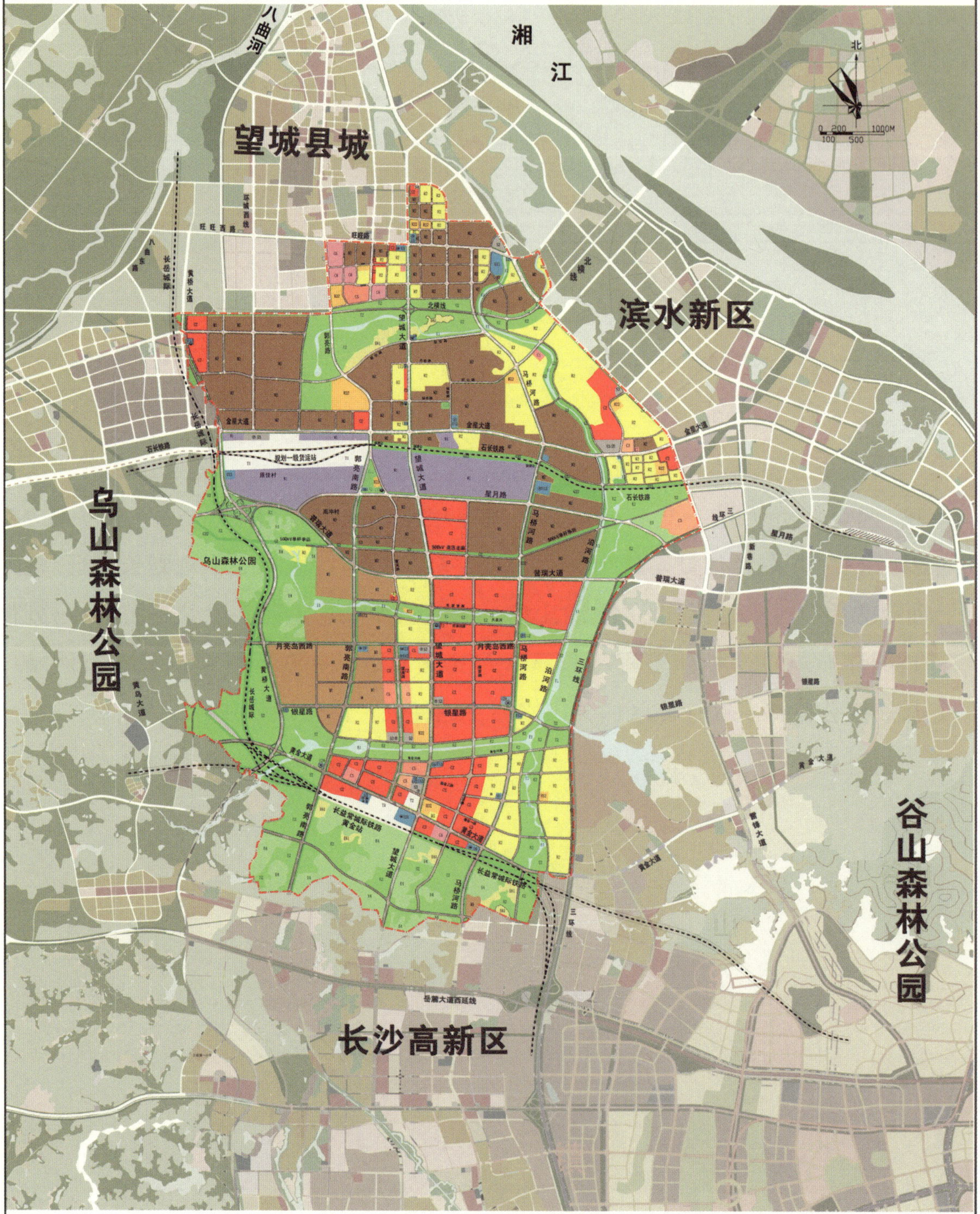

澳大利亚爱德嘉·皮诺塔事务所　　长沙泰源建筑设计有限公司

◆第二节 建置·沿革

1992年1月，邓小平发表了南方系列重要讲话，强调指出“发展才是硬道理”。10月12日，中国共产党第十四次全国代表大会胜利召开，确立了“建设有中国特色社会主义”的基本思路，制定了发展社会主义市场经济基本框架。望城县委、县政府认真贯彻邓小平讲话和党的十四大精神，经过研究和调查论证，确立了加快引进、开发，建设“五区一路”（五区即长沙望城坡经济开发区、星城经济开发区、捞霞经济开发区、城关镇外资企业区、黄金农业科技示范区；一路即雷锋大道）的发展战略。这一战略得到中共长沙市委的重视和支持，省委常委、长沙市委书记夏赞忠率市委、市政府相关负责人到望城召开现场办公会。会议决定，长沙望城坡经济开发区由市、县共建，捞霞开发区由市直管，其他“三区一路”由望城县组织力量搞好引进、开发、建设。

望城坡经济开发区是根据长沙市人民政府长政函〔1992〕19号文件批复于1992年7月29日建立的望城县首个经济开发区，是按市县共建，县建、县管、县受益为主的原则建设开发的省级经济开发区。全区的规划面积11.02平方公里，建设周期10年，人口规模10万人。建区当年，引进项目27个，签订合同资金3.2亿元；整体规划、分区规划及中心区详规全面完成；路、水、电、邮等基础设施的建设进度超过预期目标。1993年1月25日，中共望城县委决定成立中共长沙望城坡经济开发区领导小组办公室党委，加强党对开发区的领导。2月29日，望城县委批复同意望城坡经济开发区领导小组办公室党委制定的《关于进一步充实完善望城坡开发区管理机构的方案》。《方案》确立了开发区领导机构、发展方向、发展目标，明确了建设以高新技术为先导，以先进工业为基础，以高度社会化的第三产业为支柱的科学型、综合型和多功能、高层次省级经济开发区的奋斗目标。当年8月18日，中共湖南省委常委、长沙市委书记秦光荣，市委常委、组织部部长易希文视察望城坡经济开发区。秦光荣为开发区题词“深化改革的特区，扩大开放的窗口，科技进步的园地，发展经济的榜样”，以示勉励。

望城经开区现址，起点定位是望城县委、县政府“五区一路”战略决策中的外资企业区。1992年7月，台湾旺旺食品有限公司与湖南华湘进出口集团合作创办的高新科技企业湖南旺旺食品有限公司落户望城县城关镇（后更名为高塘岭镇），这是旺旺公司投资大陆的第一家公司。

1994年1月10日，湖南省委副书记、省长陈邦柱在长沙市委副书记、市长张明泰陪同下视察望城坡经济开发区，对望城坡经济开发区的建设给予充分肯定。从1994年至1996年，望城坡经济开发区采取“快通慢平、以销定产、以地生财、共同发展 、滚动开发 、逐步扩大 ”的开发原则 ，三年引进企业单位69个 ，个体户3800户，签订引进企业合同71个，其中外资企业合同5个，内资企业合同66个，合同资金5.4亿元；征用土地270公顷，开发土地125公顷，收回土地出让金4.99亿元。期间，开发区投资总额达68亿元，投产企业实现产值3.2亿元，固定资产1100万元，实现税利3500万元，开发区形成了规划2.4平方公里的长沙河西新城区中心。

为推进发展战略计划全面实施，1994年9月3日，望城县政府下发望政发〔1994〕14号文件《雷锋大道两侧引进开发实施办法（试行）》，并成立了雷锋大道开发建设总公司，负责实施雷锋大道两侧的开发建设项目。

1996年，在建设望城坡经济开发区的同时，望城高塘岭镇引进有色金属湖南富虹锌业有限公司。随后，又相继引进了食品企业东旺食品、湖南长泓实业有限公司、湖南光阳粮食购销有限公司、沐林食品有限公司等，引进了医药企业湖南天龙制药、康寿制药等公司。这些企业的落户，奠定了园区食品加工业的基础。

1996年6月19日，长沙市人民政府长政发〔1996〕24号文件调整行政区划，望城县天顶乡、霞凝乡分别划入长沙市岳麓区、开福区管辖，望城坡经济开发区和捞霞经济开发区也随区划的调整而分离望城县并入长沙市区。望城县委、县政府随即调整望城经济发展思路和战略格局，作出“开放强县、 工业兴县、园区兴工”的战略决策。依托县城政治、经济、文化、交通以及自然环境等资源优势和已有的食品加工业基础，决定把北起县城宝粮路，南至黄金乡，沿雷锋大道以西至雷高公路一大片区域作为望城经济开发的重点区域、主攻战场，从而奠定了望城经济技术开发区的根基。

1998年3月2日，中共望城县委研究决定成立望城县城区开发建设管理委员会，全面负责城区开发建设和招商引资工作。

2000年7月13日，湖南省政府以湘政办函〔2000〕95号批复批准同意在望城建立“湖南省高科技食品工业基地”，明确该基地属省级开发区系列。要求长沙市人民政府充分利用望城食品工业较好的产业基础以及自然资源、交通设施、投资环境等方面的优势，把基地建设好。湖南省高科技食品工业基地一期用地规模控制为133.33公顷，纳入长沙高新技术产业开发区，享受高新技术产业开发区优惠政策。

2001年3月27日，湖南省政府以湘政办函〔2001〕40号批复同意在望城设立“湖南省台商投资区”，列入省级开发区系列。台商投资区实行市、县共管以县为主的管理机制。台商投资区位于望城县城南，南临石长铁路、北靠旺旺路、东至雷锋大道、西抵郭亮路，规划总用地面积5平方公里。批复要求湖南省台商投资区按照精简、高效的原则建立健全管理机制和运行机制，努力改善投资环境，提高工作效率，增强服务功能，并明确了对台商投资区实行“无费区”管理。

2001年9月3日，科学技术部国科发农社字〔2001〕22号《关于批准山东寿光等21个农业科技园区为第一批“国家农业科技园区（试点）”的通知》，其中“湖南望城国家农业科技园区”名列其中。2001年10月16日，望编发〔2001〕8号通知明确，成立了湖南望城国家农业科技园区管理委员会，定编15人。

2002年4月30日，望城县政府望政发〔2002〕39号文件批准设置“湖南省高科技食品工业基地管理委员会”，并加挂“湖南省台商投资区管理委员会”牌子，属县人民政府正科级派出机构。管委会下设办公室、招商计划处、规划建设处、开发经营处、科技产业发展处等6个职能处（室），人员编制20名。至此，湖南省高科技食品工业基地、湖南省台商投资区两个园区合署办公，实行“两块牌子、一个管委会、一套班子”的管理体制。

2003年8月28日，湖南省编办以湘编办〔2003〕56号批复，同意湖南省高科技食品工业基地管理委员会（加挂湖南省台商投资区管理委员会、湖南望城国家农业科技园区管理委员会牌子）行政级别为正处级。

2004年2月19日，长沙市编委以长编发〔2004〕3号文件明确，将湖南省高科技食品工业基地、湖南省台商投资区、湖南望城国家农业科技园区整合，实行三块牌子、一个管理班子、一套人马的管理体制，园区党工委、管委会分别为望城县委、县政府的派出机构。2006年1月26日，国家发展和改革委员会根据国办发〔2003〕70号《国务院办公厅关于清理整顿各类开发区加强建设用地管理的通知》的精神，按照“布局集中、用地集约、产业集聚”的要求，发布2006年8号公告，将上述基地、园区整合，更名为“湖南望城经济开发区”。

此时，园区已开发建设10平方公里，落户企业120余家。

2006年7月21日，长沙市编制委员会根据国家发展和改革委员会2006年8号公告精神，明确湖南省高科技食品工业基地（湖南省台商投资区、湖南望城国家农业科技园区）更名为湖南望城经济开发区；同意望城经开区内设机构农业科技发展局更名为“产业发展局”；同意望城县财政局在湖南望城经开区设立派出机构，名称为“湖南望城经济开发区财政分局”，为正科级机构；同意增加湖南望城经济开发区管委会专项编制2名，其他机构编制事项仍按长编发〔2004〕3号文件执行。至此，园区党、政机构已有专项编制22名，事业编制20名，工作人员增加到120人（含驻园机构和临聘人员）。到2006年年底，园区开发建设20平方公里，落户企业160家。

望城经开区从初创到形成规模成为了省级经济开发区，历时14年。至2010年，园区规划控制面积已达60平方公里，全境纳入“长株潭两型社会建设改革试验区”和“大河西先导区”核心区，是科技部认定的“长沙望城国家有色金属新材料精深加工高新技术产业化基地”拥有“国家知识产权试点园区”等“国”字号平台。望城经开区坚持“产业立园、科技强园、生态建园、和谐兴园”的发展理念，致力于建成一座“工业化与城市化相协调，二、三产业相配套的现代化工业新城”。其间，园区已成功引进美国、加拿大、日本、比利时、韩国、澳大利亚等十几个国家和台湾、香港地区以及内地的企业212家，产业归四大门类，布局排七大板块，2013年实现规模工业总产值513.3亿元，年财税收入达40.02亿元

2014年2月18日，中华人民共和国国务院办公厅国办函〔2014〕24号《国务院办公厅关于湖南望城经济技术开发区升级为国家级经济技术开发区的复函》，同意湖南望城经济开发区升级为国家级经济技术开发区，定名为“望城经济技术开发区”，实行现行国家级经济技术开发区的政策。

▲第三节 乡镇·街道

2000年，望城获批设立了湖南省高科技食品工业基地和湖南省台商投资区时，所涉区域均在高塘岭镇范围内。高塘岭镇是望城县委、县政府机关驻地，东临湘江，接壤星城镇，南靠黄金乡，西邻乌山镇，北濒沩水，全镇总面积

51平方公里。高塘岭镇辖10个村委会195个村民小组和5个街道居委会21个居民小组，共计26013户，总人口58249人，其中非农业人口35280人。2000年，该镇乡镇企业总产值13.51亿元，财政总收入2509万元。2001年，望城获批设立望城国家农业科技园区，其区域扩展延伸到黄金乡、星城镇两个乡镇。黄金乡（2011年更名黄金镇）东靠星城镇，南邻长沙市岳麓区和雷锋镇，西抵白箬铺镇、乌山镇，北连高塘岭镇。全乡总面积87.40平方公里，辖27个村389个村民小组12075户，总人口39945人，其中农业人口38716人。当年，该镇乡镇企业总产值7.80亿元，财政总收入1362.80万元。星城镇东临湘江，南邻长沙市岳麓区，北接高塘岭镇，西连黄金乡，总面积87平方公里，辖22个村，335个村民小组、1个居委会，有10119户，总人口38577人，其中农业人口35707人。当年，该镇乡镇企业总产值7.01亿元，财政总收入796.30万元。

2011年5月20日，国务院国办函〔2011〕57号批复撤销望城县，设立长沙市望城区。

2012年，望城区进行乡镇区划调整，望城经开区规划60平方公里控制范围所涉及的3个乡镇划分为8个街道。其中，高塘岭镇分设为高塘岭、喻家坡2个街道，星城镇分设为白沙洲、大泽湖、月亮岛3个街道，黄金镇分设为金山桥、黄金园、廖家坪3个街道。8月28日，望城区委、区政府为新设街道授牌。

高塘岭街道是望城区委区政府机关所在地，是全区政治、经济、文化的中心，区域面积21.47平方公里，辖西塘街、雷锋路、高塘岭、白芙塘、高塘、莲湖6个社区和胜利、裕农2个行政村，总人口57824人。2012年实现经济总产值110.2亿元，完成财税收入2.69亿元；2013年实现经济总产值92.5亿元，完成财税收入3.2亿元；2014年，街道实现经济总产值157.2亿元，同比增长69.95%，其中第一产业1.89亿元、第二产业149.5亿元、第三产业5.81亿元，占比分别为1.20%、95.10%、3.70%；完成财税收入3.8亿元，同比增长18.75%，其中完成国税1.5亿元，地税2.3亿元；农民人均可支配收入达3.38万元；完成固定资产投资55.9亿元。

喻家坡街道是望城经开区党工委、管委会机关和企业孵化中心所在地，区域面积21.14平方公里，辖喻家坡、仁和、旺旺路3个社区和胜利、高冲2个行政村，人口40794人。2012年，完成国税565万元，地税986万元，完成固定资产投资5亿元，到位区外资金2.23亿元，完成社会消费品零售额3300万元。2013年该街道获评市级安全生产示范街道和区绩效考核一等奖。2014年，街道工业总产值突破13亿元，同比增长21.5%；完成规模工业产值11.5亿元，同比增长25.3%；实现财政总收入3781万元，同比增长28%；完成固定资产投资6.25亿元，社会消费品零售额2000万元；城乡居民人均可支配收入32867元，同比增长16%。

月亮岛街道与长沙市岳麓区交界，区域面积22.77平方公里，辖银星、中华岭、戴公庙3个行政村和月亮岛社区，总人口30061人。2012年，街道获望城区绩效考核一等奖。2013年，街道实现经济总产值81.24亿元，同比增长25.67%；完成财税收入5.02亿元，同比增长25.6%；居民人均可支配收入20983元。2014年，街道实现经济总产值84.09亿元，同比增长3.5%，其中第一产业12.65亿元、第二产业5.1亿元、第三产业66.34亿元，占比分别为15.04%、6.06%、78.9%；完成财税收入5.9亿元，同比增长18%；完成固定资产投资65.3亿元；居民人均可支配收入23132元，同比增长10%。

白沙洲街道区域面积25.44平方公里，辖马桥河、腾飞、黄田3个行政村118个村民小组和同心园社区，4485户总人口20709人。2013年，街道实现经济总产值4.15亿元,实现财政总收入4185.28万元,居民人均可支配收入18144元。2014年，实现经济总产值7.50亿元，其中第一产业1.11亿元、第二产业6.10亿元、第三产业0.29亿元，占比分别为14.8%、81.3%、3.9%；实现财税总收入5733.69万元，同比增长37.0%；居民人均可支配收入23526元，同比增长29.66%。

大泽湖街道辖西塘、回龙、南塘3个行政村和东马社区，区域面积25.33平方公里，总人口26400人，拥有天然生态的大泽湖（约1500亩）。2012年，街道完成税收4000万元，农民人均可支配收入18000元。2013年，街道完成经济总产值11.44亿元，完成税收6848万元，完成固定资产投资42.9亿元，实现社会消费品零售总额1010万元。2014年，街道实现经济总产值13.84亿元，同比增长20.98%，其中第一产业1.14亿元、第二产业6.51亿元、第三产业6.19亿元占比分别为8.24%、47.04%、44.72%；完成税收1.02亿元，同比增长50%；农（居）民人均可支配收入21998元，同比增长4.71%;全年完成固定资产投资60亿元。

金山桥街道辖桐林坳、金山桥、金坪3个社区，区域面积24.07平方公里。108个居民小组，4381户，常住人口20858人。2012年，街道完成农村经济总产值13.24亿元，完成各项税收1.729亿元，获望城区年度考核一等奖。2013年，街道实现农村经济总产值19.63亿元，完成税收2.3亿元，完成固定资产投资38.57亿元，新增规模以上工业企业2家。2014年，街道完成农村经济总产值22.76亿元，同比增长16%，其中第一产业2.27亿元、第二产业19.39亿元、第三产业1.10亿元，占比分别为10%、85%、5%；实现财税总收入39787万元，同比增长7.2%；完成固定资产投资49亿元；农民人均可支配收入20876元，同比增长27.2%。

黄金园街道区域面积为28平方公里，辖桂芳、黄金园、英雄岭3个行政村，人口15588人。2012年，街道完成农村经济总产值1.6亿元，财税收入1348.95万元，农民人均可支配收入13582元。2013年，完成农村经济总产值1.8亿元，同比增长12.5%；财政收入5700万元，同比增长41.8%；农民可支配收入16500元，同比增长21%。2014年，街道完成农村经济总产值2.1亿元，同比增长16.67%，其中第一产业1.35亿元、第二产业0.18亿元、第三产业0.57亿元，占比分别为64．29％、8．57％、27．14％；实现财政收入4680万元，同比下降2.1%；完成税收584万元；农民人均可支配收入19751元，同比增长20%。

廖家坪街道区域面积 22.16平方公里，辖白马、三益、廖家坪3个行政村，91个村民小组，总人口10296人。2012年，街道完成经济总产值6.3亿元，完成税收471万元，实现社会固定资产投资1.6亿元。2013年，街道实现经济总产值10.28亿元，同比增长63.17%；实现财政总收入3846.2万元，同比增长26.2%；完成税收874万元，同比增长85.56%；农民人均可支配收入16530元，同比增长20.5%。2014年4月，廖家坪街道由长沙市高新区托管。当年，街道实现经济总产值28亿元，同比增长172.37%，其中第一产业14亿元、第二产业10.8亿元、第三产业3.2亿元，占比分别为50%、38.57%、11.43%。

截至2015年年底，望城经开区规划控制区域共涉及7个街道的16个行政村和15个社区。

第二章 自然环境

◆第一节 地质·地貌

地质 望城地处江南古陆西北缘，基底由中元古界组成，上覆上元古界，下古生界地层经常接受剥蚀已被夷平，上古生界至中生界均为准地台形沉积，喜马拉雅运动对望城地壳影响较大，初步形成今天所见的大地轮廓。自新生代以来，境内地质环境一直较为稳定，受地震、滑坡、泥石流等地质灾害影响较小。

从地层结构看，望城境域地层分三个区域，即：西北部主要为第四系地层，中部为元古界，东南部为古生界、中生界地层，出露地层从老至新有冷家溪群，厚度为5000米，板溪群厚度约2520米，两群包括震旦系、寒武系、泥盆系、石炭系、二迭系、朱罗系、白垩系、第三系、第四系。园区地域处于冷家溪群，岩浆岩为侵入岩，岩质成角岩、片岩。其构造为褶皱构造，因断裂构造破坏及后期沉淀物覆盖，褶皱形态多残缺不全，主要褶皱有乌山背斜、小南村向斜等。乌山背斜，轴线位于乌山附近，呈东西向展布，东向一直延伸至园区范围内，出露最老地层为冷家溪群，岩石产状较为平缓，倾角一般在30°左右。

地貌 望城在湘中东北部，属长衡丘陵向洞庭湖平原过度地带，总体地势由南向北倾斜。全境地貌可分为五大区块：西北部冲积平原区，东北部中低山、岗地区，中部丘岗地区，西南低山丘陵区，东南平岗区。望城经开区处于中部丘岗区与滨湖冲积平原区毗连地带，岗地是区域内主要地貌，多为海拔50～

100米左右的堆积岗地，岗顶平缓延伸。岗体多呈馒头状散布，高、低岗相接处切割不深，有较宽浅的凹沟，局部为丘岗相间，少数低山、高岗呈岛状分散座落，山体浑圆，山脊线明显，坡度25°～30°，切割密度为5公里/平方公里。物质多属千状板岩和页岩，表层覆盖1～3米风化物，土质红黄。区域内有从黄金园向白沙洲延伸至湘江边的宽谷缓坡地带，海拔25～60米，连片面积约700公顷。

丘岗地貌

平原地貌

◆第二节　土壤·植被

土种　望城境域地质构造较为复杂，成土母质多样，形成不同土壤类型，主要有第四纪红色黏土，板页岩风化物，河流湖泊冲积物，石英砂岩风化物，花岗岩风化物，紫色页岩、紫色砂页岩风化物和云母片岩风化物。望城经开区区域范围内的土壤主要是第四纪红色黏土和板页岩风化物两大类型，其中第四纪红壤有3个土种，板页岩红壤有2个土种。这些土壤母质深厚、质地黏重、含盐基物质少、酸性较强，发育形成的养分含量较高，植被一般生长状态较好。

林木　望城属中亚热带常绿阔叶林和针叶林地带，在漫长岁月里，山林和丘岗曾广泛生长着常绿阔、针叶林，也有部分丘岗为竹木混交林，林木茂密，树种资源相当丰富，森林覆盖率达33.8%，生态环境良好。

从林木种类来看，自然生长乔木主要有松、杉、枫、香樟、锥栗、栲楮、苦楮、栎树、泡桐、椿树、苦楝、酸枣、柏树、杜英、冬青、楝心、檀树、楷树、蜡树、谷皮树等，包括引进的泡桐、水杉等树种共70科274种；灌木有杜鹃、桔木、黄刷箕、毛栗、女贞、香叶、黄栀子、羊角刺、大青叶、臭牡丹、羊木苞、乌苞刺、紫荆、金樱子等120多种；竹类有楠竹、斑竹、实竹、水竹、小白竹、紫竹等7种。

木本藤类植物有活血藤、南蛇藤、野葡萄、鸡屎藤、矢瓜篓、黄藤、葛麻藤等19种；草类有作为牲畜、鱼类饲料的水、旱生草本植物诸如丝草、浮萍、牛筋草、猫尾草等55种；可用于入中草药的草本植物如威灵仙、地柏皮、土地黄、蛇不过、海金沙等140多种。

◆第三节　水系·水文

水系　望城属湘江流域的中下游地段，湘江贯穿南北，境内原有8条一级支流、13条二级支流、1条三级支流分别从东西两岸汇入湘江。随着长沙市行政区划的几次调整，这些水系中的一些支流已先后并入岳麓区和开福区。穿园区而过的马桥河，发源于乌山南麓的虎龙岭（亦称火阳岭，今名英雄岭），原河长23公里，河水流经黄金园、杉木桥、马桥、史家湖出桐树港入湘江，流域面8.20平方公里。马桥河因上游在原黄金乡境内，且后来经黄金乡人民政府疏浚改造拉直，故今上游又称“黄金河”。1958年冬，政府组织群众从今黄金乡的坪塘村段开始对中、下游河床进行了大幅度的改道，让河道经马桥、刘家山、黄土坝、茶坡、樟树岭、拦河坝、纳乌山东北麓溪水至桐树港故道（一名枞树港）马桥河注入湘江，下游全长变为9187米，较故道缩短1800米。其中，黄土坝一段河床20世纪80年代后逐渐拓宽至24米，达到上游日降水量100毫米的泄洪能力。

水文　望城经开区境内有1958年冬到1959年春修建的观音岩水库，该水库属于小一型水库，正常水面33.5公顷，集水面积5.01平方公里，库容600万立方米，可供灌溉面积540公顷，坝高18.0米，为均土坝型，泄洪道宽12米，可过水深1.2米。2000年冬，政府动用农田水利专项资金，趁枯水季节对坝体内外用混凝土加固提质。

马桥河

望城境内有属于高塘岭街道区域的斑马湖（原称芭茅湖），该湖水面26.6公顷，水深2米～3米，水质清秀，四周植有垂柳、花木、绿化带。还有属于大泽湖街道区域的大泽湖，该湖水面100公顷，水深2米～5米 。园区境内大小水塘星罗棋布，小溪流纵横交织。

望城地下水的生成和补给，以大气降水为主要来源，地下水动态总储量约1.55亿立方米。园区境域地处丘岗区与冲积平原区毗连地带，地下水含量较充足，主要有两种类型：一为冲积平原砂卵石层中孔隙水，埋藏浅，水质较好，对工业用水和城乡居民饮用水、农副业加工用水大为有利；二为基岩裂隙水，主要分布在丘岗地带，深度不定，水含量不大，只能供居民饮用。此外，低岗地区常年还有被称为“山浸”的地下水外溢，水质清澈透明，饮之甘洌。

斑马湖

东湖湿地公园

◆第四节　气 候

气温 望城地域属中亚热带向北热带过渡的大陆性季风湿润气候区，一年之中四季分明，特征显著。春季冷空气频繁，气温多变，由寒转暖雨季开始；入夏气温升高，炎热时间长，持续高温期出现，如1989年7月、1995年夏秋之交、2001年7月和2011年7—8月，连续≥35℃的高温天气均超过10天以上；伏秋燥热少雨，深秋转凉；入冬气温呈阶段性下降，深冬下雪，间有严寒和冰冻。

望城境域年平均气温17℃，年际差异较大，浮动范围一般在正负0.6℃左右。1988年后的15年中最高气温39℃，出现于1992年8月4日；最低气温-10.3℃，出现于1991年12月29日。正常年份的气温变化规律，基本上是春暖、夏热、秋凉、冬冷，无霜期274天，个别年份也曾出现异常现象。

望城境域气候曾经出现多次反常现象。比如严重的倒春寒：1992年3月下旬，气温骤降，平均气温仅为7.4℃，旬内气温比常年同期偏低4.1℃，影响早稻推迟浸种育秧时间。1998年3月19日，强寒潮沿湘江河段横扫县境，日平均气温由18日的15.4℃骤降至20日的3.5℃，21日最低气温仅为0.2℃，时值春分，大雪纷飞，为历史罕见。1999年3月18日，强冷空气袭境，出现强降温降水过程，3月中旬日平均气温15.4℃，20日下降至3.5℃，48小时气温下降11.9℃，当年3月下旬日平均气温仅为8.9℃。与倒春寒相对的气候反常现象是凉夏。1993年7月，平均气温仅为26.9℃，是自1909年有记录资料以来的同期最低值，8月下旬日平均气温为24.2℃，比常年低3.0℃。1999年，据长沙气象站观测记载，7月和8月上旬气温分别比正常年低2.3℃和3.6℃，为历史所罕见，全年未出现连续5天日平均最高温≥35℃的高温期。气候反常现象还有暖冬，2002年1月，月平均气温达8.4℃，较平常年份同期高3.7℃，属典型暖冬气候。

雨量 据气象资料统计，望城年平均降水量为1550.7毫米，降水量分布以中部偏南地带较多，南北地域偏少。每年雨季从3月下旬至4月上旬开始，雨水集中在4—6月，随着副热带北移，一般至7月上、中旬雨季基本结束。

日照 望城境内年平均日照1544.9小时，最多一年为1992年，达1645.8小时；最少一年为1994年，年日照仅1260.4小时，这也是新中国成立以来望城地区年日照最低值年。

◆第五节　自然灾害

水灾 1998年6月12—26日，望城连续暴雨，降雨量达759毫米，半个月比常年年降雨量的一半还多，为历史所罕见。连续暴雨使园区在建道路等项目工程遭到严重损毁，还有绿化、通信、供电、供水等基础设施也遭受不同程度毁损，直接经济损失达1300余万元。

1998年水灾

2002年5月下旬至8月下旬,大雨暴雨频繁,造成园区道路、供电线路受损,严重影响多家企业在建项目工程进度,直接和间接经济损失1.2亿元。

旱灾 2001年,望城境域降雨和蓄水量比正常年少4成左右,6月下旬以后的持续高温天气,使地表蒸发量加大,旱情迅速扩展,形成夏秋连旱。旱情不仅严重影响农作物的生长,甚至连人畜饮水也困难。持续干旱给经开区企业的生产和员工生活造成极大影响,高温时段,有些高温作业车间和在建工程项目被迫处于半停工或停工状态。

2001年旱灾

冰灾 2007—2008年冬春之交,湖南遭遇自1954年以来的又一次特大冰灾,冰冻期长达一个月,交通受阻,物流困难,群众生活受到极大影响。特别是电力线路遭到严重破坏,2座连接园区的高压电线塔倒塌,使供电一度中断,企业停产。同时,特大冰雪还压垮了多栋厂房。这场特大冰灾,给望城经开区造成了巨大经济损失。

2008年春冰灾

第二篇 园区建设

ZONE CONSTRUCTION

1992年5月，中共望城县委、县政府成立望城坡开发区建设指挥部，组织开发建设。同年12月28日，湖南省体制改革委员会批准望城坡经济开发区为省级开发区。同年，星城经济开发区、捞霞经济开发区、城关镇外资企业区、黄金农业科技示范区也在筹备建设中，到1995年底，各开发区初具规模。1996年6月，长沙市区划调整，望城坡经济开发区、捞霞经济开发区分别划归长沙市岳麓区和开福区。望城县委、县政府适时调整战略规划，望城经济开发的区域位置收缩至城关镇及周边地区，以后沿雷锋大道逐步向县城以南、以西发展。

1992年7月，台湾旺旺食品有限公司与湖南华湘进出口集团食品有限公司,合作创办大型食品企业湖南旺旺食品有限公司，签约落户望城县城区。该公司是望城招商引资进入的第一家港澳台资企业，1994年正式投产。1999年3月，望城县政府发文成立望城县城区开发建设管理委员会，同时成立望城县开发建设总公司（一套人马，两块牌子），强力推进招商引资开发工作。一年多的时间，签约落户望城的企业有湖南新闻出版局等12家。

规划是园区建设的基础和前提，至此，园区规划的编制纳入议事日程。望城经开区先后邀请长沙市规划设计院、湖南省城市规划研究设计院、澳大利亚爱德嘉•皮诺塔事务所、长沙泰源建筑设计有限公司、望城县规划建设勘测设计院承担园区的规划设计任务。经过专家设计，专门机构评审论证，报上级部门批复同意，望城经开区的规划经过两次修编、扩容提质。至2010年，园区规划面积由1999年的6.33平方公里扩展到60平方公里。

望城经开区建园以来，随着园区两次扩容提质,依据规划，加大了对市政基础设施建设的投资，市政建设不断强化和完善。园区的市政基础设施建设包括道路、公交、供水、排水、供电、供气、电信、绿化、亮化、环境保护等，截至2015年年底，望城经开区内已形成六纵五横的主干道公路网，完全融入长沙市区，与长沙、浏阳、宁乡、益阳、湘潭、株洲形成了一小时经济、生活圈;供水、供电、供气能完全保障企业生产和居民生活的需求。园区有四大工业支柱产业，国民经济已形成工业、农业和其他产业并举发展的格局。望城，这座希望之城，环境优美，商贸发达，望城人民和越来越多的来到这块发生神奇变化热土的外地人，在这里安居乐业。

第一章 规划编制

◆第一节 前期规划

1999年12月，望城县人民政府组织编制《望城县县城总体规划（1999—2020）》，由长沙市规划设计院、望城县规划测绘设计室负责编制。《规划》中，土地利用选址望城县县城东南部，共分为三个区块：区块一，用地0.963平方公里；区块二，用地4.235平方公里；区块三，用地1.135平方公里,用地总面积6.33平方公里。《规划》招商引资方向定位为台商及国内外食品高科技企业。2000年4月26日，长沙市人民政府长政函〔2000〕24号《关于望城县县城总体规划的批复》，原则同意《望城县县城总体规划》。

望城县县城总体规划（1999—2020）

——土地利用规划图

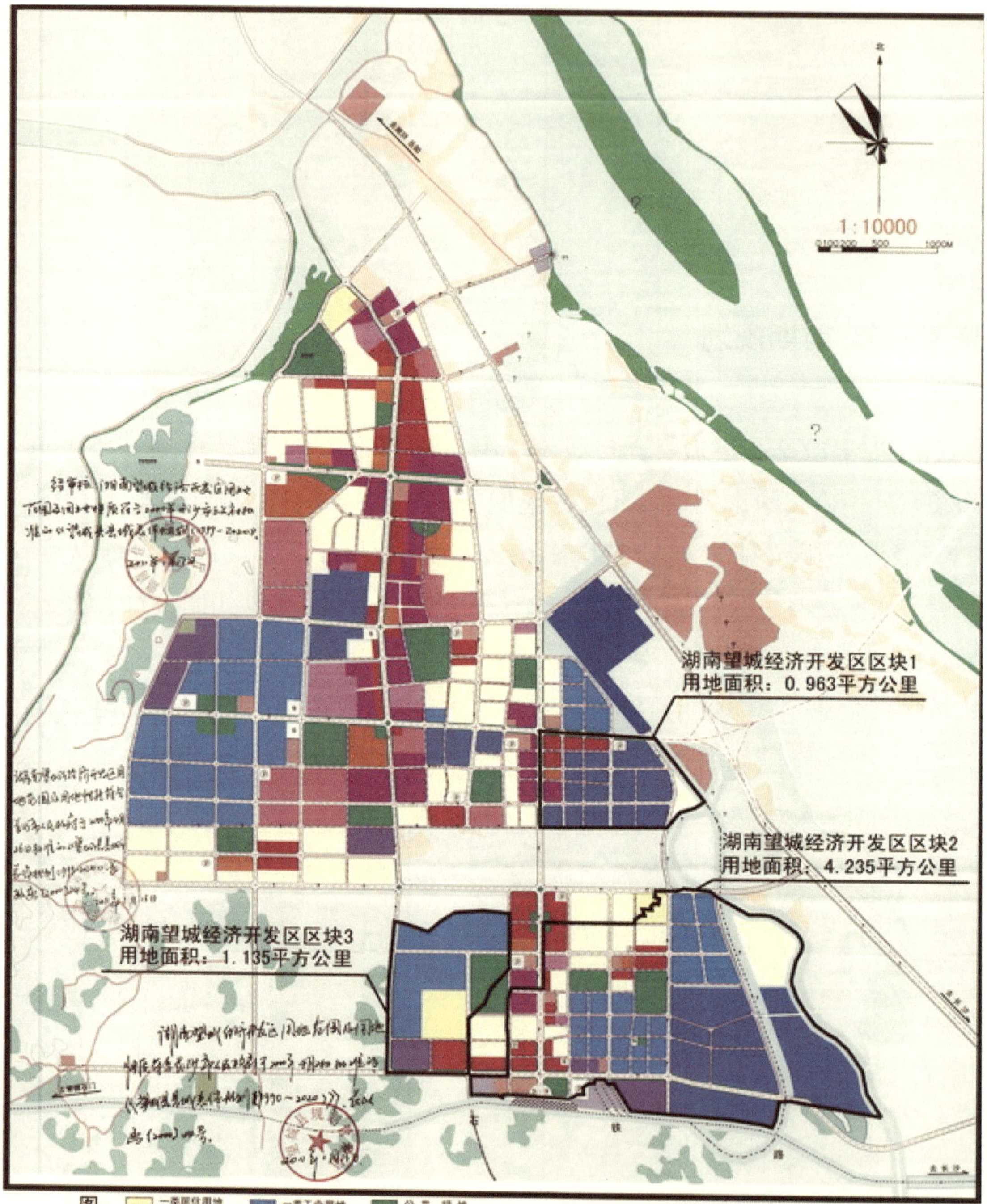

图例

一类居住用地　二类居住用地　行政办公用地　商业金融用地　文体娱乐用地　医疗卫生用地　教育科研用地

一类工业用地　二类工业用地　三类工业用地　仓储用地　对外交通用地　道路广场用地　市政设施用地

公共绿地　防护绿地　特殊用地　水域　耕地　山林地

· 望城县人民政府
· 长沙市规划设计院
· 望城县规划测绘设计室

一九九九年十二月

2001年4月，望城城管委组织编制《湖南省台商投资开发区控制性详细规划》。台商投资区位于望城县城南，南邻石长铁路，北靠城白路（现旺旺东路），东至雷锋大道，西抵郭亮路，规划范围总用地5平方公里。

2002年5月，望城国家农业科技园区管委会组织编制《湖南望城国家农业科技园区总体规划（2002—2005）》。农业科技园核心区建设范围包括望城县城南、雷锋大道两旁高塘岭镇、星城镇、黄金镇三个乡镇所辖8个行政村，辐射至乌山、白箬铺、雷锋等乡镇，面积6000公顷。园区核心区分为“四区一中心”，总面积966.67公顷，其中：农产品加工区300公顷，优质种苗区133.33公顷，高效养殖区133.33公顷，无公害粮菜区393.34公顷，科技培训及综合服务中心6.67公顷，功能区间丘陵、“四旁”、隙地生态环境建设用地346.67公顷。当时，已建成的主要项目有湖南旺旺食品有限公司，湖南派派食品有限公司，湖南沐林现代食品有限公司、望城光阳粮食购销有限公司、湖南省优质果茶良种繁育场、湖南省原种猪场等。

农产品加工功能区设在湖南高科技食品工业基地内仁和村和喻家坡村。针对当时普遍存在的农产品加工率不高、农业产业结构水平与生产效益低的关键性问题，引进、运用世界先进生物、发酵工程等高新技术，重点进行粮食、蔬菜、牛奶深加工，打造品牌。同时，根据市场的变化与现实需要，不断探寻高附加值、高效益、高科技含量的农产品精深加工新技术，推进农产品加工业发展，促进农业产业化。

优质种苗功能区内，湖南省优质果茶良种繁育场、湖南省原种猪场和金沙、坪塘两村针对南方果、茶、猪等主要农产品优质率低，病、劣、弱质种苗多的问题，引进国内外优良品种，运用国际先进种苗生产设施与技术规程，大幅度提高果、茶、猪优质率与生产水平。

高效养殖功能区安排在园区的同心、响塘两村，建立奶牛养殖核心示范基地和特种水产养殖基地。

无公害粮菜功能区，分布在涧湖、响堂、东马、坪塘、金沙5个村，利用园区地表与地下灌溉水富含硒、锌等微量保健元素的独特资源和农民较长时期以来发展沼气、多施有机肥的生产习惯，根据市场对无公害优质农产品的迫切需求，建立393.34公顷无公害粮菜种植区。

◆第二节　总体规划（2005—2020）

2004年，望城经开区管委会组织编制了《湖南望城经济开发区总体规划（2005—2020）》。

园区发展方向 面向港台和珠三角地区，以发展高科技食品药品、有色金属、印刷包装、纺织服装、高效农业等产业为主、现代商务功能为辅，建设先进产业聚集区。

规划的期限 近期：2005—2010年，与望城县国民经济和社会发展“十一五”规划相一致；远期：2011—2020年，结合县城远期发展，考虑更长时期园区空间发展的可能性。

规范的范围 范围涉及到高塘岭镇和星城镇两大板块，其中又以高塘岭板块工业用地为主。规划范围面积32.34平方公里。

高塘岭板块工业用地29.07平方公里，东以雷锋大道和马桥河路为界；南从雷高路邓家坡处，沿X坐标30500线（北京坐标系）至三环线，沿三环线接雷锋大道；西以郭亮路接雷高路为界；北由高乔大道接望城大道、宝粮路、莲湖路至旺旺路。

星城镇板块工业用地3.27平方公里，分为两小片，其中湖南出版集团基地规划用地3.14平方公里，北到星城大道，西到新巷路-新田路-雷锋大道，南到黄金大道，东到吴家冲路。高压开关厂规划用地0.13平方公里，位置在金星路与与月亮岛路交叉处。

布局 总体布局为“六区”“七轴”“一带”的结构形态。

“六区”：长沙四环以北的片区包括高科技食品工业基地和集居住、商业、办公、教育等功能于一体的综合功能区；马桥河以西、石长铁路北侧的以工业、仓储物流和配套居住为主的工业新区；马桥河以西、石长铁路南侧的以工业、仓储物流和配套居住为主的工业新城；马桥河以东以行政办公、文化、商业、居住为主的县城中心区；经开区东南部马桥河与长沙三环线之间的高效农业区；星城镇板块的出版科技园区。

“七轴”是指“三纵四横”的路网结构。“三纵”是南北向的郭亮路、望城大道和马桥河路，纵向的公路为社会公共功能发展轴；“四横”是指东西向的旺旺路、金星路、站南大道和星城大道四条横向的生态轴。

“一带”指贯穿整个开发区的马桥河风光带。

园区各片区在功能上相对独立，同时强调整体性。通过纵横干道的联系，形成了近似方格网状的结构布局。

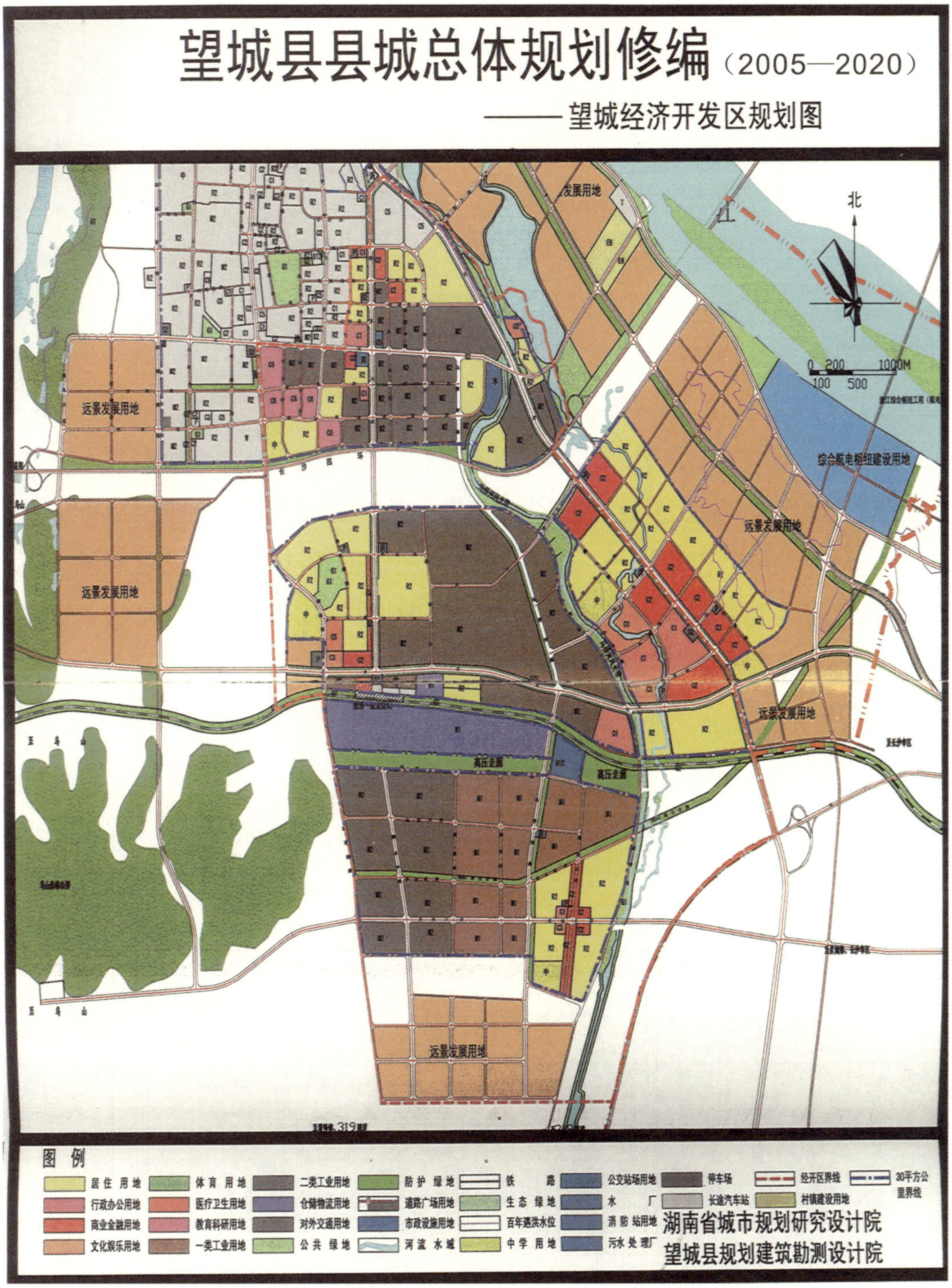

◆第三节　发展控制规划

2010年，望城经开区管委会组织，委托澳大利亚爱德嘉.皮诺塔事务所、长沙泰源建筑设计有限公司编制《湖南望城经济开发区发展控制规划》。

期限和范围　规范期限为2010—2030年。近期：2010—2015年；中期：2016—2020年；远期：2021—2030年。规划范围：北至旺旺路，南与长沙高新区无缝对接，东至雷锋大道，西至长岳城际铁路（该铁路至2015年年底尚未动工）。规划范围包括高塘岭镇的莲湖村、白芙塘村、仁和村、喻家坡村、原佳村、高冲村，星城镇的马桥河村、东马村、腾飞村、戴公庙村，黄金乡的金坪村、桂芳村、金山桥村、黄金园村、桐林坳社区。规划面积59.69平方公里，其中建设用地43.97平方公里。

空间结构　规划的空间结构为“一圈、三轴、三片”：“一圈”：由马桥河和黄金河及两岸田园风光带形成的生态圈；“三轴”：望城大道产业发展轴，指沿望城大道两侧以工业和商贸物流为主的产业发展轴；金星大道产业发展轴，指沿金星大道两侧以工业为主的产业发展轴；普瑞大道产业发展轴，指沿普瑞大道两侧以物流、先进制造业为主的产业发展轴。“三片”是指北部工业片区，中部工业物流商贸片区，南部黄金枢纽片区。

总体用地布局　规划总用地59.69平方公里，其中城市建设用地43.97平方公里，占规划总用地的73.67%。

表2-1　　湖南望城经济开发区规划建设用地平衡表

序号	用地性质		用地代号	面积（公顷）	比例（%）
1	居住用地		R	671.21	15.26
		二类居住用地	R2	671.21	15.26
2	公共设施用地		C	716.65	16.30
	其中	行政办公用地	C1	7.98	0.18
		商业金融业用地	C2	620.82	14.12
		文化娱乐用地	C3	35.43	0.81
		医疗卫生用地	C5	23.85	0.54
		教育科研设计用地	C6	28.56	0.65
3	工业用地		M	1401.30	31.87
	其中	一类工业用地	M1	272.98	6.21
		二类工业用地	M2	1128.32	25.66

续表2-1

序号	用地性质		用地代号	面积（公顷）	比例（%）
4	仓储用地		W	258.28	5.87
		普通仓库用地	W1	258.28	5.87
5	对外交通用地		T	130.01	2.96
	其中	铁路用地	T1	125.22	2.85
		公路用地	T2	4.78	0.11
6	道路广场用地		S	767.56	17.46
	其中	道路用地	S1	740.85	16.85
		广场用地	S2	5.14	0.12
		社会停车场库用地	S3	21.57	0.49
7	市政公用设施用地		U	49.04	1.12
	其中	供应设施用地	U1	24.97	0.57
		交通设施用地	U2	12.07	0.27
		邮电设施用地	U3	5.24	0.12
		环境卫生设施用地	U4	1.89	0.04
		其他市政公用设施用地	U9	4.86	0.11
8	绿地		G	403.08	9.17
	其中	公共绿地	G1	27.29	0.62
		生产防护绿地	G2	375.84	8.55
9	总计			4397.12	100

产业空间布局　北横线（该公路原拟由湘江以东横跨湘江延续至望城经开区，至2015年年底，湘江以西路段未动工）以北巩固原有食品加工业；金星大道与北横线之间布局有色金属精深加工产业；星月路以南、普瑞大道以北、马桥河以西布局先进制造业；沿石长铁路两厢布局仓储物流业；普瑞大道以南、马桥河以西、望城大道以东布局商贸及配套产业；普瑞大道以南、雷高路以西布局低碳产业；黄金河与黄金大道之间是以城际铁路黄金站为中心的商务会展中心。

湖南望城经济开发区发展控制规划

——产业用地布局规划图

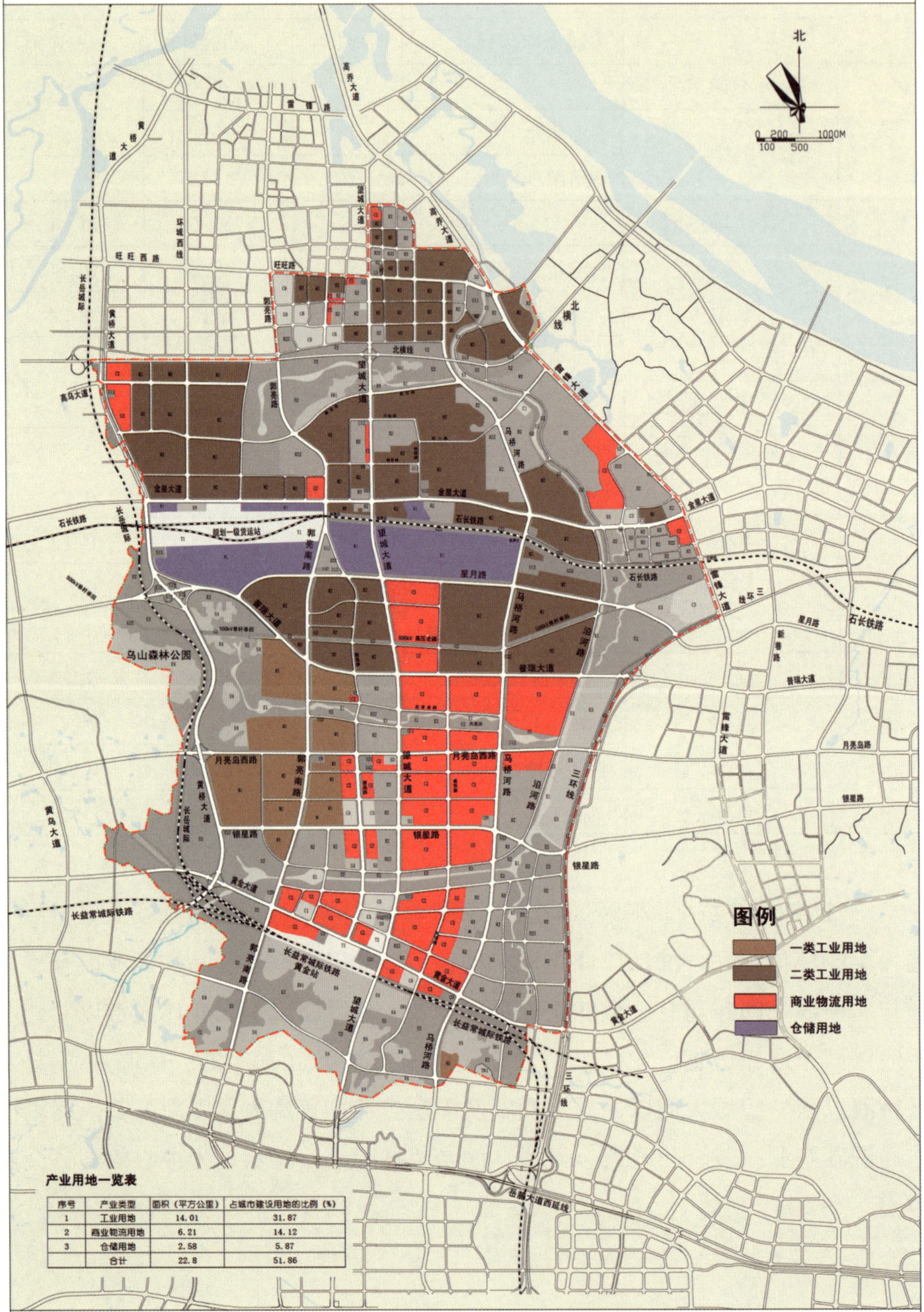

产业用地一览表

序号	产业类型	面积（平方公里）	占城市建设用地的比例（%）
1	工业用地	14.01	31.87
2	商业物流用地	6.21	14.12
3	仓储用地	2.58	5.87
	合计	22.8	51.86

澳大利亚爱德嘉·皮诺塔事务所　长沙泰源建筑设计有限公司

湖南望城经济开发区发展控制规划

——规划结构图

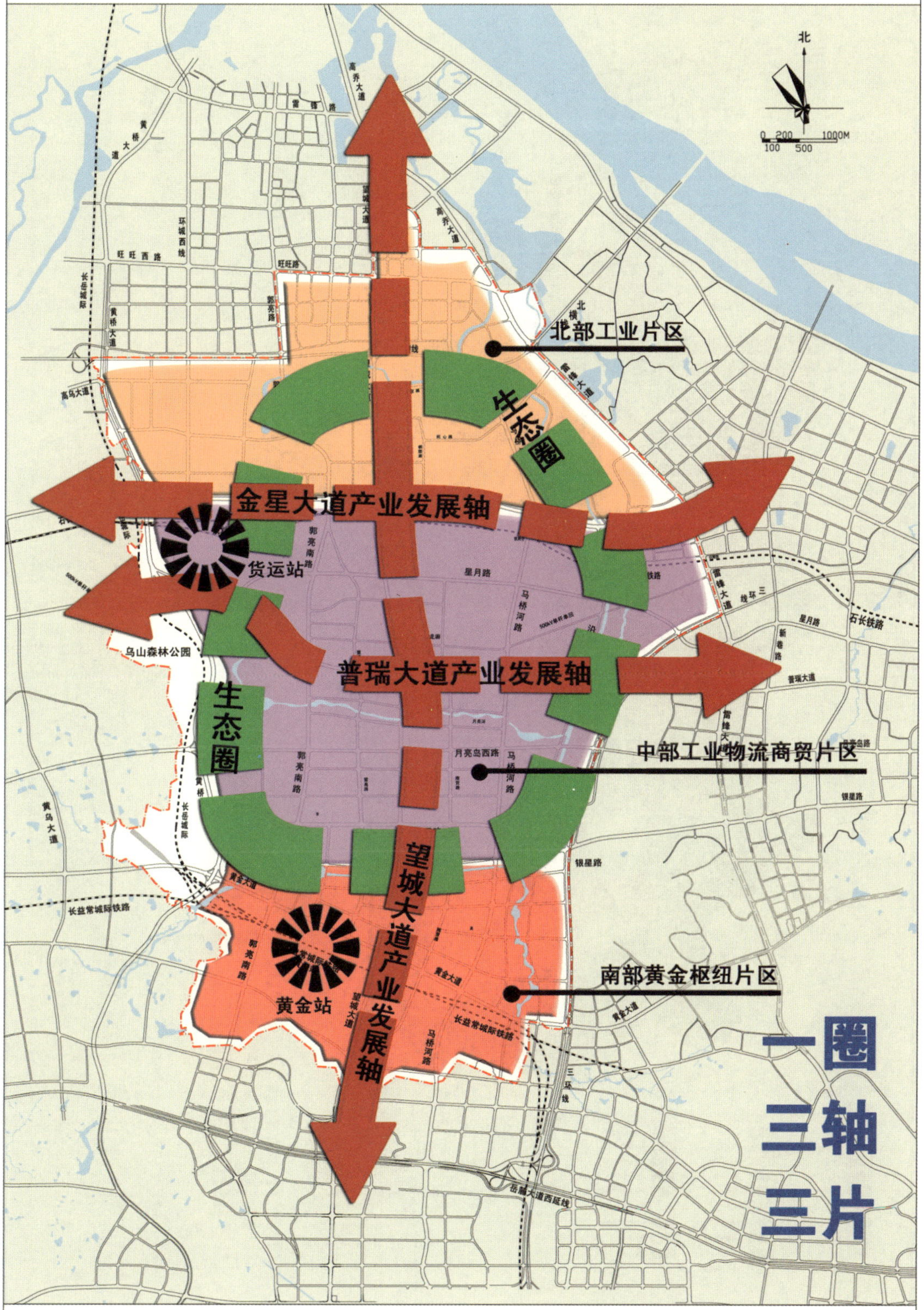

澳大利亚爱德嘉·皮诺塔事务所　长沙泰源建筑设计有限公司

湖南望城经济开发区发展控制规划

——2030年土地利用规划图

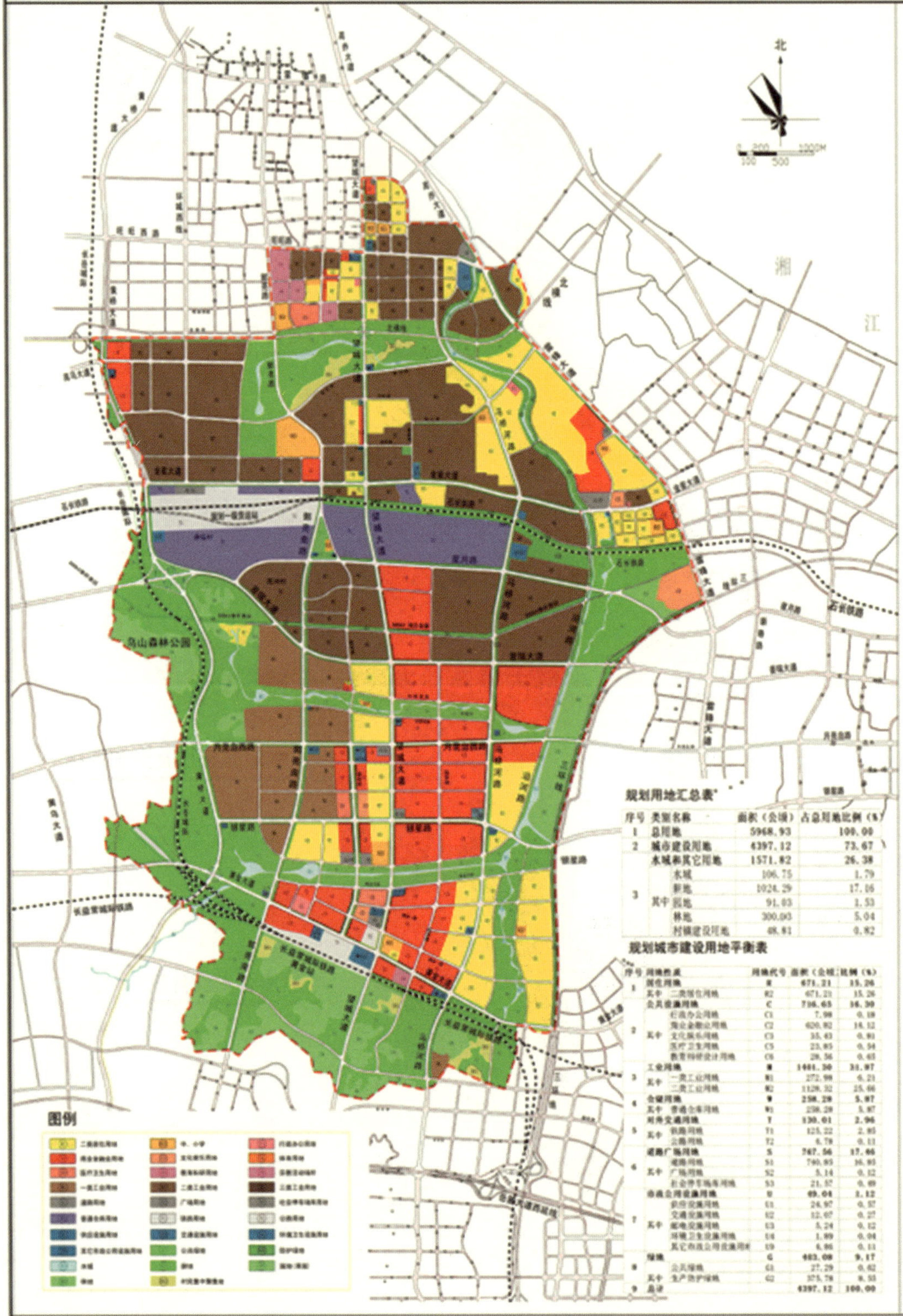

规划用地汇总表

序号	类别名称		面积（公顷）	占总用地比例（%）
1	总用地		5968.93	100.00
2	城市建设用地		4397.12	73.67
3	水域和其它用地		1571.82	26.38
	其中	水域	106.75	1.79
		耕地	1024.29	17.16
		园地	91.03	1.53
		林地	300.03	5.04
		村镇建设用地	48.81	0.82

规划城市建设用地平衡表

序号	用地性质		用地代号	面积（公顷）	比例（%）
1	居住用地		R	671.21	15.26
	其中	二类居住用地	R2	671.21	15.26
2	公共设施用地		C	716.65	16.30
	其中	行政办公用地	C1	7.98	0.18
		商业金融业用地	C2	620.92	14.12
		文化娱乐用地	C3	35.43	0.81
		医疗卫生用地	C5	23.85	0.54
		教育科研设计用地	C6	28.56	0.65
3	工业用地		M	1401.30	31.87
	其中	一类工业用地	M1	272.98	6.21
		二类工业用地	M2	1128.32	25.66
4	仓储用地		W	258.29	5.87
	其中	普通仓库用地	W1	258.29	5.87
5	对外交通用地		T	130.01	2.96
	其中	铁路用地	T1	125.22	2.85
		公路用地	T2	4.79	0.11
6	道路广场用地		S	767.56	17.46
	其中	道路用地	S1	740.85	16.85
		广场用地	S2	5.14	0.12
		社会停车场库用地	S3	21.57	0.49
7	市政公用设施用地		U	49.04	1.12
	其中	供应设施用地	U1	24.97	0.57
		交通设施用地	U2	12.07	0.27
		邮电设施用地	U3	5.24	0.12
		环境卫生设施用地	U4	1.89	0.04
		其它市政公用设施用地	U9	4.86	0.11
8	绿地		G	403.08	9.17
	其中	公共绿地	G1	27.29	0.62
		生产防护绿地	G2	375.78	8.55
9	总计			4397.12	100.00

澳大利亚爱德嘉·皮诺塔事务所　长沙泰源建筑设计有限公司

◆第四节　湘江新区总体方案

2015年，经国务院总理李克强签批，同意设立湖南湘江新区，这是国家在中部地区设立的第一个国家级新区。同年5月8日，湘江新区总体方案发布。湖南湘江新区位于湘江西岸，包括湖南省长沙市岳麓区、望城区和宁乡县部分区域，核心区域为岳麓区岳麓街道等15个街道、望城区喻家坡街道等8个街道以及宁乡县金洲镇，覆盖长沙高新技术产业区、宁乡经济技术开发区和望城经济技术开发区，总面积490平方公里。湘江新区的战略定位是：高端制造研发转化基地和创新创意产业集聚区，产城融合、城乡一体的新型城镇化示范区，全国“两型”社会建设引领区，长江经济带内陆开放高地。湘江新区着重构建功能协调互动、空间舒展有序的“两走廊”“五基地”总体格局。“两走廊”为湘江西岸现代服务业走廊和319国道战略性新兴产业走廊；“五基地”为自主创新引领基地、先进制造业发展基地、总部经济集聚基地、生态旅游休闲基地、现代都市农业示范基地。望城经开区处于湘江新区的核心区域位置，其开发建设理念和发展规划同湘江新区的战略定位高度契合。在湘江新区这个战略大平台上，望城经开区迎来更好的发展机遇，拥有了更广的拓展空间。

◆第五节　专项规划

道路工程规划　《湖南望城经济开发区总体规划》中，整个园区道路网规划成近似方格网的形式，主干道道路网分布形式为“四横五纵”。“四横”从北至南依次为旺旺路、金星路、站南大道和星城大道；“五纵”由西往东依次为郭亮路（向南接雷高路）、望城大道、楠木冲路、马桥河路和雷锋大道，其中雷高路、金星路和雷锋大道等继续向南延伸连接长沙市中心城区。考虑园区未来向西发展的可能性，规划将郭亮路（接雷高路）向南延伸，作为园区西侧的主干道；望城大道近期只通到火车站站前广场。主干道红线宽30～60米，次干道红线宽24～30米，支路红线宽为12～20米。

表2-2 2005年主要道路规划一览表

序号	道 路	长度（公里）	断面形式与宽度（米）	起止点
1	雷锋大道（高乔大道）	7.6	（6+2.75+1+20.25）X2=60	三环路—望城大道
2	金星路	5.3	（6+3.75+1.25+12）X2=46	环城西线—雷锋大道
3	郭亮路	5.9	（6+2.75+1.25+11）X2=42	环城西线—星城大道
4	望城大道	4.5	（4+4+14+2）X2=48	金星路—雷锋大道
5	马桥河路	6.0	（6+2.75+1.25+11）X2=42	红家坡—旺旺路
6	站南大道	4.9	（7+9+2）X2=36	郭亮路—雷锋大道
7	星城大道	5.0	（6+2.75+1.25+11）X2=42	郭亮南路—雷锋大道
8	旺旺路	3.0	（6+3.75+1.25+10）X2=42	郭亮路—雷锋大道
9	楠木冲路	1.7	（6+2.75+1.25+11）X2=42	红家坡路—站南大道
10	家园南路	1.3	（6+9）X2=30	雷锋大道—望城大道
11	喻家坡路	1.2	（6+5）X2=22	郭亮路—望城大道
12	泰嘉路	1.0	（6+5）X2=22	望城大道—马桥河路
13	高塘岭大道	0.6	（7+9+2）X2=36	喻家坡路—旺旺路
14	唯罗克路	2.3	（6+9）X2=30	望城大道—金穗路
15	桃园路	1.0	（4+8）X2=24	田园路—金星路
16	丹桂路	1.6	（4+8）X2=24	郭亮路—桃园路
17	同心路	2.0	（4+8）X2=24	桃园路—雷锋大道
18	杨家湾路	2.7	（4+8）X2=24	郭亮路—杨公山路
19	李家嘴路	3.3	（4+8）X2=24	郭亮路—临河路
20	黄金路	2.0	（4+8）X2=24	红家坡路—蒋家湾路
21	杨公山路	1.6	（4+8）X2=24	红家坡路—站南大道
22	腾飞路	2.8	（4+8）X2=24	同心路—监城路
23	添喜路	1.1	（4+8）X2=24	高乔大道—小河路
24	荷花路	1.4	（4+8）X2=24	高乔大道—马桥河路
25	新巷南路	3.2	（6+9）X2=30	星城大道—青山重建地
26	银星路	1.2	（6+3.75+1.25+12）X2=46	雷锋大道—吴家冲路
27	金巷路	1.1	（6+9）X2=30	雷锋大道—吴家冲路
28	月亮岛西路	0.7	（6+9）X2=30	新巷南路—吴家冲路
29	吴家冲路	3.1	（7+9+2）X2=36	星城大道—青山重建地

2010年，在《湖南望城经开区发展控制规划》中，将道路系统工程规划调整为快速路、主干道、次干道、支路四级。其中快速路和主干道形成“六纵七横”道路系统结构。“六纵”：黄桥大道、郭亮路（接雷高路）、望城大道、马桥河路、长沙市三环线、雷锋大道。“七横”：旺旺路、北横线、金星路、普瑞大道、月亮岛西路、银星路、黄金大道。

快速路控制断面宽度以30米为主，断面形式以2块板为主；主干道控制断面宽度以36米～50米为主，断面形式为2～3块板为主；次干道控制断面宽度以24米～30米为主，断面形式为1～2块板为主；支路断面宽度为12米～20米左右，断面形式以1块板为主，起到加强道路网密度的作用。

表2-3　　2010年园区道路规划一览表

序号	道　路	起止点	规划宽度（米）	道路等级
1	雷锋大道（高乔大道）	家园南路—三环线	家园南路—三环线 60米	主干道
2	马桥河路	旺旺路—黄金大道	旺旺路—金星大道 46米	主干道
			金星大道—黄金大道46米	主干道
3	望城大道	雷锋大道—黄金大道	雷锋大道—金星大道 42米	主干道
			金星大道—黄金大道46米	主干道
4	郭亮路	旺旺路—黄金大道	旺旺路—喻家坡路 42米	主干道
			喻家坡路—黄金大道 46米	主干道
5	旺旺路	郭亮大道—雷锋大道	30米	主干道
6	金星大道	黄桥大道—雷锋大道	46米	主干道
7	普瑞大道	黄桥大道—雷锋大道	46米	主干道
8	银星路	黄桥大道—三环线	46米	主干道
9	月亮岛西路	黄桥大道—三环线	46米	主干道
10	航天路	黄乔大道—马桥河路	36米	次干道
11	银杏路	郭亮路—桃园路	24米	次干道
12	桃园路	丹桂路—金星大道	24米	次干道
13	丹桂路	望城大道—桃园路	24米	次干道
14	唯罗克路	望城大道—金穗路	望城大道—金穗 36米	次干道
15	雷高路	郭亮路—黄金大道	郭亮路—银星路 24米	次干道
			银星路—黄金大道 60米	主干道
16	同心路	桃园路—雷锋大道	桃园路—马桥河路 24米	次干道
			马桥河路—雷锋大道 36米	次干道

续表2-3

序号	道 路	起止点	规划宽度（米）	道路等级
17	家园南路	雷锋大道—望城大道	30米	次干道
18	红家坡路	郭亮路—马桥河路	24米	次干道
19	月亮河路	郭亮路—马桥河路	24米	次干道
20	黄金河路	郭亮路—三环线	30米	次干道
21	黄金一路	雷高路—三环线	30米	次干道
22	黄金二路	雷高路—三环线	30米	次干道
23	商贸路	普瑞大道—黄金大道	30米	次干道
24	家园北路	望城大道—唯罗克路	22米	支路
25	华林路		22米	支路
26	仁和路		18米	支路
27	金穗路	郭亮路—马桥河路	18米	支路
28	沿河路	郭亮路—金星大道	18米	支路
30	李家嘴路	郭亮路—雷锋大道	20米	支路

湖南望城经济开发区发展控制规划

——主干道系统规划图

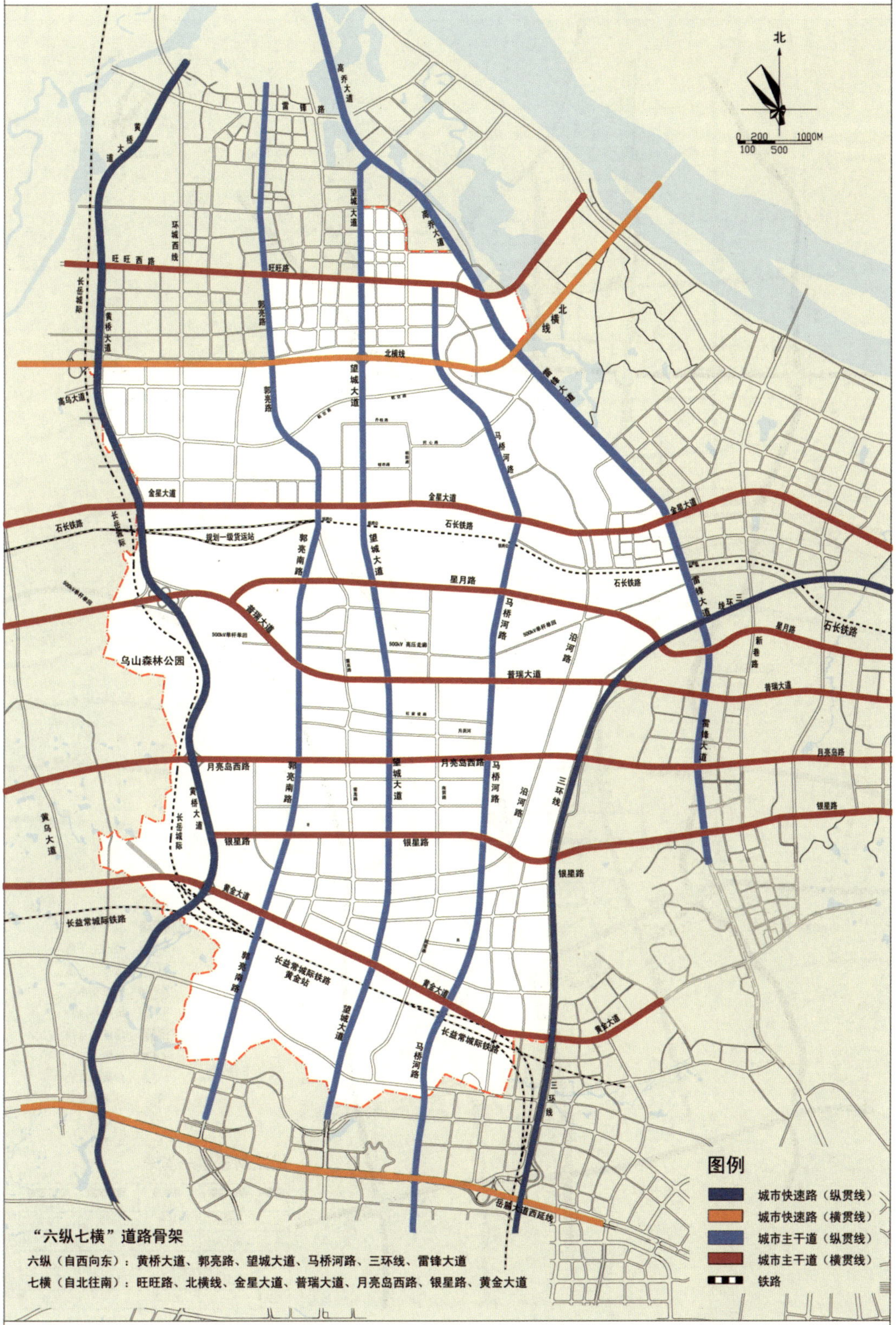

澳大利亚爱德嘉·皮诺塔事务所　长沙泰源建筑设计有限公司

湖南望城经济开发区发展控制规划

——综合交通规划图

道路网密度一览表

序号	道路类别	总长度（km）	道路宽度（m）	路网密度（km/km²）
1	快速路	14.97	30	0.29
2	主干道	75.00	36-46	1.37
3	次干道	52.50	24-30	1.02
4	支路	78.60	12-18	1.54
总计	——	221.07	——	4.22

澳大利亚爱德嘉·皮诺塔事务所　长沙泰源建筑设计有限公司

给水工程规划 2005年，依据用水量预测，规划水厂由当时供水量5万立方米／日扩建到15万立方米／日。水厂控制建设用地8.7公顷，供水能力可以满足当时望城经开区的用水要求。县城供水管网近期为独立系统，供水管道沿市政道路铺设，形成环状管网布局；远景纳入长、株、潭区域供水的组成部分。

2010年，规划望城水厂最大供水量为56万立方米／日，可满足望城经开区扩容后的用水需求。远期供水将纳入大河西先导区统筹考虑。供水干管规划沿园区快速路和主干道一侧铺设，管径为分米500～分米1200；支管规划沿其他道路铺设，管径为分米200～分米300，供水管网铺设以规划区用水量为依据，管网连接成环，以保证供水安全可靠。新增两处自来水加压站——桂芳加压站和乌山加压站。

消防用水在规划区范围内铺设道路消防给水管道，按照室外消防有关规划要求设置室外消火栓。重要建筑物的消防用水管网按照《建筑设计防火规范》的要求设计。室外消火栓的设置距道路路牙0.5米。

湖南望城经济开发区发展控制规划

——给水规划图

澳大利亚爱德嘉·皮诺塔事务所　长沙泰源建筑设计有限公司

排水工程规划 2005年前，望城县县城排水体制为雨污合流体，尚无污水处理厂，污水未经处理就直接排入水体。除新建成区的一些主要街道和新修的部分道路铺设了市政排水管外，其余均为无组织排水，排水主要是利用一些自然沟渠和水利排灌渠及撇洪渠等，将雨水、污水就近排入水体。规划区水系发达，沟渠交错，自然形成了以马桥河、斑马湖、史家湖等以自然河流、湖泊为排水渠道的排水体系，河流和渠道的水最终都汇入湘江。建成区当时排水系统中部分管道年久失修，建设标准偏低，管径偏小，暴雨时排水不畅。

2005年的《规划》中，确定逐渐完善城区排水系统，建造污水处理厂。在污水处理厂建成之前，各工业企业的污废水排放水质均应满足排入地表水体的排放标准，城市排水系统工程建设应与污水处理工程同时进行。在资金不足的前提下，《规划》建议首先完善排水管道工程。望城污水处理厂工程设计污水处理规模为18万立方米／日。污水收集范围为除进入三汊矶污水厂外的高星片铁路以南及其他纳污区的所有污水。望城经开区除长高集团为三汊矶污水处理厂服务区外，其他均为望城县污水处理厂服务区。污水须汇入污水处理厂，集中处理达标后方可排放。园区工业企业污废水的排放严格执行国家《污水综合排放标准》（GBJ8978-96），污废水均应处理达标后方可排入城市排水系统。

排水管网分地域板块布局如下。

高塘岭板块排水管网体系：高塘岭板块工业用地属于高塘岭排水区和黄金片排水区。高塘岭排水区规划按分流制要求建设污水管网。由于前期无法将原雨污合流制管道改造为分流制，因此，考虑到规划的可实施性，在原合流制管网排放口设置溢流井，超过旱季污水一倍雨水排入撇洪渠，其余部分接入就近规划的污水干渠中，将合流管网的旱季污水及雨季一倍截流污水输送至望城污水处理厂；随着管网逐步改造，规划期内，当所有区域均完全改造成分流制管网后，原有合流制管网除部分管径太小、不能满足规划要求的予以废除外，其余均并入新规划的雨水排放系统中。黄金片排水区为雨污分流制，污水干管沿马桥河西侧临河路、黄桥大道布置，管径DN800～DN2000。

高塘岭镇板块内雨水为马桥河水系，雨水原则上就近排入水体。

星城镇板块排水管网系统：星城板块工业用地属于星城西片排水区，排水制度为雨污分流制。污水干管沿吴家冲路布置，管径为DN500～DN1000，本区雨水排入荷塘撇洪渠水系。

高压开关厂处于三汊矶污水处理厂服务区，污水管沿金星路铺设，向南接入三汉矶污水处理厂。本区雨水排入裕丰撇洪渠水系，金星路已建DN1500雨水管道，可以满足雨水排放要求。2010年规划中，把2005年污水处理厂的设计规模，由近期的18万立方米／日提升到远期28万立方米／日。

园区内雨水排放充分利用地形，采用多出口排放。为避免地面径流过分集中，依地形地势，沿道路顺坡布置管道，将雨水就近排入水体，以减少管渠埋深及工程造价。雨水管道采用管顶平接的铺设方式，最小覆土深度按0.7米控制。

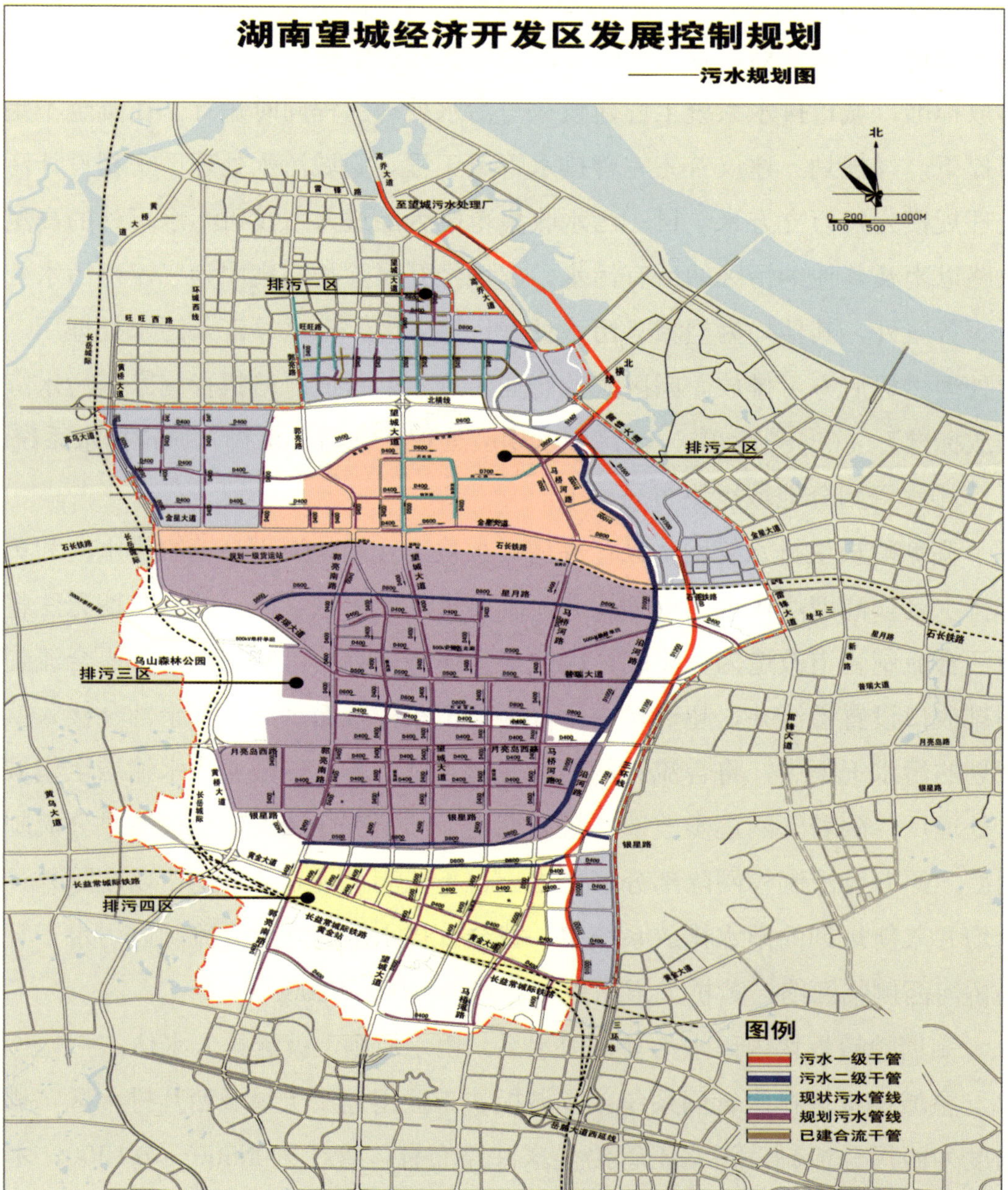

湖南望城经济开发区发展控制规划

——雨水规划图

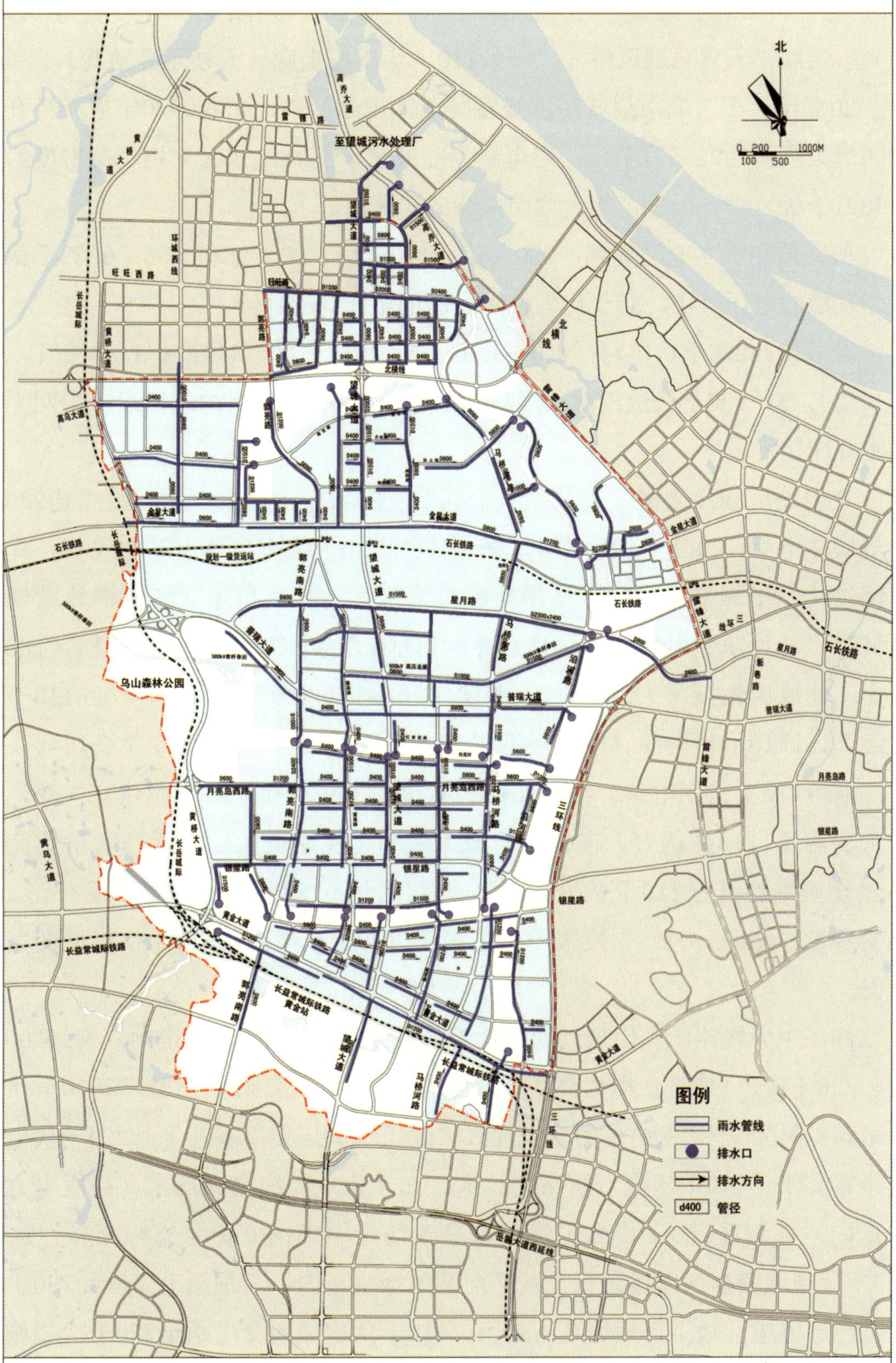

澳大利亚爱德嘉·皮诺塔事务所　长沙泰源建筑设计有限公司

电力工程规划 2005年前，望城经开区由110千伏高塘岭变电站供电。该变电站主变总容量1×31.5+1×20兆伏安，位于宝粮路和高塘岭路交叉的西南角，占地1.27公顷。规划区有一条500千伏高压走廊（益阳至长东），一条220千伏高压走廊（天顶至迎风桥），一条110千伏高压走廊（天顶至高塘岭）。

2005年，在《湖南望城经济开发区总体规划》中，预测2020年望城经开区园区最大负荷为21.5万千瓦，用电量为8.99亿千瓦时。园区平均负荷密度约为0.88万千伏／平方公里，年人均用电4859千瓦时。

依据预测确立电网规划：220千伏、110千伏、10千伏和0.38／0.22千伏为规划发展的电压等级，35千伏为控制发展的电压等级。

容载比：220千伏电网：1.6～1.9。35千伏～110千伏电网：1.8～2.1。

主接线：220千伏送电网采用环网供电，建立220千伏的联络线。电网无故障时开断运行。

变电站规划：依据《望城县"十五"及2010年电网规划》，将新建220千伏望城变电站，改变望城电网电源全部依托220千伏天顶变电站的现状，优化电网结构。望城变电站位于马桥河路与站南大道交叉口东北角的楠竹塘地段（又称"楠竹塘变电站"），规划控制用地6.7万平方米，设计容量3×180兆伏安。建成后先投入一台主变180兆伏安，规划6回220千伏进线，10回110千伏出线，18回10千伏出线。以后根据需要再投入1～2台180兆伏安主变压器。扩建高塘岭110千伏变电站，将高能耗20兆伏安主变更换为31.5兆伏安主变，新增主变容量11.5兆伏安。在位于望城大道和金星路交叉的东北角新增负荷中心建设望城经开区110千伏变电站，规划用地0.33公顷，采用半室外形式，主变容量3×50兆伏安(先投入一台主变)。110千伏电源由220千伏望城变电站取得。

高压电力线路：利用规划的绿化带形成外围110千伏线路走廊。规划500千伏、220千伏、110千伏电力高压走廊宽度：规划区范围内有长沙东500千伏变电站到益阳500千伏变电站的复线1回，500千伏高压走廊宽70米；220千伏电力线路宽35米，110千伏电力线路宽25米；35千伏电力线路宽18米。高压电力线路走向：规划区500千伏高压线路远景改线走中部的农田生态隔离带；新建220千伏望城变东西出线走石长铁路南侧的绿化带内；天顶至毛家塘的220千伏线路现已停运，故不再规划高压走廊；110千伏望城西变电站至220千伏望城变电站的110千伏高压线路沿金星路的绿化带走线。城市线路供电半径控制在

12公里以内，负荷在3000千瓦或以上的用户方可考虑专线供电。

2010年制定的《湖南望城经济开发区发展控制规划》，在2005年《总体规划》的基础上，对电源和电力高压走廊规划作了调整。

电源规划：根据望城县域基础设施发展战略研究（2009年），望城经开区用电由英雄岭变电站（500千伏）提供，保留晟通科技专用变电站和楠竹塘变电站两座220千伏变电站，保留金沙、园区和中航公司3座110千伏变电站；规划新建2座110千伏变电站，分别为观音岩变电站和红家坡变电站；规划两座35千伏变电站，分别为黄金变电站和桂芳变电站。

电力高压走廊规划：电力高压走廊是重要的电力基础设施，坚持“先有走廊、后有线路”的原则。规划中新建高压线路走廊尽可能沿道路西侧、北侧绿化带架设，并尽可能采用同塔多回架设，以节约城市建设用地。500千伏线路走廊控制宽60～75米，220千伏线路走廊控制宽40～45米；两条线路并行，走廊控制宽70～80米，110千伏单条线行走廊控制宽30～35米，两条线路并行，走廊控制宽50～60米，110千伏与220千伏线路并行，走廊控制宽60～70米。中低压电力线路敷设：10千伏及以下电力线路均按电缆埋地敷设，电缆敷设采用电缆沟和管道相结合；变电所、开闭所出线集中的路段采用电缆沟敷设电力线路，原则上以路西、路北作为主要通道，与弱电线路分置道路两侧。

燃气工程规划 2005年，望城经开区对燃气工程作出规划。当时，望城经开区主要燃料为燃煤和液化气，以液化气为主，天然气尚未进入园区。长沙的天然气支线沿雷锋大道通至望城。望城经开区的天然气由中压干管从县城接入。2010年，在2005年规划的基础上对燃气工程规划作了相应的调整。

气源规划：规划望城经开区的气源为管道天然气，由建立在望城县城区的高中压调压站输出。园区建设混气设施，修建地下管道，由石油液化气向混气过渡，最终实现天然气供气。其天然气管道沿雷锋大道引入。

供气对象：供气对象主要确定为望城经开区内所有城市居民、商业、工业企业以及燃气汽车四种用户，其中工业企业为供气的主要对象。

供气方式：望城经开区结合县城燃气规划统一采用管道天然气对园区进行供气。天然气输配系统由天然气高中压调压站、中压管网、中压庭院管、中压调压装置及低压管网组成。系统流程图如下：

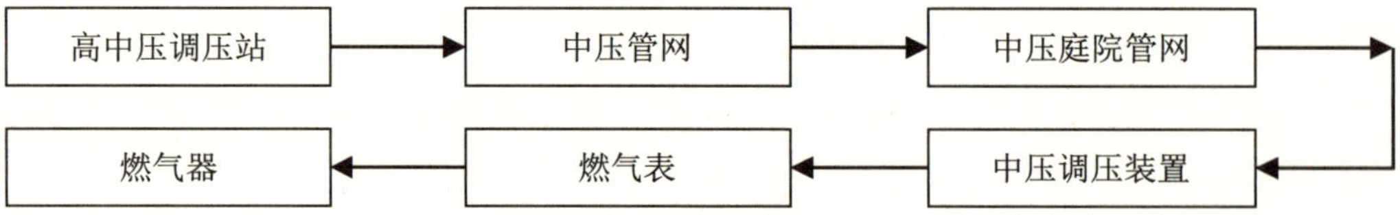

中压燃气干管规格为DN（公称直径）150～DN500。管道布置按照城市道路交通规划进行，并严格遵循《城镇燃气设计规范》，保证其安全距离。中压干管尽量靠近用气量大的企业和居住组团，以节省投资。同时应尽可能布置成环状以提高供气的安全性。

望城经开区内的其他调压方式：居住用地多层建筑的调压采取楼栋调压，低压进户或区域调压的方式；高层建筑采取低压进户、分户调压的方式；大型工业区用户采取专用调压的方式。

管网布置原则：注重近、远期的统筹安排，做到为远期预留足够的通道和占地；输配气管线的布置尽可能避开电力高压线走廊及主要交通要道；在规划道路上预留足够的燃气管通道，尽可能做到同步施工，避免重复开挖；管线布置做到环、枝状结合，以确保可靠、安全供气。

管网布置：规划在几条主要的街道敷设燃气管线并形成环状管网，供给各地块用气。燃气管线要求布置在人行道或绿化带内，但须避开行道树等大型乔木，尽可能布置在道路的东、南侧。

管材：主要采用目前在中低压燃气管道应用中常用的聚乙烯管（PE管）、机械接墨铸铁管、钢管或钢骨架聚乙烯塑料复合管等。

用户设备：大力推广用户自动收费系统的应用，从起步开始就积极发展IC卡业务。燃气经营单位的供气系统要达到智能化、管理现代化。

管道燃气与天然气做到统一规划、统一建设、统一管理。要求城市的新区开发、各类公共建筑，企事业单位统一实施城市管道燃气，为与天然气接轨创造良好条件。

望城经开区结合县城燃气规划统一采用管道天然气对园区进行供气。

电信工程规划　2005年，望城城区有电信母局1个，程控交换机量18216门，实装电话17429部，话机普及率26.4部／百人。在2010年的《发展规划》中，对电信规划作出了相应调整。

电信网规划：新建的交换局所或新增交换机应按照大容量、少局所、对重要用户能够重叠覆盖的原则进行建设，以简化网络和节省网路投资；同时应大量采用新型用户接入方式使光纤尽量靠近用户。新建通信管群系统为综合通信管群，具备电信业务、有线电视、交通信号、通信网络、局间中继、数据用户等多种信息传输功能，所有信息传输业务所需管孔应全部纳入综合管群，同期设计施工。各部门应密切配合、合理开发、共同使用管群资源，避免各运营商自建管道及重复建设。

电信端局：规划在望城经开区内增设电信端局2个，分别设置在火车站站前区域、旺旺路和郭亮路交汇的东南角，容量为8万～10万门，网络覆盖半径2～2.5公里，用地1～1.33公顷。

电信模块局：增设模块局5个，每个模块局网络覆盖半径 0.5～0.8公里，服务容量为500～800户。大型建筑及小区建筑中用户达到1000～10000户时宜设模块局，模块局设计用地667平方米。新建电信局（分局），应预留市政设施用地，电信局（分局）用地6000～10000平方米，以现代化、市场化为通信业发展的方向，鼓励多家经营和有序竞争，统筹和协调电信局点及网络管沟建设。

宽带信息网络光节点机房：宽带网络光节点机房为信息网络最靠近最终用户的机房，覆盖半径300～500米，用户为500～1000户，机房面积30～50平方米（每平方米负荷600公斤）。

市话网的主干管道规划：将通信线路纳入城市建设的统一规划，园区内以管道敷设为主，沿城市主干道敷设，音频电缆与光纤电缆相结合，逐步由光纤电缆取代音频电缆。为减少管线穿越道路，方便用户，与沿街用户联系密切的管线沿有建筑物的一侧架（埋）设。城区推荐有线电视系统，其线路纳入市话线路统一布局。

邮政设施：2010年，望城经开区内只有望城县邮政局一个邮政中心支局，位于望城大道与旺旺路交叉口的东北角；一个东马邮政所。规划期内，按服务半径和服务人口布点，望城经开区新增一般支局3个；邮政所由社会代办，2020年应达到30处以上；建立邮政服务点，至2020年报刊门市部和零售亭分别达到6处、60处，信筒达到45个。加强服务网点建设，扩大邮政服务范围。邮件处理方面在实现机械化和自动化的基础上，推进其向网络化和智能化发展；促进邮政综合计算机网络建设使其在支局全面实现电子化的基础上，继续向邮政所等基层网点推进。大力发展邮政物流配送，形成覆盖面广、系统功能全、能为社会提供实物、信息、金融等综合服务的邮政服务体系。

有线电视　望城广播电视网络已形成框架，已建有线电视分局1个，安排了光节点16个。按《长沙市总体规划（2003—2020）》，有线电视宽带网系统由总局、分局、光节点三级构成。分局按服务半径1公里设置，占地 670 平方米。新增光节点40个。所有有线电视宽带网光缆均敷设在城市道路的通信管道内。

湖南望城经济开发区发展控制规划

——电力电信规划图

澳大利亚爱德嘉·皮诺塔事务所　长沙泰源建筑设计有限公司

绿地系统及景观规划　2005年，望城经开区对园区绿地系统及景观制定了规划，2010年在此基础上又依据当时实际情况进行了规划调整。

绿地系统规划　依据园区自然环境，创造合理、有序的绿色空间结构。以生态农业区为基础，以道路绿化、自然生态廊道构成绿化框架，结合街头绿地以及大面积公共绿地、公园等，组成园区内部的绿色空间体系。

高塘岭板块工业区形成“两区、两带、三轴”的绿地系统格局;“两区”即神仙塘公园和园区南边的生态农业区；“两带”即中部生态农业带和马桥河风光带；“三轴”即望城大道、雷锋大道和金星路三条道路所形成的绿化景观带。

公园绿地：按照望城县总体规划,在神仙塘路西侧规划建设神仙塘公园，面积11.2公顷，作为望城经开区游赏、休闲、交流的绿色空间。在星城板块报业集团规划金巷公园，面积5．2公顷，作为该区域段居民休闲、交流的公共绿地。

防护绿地：防护绿地是指有卫生隔离和安全防护功能的绿地。在园区内包括公园隔离带、铁路防护绿地、道路防护绿地、城市高压走廊绿带、城市组团隔离带等。高塘岭板块防护绿地主要分布在长沙四环线（由梅溪湖至桥驿的黄桥大道为长沙西四环和北四环）沿线、长石铁路、高压走廊沿线和马桥河路两侧。规划长沙四环高速公路两侧不小于宽50米的绿化隔离带；石长铁路沿线南侧布置不小于100米、北侧不小于30米的绿化隔离带；500千伏高压走廊绿化带宽不小于70米，220千伏电力线绿化带宽不小于35米，110千伏电力线绿化带宽不小于25米，35千伏电力线绿化带宽不小于18米。星城工业板块湖南出版集团地块的防护绿地中，规划印刷工业园二期用地周边与其他用地的绿化隔离带宽不小于15米，出版集团基地二期工程周边绿化隔离带宽不小于20米，该地块仓储用地与其它用地之间的防护绿带宽不小于10米。主干道两侧控制10-30米防护绿地，次干道两侧控制5～20米防护绿地，支路两侧控制3-10米的防护绿地，并且为保证居民区不受企业生产干扰，在工业用地与居住用地之间增加防护绿地宽度，以保证城市环境绿地质量。

滨河绿地：马桥河纵贯望城经开区南北，河岸线较长，规划两岸各控制不小于40米宽的绿化带。河段两岸绿地应为游客和居民提供休闲、游赏、活动的室外空间，体现文化内涵，提升城市品位。

街头绿地：街头绿地指位于城市道路用地之外，相对独立成片的绿地，包括街道广场的绿地、小型沿街绿化用地和一些道路交叉口重要节点的绿地。高塘岭板块工业区规划分别在高乔大道与文源路交叉口、高乔大道与旺旺路交叉口、金星路与雷锋大道交叉口、金星路与望城大道交叉口、同心路与马桥河交叉口、金星路与马桥河交叉口、马桥河与星城大道交叉口、望城大道与取忠路交叉口建设街头绿地广场，以丰富园区内的绿化景观。

道路绿地：道路绿地指道路、广场用地内的绿地，包括行道树绿带、分车绿带、交通岛绿地、交通广场和停车场绿地等。行道树的树种选择抵抗性强的乡土树种为宜，香樟、银杏等都是较好的树种，桂花、广玉兰也可以用在花园式道路旁种植。规划在望城大道、马桥河路、雷锋大道、金星路、银星路、黄金大道等道路两侧建设10-20米宽的绿化带。

公共绿地：主要呈点状均匀分布在各服务核心区或者较大企业厂区附近，以实现充分的、高效的绿地使用率，增加城市的公共开放空间，最终形成“点线面结合、绿环绕城”的绿地结构。

景观规划 视觉走廊：规划两条视觉走廊分别为乌山森林公园—生态农业带—生态湿地景观区；生态湿地景观区—马桥河风光带。规划建设中应严格控制廊道范围内的建筑物高度，确保视觉廊道内的视线通畅。乌山森林公园—生态农业带—生态湿地景观区视觉走廊应以彰显望城县现代农业种植为主，打造现代化的生态农业景观。生态湿地景观区——马桥河风光带视觉走廊则以“自然、希望、和谐”为主题，从北向南依次打造传统的、生态乡野的、现代化、田园风光的风光带景观。

景观风貌区：规划按照望城经开区所处的区位地段，划分为五个景观风貌区。北片：旺旺路以北区域。该区域西侧与望城老城区相接，东侧紧邻望城生态湿地区，规划应以文化氛围为背景，结合生态景观的要求，塑造整体工业建筑群体和滨湖景观界面。中片：旺旺路和石长铁路围合的区域。该区以二类工业为主，以生态农业带为依托，以马桥河风光带为纽带，以区内公园、绿地、广场为背景，塑造现代城市景观形象和生活气息浓郁的建筑景观界面。南片：石长铁路以南区域。该区主要以一类工业和居住为主，规划结合区内的景观要素，打造现代化的城市建筑群体和生活气息浓郁的建筑景观界面。出版集团片:该地段以居住、商业为主，工业部分只有印刷集团二期工程区，规划该地段应以体现现代化的办公、居住和商业环境为主，结合区内的金巷公园和道路绿化、防护绿带等,打造现代化的城市建筑群体和生活气息浓郁的建筑景观界面。

高压开关厂片：该地段位于金星路和月亮岛大道交汇处，是重要城市标识点，规划应以彰显望城工业的蓬勃发展为主题，打造标识效果强、景观环境优美的工业社区景观界面。

道路环境和绿色通道：道路和道路两厢的景观是向人们展示望城经开区面貌的一个重要窗口，是园区景观风貌的集中体现。规划严格控制望城大道、马桥河路、雷锋大道、高乔大道、金星路、黄金大道、金巷园路等重要干道两侧的绿化带、道路断面形式、宽度和道路两厢的城市设计，严格控制道路两侧建筑物外立面的形态和建筑色彩，明确了建筑高度和后退红线以及场地的出入口方位，着力打造整洁、有序的城市街道景观。绿色通道主要指望城经开区内的一些生态防护绿带和高压走廊、交通防护绿带。这些防护绿带既保护了一些重要设施的安全，又对园区内改善生态环境起着非常重要的作用。规划要求依据具体防护的对象，选择乡土树种打造生态防护带，浓厚原野森林气息。

自然生态环境：规划考虑到园区外的乌山森林公园和湘江河西侧生态湿地等水体自然环境对园区内的影响，保护好自然环境的整体性，严格控制园区内的建筑密度、建筑容积率、建筑高度以及建筑物的色彩和表面材质，以确保园区在满足休闲场地、生态环境建设的同时，使人们得以充分享受自然之美。

《规划》形成“一环、两轴、多节点”的景观系统格局。

一环：即由马桥河、黄金河和月亮河三条水系及滨河风光带构成的环。两轴：即望城大道和雷锋大道与其他主要干道交叉口形成的标志性休闲广场构成的景观轴，如马桥河广场、“和”图腾广场等。多节点：即园区周边的乌山森林公园、洗心禅寺、观音岩水库、龙夫高尔夫场等组成自然、人文景观节点。《规划》要求总体上从生态的角度和景观构建的角度构筑望城经开区的城市生态空间发展格局，以达到提升园区形象、营造富有特色的城市空间、进而拉动望城经开区经济、活跃文化、提升品位、塑造品质的目的。

湖南望城经济开发区发展控制规划

——绿地系统规划图

绿地类型		面积（公顷）	比例（%）
总绿地面积		1926.07	100%
其中	公共绿地	27.29	1.42%
	生产防护绿地	375.78	19.51%
	园地	91.03	4.73%
	耕地	1024.29	53.18%
	林地	300.93	15.62%
	水域	106.75	5.54%

澳大利亚爱德嘉·皮诺塔事务所　长沙泰源建筑设计有限公司

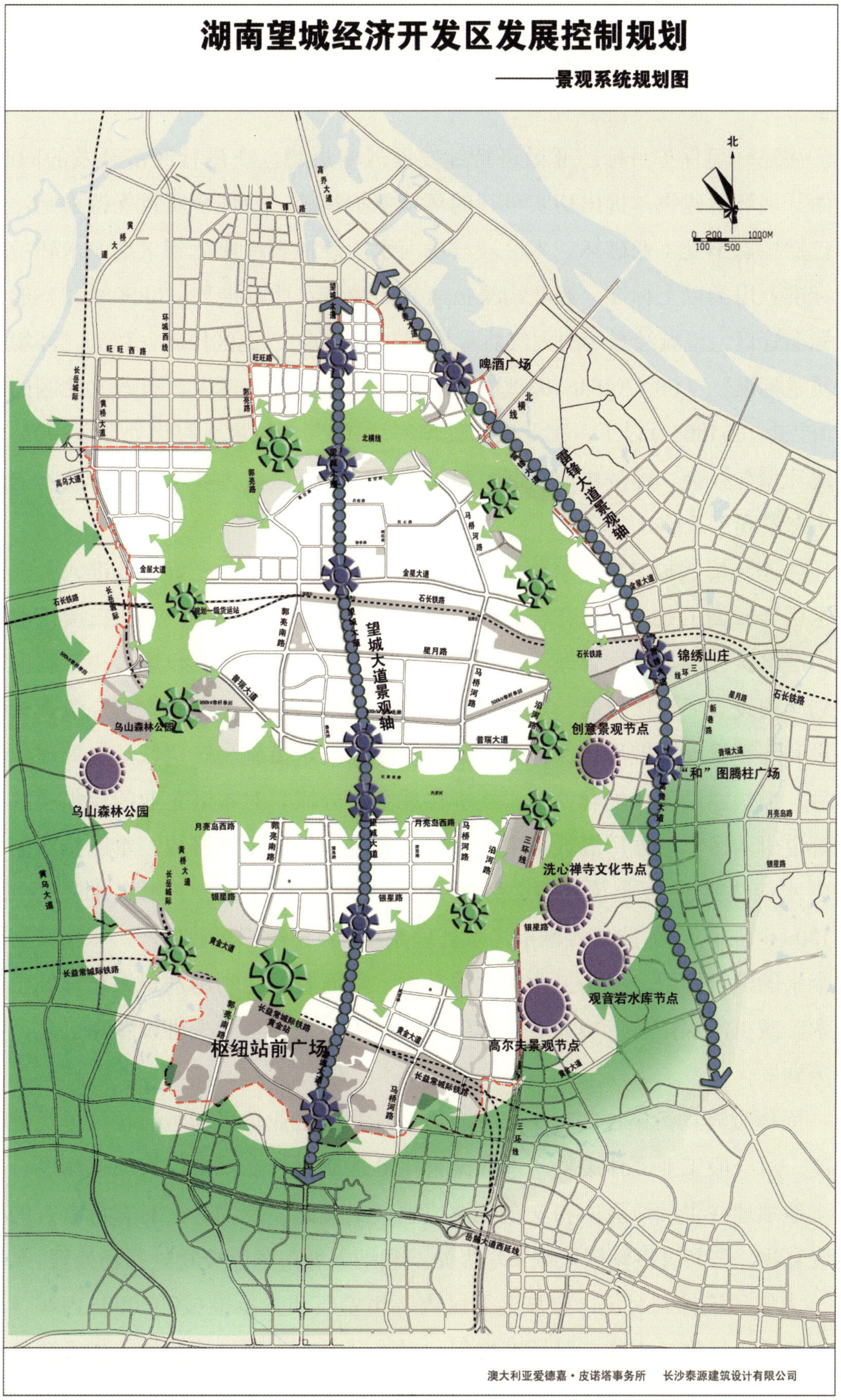
湖南望城经济开发区发展控制规划
——景观系统规划图
北
啤酒广场
雷锋大道景观轴
望城大道景观轴
锦绣山庄
创意景观节点
"和"图腾柱广场
乌山森林公园
洗心禅寺文化节点
观音岩水库节点
高尔夫景观节点
枢纽站前广场
澳大利亚爱德嘉·皮诺塔事务所　长沙泰源建筑设计有限公司

环境保护规划 2005年，望城经开区在《总体规划》中对生态环境和卫生环境的保护制定了规划。2010年，在《发展规划》中又对环境规划内容作出了调整。

生态环境保护目标：遵循可持续发展战略思想，在进行经济开发的同时，全面开展环境建设，提出切实可行的环境保护措施，使环境质量保持稳定，确保自然生态不受工业破坏。本区段马桥河水质及地表水质达到《地面水环境质量标准》Ⅲ类以上标准，灌溉沟渠按《农田灌溉水质标准》（GB508492）的一类标准管理。望城经开区的大气质量按GB3095-1996二类区控制，达到《环境空气质量标准》（GB／T4848-93）二级标准。城市居住生活区、行政文化区的噪声值控制在54dB(A)以下，工业废水处理率达100％，垃圾无害化处理达100％。实现环境与社会、经济协调发展，努力使望城经开区成为环境优美、技术先进的生态景观工业园。

生态环境保护措施：水环境保护对策及管理措施——把好产业准入关，即积极引导一类工业入园，有选择性地接受低污染的二类工业，禁止三类工业入园。严格执行规划环境管理法规，建立入区企业审批环保“一票否决”制度。规划区内设立环境保护局、规划建设局等专职机构，配备专职人员，负责规划建设和环境管理，把环境保护工作落到实处。技术措施——望城污水处理厂建成后，加快建设相关配套设施，逐步实现雨污分流。对本区企业的污水通过截污管道引入污水处理厂进行集中处理，达到排放标准后再排放；本区企业的工业废水应先在各企业预处理，水质达到《污水进入城市下水道水质标准》(CJ3082-1999)后才能排入城市污水处理系统；科学组织企业生产，积极开展生产废水的综合利用，提高工业用水重复率，从而有效地利用水资源和降低生产成本，减少污水排放；加大对环境保护的投入，采用科学先进设备和工艺，减少污染量。

固体废弃物污染控制对策：建立望城经开区工业垃圾和生活垃圾分类处理制度。对一般工业固体废物，进行无害化处理后，可在城市垃圾填埋场进行卫生土地填埋（生活垃圾）和安全土地填埋（工业固体废物）；对有毒有害的固体废弃物，严禁直接倾倒入城市垃圾站，须纳入城市危险废物处置场处理。

大气环境控制对策：望城经开区内环境空气质量标准按GB3095-1996《环境空气质量标准》中的二级标准控制。对本区企业实现排污监控，加大政策措施和环境监管力度，下达大气污染物总量排放标准，并纳入望城县城的整体控制规划。推行清洁燃料，逐步减少直至取消燃煤炉灶，提高用气普及率。有效控制饮食服务业的油烟废气污染，强制安装抽油烟和油烟净化装置。严格控制机动车尾气污染，加强道路管理和路面养护，控制道路扬尘。在交通要道设计控制绿化用地，建好防护林带，控制农用车辆进入园区。

噪声污染控制对策：结合工业技术改进减少工业噪声噪音值，对各种工业噪声分别采用隔声、吸声和消声等措施，以减少对周围环境的影响；严格控制交通噪声，加强道路与居住区之间的绿化分隔，对路面加强维护保养，提高车辆通行能力和行车的平稳性，严禁城内鸣笛；建设施工噪声是严重的污染源，要采取降低噪声控制措施，如用液压打桩代替冲击打桩、用低噪声设备代替传统的高噪声设备等，对一些固定的高噪声设备采取噪声控制措施，如搅拌机、木工机械、线材切割机等设备应放置在远离居民住宅处，并采取相应屏蔽措施；加强环境管理，对施工工地的管理人员和施工人员加强环境意识教育；项目施工前必须经过环保部门的批准，严格控制夜间施工，对于那些必须连续施工工程的夜间施工，要经地方环保部门批准，并事先向居民做好宣传解释工作。望城经开区区域内噪声环境保护按GB3096-93《城市区域环境噪声标准》二类标准控制，噪声达标区覆盖率要达到95％。

湖南望城经济开发区发展控制规划

——环境保护规划图

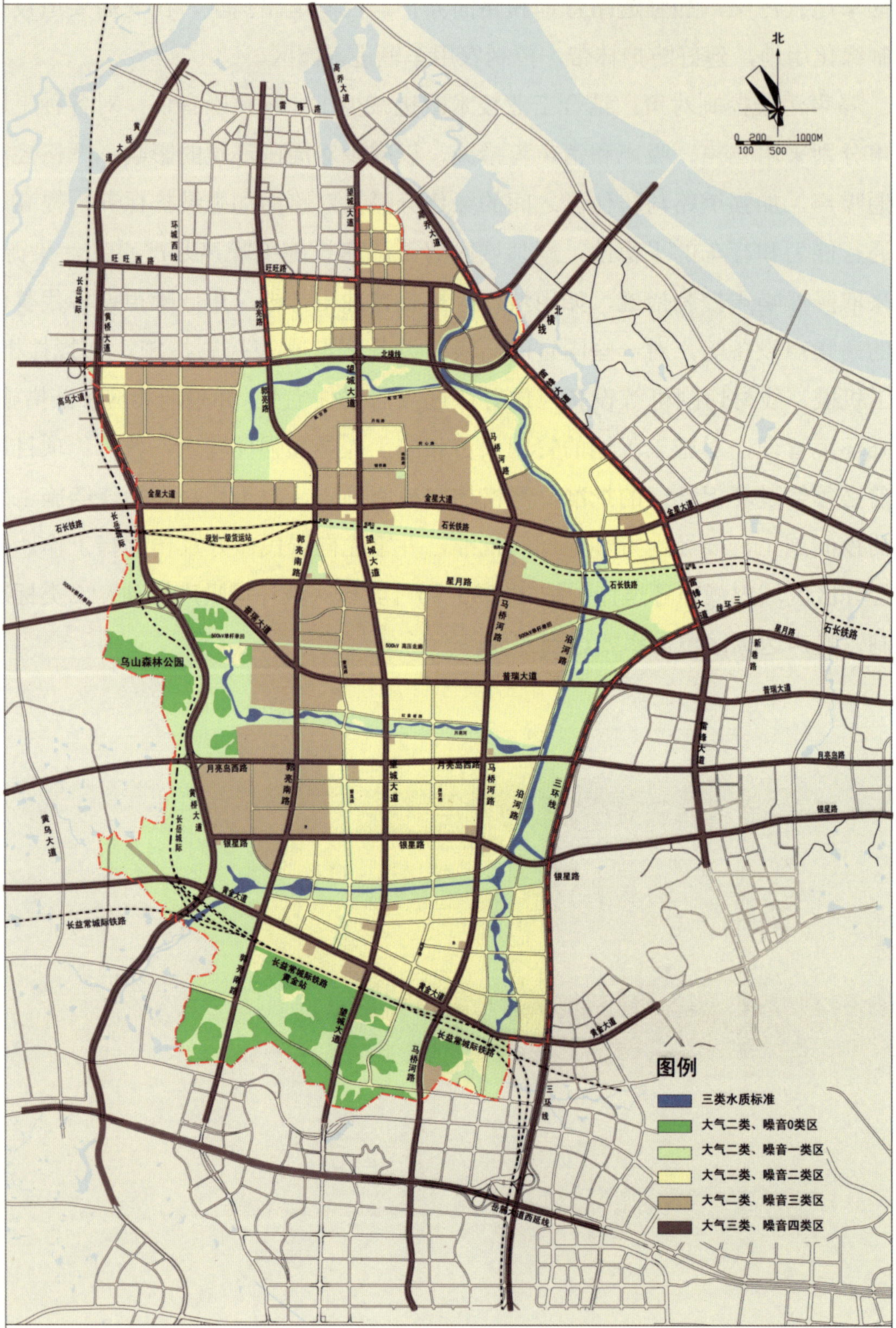

澳大利亚爱德嘉·皮诺塔事务所　长沙泰源建筑设计有限公司

环境卫生保护规划　规划目标：提高环境卫生设施水平，加强城市环境卫生设施建设管理，本次规划确定到2030年实现“垃圾收集容积化、粪便收集管道化，环卫作业机械化、废弃物处理无害化、环境卫生管理科学化”的环境卫生发展目标。城市生活垃圾无害化处理率近期达到70%，远期达到90%；特种垃圾和工业有毒有害废弃物的无害化处理率近期达到100%；生活垃圾容器化收集率近期达到90%以上，远期达到100%；道路清扫机械化、半机械化近期达到80%以上。

固体废弃物的处理：居民生活垃圾近期采用混合收集，生活垃圾袋装化，远期采用垃圾分类处理。垃圾收集后由环卫职工通过垃圾清运车（城区垃圾收集点每天收集2～3次）运往中转站，再通过密封集装箱运至垃圾填埋场作填埋处理或垃圾处理厂处理。建筑垃圾，由指定单位统一管理，明确各自的清运任务。工业固体废物，在环卫单位统一收集处理的基础上，加强对废旧物资（纸、玻璃、金属）的回收利用，既创造产值，又减轻废物对环境保护的压力。危险固体废物，由环卫部门专门进行密封收集并作专业性处理。

环卫设施规划。公共厕所：规划区域内人流集中地段，如商业街、集贸市场、文化娱乐场所应设置公共厕所。公共厕所的相间距离或服务范围，主要繁华街道公共厕所之间的距离为300～500米，流动人口高度密集的街道宜小于300米，一般街道公厕之间的距离750～1000米为宜；新建居民区为300～500米。住宅区内公共厕所千人（按一昼夜最高聚集人数计，下同）建筑面积指标为6～10平方米；车站（含站前广场）、码头、体育场（馆）等场所的公共厕所，千人建筑面积指标为15～25平方米；街道公共厕所千人建筑面积为5～10平方米，其外墙以外应保持3米的分隔带。

垃圾中转站：近期增设垃圾中转站以达到国家标准的设置数量，服务半径1000～1500米（结合公厕建设），园区内共设15个转运站，每个用地不小于100平方米，与周围建筑物间距不小于5米。供居民直接倾倒垃圾的垃圾站，服务半径不大于200米，占地不小于50平方米。对医疗、防疫等部门产生的有毒垃圾，先集中再统一收运、统一处理。垃圾分类放置、分类收集、分类运送、分类处理；以利于垃圾的进一步综合处理利用。垃圾集中至垃圾中转站后转运至垃圾填埋场进行无害化处理。远期规划城市环卫机械化程度大幅度提高，规划建设若干大中型垃圾中转站，以改善市容市貌和提高城市垃圾的收集运输效率。

粪便收集与处理：粪便采用化粪池进行无害化处理，经污水管网进入污水处理厂处理后排入水体。远离污水管道的住宅区设置净化沼气池等进行无害化处理。

废物箱的设置：交通干道上按每100～200米设废物箱，一般道路按每200～400米设置，居住区主要道路按每100米设置。

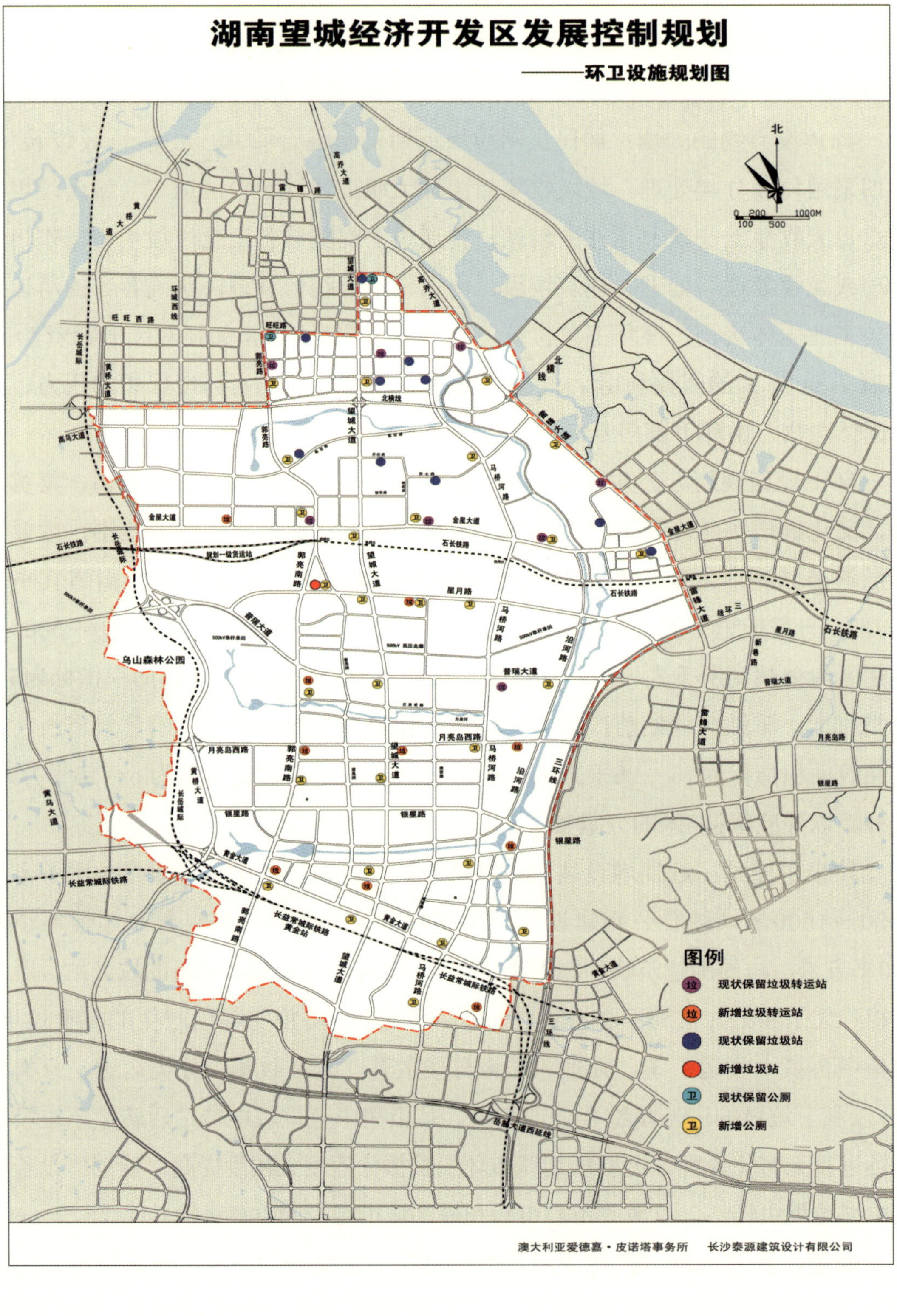

湖南望城经济开发区发展控制规划
——环卫设施规划图

◆第六节　规划管理

管理机构　2004年7月9日，望城县机构编制委员会明确：湖南省高科技食品基地与湖南省台商投资区、湖南望城国家农业科技园区实行三块牌子、一套班子、一套人员管理体制。高科技园区党工委、管委会机关内设5个局（室），均为正科级机构。其中规划建设局负责园区总体规划、控制性详规及各项专项规划的编制与修订，负责组织园区内基础设施建设项目规划设计，组织园区内基本建设项目规划及初步设计评审；核发园区内基本建设项目的"一书两证"（《建设项目选址意见书》"建设用地规划许可证""建设工程规划许可证"）负责园区内建设工程验线及批后规划管理；负责园区的规划执法，查处城市规划违法案件、园区违章建筑等。负责园区内基本建设项目审查，登记、办理、审查报建手续及核发工程施工许可证；负责建筑工程施工管理和协调；负责基建项目和招投标管理；办理工程项目预决算。

2014年5月4日，长沙市人民政府办公厅《关于印发〈大河西先导区望城区长沙县城乡规划管理体制调整方案〉的通知》（长政办函【2014】98号），对望城区城乡规划管理体制进行了调整：成立长沙市城乡规划局望城分局，撤销望城区城乡规划局，其人、财、物成建制移交长沙市城乡规划局。

长沙市城乡规划局望城分局主要负责宣传贯彻国家、省、市有关城乡规划的法律、法规和政策，参与市局组织的法规、规章的起草和修订等工作；协助组织望城区范围内的详细规划、专项规划、城市设计等规划编制，参与市局组织的规划修改；承办辖区范围内各项建设项目的规划行政许可，核发辖区范围内"乡村建设规划许可证"，报市局审批后核发《建设项目选址意见书》"建设用地规划许可证""建设工程规划许可证"；负责望城区辖区范围内建设工程的批后管理（含放验线、施工期间的巡查、竣工验收等），对辖区违法建设工程进行立案、调查、提出处理意见报市局；负责接待和处理涉及望城区规划建设问题的群众来信来访、行政复议和行政诉讼。

调整望城区规划执法管理体制：将望城区综合行政执法大队承担的规划执法职责调整为由市规划监察执法支队负责，市规划监察执法支队增设望城区大队。

调整望城经开区规划管理体制。望城经开区原受望城区城乡规划局委托行使的区级管理职责，调整为受长沙市城乡规划局委托执行。其他事项另行明确。

《调整方案》还明确了具体的实施步骤。

规划审批 2007年之前，望城经开区不同时期制定的规划，都是以《长沙市城乡总体规划》《望城县总体规划》为规范制定的。1999年12月编制的《望城县县城总体规划》2001年4月编制《湖南省台商投资开发区控制性详细规划》2002年5月编制的《湖南望城国家农业科技园总体规划》这三个前期规划，和2005年编制的《望城经开区总体规划》都是在1999年《望城县县城总体规划》的基础上的修编扩容。以上规划都经望城县委、县政府审议通过。

2007年7月28日，中华人民共和国第十届全国人民代表大会常务委员会第三十次会议通过《中华人民共和国城乡规划法》。同年，湖南省人民政府制定了《湖南省实施〈中华人民共和国城乡规划法〉办法》（以下简称《实施办法》）；2010年，望城经开区管委会组织编制的《湖南望城经开区发展控制规划》。依据《实施办法》有关“规划审批”的规定，望城经开区将《发展控制规划》报望城县政府审议。望城县政府组织有关部门、专家召开论证会，广泛听取意见后，2011年6月，望城县政府发文批复，原则同意《望城经开区发展控制规划》并要求报长沙市规划局和长沙大河西先导区备案。2016年4月，长沙市人民政府以长政函（2016）146号、147号两个文件（分南片、北片）批复，审议通过同意《望城经济技术开发区控制性详细规划》。

规划批后管理 为了进一步加强建设工程规划的批后管理和服务，确保规划的顺利实施，望城经开区2012年制定了《建设工程规划批后管理的若干规定》。该《规定》明确，对已经取得《建设工程规划许可证》（副本）的项目批后管理和服务的主要有以下几项。

参与放线定位。建设工程自放线后进入批后管理程序，批后管理责任人应到现场参与放线定位，发放《建设工程批后管理告知书》和《依法建设保证书》；发现违法建设行为，告知行政综合执法局依法处理。

实施建设位置复验。建设工程施工至正负零时，批后管理责任人应通知放线单位到现场复验建设位置，检查是否按规定设置了规划许可公告牌，并将《依法建设保证书》存档联收回。复验合格的，批准其继续施工；复验不合格的，告知行政综合执法局，责令建设单位停止建设、限期改正。建设单位改正后，方可同意其继续施工。

建设工程主体检查。建设工程施工至主体封顶时，批后管理责任人应及时进行主体检查。发现未按建设工程规划许可证的规定进行建设的，告知行政综合执法局责令限期改正或立案查处。

进行竣工验收。建设工程竣工后，应督促建设单位申报竣工验收。规划建设局核发“建设工程规划许可证”（正本）前的建设工程竣工检查由批后管理人按统一的要求和规范实施，实施后签署竣工检查意见，经审核后，方可进入下一审批程序。

进入批后管理程序的建设工程，必须建立批后管理案卷，要求一案一卷，资料齐备，及时归档。

第二章 基础设施建设

◆第一节 道路·铁路·公交

道路 1992年之前，望城县对外沟通的主要道路仅只有一条雷高公路（雷锋乡黄花塘至县城所在地高塘岭镇）。雷高公路原属高九公路（高塘岭至九江庙）北段，始建于1958年，双向两车道，原为砂石路面，1969年更名为雷高公路。1977年年底铺设沥青路面，路基宽7.5米，长24公里，在黄花塘与319国道连通。1985年，雷高公路进行拓改，路幅拓宽至12米，重新铺设改性沥青，改建后全线缩短为22公里。

1992年11月24日动工修建雷锋大道。这是是望城经开区区域内由望城县政府主持建成的第一条公路。该道路南起长沙汽车西站319国道，北至望城县高塘岭镇马桥河，全长16.7公里，路幅宽60米，双向4车道。1996年11月完成混凝土浇注工程后正式通车。2005年4月，雷锋大道北起马桥河南至北津学院路段动工拓改，改双向4车道为6车道，变水泥路面为改性沥青路面，加修人行道并建设了绿化带，2005年10月25日竣工。2008年3月17日，雷锋大道北起北津学院南至望城与岳麓区交界的双拥门楼，（当时，由于长沙市区划调整，原雷锋大道双拥门楼以南路段已属于岳麓区境内）动工拓改，标准同上，于2009年3月竣工。2008年7月，与雷锋大道对接的高乔大道（南起高塘岭镇马桥河，北至乔口）南线（马桥河—沩水桥段）动工进行拓改，改4车道为6车道，变水泥路面为改性沥青路面，加修人行道并建设了绿化带，于2009年5月竣工，此路段在城区范围内。2010年12月，高乔大道北线（南起沩水桥，北至乔口柳林江大桥段）动工拓改，标准同上，于2012年9月竣工。同年，将原高乔大道改名为雷锋北大道。至此，雷锋大道接雷锋北大道，全部拓改贯通，南起与岳麓区交界的双拥门楼，北至乔口镇柳林江大桥，全程39.6公里。

旺旺路的修建与拓改：处于城区的旺旺路原名城南路，是20世纪80年代修建的一条砂石路。1992年旺旺集团公司进入望城后，1993年开始修筑旺旺中路，当时该路段东起喻家坡（后来的公安广场），西至旺旺公司东门，全长700米，1996年改为混凝土路面。1999年，旺旺路雷锋大道以西的路段全部拓宽至42米。2006年4月26日动工对旺旺路再次拓改。该路段东起县城马桥河，西至县城旺旺广场，拓改后的路幅宽60米，双向8车道，敷设改性沥青路面并加建人行道和绿化带。2011年12月21日动工，将旺旺路向西提质延伸。该路段东起旺旺广场，西接黄桥大道，全长2.1公里，建筑标准与上相同。2011年12月27日动工，将旺旺路向东延伸拓改提质。该路段东起湘江西岸白沙洲，西至马桥河。该路段原名城白路，砂石路面，改为双向6车道，改性沥青路面，并修建人行道及绿化带。2013年2月竣工。至此，旺旺路全线拓改贯通。同时将东起白沙洲、西至公安局广场路段命名为旺旺东路；东起公安局广场、西至旺旺广场路段命名为旺旺中路；东起旺旺广场、西接黄桥大道路段命名为旺旺西路。旺旺路总长7.2公里。

2003年5月，动工修筑金星路。金星路东起望城县与岳麓区交界的十八丘，西至雷高路高冲村，全长8公里，路幅宽60米，2006年4月竣工。当时金星路东起十八丘，西至雷锋大道路段已铺设沥青。并建起了道路景观带，命名为金星东路，2006年4月开始，对金星中路（东起雷锋大道，西至雷高路高冲村）进行全面提质改造，铺设改性沥青路面，建设绿化带和人行道，2006年10月竣工。截至2015年年底，金星西路（由雷高公路高冲村至黄桥大道）正在建设中。

1998年7月，动工修建望城大道（原名站前大道）。望城大道南起望城火车站，北至宝粮路，水泥路面，寛48米，总长4.88公里。望城大道分两期修建，第一期修建火车站至旺旺路段，第二期修建旺旺路至宝粮路段，2004年10月全线竣工。2015年年初，望城大道第二期提质改造工程动工，敷设改性沥青，加建绿化带和人行道，当年竣工。

2002年10月，动工修建马桥河路。马桥河路南起雷高公路与长沙高新区接界处，北至旺旺东路，总长8.63公里。马桥河路分两期修建，第一期修建北段，南起普瑞中路，北至旺旺东路，2004年竣工。该路段寛26米，长3.33公里。2013年动工修建南段，南起雷高公路与长沙高新区接界处，北至普瑞中路，宽42米，长5.3公里，2014年10月竣工。

2002年12月，同时动工修建黄金大道和银星路，分两期建设并拓改，2008年底全部竣工。

2006年4月，开工修建普瑞路（分普瑞东路、普瑞中路、普瑞西路），2008年10月，普瑞东路竣工，2010年5月普瑞中路竣工。至2015年年底，普瑞西路正在建设中。

截至2015年年底，望城经开区区域内共建成道路主干道11条，其中黄桥大道和长沙市三环线为过境公路，形成了六纵五横的路网结构（规划中为六纵七横，至2015年底，其中北横线尚未动工，月亮岛西路正在建设）。

“六纵”：由西往东依次为黄桥大道、雷高公路、望城大道、马桥河路、长沙市三环线、雷锋大道（接雷锋北大道）。

“五横”：由北往南依次为旺旺路（含旺旺东路、旺旺中路、旺旺西路）、金星路、普瑞路（含普瑞东路、中路）、银星路、黄金大道。

其余园区内的次干道和支路共18条，总长超过50公里。

表2-4

2015年园区主干道情况一览表

序号	道路名称	路宽（米）	路长（公里）	道路方向	双向车道	路面标准	道路起止	开工时间	竣工时间	备注
1	黄桥大道	50	16.3	南北	6	改性沥青	南起岳麓大道，北至郭亮北路	2010年12月	2013年10月	望城境内分两期建成
2	市三环线（绕城高速）	26	10	南北	6	改性沥青	金州大道-月亮岛大桥	1996年3月	1998年10月	望城境内段
3	雷高公路	12	15.7	南北	2	改性沥青	南起雷锋镇，北至高塘岭白马巷（茂林园以北又名郭亮路）	1985年12月	1987年12月	望城境内段后经两次提质改造
4	望城大道（原名站前大道）	48	4.88	南北	4	水泥（中段）	南起望城火车站，北至宝粮东路	1998年7月	2004年10月	
5	马桥河路	南段42 北段26	11.4	南北	6	改性沥青	南起雷高公路高新区接界处北接旺旺东路	2002年10月	2014年12月	分两期建设，一期宽26米，二期宽42米
6	雷锋大道（S101）	60	16.2	南北	8	改性沥青	南起天顶乡尖山村，北接旺旺东路	1992年12月	1996年11月	雷锋北大道部分路段在园区
7	旺旺路	42	7.2	东西	8	改性沥青	东起湘江西岸白沙洲—西至黄桥大道	1993年11月	1996年11月	分两期建设，一期长5公里，二期长2.2公里
8	金星路	60	8	东西	6	改性沥青	东起岳麓区交界十八丘，西接雷高公路	2003年5月	2006年4月26日	经开区境内分两期建设
9	普瑞大道	42	10.4	东西	4	改性沥青	东起湘江西岸潇湘北线，南至雷高公路	2006年4月	东路2008年10月 中路2010年	分两期建设，后拓改提质
10	银星路	42	5.5	东西	6	改性沥青	东起银杉路，西至新城国际花都雷锋大道	2002年12月	2008年12月	
11	黄金大道	42	10.2	东西	6	改性沥青	东起普瑞中路西至雷高公路	2002年12月	2008年12月	分两期建设

表2-5　　2015年园区次干道情况表

序号	道路名称	路长（公里）	路宽（公里）	起止点	备注
1	高裕路	4.7	22	环城西线—金德路	高裕北路红线
2	取忠路	1.3	18	郭亮路—望城大道	
3	家园南路	1.3	30	雷锋大道—望城大道	
4	喻家坡路	2.3	22	高乌大道—郭亮路	
5	唯罗克路	2.3	30	望城大道—金穗路	
6	桃园路	1.0	24	田园路—金星路	
7	丹桂路	1.6	24	郭亮路—桃园路	
8	同心路	2.0	24	桃园路—雷锋大道	
9	杨家湾路	2.7	24	郭亮路—六家冲路	
10	李家嘴路	3.3	24	郭亮路—马桥河路	
11	泰嘉路	1.3	24	望城大道—马桥河路	
12	宝粮路	2.4	22	环城西路—望城大道	
13	文源路	0.8	18	高裕路—望城大道	
14	杨公山路	1.6	24	红家坡路—站南大道	
15	腾飞路	2.8	24	同心路—监城路	
16	添喜路	1.4	24	大湖路—小河路	
17	荷花路	1.87	24	大湖路—马桥河路	
18	航空路			马桥河路—望城大道	

雷锋大道

旺旺东路

黄桥大道

雷　高　路

铁路　石长铁路（石门至长沙）于1998年10月1日全线通车。该铁路途经望城经开区境内星城、高塘岭、乌山三个乡镇，西向经望城区白箬镇，在望城境内途经四个乡镇20个村，过境长25.52公里。望城境内建有星城、高塘岭、乌山三个火车站。石长铁路复线于2012年动工建设，属电器化铁路，2015年底通车。

公交　2006年1月29日，长沙与望城沟通的903路、918路公交车开通。这是望城经开区首次开通公交车。903路：长沙河西湴湾镇高叶塘—望城区人民医院，全程31.4公里。918路：长沙汽车西站—望城汽车站，全程23.4公里。以后逐年增加望城至长沙及望城区域内的公交线路，截至2015年年底，望城经开区已先后开通公交车、快吧线路25条。

表2-6

2015年望城区公共交通出行一览表

序号	线路（包括公交、快巴）	起点	终点	开通时间	营运时间	票价	途径主干道	运营公司	所属地区
1	望城至长沙火车南站(快巴)	望城汽车站	长沙火车南站	2014	6:20～17:40	全程票价 15 元，途中站点阶梯式收费	雷锋大道、金星路、北二环、长沙大道、花侯路	龙骧集团	市内
2	903 路	桃子湖路口	望城汽车站	2006	冬季：6:30～21:00 夏季：6:00～21:30	空调 2 元/普通 1 元	雷锋大道、金星路、岳麓大道、潇湘北路、麓山路	湖南巴士	市内
3	355 路	湖南财政学院	高星物流园		冬季：6:30～21:00 夏季：6:00～21:30	空调 2 元/普通 1 元	普瑞大道、金星路、桐梓坡路、潇湘北路、枫林一路	湖南巴士	市内
4	918 路	长沙汽车西站	望城汽车站	2006	冬季：6:30～21:00 夏季：6:00～21:30	空调 2 元/普通 1 元	连江路、郭亮路、高塘岭大道、旺旺路、雷锋大道	宝骏巴士	市内
5	916 路	雷锋中学	玫瑰园北	2008	冬季：6:30～21:00 夏季：6:00～21:30	空调 2 元/普通 1 元	银杉路、含光路、谷山路、望岳路、桐梓坡路、枫林路、文轩路、枫林三路、正兴路、雷高路	宝骏巴士	市内
6	357 路	华夏	洗心禅寺	2008	冬季：6:30～21:00 夏季：6:00～21:30	空调 2 元/普通 1 元	普瑞大道、金星大道、银杉路、银盆岭大桥、湘江路、开福寺路	湖南巴士	市内
7	401 路	中华岭	长沙火车站	2014	冬季：6:30～21:00 夏季：6:00～21:30	空调 2 元/普通 1 元	银星路、银杉路、潇湘北路、橘子洲大桥、五一大道、朝阳路	湖南巴士	市内
8	W101 路	望城汽车站	乔口渔都	2014	冬季：6:30～20:00 夏季：6:00～20:30	空调 2 元/普通 1 元	雷锋北大道	众旺公交	区内
9	W102 路	望城汽车站	千龙湖度假中心	2014	冬季：6:30～20:00 夏季：6:00～20:30	空调 2 元/普通 1 元	雷锋北大道、千龙湖大道	众旺公交	区内
10	W104 路	望城汽车站	靖港古镇	2014	冬季：6:30～20:00 夏季：6:00～20:30	空调 2 元/普通 1 元	雷锋北大道、县道 070	众旺公交	区内
11	W105 路	丁字老镇	湾田国际	2014	冬季：6:30～20:00 夏季：6:00～20:30	空调 2 元/普通 1 元	丁字联络线、芙蓉路、青竹湖路、太阳山路	众旺公交	区内
12	W106 路	望城环球奥特莱斯	新诚小区	2014	冬季：8:30～21:50 夏季：8:30～24:50	空调 2 元/普通 1 元	雷锋大道、金星路、银星路、银杉路	众旺公交	区内
13	W107 路	长沙医学院	北二环（暂）	2014	冬季：7:00～19:00 夏季：7:00～19:00	空调 2 元/普通 1 元	普瑞大道、黄金东路、银星路、金星北路	众旺公交	区内

续表2-6

14	W109 路	中华岭	东方大院（暂）	2014	冬季：7:00～19:00 夏季：7:00～19:00	空调 2 元/普通 1 元	黄金东路、雷锋北大道	众旺公交	区内
15	W111 路	长沙医学院	北二环（暂）	2014	冬季：7:00～19:00 夏季：7:00～19:00	空调 2 元/普通 1 元	普瑞大道、雷锋大道、银星路、银杉路	众旺公交	区内
16	W115 路	中华岭	北二环（新诚小区）	2014	冬季：7:00～19:00 夏季：7:00～19:00	空调 2 元/普通 1 元	普瑞大道、金星北路、银星路、银杉路	众旺公交	区内
17	W116 路	望城汽车站	恒大华府（暂）	2014	冬季：6:30～20:00 夏季：6:00～20:30	空调 2 元/普通 1 元	雷锋大道、金星北路	众旺公交	区内
18	W117 路	望城汽车站	北二环（暂）	2015		空调 2 元/普通 1 元	连江路、郭亮路、金星北路、雷锋大道、普瑞大道、金星北路、银星路银杉路	众旺公交	区内
19	W201 路	中华岭	梅溪湖临时公交首末站	2014	冬季：6:30～21:30 夏季：6:00～21:30	空调 2 元/普通 1 元	黄金路、银星路、雷锋大道、黄金西路-东方红路、青山路、麓谷大道、桐梓坡西路、枫林三路	雷锋巴士	区内
20	W202 路	雷锋汽车站	光明	2014	冬季：6:30～20:30 夏季：6:00～20:30	空调 2 元/普通 1 元	金州大道	雷锋巴士	区内
21	W203 路	大河西汽车城	雷锋汽车站	2014	冬季：6:30～20:00 夏季：6:00～20:30	空调 2 元/普通 1 元	岳麓大道、黄桥大道、岳麓大道、望雷大道、枫林三路、雷高路	雷锋巴士	区内
22	W204 路	高裕自然城	汽车西站	2014	冬季：6:30～20:00 夏季：6:00～20:30	空调 2 元/普通 1 元	郭亮路、文源路、雷锋大道	雷锋巴士	区内
23	W207 路	望城汽车站	三汊矶大桥	2014	冬季：6:30～21:00 夏季：6:00～21:00	空调 2 元/普通 1 元	郭亮路、金星路、马桥河路、普瑞大道、黄金东路、银星路、银杉路	雷锋巴士	区内
24	W209 路	望城区政务中心	金塘小区	2015	冬季：6:30～20:00 夏季：6:00～21:00	空凋 2 元 / 普通 1 元	望府路、望城大道、航空路、马桥河路、赤岗路、望城大道、马桥河路、黄金路	雷锋巴士	区内
25	W211 路	望城汽车站	雷锋汽车站	2015	冬季：6:30～20:00 夏季：6:00～20:00	空调 2 元 / 普通 1 元	连江路、郭亮路、雷高路	雷锋巴士	区内

◆第二节 供排水

供水 1997年前，望城县城关镇有一座自来水厂——城关镇水厂，地处湘江与芭茅湖之间，占地2公顷，日供水规模为3万立方米。其主要为望城县氮肥厂、湖南省农药厂和湖南省邮电二厂提供工业用水，同时也为附近居民提供生活用水。2000年，该水厂已停产。

1994年，望城县政府投资500万元在旺旺东路与雷锋大道交汇处征地8.67公顷，筹建县城新的自来水厂——望城水厂。1995年11月，望城水厂第一期工程动工，1997年9月8日竣工投入使用，日供水能力5万立方米。2012年8月24日，望城水厂完成二期改造扩建工程，日供水能力10万立方米，当时最高日用水量约8.2万立方米。望城水厂水源为湘江，取水泵房建在旺旺东路与湘江河堤相交处的白沙洲砂石码头南侧，内径16米。取水泵头部设在砂石码头正对面的深坑漩涡区，取水管为DN1400钢管。净化场厂址位于马桥河与旺旺东路相交的西南面山坡地。望城水厂对望城经开区供水主干管网由五纵六横组成，南北走向干管沿黄桥大道、郭亮南路、望城大道、马桥河路、雷锋大道铺设，东西走向干管沿旺旺路、金星大道、普瑞大道、月亮岛路、银星路、黄金西路铺设。供水覆盖范围：北起宝粮路，南至黄金大道，并与岳麓区东方红路管网联通。东起雷锋大道，西至黄桥大道，与乌山管网联通。DN100以上管道铺设总长69494米，其中：DN1200以上管道3700米、DN1000管道2100米、DN800管道5100米、DN600管道2877米、DN500管道14208米、DN400管道16989米、DN300管道15020米、DN200管道4800米、DN160管道4700米。

截至2015年年底，实现城区自来水供水普及率达到90%以上，区域内中心城镇自来水供水普及率达到70%以上，供水惠及人口18万人。

表2-7　　2015年供水管道情况一览表

管道位置	管径	长度（米）	铺设状态
黄桥大道	DN400	4289	投运
郭亮南路	DN300	3200	投运
望城大道	DN600	2877	投运
马桥河路	DN1200、DN1000、DN400	3700、2100、5800	在建
雷锋大道	DN500、DN400	10108、6900	投运
旺旺路	DN800	5100	投运
喻家坡路	DN160	2900	投运
同心路	DN300	2300	投运
银杏路	DN300	559	投运
同福路	DN200	1200	投运
金星大道	DN500、DN200	4100、3600	投运
赤岗路	DN300	1361	投运
普瑞大道	DN300	4800	投运
洗心路	DN160	1800	投运
黄金西路	Dn300	2800	投运
总计		69494	

望城水厂取水泵房

望城水厂集水槽

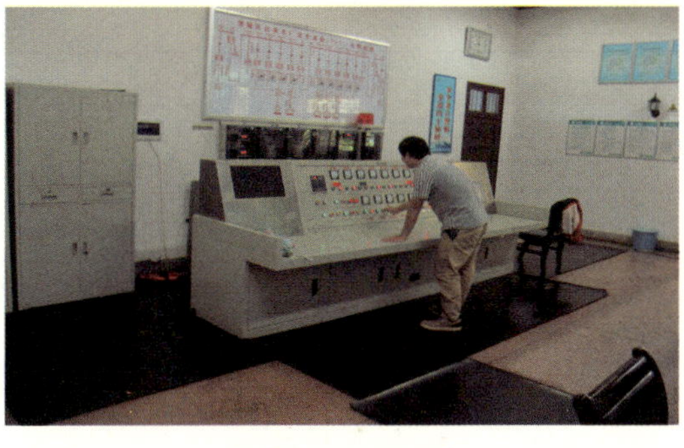

望城水厂送水泵房

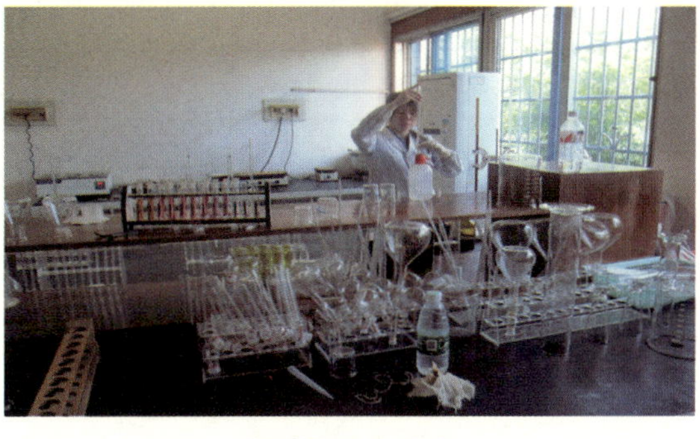

望城水厂化验室

望城经开区消防供水，随着道路的修建和拓改，已经敷设供水管道。2013年，根据望城区消防栓建设工作的总体要求，依照市政消防栓建设规范，结合城区消防实际需要，望城自来水公司对望城经开区辖区内消防栓进行了增补完善。截至2015年年底，望城经开区已设置市政道路消防栓492台，重建地消防栓111台，共计603台。

表2-8　　2015年望城经开区消防栓情况一览表

序号	市政道路	数量	重建地	数量
1	黄桥大道	35	高冲重建地	4
2	郭亮南路	35	茅花塘重建地	3
3	望城大道	46	桂芳重建地	4
4	马桥河路	96	东马拓宽重建地	2
5	雷锋大道	80	东马重建地	19
6	旺旺路	40	黄金乡重建地	17
7	喻家坡路	21	会话塘重建地	1
8	同心路	19	金南重建地	1
9	银杏路	4	金塘重建地	2
10	同福路	10	黄金乡姚坡塘重建地	5
11	金星大道	37	青山重建地	2
12	赤岗路	11	寔塘冲安置小区	2
13	普瑞大道	38	香桥重建地	7
14	洗心路	1	喻家坡安置小区	6
15	黄金西路	19	长岭山重建地	2
16			同心重建地工程	7
17			洗心禅寺	8
18			家鑫园	3
19			旺旺重建地	3
20			金沙重建地	4
21			乌龙塘平面图	4
22			杨丰重建地	2
23			姚坡塘重建地	3
市政消防栓小计		492	重建地消防栓小计	111

排水 望城经开区的排水体制为雨、污分流制。

雨水排放：以近、尽、快排为原则，充分利用现状沟渠，经整治后作为城市排水、排洪的主要通道。整治的原则是充分利用地形，采用多出口排放，避免地面雨水径流过分集中，依地形地势，沿道路顺坡布置管道，将雨水就近排入水体。雨水管道采用管顶平接的敷设方式，最小覆土深度为0.7米。地面积水时间按积水范围大小为5～15分钟。

污水排放：2008年2月，望城污水处理厂动工建设，2009年3月第一期建设竣工通水试运行，日处理污水4万吨，2009年6月通过环保验收投入正式商业运行。2013年1月，第二期建设竣工投产，总规模为日处理污水8万吨。厂区占地4.39公顷，位于高塘岭街道胜利村，在城区最北端且地势最低处，西邻高乔大道，距沩水河入湘江口约100米。工厂采用BOT运行模式，由江苏鹏鹞环保集团建设，主体工艺采用具有脱氮除磷功效的Carrousel2000型氧化沟工艺，处理后的水质达到国家一级B类排放标准。截至2015年年底，污水处理厂服务范围为望城城区及周边乡镇，涵盖望城经开区全境，纳污范围72平方公里。

望城污水处理厂的建设运行，为望城区完成减排任务，落实国家环保政策，保护湘江水质，改善城市人居环境发挥了良好作用。

望城污水处理厂

望城污水处理厂旋流沉沙池

望城污水处理厂一期氧化沟

望城污水处理厂中控室

◆第三节　供配电

望城经开区供电主管部门为望城区供电公司。园区所属范围有高乌供电服务部、星城供电服务部。

2005年4月之前，园区由110千伏高塘岭变电站供电。2005年4月建成运行的220千伏楠竹塘变电站，成为望城经开区主供变电站。楠竹塘变电站位于马桥河路与普瑞路交叉处东南角，主变压器有主变容量360兆伏安2台，有220千伏线路4条，110千伏线路6条，14回10千伏出线。园区主变负荷最大为154兆瓦。供电范围主要为普瑞西路以北、喻家坡以南、雷高公路以东、雷锋大道以西区域；金星路有10千伏线路或支线4条，马桥河路有10千伏线路或支线12条，赤岗路有10千伏线路或支线2条，普瑞西路有10千伏线路或支线3条。其中高开二、三回和楠白线为架空线路，总长45.93千米。其余为电缆线路，总长76.59千米。园区现装接配变总容量为135.49兆伏安；主干线路总长58.97千米。

楠竹塘变电站

望城经开区次供变电站有1986年建成投运的110千伏高塘岭变电站和2006年建成投运的110千伏金沙变电站。高塘岭变电站位于望城区宝粮路，主供望城区城区用电。高塘岭变电站两台主变压器型号均为SZ11-50000／110，采用单母线分段接线方式，两台主变压器同时运行。金沙变电站位于黄金镇金沙村，主供黄金镇用电。金沙变电站两台主变压器均为SZ10-31500／110，采用单母线分段接线方式，两台主变压器分用户段运行。该两个变电站为其周边望城经开区一部分企业供电。望城经开区另有企业专用变电站两个：晟通集团公司220千伏变电站和中航起落架公司110千伏变电站。

截至2015年年底，以上变电站均正常运营，能满足经开区全境用电要求。

高塘岭变电站

金沙变电站

◆第四节　供　气

华润燃气公司

华润输气管道

2003年，望城县人民政府批准管道燃气项目立项，同时注册成立望城县新华联燃气有限公司。2003年10月15日，望城县政府授予新华联燃气有限公司管道燃气特许经营权30年。2004年6月28日，新华联燃气有限公司正式启动天然气利用工程，经过两年多的建设，2006年11月23日实现点火通气，使望城成为全省第一个通天然气的县级城市。2012年7月，望城新华联燃气有限公司成为华润燃气集团下属成员公司，更名为“长沙华润燃气有限公司”。主要承担望城区天燃气经营、管输天然气的设施建设、设备安装和维修。兼营百尊燃气燃烧器具、厨卫电器的销售、安装、维修、燃气汽车的加气业务。

截至2015年年底，长沙华润燃气有限公司供气范围覆盖望城经开区全境，拥有用户9.8万户（其中开通5.2万户），工业用户52户，商业、公共福利用户205户，其余为居民用户。已建成覆盖区治中心的供气管网，通气管网里程达到492.8千米，其中次高压管道32.8千米，中压管网136千米，低压和庭院管网324千米。公司有20000立方米/小时储备站一座，20000立方米/小时撬装调压站三座和150立方米×2LNG液化天然气储、供气站一座，汽车加气站一座，供气能力为8000万立方米。2015年总销气量为5200万立方米。

华润加气站

华润储气罐

◆第五节　区容建设

马桥河景观

月亮河景观

绿化 望城经开区绿地系统由生产防护绿地、公共绿地、道路景观绿地、节点景观绿地组成。从2006年起，望城经开区的绿化工程与园区的项目开发建设基本同步进行，以后又逐年增补、完善。截至2015年底，园区绿地总面积有1992.74公顷，占总用地的32.27%。其中生产防护绿地占地487.68公顷，公共绿地占地1307.56公顷，道路景观绿地占地48.20公顷，多节点景观绿地占地149.30公顷。

生产防护绿地包括两个部分：铁路线两侧控制平均50米宽的防护林带，保证沿线的生产、生活不受噪音干扰；道路沿线防护林带，保证城市环境的生态、整洁。其中，主干道两侧控制宽10～30米防护绿地，次干道两侧控制宽5～20米防护绿地，支路两侧控制宽3～10米防护绿地，并且为保证居住区不受企业生产干扰，在工业用地与生活用地之间增加防护绿地宽度，以保证城市环境质量。

园区公共绿地主要是由耕地、林地、水系绿地及呈点状分布在各服务核心区，或者较大企业厂区附近及居住小区之中，以实现充分的、高效的绿地使用率，增加城市的公共开放空间，满足居民、职工的需求，最终形成“点线面结合，绿环绕城”的绿地结构。

绿化工程实施中，严格保护了马桥河、黄金河及滨河空间，形成了“一环、多轴、多节点”的景观系统格局。

“一环”是指由马桥河、黄金河和月亮河三条水系及滨河风光带构成的绿色景观环；“多轴”是指雷锋大道、马桥河路、望城大道、普瑞路、金星路旺旺路多条绿色景观轴，和主干道交叉口所形成的标识性休闲广场，如希望广场（雷锋大道与金星路交叉的东北角）、雷锋文化广场（雷锋大道与金星路交叉的东南角）、和图腾广场（雷锋大道与普瑞路交叉的西南角）、奥特莱斯广场、竹文化广场（望城经开区企业孵化中心内）、啤酒广场（雷锋大道与旺旺东路交叉的西北角）等。道路景观带种植乔木、灌木和地被植物相结合，起到庇荫、滤尘、减弱噪声和美化环境的作用。灌木一般栽种紫薇、连翘、小叶女贞、冬青等品种，行道树主要栽种香樟、樱花、银杏、桂花、紫叶李等乔木。截至2012年年底，已完成金星路、雷锋大道、望城大道、旺旺东路、旺旺中路，马桥河路（北段）、普瑞东路7条主干道，同心路、唯罗克路等15条次干道、支路的景观工程 。2013—2015年，马桥河路（ 南段 ）、旺旺西路、黄桥大道（经开区境内）、银星路、黄金大道、桃源路、华林路等主干道、次干道、支路的绿化进行增补、完善，工程相继竣工。“多节点”景观是指园区内的雷锋公园、洗心禅寺、观音岩水库、龙夫高尔夫球场等组成的自然或人文景观节点。

旺旺东路景观

雷锋大道景观

“和”图腾广场一角

奥特莱斯广场一角

雷锋公园东湖剪影

雷锋公园剪影

高尔夫球场与观音岩水库

洗心禅寺

雷高路与长沙高新区交汇处标识

旺旺东路广场景观

同心路口广场一角

美丽企业长高集团

亮化　望城经开区亮化工程是指道路亮化、广场亮化和公共建筑物、公共活动场所的外部亮化工程。实施亮化工程总的原则是“以人为本、突出重点、经济适用、保证功能、节约资源、保护环境”。

道路亮化：园区道路亮化工程的施工达到以下要求：道路照明须满足近期及远期的车辆通行要求，除使道路表面满足亮度要求外，还应照度均匀，使驾驶人员视觉舒适，在道路交叉处，适当提高照度标准，以便提高其通行能力。根据道路现况，合理选择灯具及布置方式，力求做到与周围环境相协调。提倡绿色照明，选择高效光源及灯具。道路照明采用带软启动功能的调压节能设备，达到节能和延长路灯光源使用寿命、减少维护费用的目的。园区内主干道及支干道都实施了亮化工程。

表2-9　　2015年望城经开区道路路灯状况统计表

序号	道路名称	起点	终点	长度（米）	路幅宽（米）	机动车道宽（米）	路面材料	路灯光源	路灯数量（盏）	竣工时间
1	雷锋大道	北接旺旺路	南至黄金大道	9858	60	21	改性沥青	高效高压钠灯	490	2000年10月
2	旺旺路	东至雷锋大道	西接雷高路	2948	42	24	改性沥青	高效高压钠灯	147	2001年9月
3	望城大道	北接宝粮路	南至金星大道	4023	48	16	混凝土	LED	230	2002年3月
4	金穗路	西接望城大道	东接马桥河路	974	20	8	改性沥青	高压钠灯	21	2003年7月
5	华林路	北临莲湖小学	南接金穗路	1096	22	12	北：混凝土 南：改性沥青	高压钠灯	44	2003年9月
6	仁和路	西接劳动局南	东接泰嘉路	1300	24	14	改性沥青	高压钠灯	54	2003年9月
7	泰嘉路	西接望城大道	北接旺旺路	1724	两头20中段30	西10 东12	改性沥青	高压钠灯	42	2003年10月
8	唯罗克路	北接望城大道	南接金穗路	2225	30	北16 南20	北：混凝土 南：改性沥青	高压钠灯	38	2003年11月
9	金星路	西接雷高路	东接雷锋大道	4723	东54 西42	22	改性沥青	高压钠灯	220	2005年7月
10	马桥河路	北接旺旺路	南接金星路	3330	24	14	改性沥青	高压钠灯	164	2006年4月
11	航空路	西接望城大道	东接马桥河路	1160	32	22	改性沥青	高压钠灯	65	2006年10月
12	银杏路	西接望城大道	东接桃园路终点	584	24	14	改性沥青	高压钠灯	28	2007年5月
13	同心大道	西接桃园路	东接雷锋大道	2053	36	16	改性沥青	金卤灯	100	2007年5月
14	喻家坡路	西接老雷高路	东接望城大道	1008	20	12	混凝土	LED	66	2007年6月
15	桃园路	北接银杏路	南接金星路	1042	24	14	改性沥青	高压钠灯	51	2007年10月

续表2-9

序号	道路名称	起点	终点	长度（米）	路幅宽（米）	机动车道宽（米）	路面材料	路灯光源	路灯数量（盏）	竣工时间
16	普瑞路	西接雷高路	东接雷锋大道	5534	32	22	改性沥青	LED	234	2007年10月
17	丹桂路	西接望城大道	东接桃园路	632	24	14	改性沥青	高压钠灯	30	2007年11月
18	家园南路	西接唯罗克路	东接高乔大道	665	30	14	混凝土	高压钠灯	40	2010年8月
19	赤岗路	东至雷锋大道	西至雷高路	2230	40	34	改性沥青	高效高压钠灯	128	2012年11月
20	沿河路	北接金星路	南至普瑞路	2060	24	18	改性沥青	高效高压钠灯	116	2013年8月
21	黄金大道	东至雷锋大道	西接雷高公路	5188	38/24	21/14	改性沥青/混凝土	高效高压钠灯	145	2013年10月
22	马桥河路南延线	北接金星路	南至岳麓大道	6400	20	12	改性沥青	高效高压钠灯	350	2014年9月
23	杨家湾路	西接雷高路	东接马桥河路	1998	24	18	改性沥青	高效高压钠灯	67	2015年9月
24	红家坡路	东至马桥河路	西接雷高路	2665	30	24	改性沥青	高效高压钠灯	152	2015年10月
25	金星西路	东至雷高路	西接黄桥大道	2388	54	28	改性沥青	LED	129	2015年11月
合计				67808					3151	

雷锋大道

雷锋北大道

广场亮化：望城经开区园区内的多个广场，大都地处主干道交汇处或市民购物、娱乐、休闲的中心。广场亮化秉持“绿色节能、壮观大气、彰显文化、满足需求”的设计理念，使用多种艺术造型照明灯、投光灯，或采用LED光源按一定角度直接照射或铺设在建筑物立面，重塑建筑物的夜间形象，使广场更加动人俏丽、梦幻壮观。

公共建筑、公共活动场所亮化：望城经开区还对许多公共建筑及公共活动场所实行了亮化工程。如望城经开区投融资服务中心，奥特莱斯商业城，“熙庭原著”小区、金星路“十里金城”、普瑞路“十里商城”的许多企业的标志建筑物，都在建筑物的屋檐，墙体的立面装饰有环状彩灯，每到夜晚，彩灯闪烁生辉，许多建筑物前的空坪，除周围植有花木绿化外，还立起了LED灯柱，亮如白昼，为附近的居民提供了夜晚广场舞活动的场地。

标识标牌工程　截至2015年，望城经开区域内标识标牌已较齐全。主要包括：道路交通标识，含指示标识、警告标识和禁止标识；公共标识，指公共场所的安全标识以及指令、警告、禁止、环境、消防等方面的标牌。园区标识标牌制作精良，既具有实用性，又具有美化园区容貌的作用。

道路标志牌

景点指示牌

环境卫生　望城经开区区域内环境卫生工作，由园区社会事务局负责协调管理。投资服务中心区域内，引进物业公司管理，制定了相应的管理条例和制度及监管、检查、评比、奖惩办法。园区道路及公共场所的环境维护及卫生保洁，引进机械保洁公司实施。园区各企业、商务中心、居民小区及行政、事业单位的环卫工作分片包干。

百姓城管志愿者工作：望城经开区制定了《百姓城管志愿者进企业实施方案》。方案确定，此项工作由望城经开区产业发展局具体负责统筹、调度、宣传、实施和组织检查评比，由望城经开区工会联合会、社会事务局、行政执法经开区中队、办公室、环卫驻园配合。

百姓城管志愿者工作的工作职责是：按照“谁主管谁负责”的原则，实行以企业（中队）责任承包为主体、园中园企业项目用地单位为主体的责任制，由产业发展局负责百姓城管工作进企业的具体实施。行政综合执法中队具体负责企业外部乱挂乱晒、乱堆乱放、流动摊担、店外经营、气球拱门横幅搭棚、渣土扬尘污染路面等治理工作，负责企业外部最严城市管理工作的执行。驻园环卫部门具体负责道路、人行道、非机动车道的保洁清洗，共同监管绿带的保护。社会事务局负责月督查考评的组织与协调，牵头落实出示“黄牌警告”——“最不清洁”牌。百姓城管志愿者工作的工作内容还包括完善企业（中队）领导机构，落实“门前三包”责任制，加大文明交通劝导，加大宣传教育培训，组织志愿者经常开展相关活动，提高信息报送质量，加大行政执法力度，强化督查考核等。

环境卫生综合整治：为切实加强园区管理，进一步提升园区品质，根据《长沙市城市市容和和环境卫生管理办法》《长沙市城市管理条例》的要求，望城经开区社会事务局和望城区行政综合执法局联合，对望城经开区各施工单位、渣土运输公司、各商户及居民，发出了《环境卫生综合整治告知书》，对所有破坏环境卫生的行为实行从严从重处罚。

每天8:00～17:30严禁渣土运输车辆进出项目施工场地运输渣土，17:30之后需要运输渣土的单位，必须报社会事务局和区执法局经开区执法中队备案并接受监督和检查，第二天7:30之前必须将路面及路边被污染的地方清洗干净。严禁车辆未密封、包扎、覆盖而散装运输，严禁流体货物上路；严禁任何单位和个人随意倾倒、撒漏、堆放、处置建筑垃圾。建设工地必须围挡作业。凡违反以上规定的，均依法扣押违章车辆，责令整改并处以罚款。

未经批准，任何单位和个人不得在园区范围内从事设摊经营、兜售、揽工等活动；严禁擅自占用、挖掘园区道路；严禁擅自占道设置踏步、户外宣传点等设施；严禁违规设置户外广告设施和擅自搭建建（构）筑物。对违反以上规定者，责令整改并处以罚款。

对擅自砍伐树木，损伤园林绿化设施，侵占绿地的行为，责令其赔偿损失并依法处以罚款。

园区对环境卫生的综合治理加强了检查、督促和执法力度，以上规定得到了有效的执行。望城经开区区域内绿树成荫，道路、街道、企业内外整洁、卫生，营造了一个赏心悦目、美好舒适的人居环境。

强化物业管理工作。望城经开区强化物业管理工作，精心制定了《物业管理考核考评办法》，以望城经开区管委会大楼的物业管理工作为示范，辐射到园区内各街道、社区及各企业，通过优化物业管理工作，营造优良的人文环境和自然环境。

《物业管理考核考评办法》明确了考核考评具体执行的办法，从“物业从业人员考评”“交通管理考评”“治安、消防管理考评”“清洁管理考评”“设备操作维护考评”“综合考评”等几个方面，按百分制打分，逐月进行，当月问责。考核考评工作得到了坚持不懈而有效的执行。

园区内各个经管的物业公司均制定了详尽的《清洁工作作业规程》，分别针对公共道路及绿化带、垃圾房、停车场、室内大堂、电梯间、公共走廊及步行梯、公共卫生间、景观设施、办公室、食堂等场所的清洁工作，制定了具体的工作规程和作业标准。

表2-10　　2015年兴发物业机械设备作业时间表及附属设施统计

机械设备名称	单位	数量	作业时间安排	作业说明	备注
10吨洒水车	台	3	早班：0:00～7:00 上午：7:30～11:00 下午：14:00～17:00 中班：12:30～2:00	早班：区域全路段冲洗；中班洒水降尘；白班：各路段道口冲洗、重点污染路段冲洗或人工牵管冲洗主次干道。	在保障日常清洁作业的同时依具体情况或特殊情况会有所调动
5吨洒水车	台	1	上午：8:00～11:00 下午：14:00～17:00	各路段边侧石冲洗收沟	作业时间及路段较稳定
机扫车	台	1	上午：7:00～11:00 下午：13:30～17:00	雷锋大道、金星路、马桥河路、同心路等路段的清扫保洁	作业时间及路段较稳定
小蜜蜂	台	1	上午：7:30～11:00 下午：13:30～17:00	旺旺路清扫保洁	专用于旺旺路
垃圾压缩车	台	1	上午：7:00～11:00 下午：13:30～17:00 晚上：18:00～21:00	全区域段垃圾清运	作业时间及路线较稳定
吊臂车	台	1	上午：7:00～11:00 下午：13:30～17:00	各重建地垃圾箱及部分路段大垃圾箱清运	清运顺序视各垃圾站垃圾收集情况而定
养护车	台	1	上午：7:30～11:00 下午：13:30～17:00	路面小面积的污染清洗；护栏、公交站牌、桥梁等特殊基础设施设备的清洗	机动性强
快速保洁车	台	5	上午：7:30～11:00 下午：14:00～17:30	路面零星垃圾的及时处理，机动性强	机动性强
重建地垃圾箱	个	22			
大垃圾搜集箱	个	8			
240L垃圾箱	个	239			数量呈上升趋势

第三篇 土地征用与拆迁安置

LAND ACQUISITION AND RESETTLEMENT

1992年年初至1999年3月，望城县经济开发的土地征用工作由望城县国土资源局负责，城关镇（后改名高塘岭镇）国土所协助执行。1999年3月，成立了望城县城区开发建设管理委员会及城区开发建设总公司（一套人马、两块牌子）。园区在发展过程的不同阶段，都有负责土地征用与拆迁安置的专门工作机构。

望城经开区依据湖南省人民政府、长沙市人民政府颁布的拆迁安置政策，结合望城经开区的实际，制定了有关拆迁安置的让利于民的地方性规定，成立了专门的工作机构，人性化地做好拆迁户的住房、生活、失地人员的安置工作，全面实施社会保障措施，为园区建设营造一个和谐稳定的发展环境。

第一章 土地征用

◆第一节 机构

1999年3月，望城县城区开发建设管理委员会成立，下设征拆安置处，负责城区开发土地征用与管理工作。2004年2月19日，长沙市编委以长编发〔2004〕3号文件通知，将望城县内湖南省台商投资区，湖南省高科技食品工业基地，湖南省望城国家农业科技园区实行“三园合一”，三块牌子，一套人马，升格为正县级单位。2005年，园区内相继成立规划建设局、社会事务局、招商合作局等局室。园区征拆办公室属社会事务局管辖。2006年，望城三个园区合一，更名为“湖南望城经济开发区”，园区土地征拆工作继续由望城经开区社会事务局管辖的征拆办公室负责。2009年6月，征拆工作转由望城经开区建设开发公司负责。2010年7月，土地征拆工作又回归社会事务局管理。2014年7月，征拆工作全面移交项目所属街道负责。

◆第二节 征用

政策依据 望城经开区土地征用及拆迁安置按照国家相关政策、法律法规执行。具体执行的政策依据是湖南省人民政府、长沙市人民政府和望城县（区）人民政府颁布的农村集体土地征用相关政策：1992年2月—1999年3月，望城经开区农村集体土地征用按《长沙市国家建设征用土地补偿安置办法》（长沙市人民政府令第五号）和《望城县国家建设征用土地补偿安置办法》（望政办发〔1997〕07号执行。1999年3月—2009年8月，望城经开区农村集体土地征用按《长沙市征地补偿安置条例实施办法》（长沙市人民政府60号令）和《望城县人民政府关于征地拆迁补偿安置工作有关事项的通知》(望政发〔2002〕50号）执行。2009年8月起，按《长沙市征地补偿安置条例》、《长沙市征地补偿安置办法》（长沙市103号令）执行。

征地及补偿 1999年3月—2009年8月，望城经开区依据长沙市政府60号令有关征地补偿标准，项目或园区建设用地征地833.13公顷，向被征地农民支出征地、安置费25461.32万元，青苗补偿费2264.79万元。2009年8月—2015年12月，望城经开区依据长沙市政府103号令有关征地补偿标准，项目或园区建设用地征地866.58公顷，向被征地农民支出土地、安置补偿费63699.24万元，青苗补偿费5690.47万元。1999年3月—2015年年底，望城经开区共计征地1699.71公顷，共支出征地补偿费97115.82万元。

表3-1 60号令征地及补偿情况统计

序号	时间	征地项目	征地面积（公顷）	土地、安置补偿金额（万元）	青苗补偿金额（万元）	合计（万元）
1	2001年2月21日	白沙酒家、书堂麻建公司、装潢公司	1.45	441.00	3.93	444.93
2	2001年2月27日	大洋公司	4.98	151.14	13.50	164.64
3	2001年2月27日	大洋公司（含扩征）	4.75	143.50	12.63	156.13
4	2001年6月22日	益鑫泰	5.52	167.90	14.93	182.83
5	2001年9月18日	品高食品有限公司	0.77	23.55	2.09	25.64
6	2001年10月10日	沐林公司扩征	4.25	129.82	11.70	141.52
7	2001年10月16日	入城广场	4.6	139.60	12.44	152.04
8	2001年11月20日	电力开闭所	0.28	8.10	0.80	8.90
9	2002年1月30日	迎宾大道南侧推土征压稻田	0.03	1.20	0.10	1.3
10	2002年3月14日	海绵厂（含扩征）	2.17	65.92	5.87	71.79
11	2002年4月30日	派派食品公司	1.52	46.70	4.11	50.81
12	2002年5月2日	入城口广场综合用地	2.5	76.80	6.80	83.6
13	2002年5月16日	长城钢构	3.27	99.30	8.93	108.23
14	2002年5月29日	中粮征地	6.04	182.70	16.33	199.03
15	2002年5月30日	宾佳乐公司	14.77	447.90	40.00	487.9

续表3-1

序号	时间	征地项目	征地面积（公顷）	土地、安置补偿金额（万元）	青苗补偿金额（万元）	合计（万元）
16	2002年6月8日	车站东路	1.88	57.00	5.08	62.08
17	2002年6月20日	头盔厂	1.36	41.60	3.70	45.3
18	2002年7月29日	绿化用地代征	0.91	28.42	2.50	30.92
19	2002年7月29日	安塑	7.64	231.60	20.74	252.34
20	2002年8月4日	四维公司	3.75	116.00	10.10	126.1
21	2002年8月5日	站前路	20.72	628.30	55.88	684.18
22	2002年8月9日	安塑扩征（新汇制药）	4.4	133.50	11.80	145.3
23	2002年9月15日	白沙酒家预留地	0.29	8.95	0.80	9.75
24	2002年11月	区校路	3.58	110.10	9.70	119.8
25	2002年12月12日	台杰公司	0.5	15.40	1.40	16.8
26	2002年12月	华源电器	2.71	82.40	7.32	89.72
27	2003年1月6日	高冲取土区	9.69	294.00	26.21	320.21
28	2003年2月	中吉科技	1.75	53.35	4.74	58.09
29	2003年4月	玮玛电子	6.25	193.44	16.90	210.34
30	2003年7月	中天水利（含扩征）	6.73	204.90	18.14	223.04
31	2003年10月	金沙集镇东线放路	0.02	0.61	0.07	0.68
32	2003年10月	四维公司还路	0.41	12.90	1.13	14.03
33	2003年10月	泰嘉科技	6.28	190.30	17.00	207.3
34	2003年11月	高乌大道	26.66	807.99	72.00	879.99
35	2003年12月	动物药厂	3.72	113.20	10.20	123.4
36	2004年1月	步步为赢	1.53	46.60	4.15	50.75
37	2004年1月	凌格木业	1.35	41.40	3.70	45.1
38	2004年1月	跃达实业	0.75	22.90	2.03	24.93
39	2004年2月	动物药厂、泰嘉南向道路拓宽	1.68	14.70	4.60	19.3
40	2004年2月	两纵两横道路	25.02	761.03	67.70	828.73
41	2004年3月	长沙欧泊莱木业	5.17	156.90	13.94	170.84
42	2004年3月	格林美公司	7.96	242.41	21.26	263.67
43	2004年3月	县质监局食品检测中心	3.76	114.42	10.15	124.57
44	2004年5月	远航生物	2.56	77.84	6.92	84.76

续表3-1

序号	时间	征地项目	征地面积（公顷）	土地、安置补偿金额（万元）	青苗补偿金额（万元）	合计（万元）
45	2004年7月	仁和建设用地	3.71	113.12	10.10	123.22
46	2004年7月	高冲15组填土区东向扩征	0.86	26.45	2.35	28.8
47	2004年10月	统一集团	12.59	383.70	34.00	417.7
48	2004年11月	房产公司扩征	0.49	14.80	1.30	16.1
49	2005年1月	晟通科技	100.69	3053.42	272.00	3325.42
50	2005年1月14日	站前东路改道	2.1	64.20	5.7	69.9
51	2005年2月	旺旺路扩宽	12.89	389.30	35.00	424.3
52	2005年4月	公园南路	0.78	23.72	2.12	25.84
53	2005年6月	消防器材	3.72	113.33	10.04	123.37
54	2005年6月	管委会基地	5.76	174.80	15.50	190.3
55	2005年6月	中大开天	7.48	227.60	20.21	247.81
56	2005年6月	马桥河路北延线	13.63	430.10	36.82	466.92
57	2005年7月	华狮啤酒	25.86	785.30	79.94	865.24
58	2005年7月	金星路取土区	2.01	61.20	5.43	66.63
59	2005年8月	金宙服饰	10.29	312.00	27.09	339.09
60	2005年8月	马桥河路广场	0.11	3.44	0.30	3.74
61	2005年10月	中联扩征	79.05	2386.24	214.64	2600.88
62	2005年10月	高冲建设用地	8.04	243.84	21.72	265.56
63	2005年11月	武汉高科	55	1671.74	149.73	1821.47
64	2006年1月	220KV变电站	6.27	189.90	16.95	206.85
65	2006年1月	马桥河路南延线	7.56	242.30	20.56	262.86
66	2006年1月	泰山热工	1.14	35.12	3.09	38.21
67	2006年1月	协力油缸	8.1	248.80	21.89	270.69
68	2006年1月19日	渠道改道拓宽	0.38	11.62	1.04	12.66
69	2006年2月	变电站卸土区	8.93	447.92	24.11	472.03
70	2006年3月	先驱环保				
71	2006年4月	黄狮岭公墓山	0.79	24.05	2.14	26.19
72	2006年12月	四捷陶瓷	1.85	56.41	5.00	61.41
73	2007年3月	金阁路	9.42	287.42	25.63	313.05
74	2007年3月	英博雪津	11.42	346.31	30.84	377.15
75	2007年4月16日	经阁路以南	0.99	30.31	2.69	33
76	2007年4月29日	经阁路以南工业房产	8.81	267.23	23.80	291.03

续表3-1

序号	时间	征地项目	征地面积（公顷）	土地、安置补偿金额（万元）	青苗补偿金额（万元）	合计（万元）
77	2007年7月	同兴工业房产（202亩）	8.3	254.90	22.43	277.33
78	2007年10月	中南珠宝市场	5.16	156.70	13.96	170.66
79	2007年10月20日	两路	23.09	702.00	62.41	764.41
80	2007年11月5日	高冲工业房产（虎形山）	12.02	364.25	32.62	396.87
81	2007年12月	利民液化气站	2.99	91.30	8.10	99.4
82	2008年	两路代征	14.78		40.00	40
83	2008年1月7日	星城西路（含补征）	20.08	621.41	54.22	675.63
84	2008年3月	航空园	57.33	1742.80	155.62	1898.42
85	2008年4月	马桥河防洪整治工程	21.16	667.51	57.15	724.66
86	2008年4月	梦洁	4.91	149.33	13.28	162.61
87	2008年4月	喻家坡储备用地	19.05	579.03	51.44	630.47
88	2008年7月10日	原站前路排水沟占面	0.1	3.23	0.29	3.52
89	2008年9月2日	有色多金属研究院	5.94	180.61	16.12	196.73
90	2008年9月2日	有色控股集团（虎形山）	7.96	245.03	21.53	266.56
91	2008年10月9日	唯罗克路	0.61	18.84	1.67	20.51
92	2008年12月10日	变电站代征	3	91.40	8.2	99.6
93		提前安置				
合计			833.13	25461.32	2264.79	27726.11

表3-2　　103号令征地及补偿情况统计

序号	时间	拆迁项目	征地面积（公顷）	土地、集体设施补偿（万元）	青苗补偿金额（万元）	合计（万元）
1	2009年8月	高星物流园板块（含望城大道）	74.92	3203.85	637.34	3841.19
2	2009年8月	北汽福田	15.99	923.84	31.20	955.04
3	2009年8月	奥特莱斯	116.33	7808.40	833.90	8642.3
4	2010年3月	赤岗路卸土区	2.58	149.46	13.98	163.44
5	2010年3月	赤岗路填土区	0.66	53.93	4.47	58.4
6	2010年3月	海天电子围墙后代征	0.17	2.25	0.95	3.2
7	2010年3月	中建重机	0.15	7.91	1.10	9.01
8	2010年5月	赤岗路	20.71	2454.99	294.52	2749.51

续表3-2

序号	时间	拆迁项目	征地面积（公顷）	土地、集体设施补偿（万元）	青苗补偿金额（万元）	合计（万元）
9	2010年9月	赤岗路西延线	3.26	203.26	31.64	234.90
10	2010年9月	国祥百年	0.06	3.20	0.40	3.60
11	2010年9月	英雄岭公墓山停车坪	0.11	81.27	23.86	105.13
12	2011年2月	添喜路	0.26	2.10	1.86	3.96
13	2011年9月	湘能特钢	6.63	303.21	48.50	351.71
14	2011年9月	中建重机代征	0.86	43.96	4.36	48.32
15	2011年12月	钢材市场交易区	13.44	785.67	16.66	802.33
16	2011年12月	钢材市场仓储区	38.40	2835.57	117.77	2953.34
17	2011年12月	仓储区取土区	2.07	104.43	14.16	118.59
18	2012年1月	桂芳佳园	4.18	305.18	42.82	348.00
19	2012年1月	中华城渔场	10.67	0	0	0
20	2012年1月	欧比佳	7.96	459.53	38.20	497.73
21	2012年3月	国际商贸城	74.27	4878.50	253.37	5131.87
22	2012年3月	同兴路堤质改造	0.08	6.91	0.61	7.52
23	2012年6月	湘江涂料	11.99	721.39	119.61	841.00
24	2012年9月	湘江涂料扩面	0.20	8.05		8.05
25	2012年9月	黄金路扩面	0.26	11.21	29.43	40.64
26	2012年9月	毛巾厂扩面	0.31	16.68	2.18	18.86
27	2012年9月	海绵厂扩征	1.42	115.23	18.75	133.98
28	2012年11月	斌辉农业	4.91	311.04	18.73	329.77
29	2013年1月	天卓项目	10.67	749.34	55.34	804.68
30	2013年1月	联智桥隧沿河路	8.90	691.33	40.67	732.00
31	2013年1月	邵商投二期	36.85	3145.51	442.10	3587.61
32	2013年1月	经开区储备用地	24.41	1775.59	131.80	1907.39
33	2013年3月	马桥河村两安用地	8.13	682.50	43.95	726.45
34	2013年3月	马桥河路南延线	29.07	2844.55	167.38	3011.93

续表3-2

序号	时间	拆迁项目	征地面积（公顷）	土地、集体设施补偿（万元）	青苗补偿金额（万元）	合计（万元）
35	2013年6月	马桥河路南延线	1.17	68.13	8.50	76.63
36	2013年7月	马桥河村两安用地	2.92	168.93	15.80	184.73
37	2013年8月	马桥河广场	4.06	234.85	21.96	256.81
38	2013年8月	优美科	4.32	249.87	29.85	279.72
39	2013年8月	金红叶纸业、八佳兴	10.08	582.66	54.48	637.14
40	2013年8月	金星路西延线	16.66	1212.50	90.00	1302.50
41	2013年9月	马桥河路南延线	0.13	7.58		7.58
42	2013年9月	中南鑫邦	19.07	1387.99	103.03	1491.02
43	2013年9月	恒飞电缆	12.92	940.40	62.05	1002.45
44	2013年9月	湘江涂料板块	21.13	1537.45	116.65	1654.10
45	2013年9月	悦禧置换地	0.88	64.66	4.80	69.46
46	2014年1月	联东U谷等5个项目	33.91	2613.51	172.98	2786.49
47	2014年1月	旺旺二期	14.80	1076.70	84.36	1161.06
48	2014年1月	马桥河路加油站	0.46	43.19	9.03	52.22
49	2014年1月	湘船重工	5.20	378.98	28.13	407.11
50	2014年1月	污水管道	2.93	213.56	15.85	229.41
51	2014年5月	旺旺二期	11.69	850.59	63.14	913.73
52	2014年5月	喻家坡街道城市综合体	1.56	144.94	12.92	157.86
53	2014年5月	恒飞电缆二期	8.45	578.12	45.64	623.76
54	2014年9月	安全食品基地二期	7.92	3576.37	54.67	3631.04
55	2014年9月	红家坡路中段	11.25	419.70	54.94	474.64
56	2014年9月	望城经开区2014年度第二批次建设用地（三江房产）	7.39	552.20	79.85	632.05
57	2014年11月	红家坡路	1.66	149.39	16.32	165.71
58	2014年11月	2009年第1批次建设用地(三江房产)	14.55	1196.31	84.96	1281.27

续表3-2

序号	时间	拆迁项目	征地面积（公顷）	土地、集体设施补偿（万元）	青苗补偿金额（万元）	合计（万元）
59	2014年12月	虎形山(网讯通)	19.98	1372.98	134.90	1507.88
60	2015年4月	统一马口铁罐、配套底盖及装罐成套设备制造（铁路专用线）	14.02	755.95	63.94	819.89
61	2015年4月	耐高温、耐腐蚀、耐磨损高档精密传动产品生产及科研项目	5.31	254.24	33.35	287.59
62	2015年4月	2009年第2批次建设用地(站前加油站项目)	0.66	36.00	1.95	37.95
63	2015年4月	望城大道(普瑞大道一高新区路段)	37.42	3986.10	534.22	4520.32
64	2015年4月	经开区2014年度第一批次建设用地(望城大道加油站)	0.30	36.69	3.25	39.94
65	2015年4月	经开区2014年度第一批次建设用地(雷高公路加油站)	0.49	41.78	4.50	46.28
66	2015年8月	经开区化纤级环保产品SEPS制造	14.65	999.55	38.02	1037.57
67	2015年8月	经开区客车车体及内车装饰材料轻量化应用	13.27	966.33	47.33	1013.66
68	2015年11月	望城红星美凯龙家居生活广场（证通电子 ）	14.49	1311.20	117.49	1428.69
合计			866.58	63699.24	5690.47	69389.71

第二章 拆迁安置

◆第一节 留地自建安置

动迁及补偿 1999年3月—2009年8月，望城经开区依据《长沙市征地补偿安置条例实施办法》（第60号令），对园区内的征地拆迁安置户，实行留地自建的住房安置模式。

这段时期内，动迁被征地农户1588户6244人，拆迁房屋面积472676平方米，对动迁户支付房屋设施补偿费23640.46万元，支付迁坟及其他补偿费1485.48万元。

表3-3 60号令拆迁及补偿情况统计

序号	时间	拆迁项目	户数（户）	人口（人）	房屋面积（平方米）	房屋设施补偿（万元）	迁坟及其他（万元）	合计（万元）
1	2001年2月21日	白沙酒家、书堂麻建公司、装潢公司	0	0			2.62	2.62
2	2001年2月27日	大洋公司	17	63	4335	216.77	8.98	225.75
3	2001年2月27日	大洋公司（含扩征）	32	132	7840	392.10	8.56	400.66
4	2001年6月22日	益鑫泰	15	58	3945	197.25	9.95	207.2
5	2001年9月18日	品高食品有限公司	4	18	1076	53.81	1.39	55.2
6	2001年10月10日	沐林公司扩征	14	55	3030	151.56	7.66	159.22
7	2001年10月16日	入城广场	22	95	5764	288.34	8.29	296.63

续表3-3

序号	时间	拆迁项目	户数（户）	人口（人）	房屋面积（平方米）	房屋设施补偿（万元）	迁坟及其他（万元）	合计（万元）
8	2001年11月20日	电力开闭所					0.52	0.52
9	2002年1月30日	迎宾大道南侧推土征压稻田					0.07	0.07
10	2002年3月14日	海绵厂（含扩征）	11	42	2695	134.75	3.91	138.66
11	2002年4月30日	派派食品公司					2.76	2.76
12	2002年5月2日	入城口广场综合用地					4.51	4.51
13	2002年5月16日	长城钢构					5. 90	5.90
14	2002年5月29日	中粮征地					10.32	10.32
15	2002年5月30日	宾佳乐公司	48	186	12000	601.34	26.66	628
16	2002年6月8日	车站东路	12	45	3192	159.64	3.34	162.98
17	2002年6月20日	头盔厂					2.46	2.46
18	2002年7月29日	绿化用地代征					1.65	1.65
19	2002年7月29日	安塑					13.76	13.76
20	2002年8月4日	四维公司					0.75	0.75
21	2002年8月5日	站前路	42	169	10962	548.14	37.63	585.77
22	2002年8月9日	安塑扩征（新汇制药）	10	39	3000	151.02	7.93	158.95
23	2002年9月15日	白沙酒家预留地					0.53	0.53
24	2002年11月	区校路	3	12	816	40.88	6.46	47.34
25	2002年12月12日	台杰公司					0.92	0.92
26	2002年12月	华源电器	8	28	1840	92.14	4.88	97.02
27	2003年1月6日	高冲取土区					17.46	17.46
28	2003年2月	中吉科技	4	15	1052	52.79	3.16	55.95
29	2003年4月	玮玛电子	8	30	2168	40.87	6.46	47.33
30	2003年7月	中天水利（含扩征）	10	37	2576	128.87	12.13	141
31	2003年10月	金沙集镇东线放路					0.05	0.05
32	2003年10月	四维公司还路					0.75	0.75
33	2003年10月	泰嘉科技	30	141	80160	4008.75	11.66	4020.41
34	2003年11月	高乌大道	33	131	9388.5	469.43	47.64	517.07
35	2003年12月	动物药厂	22	84	5170	258.71	6.70	265.41
36	2004年1月	步步为赢	13	59	3328	166.41	2.77	169.18
37	2004年1月	凌格木业	2	9	536	26.81	2.45	29.26
38	2004年1月	跃达实业					1.35	1.35

续表3-3

序号	时间	拆迁项目	户数（户）	人口（人）	房屋面积（平方米）	房屋设施补偿（万元）	迁坟及其他（万元）	合计（万元）
39	2004年2月	动物药厂、泰嘉南向道路拓宽					3.04	3.04
40	2004年2月	两纵两横道路	5	16	143	71.55	45.11	116.66
41	2004年3月	长沙欧泊莱木业	8	28	2056	102.87	9.31	112.18
42	2004年3月	格林美公司	20	78	5360	268.12	14.33	282.45
43	2004年3月	县质监局食品检测中心	10	51	2670	133.57	6.71	140.28
44	2004年5月	远航生物	39	154	10257	512.85	4.61	517.46
45	2004年7月	仁和建设用地					6.69	6.69
46	2004年7月	高冲 15 组填土区东向扩征					1.60	1.60
47	2004年10月	统一集团	17	69	4182	209.12	22.66	231.78
48	2004年11月	房产公司扩征					0.88	0.88
49	2005年1月	晟通科技	120	467	31800	1591.25	181.23	1772.48
50	2005年1月14日	站前东路改道					3.79	3.79
51	2005年2月	旺旺路扩宽	12	42	3180	159.44	23.21	182.65
52	2005年4月	公园南路	34	133	8602	430.11	1.41	431.52
53	2005年6月	消防器材					6.70	6.70
54	2005年6月	管委会基地	10	36	2750	137.51	10.37	147.88
55	2005年6月	中大开天	10	46	2643	132.15	13.90	146.05
56	2005年6月	马桥河路北延线	31	118	789	39.47	24.54	64.01
57	2005年7月	华狮啤酒	37	140	9916	495.87	46.67	542.54
58	2005年7月	金星路取土区					3.62	3.62
59	2005年8月	金宙服饰	13	45	3484	174.34	18.66	193
60	2005年8月	马桥河路广场	2	6	521	26.10	0.20	26.3
61	2005年10月	中联扩征	226	905	58986	2949.98	142.34	3092.32
62	2005年10月	高冲建设用地	13	48	3588	179.42	14.49	193.91
63	2005年11月	武汉高科	80	335	21040	1052.48	99.11	1151.59
64	2006年1月	220千伏变电站	24	94	6384	319.24	11.32	330.56
65	2006年1月	马桥河路南延线					13.75	13.75
66	2006年1月	泰山热工	3	8	735	36.75	2.06	38.81

续表3-3

序号	时间	拆迁项目	户数（户）	人口（人）	房屋面积（平方米）	房屋设施补偿（万元）	迁坟及其他（万元）	合计（万元）
67	2006年1月	协力油缸	28	112	6384	319.23	14.57	333.8
68	2006年1月19日	渠道改道拓宽					0.69	0.69
69	2006年2月	变电站卸土区					16.12	16.12
70	2006年3月	先驱环保	15	59	3720	186.45		186.45
71	2006年4月	黄狮岭公墓山					1.42	1.42
72	2006年12月	四捷陶瓷					3.33	3.33
73	2007年3月	金阁路	7	27	1820	91.11	16.90	108.01
74	2007年3月	英博雪津	26	103	6838	341.91	20.66	362.57
75	2007年4月16日	经阁路以南					1.79	1.79
76	2007年4月29日	经阁路以南工业房产					16.00	16.00
77	2007年月7日	同兴工业房产（202亩）	25	109	6650	332.54	15.00	347.54
78	2007年月10日	中南珠宝市场	23	85	6049	302.45	9.30	311.75
79	2007年10月20日	两路	39	151	9555	477.78	41.57	519.35
80	2007年11月5日	高冲工业房产（虎形山）	5	17	1440	72.14	21.66	93.8
81	2007年12月	利民液化气站	4	17	1096	54.81	5.40	60.21
82	2008年	两路代征					26.67	26.67
83	2008年1月7日	星城西路（含补征）	13	53	3250	162.55	36.14	198.69
84	2008年3月	航空园	160	622	39360	1968.76	103.50	2072.26
85	2008年4月	马桥河防洪整治工程	98	385	25088	1254.62	38.11	1292.73
86	2008年4月	梦洁	13	47	3484	174.31	8.85	183.16
87	2008年4月	喻家坡储备用地	48	190	11568	578.44	34.34	612.78
88	2008年7月10日	原站前路排水沟占面					0.19	0.19
89	2008年9月2日	有色多金属研究院					11.00	11.00
90	2008年9月2日	有色控股集团（虎形山）					14.33	14.33
91	2008年10月9日	唯罗克路					1.12	1.12
92	2008年12月10日	变电站代征					5.42	5.42
93		提前安置	10	41	2414	120.79		120.79
合计			1588	6244	472676.oo	23640.46	1485.48	25125.94

重建地安置　2002年6月，望城县人民政府征地拆迁办公室制定了《重建地安置方案》，设置了16个重建地，根据拆迁户家庭成员及其结构情况分配宅基地，供失地农民自建房屋。安置1598户、6258人，占地96.63公顷。

表3-4　　望城经开区60号令征拆项目重建地情况统计汇总表

序号	基本情况				
	重建地名称	用地面积（平方米）	用地性质	实际总缝数	安置人数
1	莲湖重建地	74032	集体	520	305
2	裕农重建地	18480	集体	125	74
3	桂芳重建地	12567	集体	54	57
4	喻家坡重建地	38426	集体	205	151
5	颜家巷子重建地	7644	集体	34.5	65
6	高冲十九组重建地	8886.05	集体	62.5	25
7	高冲李家湾重建地	100613	集体	680.5	900
8	马桥河广场重建地		集体	90	101
9	茅花塘重建地	96785.59	集体	629	635
10	宾佳乐重建地	87065	集体	261.5	278
11	庵子坡重建地	42415	集体	321.5	202
12	中华岭重建地	11762	集体	82	95
13	金甲重建地	61127	集体	504	340
14	同兴重建地	80301	集体	543	786
15	东马老区重建地	326218.51	集体	959	1428
16	东马南扩重建地		集体	997.5	816
	合计	966322.15		6069	6258

金甲重建地

东马重建地

◆第二节　货币安置

动迁及补偿　2009年3月至2015年年底，依据于《长沙市征地补偿实施办法》〔2008〕第103号令，望城经开区对园区内征地拆迁安置户的住房安置全部实行货币安置的模式。望城经开区依据政策所制定的标准，拆除非农业户或拆除采取农村集体经济组织统一安置方式的农户的认定合法的住宅，都按标准支付房屋补偿费、房屋装饰装修及设施补偿费，同时支付房屋搬迁补助费、过渡补助费及按期拆迁奖励费。这段时期内，动迁被征地农户1207户，4692人，拆迁房屋面积396822.60平方米。对动迁户支付房屋及设施补偿费10.74亿元，迁坟及其它补偿1.79亿元，合计12.53亿元。

表3-5　　103号令拆迁及补偿情况统计

序号	时间	拆迁项目	户数	人口	房屋面积（平方米）	房屋设施（万元）	迁坟及其他（万元）	合计（万元）
1	2009年8月	高星物流园板块（含望城大道）	110	438	23374	6458.80	32.82	6491.62
2	2009年8月	北汽福田	13	52	3640	936.48	57.60	994.08
3	2009年8月	奥特莱斯	61	235	12859	4890.49	26.00	4916.49
4	2010年3月	赤岗路卸土区					4.66	4.66
5	2010年3月	赤岗路填土区					1.20	1.2
6	2010年3月	海天电子围墙后代征					3.20	3.20
7	2010年3月	中建重机					9.02	9.02
8	2010年5月	赤岗路	50	199	10777	5282.72	47.24	5329.96
9	2010年9月	赤岗路西延线	4	15	1560	336.34	0.58	336.92

续表3-5

序号	时间	拆迁项目	户数	人口	房屋面积（平方米）	房屋设施（万元）	迁坟及其他（万元）	合计（万元）
10	2010年9月	国祥百年					3.60	3.60
11	2010年9月	英雄岭公墓山停车坪					105.13	105.13
12	2011年2月	添喜路					3.96	3.96
13	2011年9月	湘能特钢	5	13	1456	285.05	14.80	299.85
14	2011年9月	中建重机代征	3	10	1144	107.49		107.49
15	2011年12月	钢材市场交易区	30	124	8558.2	2685.37	30.66	2716.03
16	2011年12月	钢材市场仓储区	82	314	35840	6908.00	13.12	6921.12
17	2011年12月	仓储区取土区					118.60	118.60
18	2012年1月	桂芳佳园	4	16	1244	361.57	7.44	369.01
19	2012年1月	中华城渔场						
20	2012年1月	欧比佳	21	82	5460	1804.00	14.32	1818.32
21	2012年3月	国际商贸城	108	414	42135	9053.76	25.44	9079.2
22	2012年3月	同兴路堤质改造						
23	2012年6月	湘江涂料	25	75	11440	1989.06	21.60	2010.66
24	2012年9月	湘江涂料扩面						
25	2012年9月	黄金路扩面						
26	2012年9月	毛巾厂扩面						
27	2012年9月	海绵厂扩征						
28	2012年11月	斌辉农业	4	20	1353	205.33	24.50	229.83
29	2013年1月	天卓项目	11	44	3838	1449.77	32.02	1481.79
30	2013年1月	联智桥隧沿河路	22	105	691	366.92	64.50	431.42
31	2013年1月	邵商投二期	47	188	17376	422.57	442.84	865.41
32	2013年1月	经开区储备用地	52	208	18200	5408.00	73.22	5481.22
33	2013年3月	马桥河村两安用地						
34	2013年3月	马桥河路南延线						
35	2013年6月	马桥河路南延线						
36	2013年7月	马桥河村两安用地						
37	2013年8月	马桥河广场	24	62	6720	1473.08		1473.08
38	2013年8月	优美科					10.24	10.24
39	2013年8月	金红叶纸业、八佳兴					18.12	18.12
40	2013年8月	金星路西延线	48	192	15600	4992.00	50.00	5042
41	2013年9月	马桥河路南延线						
42	2013年9月	中南鑫邦	31	88	7868	3000.10	57.24	3057.34

续表3-5

序号	时间	拆迁项目	户数	人口	房屋面积（平方米）	房屋设施（万元）	迁坟及其他（万元）	合计（万元）
43	2013年9月	恒飞电缆	25	106	6459	3047.18	34.90	3082.08
44	2013年9月	湘江涂料板块	34	135	15256	3408.93	38.04	3446.97
45	2013年9月	悦禧置换地					2.67	2.67
46	2014年1月	联东U谷等5个项目	35	125	12099	2616.21	61.05	2677.26
47	2014年1月	旺旺二期	43	172	13000	4128.00	44.40	4172.4
48	2014年1月	马桥河路加油站	3	8	1523.4	400.08	97.02	497.1
49	2014年1月	湘船重工	16	64	5200	1344.00	15.63	1359.63
50	2014年1月	污水管道						
51	2014年5月	旺旺二期	43	172	13000	4128.00	44.40	4172.4
52	2014年5月	喻家坡街道城市综合体	3	10	8600	289.40	170.03	459.43
53	2014年5月	恒飞电缆二期	24	84	6208	2519.19	17.75	2536.94
54	2014年9月	安全食品基地二期	3	16	1401	368.09		368.09
55	2014年9月	红家坡路中段					607.06	607.06
56	2014年9月	望城经开区2014年度第二批次建设用地（三江房产）	6	30	1620	757.75	860.64	1618.39
57	2014年11月	红家坡路	8	17	1089	504.66	218.90	723.56
58	2014年11月	2009年第1批次建设用地(三江房产)	25	111	10797	3223.64	1923.18	5146.82
59	2014年12月	虎形山(网讯通)						
60	2015年4月	统一马口铁罐、配套底盖及装罐成套设备制造（铁路专用线）	8	31	1555	793.92	1052.41	1846.33
61	2015年4月	耐高温、耐腐蚀、耐磨损高档精密传动产品生产及科研项目					335.78	335.78
62	2015年4月	2009年第2批次建设用地（站前加油站项目）					46.86	46.86

续表3-5

序号	时间	拆迁项目	户数	人口	房屋面积（平方米）	房屋设施（万元）	迁坟及其他（万元）	合计（万元）
63	2015年4月	望城大道(普瑞大道-高新区路段)	103	398	37118	12096.14	5847.02	17943.16
64	2015年4月	经开区 2014年度第一批次建设用地（望城大道加油站）					33.10	33.10
65	2015年4月	经开区 2014年度第一批次建设用地（雷高公路加油站）					54.63	54.63
66	2015年8月	经开区化纤级环保产品SEPS制造	19	78	7770	2336.29	1529.47	3865.76
67	2015年8月	经开区客车车体及内车装饰材料轻量化应用	34	166	12865	4155.89	1711.05	5866.94
68	2015年11月	望城红星美凯龙家居生活广场（证通电子）	20	75	10129	2852.04	1853.52	4705.56
合计			1207	4692	396822.6	107386.31	17913.18	125299.49

申购限价商品房 依据 103号令，被征地农户可申购限价商品房，限价商品房每平方平均2306元。望城经开区向申购户每人发放购房补贴54700元，补助25300元。上报申购限价商品房的被征地农户809户3051人。申购房屋套数1784套，房屋面积188897平方米。共计支付购房补贴、补助25761.30万元。

表3-6

望城经开区103号令征收项目安置工作情况综合统计

时段 \ 内容		购房补助补贴发放情况						上报申购限价商品房情况						其中套型（平方米）				
		户数	补助人数2.53万元/人	补贴人数5.47万元/人	补助金额（万元）	补贴金额（万元）	合计金额（万元）	批数批次	户数	人口数	政策增加（人）	申购面积（平方米）	申购套数	55	82.5	110	137.5	165
2009年度小计		147	574	572	1452.22	3128.84	4581.06											
2010年度小计		86	325	322	822.25	1761.34	2583.59											
2011年度小计		136	585	583	1480.05	3189.01	4669.06	第1～3批	298	1191	143	73342.5	666	56	129	293	132	56
2012年度小计		239	864	861	2185.92	4709.67	6895.59	第4～9批	237	901	123	56155.0	540	74	144	181	108	33
2013年度小计		189	698	698	1765.94	3818.06	5584.00	第10～16批	192	659	88	40920.0	390	44	61	218	57	10
2014年度	1月	8	38	38	96.14	207.86	304.00											
	2月	5	5	6	12.65	32.82	45.47	第17批	35	124	18	7810.0	80	15	18	36	10	1
	3月	1	7	7	17.71	38.29	56.00											
	4月	12	52	52	131.56	284.44	416.00	第18批	19	58	7	3575.0	38	7	12	15	4	
	5月	2	5	5	12.65	27.35	40.00											
	6月	3	19	19	48.07	103.93	152.00	第19批	12	62	7	3795.0	39	4	14	17	4	
	7月	3	4	4	10.12	21.88	32.00											
	8月	4	13	12	32.89	65.64	98.53											
	9月	2	10	10	25.30	54.70	80.00											
	10月	3	14	14	35.42	76.58	112.00	第20批	16	56	4	3300.0	31	4	5	14	7	1
	11月	3	14	14	35.42	76.58	112.00											
	12月																	
	小计	46	181	181	457.93	990.07	1448.00	共4批	82	300	36	18480.0	188	30	49	82	25	2
总计		843	3227	3217	8164.31	17596.99	25761.30	第1～20批	809	3051	390	188897.5	1784	204	383	774	322	101
备注		购房补助补贴从2009年2月开始实施103号令开始启动发放；房屋设施组经办零星发放的购房补助补贴数据未统计在本表之内；委托街道办理发放的购房补助补贴数据未统计						限价商品房从2011年5月22日开始启动申购；委托街道征收项目拆迁户的限价商品房由承办街道办理，未统计在本表之内										

◆第三节　人员安置

为妥善解决被征地农民的长远生计和社会保障问题，长沙市人民政府根据《国务院办公厅转发劳动保障部关于做好被征地农民就业培训和社会保障工作指导意见的通知》（国办发〔2006〕29号）《长沙市征地补偿安置条例》等规定，制定了《长沙市被征地农民就业培训和社会保障办法》（长政发〔2008〕12号），长沙市劳动和社会保障局也制定了《长沙市被征地农民社会保障工作操作规程》（长劳社发〔2008〕78号）。望城经开区依据相关政策，认真做好区域内被征地农民的人员安置工作。

就业培训及劳动力安置　对区域内被征地农民的就业，望城经开区按照市场调节就业、劳动者自主择业、政府促进就业的方针，建立被征地农民就业与失业登记制度。由户籍所在街道（乡、镇）劳动保障管理服务机构对被征地农民进行登记和统计，将其统一纳入城镇就业服务体系。

望城经开区由社会事务局负责，依托望城区劳动和社会保障局、各乡镇农科校、园区内大型企业及有资质的民办学校，对不同年龄阶段的被征地农民举办各类职业培训班，含创业培训和职业技能培训，如“创业信息及途径培训班”“企业人基本素质培训班”“农业机械的操作和维护培训班”“无公害种植培训班”“工业和民用建筑培训班”“会计培训班”“电脑培训班”“服务业礼仪培训班”“技工培训班”“求业面试及上岗入职培训班”“特种行业作业人员培训班”“电工培训班”及各类艺术培训班等，从2009年至2015年，共举办各类培训班42期，每期培训班时间最短3天、最长6个月，培训总人数达8700人次。参加培训人员可享受一次由劳动保障、财政部门核发的职业培训和职业技能鉴定补贴。

望城经开区采用多渠道促进园区内适合劳动年龄的失地农民就业，要求园区内企业在招用人员时，应当优先考虑被征地农民，对凡招用了园区内失地农民的企业，园区核定事实后，视情况对企业给予一定的奖励；园区协同望城区劳动和社会保障局对口联系外地企业，组织安排失地农民务工队外出务工，并追踪联系和管理；园

失地农民就业培训

区鼓励失地农民在本地自主创业，如创办庭院经济农家乐、创办绿色食品无公害种、养基地，创办小型企业、从事个体商业经营等。被征地农民自主创业的，可按政策规定，享受创业指导、小额贷款担保和贴息的扶持政策。2015年，园区劳动年龄阶段内失地农民就业率达74.24%。

养老、医疗、失业保险　望城经开区依据政策规定，以征地公告发布之日为界限，将被征地农民划分为以下四个年龄段：第一年龄段为不满16周岁；第二年龄段为女年满16周岁不满45周岁，男年满16周岁不满50周岁；第三年龄段为女年满45周岁不满55周岁，男年满50周岁不满60周岁；第四年龄段为女年满55周岁，男年满60周岁及其以上。

农村集体经济组织或者村民委员会应当自征地公告之日起30日之内召开村民会议或村民代表会议，提出四个年龄阶段人员名单，经乡镇人民政府、街道办事处会同望城区公安部门和土地行政主管部门审核并公告。公告10日后，无异议的，报区人民政府核准，名单核准后，望城经开区先后到公安部门劳动保障部门统一办理转户手续和社会保障参保登记手续。

养老保险：对第一年龄段人员，实行一次性基本生活补贴，年满7周岁不满8周岁发给6000元基本生活补助费，每减少或增加一周岁减少或增加500元。年满16周岁后，按城镇新成长劳动力进行管理，并按规定纳入城镇社会保障范围。对第二、三年龄段的人员按照《长沙市人民政府办公厅关于印发〈长沙市城镇个体工商户和灵活就业人员参加基本养老保险办法〉的通知》（长政办发〔2006〕29号）的规定，参加基本养老保险一次性缴纳相应年限的基本养老保险费。基本养老保险一次性缴纳的年限，按征地前实际从事农业生产劳动时间，每两年缴纳1年基本养老保险费（不满1年的部分按一年缴纳）。其中：女满16周岁不满36周岁，男满16周岁不满41周岁年龄段人员，一次性缴纳最多不超过10年；女年满36周岁、男年满41周岁人员，且从事农业劳动时间女满20年、男满25年的，一次性缴纳为11年，农业生产劳动时间每增加2年缴纳1年基本养老保险费，最多缴纳不超过15年。

参加基本养老保险的被征地农民，达到退休年龄（女满55周岁，男满60周岁）时，累计缴费年限满15年及其以上的，按规定计发养老保险金，享受按月领取基本养老金待遇。累计缴费年限不满15年的，依据不同的实际情况，有明确的政策规定，实行不同的养老金发放办法。

表3-7 望城经开区103号令（外托）征收项目拆房户社保对象分项目分年龄段统计汇总表

受托单位	项目名称	上报批次	户数	人数	其中				备注
					第一年龄段人数	第二年龄段人数	第三年龄段人数	第四年龄段人数	
喻家坡街道	斌辉蔬菜基地	第1~2批	5	27	7	14	3	3	
	欧比佳二期	第1批	10	47	9	22	11	5	
	金星西路	第1~2批	53	236	49	103	29	55	
	喻家坡储备用地	第1~2批	46	164	28	79	26	31	
	（喻家坡）旺旺二期	第1批	5	20	4	9	6	1	
	小计		119	494	97	227	75	95	
白沙洲街道	大北农同兴重建地	第1批	29	119	16	66	15	22	
	金荣科技产业园	第1~5批	38	143	29	78	22	14	转户参保手续由社保安置部办理
	沿河路联智桥隧	第1批	16	68	12	35	5	16	转户参保手续由社保安置部办理
	小计		83	330	57	179	42	52	
黄金园街道	马桥河路南延线黄金园段	第1~4批	31	132	25	66	17	24	
	邵商投二期	第1~2批	46	168	31	84	23	30	
	（黄金园）旺旺二期	第1~3批	22	83	20	36	15	12	
	小计		99	383	76	186	55	66	
金山桥街道	马桥河路南延线金山桥段	第1~5批	72	267	56	130	28	53	
	小计		72	267	56	130	28	53	
月亮岛街道	湘船重工	第1批	13	62	16	27	3	16	
	小计		13	62	16	27	3	16	

续表3-7

受托单位	项目名称	上报批次	户数	人数	其中				备注
					第一年龄段人数	第二年龄段人数	第三年龄段人数	第四年龄段人数	
廖家坪街道	商用重卡	第1~5批	20	86	19	40	8	19	
	兰天汽车	第1~10批	35	121	30	57	17	17	
	廖家坪限价房楼盘	第1批	2	9	1	2	2	4	
	车商世纪城	第1~2批	8	27	8	14	4	1	
	天朝帝豪	第1批	1	4	2	2			
	小计		66	247	60	115	31	41	
	计合		452	1783	362	864	234	323	

医疗保险：对被征地农民，按照不同年龄段，实行不同的医疗保险制度。

第一年龄段人员，从征地转户之日起，一次性缴纳一年城镇居民基本医疗保险费，享受相应的医疗保险待遇。征地后，按照《长沙市人民政府关于印发〈长沙市城镇居民基本医疗保险试行办法〉的通知》（长政发〔2007〕37号）的规定参加城镇居民基本医疗保险，由本人缴纳城镇居民基本医疗保险费。

第二、三年龄段人员从征地转户之日起，按照《长沙人民政府关于印发〈长沙市城镇职工基本医疗保险试行办法〉的通知》的规定，一次性缴纳一年基本医疗保险费和大病医疗互助费，享受相应的医疗保险待遇。在用人单位就业的，按照《长沙市城镇职工基本医疗保险试行办法》的规定，由用人单位和个人按规定缴纳基本医疗保险费和大病医疗互助费；从事个体经营、灵活就业或自谋职业的人员，按照《长沙市人民政府关于印发〈长沙市城镇灵活就业人员基本医疗保险试行办法〉的通知》（长政发〔2004〕23号）的规定，本人缴纳基本医疗保险费和大病医疗互助费；尚未就业的，按照《长沙市城镇居民基本医疗保险试行办法》的规定由本人缴纳城镇居民基本医疗保险费。本年龄段人员的基本医疗保险缴费年限，按征地前实际从事农业生产劳动时间，每两年视同一年基本医疗保险缴费年限（不满一年的部分视同一年）。其中，女年满16周岁不满36周岁、男年满16周岁不满41周岁的人员最多视同不超过10年；女年满36周岁、男年满41周岁的人员，且从事农业生产时间女满20周岁，男满25周岁，视同为11年，农业生产劳动时间每增加2年增加1年的基本医疗保险视同缴费年限，最多视同不超过15年。征地前的视同缴费年限和征地期间以及征地后按规定参加城镇基本医疗保险的实际缴费年限合并计算。

第四年龄阶段人员，按照《长沙市城镇职工基本医疗保险试行办法》的规定，以征地公告发布时全省上年度在岗职工月平准工资为缴费基数，一次性补缴基本医疗保险欠费和大病医疗互助费，从补缴的下月起按规定享受相应的医疗保险待遇。

失业保险：望城经开区被征地农民，凡处于第二、三年龄段的，按政策应享受的失业保险，从征地转户之日起，一次性拨付两年的失业保险费，其月标准由开始的每月680元，逐步提高到2014年的每月1020元。在失业保险期内，达到退休年龄（女年满55周岁、男年满60周岁）的失地农民，从退休之日起，不再领取失业保险金，而改为按政策发放养老保险金。

第四篇 招商引资

INVESTMENT PROMOTION

望城经开区把招商引资工作作为谋划发展的重中之重，针对经济形势的发展变化，不断更新思路，推出新举措，完善招商机构，强化优惠政策，拓宽招商渠道，创新招商形式，优化招商环境，提高服务水平。做到以诚招商、以优引商、以信安商、以实惠商。从1992年至2015年，望城经开区签约引进工商注册企业共712家，逐步形成了有色金属新材料精深加工及先进制造业、食品加工业、现代商贸物流业、电子信息业等四大支柱产业。

2000年7月，湖南省高科技食品工业基地成立（省级）；2001年3月，湖南省台商投资区（省级）诞生；2001年9月，湖南国家农业科技园区（国家级）确立，2004年2月三园合署办公；2006年元月，湖南省高科技食品基地（湖南省台商投资区，湖南国家农业科技园区）更名为“湖南望城经济开发区”。2014年2月，湖南望城经开区成功跻身国家级行列，更名为“望城经济技术开发区”。望城经开区规模工业总产值由2007年的87.3亿元，到2015年达到766亿元，一步步的前进足迹，彰显着招商引资的成果。

2010年，望城经开区制定了《湖南望城经济开发区招商引资项目管理办法》。明确了项目管理的指导思想，成立了招商引资项目审查领导小组：由经开区党工委书记任顾问，管委会主任任组长，管委会副主任、纪工委书记、管委会分管招商引资副主任、总规划师任副组长，成员单位由县环保局、县发改局、县安监局、县政务服务中心、望城经开区办公室、规划建设局、招商合作局、社会事务局、产业发展局、财政分局、开发建设投资总公司、国土所以及经开区法律顾问、聘请的科技顾问组成。该《办法》还对项目的立项、筹建、管理和服务的相关制度及工作流程，项目应享受的优惠政策作了明确的规定。

从1992年至2015年，望城经开区在24年的发展过程中，招商引资工作作为一条工作主线，始终贯穿其中。随着一个个的工商企业入驻望城，特别是一批投资总量大、科技含量高、经济效益好的工业企业的入驻，望城经开区这片60平方公里的热土上，发生了翻天覆地的变化。一批批园区人艰苦卓绝的奋斗，造就了一座宜业宜居的资源节约型、环境友好型的“两型”化工业新城。

第一章 机构

◆第一节　区内招商机构

1992年，中共望城县委、望城县政府针对当时国内政治、经济形势，谋划制定望城县发展社会主义市场经济的基本框架，把招商引资工作放在重要的议事日程。1992年2月—2004年2月，望城县招商引资工作，由望城县委、县政府直接领导，望城县招商局配合政府各职能局负责实施。

2000年7月13日，湖南省人民政府湘政办函〔2000〕95号批准同意，在望城县建立湖南省高科技食品工业基地，属省级开发区系列。2001年3月27日，湖南省人民政府发文，批准在望城设立“湖南省台商投资区”，列入省级开发区系列。2002年4月30日望城县人民政府以望政办发〔2002〕39号文件明确，同意设立“湖南省高科技食品工业基地管理委员会”，并加挂“湖南省台商投资区管理委员会”牌子，“两块牌子、一套人马”，属县人民政府正科级派出机构，下设“办公室”“招商计划处”“规划建设处”“开发经营处”“科技产业发展处”5个职能处室。招商引资工作由5个处室配合实施，依然由望城县招商局直接领导。

2004年2月19日，长沙市编委发文通知，将“湖南省高科技食品工业基地”“湖南省台商投资区”“湖南望城国家农业科技园区”整合，实行三块牌子，一套管理委员会班子的管理体制，明确管委会机构级别，对外统称“望城高科技园区”。园区下设办公室、招商合作局、规划建设局、农业科技发展局、社会事务局5个局室，均为正科级机构。至此，望城县招商引资工作由高科技园区管委会负责管理，园区招商局配合园区其他各职能局室负责实施招商引资工作。

2006年1月，国家发改委8号公告，将三园合一的形式更名为“湖南望城经济开发区”。招商合作局保留至今。

望城经开区招商合作局内设招商科、项目服务科、综合科。该局主要负责管理、指导和协调招商引资、对外经济技术合作交流及贸易工作；对园区内企业进行服务、指导、监督和相关管理；组织、协调有关部门对入园项目，在立项、规划评审、报建及工商、税务、国土、环保、公安、消防报批办证等方面工作实行“一站式”服务；负责审核申报高新技术项目和企业；审批授权范围内的合资项目，推进高新技术产业化、目标化；指导园区企业的科研、新产品的开发；负责园区内资本运营及融资工作。

2010年，望城经开区成立了招商引资入园项目领导小组。由经开区党工委书记任顾问，管委会主任任组长，党工委、管委会成员任副组长，望城区环保局、发改局、安监局、政务服务中心和望城经开区办公室、规划建设局、招商合作局、社会事务局、产业发展局、财政分局、开发建设总公司、国土中心所主要负责人和法律、科技顾问为领导小组成员，下设办公室，由园区招商合作局主要负责人兼任办公室主任。办公地点设望城经开区招商合作局。

◆第二节　驻外招商机构

望城经开区强力实施产业强区战略，加大招商引资力度，2014年开始酝酿设立园区驻外招商机构。2015年7月得以实施。园区成立了驻点招商工作领导小组,由望城区委副书记任组长,三位副组长分别为望城经开区党工委书记、经开区管委会主任、望城区人民政府副区长。领导小组牵头组织驻点区域重大招商项目恰谈；负责统筹调度驻点招商工作及相关具体事宜；负责拟定招商项目落地的具体方案；重点协调对接有较强实力、有明显投资意向的重大招商项目，按照“一事一议”的原则，提交区委、区政府研究审定。下设三个驻外招商工作组：

招商一组，驻深圳、东莞等地，设组长、副组长、驻点办主任及成员共9人；招商二组，驻广州、中山、佛山等地，设组长、副组长、驻点办主任及成员共7人；招商三组，驻苏州、无锡等地，设组长、副组长、驻点办主任及成员共6人。2015年年底，又组建了驻北京、上海招商工作组，2016年初实施,开展工作。

驻点招商办人员常年围绕驻点区域开展招商工作，加强与各类企业、行业协会、商会、外商代表的联系，实施小分队敲门招商，负责引进工业项目的洽谈、服务等工作，实现项目签约。驻点招商人员广泛联系在外望城籍知名人士，建立好人才资料库，鼓励在外望城籍成功人士回乡再创事业高峰。同时在驻地举办推介会、产业招商会,积极宣传望城,扩大望城对外影响力和吸引力。招商引资工作领导小组还针对驻点招商工作制定了相应的工作纪律。

第二章 招商政策

◆第一节　土地政策及管理办法

望城经开区为充分发挥土地效益，规范土地管理，贯彻执行《中华人民共和国土地管理法》、《国务院关于深化改革严格土地管理的办法》（国发〔2004〕28号）、《招标拍卖挂牌出让国有土地使用权规定》（国土资源部令第39号）、《国务院关于促进节约集约用地的通知》（国发〔2008〕3号）、长沙市国土资源局发布的《长沙市招标拍卖挂牌出让国有土地使用权暂行办法》（长国土资政发〔2005〕第36号）、长沙市人民政府办公厅印发的《长沙市建设用地节约集约利用考核办法（试行）的通知》（长政办发〔2011〕56号、《长沙市建设用地节约集约利用考核办法》（长政办函〔2013〕157号）等相关政策法规，制定相关土地管理制度及办法。

用地报批　望城经开区用地报批工作总原则是依法依规、保障重点、统筹兼顾、全力推进。由园区投（融）资管理办公室牵头，按望城区下达的年度新增建设用地指标情况，与园区各局室会商后，编制园区年度用地报批计划，呈报园区党工委、管委会审定。园区投（融）资管理办公室按审批后的计划组织实施，园区管委会下属各局、室、司协助提供相关材料。

一般签约项目用地报批，单个项目用地面积在13.33公顷以内的，实行一次性报批；20～33.33公顷的，第一期报批面积原则控制在13.33公顷以内；第一期用地完成供地手续，项目建成建筑面积达到已供地规划建筑面积50%以上，则启动第二期土地报批工作。

重大签约项目用地报批，实行“一事一议”。由园区投（融）资管理办公室牵头编制报批方案，呈报园区党工委、管委会批准后组织实施。另制定了“储备用地报批”“基础设施用地报批”管理办法。

用地出让　园区用地出让由园区投（融）资管理办公室牵头，根据用地报批、征地拆迁进度，结合项目建设要求的实际情况，与园区各局、室、司会商，编制园区年度土地供应计划，经园区党工委、管委会审核，报望城区人民政府同意后实施。园区工业、商业、住宅项目按政策需要采用招、拍、挂出让的用地，严格按照《招标拍卖挂牌出让国有土地使用权规定》执行，其他用地采用协议出让或划拨方式供地。项目用地出让前提条件：完成必要的通水、通电、通路、平整土地等前期开发；完成征地拆迁补偿等工作，无经济法律纠纷，原则上“净地”出让。严格执行《工业项目建设用地控制指标》（最新版）及相关工程项目建设用地指标，对不符合相关指标的项目不予供地或相应核减项目用地面积。项目用地单位必须按照与国土交易中心签订的《成交确认书》全额到位土地价款和价外税款。签订商务合同和编制工业项目供地文件时，必须明确约定土地利用控制性指标要求及相关违约责任。对鼓励类、淘汰类、限制类的投资项目一律按《产业结构调整指导目录》（最新版）相关规定优先、禁止或限制用地。

望城经济技术开发区享受招商引资优惠政策项目用地供地流程示意图

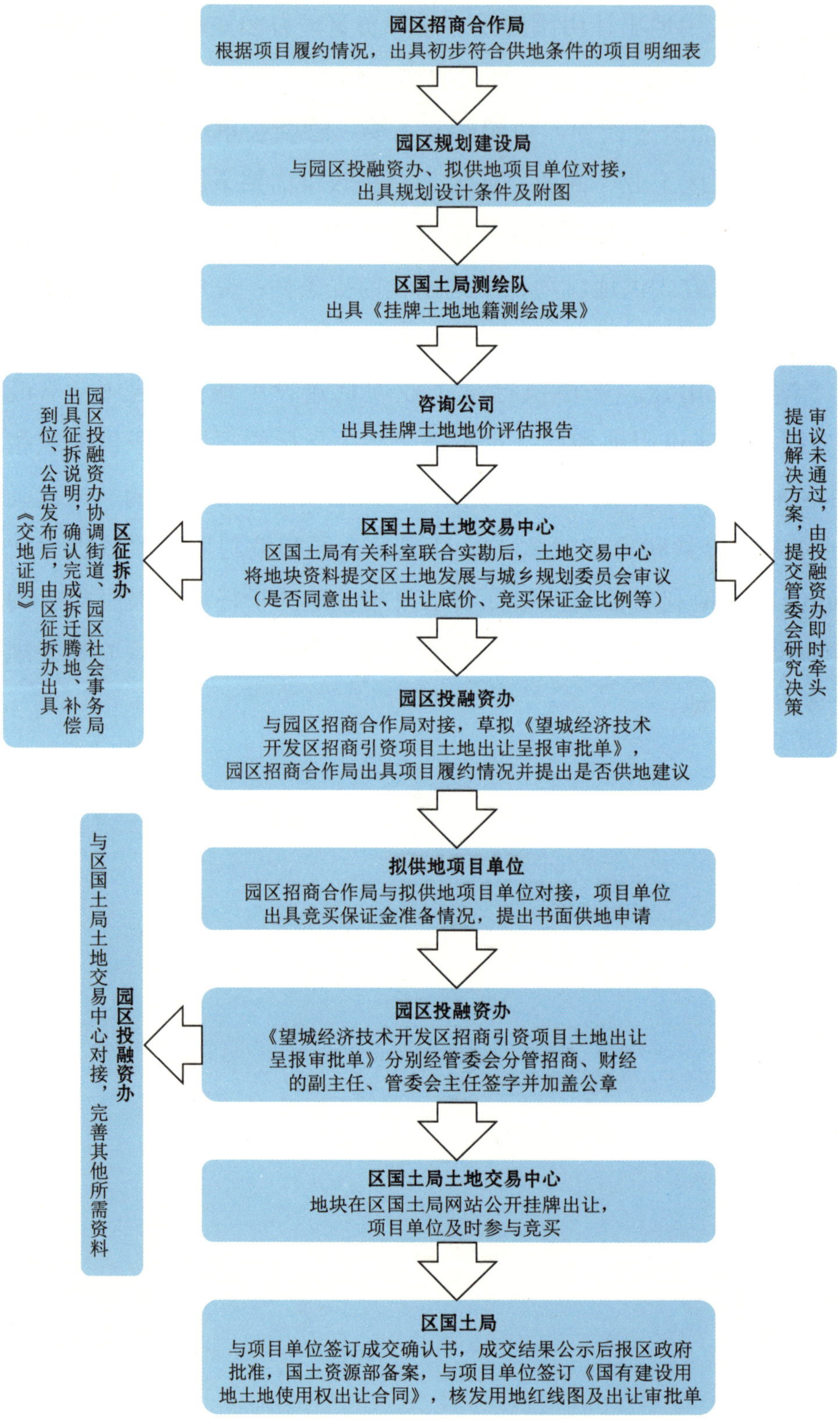

土地监管　望城经开区土地监管工作由园区土地监管领导小组负责。园区鼓励工业企业在符合规划、不改变用途的前提下，提高土地利用率，增加容积率，开发利用地上地下空间，实现“零增地”发展。入园企业需要扩大用地范围，应当办理扩大用地的申请和批准手续。取得土地使用权的企业，未经批准不得随意改变宗地范围内地貌、水系，不得私自占用宗地范围外的土地建设、拆除各种建筑物、构筑物，不得擅自改变土地用途。特殊情况需改变用途的，必须报请园区管委会同意后依法定程序办理。企业通过出让方式取得土地使用权，对其所使用的土地只有使用权，不得开采、动用或者破坏地下资源、埋藏物和市政公用设施。已取得土地使用权的企业，在未按商务合同履约前不得将土地出租或转让。已按商务合同履约的企业，土地出租或转让须经园区管委会批准。土地使用权转让的，须补交依据商务合同优惠的土地价款，转让、租赁合同条款中不得违反原商务合同条款和相关的管理办法。未经园区管委会同意,所有企业在未供地之前不得以任何方式转让与园区管委会签订的《商务合同》中的权利、义务。

已取得土地使用权、达到建设条件的入园企业自取得土地使用权之日起，6个月以内未开工建设的，取消各项优惠政策；12个月内未开工建设的，严格按照《闲置土地处置办法》（国土资源部令第5号）执行；连续24个月内未使用，或者未按照合同约定的期限和条件开发、利用土地的，依法按土地使用权实际取得价格回收土地使用权，其他费用不予补偿。房地产项目24个月内未开工建设的，依法无偿收回土地使用权。企业虽然在合同约定时间开工建设，但开工不足,达不到合同约定的相关指标（投入、产出强度、容积率 、建设密度、产值、税收、安排就业），但又未构成土地闲置的，其可利用土地由园区管委会按实际取得价格依法收回。对已取得部分土地使用权、达到建设条件分期供地企业，供地超过6个月时间仍未开工建设或已开工建设但在约定时间内未按商务合同履约的，以及经国土资源部门认定为闲置用地的，第二期供地自行停止。享受园区招商引资土地优惠政策的企业，必须严格按照商务合同约定完成项目投资建设，在约定期限内达到约定的产值、税收，否则，严格按商务合同约定追缴优惠的土地价款。享受园区招商引资土地优惠政策的企业，在项目主体工程未启动前，不予移交国有土地使用权证。

节约集约用地　望城经济技术开发区依据国家、省、市有关节约集约用地利用的政策，大力推进节约集约用地利用工作。从2008年开始，园区对依法依约取得土地使用权的项目进行检查、清理，发现有以下几种情况：一是少数企业已取得土地使用权，但因效益不高或其它原因，未能全面完成建设,没有达到合同的要求，尚有可利用土地，望城经开区与这类企业协商，依法依规收回这部分土地，重新挂牌出让。如2009年,从湖南新汇制药有限公司收回了土地5公顷,分别挂牌出让给湖南大亚输配电设备有限公司2.36公顷、湖南旺顺食品科技有限公司2.64公顷；从湖南海天电子有限公司收回了1.73公顷土地，挂牌出让给长沙国麟机械设备有限公司。二是有些企业合同签订的土地面积较大，属分批供地的项目，取得首批土地使用权后，企业投入建设，但未达到合同规定的第二批供地要求，望城经开区与企业协商，调整、核减第二批供地面积。如中航飞机起落架公司首批取得26.13公顷土地，合同中第二批供地面积于2012年核减，核减后的土地，挂牌出让给万家乐热能科技有限公司等三家公司。三是个别企业已按合同取得了相应的土地使用权，但有尚未开发利用的土地，而该企业出现了债权债务纠纷，望城经开区协助人民法院依法拍卖其土地。如2012年，拍卖某动物药厂1.47公顷土地。四是有的企业已取得土地使用权，依据合同开发建设并已投产，因各方面原因，效益不高，难以达到合同约定的产值及税收的指标要求，望城经开区与企业协商，积极主动为企业牵线搭桥，寻求合作者，加大投资力度，从而提高土地利用效益,如湖南亚华乳业有限公司与新引进的合生元乳业公司合作，组成新希望乳业公司就是成功实例。

2012年，《长沙市人民政府办公厅关于2011年度长沙市建设用地节约集约利用考核结果通报》（长政办函〔2012〕208号），望城经开区获得长沙市2011年度建设用地节约集约利用优秀奖，综合评分95.65分，全市第一。2012年度，望城经开区获得湖南省国土资源厅该项考核一等奖，获得奖励计划土地指标20公顷。2013年度、2014年度，望城经开区又连续获得长沙市人民政府该项考核的优秀奖。

2013年，望城经开区发文成立“闲置和低效用地清理处置工作领导小组”（望开管发〔2013〕10号），负责闲置和低效用地清理处置和自查工作的组织实施、协调、督促和指导等日常工作。

◆第二节　财政投资工程建设及管理办法

望城经开区为优化园区招商引资的环境，强化对财政投资工程建设的管理，参照和执行《财政部办公厅关于印发〈财政部投资项目评审操作规程〉(试行)的通知（财办建〔2002〕619号）》、《湖南省政府投资项目管理条例》（2010年10月）、《湖南省人民政府办公厅关于深化投资项目审批制度改革的实施意见》（湘政办〔2015〕82号等规划建设法规，制定望城经开区《财政投资工程建设管理办法》。

机构　财政投资工程是指使用望城经开区本级财政资金或由管委会下属公司投资建设的城市道路、桥梁、隧道、广场、停车场、公共设施、交通水利设施、排水、污水处理、垃圾处理、城市照明、园林绿化、标准厂房、经济住房以及土石方填挖等新、改、扩建工程。望城经开区规划建设局是财政投资工程建设的行政监督主管部门，负责实施工程建设监管工作；园区财政分局负责建设资金监督管理；园区建设开发公司是投资建设的实施主体。

项目立项及招投标　每年度由规划建设局牵头，财政分局、建设开发公司配合编制经开区财政投资工程年度建设计划，报党工委、管委会批准。已列入经开区年初批准的年度建设计划的项目和未列入年度建设计划且总投资概算在50万元以下的新建项目，由望城经开区规划建设局报园区管委会分管建设、财政的副主任和管委会主任审签并编号盖章后下达建设任务书；未列入年度建设计划总投资概算在50万元以上的新建项目经主任办公会审议通过后签发建设任务书；重大新建项目经党工委会议审议通过后签发建设任务书。建设单位接到建设任务书后，应编制建设方案及资金预算方案，报规划建设局、财政分局审核后，由建设单位向园区有关职能部门申请立项。

施工单项合同各类估算价达到规定标准的项目，必须公开招标。设立经开区招投标管理领导小组办公室（设规划建设局内），招投标办应履行相应的各项职责。未达到估算价规定限额的项目，经经开区管委会核准，由经开区招投标管理领导小组办公室依规确定承包人。经开区管委会应做好招投标行政监管和纪律检查工作。

工程质量管理　建设任务书下达后，由经开区规划建设局牵头，组织相关部门会商，按规定程序形成正式合同文本。为保障工程质量，建设单位要督促项目承包人、监理单位建立质量管理体系，审查施工设计、技术方案，做好与勘察、设计单位的技术协调和服务衔接工作。监理单位严格按照国家、省、市相关法律、法规履行监管职责，特别要强化对施工过程的质量监管。规划建设局组织相关职能部门不定期取样检测施工质量,对一般性质量问题,责成施工单位限期整改;对较严重或严重质量问题除要求限期整改外,还将对施工单位、项目监理和项目业主作出行政处罚,并报送同级或上级行政部门。并将该施工、监理单位及其责任人列入黑名单，3年内禁止其进入望城经开区从事相关建设活动。

◆第三节　税收政策及管理办法

望城经开区由望城区国家税务局和地方税务局负责税收执行和管理的。国税、地税两局派员入驻望城经开区，在园区财政分局上班，负责望城经开区税收工作的督查和协调；对外进行税收政策和办法的宣传，接受客户的咨询，推进园区招商引资的工作。

望城经开区参照和执行《中华人民共和国税收征收管理法》及其《实施细则》（国务院〔2002〕362号），2007年3月16日十届全国人民代表大会通过的《中华人民共和国企业所得税法》、《中华人民共和国企业所得税法实施条例》（国务院第197次常务会议通过，2008年1月1日生效），对国家需要重点扶持的高新技术企业，减按15%的税率征收企业所得税。高新技术企业要按一定的条件和程序进行认定，一般是指电子信息技术、生物与新医药技术、航空航天技术、新材料技术、高技术服务业、新能源及节能技术、资源与环境技术、高新技术改造传统产业。

贯彻落实财政部、国家税务总局联合发布的《关于暂免征收部分小微企业增值税和营业税的通知》（财税〔2013〕52号）、财政部、国家税务总局《关于进一步支持小微企业增值税和营业税政策的通知》（财税〔2014〕71号）精神，望城经开区配合国、地税务部门对经开区内的小微企业，以及国家对有优惠政策规定的不同行业的企业、如残疾人创业、就业，重点群体创业、就业，退役士兵创业、就业等实行税务减免和配套支持。

《望城县人民政府办公室关于印发〈望城县招商引资优惠办法〉的通知》（望政办发〔2009〕31号）中明确：新引进工业、农业产业化、第三产业项目

（不含房地产项目），自项目签约之日起的4年内，凡年纳税分别在50万元、100万元、100万元以上的，由县政府逐年按企业实际缴纳税收县级所得部分的40%给予奖励扶持；

凡符合以下任一条件的新引进项目(不含房地产项目)：落户望城县的世界500强企业，在望城县完成固定资产投资2亿元以上的项目，通过国家高新技术企业认定的生产企业，经劳动人事部门审定，常年安置望城县劳动力就业200人以上的企业，年实际缴纳20万元／亩税收的投资企业，自项目签约之日起的4年内，望城县政府逐年按该企业实际缴纳税收县级所得部分的60%给予奖励扶持；

租赁望城县办公场地或工业厂房的新引进投资项目（不新征建设用地），年纳税100万元以上的，从企业纳税之日起的前三年，由县政府逐年按企业实际缴纳税收县级所得部分的50%给予奖励扶持。

鼓励工业企业技术改造升级。经确认技改项目完成后，实际年纳税比技改前上年纳税增长30%以上的，从技改完成后的第一个纳税年度起，连续三年按实际净增税收县级所得部分的50%给予奖励扶持。

以上所称税收是指企业生产经营环节中所产生的税收，均不含建安税和销售不动产税收。该《办法》2014年停止执行。

《中共长沙市望城区委、长沙市望城区人民政府关于加快推进新型工业化的实施意见》（望〔2013〕16号）中明确：鼓励工业企业纳税上台阶。对年实缴生产经营税首次超过100万元、500万元、1000万元、2000万元、5000万元、1亿元、2亿元的工业企业，分别奖励5万元、10万元、20万元、30万元、40万元、50万元、100万元（已按合同享受有关政策的除外）。

◆第四节　招商原则

望城经开区为进一步提升招商引资工作水平，加大招商引资工作力度，保证入园招商引资项目的质量和水平，2006年，制定了相关“招商引资项目入园审查制度”，以后随着经开区的发展，项目审查制度不断完善，确立了招商引资的原则。

产业集聚发展的原则　望城经开区在发展的过程中，逐步形成了园区独特的产业集群。由20世纪90年代初开始，以旺旺集团为代表的食品加工业不断发展、壮大，形成了湖南高科技食品工业基地；2003—2006年，随着晟通科技集团有限公司的进入及投产，一大批新材料加工及先进制造企业入驻望城经开区;2008年，高星钢铁物流园落户望城，带动了望城经开区商贸物流业的发展;同年中航飞机起落架有限公司等航空企业进入望城,形成长沙航空工业园。到2010年，望城经开区形成了食品加工业、有色金属新材料精深加工及先进制造业、现代商贸物流业、航空航天产业四大主导产业。

2012年，以软件研发为主的欧柏泰克有限公司在望城经开区建成投产。到2014年已有湖南科太电气有限公司、长沙硕博电子科技有限公司等9家软件公司、湖南网讯通科技发展有限公司等6家从事电子信息网络服务的企业进入望城。至此，望城经开区电子信息产业已具规模。2014年，《中共长沙市委办公厅关于印发〈工业园区转型提质发展三年行动计划〉的通知》（长办发〔2014〕28号），明确将电子信息产业定为望城经开区的主导产业。望城经开区党工委、管委会经研究于2014年将原属于主导产业的航空航天产业归于先进制造业,新确定电子信息产业为园区主导产业,仍维持“四大主导产业”的提法。

望城经开区重点围绕四大主导的产业招商，就各个产业的投资强度、年产值、生产经营税收等制定了相应的要求标准，入园项目原则上要符合以上条件和标准，才能通过审查入驻。

环境保护原则 望城经开区坚持“以环保为底线，以税收为中心，以节约集约用地为基础，以四大主导产业为重点”的招商引资理念，对筛选后初审入园的项目，首先进行环保评估，专家打分，部门联合审查，凡“环评”和“安全生产”不合格的项目实行“一票否决”。

为确保区域内的生态自然环境，从2009年开始，望城经开区范围内对城市空间和用地界线实行“三区”“四线”管制。

“三区”管制：城市空间分为禁建区、限建区和适建区。

禁建区1597.4公顷，占规划总用地的21.3%。主要包括区域内各类水体、滨河生态保护区、保护林地和高压走廊，原则上禁止任何城镇建设，任何不合要求的建筑必须限期搬迁。

限建区1140.9公顷，占规划总用地的15.2%。主要包括沟谷、居民点分布区、自然保护区的控建区、人文景观保护区、一般农田用地区、山林果园绿化区和重要的生态廊道区等。该类区域以生态绿化和发展生态农业为主，保护植被、植树造林、涵养水源、保护地形地貌、禁止建设污染水质工业生产设施，严格控制各类建设工程项目。

适建区4775公顷，占规划总用地的63.5%。主要指规划范围内可建设和改造的地块，以保证城市的各项生产、生活功能。

“四线”管制：对用地界线实行“绿线”“蓝线”“黄线”“紫线”管制。

绿线管制的界限与要求：根据总体用地布局，划定防护绿地、公共绿地等强制性保护界限，绿地用地1584.02公顷；绿线内用地不得改作他用，不得违反法律法规、强制性标准以及批准了的规划进行开发建设；因建设或者其他特殊情况，需要临时占用城市绿线内用地的，必须依法办理相关审批手续。

蓝线管制界线与要求：根据总体用地布局，划定河、渠等地表水体保护和控制的界线，蓝线用地114.72公顷；蓝线内禁止擅自填埋、占用水域，不得进行影响水系安全的爆破、采石、取土等活动，禁止擅自建设各类排污设施以及进行其它对园区水系保护构成破坏的活动。

黄线管制界限与要求：根据总体用地布局，划定重要市政基础设施走廊，包括燃气干管通道等；黄线用地56.52公顷；黄线内不得进行大规模的城市建设。

紫线管制是指文物保护单位及历史街区保护范围。紫线用地7.48公顷；紫线内进行新建或者改建各类建筑物、构筑物或其他设施，应当依照相关法律、法规，办理相关手续后方可进行。

用地节约利用原则　对筛选初审入园的项目，依据其总投资强度，年产值及税收的评估，确定相当的土地面积出让。凡总投资在3000万元以下，用地在3.33公顷以内的项目，原则上不单独供地，可租赁或购买标准厂房落户。

望城经开区鼓励和支持入驻企业建设标准厂房，对其他项目出租或出售。建设标准厂房，必须取得经开区就标准厂房总投资、单体建筑面积、容积率、建筑密度、绿地率、配套用地面积等方面要求的前置审查同意，必须遵循园区总体规划，依据园区产业布局和功能区划分执行。入驻标准厂房新引进投资项目，必须获得园区前置审查同意，并在园区管辖范围内办理工商，税务登记。在此前提下，经开区按有关政策规定，对新引进的投资项目实行税务扶持和财政奖励。

望城经开区对已取得土地使用权的入驻企业，在投资强度、建设时限、土地利用等方面进行常规督查。对那些未按《国有土地使用权出让合同》的约定,在规定的期限内没有开工建设，或开工建设不足，造成尚有可利用土地，或依法依规认定为闲置土地的企业，经开区管委会将针对实际情况，采取督促企业加强投资建设，或依据有关政策和合同约定，回收部分或全部土地，“腾笼换鸟”，重新挂牌出让，并依法依规对企业执行处罚。

财税贡献突出的原则 凡财税突出企业，一般都是投资总量大、产值高、效益好的创新型企业。此类企业在引入和入驻后，望城经开区都在政策、法规的框架内,在土地出让,税务扶持,财政奖励方面,给予优惠对待。《中共长沙市望城区委、长沙市望城区人民政府〈关于加快推进新型工业化的实施意见〉》（望发〔2013〕16号）中明确：鼓励工业项目加快建设和企业做大规模。经认定账面固定资产投资额在1亿～5亿元、5亿元以上的新建工业项目，且在正式交地后18个月内竣工投产的，分别奖励企业10万～30万元、50万元。年销售收入首次超过2000万元、5000万元、1亿元、5亿元、10亿元、20亿元、50亿元、100亿元、200亿元的工业企业，分别奖励2万元、3万元、4万元、6万元、8万元、10万元、15万元、20万元、30万元。鼓励工业企业纳税上台阶。对年实缴生产经营税收首次超过100万元至2亿元的企业，分成7个档次，依据不同的实缴税额的档次标准，分别发给企业5万元至100万元相应的奖金。

第三章 招商方式

◆第一节　媒体招商

报刊宣传　望城经开区借助报刊类纸质宣传媒体，助推园区的招商引资工作：2004年9月16日，望城经开区邀请《湖南日报》、湖南卫视、湖南经视、湖南人民广播电台卫星频道、《三湘都市报》《潇湘晨报》《当代商报》《长沙晚报》、长沙电视台、星沙之声、《东方新报》等省内主流媒体30多位记者到望城经开区专题采访报道。中共湖南省委主办的《新湘评论》，中共长沙市委主办的《长沙通讯》，长沙市人民政府主办的《决策咨询》及《湖南日报》《长沙晚报》《潇湘晨报》《三湘都市报》等省内主要纸质媒体，均以"专版宣传""特别报道""记者专访""记者撰文""经开区供稿"等多种形式对望城经开区予以报道。2006—2015年，各类报刊对望城经开区的重大报道达97篇。

望城经开区在发展进程中的重大事件，省内主要纸质媒体都予以关注报道，如望城经开区成立十周年之际，2012年12月27日，《长沙晚报》以《打造千亿级，进军国家队——望城经开区成立十周年巡礼》为题予以特别报道；2013年7月1日，《三湘都市报》以《湖南望城工业招商推介会在普瑞温泉大酒店举行 总投资206亿 30个重大项目成功签约》为题，对望城经开区招商成果予以报道。长沙市政府主办的《决策咨询》刊物，于2014年第二期，对望城经开区晋升国家级刊登贺词。2015年12月2日，《湖南日报》登载了《产业发展在望城 来自望城经开区四大产业集群的观察》的文章。望城经开区决策层也主动借助媒体推介园区。2014年4月，党工委书记张权撰文《兴业强园的里程碑——写在望城经开区升级为国家级经济技术开发区之际》，分别在《湖南日报》和《湖南新闻网》上发表。

长沙晚报 CHANGSHA EVENING NEWSPAPER 2010年12月27日 星期一 特别报道

蓬勃发展的望城经开区一角。

打造千亿级 进军国家队

——湖南望城经济开发区成立十周年巡礼

记者 唐群燕 实习生 袁也

剑之道，贵在蓄势，贵在藏锋。十年磨剑，一朝亮剑，必定光芒四射，举世皆惊；一朝舞剑，必定从心所欲，无坚不摧。湖南望城经济开发区，历经十年拼搏奋斗，历经十年风雨兼程，如同一把盖世神剑，从三湘大地上脱颖而出，光芒璀璨地呈现在世人面前。

- 10年前，望城经开区是一粒播下的种子
- 今天，它成为"湖南省十大最具投资价值产业园区"
- 5年后，园区内"十里食城"、"十里金城"、"十里商城"三维并起

1 十年磨一剑 望城经开区站在新起点

世界500强——百威英博。

世界500强——中国五矿湖南有色新材料产业园效果图。

2 扬眉剑出鞘 望城经开区开启新征程

有色之都——晟通科技。

世界米业金霞粮食。

3 刑天舞神剑 望城经开区追求新跨越

世界名品折扣城——帝国奥特莱斯效果图。

气势恢弘的长沙航空工业园一角。

网络宣传 望城经开区网站建立于2008年，2014年全新改版。网站着力于经开区信息平台建设，全方位展示园区形象与建设发展历程，宣传园区招商引资、产业扶持政策，宣传推介园区典型，及时开展资讯推介与新闻报道。

招商引资是网站工作的重点，其中“投资服务”栏目涵盖招商资讯、投资指南、招商项目、重点产业园等版块。通过网站，企业可全面了解园区投资环境、投资流程、投资成本及政策等。在企业入园过程中，网站始终起着不可或缺的桥梁与纽带作用。自建立以来，由招商热线 、互动交流栏目反馈企业咨询300余条 ，网站服务职能和信息时效性受到企业好评。2015年，望城经开区重点推介中德有色产业园项目，网站增设了中德有色产业园专版，多家德国中小企业通过网站牵线赴园区考察。2015年11月，在望城经开区举行的中德有色产业园招商推介暨企业交流活动中共有26家德国企业出席，6家企业与望城经开区签订了战略合作协议，成为园区网络招商的典型案例。

望城经开区官网截图

望城经开区还借助国内知名网站开展对园区的对外宣传推介 。 网易 、新浪、湖南新闻网、湖南在线、凤凰网、红网对望城经开区均有报道。

2014年，《湖南新闻网》刊发了《望城经济开发区升级为国家级经济技术开发区》《望城经开区深入开展党的群众路线教育实践活动》等6篇文章。

晋升国家级园区，望城经开区迎来蝶变之旅

2014-08-26 22:45:56 来源：红网 作者：易添麟 编辑：谢瑞

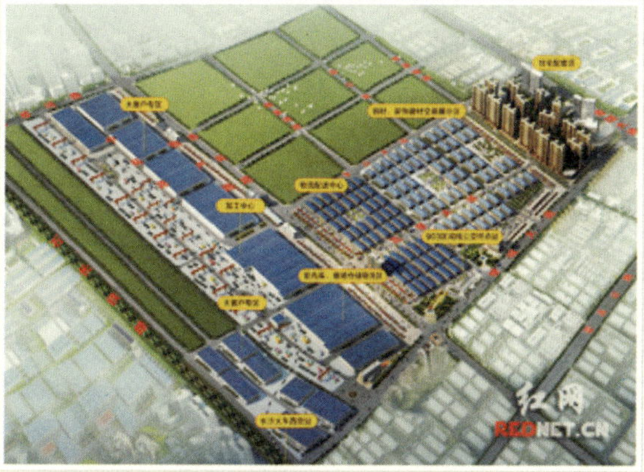

（湖南高星物流园项目效果图）

（中航工业飞机起落架公司大楼俨然是望城经开区发展航空航天产业的标志性建筑）

（百威英博产量60万吨的大型啤酒厂落户望城后，旗下“百威”、“雪津”、“哈啤”、“白沙”等知名品牌啤酒的市场占有率节节攀升）

红网见习记者 易添麟 长沙报道

寥寥无几的几家企业，才财政借支的28万元资本，县城东南一片6.33平方公里的荒野……2000年的望城经开区，赖以闻名的唯有“雷锋家乡”的标签。

2013年，望城经开区实现规模工业总产值513.3亿元、实现税收25.62亿元，望城经开区已经成为长沙大河西先导区的核心区。

2014年，随着国家级经济技术开发区的成功获批，一大批特重大项目在望城经开区落地生根。产业链条进一步延伸。产业支撑地位正日益凸显。望城经开区跨越发展其时已至，其势已成。

错位发展，“好人故里”成投资宝地

1992年，台湾宜兰县一个食品加工厂尝试投资大陆，试图在大陆打开食品加工产业的新局面。彼时这家工厂名不见经传，却心怀“世界米龙”的远大志向。

这家企业最终选择的望城，并先后在这里成立了长沙旺旺、湖南大旺、湖南真旺、长沙明旺和湖南富强旺等六家独立法人公司，生产研发了240余种食品和相关产品。

网络截图

兴业强国的里程碑
——写在望城经开区升级为国家级经济技术开发区之际

望城经开区党工委管委会

2114年04月03日 10:37 浏览字号：【大 中 小】 打印本页

在省市领导和相关部门的大力支持和区委、区政府的坚强领导下，望城经开区喜事连连、捷报频传。2014年2月18日，国务院同意望城经济开发区升级为国家级经济技术开发区，定名为“望城经济技术开发区”。从此，望城区兴业强园跨上了更高的平台，望城经开区“建设现代化公园式工业新城”进入了崭新的起点，可庆可贺。

成功升为国家级园区，是园区人尤其是园区企业家们艰苦创业、顽强拼搏、奋力开拓的结果，是省、市、区各级领导高瞻远瞩、科学决策、深入工作的结果，也是各相关部门和社会各界及望城籍在外工作人士悉心呵护大力支持的结果。喜庆之际，我们谨向关心支持帮助望城经开区又好又快开发建设的各级领导和同志们、朋友们致以崇高的敬意和衷心的感谢！

成功升级为国家级园区，令人欢欣鼓舞，催人扬鞭奋进。我们一定继续深入贯彻落实科学发展观，加快转变经济发展方式，深化改革，扩大开放，大力提高发展质量和水平，切实增强体质机制活力，在望城区建设现代化公园式城区的伟大实践中建好主阵地、当好主力军，在长沙市“六个走在前列”大赛中彰显主赛场的功能，充分发挥“窗口”、“示范”、“辐射”和“带动”作用；我们一定继续弘扬“兴业富民、自强不息”的园区精神，认真总结十三载艰苦创业的成功经验，充分发挥自身的现实优势，大力挖掘潜在优势，扬长补短，千方百计做大做强食品医药、有色金属精深加工及先进制造、航空航天、现代商贸物流等四大支柱产业，乘胜更上一层楼；我们一定清醒地看到，山外青山楼外楼，总有追求在前头，以踏石有印、抓铁有痕的决心和意志，扎扎实实做好各项工作，朝建设一流国家园区的宏伟目标奋勇前行。

网 络 截 图

◆第二节　会务招商

望城经开区在《关于全面创新招商引资工作的实施办法》中明确：利用节会平台，积极推进招商引资工作。按照产业定位和招商目标有计划的筹办专题招商会，并积极参与有实质效果的行业协会的自办活动和各地各级政府举办的洽谈会、交易会等招商活动，拓宽招商渠道。

2000年9月20—21日，望城县城区开发建设管理委员会在长沙天心宾馆举行新闻发布会，湖南省、长沙市、望城县和实业界人士300余人出席。会上用展板等形式宣传、推介湖南（望城）高科技食品工业基地。当场签约6个项目;同年10月11—13日，望城城区开发建设委员会负责人与望城县委书记、副县长参加深圳投资贸易洽谈会，宣传推介望城，会上签约5个项目。

2001年9月7日，湖南（望城）台商投资区负责人赴厦门参加厦门交易会。会议期间，湖南省人民政府举办了湖南省台商投资区推介会，会上成功签约3个项目。同年9月26日 ，望城县人民政府县长、副县长赴台湾宣传推介望城台商投资区并进行考察。同年10月20—21日，“2001长沙—台湾经贸合作洽谈会”在长沙华天大酒店举行，望城县与8家台商签订合资项目协议，签约资金6370万美元。同年11月1日，“湖南望城国家农业科技园新闻发布会暨招商推介会”在望城举行。会议期间引进9个项目落户园区，总合同金额22300万元。

2002年5月26—30日，“湖南·上海商贸活动周”在上海举行，其间，湖南（望城）台商投资区引进项目5个，协议投资人民币18亿元。同年12月21日,望城县人民政府举行招商引资项目专场推介及签约仪式，包括一个院士项目在内的6个项目落户望城，合同总投资人民币21亿元。

2003年6月8日，望城县政府在长沙市神龙大酒店举行招商引资项目推介及签约仪式，引进项目10个，总投资8.8亿元。

2004年4月8日，在“2004年湖南（望城）·香港投资推介暨经贸洽谈会”上，望城园区与香港实业界签订7个项目。合同引进资金21.4亿元。

2005年5月17—20日，湖南望城国家农业科技园区组团参加了在福州举办的“第七届海峡两岸经贸交易会”，设立高档展位一个，发布重点招商项目10个，成功签约1个。同年5月27日，“2005年中国湖南（香港）投资洽谈活动周”在香港会展中心举行，6月3日闭幕。其间，望城与世界500强企业和记黄埔地产有限公司等企业签订6个项目，合同引进资金22.20亿元。

2006年9月26日，长沙湘江西岸（望城）大工业区投资推介会在普瑞酒店举行。会上有12个项目成功签约，协议引进资金达70亿元。

2007年6月8—12日，望城经开区在“第四届泛珠三角区域合作与发展论坛暨经贸洽谈会”上，共签约项目13个，签约资金达178.15亿元。同年9月4日，长沙市台协换届暨湖南省台商投资区推进会在望城普瑞温泉酒店举行。会上签署了《协作共建湖南省台商投资区的框架协议》。

2008年6月16—22日，望城经开区组团参加“沪洽周”活动，成功签约三个大型工业项目，协议引进资金70.24亿元。同年10月27日，在望城普瑞温泉酒店举行“广东·湖南商会企业家望城行活动”，成功签约4个项目，总签约资金16亿元。

2009年5月18—22日，由望城县人民政府和望城经开区负责人组成的望城代表团参加了“2009中国湖南承接产业转移暨香港投资洽谈活动周”活动，与投资3亿元的奥特莱斯成功签约。5月22日，望城经开区领导参加“湖南·香港洽谈周第五届泛珠三角区域合作与发展论坛暨经贸洽谈会”。同年6月7日，由国务院台湾事务办公室和湖南省人民政府共同举办的“2009海外台商湖南行”活动在望城县普瑞温泉酒店开幕，200多名来自美国、英国、越南等国家的海外台商出席。同年10月29日，“长沙安全食品创业基地（望城）专题招商推介会”在长沙成功举办，望城经开区共签约9个项目，协议引资人民币7.06亿元

2010年10月12日，“2010年中国（长沙）科交会望城有色专场活动——湖南望城有色金属精深加工高新技术产业化基地暨中国五矿湖南有色高新材料产业园专场推介会”在望城普瑞温泉酒店举行，会上，投资总额逾7亿元的9个有色金属产业化项目现场签约；中国长沙有色金属精深加工产业技术创新战略联盟宣告成立。

2011年5月15—17日，望城经开区参展在长沙红星国际会展中心举办的“湖南科技活动周暨第四届湖南科技博览会”，（望城）中航飞机起落架有限责任公司专利成果“小型飞机起落架电动收放装置”获科技创新奖。

2012年5月16日，望城经开区在第七届中博会“长沙市望城区投资环境推介暨重大项目发布签约”仪式上，成功签约旺旺城、湖南省军民结合卫星应用产业园等12个重点项目，合同协议总资金127亿元。

2013年6月25日，在“投资旺地·产业望城”湖南望城工业招商专题推介会上，科技部为望城经开区正式授牌——“长沙望城国家有色金属新材料精深

加工高新技术产业化基地”。此次推介会上，望城经开区成功签约了华菱（望城）工业产业园、宝湾物流（华中）高端仓储物流中心、天章绿色印刷产业园等16个重点企业。同年10月23日，“2013年长沙（上海）招商活动周”在上海举行。望城区委书记谭小平、望城经开区党工委书记张权等负责人出席了此次活动。10月30日下午，长沙市政府在上海举行“投资推介会暨重大项目签约仪式”，其中望城经开区有奥克斯商业广场、美高梅商业广场项目在会上签约。同年11月30日，在望城经开区产业孵化中心举办招商推介暨集中签约仪式。高端进口汽车主题文化科技产业园、联东U谷望城产业综合体、华润万家中南地区加工配送中心、勤业光电LED产业园等10个优质产业项目成功签约，总投资116.26亿元。

2014年4月7—11日，望城经开区长高高压开关集团股份公司领导赴德国参加了世界最大的工业博览会，德国汉诺威工业展（HANNOERNIESSE）。同年5月10日，望城经开区在深圳市举办“投资旺地·希望之城”望城区深圳招商专题推介会。会上，望城经开区与省驻深办成功签订招商引资战略合作框架协议。同年10月23日，以“创新驱动　有色生辉”为主题的2014院士专家长沙望城行活动在望城经开区举行，院士、专家、省、市领导及企业家200多人出席了活动。会上，有5个企业8个项目进行了签约。

2015年1月28日，由长沙市政府主办、望城经开区承办，在望城经开区举行了“望城经开区集中签约暨光电产业基地启动仪式”，与会者80多人。望城经开区领导在会上做了招商推介发言。同年4月7日，由望城经开区在园区举办了“中德有色产业推介交流会”，与会者100人。同年11月22日，广东、福建商会组团来望城经开区考察，望城经开区组织了招商推介会议。同年11月27日，望城经开区主办了“金桥国际—商贸物流峰会”。望城经开区管委会领导在会上就园区金桥国际市场集群做了推介。

◆第三节　中介招商

2009年3月，望城县人民政府为了调动社会各界参与招商引资工作的积极性，促进望城经开区及县域经济产业发展，制定了《望城县招商引资中介人和信息提供人奖励办法》。该《办法》明确了中介人和信息提供人身份的界定、招商引资项目的给奖条件、计奖标准和中介人、信息提供人的计奖比例、公务人员中介的奖励办法、奖励申报流程等规定。望城经开区招商机构主动对接国内各商协会，与各级贸促会、各地商会、行业协会、中介组织建立稳定合作关系，通过组织联合考察观摩、有偿代理招商等多种形式发挥商会、协会的中介招商的平台作用。

2009年，望城县一建筑公司负责人何某提供信息并作中介，成功引进湖南航天磁电有限责任公司入驻望城经开区航空产业园。该企业每年产值均超过3亿元。2012年，望城经开区某台资企业一职工龙某某作为中介人，介绍台湾统一实业有限公司成功入驻望城经开区，征地4公顷，投资11亿元，主要生产马口铁空罐，年产能达15亿元。2014年实现投产，当年产值9亿元。

◆第四节　以商招商

望城经开区积极推进以商招商，通过已入驻望城经开区的企业、商户，推介新的企业落户望城。园区制定了《党工委、管委会领导联系重点企业制度》，发挥企业招商资源优势，每年召开两次经开区重点企业负责人招商座谈会，收集招商信息和工作建议。

2001年，旺旺集团湖南总厂推介台资企业湖南坤源塑化有限公司进驻望城经开区。该公司主要生产和销售符合国家标准、世界一流质量、规模齐全的U-PVC、PVC-M、PPR、PE给排水管件管材等各类塑化产品。2002年投产，当年实现工业总产值458万元。2003年实现工业总产值2180万元。2006年望城经开区西湖电缆有限责任公司推介长沙天卓塑胶有限公司与望城经开区签约，落户望城。该企业建有18条生产线，主要生产HDPE给水管、双壁波纹管、钢带增强螺旋波纹管、燃气管等产品，2007年4月投入生产，当年实现产值6000万元。2009年，望城经开区金桥国际大汉物流股份有限公司推介万家乐热能科技有限公司入驻望城。该公司注册资本1.02亿元，年产能可达20亿元。

第四章 招商项目

◆第一节　项目立项

项目准入机制　项目入园要符合园区的主导产业规划。一直以来，园区重点围绕四大主导产业招商，引进一批环境友好型、资源节约型、科技含量高、产业链长、成长性好、对县域经济拉动作用大的大项目，逐步实现了由“招商引资”向“招商选资”“以商招商”的转变。对于世界500强企业、央企等入园落户，可按“一事一议”的原则准入。

望城经开区对申请入驻园区的企业，设置了“准入条件”：入园项目应符合四大主导产业外，对其投资强度、年产值、税收作出了明确的要求；总投资在3000万元以下，用地在50亩以内的项目，原则上不单独供地；入园项目必须符合环境保护和安全生产的要求；入园项目必须在园区立项注册、办理税务登记；还要求入驻企业吸纳当地部分劳动力就业。

望城经开区对申请入园的项目按程序进行“入园审查”：拟入园项目经招商合作局初步筛选后，由项目单位提供工商执照、税务登记证、上年及当年财务会计报表、纳税情况、项目可行性研究报告（或项目建议书）、项目选址位置、用地面积、产品单位能耗指标等基本情况，向招商合作局提出前置审查书面申请。望城经开区由招商合作局牵头组织园区相关部门对已受理入园前置审查的项目进行考察。每次考察须有专题工作方案，并报项目审查领导小组主要负责人审定。考察后对项目按既定要求评估打分，根据评估打分，初步将项目相应确定为鼓励引进类、谨慎引进类和禁止引进类项目。对初步确定为鼓励引进类和谨慎引进类项目，定期提交项目审查领导小组会议审查，决定项目的去留。对于特大型重大项目可报告园区主要领导，及时召开项目审查会议。

项目签约 对已通过前置审查的项目，由招商合作局在十个工作日内起草合同并与项目单位洽谈。合同起草严格按照经开区对不同行业的政策、规定及优惠办法执行，对于洽谈中项目方提出的园区优惠政策以外的要求或附带条件，园区洽谈代表不得擅自作出允诺，须请示项目审查工作领导小组批准同意后，方可允诺。合同洽谈好后，送项目审查工作领导小组审签，招商合作局在5个工作日内组织好项目签约工作，并将合同文本复印件印发至园区各内设局室。

对已通过审查同意进入园区的项目，通过土地公开招拍挂方能供地。入园项目按招拍挂最终成交价全额缴纳土地款项，从项目签约之日或交地之日起，享受招商引资优惠政策。

◆第二节　项目筹建

合同履约交办 一般项目合同签订后10个工作日内，园区招商合作局要督促项目单位如期履约并支付第一期土地款。在项目方支付第一期土地款后2个工作日内，由招商合作局送达《招商引资项目合同约定事项交办函》至望城经开区开发建设总公司、规划建设局、产业发展局和社会事务局，并由分管项目建设的管委会领导进行签署，迅速做好合同中园区管委会应落实的工作事项。对未按合同履约的项目，招商合作局不出具《招商引资项目合同约定事项交办函》。

部门联动机制 在项目联动过程中，园区各局室以项目尽快启动建设为目标，依据本局室的工作职能，积极为项目启动建设创造条件，并明确专人将项目进展的相关情况，包括工商注册、税务登记、立项备案、蓝线提供、规划评审、土地报批、征地拆迁、四通一平、土地移交、项目报建、启动建设、竣工投产等情况，及时反馈到招商合作局。招商合作局应明确专人跟踪项目履约进展情况，系统了解项目实情，收集项目情况，提交项目管理领导小组及时调度,加快项目建设。

项目调度机制 对项目履约进行审查和整治。根据项目履约进展情况，定期组织召开项目调度会议，审查项目履约的情况，找出存在的问题和差距，明确专人协调解决。已签约入园项目，项目方未按合同（协议）约定支付土地价款的，未在经开区办理工商、税务等手续的，由招商合作局负责土地款的催缴和督促企业证件的办理；对经催缴和督促后仍不履行的，招商合作局将停办供地过程中的相关手续。已签约入园的项目，启动建设情况达不到合同（协议）约定的，由招商合作局责成项目单位限期改正；对在规定期内仍不能履约的，终止原合同（协议），不再供地；对已入园且已部分建成投产的项目，建筑容积率和投资强度达不到合同（协议）约定，造成土地闲置的，由招商合作局责成项目单位限期整改，对在规定时间内不能改正的，由招商合作局会同国土部门依法收回土地。

项目退出机制 经项目管理领导小组明确须退出的项目，由招商合作局书面告知项目方，阐述理由，要求项目方在15个工作日内到经开区办理相关手续，然后在10个工作日内做好退出的相关工作。

已签约入园的项目，因项目自身原因，不能履行合同（协议），需要退出的，由项目单位出具书面申请报告，由招商合作局负责办理终止协议的相关手续，停止供地。因项目用地区域规划调整，不能履行合同（协议）需要退出的，由招商合作局负责告知项目单位，并负责办理终止协议的相关手续，停止供地。

对项目单位已启动或部分启动建设、形成前期投入的，由望城经开区负责对项目前期投入进行核实，依据实际情况及既定政策予以退还已收款或酌情予以补偿。

◆第三节　项目服务

项目建设协调服务实施办法 望城经开区按照“服务全方位、服务全天候、服务全心力、服务全覆盖”的要求，认真做好新建项目建设协调服务和调度，提升服务水平，提高工作绩效，切实推进项目建设进度，保证项目筹建质量。

2010年，望城经开区制定了《湖南望城经济开发区项目建设协调服务实施办法》。《办法》确定：成立项目建设协调服务领导小组，由党工委书记任顾问、管委会主任任组长，由管委会主管招商引资工作的副主任任常务副组长，另有党工委、管委会四位领导任副组长。成员单位有：园区办公室、招商合作局、规划建设局、产业发展局、社会事务局、财政分局、开发建设投资总公司同心派出所、各驻园机构。领导小组办公室（以下简称办公室）设招商合作局项目服务科，招商合作局局长任办公室主任，各成员单位明确了一名办公室成员。办公室负责对项目建设过程中的具体事项进行协调调度，全力解决项目建设过程中遇到的问题，督促项目早开工、早投产、早见效。

项目正式签约三个工作日内，办公室按照“一企一档、规范管理”原则，建立项目档案，及时存档项目有关文件，更新项目进展情况。办公室要在项目建设的过程中，及时发现“部门联动机制”中存在的问题，向相关部门发出《项目建设服务交办函》，明确解决问题的责任单位和时限。相关责任单位要在问题解决后，将《项目服务完成情况反馈表》提交办公室。超时限未解决问题的,责任单位须在规定时限前,向办公室提交书面延期申请,申请必须注明申请理由和延期时限。办公室要明确专人负责项目调度通报,按照“一周一调度、一月一通报”的规定，及时收集、更新项目情况，每月28日前将当月《望城经开区项目进展情况汇总表》和《望城经开区项目建设服务交办函落实情况汇总表》报送项目建设协调服务领导小组全体成员。遇到重点问题需组织会议通报的，由办公室报请领导小组组长批准后召集开会。办公室设立“项目建设服务质量意见箱”，对有项目单位反映服务不到位、工作不主动、推诿扯皮的单位及个人，经查证属实的，报党工委研究予以追责，酌情处分。

为确保项目管理服务的延续性，项目完成建设实现营运或投产后，办公室将项目的管理、服务以《望城经开区项目服务移交通知书》的形式移交至经开区产业发展局，继续跟踪做好项目投产后的管理、服务工作。

一站式服务制度 2010年7月，望城经开区制定《“一站式”服务制度》，在企业签订商务合同书正式入园后，由招商合作局委派一名招商服务专干实行保姆式跟踪衔接服务，为企业申报手续提供全程咨询服务。

具体包括协助企业办理名称核准、工商注册；协助外资企业办理外资批准证书；协助企业办理国税、地税登记；协助企业办理环评批复；协助企业到园区招商合作局办理核准（备案）手续，取得由招商合作局起草、并经园区管委会主任审签后由望城县发改局审核盖章的正式批文；协助企业办理报规、报建手续，取得建设用地规划许可证、建设工程规划许可证、建设工程施工许可证;衔接园区开发建设投资总公司拆迁安置部和工程部，分别做好企业用地的拆迁安置和场地初平工作，协助企业取得由招商合作局发出的“交地通知”；衔接开发建设投资总公司、县电力局、县自来水公司，协助企业办理电力、自来水开户手续；衔接开发建设投资总公司综合部及国土中心所，协助企业办理项目用地报批、土地招拍挂与权证办理等手续；衔接规划建设局、产业发展局等单位，对企业工程进行竣工验收。

《报规报建服务指南》 2014年3月，望城经开区针对已确定进驻园区的企业，制定了一系列完整《报规报建服务指南》。包括《房建类建设项目行政审批流程图》《市政类建设项目行政审批流程图》《建设项目选址意见书办事指南》《建设用地规划蓝线办事指南》《建设用地规划条件办事指南》《建设项目用地规划许可证办事指南》《建设项目修建性详细规划及单体方案审查办事指南》《建设项目修建性详细规划及单体方案调整办事指南》《建设工程规划许可证(房建类)办事指南》《建设工程规划许可证（市政类）办事指南》《建设工程竣工验收（房建类）办事指南》《建设工程竣工验收（市政类）办事指南》《建筑工程初步设计审查、批复办事指南》《施工图审查备案办事指南》《建筑工程施工许可证（副本）办事指南》《建筑工程施工许可证（正本）办事指南》。所有《服务指南》，均写明了办事依据（法律、制度）、办理程序、办理时限、需要的申请资料、取得的审批文件、办事地点、注意事项。所有“服务指南”均在望城经开区政务服务大厅规划建设窗口公布。

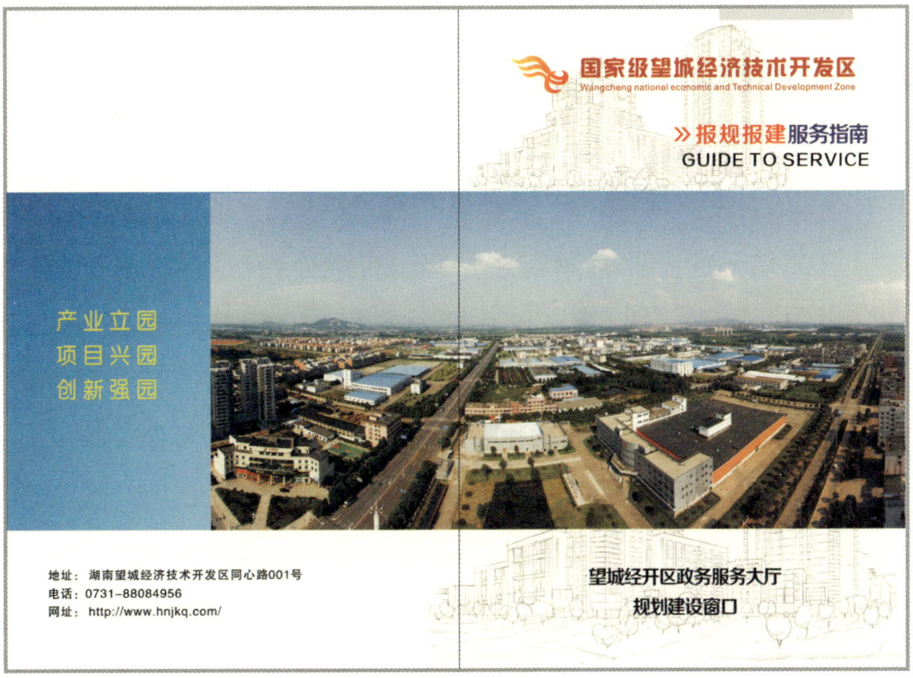

第五章 招商成果

◆第一节 项目及固定资产引进

项目引进 1992—2015年，望城经开区成功引进在望城进行工商注册的企业712家。引进项目的数量逐年增加，1992—2005年（湖南望城经济开发区正式挂牌之前），14年期间，引进注册企业118家；2006—2013年（省级望城经开区期间），8年期间，共引进注册企业305家；2014年2月，望城经开区晋升国家级，截至2015年年底，两年内，引进企业289家。

望城经开区的发展与时俱进，“十二五”期间，园区推行转型升级、提质发展，坚持“产业立园、科技强园、生态建园、和谐兴园”发展理念，一部分劳动力密集型、科技含量不高的企业被淘汰，大批资源节约型、环境友好型、科技含量高、规模较大的企业落户望城。望城经开区逐步形成了有色材料精深加工、食品加工、现代商贸物流、电子信息四大产业集群。截至2015年，望城经开区共有企业634家，其中，年工业总产值过300亿元的企业有晟通科技集团公司1家；过100亿元的企业有湖南金龙集团有限公司1家；过30亿元的企业有澳优乳业（中国）有限公司1家；过10亿元的企业有中航飞机起落架有限责任公司、湖南天闻新华印务有限公司、湖南华电长沙发电有限公司、湖南三环颜料有限公司、长沙市望城区望湘砂石管理有限公司、旺旺集团湖南总厂6家；过5亿元的企业有湖南大北农农业科技有限公司、湖南长高高压开关有限责任公司等8家；过3亿元的企业有中联重科中旺分公司、长沙中联消防机械有限公司等12家；过1亿元的企业有百威英博（湖南）啤酒有限公司、湖南泰嘉新材料科技股份有限公司、湖南光明乳品有限公司、长沙唐人神湘大骆驼饲料有限公司等36家。

固定资产投资引进 项目的引进使望城经开区引入的固定资产投资逐年增长。固定资产包括新建项目的基建、设备投资，已投产企业的技改设备投资，平台投资项目的设备购置、装修费用等。2009年引入固定资产投资42.78亿元;2010年引入固定资产投资49.24亿元，同比增长15.1%；2011年引入固定资产投资54.03亿元，同比增长9.73%；2012年引入固定资产投资72.29亿元，同比增长33.80%；2013年引入固定资产投资97.44亿元，同比增长34.79%；2014年引入固定资产投资134.80亿元，同比增长38.34%；2015年引入固定资产投资186.85亿元，同比增长38.61%。

◆第二节　总产值·财政收入·税收

四大产业集群的形成，望城经开区逐步做大、做强。2006年—2015年，园区的规模工业总产值、财政收入、国地两税收入逐年增加。

表4-1　　望城经开区规模工业总产值、财政收入、税收逐年情况表

项目/数量/年份	规模工业总产值		财政收入		国地两税收入	
	数量（亿元）	同比增长（%）	数量（亿元）	同比增长（%）	数量（亿元）	同比增长（%）
2006	48.6	59.34	1.60	—	2.1	39.7
2007	87.3	55.7	3.01	0.88	2.54	—
2008	125.3	43.5	5.1	69.4	3.7	45.7
2009	151	20.5	8.3	62.7	4.6	24.3
2010	206.2	36.5	10.5	26.5	6.6	43.5
2011	312	51.3	15.14	44.2	8.1	22.7
2012	400	28.2	20	32.1	11	35.8
2013	513.3	28.3	25.62	28.1	14.4	30.9
2014	648.2	26.3	27.2	6.2	17.7	22.9
2015	766	16	31	12.1	21.09	19.15

◆第三节　劳动力就业

招商引资工作的推进，一大批工商项目入驻望城经开区，为各类学校毕业生、社会人员及园区被征地农民和闲散劳动力提供了就业平台，望城经开区企业从业人员逐年增加。2010年，园区企业从业人数19012人（年终统计，不含个体工商户，下同）；2011年，园区企业从业人数20780人，同比增长9.30%；2012年园区企业从业人数22007人，同比增长5.9%；2013年园区企业从业人数26293人，同比增长19.48%；2014年，园区企业从业人数28983人，同比增长10.23%；2015年，园区企业从业人数32240人，同比增长11.24%。截至2015年年底，在园区就业的被征地农户劳动年龄人数1640人，占当年企业从业总人数的5%；同年在园区就业的人员中拥有研究生学历的612人，大学本科学历的3149人，大专学历的4822人，中专（含高中、职高）学历的6841人。

◆第四节　科技平台和人才引进

科技平台　望城经开区“产业立园 科技强园”的发展理念，促使一批科技创新平台的搭建。截至2015年年底，园区拥有晟通集团的国家级企业技术中心CNAS认可实验室、金龙电缆的国家电线电缆质量安全示范性实验室、长高集团的国家级企业技术中心、中阀科技的国家级企业技术中心、中联路面国家级公路养护实验室5个国家级科技平台；拥有晟通集团的省级企业技术中心、省级企业工程中心、博士后工作站，金龙铜业的省级企业技术中心，泰嘉新材的省级企业技术中心、省级企业工程中心，联智桥隧的省预应力桥梁质量控制工程技术研究中心等14个省级科研平台；拥有天龙制药的市级企业技术中心、泰山热工市级工程中心、纳菲尔新材的市级企业技术中心等33个科研平台。

人才引进　望城经开区鼓励企业引进科技和管理方面的人才，2013年，制定了《企业目标管理考核实施办法》，将企业人才工作纳入企业目标管理考核，并设立科技创新奖，优秀人才奖。望城经开区及时掌握企业人才需求，在全国开展人才招聘活动，帮助企业引进领军人物、高级经营管理人才、技术紧缺人才。截至2015年年底，望城经开区享受国务院津贴的有11人，高级职称人数433人，中级职称人数1151人，高级技能人才5915人。

第五篇 产业经济

INDUSTRY ECONOMY

望城经济技术开发区抓住长株潭“两型社会”综合改革实验和建设长沙大河西先导区的机遇，坚持“以工业项目为主”“产业升级，生活融城，生态持久和文化延续”规划理念，致力于建设一个“工业化与城市化相协调、二三产业相配套”的现代化工业园区。

1992年，望城县委、县政府制定了“开发五区、建设一路”的发展战略,在建设望城坡经济开发区的同时，将城关镇和开始修建的雷锋大道两厢作为开发的重点。7月，首家引进台商投资的湖南旺旺食品有限公司，落户城关镇。1996年，雷锋大道建成通车，为园区建设创造了良好的交通条件。当年区划调整，促使望城县委、县政府集中主要精力加速开发城关镇地区。1997年，望城县第六次党代会确定了“一城两带三区四业”的发展思路。同年，望城水厂一期工程竣工。1998年，国家（湖南）果茶良种繁育场在黄金乡破土动工。1999年，望城县委、县政府召开全县优化经济发展环境动员大会，作出《关于进一步优化经济发展环境的若干规定》，为园区经济的发展创造了良好的投资环境。至此，城关镇及雷锋大道周边开发区初具规模，凸显良好的经济效益，成为区域经济新的增长点。

2000年1月，望城县委、县政府提出“建设省会大郊区，跻身全省三强县”的奋斗目标和“工业兴县、园区兴工”发展思路，不断推进园区建设。4月，引进湖南省新闻出版科技园。7月，创办了省内首家高科技食品工业基地。基地规划在县城东南角，用地面积6.33平方公里。2001年3月，湖南省第一个台商投资区在望城县城关镇设立；同年9月，湖南省唯一被科技部批准的属全国第一批国家级农业科技园区落户望城黄金乡。是年，国内第一个传感技术基地—湖南华星宇传感科技园选址黄金乡；湖南坤源塑化有限公司等台湾上市企业落户湖南台商投资区。

2002年，中联重科工业园、湖南报业文化中心、湖南印刷包装工业园落户望城。同年，站前路全线拉通，金星大道开始修建，园区配套设施建设大力推进。

2005年是“园区招商建设年”。园区以承办“2005湘台经贸交流与合作高峰论坛”为契机，成功引进了北京大北农集团、湖南湘仪实验开发有限公司、长沙湘仪检测设备有限公司、长沙众城石化有限公司等16个项目，合同引进资金20多亿元，实际到位资金15.23亿元。其中，外贸项目6个，合同利用外资3840万美元。年底，晟通科技、大北农、湘仪检测等11个项目动工建设，远航生物、菱格木业、众城石化、中吉科技等10家企业竣工投产。是年,入园企业91家，规模工业企业37家。全年园区规模工业企业完成工业产值28.2亿元、工业增加值10.2亿元，实现销售收入28.3亿元，同比分别增长33.23%、36.2%、30.36%；完成财税收入1.51亿元，累计安置劳动力5100人。

2006年1月，湖南省高科技食品工业基地被农业部确认为“全国农产品加工示范园区”。7月，园区“三园合一”升格为湖南省望城经济开发区。当年，园区引进了湖南金龙国际铜业有限公司、英博雪津（湖南）啤酒有限公司、台湾新东阳企业集团等20家企业，合同引进资金37.37亿元，其中外资6530万美元；安置劳动力1080名，其中安置失地农民225名；全年完成工业总产值48.6亿元，同比增长72%；完成税收2.1亿元，同比增长39.07%。

2009年，望城经开区引进湖南航天工业总公司、奥特莱斯世界名牌折扣城股份有限公司等企业22个，其中投资过50亿元的项目1个，投资过亿元的项目5个，协议引资102.4亿元。10月，望城县人民政府以望政发〔2009〕63号文件明确，望城经开区规划范围为60平方公里，规划面积75 平方公里，授权望城经开区管委会行使规划审查职权，为望城经开区的后续发展提供了广阔的发展空间。

2010年，望城经开区引进了旺旺乳品新厂、长缆附件、中建重机、蓝天汽车城、大河西商用汽车城、大河西国际商贸物流城（金桥国际商贸城）等大型优质项目32个，协议投资200亿元，合同引进外资8240万美元，实际到位外资6260万美元。当年，完成工业总产值206.2亿元，同比增长38.8%；实现工业增加值60.72亿元，同比增长27.7%；完成财税收入10.5亿元，同比增长49.36%。同年7月，望城经开区企业孵化中心（投资服务中心）落成并投入使用，标志着园区总部经济走上了快车道。8月，望城经开区入选“湖南十大最具投资价值产业园区”。10月，“湖南望城有色金属精深加工高新技术产业基地”在经开区挂牌，“中国五矿湖南有色高新材料产业园”落户望城经开区。是年，望城经开区庆祝成立10周年，提出“打造千亿级、进军国家队”的目标。12月17日，申报国家级经济技术开发区工作领导小组成立，申报工作全面启动。

“十一五”期间，望城经开区紧紧围绕“产业立园、科技强园、生态建园、和谐兴园”的发展思路，按照“环境友好、资源节约”的“两型”要求,对外影响力显著提高，产业发展迅速，形成了以旺旺集团湖南总厂、湖南亚华乳业有限公司、澳优乳业（中国）有限公司、百威英博（湖南）啤酒有限公司为代表的食品加工产业集群；以中国五矿湖南有色科技产业园、晟通科技集团有限公司、中联重科、湖南金龙国际铜业有限公司、中航飞机起落架有限公司等为骨干的有色金属精深加工及先进制造产业集群；以裕田奥特莱斯、天圆地方珠宝城、湖南高星（钢铁）物流园、长沙大河西商贸物流城为代表的现代商贸物流产业集群；以台湾新东阳、省优质果茶良种繁育场、长沙泓远水产为代表的现代农业产业集群。至此，以旺旺路为主轴的“十里食城”、以金星中路为主线的“十里金城”、以普瑞中路为轴心的“十里商城”已具雏形。

2011年，望城经开区抓住望城“撤县设区”的历史机遇，围绕“打造千亿级、进军国家队”的奋斗目标，紧紧把握招商引资和项目建设等重点，实现了“十二五”的良好开局。全年完成规模工业总产值320.6亿元，同比增长55.48%；实现财政收入15.14亿元，同比增长43.2%；完成固定资产投资104亿元，同比增长30.9%。招商引资取得突破性进展，创历史新高。全年成功引进项目35个，其中有5个世界500强和中国100强企业；有10个年税收过千万元的企业。成功引进投资20亿元，规划建设42万平方米标准厂房的金荣科技园，为吸收中小企业提供了广阔平台。是年22个项目启动建设； 17个项目投产运营；36个续扩建项目中，有25个项目建成投产。当年，望城经开区60平方公里发展控制规划纳入长沙市总规划范围，同时获评“湖南省知识产权工作试点园区”。

2013年3月，总投资3亿美元、占地21.34公顷的旺旺集团湖南总厂乳饮新区和投资600亿元、占地733.34公顷的金桥国际商贸城项目开工建设。5月,望城经开区被国家知识产权局确定为首批7个国家知识产权试点园区之一;当年，占地33.34公顷、投资20亿元的车商汽车城和投资53亿元能容纳1000余家钢贸经营户的高星（钢铁）物流园一期项目建成开业。是年，园区企业已达248家，实现规模工业总产值513.3亿元。

2014年2月18日，国务院办公厅批复湖南望城经济开发区正式升级为国家级园区，定名“望城经济技术开发区”。是年，望城经济技术开发区坚持

截至2015年，望城经开区注册企业634家，其中规模以上企业130家，世界500强企业、境内外上市公司30家；年产值过100亿元企业2家、过亿元企业65家，年税收过亿元企业6家、过千万元企业32家；拥有中国驰名商标13个，湖南省著名商标48个；授权专利1941件，软件著作权62件，国外专利（PCT）10件；拥有国家级实验室4个，国家级企业技术中心3个，省市级技术中心、工程中心37个，拥有院士工作站1个，博士（后）工作站5个。

第一章 有色金属新材料精深加工产业

◆第一节　有色金属加工

有色金属新材料精深加工产业是望城经开区的龙头产业，其总产值占园区工业总产值的68%。

1996年6月，湖南富虹锌业有限公司在星城镇西塘村奠基，占地2公顷，投资500万美元，采用国外先进技术装备，建有一条年产1万吨超细高级锌粉生产线。1997年2月投产，有员工155人，当年产锌粉7500吨，产值7400万元。

富虹锌业有限公司一角

2003年10月，湖南泰嘉新材料科技股份有限公司，落户园区，占地10.4公顷，注册资金1.05亿元，拥有员工480人，系国内最大的锯条生产企业。主要从事双金属锯条、双金属复合钢带的生产研发。主要品牌有TANCUT泰钜、JUSTCUT嘉钜、AA•FICUT飞钜及Bichamp等，其中AA为中国驰名商标、湖南省著名商标、湖南省名优产品，Bichamp为湖南省国际知名品牌。上述产品远销美国、瑞士、意大利、波兰、欧盟、日本、南非、以色列等国，并获日本、

泰嘉新材料科技股份有限公司

欧盟、美国颁发的“商标注册证”。

晟通科技集团有限公司生产区前门

2004年10月，晟通科技集团有限公司落户园区。这是一家多元化发展特大型民营企业，主要生产铝箔坯料、空调箔、双零铝箔，包括年产25万吨精铝箔带，年产15万吨交通铝型材，铝合金汽车生产及现代物流、房产服务、电商贸易等横向多元化延伸产业。“晟通长沙精深加工产业园”占地109.34公顷，项目投资28亿元，拥有员工7000人。

2004年，湖南省泰山热工材料装备有限公司进入园区办厂，是一家从事金属与非金属材料热处理技术、产品制造和砖机模具模板制造的高新技术企业。

金龙国际铜业有限公司

湖南金龙国际集团2006年在中国中部博览会上签约落户望城。项目总投资10.26亿元，用地18.13公顷，是一家从事再生资源循环、再生有色金属回收利用的产业。下辖金龙电缆、金龙铜业、金龙铝业、金龙投资、金龙金属制品、金龙再生资源6家公司，属湖南省首批循环经济试点示范特大型企业。

2006—2008年，湖南海星高科动力电池有限公司、湖南美特新材料科技有限公司入驻园区。期间，一批从事钴酸锂、锰酸锂、锂锰钴镍氧等锂电池研发、生产企业相继进入园区的有色金属产业园。

2007年7月，湖南泰山热工材料装备有限公司投产。该公司有职工80人，年产值8500万元，利润1100万元。该公司与三一重工、有色重机等工程机械企业建立了紧密的产品合作关系。其高品质渗硼热处理技术已达到国内先进水平。生产的泰模王模具、模板占国内灰砂砖模具、模板25%以上份额。2011年，“泰模王”被评为湖南省著名商标。

2009年，湖南纳菲尔新材料科技股份有限公司和湖南有色铍业特材有限公司等企业入驻望城经开区，主要从事钨、钼、锆、铋、铍金属的生产加工。纳菲尔新材料科技有限公司是目前国内唯一一家具有完全自主知识产权的钨合金表面处理的加工企业，从事钨合金电镀工艺，应用于高度防腐和耐磨金属件。

公司入园当年投产，产值846.50万元，净利润106.71万元。4年后公司年销售额5170.77万元，净利润451.29万元。公司拥有全日制员工92人，其中专业技术人员占46%；拥有发明专利5项，实用新型专利授权4项。湖南有色铍业有限公司是国内唯一的金属铍和高纯氧化铍生产企业，有职工323人，具备铍、锆系列多种产品生产能力，年生产工业氧化铍150吨、铍铜合金1200吨、铍铜特种材料2000吨，同时生产金属铍、高纯氧化铍、铍铝合金、锆镁合金等产品，具备军工科研生产资格，被国防科工局列入全国43家民口配套核心保军单位。该公司当年投产，实现产值9214万元，4年后，职工增加到810人，实现年产值2.02亿元。到2010年，望城经开区已拥有有色金属材料加工企业18家，规模以上企业完成工业总产值94.60亿元，占园区工业总产值的46%，其中新产品产值完成27.40亿元。在规模以上工业企业总产值中，晟通科技集团完成产值55.80亿元，金龙国际铜业有限公司完成产值29.60亿元。

纳菲尔新材料科技股份有限公司生产车间一角

2010年，湖南省科技厅授予了“湖南有色金属新材料精深加工高新技术产业化基地”挂牌望城经开区后，五矿“中国五矿湖南有色金属高新材料产业园”落户望城经开区（以下简称五矿工业园）。五矿工业园由中国五矿旗下的湖南省有色集团投资建设，旨在长沙建立一个新机制、新起点的有色金属精深加工样板示范园区。该园占地146.67公顷，东起桃源路、西至望城大道、南靠金星路、北抵银杏路。五矿产业园内现有高纯靶材产业化项目、铍青铜及特种铜合金精密加工项目、金属铍深加工项目、有色光电项目等一批有色金属加工产业，肩负起湖南有色集团产业链拓展延伸的责任，推动了有色产业产品结构调整与产业升级，形成了新的利润增长点。至此，望城经开区规划面积10平方公里的有色金属加工产业基地业已形成。

2011—2013年，望城经开区有色金属产业基地和五矿产业园相继引进3个有色金属材料加工企业，“十一五”期间引进的在建有色金属加工企业相继投产。至此，望城经开区有色金属产业基地已具有一定的规模。2013年6月25日，科技部为“长沙望城国家有色金属新材料精深加工高新技术产业化基地”正式挂牌，促进了园区有色金属精深加工支柱产业的发展。

2014年年底，园区已拥有晟通科技、金龙铜业、五矿湖南有色、泰嘉新材等规模以上有色工业企业35家，其中高新技术企业8家；已拥有晟通科技国家企业技术中心、国家金属矿产资源综合利用研究中心中南大学——晟通科技研究院等13家省级以上研发机构，高新技术产品产值占有色金属产业基地总产值90%以上。规模以上工业企业产值426.66亿元，占园区工业总产值的65%。其中晟通集团年工业总产值为305亿元，金龙铜业集团为101.39亿元。主要生产的产品有以晟通集团为主体的铝箔板、铝型材、铝合金、铝合金轻质汽车、铝制交通型材。以金龙铜业为核心的铜加工工业和再生资源延伸的有色金属循环再利用领域产业的产品，以五矿产业园为龙头的铍加工、钨加工和钴酸锂、磷酸铁锂等新型电池材料产品，以泰嘉新材为代表的超硬金属材料和稀有金属材料加工业产品，形成了望城经开区有色金属产业园的核心主体。

2015年，望城经开区引进了湖南有色铍业有限公司的有色铍业铍材精深加工和研发平台项目，年产2000吨高精电子铍青铜带工程项目，铍青铜及特种铜合金加工项目，高级特种陶瓷建设项目、湖南省国防科技铍冶金重点实验室项目、军用关键原材料自主化能力建设项目。新增用地5.65公顷，投资1.29亿元。当年开始建设，达产后年产值过2亿元。是年，园区引进有色金属精深加工企业3家，均为规模以上企业。2015年，园区有色金属精深加工企业产值为511.99亿元，比2014年增长20%。晟通集团产值达353.47亿元，同比增长15%，金龙集团产值达120.97亿元，同比增长19%。截至2015年，园区有色金属加工业企业已拥有国家级实验室2个；国家企业技术中心1家，省级企业技术中心2家，市级企业技术中心1家，省工程中心2家，市级工程中心4家；已拥有中国驰名商标3个，湖南省著名商标7个，湖南省名牌产品3件；已拥有有效专利386件，其中发明专利38件。金龙集团拥有院士工作站1个，晟通集团拥有博士（后）工作站1个。金龙铜业的“铝管材、光亮杆”，泰嘉新材料有限公司的“双金属带锯条”“双金属带锯条M42”被评为湖南省名牌产品。纳菲尔新材料科技股份有限公

湖南有色铍业有限公司

司的“高耐磨性、耐腐蚀性、环保型的钨合金电镀技术研发及应用”获国家科技发明“二等奖”；泰嘉新材料科技股份有限公司“GKT608数控硬质合金卧式圆锯床”获湖南省“科技进步三等奖”；金龙铜业、金龙电缆、泰嘉新材三单位4个项目获长沙市“科技进步二等奖”；泰嘉新材一个项目获长沙市“科技进步三等奖”。

◆第二节　制造业

机械制造产业　2004年，唯罗克纺织印染机械有限公司在园区建厂，主要生产拉幅定型机、印花机、预缩机、长环蒸化机及烘燥系列印染机械，有员工85人，当年实现产值1600万元。产品除国内市场外，还远销孟加拉、巴基斯坦、越南、印度等东南亚国家。2005年，湘仪动力测试仪器有限公司、湘仪实验室仪器开发有限公司、望城兴湘减速机厂等机械制造企业进入园区。至此，园区机械制造企业已有6家，有从业人员410人，年产值1.08亿元，占园区总产值的3.45%。湘仪动力测试仪器有限公司的主要产品有水力测功机、电涡流测功机、电力测功机、转矩转速传感器、扭矩仪及其测控系统。产品主要供应于国内各大动力厂家和汽车生产厂家，同时出口日本、韩国、澳大利亚、印度等国。该公司入园当年实现产值1860万元，有从业人员72人。翌年产值突破3000万元，从业人员增至124人。湘仪实验室仪器开发有限公司与日本托弥（TOMY）公司、美国贝克曼公司技术合作生产高速冷冻

唯罗克编织印染机械有限公司

湘仪动测电力测功系统强电控制柜

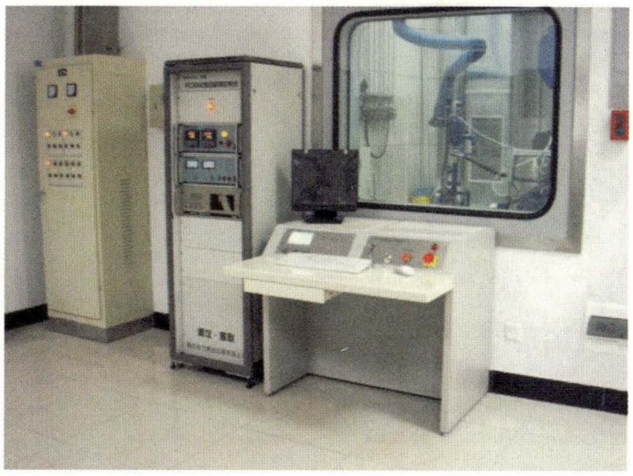
湘仪动测发动机试验台控制室

离心机、大容量冷冻离心机等，产品销往福建、河北、新疆、内蒙等省，同时销往美国、菲律宾、俄罗斯、新加坡、巴西、西班牙、以色列、塞尔维亚等国家和中国香港地区。该公司入园当年投产实现产值3080万元，有从业人员120人。望城兴湘减速机厂主要产品有3T、8T、10T等各种减速机，年底投产，当年实现产值820万元，有职工25人，翌年产值达1180万元。

2007年，中联重科工业园动工建设。工业园内拥有中联重科中旺分公司、中联重科消防机械有限公司、中联重科股份有限公司路面机械分公司、中联重科重机公司等四家机械研发制造公司。当年，中旺分公司首先进入工业园生产,主要产品有“液压胶管总成”、“砼输送管总成”“液压硬管总成”、塔机顶升系统及起重限制器等易损易耗件。公司有职工380人，当年实现产值1.8亿元，翌年产值达2.9亿元。2009年进入中联重科工业园的中联重科消防机械有限公司租用望城中宸钢品园区组织生产，有职工326人,主要从事消防车辆产品设计研发、生产制造，主要产品有云梯消防车、登高平台消防车、举高喷射消防车、城市主战消防车、抢险救援消防车、照明消防车、泡沫水罐消防车七大类65种车型。其中，53米云梯消防车是国产救援高度最高的消防车，ZM75大功率举高照明消防车为国内照明高度最高、照明能力最强、供电能力最大的照明消防车。该公司当年实现产值2.9亿元。是年，长沙国麟机械设备有限公司建成投产，主要产品有静压打桩机设备、工程建筑机械设

中联重科望城工业园

中联重科消防机械有限公司生产车间

备焊接、铸造、深加工等，有员工55人，当年实现产值1200万元，翌年产值增至1825万元。2010年年底，园区机械制造业达到13家，职工人数1365人，工业产值为7.64亿元。

长沙民寓机械有限公司

2011年，长沙民寓机械有限公司建成投产。公司拥有职工35人，当年实现产值1500万元，翌年产值达2724万元，主要生产车床、泵车机件和其他机械配件。是年，进入中联重科工业园内的路面机械分公司正式投产，有职工704人，当年实现产值2.78亿元，主要生产沥青混凝土摊铺机、路面铣刨机、沥青搅拌站、压路机、平地机、沥青混凝土再生设备六大系列二十多个品种。2012年，由岳麓区搬迁至望城经开区的长沙市云川机械有限公司完成新厂房建设正式投产，企业职工95人，是湖南省最大、最专业的阀块、液压站生产基地，主要配套客户有中联重科、山河智能、株洲车辆厂等大型企业，年产值3500万元。2013年，长沙起重机厂有限公司投产，拥有员工48人，主要生产单梁起重机、双梁起重机、门式起重机等二十多个品种、四百多个规格的系列产品，产品外销东南亚国家，当年实现产值860万元，翌年产值上升到2002万元。2012年，万家乐热能科技有限公司在经开区办厂，开辟长沙基地，占地10公顷，生产燃气采暖热水炉、散热器及太阳能、空气能热水器。企业有职工240人，2013年边建设边生产，同时委托广东总部生产，年产值1.12亿元。

长沙云川机械有限公司

万家乐热能科技有限公司

2015年，望城经开区引进制造业企业11家，其中规模以上企业8家，总投资32.4亿元。长沙鼓风机厂有限责任公司项目落户望城经开区中航工业园内，征地14.2公顷，总投资4.6亿元，主要生产罗茨鼓风机、离心通风机、多级离心鼓风机等5大类型产品，生产能力为年产值6亿元，年均纳税3000万元。湖南西湖电缆有限公司在马桥河路和普瑞中路交界处征地9.87公顷办厂，生产35千伏高压电缆，总投资5亿元，达产后实现年产值10亿元，税收2000万元。湖南蓝盾安防工程有限公司投资的蓝盾机电项目，主要经营消防设施安装、维护、检查及消防设备生产，项目用地8.67公顷，投资1.5亿元，达产后年产值1.8亿元，税收1000万元。

截至2015年，望城经开区已有机械制造企业35家，其中规模以上工业企业20家，年产值过亿元的企业5家；年产值23.1亿元，占园区工业总产值的3.01%。其中属于高新技术企业4家，拥有有效专利596项。中联重科路面机械分公司拥有国家实验室1个，湘仪实验室仪器开发有限公司拥有市级技术中心1个；中联重科拥有“中联”驰名商标1个，著名商标1个；湘仪实验室仪器开发有限公司“湘仪十图”被评为湖南省著名商标。中联重科股份有限公司路面机械分公司完成了国家863计划项目2项。

光电产业　2000年，望城经开区引进湖南海天电子有限公司。该公司有员工60人，是生产制造电子原器件专业厂家。该厂用于航天、航空、GPS卫星通讯导航和汽车、电视机、计算机等民用受控设备的微电子产品,全部销往欧美、日本、东南亚、非洲及中东地区，年出口创汇超100万美元。

湖南海天电子有限公司

2002年，湖南省远景光电实业有限公司落户望城，进入湖南印刷包装工业园,进行CD、VCD、CD-ROM、CD-R、DVD-R等光盘产品的复制加工,同时研制、开发新的光盘产品。该公司有职工60人，年生产只读光盘4500万片，生产磁带1000万盒。当年投入生产，产值1800万元，翌年产值上升到4718万元。

2009年到2010年,园区引进光电企业5家,长沙必拓普光电科技有限公司、湖南有色光电科技有限公司、湖南阳光富源光电产业有限公司、湖南乐乐健信息科技有限公司，均为规模以上企业。这些企业，主要从事LED照明产品、大功率LED照明产品研发、制造，产品主要有城市商用照明系列、城市亮化系列、工矿照明系列等灯具，如天花灯、胶片灯、投光灯、洗墙灯背光灯、路灯等，有LED电子显示屏、LED大屏，液晶拼接幕墙及排队叫号系统及乐厨FUN电子视频菜谱仪等。

长沙必拓普光电科技有限公司

2015年，园区光电产业企业增至11家，其中规模以上工业企业5家，有员工438人，年产值4.36亿元。湖南阳光富源光电产业公司产值由2013年的5084万元增至2.46亿元。湖南乐乐健信息科技有限公司生产的乐厨FUN电子视频菜谱仪，年产值为8510万元。长沙必拓普光电科技有限公司拥有实用型专利授权6个，发明型专利1个。湖南远景光电实业有限公司2013年选送的光盘，获第三届中国出版社政府奖、印刷复制质量奖。

湖南乐乐健信息科技有限公司前台

电力、电器产业　2003年1月，湖南长高高压开关集团股份有限公司在望城县星城镇桑梓村征地13.14公顷办厂，拥有员工380人。投资1亿元，设计产能为年产220千伏及以下高压开关8000组，363～750千伏超高压隔离开关600组,年产值为5亿元，利税8000万元，2006年3月正式搬迁投产，当年实现产值2.1亿元，净利润2966万元，税收1266万元。2007年5月，该公司电镀车间从井湾子搬迁至新厂区，二期建设完成，生产规模扩大，新增产品有1100千伏及以下高压隔离开关和接地开关，40.5千伏及以下高低压成套开关设备，12千伏高压/低压预装式变电站，72.5～252千伏组合电器（CIS），40.5千伏及以下高低压成套开关，员工增至720人，年产值4.45亿元，净利润8266万元，税收1956万元。2008年产值达5.52亿元，完成税收4262万元。

湖南长高高压开关集团股份有限公司一角

2009年，湖南大亚输配电设备有限公司，从芙蓉区搬迁至望城经开区，同时扩大规模，投资5060万元，征地2.5公顷，成立生产基地。2010年投产，有员工70人，主要生产GGD低压配电柜，GCK、GCS、MNS低压抽出式开关柜，KYN28A-12（GZS1）中置式金属铠装抽出式开关柜、HXGN2-12环网柜，当年实现产值3800万元，翌年达4296.7万元。2010年7月，长高集团A股在深交所中小板成功上市。2010年，长沙弘瑞电器设备有限公司进入望城经开区，主要生产12KV-40.5KV全系列绝缘子，传感器绝缘子、触头盒、套管和SF6开关绝缘件固封极柱等。2012年，湖南华一机电制造有限公司来经开区办厂，这是一家集研发生产、销售和服务于一体的电机制造企业，生产“稀土永磁直流无刷电机”，主要用于微风发电、新能源电动车辆、商用机器、家用电器、自动化设备等领域。

湖南大亚输配电设备有限公司一角

低速电动车
三相永磁直流无刷系列

产品应用领域

2015年，望城经开区引进电力、电器企业3家，总投资2.61亿元。湖南埃尔凯电器有限公司系埃尔凯电器（珠海）有限公司授权在湖南成立的企业，在园区独立征地4.67公顷，总投资9600万元，主要研发、制造、销售电器成套设备，数字化试验站、直流电源设备、自动化控制设备和机电一体化设备；投产后，年产值达2亿元，税收过1000万元；当年9月投产，实现产值3710.6万元。是年，湖南民晟电力建设有限公司在园区办厂，征地1.34公顷，投资4500万元，建设年产6万台配电箱生产基地，投产后，年产值达7800万元，税收500万元，解决就业100人。截至2015年，园区从事电力、电器生产企业已有9家，有职工966人，年产值达8.16亿元。其中，高新技术企业1家，规模以上工业企业2家，拥有省级技术中心1个，省工程中心1个，市级工程中心1个。湖南长高高压开关集团股份有限公司的“长高+图”2011年被评为湖南省著名商标。共拥有专利授权47件，其中发明专利1件，系长高集团“开合高参数母线转换电流的1100KV特高压隔离开关”。长高集团的“特高压交流输电关键技术成套设备及工程应用”荣获2012年度“国家科技进步奖特等奖”。是年，长高集团实现产值7.03亿元，比上年增长26.1%。

塑胶产业 2001年1月，台湾上市企业大洋塑胶工业股份有限公司在湖南望城台商投资区创办湖南坤源塑化有限公司，占地面积10公顷，第一期投资1500万美元，拥有员工87人。公司从欧美引进整套先进全自动设备，主要生产销售规格齐全的U-PVC、PPR、PE管材、管件、胶合剂、胶布、胶皮及PU合成等各类塑化产品。首期生产规模为年产管材管件12000吨。2002年投产，当年实现工业产值458万元,销售收入158万元。是年，公司产品检测符合环保要求，使用寿命可达50年以上，被评为中国（湖南）市场“诚信品牌”，并获“湖南省首届乡镇企业科技产品博览会金质奖”。同时湖南省建设厅为其颁发了“湖南省建设科技成果推广项目证书”。2003年，公司实现工业总产值2180万元。

湖南坤源塑化有限公司

2004年，湖南云阳乳胶科技实业有限公司入驻园区，在旺旺中路西侧征地3.34公顷办厂，主要生产“乐邦”牌螺纹草莓香型、超薄平滑型、颗粒桂花型多种型号安全套，年产量为1.2亿只，有从业人员130人。2005年投产，年产值2200万元。

2006年6月，长沙天卓塑胶有限公司与望城经开区签约，在园区银杏路1号征地4.75公顷、投资1亿元办厂。主要产品有HDPE给水管、双壁波纹管、钢带增强螺旋波纹管、燃气管、垃圾填埋透水管、煤矿井下用管、非开挖用管等建设18条生产线，年产能力10万吨。2007年4月投产，有职工50人，当年实现产值6000万元。翌年，职工人数增加到148人，实现产值1.45亿元。

长沙天卓塑胶有限公司老厂

2010年，长沙新世管道有限公司来园办厂，租用金星中路旁原星城镇国辉机械厂0.67公顷土地和厂房设施开展生产。主要生产玻璃钢电缆管道、水管和玻璃纤维增强型电缆导管等产品，有职工55人，当年实现产值1820万元，翌年职工增加到70人，产值达2500万元。2011年，长沙天卓塑胶有限公司为扩大生产规模，在经开区赤岗路新增用地8.67公顷，投资2.59亿元，建设天卓环保管道及检查井项目。建设规模为回收废旧塑料造粒能力年产10万吨，加工塑料管道能力为年产20万吨，实现年产值10亿元，年税收5000万元。该项目2015年10月全面投产运营。当年实现产值1.17亿元，新增产值4504.4万元，比2014年同比增长62.7%。

HDPE给水管

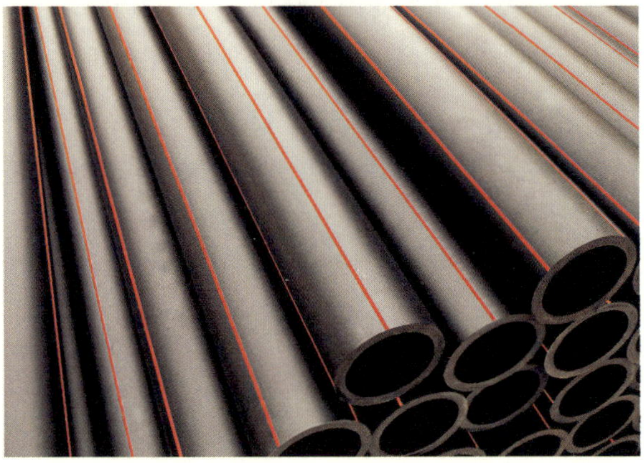

HDPE矿用管

2015年，园区有塑胶工业企业6家。其中规模以上工业企业4家，在规模以上工业企业中有高新技术企业1家， 两型示范企业1家，产值过亿元的企业1家，从业人员485人，年产值3.23亿元。共拥有专利授权22件，其中发明型专利1件。有省著名商标2个，省名优产品2个。湖南坤源塑化有限公司PVC管道及弯头，2008年被中国轻产品质量保障中心评为“中国知名品牌”。

建筑材料产业　2002年8月，湖南长城建筑钢结构工程有限公司落户望城经开区，在旺旺东路9号征地3.2公顷，投资2000万元建厂，主营钢结构件，网架工程制作、安装以及各种钢品构件的制造，年生产能力为8000吨；2003年11月投产，2004年生产钢结构件5000吨，产值为3000万元；有员工35人。2004年4月，湖南邦德利建材有限公司与经开区签约，在雷锋大道

湖南长城建筑钢结构工程有限公司一角

湖南邦德利建材有限公司

长沙菱格木业有限公司一角

21号征地2.34公顷，投资6800万元，将公司从长沙搬迁至望城，同年7月开始生产，主要产品有铝单板、铝幕墙、铝质天花板、集成吊顶，高晶天花及石膏、复合天花板等装饰材料，有员工30人，当年实现产值700万元。同年，长沙菱格木业有限公司落户望城经开区，在金星路108号建厂，有员工210人，主要生产天格牌各式木质地板。2005年4月基建完毕，将公司从岳麓区整体搬迁到园区新厂。同年6月，该公司第一批产品5个集装箱成功出口土耳其，创外汇7.5万美元；8月，一批出口加拿大的产品遇加拿大边境服务署反倾销、反补助调查受阻，致使该公司步入国际交涉和司法程序经过8个月的努力，到2006年5月26日，终胜利，取得了“零关税率”。同月，与加拿大签订战略协议，随后获加拿大18万平方米大订单，当年仅从加拿大就创汇180万美元。2006年2月，该公司产品获得TSE国际免检认证，3月获自营出口经营权，12月获国家免检认证。2006年12月，台商与境内合资的湖南交泰建材有限公司投资1968万元，在经开区马桥河路5号建厂，生产用于大型桥梁、高速铁路高速公路、城市轻轨、地铁、水利水电等重点项目应用的无收缩砂浆管道浆剂、高性能修补材料等系列产品，年生产能力3万吨 。2008 年底该公司投产 ，当年产值36万元，利润12 万元，有从业人员 27人； 翌年，产值上升到636万元，利润达300万元，从业人员增加到41人。

湖南交泰建材有限公司前门

2014年，长沙市望城区望湘砂石管理有限公司进入望城经开区，有管理人员62人，当年实现产值10.87亿元，缴纳税收3600万元，翌年产值达16.7亿元，纳税4200万元。

2015年，湖南望城建设（集团）节能门窗工程有限公司在望城经开区征地2.5公顷，投资7865万元，建设“唯一幕墙”项目，2016年投入生产，投产后年产值达1.8亿元。截至2015年，园区建筑建材企业增加到13家，有从业人员624人，产品增加了钢筋焊接网片，5～12毫米各种规格冷轧，热扎带肋钢筋焊接网，用于建筑工业、钢铁工业、水泥工业、矿山工业的耐磨产品，钢构厂房和钢结构电梯架等。同时承接各种防潮防水材料、预应力智能张拉压浆设备研制，桥梁道路检测、设计、监理、桥隧加固、建筑排水管道施工等业务。年产值为19.16亿元，年销售收入18.86亿元。长沙菱格木业有限公司生产的“天格”地板，2007年被评为湖南省名牌产品；2010年“天格”评为湖南省著名商标，2012年被评为中国驰名商标，2013年，湖南交泰建材有限公司被确定为湖南省高新技术企业。

油脂化工产业 2003年6月，长沙众城石油化工有限责任公司落户台商投资区，在旺旺路征地4公顷，投资1747万元办厂，生产润滑油、脂系列产品 。产品有复合磺酸钙基润滑脂系列、聚脲润滑脂系列、复合锂基润滑脂系列、风电用合成高低温润滑脂系列、铁路用润滑脂系列、海洋能源开采润滑脂系列等11个系列170多个品种的各类高中档润滑油脂，年生产能力为3万吨。2005年6月投产，有从业人员125人，当年实现产值3608.5万元，利税396万元。翌年从业人员为128人，生产各类润滑油脂7600吨，实现产值5184.8万元，利税330万元。2010年到2011年获复合钙基润滑脂及生产工艺等3项发明专利；2011年“众城石化”商标被评为湖南省著名商标；2013年长沙众城石油化工有限责任公司被评为湖南省高新技术企业。

长沙众城石油化工有限责任公司

2014年，湖南湘江涂料集团有限公司进入望城经开区办厂，在园区普瑞中路和马桥河路交汇处东北角征地14.93公顷，投资8.3亿元，建设湘江涂料项目。

湖南三环颜料有限公司

总建筑面积为11.33万平方米，年产3万吨高档涂料，主要用于高档汽车和其他金属涂面。有员工300人。2015年建成，开始设备调试，2016年4月试生产。投产后年产值为20亿元，税收1亿元。

2015年园区共有化工企业6家，从业人员884人，年工业产值12.26亿元，创利税8630万元。湖南三环颜料有限公司的“三环牌”被评为中国驰名商标，其三环颜料获评湖南省名牌产品,畅销国内30多个省、市和地区,并出口欧美、中东、东南亚等40多个国家和地区。2015年长沙众城石油化工有限责任公司产值达1.66亿元，湖南三环颜料有限公司产值达10.14亿元。

日用品产业·床垫、床上用品 1999年湖南爱晚床具有限公司投资2000万元,在旺旺东路5号征地0.67公顷办厂,生产爱晚牌床垫、床具、沙发。年生产床垫7万床。2000年投产，有从业人员28人，当年产值600万元、利润48万元,翌年产值达1100万元、利润100万元。2007年公司扩大投资规模在金星中路618号新征用地3.47公顷建厂，第一期工程建标准厂房3.5万平方米，2011年投产。第二期建标准厂房以及生活配套设施4万平方米，2013年竣工投产，从业人员增加到52人，实现产值1.65亿元，销售收入1.48亿元，同比增长19%，利润2240万元，同比增长10%。是年，湖南梦洁家纺股份有限公司投资2亿元，征地6.67公顷建设梦洁（望城）工业园项目，年生产能力为100万件床垫和床上用品，年产值2亿元，税收1000万元， 2015年投产，当年实现产值1200万元。

湖南爱晚床具有限公司

2012年10月，长沙博翔纺织厂来望城经开区办厂，在马桥河赤岗路旁征地8.17公顷，建设8000吨化纤混纺纱线，800万米化纤混纺布的生产规模，总投资1.79亿元，2014年建成投产，有员工800人，各类专业技术人员50人。2015年产值2674.1万元。

2015年望城经开区有床垫、床上用品规模以上工业企业4家。湖南爱晚床具有限公司年产值达2.26亿元、利润2480万元，其产品2007年被评为湖南省名牌产品，“爱晚”商标获评为湖南省著名商标。

纸业 长沙金红叶纸业有限公司是印尼最大的财团——金光集团旗下控

股的金红叶集团有限公司下属生活用纸制造企业，2011年4月与望城经开区签订协议，在马桥河路289号征地6.67公顷、投资5760万元建厂，生产“唯洁雅”“清风”“真真”等品牌的无芯纸、盒纸、卷筒纸、系列抽取式纸、纸手帕湿巾等生活用纸，年生产能力为6万吨，产值7.8亿元，税收3000万元。2012年，金红叶纸业公司租用爱晚集团标准厂房生产，有从业人员106人，当年实现产值4900万元，实现利润77万元，创税收127万元。翌年，从业人员增加到200人，月生产生活用纸2000吨～2600吨，实现年产值1.53亿元，实现利润478万元，创税518万元；2014年产值达1.91亿元，实现利润594万元，创税606万元。2015年公司迁入新厂生产，年产值达2.53亿元。该公司的“唯洁雅”“清风”“真真”三个品牌为江苏省著名商标。

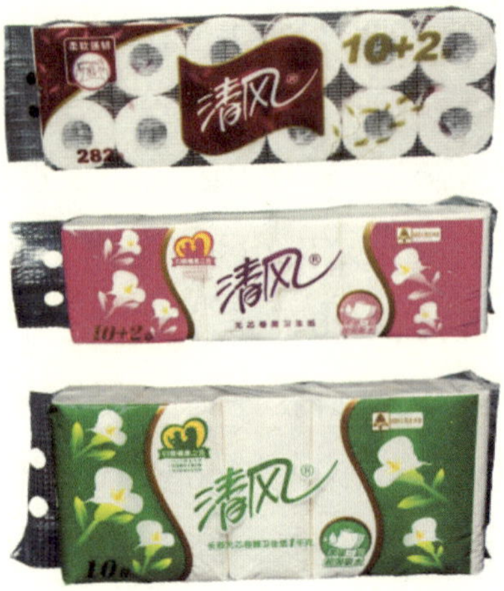

长沙金红叶纸业有限公司产品

水处理生产 2011年3月，湖南中沃水务环保科技有限公司在望城经开区成立，边建设边生产，主要从事直饮水系统、医疗纯水系统、试验室纯水系统和海水淡化的研发和生产，有从业人员26人，当年产值为1100万元，利税72万元；2012年产值达1792万元、利税120万元，从业人员增加到32人；2014年产值降至1287.6万元，利税降至100万元。

湖南中沃水务环保科技有限公司

工艺品、饰品 2007年，湖南伊思丽珍珠有限公司投资300万元，在望城经开区金星路89号开办公司，主营珍珠饰品及彩宝饰品等业务，将淡水珍珠产品产业化。同年该公司与香港珍珠商会企业合作，共同投资建设“天园地芳珠宝城”项目，投资1.01亿元，建有3000平方米大中华珍珠文化馆和3000平方米珍珠加工厂，生产“清辉”“伊思丽”牌珍珠产

伊思丽珍珠有限公司“清辉”产品

品，拥有年加工珍珠200吨、实现产值1.5亿元的能力。该加工厂2008年投产，有员工70人，当年实现产值2200万元，创利税115万元。2009年，台资企业湖南捷顺工艺制品有限公司进入园区金星路398号办厂，从事陶瓷、波丽饰品、玻璃工艺制品生产。产品全部出口美国、加拿大、英国、日本等国家，有从业人员300人。该企业2010年投产，当年实现产值2568.5万元，创外汇 400万美元。2013年伊丽思公司推出的“三生缘淡水珍珠花式项链”荣获“湖南省名优特产博览会金奖”，“清辉”“伊思丽”等品牌珍珠远销美国、欧盟、日本等国家和我国香港地区。2015年，伊思丽公司从业人员增加至85人，产值达2.84亿元，比2014年增长26.89%，创利润1680万元；湖南捷顺工艺制品有限公司产值1491万元，创外汇526万美元，同比下降13.45%。

湖南捷顺工艺制品有限公司

服饰产业　2008年8月，湖南派意特服饰有限公司与望城经开区签约，在金星路1689号征地4.67公顷，投资1亿元，建设服饰工业园，建筑面积4万平方米。该公司建有10条世界顶级西服吊挂生产线，有年产高档西服100万套、团体服装300万套、各类服装400万套的生产能力，主要生产各类职业装，各种高档西服以及衬衫、夹克、裙子等服饰。2010年迁入新厂投产，有从业人员800人，当年实现产值2.31亿元。2012年4月“派意特”商标评定为“中国驰名商标”。2013年2月，中国职业装产业协会批准派意特服饰有限公司为“中国时尚职业装技术研发中心”。是年，公司从业人员增加到1080人，生产服饰突破200万套，产值3.41亿元，创利税1979万元，被中国服装协会评为“年度服装行业销售利润百强企业”2015年产值为3.04亿元，利税1980万元，同比增长10.5%。

湖南派意特工业园

◆第三节　航天航空业

中航飞机起落架有限责任公司一角

2007年7月，中航飞机起落架有限责任公司与望城经开区签订长沙航空工业园《项目用地商务合同》，在望城大道以东、金星中路以北用地80公顷。其中工业用地66.67公顷，商住用地13.33公顷。投资35亿元，建设飞机起落架项目。总规划建筑面积51.6万平方米，共投入各类设备2194台套，主要从事军民用飞机起落架系统、飞行器着陆装置及液压附件、航空密封件、全机附件及地面设备的研发、设计、制造、试验及售后服务。近几年该公司相继承担国家全系列军机起落架系统，大型水陆两栖飞机、蛟龙600、通用海鸥300、小鹰500、教练机、无人机等起落架项目，并已达成新舟700起落架配套意向和大飞机C919起落架系统项目。中航公司建成后的年产值53亿元。2007年9月公司开工建设，2008年部分车间建成投产，有从业人员4000人，当年实现产值5.22亿元。

起落架产品

2009年，湖南航天磁电有限责任公司从长沙搬迁至望城经开区“长沙航空工业园”，建设航天高性能磁性材料工业项目。该项目是湖南省重点建设工程项目之一，占地21.07公顷，规划投资11亿元，主要生产高性能铁氧体永磁和高性能稀土磁，用于汽车、节能、家电、新能源产业、医疗、计算机、通信、航空航天、国防工业等领域。全部达产后能形成20亿

湖南航天磁电有限责任公司

元以上销售规模。2010年，部分项目建成投产，有从业人员1000人，产品60%出口欧美和亚洲等30多个国家，当年产值达1.67亿元，出口创汇2379万美元，实现利税1897.4万元。是年，长沙市天映机械制造有限公司建成投产。这是一家航天航空工业和工程机械两大领域具有研发设计和产品生产的民营高科技企业，主要生产飞机装备工装和地面保障设备，有从业人员68人，当年实现产值1800万元，翌年产值达到2100万元。

2012年，湖南兆恒材料科技有限公司建成投产。这是一家从事特种高性能泡沫材料研发、生产的企业，主要产品有聚甲基丙烯酰亚胺泡沫（PMI泡沫）系列，PMI泡沫兆孚系列，深海浮力材料、交联聚苯飞烯、酚醛泡沫等，广泛用于航天、航空、风电、高速列车、高速舰船、军用雷达、医疗器械等领域。该公司年泡沫产量5000立方米，产值2.5亿元，可解决300人就业。当年，该公司有从业人员45人，实现产值600万元。翌年，从业人员增加至50人，实现产值1300万元，是年其PMI泡沫获得国家发明专利，同时打破了该产品纯依靠进口的局面。

湖南兆恒材料科技有限公司

长沙市天映机械制造有限公司

2013年长沙市天映机械制造有限公司新项目上马，用地6.67公顷，总投资3亿元，主要建设航空技术装备生产车间，飞机结构零部件生产车间，航空实验设备及地面设备制造车间，研发中心、计量检测中心，年产能为10亿元。2014年投产，当年实现产值1.01亿元。2015年产值为1.51亿元，同比增长49.5%。

长沙航空工业园一角

2015年园区共有航天航空产业7家，其中规模以上工业企业5家，从业人员5500人，年产值19.7亿元，占园区工业总产值的2.56%。中航飞机起落架有限责任公司、湖南航天磁电有限责任公司为湖南省高新技术企业，拥有省工程中心1个，市工程中心1个，各项专利授权77项，其中发明专利10项。航天磁电有限责任公司的“航天磁”商标荣获“湖南省著名商标”。

◆第四节　企业选介

晟通科技集团有限公司　晟通科技集团有限公司成立于2003年，是一家大型高新技术股份制企业，注册资本20亿元，现有员工7000余人。

晟通集团现有长沙望城“精深加工产业园”和“常德原材料产业园”。长沙精深加工产业园占地109.3公顷，主要生产铝箔坯料、空调箔、双零铝箔等产品，包括年产25万吨高精铝板带箔，年产15万吨交通铝型材；拥有现代物流、房产服务、电商贸易等横向多元化延伸产业。

晟通集团生产车间

晟通集团自始重视科研创新，设有国家认定企业技术中心、湖南铝业发展工程技术研究中心、中南大学—晟通科技研究院等数十个研究开发机构，拥有中国工程院院士，享受国家特殊津贴专家参与的一大批各种专业领域组成的研发团队，承担了国家863计划等国家省部委以及市场急需的数十个技术产业项目，取得了一系列节能减排、产品改进、市场创新的成果，并迅速转化为生产力，取得了良好的社会经济利益，已拥有专利317项。

晟通集团与东北大学联合承担的国家“863”科研项目“新型阴极结构高效节能铝电体技术与装备开发”达到了世界先进水平。短流程制备高品质铝及铝板带箔关键技术与开发项目，首创“融盐铝电体生产法杂质阻渗技术”，使晟通集团成为国内唯一能规模生产航天所需“低硅低铁”电体铝的企业。

晟通集团参与了国家13项行业标准的制定，修订其中起草的行业标准《铝箔用冷扎带材》获“国家有色金属标准化委员会技术标准优秀奖”。晟通集团实现了由传统制造型向研发创新型多元化产业集团的飞跃，连续三年蝉联中国企业500强，先后获得“国家认定企业技术中心”，“中国精深加工行业十强”荣誉，“晟通”牌商标评为中国驰名商标。2014年集团实现年产值305亿元，上缴税收5亿元，为社会提供了600余个就业岗位；首次参加“中国500强最具价值品牌”排行榜评选，以94.15亿元的品牌价值跻身排行榜第214位。2015年，晟通集团产值达353.47亿元，年同比增长15.9%。晟通集团充分利用产业链优势，大力发展自主开发的“全铝轻量化汽车”成为新型环保节能的新亮点。

湖南金龙集团 湖南金龙集团创立于1997年，总资产10.18亿元，是一家从事“再生资源循环经济”全产业链经营的大型集团企业。该集团从事以再生有色金属回收利用、精深加工为核心多元化业务经营，下辖湖南金龙国际铜业有限公司、湖南金龙电缆有限公司、湖南金龙国际再生资源有限公司、湖南金龙国际铝业有限公司、湖南金龙金属制品有限公司、湖南金龙投资管理有限公司6家全资子公司，已形成以铜业、铝业、电线电缆、铜铝制品精深加工等为主业的有色金属循环经济产业集群，产品主要用于电力、机械、汽车、建筑、交通运输、通讯通信、航空航天、石油化工、冶金矿山、军工、核电等领域，是国家高新技术产业和湖南省“千亿”产业集群、“双百”工程企业，被列入长沙市政府“六大产业集群”行业龙头企业，中国民营企业和制造业500强，在湖南有色金属行业50强中排名第三位，在湖南循环经济企业综合排名中列第一位。

湖南金龙集团一角

金龙集团先后与中南大学、湖南大学、北京科技大学、湖南有色金属研究院等多家院校建立战略合作关系，形成长期稳定的产、学、研合作机制，自主创新取得一大批再生金属拆体、分析、熔炼及加工等专利技术和科技成果。金龙集团与上海电缆研究所签订院士工作协议，确定以黄崇祺院士、张深根教授等为核心的电子导体、材料和循环经济两个院士工作站和再生铜铝综合利用湖南省工程研究中心，以行业创新需求为导向，以企业研发机构为依托，以产、学、研合作项目为纽带，攻克重大技术难关，转化科研成果，使企业效益“三年三台阶、四年四大步、五年五跨越、六年六增长”。到2014年，金龙集团年产值达101.4亿元，年上缴税收3.6亿元。2015年，金龙集团年产值120.96亿元,同比增长19.3%。

湖南泰嘉新材料科技股份有限公司 湖南泰嘉新材料科技股份有限公司（以下简称“泰嘉新材”）2003年10月创建于湖南望城经济开发区，占地10.4公顷，注册资金1.05亿元，有从业人员2480人。截至2014年，公司总资产达5亿元，是国内最大的双金属带锯条、双金属复合钢带的生产、研发的高新技术产业。

湖南泰嘉新材料科技股份有限公司

泰嘉新材生产的双金属复合钢带，打破了国外“洋品牌”全垄断和国内带锯条“零出口”的局面。“TANCUT泰锯”“JUSTCUT嘉钜”“AA”“FICUT飞锯”及“BICHAMP”品牌双金属带锯条在业内享有盛誉,产品远销美国、南非、波兰等国家，产品质量获得客户好评。其中“BICHAMP”获得日本、欧盟、美国颁发的商标注册证，“AA”为中国驰名商标并连续四次被评为湖南省著名商标，“BICHAMP”商标产品在2010年、2013年荣获“湖南省国际知名品牌,“高速锯切用特种双金属复合钢带”“分齿型高低齿硬质合金带锯条”获得“国家重点新产品”的称号。

泰嘉新材是中国机床工具工业协会常务理事和锯床分会理事长单位、湖南省机械行业协会副理事长单位、湖南省机床工具工业协会理事长单位，承担着双金属带锯条行业标准和国家标准的制订、修订工作，拥有省级企业技术中心和市级工程技术中心，是湖南省高新技术企业和创新型试点企业，湖南省“四大千亿产业”、湖南省战略性新兴产业百强企业之一，也是长沙市“三百工程”，“三百之星”重点技术企业。

泰嘉新材与湖南大学、中南大学、法国埃赫曼集团ERASTEEL KLOSTERAB公司实验室的合作被列为湖南省产、学、研结合创新平台，承担多项省、市重点科研计划。截至2015年，泰嘉新材已申请专利23项，获批发明专利6项、实用新型专利17项。已列入湖南省战略性新兴产业百强企业名录。

湖南长高高压开关集团股份公司 湖南长高高压开关集团股份公司坐落在金星路旁，拥有职工620人，占地10.8公顷，是我国研制和生产高压电器骨干企业，是目前国内规模最大的专业生产高压隔离开关的上市公司之一，是中国电器工业协会常务理事单位和国家电网、南方电网公司集中规模招标合格的供应商，也是我国火炬计划重点高新技术企业和湖南“高新技术企业”“高新技术产品”双高企业。其银行信用等级为AAA级。

长高集团生产车间

公司主要生产72.5～252千伏组合电器（CIS），12～252千伏断路器，1100千伏及以下高压隔离开关和接地开关，40.5千伏及以下高低压成套开关设备，12千伏高压低压预装式变电站，12～24电缆分支箱，户外开闭所，产品遍布全国各地的电站、电厂及大中型工矿企业等大型输变电重点工程。

2012年“特高压交流输电关键技术、成套设备及工程应用”，荣获国家科学技术进步奖特等奖；“特高压串补用开关设备和阻尼装置研究”获中国电力科学研究院科学技术进步奖一等奖；“GWTD-1100（W）J6300-63型户外特高压交流隔离开关”获得湖南省电力科学技术奖二等奖；“JW12-1100（WJJ）63型户外特高压交流接地开关”获湖南省电力科学技术奖二等奖；“GWTC-800（W）J5000-63型户外高压交流隔离开关”获湖南省电力科学技术奖三等奖;“GWTD-1100（W）/J6300-63型户外特高压交流隔离开关”列入湖南省“双百计划”项目。

公司成立了新型智能高效输变电技术工程研究中心，输变电高压开关湖南省工程研究中心,与湖南大学电器与信息工程学院成立博士研究生科研基地公司共拥有专利47项，获得国家发明专利6项，实用新型专利4项。GWTC-1100D（W）/J6300-63户外特高压交流隔离开关、GWTD-1100（W）/J6300-63户外特高压交流隔离开关等9个系列产品已成功通过国家检测监督中心的所有型式试验、国家电网公司特高压建设部组织的联合审查，并于2013年5月4日通过由国家能源局主持的国家C级鉴定。800千伏特高压大电流隔离开关及配套接地开关已于2013年9月5日被湖南省经信委列入《湖南省首台（套）重大技术装备认定及奖励项目》。

2015年，公司实现产值7.03亿元，同比增长26.1%；实际缴纳税金610万元，同比增长12%；销售收入7亿元，实现净利润7000万元，同比增长25%。

中联重科中旺分公司 中联重科中旺分公司位于中联重科望城工业园，是工程机械易损件、易耗品的专业制造商和提供商，公司主要生产液压胶管总成、砼输送管总成、液压硬管总成、塔机顶升系统及起重量限制器等易损件产品，同时承担着易耗品—油品的集中统一采购和配送服务。

中联重科望城工业园

中旺公司秉承“至诚无息 博厚悠远”的文化理念不断推进产品技术研发和核心竞争力的打造，着力提升产品市场占有率，销售规模以年平均超60%速度增长。企业通过持续加大研发投入，引进高端技术人才，扩大国内生产布局，实现了对液压胶管、液压硬管、砼输送管弯管、锥管、眼镜板、切割环等混凝土方面易损件的销售全覆盖，生产基地跨湖南、上海、陕西、山西等地，形成了全国性生产布局。

中旺公司重视科技创新和产品质量，成功试制了混凝土双层输送直管，对混凝土泵车输送管进行专门升级换代，试制双层淬火管，极大减少换管频率；成功开发混凝土双层弯管，解决了铸造工艺和技术对接方面的问题，现已批量生产，达到了行业先进水平；成功突破眼镜板，切割环项目，新研制的新型眼镜板、切割环使用寿命与原普通的相比延长一倍；注重发明创造，技术专利有突破性进展。2014年公司申请专利64项，授予有效专利38项，其中发明专利4项，实用型专利31项，外观设计专利3项。

中旺公司引进了一批高中端行业人才，形成了行业专家管理干部、技术工人合理组合的的人才梯队，提升了产品的市场占有率，2014年实现了年产值7.29亿元。

长沙中联重科消防机械有限公司 长沙中联消防机械有限公司是中联重科股份有限公司下属子公司，主要从事消防装备产品的研发、制造和销售，主打产品有云梯消防车、登高平台消防车、城市主战消防车、抢救救援消防车及大型照明消防车、特种消防车、常规消防车等8大类50多个品种。

公司拥有50余人的技术研发团队，先后荣获10多项部、省、市级科技成果奖和科技创新奖，获得专利授权203项，其中发明专利23项，引领消防车行

长沙中联消防机械有限公司

业的产品创新与技术进步。其中53米云梯消防车创造了国产最高直臂云梯消防车纪录；Zm75大功率举高照明消防车为国内照明高度最高，照明能力最强，供电能力最大的照明消防车；“中联”商标为中国驰名商标、湖南省著名商标；公司拥有遍布全国的30余个销售、服务网点。

中联重科股份有限公司路面机械分公司　中联重科股份有限公司路面机械分公司占地24.87公顷，有员工700余人，系中国工程机械协会与压实机械分会理事长、秘书长单位，拥有年产等级路面机械产品1000套、自制结构件1万吨的能力，产能规模达10亿元以上。

双钢轮压路机

履带式摊铺机

中联重科股份有限公司路面机械分公司凭借领先的行业技术水平，主持和参与了多项筑养路机械国家和行业标准的制定，拥有国家发改委正式批准成立的全国唯一“公路养护技术国家工程实验室”。路面机械分公司集产品开发、设计、生产、销售、服务于一体，主营产品有沥青混凝土摊铺机、路面铣刨机、沥青混凝土再生设备、沥青搅拌站、压路机、平地机六大系列二十多个品种，产品的技术性能和水平在我国路面机械领域处于领先地位，部分产品，如SUPER130摊铺机达到国际先进水平，填补了国内空白。中联重科股份有限公司路面机械分公司的道路工程机械YZ/YZC系列压路机、LTU/DTU系列摊铺机、水泥沥青砂浆搅拌车、LB系列沥青搅拌站、BG系列铣刨机等先后荣获湖南省名牌产品。

中联重科股份限公司路面机械分公司拥有专利技术30余项，完成国家“863”计划项目2项，获得国家部、省、市级科技进步奖7项，路面铣刨机、沥青路面加热复拌机属自主创新产品、国内首创，压路机系列产品获湖南省产品质量奖。

湖南宝利沥青有限公司 湖南宝利沥青有限公司是由江苏宝利沥青股份有限公司独资建设的第三家子公司（以下简称湖南宝利沥青），是一家专业生产通用型改性沥青和乳化沥青、高黏度改性沥青、油漆防腐沥青、液体石油沥青等沥青系列产品的高新技术企业。

湖南宝利沥青有限公司

湖南宝利沥青2010年1月8日落户望城经开区，注册资金6000万元，总投资1.2亿元，一次性仓储和周转基质2.7万立方米，年产聚合物改性沥青6万吨、乳化沥青5万吨，是目前湖南省规模最大、配套设施最齐全的改性沥青、乳化（改性）沥青生产商之一，年销售收入过6亿元，为湖南省高新技术企业。

湖南宝利沥青在2012年成功申请了改性沥青用反应釜、沥青反应釜出料系统、沥青反应装置、沥青高温罐、沥青进料系统等实用新型专利授权5项。

湖南宝利沥青2012年与湖南高速公路管理局签订框架协议，并参与了大浏高速、通平高速、浏醴高速、郴宁高速、衡桂高速等十余条省级高速公路建设和长沙地区的长浏高速、湘江大道、金霞大道、韶山路市政道路、长沙绕城高速等高速公路建设和市政建设，多次获“优胜单位”奖。该公司业务现已扩大到湖北、江西、广西、重庆等省、市公路建设市场份额。

长沙天卓塑胶有限公司 长沙天卓塑胶有限公司是集研发、生产、销售PE给排水管道于一体的高新技术企业。

长沙天卓塑胶有限公司的主要产品有HDPE给水管、排水用双壁波纹管和钢带增强螺旋波纹管、钢管丝网骨架复合管、矿用管、燃气管、电力及通讯生产套管、垃圾填埋透水管等，现有生产线18条，设备52台套，年生产能力达10万吨，2013年产值超2亿元，在湖南同行业中位列前三强。2012年，天卓公司扩大规模，投资2.59亿元在望城经开区赤岗路旁新

长沙天卓塑胶有限公司老厂区

征土地8.67公顷，建设天卓环保管道及检查井项目，生产能力为年产管道20万吨，2014年12月竣工投产，投产后成为湖南省生产规模最大的PE市政管道生产基地。

长沙天卓塑胶有限公司与北京化工大学合作成立了天卓塑料管材技术研究中心，采用国际先进技术和行业最先进技术全自动电脑受制的生产设备，全系列产品经过严格检测，各项力学性能和理化卫生指标均已达到相关标准要求,且产品品种规格齐全。2009年以来，其产品两度被评为湖南省名牌产品。2011年“天卓”商标被评为湖南省著名商标，2012年通过环境标志认证。2013年公司被评为湖南省高新技术企业。公司拥有专利11项，其中适应型专利6项，是目前国内最专业的 HDPE管道生产厂商之一。产品广泛适应于市政给排水、农村安全饮水、水利建设、农业排灌工程和工矿、通信、燃气等各大建设领域中。

湖南派意特服饰有限公司　湖南派意特服饰有限公司是一家集设计、研发、生产、销售服务于一体的现代服装企业。公司秉承多元化国际贸易经营理念，产品以男女高档西服、行业职业服为主导，时尚休闲服为配套，以品牌团购高端销售为重要营销途径，是“传统职业装行业定点”单位。

湖南派意特服饰有限公司

派意特服饰公司于2010年在望城经开区正式投产，占地4.67公顷，总建筑面积4万多平方米，拥有员工1080人，40%以上员工毕业于服装专业院校，其中专业技术人员占10%，具有高中级以上职称的专业技师占4%。

派意特服饰是湖南职业装第一品牌。公司拥有世界顶级西服吊挂生产流水线和近十条制服、衬衫、休闲夹克、西裤、裤子等精品流水线，同时拥有意大利迈埤，德轩杜克普、百福、士多宝，日本重机等世界上最先进的专业西服、休闲服生产设备，具备年生产高档西服一百万套件、团体服装三百万套件的生产能力，其产品覆盖中国二十多个省（直辖市、自治区），涵盖全国最高人民检察院、最高人民法院、工商、税务、铁路、银行、邮政、电信、网通、移动、联通等十几个行业部委，同时取得了公安部、解放军总后等服装定点生产资质，产品远销欧美、澳洲和东南亚等国家和地区，是湖南职业服生产龙头企业，也是湖南省唯一高档西服出口企业，已拥有发明专利2项。

派意特服饰经中国职业装生产协会、长沙市科技局同意，成立“中国时尚职业装技术研发中心”、长沙市时尚职业装工程技术中心，拥有设计师、版型师、工艺师等研发人员48人，被湖南省工商局、长沙市政府、湖南省银行业协会等单位评为“重合同 守信用企业”。“派意特”商标被评为“中国驰名商标”“湖南省著名商标”，派意特服饰为“国家免检产品”“湖南品牌产品”“湖南出口名牌产品”“中国职业装十佳品牌产品”。派意特公司为“全国服装行业百强企业”，已获得“湖南百佳诚信单位”“守合同重信用企业”等荣誉称号。2013年，湖南派意特服饰有限公司实现产值3.6亿元，完成销售收入3.1亿元，进出口额达1700万美元。

中航飞机起落架有限责任公司　中航飞机起落架有限责任公司是中航工业唯一的飞机起落架专业化企业，拥有40余年丰富的研制经验，是国家重点保留军品科研生产单位。该公司由陕西燎原航空机械制造公司和湖南湘陵机械厂进行专业化整合重组、联合华融资产、中南大学等股东于2007年10月18日成立。2012年底，公司航空主业资产上市重组工作完成，航空主业板块更名为“中航飞机股份有限公司长沙起落架分公司”。

起落架生产车间

公司位于望城经济技术开发区，总资产25亿元，职工近4000人。拥有国家级飞机起落架工程技术中心，并分别在湖南、陕西、贵州设有生产基地，主要从事军、民用飞机起落架系统、飞行器着陆装置及液压件、航空密封件、全机附件及地面设备的研发、制造、试验及售后服务。近年来，公司陆续承担了国家全系列军机起落架系统、ARJ21转色、大型水陆两栖飞机、蛟龙600、通用海鸥300、小鹰500、教练机、无人机等起落架项目。已达成新舟700起落架配套意向。中国大飞机C919起落架系统项目于2009年落户该公司。公司积极融入地方经济发展圈，成功收购了长沙鼓风机厂，加大了机、电、液、气一体化等高科技含量产品开发力度。公司自成立以来，连年获评“高新技术企业”。2013年，中华全国总工会授予该公司“全国模范职工之家”称号。

公司整合后，确立了建设以民机为主的大型客机和中小型飞机起落架零部件制造及系统集成，以及国际合作与民机起落架修理服务为主的长沙航空工业基地的目标，打造集设计、制造、试验、服务于一体的飞机起落架系统一级供应商。

湖南航天磁电有限责任公司 湖南航天磁电有限责任公司隶属于中国航天科工集团068基地，于1995年8月成立，注册资本1.2亿元，资产总额6亿元。

湖南航天磁电有限责任公司

公司的主要产品是“航天磁品牌的铁氧体永磁（铁氧体电机磁、铁氧体扬声器）和稀土永磁（粘结钕铁硼磁和烧结钕铁硼磁）。“航天磁”系行业知名品牌、中国航天科工集团十大品牌之一，曾评为湖南省著名商标。2012年“航天磁”品牌获得欧洲商标局和美国专利局商标注册批准，产品50%出口欧美和亚洲近30个国家和地区，广泛应用于汽车、节能家电新能源产业、医疗、健身器材、计算机、工业自动化控制、电子信息、通讯以及航空航天、国防工业及各种直流电机应用领域。

航天磁电有限责任公司有两个子公司和两个OEM工厂，员工近1000人，其中技术人员48人，享受政府津贴的2人，研究员1人、高级工程师10人，博士后1人、博士1人、硕士研究生11人，本科学历者37人，拥有中国航天唯一的磁性材料研究所，2013年获批为“湖南省磁性材料与器件工程技术研究中心”。该公司与中南大学、湖南大学、国防科技大学、湘潭电机股份公司等院企长期进行技术合作与交流，两年来申请专利312项，其中发明专利52项，已取得专利授权12项，技术水平和研究开发能力居国内领先地位。近年来公司投资1000万元加强工程技术中心和检测中心建设，科研实力大幅提高，生产的铁氧体电机磁在性能上达到日本TDK公司FB6技术指标以上，FB9系列高性能电机磁产品已批量生产，全球最高性能的FB12铁氧体电机磁已试制成功，在技术上赶上了日本TDK。

航天磁电有限责任公司是湖南省高新技术企业、湖南省电子信息制造业前十强和湖南省千亿材料产业集群重点骨干企业，是中国航天科工2011年度民品先进企业，是我国高性能磁性材料器件的科研生产基地和我国高档永磁器件科研生产的领先企业，也是长沙市两型社会建设示范企业、节能环保企业、创新型示范企业。

在建的航天高性能磁性材料工业园项目，是湖南省重点建设工程，占地21.06公顷，规划投资11亿元，建成后可形成年30亿元以上销售规模。2014年公司全部完成搬迁。在未来发展规划上，“航天磁”产品将占有新能源汽车、节能环保家电、风电等应用领域的市场份额。

第二章 食品加工产业

◆第一节 食品工业

食品 1994年1月，园区最早引进的食品工业企业湖南旺旺食品公司投产，生产旺旺雪饼、旺旺仙贝、浪味仙、旺旺小小酥、碎冰冰等系列饼干，年产值2.54亿元，销售收入2.28亿元，当年缴纳税金1314万元。

旺旺集团湖南总厂前门

1996年10月，湖南黄金食品有限公司从湖南长鸿实业有限公司分离出来,成立了独立的食品公司，注册资金1000万元，在黄金乡桐林坳村利用原厂房和乡镇企业空余厂房生产“黄金园”牌湘粉丝。湘粉丝起源于河西望城黄金乡一带,有500年生产历史。湘粉、湘绣、湘莲为湖南三大特产，组成了三湘大地特有的历史文化脉络。以高寒山区无公害绿豆、蚕豆为原料，利用望城本地富含锌、硒地下泉水提炼生产的湘粉丝，具有色泽天然、晶莹剔透、丝条匀细、滑嫩柔软、口感清香、营养丰富的特点，深受消费者喜爱，有广大的消费市场。黄金园食品有限公司有从业人员

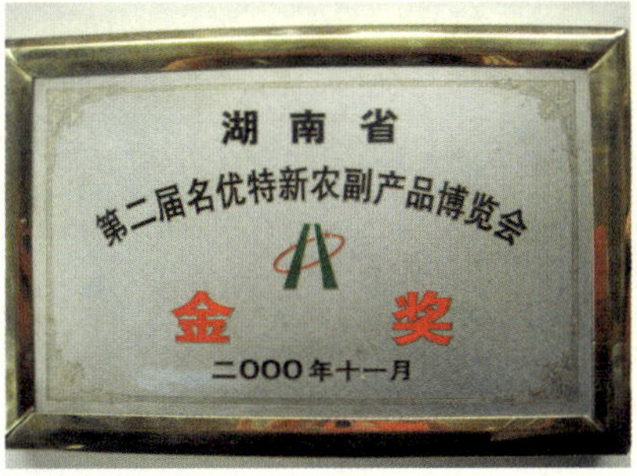

170人，生产作坊场地3000平方米，年生产能力为1000吨。当年生产520吨，年产值1240万元，上缴税收26万元。

1996年，园区从事食品工业的企业增至8家，有从业人员2200人，投资规模达16亿元；主要生产旺旺食品、湘式休闲食品、“黄金园”牌粉丝、湖南地方特色食品、调味品、豆制品、糕点制品、罐头、熟食等 160多个品种，年总产值达16亿元，上缴税金5500万元。其中，湖南旺旺食品公司追加投资，拓展规模，相继建成长沙旺旺、湖南大旺等3个独立食品企业，生产旺旺系列产品。湖南华越食品有限公司，主要生产豆豉辣椒系列产品 ，在市场上十分畅销,有从业人员128人，年产值过8000万元，上缴税收过100万元。湖南派派食品有限公司，2000年下半年投产，有从业人员159人，当年实现产值5000万元。湖南黄金园食品有限公司生产的“黄金园”牌粉丝系列产品，获湖南省第二届农博会金奖，“湖南省十大品牌产品”（农产品）称号。同年，湖南光阳粮食购销公司从英国、德国、中国香港地区引进大米加工生产线，进行普通大米、精米等生产加工，年加工普通大米、精米各1万吨；用当地优质无公害稻谷为原料,生产“湘隆”牌香丝米，年生产1万吨；产品获湖南省第一届、第二届农业博览会银奖、第四届农业博览会金奖。

2001年，湖南沐林现代食品有限公司在旺旺路建成投产，有从业人员348人，从瑞士和法国引进两条生产线，以五谷杂粮为原料，生产营养早餐系列产品，当年实现产值2100万元,上缴税收60万元。2002年，长沙步步为赢食品有限公司建成投产，主要生产鱼类、蔬菜类和豆类熟食制品，有香辣鱼、素鱼片柴火香干、鸭肉串等20多个品种,从业人员170人，当年实现产值2420万元、利税125万元。同年,湖南五福食品有限公司建成投产。该公司是一家日本独资出口加工型企业，专业加工调味酱菜、山菜等产品，有跳跳鱼、乖乖鸭、福太子老坛山椒鱼条、石锅剁椒鱼条、香辣烤翅等10多个品种，产品主要出口

长沙步步为赢食品有限公司

湖南五福食品有限公司

日本、美国；有从业人员80人，年实现产值2523万元、利税180万元。2004年，湖南台杰食品有限公司从长沙雨花区整体搬迁至湖南省高科技食品工业基地，在望城大道旁征地1.34公顷，投资2000万元办厂，生产月饼、糕点馅料、巧克力；年生产能力1.5万吨，年营业额折合人民币为4亿元；有员工80人，当年投产。该公司生产的桃山黄金皮、糖醇木瓜蓉、金牌红豆馅、烤木瓜馅等产品，主要销往北京稻香村，实现年产值4017万元、税收350万元。2006年，长沙市龙润食品添加剂有限公司在经开区马桥河路9号建厂投产，从事食品添加剂复配甜味剂和香精、香料甜味剂、饲料诱食剂生产，产品部分出口国外。2007年，湖南湖湘贡食品有限公司建成投产，主营高端系列熟食产品，固定资产1.4亿元，年产值过亿元，是为湖南省农业产业化经营重点龙头企业。

2010年，园区从事食品工业企业增至18家，形成了产业集群，有从业人员3100人，年产值21.41亿元。是年，湖南东旺食品有限公司在望城经开区建的分厂投产。公司征地3.07公顷，投资8200万元，建筑面积3.08万平方米，年产糕点食品144万件，禽肉类食品32万件，产能3亿元，税收800万元，当年实现产值2000万元，完成税收90万元。湖南旺旺食品公司多次扩大投资规模，增加至6个公司，有员工1500多人，占地面积扩大到24公顷，年产值达14亿元，成为“世界米龙”。

长沙龙润食品添加剂有限公司

旺旺新乳饮有缘广场

2012年湖南旺旺食品公司新增投资25亿元，在普瑞中路和雷高公路交叉处东北角增征土地21.34公顷，创办旺旺新乳饮，建33条乳饮生产线和17条米果生产线，总建筑面积为14.65万平方米，年生产能力66万吨，年产值57亿元，税收5.7亿元，计划2016年投产。是年，湖南欧比佳营养食品有限公司投资2.75亿元，征地6.67公顷，在望城经开区建设欧比佳婴幼儿食品项目，主要生产高端婴幼儿食品，可安排从业人员500人，年产值达31亿元，税收2300万元。该公司2013年实现部分投产，有从业人员100人，当年实现产值8500万元。同年，长沙龙润食品添加剂有限公司产品出口量增加到80吨，主要出口越南、约旦、乌兹别克斯坦和伊拉克等国，年产值1.63亿元，上缴税收70万元。

2014年至2015年，望城经开区引进食品加工类企业6家，其中规模以上企业5家，年产值过5000万元以上企业3家。长沙市德茂隆食品工贸有限公司创立于1875年，是长沙一家历史悠久的豆制品、酱腌菜、调味品专业生产经营厂家,在长沙乃至湖南享有盛名。2013年决定搬迁至望城区，2014年年初在望城经开区征地2.15公顷，投资5880万元办厂，计划2016年投产，年销售收入为5000万元、税收200万元。湖南盛世湖湘食品发展有限公司，2014年在望城经开区征地3公顷，投资6000万元，建设集湘派腊制品、酒店菜、酱腌菜开发、生产、销售于一体的综合型食品企业，预计年产值7000万元、税收225万元，于2016年投产。2015年长沙市利利平食品有限公司，在望城经开区征地1.35公顷，投资2500万元，建设长沙豆制品生产基地，年产值为7800万元，可实现利税1195万元。截至2015年，园区从事食品工业企业增至29家，从业人员3880人,年产值22.8亿元，同比增长2.1%。湖南旺旺食品公司“旺旺”商标被评为中国驰名商标；“旺旺”、“浪味娃娃图”、“旺仔”，长沙华越食品有限公司“华越•图”，湖南罗莎食品有限公司“图”，湖湘贡食品有限公司“湖湘贡•图”和湖南派派食品有限公司“派仔+图形”被评为湖南省著名商标。园区食品企业已拥有各项专利授权19项。

湖南罗莎食品有限公司

奶粉、乳制品 1995年,旺旺集团湖南总厂新上乳饮生产线,生产旺仔牛奶、利乐包牛奶，但生产数量不多，没有独立的乳饮工厂,多为复原乳。

湖南光明乳品有限公司

2000年12月，湖南光

明乳品有限公司落户高科技食品工业基地，在望城大道69号征地3.17公顷、投资2500万元办厂，生产乳制品品牌牛奶。2001年9月，投资3000万元的湖南派派食品有限公司在高科技食品工业基地建成投产，有从业人员261人，年生产液态奶517.70吨，销售收入1500万元，年实现利润120万元、上缴税金75万元。2002年9月，湖南派派食品有限公司与上海光明乳业股份有限公司合资组建湖南光明派派乳品有限公司，成为湖南最大的液态奶生产企业。该公司拥有"光明"和"派派"两大品牌产品，同时生产50多种保鲜产品和学生奶等10余种常温奶，产品畅销湖南全省各地，年总产量1708吨，产值5049万元，销售收入4949万元，利润增至404万元，上缴税金247万元。同年，湖南亚华乳业控股有限公司落户高科技食品工业基地，在高塘岭镇仁和村征地15.73公顷，投资1亿元办厂。该公司有从业人员300人，主要生产"南山""倍慧""宾佳乐"三大品牌的奶粉和乳制品，拥有40多个奶粉品种和60多个液态奶品种，年生产液态奶5万吨、奶粉5万吨，曾获"中国食品安全放心品牌""消费者最喜爱的十佳品牌""全国用户满意产品"等荣誉，是湖南农业产业化龙头企业。

2003年，湖南亚华乳业有限公司部分投产，有产业工人320人，实现产值1亿元。是年9月15日，澳优乳业（中国）有限公司落户湖南省高科技食品工业基地，投资12亿元，征用土地10公顷，建筑面积1.5万平方米，拥有从业人员500人，建有10万吨级的GMP生产车间，生产婴幼儿配方乳粉和乳制品，当年11月产品上市。同年，旺旺集团湖南总厂独资成立长沙明旺炼乳有限公司。2004年，亚华望城乳品工业园投产，实现产值2.2亿元。翌年，销售额突破10亿元。

湖南亚华乳业有限公司

2008年8月，全国三聚氰胺奶粉事件严重影响乳制品企业，亚华乳业、光明乳品、澳优乳业等企业受到重创，其他乳制品企业也不同程度的受到影响。亚华乳业有限公司1—7月份产值6.68亿元，8月份后，企业基本停产，8—12月产值为

澳优乳业（中国）有限公司

零。光明乳品有限公司年产值降至3171万元，利税为-174万元；翌年，年产值恢复到9738万元，利税316万元。在此次事件中，澳优乳业由于产品质量过硬,在国家工商局公布无三聚氰胺产品目录中公司名列榜首，澳优乳业迎来快速发展机遇。2012年，黄曲霉素奶粉事件，使从事乳制品生产企业也受到了较为严重的影响。是年，湖南旺旺食品公司新增投资25亿元，新征土地21.34公顷，建设乳饮新厂，其中有33条乳饮生产线，投产后可年增产值57亿元。

2013年，湖南亚华乳业有限公司液态奶生产线与湖南新希望乳业重组，成立了湖南新希望南山液态乳业有限公司，2014年投产，当年实现产值8145.5万元。

2014年，长沙素加营养品有限公司投资4.5亿元，收购长沙亚华乳业有限公司，同时扩大生产规模，共计用地10.7公顷，生产素加牌健抗力幼儿配方奶粉，年生产能力3万吨，年产值30亿元。有从业人员110人，2015年投产，当年实现产值9.37亿元，缴纳税金7000万元。

2015年1月，湖南欧比佳营养食品有限公司与西班牙最大的优利博卡羊乳合作社联合建设世界第二大羊奶粉工厂在望城经开区动工建设。项目用地6.67公顷，投资1.8亿元，生产“羊滋滋”牌婴幼儿羊奶粉和“滋儿乐”、“滋儿健”牌婴幼儿食品。建设规模为年产值3亿元、税收2300万元，2016年投产，2015年完成投资建设25%。

截至2015年年底，园区从事乳制品生产企业已有7家，均为规模以上工业企业；有从业人员1255人，年产值50.87亿元，实现利税4.75亿元，同比增长57%。澳优乳业（中国）有限公司，实现年产值37.32亿元，同比增长42.8%。澳优乳业（中国）有限公司，湖南亚华乳业有限公司为湖南省高新技术企业。湖南亚华乳业有限公司拥有国家级“乳制品检测实验室”1个；澳优乳业（中国）有限公司拥有省级技术中心1个和市级企业技术中心、市级工程中心各1个。湖南光明乳业有限公司“光明”；湖南亚华乳业有限公司“南山nanshan.图”；澳优乳业（湖南）有限公司“澳优”为中国驰名商标。湖南旺旺集团“旺仔”，湖南亚华乳业有限公司的“南山”“亚林”，澳优乳业（中国）有限公司的“能力多（英文）”“澳优”，湖南

澳优乳业生产车间

派派食品有限公司“派仔+图形”被评为湖南省著名商标。望城经开区乳制品企业共拥有专利授权33项。

啤酒、纯净水、饮料 **啤酒**：2006年，百威英博（湖南）啤酒有限公司来望城经开区投资办厂，在旺旺路与雷锋大道交界处东北角征地31.67公顷，投资9600万元，总建筑面积34967平方米，年生产能力为30万吨。该公司有从业人员500人，生产哈冰纯、哈冰爽、哈冰畅雪津、白沙品牌啤酒。2008年工厂建成投产，实现产值4100万元、销售收入3706万元，缴纳税金287万元，利润总额为-766万元。翌年，产值为1.4亿元，销售收入1.11亿元，缴纳税金1415万元。

百威英博产品

2013年，百威英博（湖南）啤酒有限公司完成年产量10.09万吨，实现年产值4.62亿元，与上年同比下降29.3%；实现利润1200万元，缴税5638万元。7月，“哈冰纯”啤酒送比利时总部品评，荣获“哈冰纯系列品评全球第一”“中国区品评第一”。2014年，年产值3.07亿元，同比下降33.6%；万元产值综合能耗比上年下降15.87%，达到国内同行业先进水平。是年，“哈啤”在湘、鄂、赣三省啤酒品评中获省优金奖。2015年产值为2.89亿元，同比下降5.86%。

纯净水：2008年1月，湖南旺顺食品科技有限公司投资5000万元，征地2.67公顷，在园区华林路169号办厂，与全国500强企业华润集团合作生产“怡宝”牌纯净水。同年工厂开始建设，引进3条国际主流即时灌装一体化全自动生产线，水处理系统采用国内最先进的二级反渗透技术，产能为日产6万箱。公司建厂房10240平方米、库房7680平方米、水处理车间720平方米，有从业人员230人，其中专业技术人员20人。2009年4月，工厂试投产。2010年4月二期工程建设完工投产，当年生产1500万箱，年产值3亿元，实现利税500万元。2013年，实现产值7.64亿元，同比增长-5.7%。2014年产值达8.26亿元，同比增长8%。2015年产值为4.03亿

湖南旺顺食品科技有限公司

元，同比下降51.2%。

饮料：2015年，中粮可口可乐华中饮料有限公司到望城经开区开办可口可乐饮料系列产品华中生产基地。在普瑞西路和雷高公路交界处西北侧征地12.8公顷，总投资5亿元，总建筑面积7.35万平方米，生产零度可口可乐、雪碧、碳酸饮料、纯净水、果饮及瓶坯，年产能15亿元，税收7000万元。2015年底已完成建设投资的51.3%，2016年投产。

◆第二节　生物医药

生物医药　1998年8月，湖南天龙制药有限公司投资2390万元在城关镇望城大道228号征地6.57公顷办厂，2000年9月建成投产。公司拥有从业人员145人，生产车间21153平方米，各类设备45台套，主要从事皮肤外用制剂药和中成药研发、生产，产品有硬胶囊、软膏剂、乳膏剂及护肤类产品等6大类别，年生产能力为乳膏1000万支、固体制剂4500万粒、护肤品200万支，槐花维肤膏年产值5亿元。当年实现产值1600万元。

湖南天龙制药有限公司前门

2003年，湖南新汇制药有限公司在收购原国有企业湖南湘民制药厂的同时到望城办厂，在唯罗克路18号征地7.33公顷，投资9800万元，实行GMP异地改造。建成前处理（含中药提取）、固体制剂、液体制剂、中药饮片四个车间和科研大楼，生物工程中心，建筑面积3万平方米。工厂配备了国内先进的胶囊剂、颗粒剂、煎膏剂、糖浆剂、口服液和中药饮片6条生产线，设计年产能10亿元。同年10月，湖南康寿制药有限公司与湖南省高科技食品工业基地管委会签约，在旺旺东路8号征地4.9公顷，投资5200万元，建设中药提取、颗粒剂、

湖南新汇制药有限公司

片剂、胶囊剂、糖浆剂、口服溶液剂、煎膏剂7条GMP生产线，设计年产能为中药干浸膏240吨、片剂5亿片、胶囊8亿粒、颗粒剂8000万袋、糖浆剂500万瓶、煎膏剂500万瓶、口服溶液剂1亿支，当年动工建设。

新汇制药有限公司车间

2004年1月，湖南新汇制药股份有限公司正式投产运营，有从业人员310人，其中解决残疾人就业100人，生产68个国药准字号批文药品和15个国家基本药物，如猴头健胃灵片、滋肾健脑液、蛇胆川贝枇杷膏、小儿智力糖浆、九味肝泰胶囊等品种品规。当年实现产值5900万元,完成利税1800万元。

湖南康寿制药有限公司

2005年1月，湖南康寿制药有限公司建成投产，生产42个国药准字号批文的多维铁口服液、生血宝颗粒、川贝枇杷膏、胃祥宁颗粒、复方地巴唑氢氯噻嗪胶囊、麻杏宣肺颗粒、参苏口服液、降浊颗粒、龟鹿益肾胶囊、咳特灵胶囊、茵陈五苓糖浆、三合钙咀嚼片、复方天麻颗粒等13种主导产品，有从业人员210人，当年实现产值4680万元，实现利税180万元。

2010年，经开区从事生物医药的企业增至8家，主要产品增加了生物制药,天然绿色功能添加剂、兽药、鱼药和饲料添加剂，医疗仪器设备和配套耗材以及临床诊断试剂，年总产值2.95亿元。

2014年，园区从事生物医药生产的企业增至10家，年产值4.87亿元，销售收入4.29亿元，利税7548万元，缴纳税收1605.5万元，从业人员1150人。其中规模以上企业7家，年产值过亿元企业2家。湖南新汇制药股份有限公司2014年产值达1.22亿元，比上年增长78.6%。湖南康寿制药有限公司年产值1.10亿元，比上年增长44.3%，缴纳税金450万元，同比增长35%。湖南天龙制药有限公司，2014年产值9842.8万元，与上年同比增长60.2%。

2015年深圳市安多福动物药业有限公司来望城经开区开办湖南安多福生物制药有限公司，征地3.35公顷，投资3亿元，药厂总建筑面积3.3万平方米，生产兽用药物和消毒产品。投产后年产值为50亿元，年纳税为5亿元。当年完成建设投资的14.1%。2015年，园区从事生物医药生产企业增至11家，其中规模以上企业9家，年产值5.79亿元，同比增长18.9%。康寿制药有限公司2015年产值1.50亿元，同比增长36.5%，天龙制药有限公司年产值1.25亿元，同比增长26.4%，湖南臻膳堂生物科技有限公司2015年投产，当年实现产值2791.2万元。截至2015年，园区医药企业获得国家各种专利授权23项。天龙制药、康寿制药、新汇制药、丽拓生物、路凯（湖南）科技5家企业被评为湖南省高新技术企业；新汇制药、天龙制药、路凯（湖南）科技拥有市级技术中心各1个；新汇制药拥有市级工程中心1个。天龙制药的（槐花HUAIHUA•图）（2007年、2010年），新汇制药的（新汇+图）（2011年）（2014年）被评为湖南省著名商标；天龙制药的氟轻松维B6乳膏（又名槐花维肤膏）和三子强肾胶囊，新汇制药的猴头健胃灵胶囊（片）、九味肝泰胶囊等4种药品，分别在2007年、2010年获湖南省名优产品奖。槐花维肤膏1994年被定为国家星火计划成果，同时获美国国际发明金奖，1999年获湖南省科技进步奖。九味肝泰胶囊2010年被中国中医协会评为“新世纪十年全国最受欢迎的护肝药”，猴头健胃灵片被评为“全国最受欢迎肠胃药品牌”。丽拓生物科技有限公司自主开发的产品“仪器粪便分析处理系统LTS-E100”为国内首创，获得国家发明专利和适应新型专利。

路凯（湖南）科技有限公司

湖南省丽拓生物科技有限公司

化妆·保健品　2004年，湖南远航生物科技有限公司签约湖南省高科技食品工业基地，在泰嘉路78号征地1.6公顷办厂，主要生产绿原酸系列产品，有杜仲绿原酸系列产品，金银花绿原酸系列产品，甜茶、茯苓、葛根提取物速溶茶系列产品，用于保健品、化妆品行业。该公司设计年生产能力500吨。

湖南远航生物科技有限公司

2005年7月投产，有从业人员130人，当年实现产值560万元，上缴税收18万元，其产品销往广西、四川、陕西等6省、区。翌年，产值达2810万元，上缴税收过100万元。

2010年，湖南天龙制药有限公司与美国纽约大学医学院签订系列高科技产品研发合同，2011年1月成立美兰坊（湖南）化妆品有限公司，成为天龙制药有限公司和美国健康事业研究中心共同建立的高端化妆品生产基地。该公司以黄羲博士“祛铁抗衰”世界级研究成果为核心技术，生产抗皱系列十大产品。翌年，产品扩大到金纯复颜系列、金春肌密系列等40多个品规品种。2月，其绿色小分子祛铁抗衰“铁调素”原理及运用，成功申请了国际专利，开始走向市场化运作。到2013年，美兰坊已有从业人员22人，年产值过500万元。

2015年，园区有专业化妆、保健品企业2家，从业人员156人，年产值4499.7万元，缴纳税金145万元。湖南远航生物科技有限公司年产值3700万元，与上年同比下降1.4%。

美兰坊（湖南）化妆品有限公司

◆第三节　饲料

2005年6月，湖南大北农农业科技有限公司在湖南省高科技食品工业基地、金星大道紧邻望城火车站旁征地6.8公顷，投资3000万元，办起了园区第一个饲料加工厂。一期工程建

湖南大北农农业科技有限公司

一条年产26万吨生产线。二期工程采用牧羊成套生产设备、先进机器人堆码和生产控制系统，拥有5台粉碎机、3台混合机、2条1200制粒线、1条420制粒线和6条产品包装线、11个散装圆筒仓和2台先进的机器人码垛机。后再扩大投资到2.5亿元，建成年产能80万吨的预混饲料、高档教槽料、高档乳猪料、猪配合饲料及鱼配合饲料生产线。2006年12月投产，有从业人员600人，当年实现产值1000万元。是年，台湾大成集团在华中地区投资兴建的第一家专业化猪饲料公司——湖南大成科技饲料有限公司，在经开区泰嘉路58号用地1.75公顷，当年建成投产，实现产值464万元，上缴税收5万元。同年，韩国三星集团在华投资的第8家饲料企业——希杰（长沙）饲料有限公司在经开区仁和路8号建成投产，年产能为12万吨。当年，有从业人员45人，实现产值1100万元。同年，由香港大生行和中国农业大学共同投资的长沙唐人神湘大骆驼饲料有限公司落户经开区，在仁和路6号征地2.34公顷办厂，年设计生产能力为18万吨，主要生产猪用配合饲料、猪用浓缩饲料、鸡鸭配合饲料等,2007年6月投产，有从业人员65人，当年实现产值5000万元，上缴税收24万元。

希杰（长沙）饲料有限公司

2014年，园区共有饲料生产企业5家，其中规模以上企业4家，从业人员960人，年产值13.42亿元，与上年同比下降0.86%，完成税收520万元，与上年同比下降2%。2015年，园区饲料生产企业产值为10.71亿元，与上年同比下降20%。湖南大北农农业科技有限公司2015年完成工业产值7.37亿元，同比下降25%，完成税收310万元。长沙唐人神湘大骆驼饲料有限公司2015年完成工业产值1.81亿元，同比下降7.2%。湖南大成科技饲料有限公司2015年完成工业产值1.23亿元，同比下降1.7%。湖南大北农农业科技有限公司2012年被评为湖南省高新技术企业，2013年被评为长沙市“两型”示范企业，2014年授予市工程中心。长沙唐人神湘大骆驼饲料有限公司“骆驼LUOTUO及图”被评为中

长沙唐人神湘大骆驼饲料有限公司

国驰名商标。该公司“骆驼LUOTUO图”“湘大”“大生”“加乐”和湖南大北农农业科技有限公司“播种”被评为湖南省著名商标。大北农科技有限公司的鱼用配合饲料“大北农”“播种”被评为湖南省名牌产品；公司拥有专利授权9项。长沙唐人神湘大骆驼饲料有限公司的骆驼牌饲料在中原大地十分畅销，享有“饲料一枝花 骆驼富万家”的美誉。

◆第四节　企业选介

旺旺乳饮新厂

旺旺集团湖南总厂　旺旺集团湖南总厂是一家从事食品生产、销售的台商投资企业。1992年7月，台湾旺旺食品集团与湖南华湘进出口集团合作创办湖南旺旺食品有限公司后，先后成立了长沙旺旺、湖南大旺、湖南真旺及湖南富强旺五家独立法人公司，投资总额从1992年的600万美元增至1.36亿美元，注册资本增至6200万美元，工厂占地面积24公顷。

旺旺集团湖南总厂1994年1月正式投产，年产量为4500吨，主要产品有旺旺雪饼、旺旺仙贝、浪味仙、旺旺小小酥、旺旺碎冰冰、旺仔牛奶、利乐包牛奶；纸箱、塑料包材及电解水等。

从1998年起，旺旺集团湖南总厂产品商标“旺旺”“旺仔”图形和“浪味”“旺仔”以及“娃娃图”连续多届入选“湖南省著名商标”，“旺旺”2008年被国家工商总局认定为“中国驰名商标”。旺旺集团湖南总厂2006年被长沙市评为“长沙市非公有制优秀企业”，2010年长沙市委、市政府授予“优秀高新技术企业”。

旺旺集团湖南总厂现有员工2100余名，年产值13.5亿元。2013年新增投资25亿元开发建设旺旺乳饮项目，增征土地21.34公顷，新建33条乳饮生产线和17条米果生产线，2015年年底试生产，投产后可实现年产值60亿元、税收5亿元，成为走向全球的“世界米龙”

澳优乳业（中国）有限公司　澳优乳业股份有限公司（01717HK）是在香港主板上市的专业高端乳品、食品公司，是在全球范围内从事生产、研究及销售婴幼儿奶粉、婴幼儿食品、成人食品、基粉、奶酪黄油等乳制品企业。旗下有澳优乳业（中国）有限公司、澳优海普诺凯（荷兰）乳业公司，所生产的自有品牌Kabnta牌奶粉畅销中国、美国、荷兰、德国、意大利、俄罗斯、阿联酋等40多个国家和地区，其“能力多海普诺凯1897”“美纳多”品牌全面覆盖中国高、中、低端奶粉市场。澳优已成为在全球拥有完善的从收奶、生产到市场终端销售的产业链条，在中国、北美、欧洲、俄罗斯、中东等地拥有销售服务网络的国际乳业公司。

澳优乳业（中国）有限公司

澳优乳业（中国）有限公司生产基地位于望城经济技术开发区，占地10公顷，建筑面积1.5万平方米，有10万吨级的CMP生产车间，有先进检测能力的化验室，设施完善的产品研发室。2012年3月，澳优公司在京与北大签订十年“产学研”战略合作协议，联合成立“北大澳优母婴营养研究中心”，投入1000余万元组建了权威专家团队，开展母乳基础研究、婴幼儿配方成份研究、新品医学及喂养临床验证等工作。2013年中国（长沙）科技成果转化交易会上，澳优与北大公共卫生学院、中国农业大学合作的特殊配方婴幼儿奶粉的研究与开发、婴幼儿配方奶粉中营养成分的贮藏变化研究与应用项目，作为重大签约项目在本届科交会的开幕式上进行了现场签约。2013年澳优乳业（中国）有限公司获得“长沙市创新型企业”称号，同时获得长沙市科学技术进步奖三等奖、知识产权转化优秀项目奖。是年，公司申请专利6项、获得4项专利授权。

澳优乳业（中国）公司是湖南省科技厅认定的高新技术企业，是中国市场领先的婴幼儿奶粉生产商，是五大国际品牌中唯一由中国企业家创办的企业。到2014年公司共获得专利28项，其中发明专利17项、外观设计专利8项、实用新型专利3项；获授权专利19项，其中自主发明专利11项、外观专利5项、实用新型专利2项、独占许可发明专利1项。其“低渗透压婴幼儿配方奶粉”获评2013年度知识产权转化优秀项目。公司共获得注册商标40项，其中“澳优”商标获中国驰名商标；2010年被福布斯评为“中国最具发展潜力企业”第八名，2012被评为“中国社会责任企业”。

澳优乳业（中国）有限公司2015年工业产值为37.3亿元，缴纳税收过亿元。

湖南亚华乳业控股有限公司　湖南亚华乳业控股有限公司是中国中信集团公司全资控股、集乳制品生产、加工、销售、科研于一体的大型乳品企业，曾获“农业产业化国家重点龙头企业”“中国食品安全年会食品安全示范单位”等称号。

“南山”品牌系中国驰名商标。追溯到1934年，当时王震将军带领红六军团翻越湘西老山界，爬上南山山顶，看到一望无际的草地时对战士们说：“以后要在这里建上一个南山牧场，让全国的孩子们喝上咱南山自己的牛奶，穿上南山自己的羊毛衣。”为实现这个夙愿，1973年王震任农垦部部长时开始了大规模南山开发建设，并从北京、内蒙古等地请来一批专家建设牧场，1974年第一袋南山奶粉正式问世。

南山部分产品

2002年，有着悠久历史的南山乳业进入望城办厂，2004年投产。公司占地面积15.73公顷，年产奶粉5万吨、液态奶5万吨，是中国食品工业百强企业和国家农业产业化龙头企业。

亚华具有雄厚的科研实力，建有博士后科研工作站和南山婴幼儿营养与健康研究中心。公司技术中心是湖南乳品行业唯一的省级企业技术中心，中心实验室被评为国家级实验室。亚华有强大的产品研发队伍，具有丰富经验的研发技术人员数十人，承担或参与国家级项目3项，省、部级课题6项；拥有4项国家发明专利；参与14项国家标准制定工作，自主申报国家标准3项。其科研成果位于国内同行业领先地位。

“树百年品牌 强国人体质”是亚华的企业精神。

亚华中心试验室投资2000多万元引进了国际一流的高效液态奶相色谱仪、气相色谱仪、原子吸收光光度计、全自动氨基酸分析仪、美国贝克曼LS13320激光粒度分析仪等多种仪器设备，确保了检测工作的科学性、规范性、公正性，确保了量值的统一和数据的准确。公司生产线全套引进瑞典进口的全自动控制设备，生产工艺领先，产品品质保证。其产品包括“南山”“宾佳乐”

“东华士”等品牌，有鲜奶系列、酸奶系列以及乳饮料系列计50多个品种，销售覆盖湖南全省及河南、江西、安徽、四川、广西等省份，拥有较高市场占有率，深受广大消费者的信赖与喜爱。公司曾先后获得“中国食品安全放心品牌”“消费者最喜爱十佳品牌”等荣誉，顺利通过国家学生饮用奶定点生产企业认证，成为湖南首家通过此认证的乳制品企业。1988年亚华种业在深交所上市；2007年“南山”被评为“中国驰名商标”，“南山”“宾佳乐”商标被认定为湖南省著名商标。

湖南光明乳品有限公司 湖南光明乳品有限公司是集乳品加工、生产和销售于一体的股份制企业。光明公司秉承“创新生活 共享健康”的企业使命，承担着湖南省“光明”品牌系列保鲜乳制品的生产与销售，在保鲜乳制品市场份额上稳居全省前列。

光明乳业部分产品

光明乳品有限公司是湖南省率先使用“ERP”系统进行经营全程管理的乳制品企业，产品销售覆盖湖南80%的县级市场，拥有一个遍布全省的多渠道、多时段的主体销售网络，在保鲜市场处于领先地位。光明乳品有限公司在努力做好深受消费者喜爱的“光明1911牌160g风味发酵乳”和“光明健能大碗杯140克风味发酵乳”的同时，重点推出儿童咔奇系列新产品，2013年导入上海总部食品安全管理手册，进入上海及外地市场。

光明乳品公司曾先后荣获“湖南省消费者信得过单位”“长沙市质量信得过单位”“长沙市农业产业化经营龙头企业”“湖南省产品质量奖”“湖南省名牌产品”“长沙市政府放心早餐食品工程”等荣誉称号和奖项，跻身湖南省“消费者最喜欢十大牛奶（乳制品）品牌”行列。

百威英博（湖南）啤酒有限公司 百威英博（Anheuser-Busch in Bev）是一家全球性上市公司，总部位于比利时鲁汶，是全球领先的啤酒酿造商，世界500强企业中排名第56位，也是全球五大消费品公司之一，位列《财富》杂志评选出的“全球最受尊敬企业”饮料行业榜首，在20个主要市场保持着第一和第二的位置。

百威英博（湖南）啤酒有限公司

百威英博（湖南）啤酒有限公司前身为国营企业长沙啤酒厂，始建于1977年，是湖南省最早的啤酒生产企业之一，位于望城经济技术开发区内，占地31.66公顷，总建筑面积34967平方米，员工近500人。该公司生产品种有“哈冰纯”“哈冰爽”“哈冰畅”“雪津”“白沙”，在2014年湘鄂赣三省啤酒品评中获得省优金奖；2013年7月哈冰纯送比利时总部品评荣获“哈冰纯系列全球第一”；2014年4月品评列中国区第一，产能为年产30万吨。

百威英博（湖南）啤酒有限公司2010年通过工厂优化管理审核，并先后获得“两型创建示范企业”、“食品卫生等级A级单位”等多项荣誉。其生产的白沙、哈尔滨啤酒以清醇、清爽的口感得到消费者的喜爱，荣获“湖南省省优产品”称号。

湖南新汇制药股份有限公司 湖南新汇制药股份有限公司拥有68个国药准字号批文，其中15个为国家基本药物，常年生产猴头健胃灵片、猴头健胃灵胶囊、滋肾健脑液、蛇胆川贝枇杷膏、小儿智力糖浆、九味肝泰胶囊等20多个品规品种的产品。

湖南新汇制药股份有限公司

2003年公司投资近亿元实行GMP改造，建成前处理（含中药提取）、固体制剂、液体制剂、中药饮片四个车间和现代化综合科研大楼、生物工程中心、新汇医药公司等，建筑面积3万多平方米，配备了国内先进的胶囊剂、颗粒剂、煎膏剂、糖浆剂、口服液和中药饮片六种剂型六条生产线，设计年生产能力10亿元。系我国中南地区集中药研制、中药制剂、中药饮片和生物工程产品生产、销售为一体的现代化高科技医药企业。2008年，公司“诚信构建”工作典型经验得到湖南省食品药品监督管理局肯定，并在全省食药行业予以推介。2009年至2013年，公司被评为“湖南省诚信建设示范单位”“湖南省诚信企业”“全国药品质量百姓放心品牌企业”“全国制药行业重合同守信用品牌企业”“中国诚信经营AAA级企业”长沙市“优秀技术创新示范企业”。公司生产的新汇牌“猴头健胃灵片（胶囊）“滋肾健脑液”“九味肝泰胶囊”“小儿智力糖浆”被中国医药协会评为“全国最受欢迎”品牌用药。2014年，“猴头健胃灵片（胶囊）”“九味肝泰胶囊“滋肾健脑液”评为湖南省名牌产品；2011年、2014年“新汇”牌商标两次被认定为湖南省著名商标。

2006年，新汇公司获批设立“长沙市企业技术中心”，2013年授牌“市级工程中心”“长沙市药用菌丝体综合利用工程试验室”。新汇“创新胃药猴头健胃片产业化”被列入国家火炬计划；“食药真菌猴头菌培养物的新型固体发酵技术及产业化示范”被列入“十二五”农业领域“国家星火计划”。

湖南天龙制药有限公司 湖南天龙制药有限公司是国家皮肤外用药生产、研发的重点企业，湖南省高新技术企业，是湖南省最大的皮肤用药生产基地。

湖南天龙制药有限公司一角

天龙制药有限公司注册资金2390万元，占地6.57公顷，有员工2145人、设备45台套，主要从事硬胶囊、软膏剂、乳膏剂以及皮肤类化妆品的生产和销售。公司现建有年产1000万支乳膏剂生产车间、4500万粒固体制剂规模车间和200万支化妆品生产车间，拥有5个上市产品，即槐花维肤膏、槐花牌曲味新乳膏、槐花牌复方醋酸地塞米松乳膏、三子强肾胶囊、消肿痔疮胶囊。其中，槐花维肤膏和三子强肾胶囊为公司发明专利。槐花维肤膏质量稳定，已规模化生产，销售覆盖全国，早在医药界享有“南有维肤膏、北有皮炎平”的美称。产品荣获“93中国科技之星国际博览会金奖”，“1994年全国星火计划成果金奖”“1994美国国际发明专利金奖”“1994国家级新产品奖”“1997湖南省产品质量奖”“1999年省科技进步奖”。“槐花维肤膏”被评为湖南省品牌产品。

公司坚持不断开发创新，现已建立起由中国医科大学、中南大学药学院、中南大学湘雅医院、湘雅二医院、湘雅三医院、湖南中医药大学、湖南省中医研究院等单位专家教授组成的“专家库”，确保准确把握市场和科研动向，增强研发能力。公司2010年与美国纽约大学医学院签订系列高科技产品研发合同,2011年成立美兰坊（湖南）化妆品有限公司，生产祛斑防衰老药妆护肤品。

从2000年开始，公司连续10年被授予“利税过千万元大户”，2000年被评为“湖南省明星民营科技企业”“外商投资先进企业”，2004年被湖南省银行协会评为“守信用企业”，2006年被评为 “长沙市经济百强企业”“长沙市创新发明单位”“长沙市高新技术企业十二强”，2007年获 “长沙市品牌建设先进单位”，2011—2012年分别获“绿色企业”“两型示范企业”荣誉称号，同年被长沙市政府评为“花园式单位”。

路凯（湖南）科技有限公司 路凯（湖南）科技有限公司是从事天然绿色功能饲料添加剂、兽药、预混料及天然产物研究、开发与生产的国家级高新技术企业。

路凯（湖南）科技有限公司

公司于2006年1月18日成立，坐落于望城经济技术开发区金星中路，注册资本1900万元，占地4.85公顷。

公司生产最终灭菌小容量注射剂（含中药提取）、最终灭菌大容量非静脉注射剂、颗粒剂、粉剂、散剂、预混剂、消毒剂（液体）、杀虫剂（液体）及固体消毒剂、甘草浸膏、甘草流浸膏、远志流浸膏、姜流浸膏等剂型计29个品种。明星产品有：益免特（七清败毒颗粒）、黄芪多糖提取物、路凯安痢、金根注射液、凯弗注射液、路芪注射液等。

路凯拥有由中科院院士参与及一批专家教授、博士、硕士等组成的工程技术人员队伍，同时与国内外多所大学，如湖南农大、华中农大、长沙学院、长沙理工大学、美国哈佛大学、田纳西州州立大学、美国圣约翰儿童医院、日本千叶大学等建立了合作关系，保证了专业人才的输入和高端技术的引进。公司注重与科研院所的技术合作，积极转化科研成果，与中科院联合开发了新产品饲料添加剂、精氨酸生素。

路凯生产设备完善，拥有标准厂房6245平米，设有专门的理化无菌室、微生物限度室、抗生素效价室、精密仪器室和高温仪器室等，同时配置了各类设备110多台套，其中重要车间年生产能力可达1000吨以上，可生产加工多种高纯度植物功能成分，年生产能力可达50吨以上。颗粒剂年产量可达50吨，粉剂年产量可达500吨，散剂年产可达800吨，预粉剂年产量可达500吨。

公司2009年度被评为湖南省“工业经济工作技术创新先进单位”，2010年被评为湖南省“质量信用A级企业”，2011年评为湖南省“高新技术企业”。其“N-氨甲酰谷氨酸制备方法”等获国家发明专利共计12项，“仔猪肠道健康调控关键技术及其在饲料产业化中的应用”等获国家科技进步二等奖。近年来，公司研发的产品获湖南省科技进步一等奖3项，美国发明与新产品金质奖3项，中国新技术专利产品金质奖3项。

湖南大北农农业科技有限公司 湖南大北农农业科技有限公司是农业产业化国家重点龙头企业、湖南省高新技术企业、首批拥有国家级企业技术中心企业。公司主要生产经营大北农牌、播种牌禽畜水产饲料。有预混料、高档教槽料、猪配合料及鱼配合料、膨化料8条生产线，年产能力80万吨。其生产工程采用牧羊成套饲料生产设备、先进的机器人和生产控制系统，拥有5台粉碎机、3台混合机、2条1200制粒线、1条420制粒线和6条产品包装线,库房采用先进机器人码垛机，厂区总投资超2.5亿元，已成为了湖南产能最大、生产设备最先进、自动化程度最高、生产线布局最完善的现代化饲料生产基地。2010年，公司在深交所实现上市。

湖南大北农农业科技有限公司一角

大北农重视人才引进与开发。公司现有员工2600余人，大学专科以上学历人员275人，其中本科154人、硕士研究生30人、博士生1人、高级工程师1人。公司与中科院亚热带农业生态研究所共建了博士工作站。2012年申请专利已授权9项，其中1项为发明专利、8项为适应新型专利。专利技术应用进一步增强了品牌竞争力，拓展了市场范围和容量。2013年产销饲料23.8万吨，实现工业产值10亿元。

大北农2008年被长沙市评为“目标管理先进企业”，2009年被评为“高新技术企业”，同时被列为长沙市“创新型建设单位”；2011年被认定为“湖南省农业产业化重点龙头企业”，2012年获“湖南省农产品加工质量安全奖”。2013年被评为市级“企业技术中心”“长沙市优秀技术创新示范企业”。其“播种”牌饲料商标被评为湖南省著名商标。

第三章 现代商贸物流产业

2006年以前，园区的商贸物流业多以小型、个体、分散为主,无规模企业。2006年，园区“三园合一”，给望城经开区的商贸物流业发展带来了勃勃生机，得到了长足发展。是年，晟通科技集团有限公司在望城经开区投产，其下属物流公司除承载公司自身运输物流业务外，有40%空间对外承担物流运载业务，解决了部分单位的进出货物运载问题。2008年，湖南高星（钢铁）物流园项目落户望城经开区，总投资达103亿元，设计年交易额突破200亿元。2009年，奥特莱斯环球折扣购物中心进入园区，占地107公顷，投资50亿元，建设商业城。2010年，金桥国际商贸城入驻望城经开区，规划用地733.3公顷，一期用地113.34公顷，投资80亿元，建设实现年营销额1000亿元的全业态商贸物流平台。随后，湖南华瑞物流公司、湖南兆星物流公司、湖南省绿网物流有限公司、湖南锦星物流有限公司普洛斯（长沙望城）城市配送物流中心

湖南高星（钢铁）物流园一角

金桥国际商贸城电子信息交易中心

相继进入园区。2015年，望城经开区商贸物流产业集群业已形成。

◆第一节　工业物流

2006年以前，望城经开区物流业也比较单一，无一规模以上企业，当时的物流主要分为两种类型：一是企业自行组织车辆运输和供货商送货上门，企业、商户自行接货 ； 二是民间组织的小型运输队伍和个体户车辆承包企业原材料的供应和产品销售运输业务。园区没有形成规范性的、上规模的物流产业。

2006年，晟通科技集团有限公司投产开业。这是一家大型高新技术股份制企业，下属6个子公司，其中物流有限公司注册资本1亿元，有从业人员900人，总占地面积18.2公顷 ，仓储总面积10万平方米 ，仓储等级为丙二类商用五星级，系湖南最大的钢结构单体仓库。该公司主营公路运输、公铁联运、内河航运、水陆联运、仓储配送、供应链经融等服务，是国家AAAA级综合服务型物流企业。公司拥有牵引货车和铝制轻量化半挂车860辆，在全国各地建立90个联系站。公司立足总部配送业务，辐射湖南全省，开展城际北线（长沙—岳阳）、城际西线（长沙—益阳—常德）、城际南线（长沙—株洲—湘潭）和大河西区域（宁乡—望城—长沙）物资配送，同时与南车集团、中联重科、格力、海尔、旺旺等大集团公司建立了业务合作关系。公司年营业收入2.1亿元。

2008年，湖南高星（钢铁）物流园项目落户望城经开区，依托大河西先导区唯一的火车货站—长沙西货站而建，是长沙市“大河西先导区快速发展规划”主要的物流园区，《长沙市现代物流业发展规划（2011—2020）》规划的五大物流园之一 ，同时也是湖南省发改委核准的大型钢铁产业集群项目。项目建设用地134.67公顷，总投资103亿元，规划年实现钢材吞吐量1300万吨，年交易额700亿元，其中装饰建材预计实现年交易额200亿元。

高星钢铁物流园与石长铁路总公司铁路专用线项目入园签约仪式

2013年10月，湖南高星（钢铁）物流园一期工程完工，正式开市运营。市场交易区18万平方米的商业市场和2万平方米信息大楼及堆码场投入使用，签约商户1010户，招商率91.77%，入驻开业率达98.29%。

2014年6月，湖南高星（钢铁）物流园与石长铁路有限责任公司签订了铁路专用线项目合作协议书，明确翌年铁路专用线投运。是年，公司完成货物吞吐量60万吨。

2015年，普洛斯投资管理（中国）有限公司在望城经开区投资建设普洛斯（长沙望城）城市配送物流中心。这是一家中国与日本市场在现代物流行业中涉及到25个城市的122个综合性园区拥有的物流产业网络枢纽平台。项目用地6.67公顷，投资1.2亿元。投产后年产值为1700万元，税收400万元，当年动工建设，预计2016年投产。截至2015年，园区的物流产业企业增至10家，其中规模以上企业6家，有从业人员1675人，各类货运车辆1480台，年货物吞吐量550万吨，实现年度产值9.6亿元，同比增长28%；完成税收3270万元，同比增长5.15%。其中高星（钢铁）物流园拥有各类运输车辆120余台，从业人员210人，年完成货物吞吐量70万吨，五六联盟电商物流有限公司拥有各类运输车辆900台，年货物吞吐量410万吨，2015年产值达7.23亿元。

◆第二节　商贸业

随着园区产业的发展，企业从业人员迅速增加，区内流动人口和常住人口增多，市场需求量增大，促使商贸业迅速发展，私营商业网点和个体工商户迅速兴起，各类商店、摊位、中小超市和卖场增多，经营者多为个体经营户和失地农民，经营项目也由过去的餐饮、食品、日用品、小商品增加到家电、服装、药品、建材等。

奥特莱斯购物公园

2008年，经开区范围内共有各类商业网点284个、私营商户2346家，注册资金3790万元，从业人员3025人，年完成社会消费品零售总额10.33亿元，同比增长13.5%。

2009年2月，奥特莱斯环球折扣购物中心项目正式落户望城经开区，选址星城镇腾飞村、马桥河村和东马社区，东临雷锋大道，西靠马桥河风光带，南与金星中路东马社区相连，北至同心路，总用地面积107.2公顷。项目投资50亿元，当年动工建设。2010年，一期工程竣工投入运营。项目分为裕田奥莱小镇、西班牙风情别墅、购物公园休闲广场。集购物、度假、旅游、生态养生于一体，荟萃了500余家世界名牌，价格低至1至3折。运营后，每年主办多场国际一线品牌时装发布会和世界顶级模特大赛，带来1000万人次的消费群体，极大促进望城的旅游、餐饮、购物等产业的发展，填补长株潭城市群的高端商业空白和新型旅游消费的空白。

奥莱小镇

2010年，湖南第四届湘商大会、长沙大河西国际商贸物流城（后更名为金桥国际商贸城）项目签约望城经开区。该项目由湖南百家汇投资有限公司投资建设，位于园区普瑞中路南侧，东临绕城高速，南临长张黔高速，西临黄桥大道，北靠长石铁路的长沙货运西站和普瑞中路，是发展现代商贸物流的黄金区域。该商贸城规划用地733.34公顷，总投资600亿元，建筑面积1500万平方米，其中商贸区建筑面积980万平方米，仓储区建筑520万平方米，分三期开发，一期用地113.34公顷，一期投资80亿元，打造集企业总部城、创新金融城、家居建材城、服饰百货城、电子商务城为一体、涵盖专业市场、大型会展、仓储物流、休闲旅游及相关产业配套的中南地区最大的商贸物流中心、现代化国际商贸新城。达产后，金桥国际共拥有商铺13万间，可提供50万个就业岗位，日均人流量30万人次，年交易额1000亿元，可实现年税收50亿元。

金桥国际商贸城

2014年，奥特莱斯开业，入驻品牌达260家，包括 D&G 、VERSACE 、GUCCI 、Burberry、Emporio Armani、Ferragmo、PRADA、JEEP、Nike、Adidas等众多国际名品集合店，加上乐田L-MAX影院、“疯狂飞麦咭”等亲子互动项目，引领长沙购物游乐度假消费新体验，当年实现商业销售额1.2亿元。同年11月，金桥国际商贸城面市开盘，成交客户2100户。2015年，金桥国际商贸城部分商户试营业。是年，园区从事商贸业人员3420人，完成社会消费品零售总额21.31亿元，同比增长17.3%。

◆第三节　企业选介

金桥国际商贸城　金桥国际商贸城项目是由湖南百家汇投资有限公司投资建设的重大项目，是省、市、区三级重点建设项目和国家交通部全国20大物流基地重点建设项目，位于长沙大河西先导区黄桥大道以东556平方公里新城区的副中心，国家级望城经济技术开发区，是发展现代商贸物流的黄金区域。

金桥国际商贸城市场集群

金桥国际商贸城项目用地733.34公顷，总建筑面积1500万平方米（其中商贸区建筑面积980万平方米，仓储建筑面积520平方米），总投资600亿元，打造集企业总部城、创新金融城、家居建材城、服饰百货城、电子商务城于一体，涵盖专业市场、大型会展、仓储物流、休闲旅游及相关产业配套的中南地区最大的商贸物流中心。其企业总部城建筑面积50万平方米，有世界级湘商总部基地，有全球中华邵商联合会,同时还有湖南省工商联确定的全省民营企业集团组织驻地；创新金融城引进了长沙唯一的金融后台中心；家居建材城建筑面积为60万平方米，可容纳超过1000家全球知名家居建材品牌旗舰店入驻，为国际国内一线家居装饰建材品牌打造展销总部；百货副食城建筑面积62万平方米，通过批零集散中心的运营模式，为中国中西部地区日用消费品集散中心。金桥国际商贸城年交易额可达1000亿元以上，实现年税收50亿元，提供30万个就业岗位。

湖南高星（钢铁）物流园　湖南高星（钢铁）物流园位于长沙大河西先导区核心区域望城经济技术开发区，依托大河西先导区唯一的火车货站——长沙西货站而建，是湖南省发改委核批的大型钢铁产业集群项目，省、市、区三级政府重点建设项目。该项目旨在打造中部地区规模超大、供应链完整、交易品种齐全、交易量超大、加工配套服务完善的千亿元级钢材物流集散中心。高星物流园项目规划设仓储加工、市场交易、商务行政、生活配套等4大分区，可

湖南高星（钢铁）物流园一角

提供展示贸易、货物装卸、仓储、加工、运输、配送、金融物流、仓储物流信息、仓储技术、商务及生活配套等多种服务，成为供应厂商、零售商、加工企业、客户的“一站式”物流平台。物流园区通过利用现代装备和技术，以“电子商务、物流配送、流通技术、连锁经营”5大支撑为载体，立足长沙大河西，深耕长株潭“3+5”城市群，辐射中部六省，影响全国。

湖南高星（钢铁）物流园地处长沙大河西核心市场群，是新规划11个市场群中最大的一个。项目建设用地134.67公顷，总投资约103亿元，年钢材吞吐量约1300万吨、交易额700亿元，装饰建材年交易额200亿元，打造中部地区全业态专业市场集群。

项目从石长铁路西货站引入铁路专线进入物流区，建设信息中心1栋2.28万平方米，连体3层门面54栋1586个铺面，合18.45万平方米；物流区建设仓库46跨约合23.28万平方米、室外堆场若干。

市场交易区、信息大楼于2013年10月31日正式开市运营，千余经营户进驻高星物流园开门经营。市场交易区二期26万平米2015年年底建成投入使用。仓储物流区5万平方米室内库、2万平方米室外堆场，可实现年货物吞吐量150万吨。2万平方米的裁剪开平加工中心，合约10万平方米的加工一条街投入使用。高层配套区40万平方米，完成开发建设。对拉动区域经济提升，促进望城乃至整个大河西先导区经济腾飞发挥重要的作用。

环球奥特莱斯 环球奥特莱斯是裕田中国发展有限公司（香港联交所上市公司）吸纳欧美奥特莱斯的精华打造的真正意义上的集购物、休闲、娱乐、旅游、度假于一体的国际OUTLETS生态购物公园。其主要业态及品类，包括国际奢侈精品品牌折扣店、国内高端男女服饰品牌、时尚流行男女服饰品牌、流行快销服饰品牌、运动户外休闲服饰品牌、流行时尚皮鞋皮具箱包配饰、家居生活杂货体验馆、儿童亲子游乐馆、流行鞋包品综合馆、欧美风情街、咖啡休闲复合式体验餐厅、甜品果汁吧、IMAX影院、主题式量贩KTV、精致生活个性超市等，是目前长沙乃至湖南体量最大、功能最全的奥特莱斯购物公园。

该项目占地33公顷，规划建设面积50万平方米，停车位8000个，总投资30亿元，一期已建成10万平米，已于2014年10月全面开业，入驻品牌店260家。目前已经开业的有汇聚了多家世界顶级品牌的国际名品集合店，旗下拥有Zegna、Versace、Prada、Dolce &Gabbana、D&G、Guess 、Just Cavalli、DIESEL、FERRE等众多国际大牌，同时还有NeroGiardini、MarinaMilitare 、GEKKO、诺帝卡等时尚品牌，和NIKE、Adidas、Newblance等运动品牌和必胜客欢乐餐厅，以及美国户外休闲牌The North Face、乐田IMAX影城。开放、自然、公园式、街区化设计，让消费者既体验了奢华与前卫，又享受了自然生态与舒适安逸。

环球奥特莱斯一角

第四章 电子信息产业

望城经济技术开发电子信息产业发展布局图

十二五”期间，望城经开区电子信息产业发展很快，逐渐成为经开区当今最具魅力的朝阳产业。为营造电子信息产业发展环境，经开区管委会2013年决定，在园区望城大道高冲村段两侧、虎形山西南面，规划土地80公顷，建立电子信息科技园，引进投资60亿元以上的电子信息产业企业，重点吸引无线设备、平板电脑、智能手机、模具、自动化设备、软件开发、电子信息传输等产业落户园区。到“十三五”期间实现年产值300亿元，税收15亿元。2014年，中共长沙市委办公厅以“长办发〔2014〕28号”关于印发《工业园区转型提质发展三年行动计划》的通知，明确电子信息产业定为望城经开区发展的主导产业，产业比例占10%以上、

增幅100%以上，为望城经开区电子信息产业提供了发展机遇。

截至2015年，望城经开区有电子信息类企业24家，其中规模以上企业3家,实现产值10.71亿元，缴纳税收1800万元。

◆第一节　信息网络服务

2009年6月，长沙欧柏泰克有限公司进入望城经开区，注册资金3000万元,投资1亿元，在雷锋大道和普瑞路交界处的普瑞路139号征地4公顷，创办欧柏泰克服务外包科技园。科技园含4个项目，即欧柏泰克软件研发公司、呼叫中心服务外包公司、现代服务外包公司、外包服务人才培养基地。长沙欧柏泰克有限公司为湖南首家大型网络营销公司，主要从事软件研发，面向湖南省及全国各地区开展网络营销、外包业务和网络营销培训，同时提供网站建设、网站设计、网站优化、网站维护、网站推广、SEO优化、营销策划、网络营销等一系列专业服务，系电子信息产业全方位服务的新型企业。欧柏泰克科技园区分两期开发，一期开发2.67公顷，建筑面积4万平方米，其中欧柏泰克软件公司5000平方米，可容纳1万个呼叫坐席，呼叫中心服务外包公司2万平方米，现代服务外包公司1万平方米，外包服务人员培训基地5000平方米。2012年建成投产，当年实现产值4600万元，缴纳税收150万元，创利润240万元。

2013年，长沙九窝网络科技有限公司进入望城经开区黄金创业园。这是一家集商业信息搜索平台研发及运营，计算机软硬件研发、销售、维护，网络技术服务，商务信息服务，系统集成、网站设计、网络推广服务于一体的电子信息企业。旗下有商翼云和商企通两大商业信息资源搜索平台，为中小微企业提供信息服务，同时开展三站合一系统（PC官网、手机官网、微信官网）研发及相关服务，当年有从业人员22人，营业收入210万元。

欧柏泰克服务外包科技园

2014年，湖南网讯通科技发展有限公司进入望城经开区投资建设“国网电力长沙光讯通产业园”项目。该项目选址经开区电子信息科技园内望城大道与丹桂路口交叉东北角，注册资金5001万元，总投资52亿元，项目一期投资13.43亿元，征用土地24.33公顷，净用地21.56公顷，建设生产平面光波导元器件AWC芯片、北斗导航系列产品、电力节能自动化设备、PLC器件项目、无线网络基站及节能环境研发和国家级产品检测实验室项目。项目建设周期为3年,达产后，每年实现产值100亿元，上缴税收3亿元。第一期建设周期2年，总建筑面积37.42万平方米。其中，研发楼5.51万平方米，生产厂房25.93万平方米，产业孵化楼5.13万平方米，职工公寓5.56万平方米，地下车库1.47万平方米，食堂6845.46平方米；新增生产设备368台套，招聘员工3000人，其中境内外专家50人，各类专业技术人员670人，各类专业技术生产员工2200人。项目竣工投产后，每年可生产PLC系列器件74万套、电力节能自动控制设备5万台套、北斗导航系列产品622万台套，可实现年销售收入33.2亿元、税收1812.92万元、利润2.68亿元，利润率达14.95%。

截至2015年，园区从事电子信息网络服务的企业已有10家，已投产的7家,有从业人员320人，实现年产值4.82亿元，缴纳税金600万元。

◆第二节　软件制造

2010年，欧柏泰克软件研发公司投产运营后，望城经开区软件制造业企业已有4家：湖南海天电子有限公司、湖南富能高新科技有限公司、湖南汉耐电子科技有限公司等，共有从业人员130人，年产值8500万元，年缴纳税金160万元。至“十一五”末，经开区电子软件制造业总体呈现产业规模小，基础薄弱，产品附加值低，布局比较分散，企业之间关联合作程度低，没有形成明显集聚效应。

海天电子产品图

2012年，湖南科太电气有限公司进入望城经开区。该公司是由湖南电器研究所主导组建的高科技公司，主要生产高压电动机干式调压软启动装置。该启动装置是机器调电感原理的专利产品，已通过软件企业认证，广泛用于水利、水电、火电、冶金、矿业、化工、建材、造纸、制糖、木业等大中型制造业。公司2007年获湖南省水利水电科技进步一等奖，2008年获湖南省科技厅科技进步奖三等奖，2009年获国家创新基金奖，其产品列入《2009年度水利先进实用技术重点推广指导目录》，2012年列入《电力设备选型手册》。

2013年，长沙硕博电子科技有限公司落户望城经开区，并同时注册了长沙硕博电子科技有限公司和长沙库特电子科技有限公司，在同心路1号项目基地征用土地1公顷，投资3800万元开办公司，主要研发自动化控制器。该产品适用于工业自动化行业、运动控制器系统、电子产品定位控制及其他行业的自动控制系统。公司已与中联重科、三一重工、徐工集团、福田汽车、益阳橡机、联智桥隧、福建龙马等多个制造行业企业结成战略合作伙伴，已获得4项计算机软件著作权登记证书、各类专利16项。硕博电子建设项目主要包括新公司建设研发中心、实验中心、生产车间、辅助设施四大项目，建设周期3年，计划2016年上半年投产。其中研发中心、生产车间为2万平方米，达产后，年生产工业控制器系列产品5万套，产值可达3000万元，上缴税收200万元。

2014年，东莞光智通讯科技有限公司来望城经开区开办公司，定名为湖南钰坤光通讯技术有限公司。钰坤公司是一家集研发、生产、销售、服务于一体的新型光电子高科技企业，主要产品有数据通信和传输TO-CAN、TOSA、ROSA和光模块、光电收发器等光器件。公司设在望城经开区电子信息产业园虎形山西侧占地33.34公顷，投资20亿元，分两期建设。一期用地5.34公顷，建设周期一年，达产后，可实现年产光波器件3000万件、光模块2000万只，产值达5亿元，上缴税收2000万元，解决就业4000人。二期工程建设用地8公顷，总投资4亿元，建设周期为2年，计划2017年下半年投产，主要建设手机用音圈马达和蓝光LED发光项目，年产值10亿元，年上缴税收 5000 万元，解决就业6000人。同年，湖南科太电器有限公司投产，实现产值5000万元，上缴税收350万元，安排从业人员80人。

截至2015年，经开区软件制造企业已有14家，其中已投产的有9家，有从业人员738人，年产值5.87亿元，年上缴税收1210万元。

◆第三节　企业选介

湖南网讯通科技发展有限公司

湖南网讯通科技发展有限公司　湖南网讯通科技发展有限公司由国网电力（湖南）发展有限公司控股，2014年成立，注册资金5001万元，主要经营平面光波导原器件、AWG芯片、北斗导航系列产品、无线网络通讯基站和电力节能自动化产品研发、生产及节能环保研究。公司设产品研发中心、生产加工中心、培训中心、国家级产业检测实验室和施工服务队，为高新技术企业。

湖南网讯通科技发展有限公司与中国北斗产业基地、武汉大学、国家电网、国家节能环境研究所等机构签订了合作协议，致力于为国内外电网运营商、电信主设备商、民用导航设备集成商提供一流的连接。公司聘请了美国、新加坡、台湾专业团队开展光通信电子芯片与器件研究，与武汉大学测绘学院开展北斗导航系列产品和无线基站产品的研发合作，并将飞秒切割技术运用于光芯片项目提质。网讯通科技的核心技术都来自于自主研发，PLC平面波集成工艺流程，改善PLC平面波导集成，PLC性能指标的晶片工艺方法，PLC集成晶片的角度自动切割，集成芯片的端面研磨工艺，PLC-AWG、SPLITTER的产品设计方案，北斗授时定位系统，超高精度色散管理技术等，完全拥有相关技术的所有权。公司拥有专利42项，其中发明专利申请34项，授权发明专利8项。

网讯通科技有限公司占地24.33公顷，投资52亿元，总建筑面积37.42万平方米，其中建有6栋厂房，物流中心、研发检测中心、产学研基地裙楼、新材料研发中心、海外人才研发实训总部及配套宿舍。拥有设备368台套，从业人员3000人。项目全部投产后每年可实现产值100亿元，上缴税收不低于3亿元。

第五章 农业产业

望城历来是农业大县，素称鱼米之乡，盛产稻谷、生猪、鲜鱼、柑橘、茶叶等。1992年，望城县人民政府在黄金乡设立农业科技示范区。以黄金乡、高塘岭镇、星城镇的8个行政村为中心，定为农业开发重点区，积极推广优质稻开发200公顷。2000年，望城被定为国家优质粮生产示范基地县，优质稻增至4.03万公顷，年产优质稻20.68万吨，占水稻总产的47%。黄贡牌无公害优质米获省农博会金奖。同期，推广无公害蔬菜种植，推广鳜鱼精养等高效水产养殖,发展良良瘦肉型牲猪。

2001年9月3日，科技部以（国科发农社字[2001]322号）批准“湖南望城国家农业科技园区（试点）”，为全国首批农业试点科技园区之一，成为现代农业开发示范园区。同年，望城县委、县政府作出《关于加快奶业发展的决定》，园区开始养奶牛。2002年望城县水稻种植面积再作调整，减少15%的面积，用于种植经济作物蔬菜、牧草等。

湖南望城国家农业科技园区

2008年，湖南望城国家农业科技园区完成种养核心区建设986.7公顷，完成规划的102.1%；完成农业产业建设投资30.5亿元，完成计划投资的101%；引进种植、养殖以及农产品加工企业53个，引进资金21亿元，实现年产值31.6亿元，上缴税收1.82亿元；吸纳了8200名劳动力就业，园区农民年均纯收入达到7000元，比上年增加650元，增长11%。

2009年3月，望城县委、县人民政府为突出经开区优势，发展工业经济，决定将湖南望城国家农业科技园区从望城经济开发区中剥离，整体搬迁至大众垸内，明确农业科技园规划布局为“一区八基地”。“一区”即大众垸现代农业示范区，为农科园核心区；“八基地”即农产品加工基地，规划区域在望城经开区；优质种苗基地，规划区域在格塘乡；优质稻种植基地，规划区域在大众垸；高效养殖基地，规划区域在乔口镇；无公害蔬菜基地，规划区域在乌山镇和黄金乡；花卉苗木基地，规划区域在乌山镇；休闲农业基地，规划区域在白箬铺镇；优质油茶种植基地，规划区域在以茶亭镇和东城镇为中心的河东地区。其中，优质种苗基地、优质稻种植基地、高效养殖基地构成现代农业示范区的核心区。农业科技园区设立专家顾问委员会，园区管委会下设综合协调处、农业发展处、投商合作处。

◆第一节　种植业

1996年，黄金现代农业示范区种植无公害水稻，面积200公顷，每公顷产量12吨，总产2400吨。

1998年，现代农业示范区内从事种植的企业有：湖南省优质果茶良种繁育场、锦绣生态农庄等2个农业企业，有员工45人，投资规模8500万元，种植无公害水稻、蔬菜、水果、花卉、苗木等5大类，总面积68公顷，年总产值1200万元。同时，带动园区从事特种种植业的农户150户，种植面积40公顷。其中，湖南省优质果茶良种繁育场投资5500万元，从日本、美国等地引进果茶名优特新品种25个品系、158个品种，同时引进以色列电脑自控喷滴灌设施，建成占地41.3公顷的高标准无病毒水果“二园三圃”和茶叶“二园三圃”及高标准优质果茶产品商品化处理生产线，实现优质种苗培育、繁殖、推广一体化，形成了年产优质种苗1000万株、果茶接穗1万公斤、优质果茶产品1000吨、年产值1000万元的规模。省计划委员会投资3000多万元，建设

无公害水稻种植示范区一角

占地26.7公顷的绵绣生态农庄，以种植雪松、红桎木、罗汉松、五针松、苏铁、桂花、玉兰及古庄盆景的花木为主，同时进行新品种研究、试验和推广，为周边地区提供种苗和栽培成套技术。

锦绣生态农庄前门

2002年，园区从事种植业的企业增至11个，有员工200人，投资规模达1.85亿元，面积达158公顷。新增种植业种类、花卉、苗木、无公害牧草、特种蔬菜及麻类等4大类，年产值为3200万元。湖南碧水园林环保工程有限公司投资280万元，占地7.13公顷，种植无公害牧草、特种蔬菜及花卉苗木60多个品种；湖南三木园林建设有限公司投资300万元，示范种植苗木花卉，面积3.33公顷；中国农科院麻类研究所建立国家种植麻圃和麻类原种基地5.1公顷,种植苎麻、黄麻、红麻等国内所有麻类品种2000多个；湖南国发经济发展公司利用高新技术种植无公害蔬菜，种植面积10.67公顷；长沙绿珍农业科技开发有限公司利用大棚温室种植无公害蔬菜及花卉8.47公顷。是年，园区无公害粮食种植133.34公顷，引进和推广优质稻新品种农丰162，湘晚籼9号、11号，香两优68,两优培九等。园区及部分幅射区当年共产优质稻谷18万吨。同时园区引进美国甜瓜、西葫芦、西兰花、甜椒等高挡瓜菜品种和大棚栽培无土栽培、滴灌等新技术。是年，百果园，绵绣山庄等花卉苗木销售收入2600万元。

2008年，园区从事种植的企业增至16个，有员工380人，投资规模达4.8亿

农业科技园蔬菜基地掠影

农业科技园水果自采基地掠影

元，面积达186公顷。新增农业种植企业有台湾新东阳农业科技有限公司、湖南隆平高科等。新增种植类作物有玉米、黄秋葵、特色红薯等蔬菜类作物,桔、梨、桃、杨梅、草莓、葡萄等水果类作物。年产优质稻谷20万吨，产值达4.1亿元。种植果蔬菜类作物180公顷，总产值258万元。

◆第二节　养殖业

1997年，园区从事养殖业的企业有金泽公司和湖南省原种猪场等2个，有员工40名。养殖种类有特种水产、杂交种猪两大类，年产值300万元。到2000年，从事养殖业的企业增至4个，有员工80人，年产值480万元，同时带动园区农民从事特种养殖50户，年产值250万元。

派派奶业公司牧场一角

2001年，望城经开区引进派派奶业公司，发展奶牛265头，产奶1000吨。

农业科技园水产养殖基地一角

2002年，从事养殖业的企业新增了长沙泓远水产有限公司、湖南湘云生物科技有限公司；养殖种类增加了湘云鲫（鲤）、鳜鱼等生态高档鱼类，生态甲鱼、鸿远龟等龟类，年投放80万元，年收益400万元。同时扶持80户特种养殖示范户，年产值350万元。是年，园区企业养奶牛增至950头，年产鲜奶4000吨。有奶牛养殖户32户，存栏奶牛1250头，产鲜奶3800吨。其中星城镇养奶牛50头以上的农户有5户，大湖村发展奶牛200多头，成为园区内养奶牛的镇、村。同年3月，长沙泓远水产有限公司在农业科技园区高效养殖区内租地10.67公顷，投资800万元，从事乌龟养殖，年产中华草龟苗15万只、黄喉水龟苗5000只、金头龟苗2000只、金钱龟苗100只、温室商品龟3万公斤、仿野生商品龟3万公斤，年产值600万元。6月，湖南湘云生物科技有限公司在园区高效养殖区兴建湘云鲤，湘云鲫养殖示范基地11.4公顷，放养鱼苗20万尾，翌年产值达51.5万元。

2005年，湖南伊思丽珍珠有限公司进入农业科技园区，发展淡水珍珠养殖及技术科研，开始淡水珍珠产业化发展。公司在园区的核心区和示范区租用水面607.7公顷，投资300万元，进行改造后从事养殖业，利用河蚌珍珠囊培育有核再生珠。引进“周式巴罗克”超大有核特型淡水珍珠养殖技术，培育“清辉”淡水大珍珠。其间，公司组织专家多次为养殖户免费进行养殖技术培训，通过示范基地为养殖户提供技术及产品支持,共提供80个就业岗位，发展850户珍珠养殖户，年收益总额达4500万元。公司被评定为“省级农业产业化龙头企业”其养殖项目被评为“长沙市百里水产走廊”、长沙市“十佳农业产业化龙头企业”“长沙市现代农业特色产业科技示范基地”。“清辉”牌淡水珍珠、“清辉”评为湖南省著名商标。是年，湘粤海鲜有限公司在农业科技园区养殖推广南美白对虾养殖，初养获得成功。

伊思丽珍珠养殖基地

2008年，湘粤海鲜的南美白对虾，由示范养殖面积18.67公顷推广到25公顷，每公顷产量3150公斤，平均利润1890元。江苏钱正清投资100万元，在示范区养殖闸蟹，共投入大闸蟹苗10万只，年产商品闸蟹4000公斤，产值 18万元，获利3.8万元。是年，以核心区星城镇为主体的娃娃鱼养殖、小型养殖企业和个体养殖户增至28家，年产值 350万元；生态甲鱼、翘嘴鲌鱼养殖也逐步形成规模，在核心区和示范区内养殖水面增至100公顷；鳝鱼养殖逐步壮大，发展到1万箱，成为继珍珠后的又一大产业。是年，休闲渔业已成为园区农业科技的一大支柱产业。核心区内的百果园，示范区内的千龙湖，为休闲渔业的代表企业。2008年核心区内共有休闲渔业产业34家，集钓鱼、娱乐、休闲于一体，成为长沙市民节假日首选。是年，园区从事养殖业企业增至15家，从事养殖的人员增至1360人，高效养殖区养殖面积增至132公顷，养殖户人均年增收4200元。

锦绣生态农庄休闲钓鱼基地一角

第六章 其他产业

◆第一节 科教文卫产业

湖南信息职业技术学院

科教产业 1997年，园区引进湖南信息职业技术学院在旺旺中路办学。该学院建筑面积11.76万平方米，设有国家职业技术鉴定和信息产业特有工种鉴定站，开设电子信息技术专业，在校学生7000余人，专任教师300余人，聘有3名外籍教师和30多名国内知名专家为兼职客座教授。

长沙医学院

2000年，园区引进第一所民办全日制普通高等专科学校——湘南医学高等专科学校，在黄金乡金坪村征地建设长沙校区。校园占地57.33公顷，校舍面积8万平方米。2001年，原衡阳校区3000多名学生转至望城，同时面向全国招生700人。学校设临床医学、高级护理、妇幼卫生、美容医学、医学检验、药学、医学生物技术、外语、资讯工程、管理等10个系和中医学、针灸推拿两个专业。2002年7月，学校有398人毕业，就业率为98%。同年9月，学校招生1607人，新增计算机、英语、药学三个专业，在校学生4909人。是年，湖南信息职业技术学院毕业学生1141人，就业率为98.8%；9月，新招学生2086人，开设13个专业，学院与美国TBOY、加拿大QGT等大学建立交流合作关系，为学生提供出国深造的机会。

2006年，湖南商学院北津学院搬迁到经开区范围内的星城镇东马村新校区。校园占地31.4公顷，建筑面积11万平方米，其中教学楼1.43万平方米，实验楼9025平方米，图书馆1.64万平方米。学校有8栋学生宿舍，2个学生食堂，图书馆藏书89万册。该校是一所以经济学、管理学为主，涵盖经、管、文、理、法、工六大学科的多科性省属全日制普通本科学院，有经济系、财政经营系、工商管理系、会计系、信息系、公共管理系、法学系、外语系、旅游管理系、中文系、艺术系、计算机与电子工程系、体育课部、思想政治教育课部等14个教学系、部，开设了28个本科专业，在校学生7000人。是年，湘南医学高等专科学校经教育部批准升格并更名为长沙医学院，建筑面积扩大到16.9万平方米，年招生突破8000人。

湖南商学院北津学院

2012年，由晟通集团投资新建、长沙砂子塘教育集团负责管理的“砂子塘新世博寄宿制学校”落户望城经开区。学校占地4.92公顷，建筑面积4.2万平方米，可开设48个班，容纳2500名师生，是一所高标准寄宿制小学，当年招生1573人。

园区幼儿教育剪影

2013年，随着园区从业人员增多，幼儿教育得到发展，由湖南小新星教育集团创办的小新星天龙幼儿园、城南一幼、城南二幼、中心森林海幼儿园等7家民办、企业办幼儿园相继招生开园，年招生1680人。

2015年，园区范围内共有高等院校3所，占地面积达110公顷，在校学生38997人，其中外国留学生400人。三所学校共开设67个系、专业，有教职员工2617人。其中，长沙医学院在校学生达到23497人，教职员工达1719人，外国留学生400人；砂子塘新世博寄宿制学校有在校小学生1800人。是年，园区已有幼儿教育机构16所，在园幼儿增至2860人，教师、保育员共计310多人。

文化产业　2007年4月，中共望城县委、望城县人民政府根据经开区发展的需要，批准成立“金星文化产业园”，负责规划、策划、管理、运营经开区范围内的文化旅游产业，核定编制8人，实际到位7人，主管音像制作、印务、文化产业管理，兼具文化旅游和珍珠、饰品、工艺品展示等及影视业管理。至此，园区文化产业发展进入有序管理程序。

2008年，晟通科技集团有限公司下属的晟通文化艺术分公司成立并开业。主要经营文化、娱乐、休闲产业，同时承接会务、婚庆、参观等业务。艺术分公司依托晟通集团核心产业轻金属铝材料为基础，开发一系列涉及生活、装饰工艺、饰品等艺术品，产品种类达70余种，主要产品有铝箔工艺画、铝板画、铝浮雕、铝箔手工艺品、铝箔饰品等。公司年游客接待超5万人次。

晟通艺术分公司铝箔画

2012年5月，伊思丽大中华珍珠文化馆开馆。该馆位于园区内金星路89号，占地1300平方米，建筑面积3000平方米，投资3000万元。珍珠馆集科普教育、旅游观光、文化陈列、会展活动、

伊思丽大中华珍珠文化馆

休闲娱乐等功能于一体，馆名由中国科学院院士“杂交水稻之父”袁隆平题写，馆内综合运用声、光、电等现代高科技技术，综合360度实景体验模式，将淡水珍珠美与湖湘特色文化柔美结合，使游客从视觉、听觉、触觉角度全面领略淡水珍珠的传奇。当年，公司接待游客4万人次。到2014年，公司共接待游客15万人次。

2014年，奥特莱斯乐田L-MAX影院等文化娱乐设施开业，当年接待 2万人次。2015年，园区文化产业企业增至11个，从业人员达380人 。其中含生物克隆、纳米技术 、电子出版、光电产品和企业文化展示、音像电影等，年产值2亿元、利润2000万元、税收1250万元。

医疗产业　2009年年底，园区引进的长沙医学院附属第一医院开业。该院拥有医疗用房4万平方米，万元以上医疗仪器设备150余台（件），开设正规病床200余张，翌年增加至500床，配备医技护人员300余人，设有门诊、急诊、内科、外科、妇产科、儿科、口腔科、眼科、耳鼻喉科等临床医技科室22个。为适应科技园区的需要，医院开通了工伤病人就诊绿色通道，对动脉瘤、颅脑损伤及骨伤科治疗有一定的造诣和临床经验。当年接待门诊3800人，接待住院病人420人次。

2012年，望城恒康医院在园区星城镇马桥河建成开业。该院地处雷锋大道和金星路交汇处西南角，交通便利，是一家以结石专科为特色的大专科、小综合为模式综合型专科医院，医疗使用面积6000平方米，有床位80个，配有钬激光、输尿管、电切镜、经皮肾镜、德国双级等离子电切镜、腹腔镜、德国进口碎石机、数码电子阴道镜、利普刀、全自动生化分析仪等十多种大型仪器设备，有医护技人员80人，开设了结石微创外科、普外科、结石科、内科、妇产科、中医科、视光中心、体检中心、医学检验科、医学影像科等10个科室，当年接待门诊4000人次，接待住院病人420人次。

截至2015年，园区医疗机构增至4所，开设各种科室34个，有住院床位740个，医护技工作人员600人，年门诊接待量6万人次，年住院人数为1.28万人次。

◆第二节　印刷包装业

印刷　2001年，湖南新华印刷集团落户望城，在园区建设湖南出版科技产业园。产业园占地16公顷,投资12.4亿元，于2003年4月动工建设，2004年11月竣工投产，有从业人员1600余人，从事书刊印刷及装潢。2005年产值4.97亿元、销售收入4.95亿元、利税3821万元。

湖南出版科技产业园

2006年，长沙市永生彩印有限公司在园区金星路776号办厂，投资6500万元，占地面积3.47公顷，有从业人员350人，从事彩色印刷、精装书画等业务。2011年建成投产，当年实现产值5150万元，实现利税386万元。翌年，产值达1.02亿元、利税687万元。

长沙市永生彩印有限公司

2015年，园区印刷企业有4家，其中规模以上企业2家，有从业人员2600人,总资产达12.5亿元。全年完成工业产值13.19亿元，实现利税1.1亿元。其中，产值过10亿元的企业1家，产值过2亿元的企业1家。长沙市永生彩印有限公司拥有专利授权6项。

包装　2002年9月，湖南旺旺食品有限公司为解决自身几个食品企业的包装问题，独资成立湖南真旺塑料包装有限公司，投资550万元，从业人员263人，主要生产食品饮料塑料包装袋和纸包装箱，年生产能力为1.5亿元。

湖南运发包装实业有限公司一角

2006年7月，湖南运发包装实业有限公司在园区仁和路7号征地0.4公顷，投资1.2亿元创办食品包装生产基地，主要生产马口铁皮罐及纸包装系列产品。年生产奶粉罐3000万套，年生产产值为3亿元。2008年1月全面投产，当年有从业人员56人，主要为亚华、南山、澳优等园区乳制品企业提供奶粉听罐，为娃哈哈集团、华润怡宝、台湾统一集团提供纸箱包装材料，当年实现产值9327万元。

2012年，台湾统一实业股份有限公司投资11亿元，在园区征地4公顷，建设统实包装项目基地。该基地建筑面积4.16万平方米，主要生产马口铁空罐，建有10条制罐线、7条制盖线，同时为其他食品企业提供包装配套，年产能为15亿元。项目2014年实现投产，投产后实现年产值 9亿元，创利税4000万元。2013年，长沙华腾包装有限公司在园区杨家湾路征地1.6公顷，投资8771万元建厂，为湖南瓦楞纸箱定点生产企业。

台湾统一马口铁厅罐车间

2014年，湖南华旺科技有限公司创办的华旺科技蜂窝包装项目，决定从望城区乔口镇搬迁到望城经开区。征地3.6公顷，投资1.2亿元，主要生产军用蜂窝纸板托盘，空投包装缓冲平台，包装衬垫三大系列产品，年销售收入可达1亿元,税收800万元，系高新技术企业，有专利120项。项目预计2016年竣工投产。

2015年，长沙华腾包装有限公司从望城区高塘岭镇搬迁到新厂生产，有员工110人，当年实现产值2.05亿元，完成税收870万元。截至2015年，园区共有包装企业8家，其中年产值过亿元的企业5家，有从业人员720人，年产值11.47亿元、利税7600万元。

◆第三节　工业地产

2008年5月，长沙黄金创业园置业有限公司参照武汉东湖国家级孵化器的发展模式，投资1亿元,在普瑞路和雷锋大道交汇处西南角黄金乡金坪社区征地7.91公

长沙黄金创业园置业有限公司

顷，建立高新技术产业孵化基地和中小企业创新创业基地，定名为“黄金创业园”。创业园致力于为进驻企业和创业者提供一个功能完善、设施现代、服务优良的高端商务服务和别致生活社区。通过中央商务区、创新研发区、综合办公区、产业孵化区、工业生产区和生活服务区等6大区域，建立、建设专业的创新运营平台，着力打造企业发展、商务服务、商业积聚、社区文化和生活服务一体化的综合平台。项目建成后，可吸纳100家中小企业入驻。创业园年企业收入可达10亿元、利润总额1.5亿元、上缴税收5000万元。当年开建，年底完成投资的30%。

长沙广发隆平标准厂房开发有限公司

2010年7月，长沙广发隆平标准厂房开发有限公司在园区马桥河路与普瑞路交汇西北角征地6.42公顷，投资9809万元，建设8栋单层厂房（层高12米，每栋2500平方米，带行车、吊车），1栋多层厂房（层高4米，面积每间1400平方米），2栋12层办公楼，以及食堂、宿舍，总建筑面积6.51万平方米，专供中小企业租用。是年，湖南爱晚望城治国创业园成立，在园区内金星路618号征地3.47公顷，投资1亿元，建设标准厂房和综合服务楼，专供小微企业租用。为适应小微企业的需要，还另安装工业用电梯和地磅。该项目总建筑面积6.12万平方米。翌年，部分投入使用，入驻企业8家。

2011年9月，湖南金荣集团有限公司在望城经开区打造产权式大型科技产业园区（中德产业园），投资20亿元，征地50公顷，分两期建设，一期投资8亿元，在普瑞路与沿河路交汇处西北角征地18公顷，建设金荣•望城科技产业园。该产业园建筑面积41万平方米，涵盖多层标准厂房、高层专业孵化楼、企业总部独栋、生产与生活配套设施等，为各类入驻企业成长和发展提供全方位服务。项目建成后，可聚集500家中小科技企业，汇集2万名科技人员，形成高新技术产业集群，成为望城经开区经济发展的“蓄水池”和

金荣•望城科技园孵化楼

新财富增长点。2012年，湖南金荣集团获批“国家级科技孵化器”。

2013年，北京联东(集团)投资有限公司在经开区建设“联东U谷望城综合体”项目，在普瑞路和金星路之间、紧靠马桥河路西面征地21.34公顷，投资14.5亿元，建设以服装设计、生产、电子信息、生物医药、精密机械、能源环保为重点的产业综合体。预计年产值17.4亿元，年实现税收1.2亿元。翌年，完成5万平方米厂房建设。

截至2015年，已进入望城经开区的工业地产项目7个，共计投资30.48亿元，实际征用土地42.56公顷，规划建筑面积138.87万平方米，已完成31.06万平方米。是年，已入驻中小微企业148家，从业人员2270人，实现年产值4.2亿元，实现税收1200万元。黄金创业园已完成投资3.5亿元，完成建筑面积22万平方米，已入驻中小微企业100家，从业人员达1860人，实现年产值2亿元，每亩工业用地产值达256万元。长沙广发隆平标准厂房开发有限公司已完成厂房建设2.58万平方米，对外出租面积2.19万平方米，已入驻企业7家，有职工276人，年产值达6833.47万元，年税收650万元。湖南爱晚望城治国创业园4年来先后入驻企业82家，2015年驻园的小微企业有35家。金荣科技产业园已完成了10万平方米厂房建设，2015年下半年向外招租。

◆第四节　房地产业

晟通城

2001年以来，随着园区的发展和城市化进程的加快，失地农民增多，企业从业人员飞速增长，住房需求越来越大，房地产业开始在园区兴起。晟通科技有限公司、中航飞机起落架有限公司等6家大型企业集团自行配套房地产产业，用商住房形式解决员工住宅问题。

2004年，晟通科技有限公司在园区征地109.34公顷，创办晟通长沙精深加工产业园，其中商住房地产业占地15.75公顷，座落在高塘岭镇高冲村、星城镇马桥河村，位于金星路以北，马桥河路以西。由晟通集团所属的湖南晟通置业有限公司投资建设，项目名称“晟通城”。该项目投资9000万元，建筑总面积34.29万平方米，其中住宅29.78万平方米，高层22栋25.46万平方米，（其中24层的5栋，18层的3栋，10-12层的14栋）多层及低层的23栋，4.36万平方米，其余为商业、物管、小学校、幼儿园用房。晟通城建筑密度22.85%，绿地面积为6.45万平方米，绿地率40.55%；停车位地上565个、地下1346个。2008年第一期工程完工，住房向社会销售。

中航山水蓝天

2008年，由湖南燎原房地产开发有限公司开发的山水蓝天项目，系长沙航空工业园配套商住项目。净用地11.91公顷，属高层住宅开发为主的二类居住用地。建筑密度21.88%，绿地率40.07%，建筑面积35.5万平方米,其中住宅面积34.17万平方米，商业及其他面积1.33万平方米，最高栋为33层，最低栋为3层，共计65栋，有地面停车位215个。

2009年，湖南致富房地产开发有限公司在位于普瑞中路与雷高公路交叉口的东南侧征地4.14公顷，开发桂芳佳园限价商品房项目。该项目是长沙市人民政府103号令实施后，园区失地农民住房保障项目，共计11栋，其中27层的2栋,18层的5栋，建筑面积11.03万平方米，建筑密度25.78%，绿地率35.34%，有地上车位160个、地下车位400个，其社区用房、幼儿园、公厕、垃圾站、活动场所共计7361平方米。

是年，由裕田中国发展有限公司开发的奥特莱斯房地产项目开建。该项目位于奥特莱斯环球折扣购物中心的西北侧，占地73.58公顷，建筑物占地12.75万平方米，总建筑面积为78.61万平方米，其中住宅75.87万平方米，非住宅2.74万平方米，高层建筑31栋（最高为32层），3层建筑以联排别墅为主建筑密度为17.32%，绿地率44.87%。有地上停车位485个，地下停车位6119个,住房4823套。

2010年，由湖南东马国际置业有限公司投资开发的熙庭原著项目，在金星路与雷锋大道交汇处西北角征地7.10公顷，投资1.2亿元，建设住宅小区。该小区建筑为北美草原赖特式风格，绿地率40%，住宅与商业比例为4:1，地下建筑4万平方米，总建筑面积11.95万平方米，商住可售面积为8万平方米，由16栋多层住宅、2栋沿街商铺及1栋酒店式公寓组成。项目建有126-240平方米的别墅、洋房产品，共建停车位654个。是年，由湖南港湘置业有限公司开发的天园地方珠宝城附属房地产项目开始建设，实际用地5.57公顷，建22-30层高层住宅5栋，建筑面积16.42万平方米，建筑密度28.2%，绿化率37.05%，有停车位1242个，总户数868户。

2013年，世界500强企业绿地集团投资开发建设的望城香树花城项目在同心路和马桥河路东南角处开始建设。该项目总建筑面积68.20万平方米，分三期开发。一期开发建筑面积22.46万平方米，其中可售面积为20.22万平方米，总户数2013户，2014年已售出184户。截至2015年，园区内共有房地产项目13个，已建成的3个,正在建设的5个，暂未建设的5个，实际用地面积201.73公顷。

绿地望城香树花城

表5-1　　望城经济技术开发区房地产项目相关情况一览表

项目名称	投资方	入园时间	合同约定供地（亩）	实际供地面积（亩）	规划建筑面积（平方米）	进展情况
奥特莱斯	裕田中国发展有限公司	2009年2月8日	1087.51 住宅区	1087.51	771808.8	一期完成 二期在建
晟通城	湖南晟通置业有限公司	2004年8月18日	240	248.89	370000	已建成
山水蓝天	湖南燎原房地产开发有限公司	2007年7月5日	200	202.22	444661.4	一期建成 二期在建
绿地香树花城	绿地集团	2013年8月22日	/	327.36	573149.2	正在建设
桂芳佳园	湖南致富房地产开发有限公司	2009年9月1日	132.5	62.01	125950.1	已建成
长房地产	长沙市房地产开发有限公司	2011年9月2日	/	240.63	未规划	暂未建设
湘江涂料商住用地	湖南湘科房地产开发有限公司	2013年1月23日	/	84.25	168584	正在建设
熙庭原著	湖南东马国际置业有限公司	2010年3月	/	106.44	113920	一二期完成 三期在建

续表5-1

项目名称	投资方	入园时间	合同约定供地（亩）	实际供地面积（亩）	规划建筑面积（平方米）	进展情况
天园地芳	湖南港湘置业有限公司	2007年4月21日	项目用地86.9亩，住宅为30%	26.07	88798.85	已基本建成
高星物流园商住房	湖南中南钢材批发大市场开发有限责任公司	2010年11月29日	/	217.23	394323.53	暂未建设
高星物流园住宅	望城中海投资有限公司	2010年11月14日	/	155.36	同上	暂未建设
星城公馆	长沙市山湖置业有限公司	2012年8月17日	/	21.45	43744.47	暂未建设
星城公馆	湖南财润投资有限公司	2012年11月19日	/	126.31	未规划	暂未建设
星城公馆	长沙凯尔置业有限公司	2010年11月16日	/	120.16	未规划	暂未建设
合　计				3025.89	3094940.35	

◆第五节　企业选介

湖南天闻新华印务有限公司　湖南天闻新华印务有限公司隶属中南出版传媒集团股份有限公司，前身为“湖南新华印刷集团有限责任公司”，2007年纳入湖南出版投资控股集团整体上市范畴。该公司主营印刷、装订业务，商品和技术进出口业务，相关产业投资业务，是国家大型定点书刊印刷企业和电码防伪标识定点印刷企业，享有商品和技术进出口权资质。

天闻新华印务公司

天闻新华印务公司拥有多台技术先进的柯达CTP直接制版机，两台报业CTP和北大方正畅流、柯达印能捷两套数字化流程软件，配以高档海德堡3900、3400滚筒扫描仪和rewaissance网点扫描仪，3台高档大幅面激光照排机、大幅面彩喷及数码打样机等国内外一流设备。彩印设备拥有多台国际一流的胶印轮转机和20余台海德堡、高宝、罗兰小森等平版四色、五色、八色胶印机。书刊印刷拥有15台国内一流的多色和单色高速胶印轮转机、12台对开双面单色胶印机，报刊印刷和印后工序均拥有国内外一流的设备，已实现生产网络化、数字化流程管理。

天闻新华印务公司印务中心占地16公顷，拥有固定资产10亿余元，在职员工1600余人，其中专业技术人员448人。近年来数千种产品被评为湖南省及全国的优质产品。该公司首批荣获“全国诚信印刷企业”，获国家新闻出版总署颁发的“署优产品”印刷企业银奖，两次获得“中国出版政府奖”，是湖南省出版物印刷质量“十佳”企业，在全国书刊印刷企业十项主要经济指标排名中,有三项名列全国第一；2005年至2013年连续荣登“中国印刷企业100强”排行榜，且排位在30位之前；在2008年国家出版印刷行业最高荣誉的首届中国出版政府奖评选活动中，荣获“先进出版单位奖”； 在聪慧杯中国印刷行业TOP10评选活动中荣获“十大创意之星”奖；在“2008年度全国人教版中小学教材印装质量检测工作”中荣获第一名； 2011年在首届湖南省出版政府奖印刷复制奖的评选中，包揽了正式奖的全部名额及50%的提名奖；2009年至2010年获中华印刷大奖优秀奖。公司董事长潘晓山获得第十一届毕昇印刷奖“优秀新人奖”和湖南省新闻出版行业第二批技术领导人才光荣称号。公司2012年印刷的《天闻赋》画册和《新与旧》图书荣获面向全球的美国“金油墨奖”锡奖，并被新闻出版署评选为全国首批“印刷复印示范企业”；在全国印刷行业首次信用等级评定中，获得了“AAA”级最高信用资质；2013年在第三届中国出版政府奖的评选中，再次荣获“先进单位奖”。

天闻印务精品展示区

湖南天闻印务有限公司近三年来投资2亿多元用于技改，引进了日本小森全商业轮转机、海德堡八色迷霸平版胶印机、瑞士马天尼胶装联动线、德国柯尔布斯胶装联动线等生产设备，均是目前国际最先进符合当前市场高效、优质和环保低碳要求的设备。2014年公司产值达10.5亿元。

长沙永生彩印有限公司 长沙永生彩印有限公司是一家集印前设计、彩色高速胶印、印后装订、特种工艺加工、精品包装生产、印刷纸张销售于一体的印刷服务提供商，座落于望城经开区金星路776号。公司占地3.5公顷，总建筑面积1.7万平方米，固定资产1.6亿元，有员工350人，年产值2.15亿元。

长沙永生彩印有限公司置有数百台套具有国际、国内先进水平的包装印刷生产设备，成立了技术中心，建立了一支高素质的专业技术队伍。该公司2009年至2015年连续6年被确定为湖南省省直单位定点印刷企业；2014年至2017年被确定为长沙市机关事业单位定点印刷单位，先后被省、市及行业协会授予“湖南省印刷示范企业”“最具影响力湘商企业”“诚信建设先进单位”“生产发展奖”“诚信供应商”等荣誉称号。2013年9月至2014年3月，先后获得国家级实用新型专利6项。2014年6月已申报国家级高新技术企业认证。

长沙永生彩印有限公司

专记｜托管基地

铜官循环经济工业基地办公楼

2007年，中共望城县委、望城县人民政府印发了“望办发〔2007〕45号文件《关于印发<望城县“以区带园”体制运作和管理办法>的通知》，对以区带园工作作了较为详尽的规定，拉开了望城经济开发区实施“以区带园”托管体制的序幕。45号文件指出：“以区带园”的管理体制是指以湖南望城经济开发区为龙头，通过整合资源，理顺体制，带动含浦科教产业园、丁字工业园、金城工业园、铜官精细化工园共同发展，促进县域工业整体提速增效，推进望城经济社会统筹协调发展”。文件明确：“以区带园”体制，采用“四统一、一独立”的运作模式，即统一冠名、统一规划，统一统计，统一政策，独立运作。统一冠名，即对外分别冠名为湖南望城经济开发区含浦科教产业园、湖南望城经济开发区丁字工业园、湖南望城经济开发区金城工业园和湖南望城经济开发区铜官精细化工园。统一规划，即由县规划局统一编制上述工业园区的控制性详规和水、电、路、气、排污等专业性规划，在此基础上形成“一区四园”总体规划。该文件进一步明确了各园区产业发展重点，对防止乱引进、乱开发，为土地集约、资源集约，正确规划产业，形成产业集群，具有指导作用。

中共望城县委、县人民政府从战略发展高度，明确了园区的托管体制，以经济开发区为龙头带动其他乡镇产业园发展，充分发挥了经开区对周边地区的经济辐射和带动作用，有利于调动各方面的积极性，进一步激发了县域工业园区发展活力，形成了望城经开区和乡镇工业园区资源共享、优势互补、共同发展的良好局面。这是望城经开区加快产业发展必然选择，也是望城发展县域经济的重大举措。

乌山创业富民基地办公楼

2008年9月至2014年4月，经三次区划调整，含浦科教产业园、金城工业园等分别成建制或部分移交岳麓区、长沙高新技术开发区管辖。

2008年6月，长沙市人民政府正式批准将铜官精细化工园命名为“湖南望城经济开发区铜官循环经济工业基地”。同年12月，望城县人民政府将乌山镇中小企业园定名为“乌山创业富民基地”。2013年1月，望城经开区批复，同意乌山创业富民基地挂靠望城经济开发区。至此，望城经济开发区形成了“一园两基地”的产业发展定位。

◆ 铜官循环经济工业基地

建置区域 2008年3月，铜官循环经济工业基地管委会开始组建，定名“长沙化工产业基地管理委员会”，为望城县委、望城县人民政府的派出机构。6月，经报请长沙市委、长沙市人民政府正式批准同意将“长沙化工产业基地”更名为“湖南望城经济开发区铜官循环经济工业基地”（以下简称“铜官基地”）。7月，长沙市发改委批准铜官基地整体立项，同意办理事业单位法人登记手续。12月，长沙市政府将铜官基地列入长沙市规划建设的三大产业基

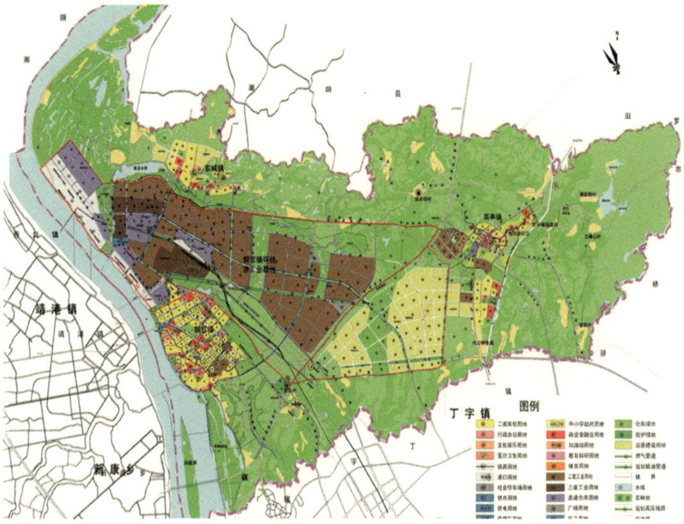

铜官循环经济工业基地发展规划图

地之一。2009年1月，湖南省发改委批准同意立项。铜官循环经济工业基地为望城县委、望城县人民政府派出机构，内设办公室、产业发展和社会事务处、招商合作处、投融资管理处、规划建设工程管理处，有工作人员65人。

铜官基地地处长沙市望城区北，跨铜官、东城、茶亭三镇，西濒湘江，北临湘阴县界，南接京珠高速西线，东抵芙蓉北路（原长湘公路），距长沙市政府38公里，距望城经济技术开发区11公里，距麓山高校区48公里，距黄花机场、长沙高铁南站50分钟车程，位于长株潭1小时经济圈内。

规划布局 铜官基地规划控制面积为158.7平方公里，涉及到铜官镇、东城镇和茶亭镇，用地面积为34.39平方公里；近期用地面积12.7平方公里，涉及铜官镇花石村、华城村和东城镇的慎家桥社区。一期开发核心区为4.5平方公里，重点发展新材料、新医药产业。产业布局按照一厂、两片、五区空间结构规划。一厂是指：华电长沙电厂；两片是指电厂西、北、东部长条形地带规划为工业片区，电厂南部临湘江及沿铁路地带规划为仓储物流片区；五区是指长沙电厂西北部、花果路以西212.49公顷的精细化工产业区，长沙电厂北部、花果路和发展大道之间143.23公顷的新型建筑材料产业区，发展大道以东、花石路以北124.28公顷以工程机械制造业为主的综合产业区，长沙电厂南部靠近老城区、临湘江一线，结合铜官综合码头、湘江深水码头及铁路场站75.28公顷的仓储物流区，基地东南部、原铜官陶瓷公司产业基地的陶瓷产业区。

基础设施建设 铜官基地交通便利，东有芙蓉北路（原长湘公路）直达长沙、湘阴，南有京珠高速西线从基地穿过，且在基地范围内设有两个互通，西有湘江深水航道铜官综合码头和新开发建设的2000吨级深水码头泊位，可直通长江、达武汉、上海、重庆，中有长沙电厂铁路专线与京广线、石长线、湘黔线相连，为基地企业货物进出，特别是仓储物流业的发展开辟了通道，形成了铁路入园连港的独特优势。

铜官基地基础设施完善，内部道路通达，交通便捷，“六纵五横”的公路形成了网络结构，加强了各产业区之间的链接，推动了企业的引进与产业的布局。

表5-2　2015年底基地道路一览表

序号	道路名称	宽度（米）	起止点	道路等级	走向
1	铜官大道	46	黄龙路—发展大道—京珠西互通	主干道	南北
2	城湘路	36	铜官大道—黄龙路	主干道	南北
3	兴工路	36	保拥路—东城联络线	主干道	东西
4	白杨路	36	黄龙路—花果路—城湘路	主干道	东西
5	花果路	36	入港大道—黄龙路	主干道	南北
6	誓港大道	36	发展大道—黄龙路	主干道	南北
7	花实路	24～32	城湘路—环东路	主干道	东西
8	保拥路	32	铜官大道—发展大道	主干道	东西
9	黄龙路	24	入港大道—城湘路	次干道	南北
10	文星路	24	铜官大道—花实路	次干道	南北
11	安康路	24	文星路—东城联络线	次干道	东西

铜官基地配套设施完善。2010年3月，铜官自来水厂已向基地企业供水，日供工业用水1万吨的供水工程已建成投产，日供5万吨自来水工程已于2012年投入使用。2010年10月，位于铜官的望城第二污水处理厂开工建设，总规模为日处理污水9万立方米。2011年，第一期日处理污水3万立方米工程竣工投产。污水处理管道长47千米，采用CASS污水处理工艺，出水水质为国家一级B标准。第二期日处理污水6万立方米工程于2014年底投入运行。现装机容量120万千瓦的湖南华电长沙发电厂可直接向基地企业供电。自建的110千伏宝雍变电站，2013年已投入使用，12Km双回万伏电力线路与“两路”及入园连接线工程实施配套建设。宽带网络、通讯、有线电视已覆盖整个基地范围。2011年5月，基地热网工程建成投运，长沙电厂正式开闸向湖南三环颜料有限公司等企业供热。该热网工程项目以华电长沙电厂余热为热源，利用电厂蒸气管道向基地企业集中供热，热源温度310℃，供汽能力达500吨/小时，为基地企业提供了充足的清洁环保能源。铜官基地燃气供应充足，新奥燃气公司在基地范围内布有多个LNG站点，管道已覆盖全境，日供燃气可达50万立方米。

产业　铜官基地遵循“循环经济，资源节约，生态环保”的发展理念，以生态、环保、低碳、循环为产业发展方向，依托华电长沙电厂为基地能源开始建设，引进企业，发展产业。2005年，湖南华电长沙发电有限公司在望城县铜官镇西北角紧临湘江航道深水码头区、铜官大道以北、花果路以东、石龙路以南、发展大道以西，征地111.17公顷，一期用地79.46公顷，投资130亿元，建设5000兆瓦规模火电厂。2007年年底，一期工程2×600万千瓦机组投产送电，为铜官基地的组建和招商引资、产业发展奠定了清洁的能源基础。

铜官循环经济工业基地重大项目启动仪式

2008年7月，望城经开区铜官基地立成后，引进的首家企业系湖南三环颜料有限公司。该公司投资1500万元，占地7公顷，有从业人员326人，主要生产氧化铁系列涂料及油漆用系列、建材用系列等颜料产品，有4大系列60个品种，建设规模为年产6万吨氧化铁系列颜料生产线。公司产品畅销国内30多个省、市、自治区，同时远销欧美、中东和东南亚30多个国家和地区。2009年8月，湖南三环颜料有限公司搬迁至铜官基地投产，利用长沙电厂余热蒸气，年生产氧化铁颜料3.8万吨，实现年产值2亿元，完成税收900万元，年节约原煤3.6万吨。是年，铜官基地共引进企业5家，总投资为3.6亿元。

2010年，中石油长沙储备库项目在铜官基地正式动工建设。该项目投资8亿元，占地31.66公顷，油库容量40万立方米，为国家北油南调重点建设工程兰（州）—郑（州）—长（沙）管道配套项目，可实现年产值328亿元，完成税收1330万元。是年，铜官基地引进首个工业地产项目——湖南新雅投资开发建设有限公司。该公司在基地建设新雅创业园，投资5.5亿元，征地14.66公顷，建设9万平方米标准厂房，可容纳百余家中小企业入驻，实现了土地集约式开发，极大地提高了土地利用率。

2011年，华电长沙电厂下属公司湖南长源投资有限公司建成投产，向基地企业提供蒸气热能，既解决了长沙电厂余热出路，又为基地企业提供了清洁能源，节约了原煤和电、燃气，年产值3.7亿元，创税收160万元。

2012年，盈成油脂长沙工业园在铜官基地动工建设，占地13.33公顷，投资5亿元，利用双低菜籽和膨化米胚压榨食用油，具备年处理10万吨菜籽和20万吨膨化米胚的加工能力，年营业收入可达15亿元，可完成税收2000万元。是年，铜官基地引进项目15个，总投资为25.62亿元。其间，金驰能源材料有限公司，长沙巨星轻质建材股份有限公司和湖南大藏虫草生物工程有限公司落户铜官基地，同时开始建设。金驰能源材料有限公司投资3.9亿元，征地7.07公顷，主要生产电动汽车动力10000t/a电池正极材料，包括氢氧化镍和锰酸锂（镍锰钴）多元氧化物等产品，年产值12.6亿元，可完成税收4400万元，提供600个就业岗位。长沙巨星轻质建材股份有限公司，投资5亿元，征地14.67公顷，利用电厂粉煤灰为主要原料，生产软质墙板和现浇混凝土成孔芯膜系列产品，年产值达10亿元，年创税收3000万元，同时可提供500个就业岗位。湖南大藏虫草生物工程有限公司，投资1.6亿元，征用土地6.5公顷办厂，生产虫草类系列产品，年产值2.4亿元，可完成税收3400万元。是年，铜官基地引进项目15个，到位区外资金13.15亿元，开发用地73.66公顷。全年规模工业实现工业总产值31.5亿元（其中华电长沙电厂完成21.49亿元），实现财政收入1.34亿元，完成国地两税1.35亿元。

2013年，北新建材集团股份有限公司在铜官基地征地6.93公顷，投资9600万元办厂，综合利用长沙电厂脱硫废弃物、脱硫石膏作为原材料，建设年产3000万平方米纸面石膏板生产线及年产5000万吨轻钢龙骨的大型脱硫石膏综合利用项目，既解决了电厂废渣出路问题，又创造了良好的经济效益，年产值1.8亿元，年创税800万元，完全符合循环经济特征。是年，基地的规划用地由12.7平方公里扩大到34.39平方公里，全年成功引进项目5个，总投资额为10.9亿元，完成工业总产值34.45亿元。

2014年，铜官基地共引进项目15个，其中重大工业项目3个，含年产值过50亿元的1个，年产值 过10亿元的2个，总投资为23.5亿元，当年到位区外资金16.01亿元，投产后年产值91亿元，年税收达2.7亿元。湖南湘江关西涂料（长沙）有限公司签约后当年投入建设，该公司投资12亿元，征地23.73公顷，生产高档汽车涂料及树脂，年产能为汽车涂料18万吨、树脂6万吨，年产值可达50亿元，年税收可达1.2亿元。其产品主要供应一汽、二汽、上海大众、上汽通用，广州本田、长安汽车、重庆福特等50家汽车厂商，可提供800个就业岗位。是年，铜官基地实现了金驰能源、长沙新宇高分子科技有限公司等5个规模工业企业项目投产运行，完成工业投资2.9亿元，实现工业产值40.65亿元，比上年增长18%，完成税收4226万元，为任务数的116%。从业人员增至1660人，比上年增长8.6%。

2015年，铜官循环经济工业基地共有企业52家。其中，以华电长沙发电有限公司为主体的能源类企业2家，以金驰能源材料有限公司、三环颜料有限公司、关西涂料有限公司、长沙新宇高分子科技有限公司为龙头的化工类企业13家，以长沙慧林机电科技有限公司、长沙天水环保科技有限公司为主体的机械制造业企业6家，以长沙巨星轻质建材股份有限公司、湖南博奥玻璃制品有限公司为主体的建筑材料制造业企业13家，以湖南华纳大药厂手性药物有限公司为主的生物制药业企业4家，以长沙祥和再生资源有限公司为主的再生资源、废旧回收业企业3家，以中石油长沙油库为主体的仓储物流业企业9家，工业地产业1家，粮油制品业1家。截至2015年，铜官基地已投产的企业13家，其中规模以上工业企业12家，年产值 在30亿元以上的企业1家，年产值15亿元的企业1家，年产值5亿元的企业1家。即将投产的企业19家，其中规模以上工业企业18家，年产值过50亿元企业1家，过10亿元企业4家，过5亿元的企业2家，过亿元的企业5家。年产能为130.1亿元，实现税收6.28亿元。已签约并决定在2015年动工建设的企业20家，其中规模以上工业企业18家，年产值过30亿元的企业1家，过20亿元的企业1家，过10亿元的企业3家，过5亿元的企业3家，过2亿元的企业3家，过亿元的企业3家，解决劳动就业2.46万人。是年，铜官基地实现年度工业产值 48.7亿元，比上年增长19.8%。

三环颜料公司产品

◆ 乌山创业富民基地

建制沿革 2008年12月，望城县乌山镇党委、镇政府根据自身近城（县城）近区（望城经开区）优势，为发展镇域经济，决定以乌山镇工业小区为基础，成立乌山创业富民基地。12月28日，县人民政府批准同意乌山镇设立创业富民基地。2009年2月，中共望城县委常委召开专题会议，讨论乌山创业富民基地的有关问题。会前，县委常委们视察了乌山创业富民基地的新址和基地建设情况。会议肯定了创业富民基地的选址和构想方案，并将基地定名为：望城县创业富民基地，重点发展中、小型企业，重点引进机械制造加工项目，将基地建成为望城经济开发区的配套产业园，归属乌山镇政府管理。2013年1月，中共望城经济开发区工作委员会批复：同意乌山创业富民基地挂靠湖南望城经济开发区，由乌山镇负责管理，自主发展。

乌山创业富民基地

区域交通 乌山创业富民基地位于高乌大道两厢，在望城区以西，紧邻望城经济技术开发区西北角，东靠高塘岭街道和喻家坡街道，西邻京珠西线和白箬铺镇，南与黄金园街道和高新技术开发区的廖家坪街道相连，北临八曲河。该基地的规划面积2.5平方公里（约250.2公顷），包括双丰村、乌山村、双兴村三个村。创业富民基地交通便捷，高乌大道、黄桥大道、旺旺西路将基地与主城区紧密联结，东有金星路、雷锋大道、雷高公路、潇湘北大道直达长沙，南有金洲大道、长常高速、319国道直通常德，西有京珠高速西线，中有许龙线、金星路直达基地，长沙市四环的黄桥大道南北穿越，石长铁路从南侧穿过，实现了基地与长沙主城区和望城经开区无缝对接，全境已纳入长株潭两型社会综合配套改革实验核心区，是长沙大河西先导区重点建设的五大核心板块之一。

乌山创业富民基地交通规划图

基础设施 乌山创业富民基地，开发效应明显，基础设施完善。2005年，高乌大道拓宽至36米，两厢多为小丘陵岗地，地基基础牢固，房屋相对稀少，人口密度不大，农田占有比例不高，开发投资较少，适宜于建设用地。作为开发用地，符合产业发展理念，有利于中小企业的入驻与发展。2011年，高乌大道再次拓宽至42米；区自来水厂的供水管网随路延伸，解决了沿线供水问题；电力部门的二回10千伏电力线路随路架设，沿线用电方便。同年，乌山镇政府投资1000万元，启动创业富民基地的污水处理厂建设，沿路2000米排污管道建成。2013年，新奥燃气管网进入创业富民基地，创业富民基地自建的110千伏变电站投入使用，污水处理厂建成投入运行。截至2015年，乌山创业富民基地已投入8000万元，用于完善基础设施配套建设，为中小企业入驻和发展创造了良好的条件。

产业 乌山创业富民基地立足于集聚轻型制造加工中小企业，建设经开区配套产业园的发展定位，坚持生态园区、产业园区、人文园区，现代园区的发展理念，突出招商引资和项目建设两大重点，利用自身优势，打造望城中小企业园。2009年，望城县人民政府批准乌山创业富民基地一期用地12.31公顷，主要解决长沙黑金刚实业有限公司、长沙联力实业有限公司等5个项目落户的一期工程用地问题。下半年，批准二期用地13.94公顷，主要解决长沙五轴传动机械有限公司、长沙昊博机械设备有限公司、长沙市海宇门窗有限公司等项目入驻用地问题。长沙黑金刚实业有限公司是专业从事凿岩机械和风动工具研究制造的著名民营企业，也是乌山创业富民基地成立后首家入驻的企业。该公司投资2亿元，征地10.13公顷，当年动工建设，同时借用原高塘岭镇仁和村老厂房生产。是年，实现产值1.92亿元，上缴税收370万元。首批入驻的企业还有长沙联力实业有限公司，投资1.8亿元，征地9.6公顷建厂。这是一家从事军用和民用机械产品生产的新型企业，主要生产工程类车辆及其他机械齿轮、变速箱、轴类、盘类等零部件和电动车减速器、工程类钢结构件、油泵、传动箱、驱动桥等部件，与三一重工、中联重科、六一八厂、二〇一所等众多大型企业建立了长期稳定的合作关系。该公司当年完成1万平方米厂房建设，完成一期工程的75%。是年，乌山创业富民基地落户的项目共10个，投资额为4.13亿元。其中，投资过千万元的项目7个，当年动工建设的项目5个。2009年，创业富民基地实现工业总产值4.2亿元，其中规模工业产值 2.11亿元，规模工业税金400万元，同比增长11.11%，全年完成工业投资2.1亿元。

2011年,长沙黑金刚、长沙联力实业、湖南亚泰电器等5家企业实现投产。长沙黑金刚实业有限公司有员工700人，生产厂房4.5万平方米，完成搬迁后，当年接待了津巴布韦总统特使巴顿等外国来宾。是年，该厂产品出口由原来的

40多个国家和地区增加到50多个国家和地区，实现年产值3.1亿元。长沙联力实业有限公司完成搬迁任务，新建厂房2万平方米，各类主要设备增加到650台

长沙黑金刚实业有限公司

套，员工增加到680人，当年实现产值2.6亿元，翌年产值达3.73亿元。是年，完成建设搬迁任务的企业还有湖南亚泰电器等3家；乌山创业富民基地实现工业产值10.8亿元，完成税收2000万元，解决劳动力就业1200人。

2013年，乌山创业富民基地新增用地22.67公顷，累计引进项目21个，协议引进资金11.36亿元；长沙浩基电力设备有限公司、望城联谊机械制造有限公司、长沙五轴传动有限公司、长沙海宇门窗有限公司、长沙昊博机械设备有限公司等8家企业投产，全年实现工业总产值16.5亿元，完成税收2400万元，解决劳动力就业2100人。

2015年，乌山创业富民基地新开发工业用地53.3公顷，引进企业7家，协议引进资金3.58亿元，实现工业总产值22亿元，上缴税金3460万元，解决劳动力就业3000人。截至2015年，乌山创业富民基地累计批准用地48.92公顷，引进企业28家，其中机械制造业20家、占71%，建筑材料业6家、占21%，电子产业1家，物流业1家；已经投产的企业14家，在建的企业4家，规模以上企业15家，占整个引进企业的54%。当年区镇两级政府共投入的基础设施配套资金达8000万元。

◆ 企业选介

湖南华电长沙发电有限公司 湖南华电长沙发电有限公司成立于2003年10月，位于长沙市望城区铜官镇，距离长沙市区约30公里，是环保、清洁、高效、节能的现代化绿色电厂。公司规划装机容量2×600千瓦+2×1000兆瓦，占地约48万平方米，现有员工335人，其中大专以上学历308人，硕士及以上学历人员17人，具有中高级职称人员89人。

湖南华电长沙发电有限公司

公司一期工程建设2×600千瓦机组，是国内首批、华电首座燃煤脱硫脱硝发电机组，总投资50.9亿元，于2005年12月16日开工建设，分别于2007年10月23日和12月25日圆满完成168小时试运行后，正式向电网供电。因地处负荷中心和电网受端，它的建成结束了省会长沙没有稳定电源的历史，对改善湖南电网结构，保证全省电力负荷中心电力供应，促进湖南特别是长株潭地区经济发展具有十分重要的意义。

公司致力于“奉献清洁能源，服务两型社会”，环保投资占工程总投资的21.6%，将于2016年上半年全面完成近零排放目标，成为湖南省首座达到燃气轮机超低排放的在运燃煤电厂。

公司曾获“抗冰救灾先进集体”“调煤保电先进单位”“文化建设最佳实践单位”“湖南省百强企业”“长沙市工业三十强企业”“纳税过亿元企业”“中国美丽电厂”等荣誉称号。

三环颜料铁红生产线

湖南三环颜料有限公司 湖南三环颜料有限公司是由原望城县坪塘氧化铁颜料厂于1995年10月经过股份制改造组建的。企业始建于1965年10月,先为小化工作坊，1974年正式生产氧化铁颜料，2008年10月因全面实施长沙市大河西先导区建设，从坪塘老工业基地整体搬迁至长沙望城经济开发区铜官循环经济工业基地。公司以节能减排、保护环境、资源循环利用、工艺装备自动化为宗旨，建成了年产6万吨氧化铁颜料行业示范性企业，综合实力居全国同行业前列，并代表氧化铁行业历任中国涂料工业协会副理事长单位。

公司新厂区占地7公顷，建筑面积6万平方米，有员工400余人，年产销“三环牌”氧化铁颜料5万吨，年产值4亿元，年利税3000多万元，年创汇900多万美元。

公司生产的产品分为油漆、建材、塑料橡胶、陶瓷和易分散、超细、耐高温八大系列氧化铁颜料，并提供铅铬系列、酞菁系列、锌钡系列等颜料和其他化工产品。产品以其优良的品质和完善的服务体系畅销国内30多个省、市、地区，并出口欧美、中东、东南亚等40多个国家和地区。“三环牌”产品是湖南省名牌产品和湖南省国际知名品牌；“三环牌”商标是国内氧化铁行业唯一中国驰名商标。

公司曾获“全国文明乡镇企业”“全国化工环保先进企业”“全国石油和化工优秀民营企业”“全国优秀民营科技企业”“中国优秀企业”“中国涂料工业百强企业”“湖南省纳税大户”“湖南省AAA信用企业”“湖南省重合同守信用企业”“长沙市工业二十强”等100多项荣誉称号。

公司奉行“诚信经营、友谊至上”的服务宗旨，遵循“追求品质完美，保证顾客满意”的质量方针，致力于提升企业文化，塑造公司和品牌形象，打造三环百年老厂。

长沙黑金刚实业有限公司 长沙黑金刚实业有限公司成立于1999年4月，是中国专业从事凿岩机械和风动工具研究与制造的著名民营企业。公司采用最优质的原材料、先进的生产工艺和严密的检测手段，生产出性能优良、质量过硬的产品。“黑金刚”牌钻具由于质量稳定、性能优良而畅销全国，并批量出口到南非、巴西、法国、澳大利亚、加拿大、马来西亚、韩国等50多个国家和地区，深受用户好评。

长沙黑金刚实业有限公司

公司2011年6月进驻望城经开区，占地11.5公顷，建生产厂房4.5万平方米，拥有员工700多人，各类生产设备近千台套，自主研发、生产出中国最先进的高风压潜孔冲击器，各种潜孔钻头，在覆盖岩层和松散岩层中用于跟管钻进的偏心跟管钻具、对心跟管钻具、滑块式跟管钻具、双重跟管钻具，各种螺纹钻头，钎尾和联接套，新型水井地热钻机、露天爆破孔钻机，钻管、联接头及其它钻机配件。

公司产品荣获了“湖南省名牌产品”称号，“黑金刚”牌商标被评为“中国驰名商标”“湖南省著名商标”。公司被评为“湖南省高新技术企业”“安全生产标准化三级企业”“湖南省小巨人计划企业”等。公司组建了钻凿设备工程技术研究中心、长沙市企业技术中心，先后承担了多项省、市科技计划项目，其中“大孔径高风压潜孔冲击器”获得国家创新基金补助资金支持，“新型快速节能高风压冲击器和钻头的产业化”荣获湖南省预算内产业链创新专项支持，“大型多功能分体机的研发”为长沙市中小企业技术创新项目。公司拥有15项自主研发专利，其中发明专利2项，实用新型专利12项，外观专利1项。公司生产的潜孔冲击器、潜孔钻头产品占湖南省钻凿市场65%以上份额，是国内最大钻凿机械的风动工具的研发、生产基地。

◆本篇附表：

表5-3　望城经济技术开发区创品牌名录

序号	名　称	级别	创建时间
1	湖南省十大最具投资价值产业园区	省级	2010 年
2	湖南省有色金属新材料精深加工高新技术产业化基地	省级	2010年
3	湖南省知识产权试点园区	省级	2011年
4	湖南省知识产权工作试点园区（2011—2013）	省级	2011年1月
5	全省加速推进工业化三等奖	省级	2011年2月
6	长沙望城国家有色金属新材料精深加工高新技术产业化基地	国家级	2012年
7	国家知识产权试点园区	国家级	2012年
8	全省加速推进工业化三等奖	省级	2012年2月
9	湖南省开发园区2011年度节约集约用地一等奖	省级	2012年5月
10	长沙市创新型单位	市级	2012年
11	2011年度长沙市承接产业转移先进园区	市级	2012年2月
12	湖南省循环经济试点示范园区	省级	2013年
13	2012年度湖南省新型工业化考核二等奖	省级	2013年3月

续表5-3

序号	名　称	级别	创建时间
14	湖南省开发园区2012年度节约集约用地一等奖	省级	2013年5月
15	长沙市两型创建先进单位	市级	2013年
16	湖南省新型工业化示范基地	省级	2014年
17	全省加速推进工业化二等奖	省级	2014年3月

表5-4　　望城经开区高新技术企业名录

序号	企　业	文　号
1	湖南金龙国际铜业有限公司	湘高企办字[2010]18 号
2	路凯（湖南）科技有限公司	湘高企办字[2011]2 号
3	湖南长沙远航生物物品有限公司	湘高企办字[2011]6 号
4	湖南湘仪实验室仪器开发有限公司	湘高企办字[2011]4 号
5	湖南亚华乳业有限公司	湘高企办字[2011]4 号
6	湖南宝利沥青有限公司	湘高企办字[2012]10 号
7	湖南有色光电科技有限公司	湘高企办字[2012]14 号
8	中阀科技（长沙）阀门有限公司	湘高企办字[2012]14 号
9	湖南天龙制药有限公司	湘高企办字[2012]13 号
10	湖南大北农农业科技有限公司	湘高企办字[2012]13 号
11	湖南金龙电缆有限公司	湘高企办字[2012]13 号
12	湖南航天磁电有限责任公司	湘高企办字[2012]13 号
13	湖南康寿制药有限公司	湘高企办字[2013]8 号
14	湖南丽拓生物科技有限公司	湘高企办字[2013]8 号
15	湖南阳光富源光电产业有限公司	湘高企办字[2013]8 号
16	湖南美特新材料科技有限公司	湘高企办字[2013]8 号
17	湖南德尚源耐磨工业有限公司	湘高企办字[2013]8 号
18	湖南交泰建材有限公司	湘高企办字[2013]8 号
19	湖南省泰山热工材料装备有限公司	湘高企办字[2013]12 号
20	长沙天卓塑胶有限公司	湘高企办字[2013]12 号

续表5-4

序号	企　业	文　号
21	澳优乳业（中国）有限公司	湘高企办字[2013]10 号
22	长沙众城石油化工有限责任公司	湘高企办字[2013]10 号
23	湖南新汇制药有限公司	湘高企办字[2013]10 号
24	长沙中联消防机械有限公司	湘高企办字[2013]10 号
25	湖南纳菲尔新材料科技股份有限公司	湘高企办字[2014]10 号
26	湖南湘仪动力测试仪器有限公司	湘高企办字[2014]10 号
27	湖南联智桥隧技术有限公司	湘高企办字[2014]10 号
28	湖南泰嘉新材料科技股份有限公司	湘高企办字[2014]9 号
29	湖南长高高压开关集团股份公司	湘高企办字[2014]9 号
30	湖南晟通科技集团有限公司	湘高企办字[2014]9 号
31	中航飞机起落架有限责任公司	湘高企办字[2014]13 号
32	长沙天映机械制造有限公司	湘高企办字[2014]13 号
33	长沙成进汽车配件有限公司	湘高企办字[2015]6 号
34	万家乐热能科技有限公司	湘高企办字[2015]7 号

表5-5　　世界500强及中国500强企业驻望城经开区名录

序号	企业名称	排名
1	优美科富虹	全球金属行业500强第26位
2	百威英博	全球市值500强企业第34位
3	光明乳业	中国制造业500强，世界乳企25强
4	湖南有色	中国五矿世界500强第192位
5	中航飞机起落架	中航工业世界500强第178位
6	海伦国际	浙江物产世界500强第364位
7	华润燃气	世界500强第187位
8	绿地集团	世界500强第483位
9	晟通科技	中国企业500强第119位
10	金龙铜业	中国企业500强第493位
11	大汉控股集团	中国企业500强第117位
12	唐人神集团	中国企业500强第366位
13	中粮集团（可口可乐）	世界500强第357位

表5-6　　望城经开区两型示范企业建设名录

名称	企业	年份
长沙市创新型企业	湖南省泰山热工材料装备有限公司	2013
长沙市创新型企业	湖南邦德利建材有限公司	2013
长沙市创新型企业	湖南纳菲尔新材料科技股份有限公司	2013
长沙市创新型企业	湖南天卓塑胶有限责任公司	2014
长沙市创新型企业	湖南联智桥梁隧道技术有限责任公司	2014
长沙市两型示范企业	湖南大北农农业科技有限公司	2013
长沙市两型示范企业	湖南省泰山热工材料装备有限公司	2013
望城区两型企业	湖南天龙制药有限公司	2012
望城区两型企业	湖南交泰建材有限公司	2012
望城区两型企业	湖南派意特服饰有限公司	2012
望城区两型企业	湖南长高高压开关集团股份有限公司	2012
优秀技术创新示范企业	湖南长高高压开关集团股份公司	2012
优秀技术创新示范企业	湖南新汇制药股份有限公司	2012
市环保局组织的清洁生产审核	湖南天龙制药有限公司	2012
省环保厅组织的清洁生产审核	湖南光明乳品有限公司	2012
省经信委组织的清洁生产审核	湖南派意特服饰有限公司	2012
省经信委组织的清洁生产审核	湖南长高高压开关集团股份公司	2013
省经信委组织的清洁生产审核	湖南泰嘉新材料科技股份有限公司	2013
省经信委组织的清洁生产审核	湖南金龙铜业有限公司	2013
省经信委组织的清洁生产审核	湖南天龙制药有限公司	2013

表5-7　　望城经开区上市企业名录

序号	企业名称	上市时间	上市地点
1	百威英博	2004年9月	INB-Euronext 证券交易所
2	旺旺食品	2008年3月	香港主板
3	光明乳业	2002年8月28日	上海交易所
4	澳优乳业	2009年10月8日	香港主板
5	大北农	2010年3月29日	深圳交易所
6	长高集团	2010年7月7日	深圳交易所

续表5-7

序号	企业名称	上市时间	上市地点
7	中联重科	2000年10月2日	深圳交易所
8	宝利沥青	2010年10月12日	深圳交易所
9	天闻印务	2010年10月28日	上海交易所
10	唐人神饲料	2011年3月25日	深圳交易所
11	万家乐	1994年1月3日	上海交易所
12	素加营养品（合生元）	2010年12月	香港主板
13	新希望南山（新希望）	1998年2月	深圳交易所
14	证通电子	2007年12月	深圳交易所

表5-8　望城经开区中国驰名商标情况名录

序号	企业名称	商标名	评选年度
1	湖南光明乳业有限公司	光明	1999
2	长沙中联重工科技发展股份	中联	2007
3	湖南湘江涂料集团有限公司	湘江	2007
4	湖南亚华乳业有限公司	南山nanshan图	2007
5	湖南旺旺食品有限公司	旺旺	2009
6	唐人神集团湘大骆驼饲料有限公司	骆驼LUOTUO及图	2009
7	澳优乳品（湖南）有限公司	澳优	2010
8	湖南泰嘉科技股份有限公司	Aa及图	2011
9	湖南金龙电缆有限公司	炯龙及图	2011
10	湖南派意特服饰有限公司	派意特	2012
11	长沙菱格木业有限公司	天格 TIANGE 及图	2012
12	湖南晟通科技有限公司	SNTO	2013
13	湖南爱晚床具有限公司	爱晚、字母	2015

表5-9　　望城经开区湖南省著名商标情况名录

序号	企业名称	商标名	评选年度
1	湖南旺旺集团	浪味、娃娃图	2004、2007、2010
2	湖南旺旺集团	旺旺	2004、2007、2010
3	湖南旺旺集团	旺仔	2004、2007、2010
4	湖南天龙制药有限公司	槐花HUAIHUA、图	2007、2010
5	长沙中联重工科技发展股份	中联ZOOMLION、图	2007、2010
6	长沙华越食品有限公司	华越、图	2003、2006、2010
7	湖南亚华乳业有限公司	南山、亚林	2004
8	唐人神集团湘大骆驼饲料有限公司	骆驼LUOTUO、图	2004
9	唐人神集团湘大骆驼饲料有限公司	湘大	2008
10	唐人神集团湘大骆驼饲料有限公司	大生	2010
11	唐人神集团湘大骆驼饲料有限公司	加乐	2010
12	湖南派意特服饰有限公司	派	2006、2009
13	湖南派派食品有限公司	派仔、图	2008
14	湖南罗莎食品有限公司	图	2008
15	湖南大北农农业科技有限公司	播种	2008
16	湖南金龙国际铜业有限公司	炯龙、图、英文	2008
17	澳优乳品（湖南）有限公司	能力多 英文	2008
18	澳优乳品（湖南）有限公司	澳优	2009
19	湖南中野高科技特种材料有限公司	中野、拼音	2008
20	湖南富能高新科技有限公司	富能、英文	2009
21	湖南伊思丽珍珠有限公司	清辉、英文、拼音	2009
22	长沙菱格木业有限公司	天格、拼音、图	2009
23	湖南湖湘贡食品有限公司	湖湘贡、图	2010
24	湖南晟通科技有限公司	晟通、字母	2010
25	湖南泰嘉新材料技术有限公司	字母、图	2015
26	湖南爱晚床具有限公司	爱晚、字母	2010
27	长沙众城石油化工有限责任公司	众城石化+图（新评）	2011
28	湖南新汇制药有限公司	新汇+图（新评）	2011

续表5-9

序号	企业名称	商标名	评选年度
29	澳优乳业（中国）有限公司	能力多（新评）	2011
30	湖南湘仪实验室仪器开发有限公司	湘仪+图（新评）	2011
31	湖南泰山热工装备有限公司	泰模王（新评）	2011
32	湖南长高高压开关集团股份有限公司	长高+图（新评）	2011
33	长沙天卓塑胶有限公司	字母+图（新评）	2015
34	湖南派派食品有限公司	派仔+图形（复评）	2011
35	湖南大北农农业科技有限公司	播种（复评）	2011
36	湖南航天磁电有限责任公司	航天磁+英文(新评)	2012
37	长沙天卓塑胶有限公司	天卓+英文+图形(新评)	2012
38	湖南派意特服饰有限公司	派意特(新评)	2012
39	湖南湖湘贡食品有限公司	湖湘贡(新评)	2012
40	澳优乳业（中国）有限公司	文字+字母（能力多）、（新评）	2014
41	澳优乳业（中国）有限公司	美纳多（新评）	2014
42	澳优乳业（中国）有限公司	澳优（新评）	2014
43	湖南新汇制药有限公司	新汇+字母+图形（新评）	2014
44	晟通科技集团有限公司	字母（新评）	2014
45	晟通科技集团有限公司	晟通（新评）	2014
46	湖南湘仪实验室仪器有限公司	文字+图形（新评）	2014
47	海普诺凯营养品有限公司	佳=贝艾特（新评）	2015
48	海普诺凯营养品有限公司	KABRITA(新评)	2015

表5-10　望城经开区湖南省名牌产品名录

序号	企业名称	产品名称
1	长沙天卓塑胶有限公司	PVC 系列管材 天卓
2	湖南派意特服饰有限公司	衬衣
3	湖南金龙国际铜业有限公司	铝管材铜
4	长沙菱格木业有限公司	浸渍纸层压木质地板系列天格、双菱
5	湖南爱晚床具有限公司	弹簧软床垫系列 爱晚

续表5-10

序号	企业名称	产品名称
6	长沙众城石油化工有限责任公司	润滑油、脂：复合磺酯钙 基润滑脂，烧结机专用润滑脂系列 众城
7	湖南大北农农业科技有限公司	鱼用配合饲料 大北农、播种
8	湖南派意特服饰有限公司	西服
9	湖南泰嘉新材料有限公司	双金属带锯条
10	湖南邦得利建材有限公司	天花系列
11	湖南泰嘉新材料科技股份有限公司	双金属带锯条、M42（2014 新评）
12	湖南新汇制药股份有限公司	猴头健胃灵（0.38克/片、0.34克粒胶囊）、九味肝泰胶囊(0.35克/粒)、滋肾健脑液(10毫升/支)
13	湖南派意特服饰有限公司	衬衫 派意特（2015 新评）
14	万家乐热能科技有限公司	家用型燃气采暖热水炉 万家乐（2015 新评）
15	长沙天卓塑胶有限公司	PE 给、排水管材、管件,Dn20豪米～1200毫米 天卓（2015新评）
16	湖南金龙国际铜业有限公司	光亮铜杆 T1、T2、T3、TU1、TU2 金一龙 （2015 新评）
17	长缆电工科技股份有限公司	电缆附件 长缆（2015 新评）

表5-11 望城经开区国家实验室名录

企业名称	实验室名称	批准时间（年）
湖南金龙电缆有限公司	电线电缆质量安全示范性实验室	2009 年
湖南晟通科技有限公司	CNAS 认可实验室	2010 年
湖南亚华乳业有限公司	乳制品检测实验室	2011 年
中联重科路面机械有限公司	公路养护技术国家实验室	2012 年

表5-12 望城经开区技术中心、工程中心名录

单位名称	批准时间（年）
国家企业技术中心（3 家）	
湖南晟通科技有限公司	2013
中阀科技（长沙）阀门有限公司	2014
湖南长高高压开关集团股份公司	2015

续表5-12

单位名称	批准时间（年）
省级企业技术中心（6家）	
湖南亚华乳业有限公司	2007
湖南长高高压开关集团股份公司	2007
湖南泰嘉新材料科技股份有限公司	2008
湖南金龙电缆有限公司	2012
湖南联智桥隧技术有限公司	2012
澳优乳业（中国）有限公司	2014
省工程中心（8家）	
中航飞机起落架有限责任公司	2010
湖南晟通科技集团有限公司	2010
湖南泰嘉新材料科技股份有限公司	2011
湖南金龙电缆有限公司	2012
湖南长高高压开关集团股份公司	2013
中阀科技（长沙）阀门有限公司	2013
湖南航天磁电有限责任公司	2014
湖南泰嘉新材料科技股份有限公司	2015
市级企业技术中心（11家）	
湖南新汇制药有限公司	2006
湖南省泰山热工材料装备有限公司	2008
湖南天龙制药有限公司	2009
湖南湘仪实验室仪器开发有限公司	2010
长沙前元塑料技术开发有限公司	2011
长沙市众城石油化工有限责任公司	2011
澳优乳业（中国）有限公司	2011
路凯(湖南)科技有限公司	2012
金龙国际铜业有限公司	2015
湖南纳菲尔新材料科技股份有限公司	2015
湖南派意特服饰有限公司	2015

续表5-12

单位名称	批准时间（年）
市级工程中心（12家）	
湖南长高高压开关集团股份公司	2008
湖南纳菲尔新材料科技股份有限公司	2011
湖南金龙国际铜业有限公司	2011
澳优乳业（中国）有限公司	2011
湖南有色铍业有限公司	2012
湖南联智桥隧技术有限公司	2012
湖南航天磁电有限责任公司	2013
湖南省泰山热工材料装备有限公司	2013
湖南新汇制药股份有限公司	2013
湖南大北农农业科技有限公司	2014
湖南派意特服饰有限公司	2014
湖南宝利沥青有限责任公司	2015

表5-13 望城经开区企业专利统计表

序号	企业名称	拥有专利量（件）					
		实用新型	外观	发明	软件及著作权	国外专利PCT	合计
1	晟通科技集团有限公司	426	186	364	9	0	985
2	湖南金龙国际铜业有限公司	19	0	6	0	0	25
3	湖南金龙电缆有限公司	6	2	2	0	0	10
4	湖南泰嘉新材料科技股份有限公司	21	0	11	0	0	32
5	湖南联智桥隧技术有限公司	25	8	5	21	1	60
6	湖南长高高压开关集团股份公司	43	0	17	0	0	60
7	中航飞机起落架有限责任公司	32	0	12	1	0	45
8	澳优乳业（中国）有限公司	4	14	23	0	0	41
9	湖南派意特服饰有限公司	3	0	1	0	0	4
10	湖南湘仪实验室仪器开发有限公司	17	2	0	0	0	19
11	湖南交泰建材有限公司	6	0	3	0	0	9

续表5-13

序号	企业名称	拥有专利量（件）					
		实用新型	外观	发明	软件及著作权	国外专利PCT	合计
12	中阀科技（长沙）阀门有限公司	11	0	1	3	0	15
13	长沙中联消防机械有限公司	125	40	50	0	8	223
14	中联重科有限公司路面机械分公司	9	0	21	0	0	30
15	中联重科中旺分公司	27	1	12	0	0	40
16	万家乐热能科技有限公司	28	1	6	0	0	35
17	湖南大北农农业科技有限公司	4	0	2	0	0	6
18	湖南美特新材料科技有限公司	6	0	1	0	0	7
19	湖南纳菲尔新材料科技股份有限公司	4	0	6	0	0	10
20	湖南航天磁电有限责任公司	49	3	9	0	0	61
21	湖南德尚源耐磨工业有限公司	3	0	0	0	0	3
22	长沙成进汽车配件有限公司	13	0	1	0	0	14
23	湖南新汇制药有限公司	1	0	15	1	1	18
24	湖南兆恒材料科技有限公司	2	0	1	0	0	3
25	长沙天卓塑胶有限公司	11	0	0	2	0	13
26	湖南沙博安伟达科技有限公司	3	0	2	0	0	5
27	湖南宝利沥青有限公司	5	0	2	0	0	7
28	湖南湘仪动力测试仪器有限公司	12	0	0	12	0	24
29	湖南邦德利建材有限公司	7	1	0	0	0	8
30	湖南天龙制药有限公司	1	2	3	0	0	6
31	长沙市天映机械制造有限公司	7	0	1	0	0	8
32	湖南省丽拓生物科技有限公司	10	1	1	0	0	12
33	长沙素加营养品有限公司	2	0	1	0	0	3
34	长沙菱格木业有限公司	20	1	0	0	0	21
35	湖南康寿制药有限公司	0	0	3	0	0	3
36	长沙众城石油化工有限公司	0	0	3	0	0	3
37	湖南湘商商品交易中心有限公司	0	0	0	7	0	7
38	湖南唯罗克纺织印染机械有限公司	0	0	6	0	0	6
39	湖南五福食品有限公司	0	13	0	0	0	13
40	湖南伊丽思珍珠有限公司	0	3	0	0	0	3

续表5-13

序号	企业名称	拥有专利量（件）					
		实用新型	外观	发明	软件及著作权	国外专利PCT	合计
41	湖南阳光富源光电产业有限公司	21	0	2	0	0	23
42	湖南省泰山热工材料装备有限公司	12	0	0	4	0	16
43	长沙市中吉科技有限责任公司	9	14	0	1	0	24
44	湖南亚华乳业有限公司	3	0	1	0	0	4
45	长沙前元塑料技术开发有限公司	2	0	0	0	0	2
46	湖南八佳兴农业科技有限公司	2	0	0	0	0	2
47	湖南派派食品有限公司	1	0	0	0	0	1
48	湖南海天电子有限公司	1	0	0	1	0	2
49	湖南沐林现代食品有限公司	6	0	2	0	0	8
50	湖南坤源塑化有限公司	3	0	0	0	0	3
51	湖南长沙远航生物制品有限公司	4	0	1	0	0	5
52	湖南海星高科动力电池有限公司	2	0	0	0	0	2
53	湖南福娃儿童用品有限公司	3	1	0	0	0	4
54	长沙国麟机械设备有限公司	1	0	0	0	0	1
55	湖南有色光电科技有限公司	5	0	1	0	0	6
56	湖南前元新材料有限公司	3	0	0	0	0	3
57	长沙好适宜环保科技有限公司	2	0	0	0	0	2
58	长沙永生彩印有限公司	3	3	0	0	0	6
59	路凯（湖南）科技股份有限公司	2	0	0	0	0	2
	合　　计	1047	296	598	62	10	2013

表5-14　　望城经开区获国家、省、市科学技术奖励名录

获奖企业	获奖项目	等次
国家技术发明奖		
湖南长高高压开关集团股份公司	特高压交流输电关键技术、成套设备及工程应用	特等奖
湖南纳菲尔新材料科技股份公司	高耐磨性、耐腐蚀性、环保型钨合金电镀技术研发及应用	二等奖
中国消防协会科技奖		
长沙中联重科消防机械有限分公司	YT53 云梯消防车	二等奖
	75千瓦 大功率照明消防车	二等奖

续表5-14

获奖企业	获奖项目	等次
湖南省科技进步奖		
湖南亚华乳业有限公司	奶牛植物性生理与营养调控及优质奶制品开发	三等奖
湖南泰嘉新材料科技股份有限公司	GKT608 数控硬质合金卧式圆锯床	三等奖
湖南长高高压开关集团股份有限公司	GW7C-252-800 三柱水平翻转式系列隔离开关	三等奖
湖南长高高压开关集团股份有限公司	大容量远距离特高压开关成套装备关键技术的研究与应用	三等奖
湖南长高高压开关集团股份有限公司	智能型气体绝缘金属封闭开关设备关键性技术的研究与应用	三等奖
澳优乳业（中国）有限公司	第四代婴幼儿配方奶粉研究与技术开发	三等奖
湖南新汇制药股份有限公司	《制药企业诚信文化建设与管理创新》湖南省企业管理现代化创新成果一等奖	一等奖
长沙市科技进步奖		
湖南金龙国际铜业有限公司	切向连续挤压机连续生产铝包铜管的工艺研发及应用	二等奖
湖南金龙国际铜业有限公司	用切项连续生产铝包铜管的工艺研发及应用	二等奖
湖南金龙电缆有限公司	高阻燃环保、消防型电缆	二等奖
湖南泰嘉新材料科技股份有限公司	高速锯切用双金属带锯条淬、回火一体化生产线	二等奖
湖南长高高压开关集团股份有限公司	550千伏超高压和 1100千伏特高压接地开关	二等奖
长沙麦融高科股份有限公司	高热密度建筑节能及环境控制关键技术研究	二等奖
湖南联智桥隧技术有限公司　交通运输部公路科学研究所　交通运输部工程质量监督局	桥梁预应力结构质量智能控制成套技术	二等奖
中阀科技（长沙）阀门有限公司　长沙理工大学	高水头大口径水轮机进水双密封液控碟阀的研制	二等奖
澳优乳业（中国）有限公司	第四代婴幼儿配方奶粉研究与技术开发	二等奖
澳优乳业（中国）有限公司	一种不上火的婴幼儿配方奶粉及其制备工艺	三等奖
湖南联智桥隧技术有限公司	桥梁预应力智能张拉控制系统	三等奖
湖南长高高压开关集团股份有限公司	363千伏～800千伏特高压大电流隔离开关和接地开关	三等奖
湖南泰嘉新材料科技股份有限公司	GKT608 数控硬质合金圆锯床	三等奖
湖南美特新材料科技有限公司　湖南有色金属研究院	高电压、高压实钴酸锂正极材料的制备及产业化	三等奖
长沙中联重科消防机械有限公司	54米登高平台消防车	三等奖

表5-15　　2015年望城经开区工业总产值过亿元企业名录

总产值	家数	企业名称	
过300亿元	1	晟通科技集团有限公司	
过100亿元	1	湖南金龙国际铜业有限公司	
过30亿元	1	澳优乳业（中国）有限公司	
过10亿元	6	中航飞机起落架有限责任公司	湖南天闻新华印务有限公司
		湖南华电长沙发电有限公司	湖南三环颜料有限公司
		长沙市望城区望湘砂石管理有限公司	旺旺集团湖南总厂
过5亿元	8	湖南长高高压开关集团股份公司	长沙素加营养品有限公司
		湖南大北农农业科技有限公司	湖南航天磁电有限责任公司
		长沙中传机械有限公司	湖南省赛特汽车有限责任公司
		长沙金鼎包装实业有限公司	湖南长源投资有限公司
过3亿元	12	中联重科中望分公司	长沙中联消防机械有限公司
		湖南旺顺食品科技有限公司	湖南宝利沥青有限公司
		湖南派意特服饰有限公司	长沙智源科技发展有限公司
		湖南中野高科技特种材料有限公司	长沙奥星金属表面处理有限公司
		长沙联力实业有限公司	优美科富虹（湖南）锌业有限公司
		湖南长沙跃达路桥有限公司	长沙市越大油脂有限责任公司
过1亿元	36	百威英博（湖南）啤酒有限公司	湖南伊思丽珍珠有限公司
		湖南泰嘉新材料科技股份有限公司	长沙金红叶纸业有限公司
		湖南光明乳品有限公司	湖南联智桥隧技术有限公司
		湖南有色铍业有限公司	湖南长沙运发包装实业有限公司
		长沙市永生彩印有限公司	长沙菱格木业有限公司
		长沙唐人神湘大骆驼饲料有限公司	长沙众城石油化工有限责任公司
		长沙市天映机械制造有限公司	湖南康寿制药有限公司
		湖南省泰山热工材料装备有限公司	万家乐热能科技有限公司
		湖南湖湘贡食品有限公司	湖南新汇制药有限公司

续表5-15

总产值	家数	企业名称	
过1亿元		湖南天龙制药有限公司	湖南大成科技饲料有限公司
		长沙天卓塑胶有限公司	中联重科有限公司路面机械分公司
		长沙精鑫铸造有限责任公司	湖南长沙长鸿实业有限公司
		湖南爱晚床具有限公司	长沙远洋机械制造有限公司
		湖南博奥玻璃制品有限公司	望城县华腾彩印出口包装厂
		湖南庆湘食品开发有限公司	湖南久工建材科技有限公司
		湖南望城海绵原材料制品有限公司	湖南慧林环保科技有限公司
		长沙黑金刚实业有限公司	长沙西华保温材料有限公司
		湖南同华新型建材有限公司	中阀科技（长沙）阀门有限公司

表5-16　望城经开区企业安全生产标准化创建名录

序号	企业名称	标准化创建情况	备注
1	湖南航天磁电有限责任公司	已达标（2级）	2007年初评 2015年复审
2	优美科富虹（湖南）锌业有限公司	已达标（2级）	2012
3	湖南光明乳品有限公司	已达标（2级）	2012
4	湖南中海重机有限责任公司	已达标（3级）	2012
5	湖南大北农农业科技有限公司	已达标（3级）	2012
6	湖南交泰建材有限公司	已达标（3级）	2012
7	长沙众城石油化工有限责任公司	已达标（3级）	2012
8	湖南金龙国际铜业有限公司	已达标（3级）	2012
9	湖南金龙电缆有限公司	已达标（3级）	2012
10	长沙天卓塑胶有限公司	已达标（3级）	2012
11	湖南大亚输配电设备有限公司	已达标（3级）	2012
12	湖南大成科技饲料有限公司	已达标（3级）	2012
13	湖南晟通科技集团有限公司铝箔分公司	已达标（3级）	2012
14	湖南湘仪实验室仪器开发有限公司	已达标（3级）	2012
15	中联重科有限公司路面机械分公司	已达标（3级）	2012
16	中联重科中旺分公司	已达标（3级）	2012

续表5-16

序号	企业名称	标准化创建情况	备注
17	长沙市永生彩印有限公司	已达标（3级）	2012
18	长沙中联消防机械有限公司	已达标（3级）	2012
19	湖南派意特服饰有限公司	已达标（3级）	2012
20	湖南湖湘贡食品有限公司	已达标（3级）	2012
21	湖南丹维生物科技有限公司	已达标（3级）	2012
22	湖南泰嘉新材料科技股份有限公司	已达标（3级）	2012
23	长沙国麟机械设备有限公司	已达标（3级）	2012
24	湖南中煤百通钢筋钢网有限公司	已达标（3级）	2012
25	长沙菱格木业有限公司	已达标（3级）	2012
26	长沙唐人神湘大骆驼饲料有限公司	已达标（3级）	2012
27	希杰（长沙）饲料有限公司	已达标（3级）	2012
28	湖南天龙制药有限公司	已达标（3级）	2012
29	湖南宝利沥青有限公司	已达标（3级）	2012
30	湖南旺旺食品有限公司	已达标（3级）	2012
31	湖南大旺食品有限公司	已达标（3级）	2012
32	长沙旺旺食品有限公司	已达标（3级）	2012
33	湖南真旺塑料包材包装有限公司	已达标（3级）	2012
34	湖南天闻新华印务有限公司	已达标（2级）	2013
35	百威英博（湖南）啤酒有限公司	已达标（2级）	2013
36	湖南省泰山热工材料装备有限公司	已达标（2级）	2013
37	湖南坤源塑化有限公司	已达标（3级）	2013
38	湖南台杰食品有限公司	已达标（3级）	2013
39	湖南新汇制药有限公司	已达标（3级）	2013
40	湖南康寿制药有限公司	已达标（3级）	2013
41	湖南长高高压开关集团股份公司	已达标（3级）	2013
42	湖南长沙运发包装实业有限公司	已达标（3级）	2013
43	路凯（湖南）科技有限公司	已达标（3级）	2013
44	湖南邦德利建材有限公司	已达标（3级）	2013
45	长沙步步为赢食品有限公司	已达标（3级）	2013

续表5-16

序号	企业名称	标准化创建情况	备注
46	湖南派派食品有限公司	已达标（3级）	2013
47	湖南湘仪动力测试仪器有限公司	已达标（3级）	2013
48	长沙中吉科技有限责任公司	已达标（3级）	2013
49	湖南爱晚床具有限公司	已达标（3级）	2013
50	长沙金红叶纸业有限公司	已达标（3级）	2013
51	湖南兆恒材料科技有限公司	已达标（3级）	2013
52	湖南唯罗克纺织印染机械有限公司	已达标（3级）	2013
53	湖南阳光富源光电产业有限公司	已达标（3级）	2013
54	长沙民寓机械有限公司	已达标（3级）	2013
55	长沙市云川机械有限公司	已达标（3级）	2013
56	湖南长沙远航生物制品有限公司	已达标（3级）	2013
57	湖南伊思丽珍珠有限公司	已达标（3级）	2013
58	湖南五福食品有限公司	已达标（3级）	2013
59	长沙宏盛投资发展有限公司	已达标（3级）	2013
60	湖南德尚源耐磨工业有限公司	已达标（3级）	2013
61	湖南省远景光电实业有限公司	已达标（3级）	2013
62	长沙市天映机械制造有限公司	已达标（3级）	2013
63	湖南云阳乳胶科技实业有限公司	已达标（3级）	2014
64	湖南旺顺食品科技有限公司	已达标（3级）	2014
65	湖南亚华乳业有限公司	已达标（3级）	2014
66	湖南东旺食品有限公司	已达标（3级）	2014
67	澳优乳业（中国）有限公司	已达标（3级）	2014
68	湖南美特新材料科技有限公司	已达标（3级）	2014
69	湖南省丽拓生物科技有限公司	已达标（3级）	2014
70	中航飞机股份有限公司长沙起落架分公司	已达标（2级）	2014
71	长沙安佑生物科技有限公司	已达标（2级）	2015
72	湖南罗莎食品有限公司	已达标（2级）	2015
73	湖南海天新材实业有限公司	已达标（2级）	2015
74	长沙素加营养品有限公司	已达标（2级）	2015

第六篇 综合管理

GENERAL MANAGEMENT

望城经开区紧紧围绕经济建设中心，本着“精简、高效”的原则，设置相应的管理机构，实行具有开发区特色的“小政府、大社会、全服务”的管理模式。经开区内设各机构采取合署办公方式，实行“一站式”全程服务，减少办事环节，提高办事效率，把管理寓于服务之中。各管理机构既有明确的责任分工又相互协调配合，形成合力。园区范围内的基础设施建设工程授权望城经开区建设开发公司实施管理。财政分局负责经开区的财务收支和初审工作。税务、工商管理接受经开区党工委、管委会和县（区）直主管单位的双重监管督查。人才引进、培训，干部队伍管理，由望城经开区党工委、管委会主管，办公室党建人力资源科组织实施。公安、司法工作由县（区）直单位垂直领导管理。社会性事务由社会事务局主管并组织实施。相关专业性事务委托社会中介组织办理。

第一章 经济管理

◆第一节 财政

机构 2006年以前，园区的财政统一由望城县财政局管理。2006年7月，长编委（2000）633号文件批复同意望城县财政局在湖南望城经开区设立派驻机构“湖南望城经济开发区财政分局”。同年11月，财政分局正式挂牌成立。财政分局下设财务管理科、税收征管科、投资评审及招投标采购科。受县财政局委派，财政分局行使授权范围内财政财务管理职能，协管国税、地税驻园机构，牵头负责园区各项税收征管工作，对园区财政投资项目进行政策性、技术性审核。

管理体制 2006年，三园整合更名湖南望城经济开发区。2007年9月17日，望城县人民政府（望政发〔2007〕92号）文件明确对园区财政体制进行改进，新的财政体制从2007年1月1日起实施。在园区未设立金库前，收入进入县金库和县非税收入管理局，县财政局与园区实行一季一结的办法进行管理。县财政局对园区土地出让收入实行宗地核算，根据用地性质分别办理核算（土地出让金收入提取征收手续费、农土资金、征地拆迁调剂资金、教育资金、农田水利建设资金、纯经营性用地出让金收入除按上述标准计提外，另提取土地储备基金），按进度拨付到园区资金专户。资金主要用于园区土地开发、基础设施建设和偿还债务。

新的财政体制对收入分成范围和分成比例作出了明确规定。

税收收入。园区范围内的企业实现的区级税收，剔除征收手续费及按政策和县人民政府承诺的奖励外，县财政与园区实行2:8比例分成；园区独资企业实现的税收和专项基金，除征收手续费和上解省、市相关费用后，全额留给园区，不参与分成；园区自行投资实现的基建税收中的区级税收，扣除征收手续费后，县财政与园区实行7:3比例分成；园区范围内的企业投资实现的基建税收中的区级税收，扣除征收手续费后，县财政与园区实行9:1比例分成。

非税收入。园区范围内的企业实现的报建费全部分成给园区。

预算编制与监管 《中华人民共和国预算法》明确规定“一级政府，一级预算”。因此，望城经开区一直没有建立一级财政，也就没有建立与之相适应的税收和金库，收入全部进入县金库，实行“划分收支，核定基数，除上缴中央、省收入外，其余收入实行分成”的财政管理体制。望城经开区纳入县级预算编制范围，与县直部门预算同步编制，按同等要求细化预算内容。

2009年，望城经开区实行部门预算管理。没有实施部门预算以前，财政分局编制各单位预算实行较为简单的基数法，单位预算经费只增不减，项目支出只上不下，预算编制较为粗放。实施部门预算之后，采取零基预算编制模式,办什么事，给什么钱，每个财年不留积余。预算编制细化到人和项目，实现了财政管理的精细化。预算一经确定，及时批复到单位，不随意调整和追加,确实需要调整的必须按规定程序报批，硬化了预算约束，增强了预算管理的严肃性。

2012年园区建立预算监管机制，强化部门预算审查监督，加大财政监管力度，将部门预算编制和执行纳入了日常监督检查的范围。重点检查部门是否严格执行批复预算，财务管理、会计核算、内部控制运行等是否规范，决算报表是否真实完整，财政专项资金使用及结转结余资金管理是否合规，指导部门完善内部管理制度，确保预算执行的高效和财政资金安全有效使用。

2014年，国家实行全口径预算，推进预决算公开，提高财政透明度，全面反映政府各部门的财政状况和收支活动结果，全方位披露政府部门的资金收支活动信息，将完整的政府开支信息置于公众监督之下，将公共预算置于“阳光”之下，以确保国家“钱袋子”更加安全、有利于实现人民群众依法有序参与民主决策，民主管理和民主监督的权利。按照上级要求和规定，园区大力改进了财政预决算工作。

收支监管 2006年前，园区财政收支统一归口县财政局管理。2006年11月望城经开区财政分局正式挂牌成立，但当年的园区财政收支仍由县财政统管。

2007年元月始，经开区财政分局正式行使园区财政收支监管职能。望城经开区的财政收、支分为园区管委会机关财政收支和建设开发公司收支两大块。望城经开区管委会财政收入主要是财政补助收入、上级补助收入、其他收入和专项拨款四大块。财政支出是五个方面，包括拨出经费、事业性支出、其他支出、专款支出和专项拨款；开发建设公司的收入主要有土地招拍挂收入等，支出主要用于基础设施建设项目，由财政分局设立专账，园区投融资管理中心参与监管。由于园区一直未设金库，望城经开区财政分局只负责收支入账和按月报表，同时把好开支合法、合规、合理的初审关，严格控制非事业性开支，财经监管终审权在县（区）财政局，收支账目接受望城县（区）审计局审计。

表6-1　　2006—2015年望城经开区管委会财政收入统计表　　单位：万元

年度	收入项目				合计
	财政补助收入	上级补助收入	其他收入	拨入专款	
2006	2410.85	303.00	532.51		3246.36
2007	3709.15	550.00	523.47		4782.62
2008	6742.60	127.00	68.63		6938.23
2009	1724.39	15.61	294.93	250.00	2284.93
2010	2443.53	1.60	509.43	100.00	3054.56
2011	10131.63	307.62	742.27		11181.52
2012	1192.32	1371.00	40.46	19.20	2622.98
2013	13267.29		36.06	17.00	13320.35
2014	15758.60	3.60	57.20	292.00	16111.40
2015	15466.8		69.26		15536.06

表6-2　　2006—2015年望城经开区管委会财政支出统计表　　单位：万元

年度	支出项目					合计
	拨出经费	事业支出	其他支出	专款支出	拨出专款	
2006	953.66	67.31		1543.40	60.18	2624.55
2007	3519.20	107.65		118.63	72.47	3817.95
2008	7550.00	138.70		75.96	73.88	7838.54

续表6-2

年度	支出项目					合计
	拨出经费	事业支出	其他支出	专款支出	拨出专款	
2009	89.69	1370.98		98.28		1558.95
2010	117.00	1785.15		101.60	934.12	2937.87
2011	10000.00	2171.11	0.10		20.30	12191.51
2012		2846.78			45.57	2892.35
2013	6000.00	5157.36		134.00	64.00	11355.36
2014	3088.55	3785.90	0.37		54.10	6928.92
2015		2957.03		5420.99		8378.02

◆第二节　税 务

机构 根据国家税务属地征管的原则，望城经开区国税地税征管分别归口望城县国税局和地税局。派驻经开区的税收征管机构作为一个分设窗口，与园区财政分局合署办公，并由财政分局协管。

征管项目 国税征管项目（税种）有增值税、企业所得税、消费税、车辆购置税。其中园区企业涉及到并作为考核的税种有增值税、企业所得税、消费税。地税征管项目（税费项目）且列入考核任务的税种有城市维护建设税、教育费附加、个人所得税、资源税、房产税、印花税、耕地占用税、契税、外商投资企业和外国企业所得税。其他收入（不在国地税机构征收）包括园区范围内的土地基金收入和企业报建费等。

税收收入 2005年以前，园区税收统归县税务局管理。2005年，园区始有税收收入统计，为12897万元，以后逐年增长。2012年，税收达到110656万元,突破10亿元关，2013年为144681万元，2014年达到177140万元，2015年突破20亿元大关，2012—2015年四年间平均年递增26.9个百分点。

表6-3　　2006—2015年望城经开区管委会财政支出统计表　　单位：万元

年度	实现税收	比上年增加	比上年增长（%）	备注
2005	12897.61			
2006	19178.11	6280.50	48.70	
2007	25394.75	6216.64	32.42	
2008	37389.13	11994.38	47.23	

续表6-3

年度	实现税收	比上年增加	比上年增长（%）	备注
2009	46499.63	9110.50	24.37	
2010	66403.07	11903.44	42.80	
2011	81797.39	15394.32	23.18	
2012	110656.40	28859.01	35.28	
2013	144681.30	34024.90	30.75	
2014	177140.00	32458.70	22.43	
2015	210911.30	33771.30	19.07	

◆第三节　工商行政

机构　2005年12月16日，望城县工商行政管理局在湖南高科技食品工业基地设立工商行政管理分局，主要职能是为基地内企业和个体工商户办理注册登记；对基地内工商规费的收取和市场监督管理。2006年7月，“三园”整合，更名为湖南望城经济开发区。2009年2月17日，高科技食品工业基地工商分局相应更名为望城县工商行政管理局经开区分局，其职能不变。2012年，园区市场主体经济形成规模，原有的管理模式难以适应园区经济发展的需要，为更好服务市场，2012年2月17日，望城区工商行政管理局将望城经开区工商行政管理分局更名为望城区工商行政管理局经开区管理办公室，职能不变。

企业登记　望城经开区工商行政管理办公室依法依规办理企业集团设立登记、分公司设立登记、有限责任公司登记、个体工商登记、非公司企业法人开业登记、户外广告登记、股权出资登记、公司注销登记，对公司备案、企业申请迁入调档等分别按应提交的材料规范要求严格审核，按程序办事。1992年至2015年12月，园区共注册登记企业712家，注册资金969706万元。

园区外商投资企业登记依据《外商投资企业设立指南》、合伙企业登记依据《合伙企业登记指南》、拍卖登记依据《拍卖备案登记公开办事指南》等规范程序要求办理。

市场监管　监管机制。充分发挥工商行政管理和市场监管部门的市场监管主力军作用，切实履行工商行政管理与市场监管部门市场监管的职能职责，加强信用监督，建立和落实企业信息公示、经营异常名录、严重违法企业名单等制度，建立以随机抽查为重点的市场检查制度，构建适应工商行政管理改革新常态的市场监管新机制。同时，加强同司法机关的信息交流与协作，健全行政执法和刑事司法衔接机制，建立与公安机关、检察机关、审判机关信息共享、案情通报、案件移送制度，加强执法合作，形成监管合力。

依法行政。工商行政管理和市场监管部门是政府的市场监管执法部门，经开区工商行政管理办公室是基层一线执法机构，严格执行《工商行政管理所条例》《工商行政管理行政处罚信息公示暂行条例》《企业信息公示暂行条例》等法规文件的规定，加强工商行政管理和市场监管法治建设，努力建设完备的法治规范体系，高效的法治实施体系，严格的法治监督体系，完善的法治教育体系，有力的法治保障体系，推进职能权限法定化。规范执法主体和执法行为,严格执法程序，正确行使行政处罚自由裁量权，在园区执法实践中没有发生过抗法与投诉案例。

维权服务。营造宽松平等的准入环境，促进市场主体发展。为深入推进大众创业，万众创新，在为大型骨干企业做好全方位服务的同时，为中小企业及个体工商户提供更为便捷的服务，方便他们尽快在园区落户生根。2006年4月,停收注册登记费、企业年检费、信息查询费为企业减轻负担。营造公平竞争的市场环境，维护社会公平正义。普查入园市场主体，清理剔除冗余数据1435条，修改纠正错误信息728条，查办各类违法违规案件17件。营造安全放心的消费环境，依法依规维护消费者合法权益。在望城经开区范围内建立消费者维权服务站3个，设立了“12315”消费者投诉维权电话，及时受理消费者投诉维权案件，严厉打击制假售假、坑害消费者的不法行为。特别是食品安全，由市场监管部门配合食安科专职监管人员深入企业、学校食堂进行食物安全检查,深入餐馆、酒店、超市随机抽样检验食品安全,发现问题食品立即下架封存或及时销毁处理。2008年8月,全国曝光多家乳制品企业涉“三聚氰胺案件”，园区工商行政管理和市场监管部门对园区亚华乳业等6家乳制品企业进行重点督查，在督查检验结果出来之前，暂停生产和销售。确保不让问题乳制品流入市场。

第二章 工程管理

◆第一节 工程立项审批

2006年7月始，望城经开区工程建设管理由管委会一名副主任主管，归口经开区直属企业建设开发公司组织实施。管理范围主要是两个方面：政府投资的园区基础设施建设工程（含拆迁安置小区基础设施项目），入园企业基建中的附属工程。管理内容包括前期立项、设计、施工、监理、竣工验收、结算审核、工程移交、维护管理等，对各个环节把关。管理流程是先论证规划，再立项审批，后组织施工。望城经开区负责申报办理的都是市政建设工程项目，包括道路、排水、管涵、绿化及土建工程。这些项目均需准备相关必备文件资料（申请报告、计划审查表、备案审查表、法人单位组织机构代码证等资质证书复印件、项目投资明细表、政府相关文件或会议纪要等），呈报望城区发改局审批。

◆第二节 工程招投标

2006年7月始，园区设立了招投标管理办公室（简称招投标办）。办公室设在规划建设局内，行使经开区招投标工作的行政监管职能，负责工程建设项目和工程设备材料采购的招投标管理工作。

政策依据 园区遵照《中华人民共和国招标投标法》《中华人民共和国招标投标法实施条例》《湖南省实施中华人民共和国招标投标法办法》组织实施

招投标工作。根据国家和省级文件精神，望城经开区于2008年制定了《工程技术签证设计变更管理办法》；2009年制定了《望城经开区政府性投资管理暂行办法》。2011年制定了《望城经开区财政投资工程建设管理暂行办法》，自2011年9月1日起施行，前两个文件同时废止。2013年7月，为规范附属工程的管理，望城经开区又制定了《望城经开发区附属工程管理实施细则》，使企业投资的附属工程管理与财政投资的工程项目管理配套，在管理上更完善、更规范。

招投标范围 财政投资建设工程，包括使用望城经开区本级财政资金或由管委会下属公司投资建设的城市道路、桥梁、隧道、广场、停车场、公共设施、交通水利设施、排水、污水处理、垃圾处理、城市照明、园林绿化、标准厂房、经济住房以及土石方填挖等新、改、扩建工程。附属工程是指以望城经开区建设开发公司为投资主体，在望城经开区范围内房屋除主体工程（含桩基工程）、市政道路、桥涵及主排水管网以外且工程造价在80万元以内的挡土墙、围墙、护坡、临时道路、排水、小型绿化、小型公共设施以及工业企业场平（可放宽至80万元以上）等工程。

《望城经开区财政投资工程建设管理暂行办法》规定，达到以下标准的工程项目，必须进行公开招标：施工单项合同估算价在80万元人民币以上的；重要设备、材料等货物采购单位合同估算价在50万元人民币以上的；勘察、设计、监理等服务单项合同在20万元人民币以上的；单项合同估算价低于1、2、3项标准，但项目总投资在1000万元人民币以上的。

未达到上列限额的项目，经经开区管委会核准，由经开区招投标管理领导小组依规确定承包人。

招投标程序 建设（采购）单位即为招标单位。招标单位先行拟定项目报告书、招标方式、招标文件并报批；然后接受投标报名，审查投标单位资质，确定入围单位；编制招标标的或清单上限价并报批；组织招标答疑和现场踏勘;组织开标评标确定中标单位并与中标单位签订合同。

开标分两个层次，80万元以下的由望城经开区规划建设局主持，由招投标办监督；80万元以上的工程项目由规划建设局委托招投标代理公司主持。通知符合条件的投标单位参加并签到，投标单位没有在规定时间和地点参与签到的视为弃权。

由监管部门用摇号机随机选取中标候选人。摇号结果当场宣布，并张榜公示。同时，公布签订合同时限。如第一中标单位负责人不在规定时限内签订合同，则视为弃权，由第二中标单位负责人中标，依次类推。

合同签订与管理　由建设单位拟定合同文本草案。由规划建设局牵头，组织相关部门会商合同内容条款，达成一致意见后，形成合同正式文本（其中超过80万元的工程合同需由建设单位报区财评中心审核），最后由建设单位报望城经开区管委会领导审签。建设单位根据管委会审批意见与施工单位签订合同。

望城经开区建设单位所有工程项目的勘测、设计、施工、监理、设备材料采购等凡涉及经济活动的合同（协议）文本均纳入合同管理。合同管理工作由规划建设局统一组织，望城经开区建设开发公司作为项目建设业主履行合同签订职责。合同文本及有关审批资料由建设单位负责存档，市政基础设施和公共服务设施项目合同报园区规划建设局、财政分局及区财评中心备案。

◆第三节　安全生产

2006年，望城经开区成立安全生产领导小组，由一名党工委委员、主管招商、项目建设和安全工作的副主任任领导小组组长，产业发展局一名分管安全生产的副局长任副组长，建设开发公司主要负责人和负责安监的专职人员为成员，共7人组成。

建章立制　2000年，湖南高科技食品工业基地成立时起，管委会即建立了安全生产责任制，并与各生产企业、建设单位签订《安全生产目标责任书》。《目标责任书》强调，安全责任重于泰山，明确要求要有专职人员负责安全工作，必须在各生产车间、建设工地张挂《安全生产操作规程》，悬挂醒目的安全警示牌，做好严密的安全防范工作。

2012年，望城经开区制定了《安全生产监督管理办法》。该《办法》共二十三条，内容涵盖了安全生产的指导方针、安全生产目标管理、安全生产监督管理职责、安全设施经费保障、安全隐患的排查治理、应急救援体系的建立及处置预案的制定，对失职、渎职行为的追责等。

教育培训　2013年以前，望城经开区安全教育培训工作由县（区）安全生产委员会或安监局组织。2013年3月，望城经开区正式建立“安全生产教育培训基地”，制订了教育培训计划，按企业生产行业性质（如粉尘、毒化、机械工程、建设、医药、食品等）分期进行安全教育培训，参加人员为企业单位一把手和安监专干，每期少则30～50人，多则200人。培训内容主要是强化安全防范意识、加大安全设施投入、建立健全安全生产规章制度、严守操作规程、排查安全隐患、进行安全事故处置演练等。2013年、2014年两年园区共举办培训班9期，培训817人次。2015年4月，望城经开区召开安全生产工作会议，园区内各管理局室、企事业主管安全工作负责人及相关人员参加，与会人员300多人，会上就强化安全生产意识，落实安全保障措施提出了具体要求。

安全督查 2002年，按照县人民政府的部署，高科技食品工业基地（湖南省台商投资区）、湖南望城国家农业科技园区与县经济发展局签订《安全生产目标管理责任书》，实行安全事故责任追究制。期间，园区共接受县和自身组织的安全生产大检查5次，重点检查了大型电器、压力容器、锅炉，粉尘、危化生产车间，建筑工地，看安全生产操作是否符合规范，规章制度是否健全，高危区域是否有警示牌，消防设施配备是否齐全等。先后共查出安全隐患17起，及时下发了整改通知，限期整改好。经复查，整改达标率100%。

2004年，三园整合，园区管委会与园区内各企业签订《安全管理目标责任书》，明确各企业和建设单位“一把手”为安全第一责任人，各企业单位必须配备安全专干，把安全管理列入日常工作的一项重要内容，常抓不懈。园区管委会采取随机抽检和定期督查相结合的方式进行评估，评估结果纳入年度目标考核积分。

2006年，望城经济开发区挂牌成立。园区随即成立了安全生产领导小组，对干部和企业员工进行安全教育培训，增强安全意识，提高事故防范能力，安全管理与督查形成制度化常态化。2006年至2015年，园区仅2012年湖南旺旺食品总厂一仓库因电路故障引发一次火灾外，10年未发生人为因素的重大安全事故。

◆第四节　质　监

监理机制 1998年以前，园区的基础设施建设项目还不多，项目建设按属地原则，由高塘岭镇组织实施，工程质量由望城县乡镇企业管理局质监站负责监管。1999年3月，望城县人民政府（望政发〔1999〕16号）决定将原星城房地产公司更名为望城县城区开发建设总公司，负责园区基础设施建设项目工程,工程质量仍由县质监站负责监管，直至2004年三园整合。

三园整合后，望城经开区建设工程项目由园区建设开发公司、规划建设局、建设单位、委托授权的监理单位及财政分局共同履行监理监督职责。建设开发公司作为项目管理单位，负责完成工程项目可行性研究批复，初步设计批复，施工图设计，组织征地拆迁及招投标等前期工作，切实加强了对工程项目的管理及竣工验收等工作，在加快项目工程施工进度、保证工程质量、控制项目工程投资方面发挥管理职能作用。委托授权的监理单位负责对项目工程建设的质量进行全程监理。园区规划建设局作为辖区建设行政主管部门，负责对建设行为的行政监管，会同建设单位、财政分局定期或不定期检查工程质量和进度，发现问题及时召集会议，共同研究，提出整改和处理意见。

监管职责　建设单位督促项目承包人、监理单位共同建立质量管理体系，审查施工组织设计、技术方案、交工文件等，做好与勘察、设计单位的技术协调和服务衔接工作，组织竣工验收，初审分步、分项工程质量评定结果，收集整理项目建设各环节的资料，建立项目档案。委托授权的监理单位严格按照国家《建设工程监理规范》和省、市相关法律法规履行监管职责，严格按监理程序及管理方式组织各阶段的具体工作，包括工程建设前期管理、工程实施过程管理、竣工验收与备案、结算审查等各个环节。委托授权的监理单位加强日常巡查，严格执行监理旁站制度，全方位、全天候、全过程监督，随机抽样和定期抽样检查工程质量执行情况，发现问题及时责成施工单位整改，并保存详细的原始记录资料。施工单位建立完善的质量自查体系，严格执行施工项目检查制度，并自觉接受和积极配合建设单位、质量监理单位和建设主管部门开展的定期、不定期的质量检查，对发现的质量问题，无条件按整改方案限期整改。

监管项目　2004年以前，园区内的基础设施建设统归城管委全权负责。从2004三园整合至2015年，望城经开区的基础设施建设项目达120多项，一般的基础设施建设项目归口建设开发公司管理，包括建设过程中的工程质量监管；对一些技术要求高、施工难度大的重点工程必须通过招投标确定施工单位和质监单位。2011年以前，基本上都是建设开发公司工程部负责项目工程质量监管,2011年以后，都是通过招投标选择有监理资质的质监单位负责工程质量的全程管理。

表6-4　　2004—2011年望城经开区建设开发公司监管项目工程统计表

工程项目名称	施工单位	竣工时间	监管部门
食品工业基地抗旱渠工程	仁和服务队	2003年7月	建设开发公司工程部
步步为赢、邦德建材填土工程	望城建设集团	2004年5月	工程部
同心路马桥河桥梁工程	省建四公司	2005年1月	工程部
同心大道路基工程	望城建设集团	2005年5月	工程部
车站路、公园路路基工程	长沙建安公司	2005年5	工程部
马桥河路（南段）路基工程	望城建设集团	2005年5月	工程部
茅花塘重建地道路工程	仁和服务队	2005年5月	工程部
园区道路沥青路面工程	三园公司	2005年10月	工程部
2400 排水涵工程	马桥河服务队	2006年8月	工程部
高冲重建地道路（1、2、3#）工程	三园公司	2006年8月	工程部
协力油缸项目土方工程	马桥河服务队	2006年9月	工程部
宏林科技项目场平、管涵工程	三园公司	2007年2月	工程部
四捷项目场平工程	响塘土石方工程队	2007年2月	工程部
宏盛项目场平工程	三园公司	2007年4月	工程部
航空路箱涵工程	望城建设集团	2007年6月	工程部
东马重建地西扩土方工程	响塘土石方工程队	2007年6月	工程部
天卓项目土建工程	高冲服务队	2007年7月	工程部
东马小学场平工程	东马服务队	2007年8月	工程部
金甲重建地排水工程	金甲机械化公司	2007年8月	工程部
茅花塘重建地低压线工程	仁和水电安装队	2007年10月	工程部
航空路路基工程	望城建设集团	2007年10月	工程部
乌龟亭西侧 1000 圆管涵工程	马桥河服务队	2007年12月	工程部
航空路北直渠	仁和服务队	2008年4月	工程部
中航国际合作区填土工程	马桥河服务队	2008年4月	工程部
湖湘贡项目场平工程	三园公司	2008年5月	工程部
珍珠城项目场平工程	中岭服务队	2008年5月	工程部
金甲重建地排水工程	湖丰土石方工程队	2008年6月	工程部
桂芳重建地排水工程	望建集团黄金分公司	2008年6月	工程部

续表6-4

工程项目名称	施工单位	竣工时间	监管部门
中航研发中心土方工程	马桥河服务队	2008年7月	工程部
英才科技土建工程	高冲服务队	2008年8月	工程部
喻家坡常见的土建工程	喻家坡服务队	2008年8月	工程部
喻家坡重建地排水工程	三园公司	2008年8月	工程部
喻家坡重建地绿化工程	三园公司	2008年8月	工程部
喻家坡重建地垃圾站工程	三园公司	2008年8月	工程部
喻家坡南侧抗旱渠工程	三园公司	2008年8月	工程部
Dn1000管涵工程	三园公司	2008年9月	工程部
啤酒广场土建工程	仁和服务队	2008年9月	工程部
福娃外线工程	电力工程协调办	2008年9月	工程部
东马重建地土方工程	三园公司	2008年9月	工程部
高冲重建地排水工程	三园公司	2008年9月	工程部
泰山热工二期用地场平工程	三园公司	2008年10月	工程部
望城液化气线路迁改工程	红旺线路维护有限公司	2008年10月	工程部
星城西线线路迁改工程	红旺线路维护公司	2008年10月	工程部
高冲火车站光缆迁改工程	红旺线路维护公司	2008年10月	工程部
220千伏迎天线、高压电杆迁改工程土方工程	三园公司	2008年11月	工程部
高冲重建地北扩土建工程	三园公司	2008年12月	工程部
中航土方工程	三园公司	2008年12月	工程部
东马重建地南扩排水管工程	三园公司	2009年1月	工程部
高冲重建地桩基工程	九峰公司	2009年4月	工程部
核心区人行道彩板工程	三园公司	2009年4月	工程部
航天磁电、沃茨阀门场平工程	三园公司	2009年4月	工程部
同心路给水管道安装工程	全力公司	2009年4月	工程部
金甲垃圾站工程	三园公司	2009年6月	工程部
珍珠城北侧道路工程	三园公司	2009年6月	工程部
金星路非机动车道两侧绿化工程	星城园林绿化公司	2009年7月	工程部

续表6-4

工程项目名称	施工单位	竣工时间	监管部门
金星路给水管道安装工程	全力公司	2009年8月	工程部
望城大道、金星路给水工程	望城自来水公司	2009年8月	工程部
金星西路拓改交通设施工程	湖南金环交通设施有限公司	2009年8月	工程部
望城大道南延线给水工程	望城自来水公司	2009年8月	工程部
博泰科技场内基础工程	三园公司	2009年8月	工程部
黄金创业园场平工程	三园公司	2009年8月	工程部
黄金创业园东侧排水管涵工程	三园公司	2009年8月	工程部
园区内消防栓迁移工程	望城自来水公司	2009年9月	工程部
金星西路给水工程	望城自来水公司	2009年9月	工程部
泰山热工二期主管给水工程	望城自来水公司	2009年10月	工程部
核心区绿化工程	星城园林绿化公司	2009年12月	工程部
庵子坡重建地道路、排水工程	三园公司	2009年12月	工程部
乌山公墓区基础设施工程（用于征地拆迁迁坟）	望建集团白马分公司	2009年12月	工程部
湘仪动测项目场平工程	三园公司	2009年12月	工程部
东马重建地南扩排水工程	三园公司	2009年12月	工程部
莲湖重建地通道及绿化工程	三园公司	2009年12月	工程部
宾佳乐重建地绿化、硬化工程	三园公司	2009年12月	工程部
北汽福田项目场平工程	三园公司	2009年12月	工程部
高冲重建地 7#、8#道路硬化	三园公司	2009年12月	工程部
高冲重建地消防通道工程	三园公司	2009年12月	工程部
高冲重建地垃圾站工程	三园公司	2009年12月	工程部
东马重建地南扩两座垃圾站工程	三园公司	20101年1月	工程部
莲湖重建地道路工程	三园公司	20101年1月	工程部
金甲重建地生活垃圾站工程	三园公司	20101年1月	工程部
同兴重建地临金星路人行道铺板工程	三园公司	2010年2月	工程部
金星路晟通段人行道工程	三园公司	2010年2月	工程部
航空路排水工程	三园公司	2010年3月	工程部
同兴重建地雨、污排水工程	三园公司	2010年3月	工程部

续表6-4

工程项目名称	施工单位	竣工时间	监管部门
投资服务中心厨房设备工程	长沙星港厨具设备有限公司	2010年4月	工程部
投资服务中心电力工程	湘东电力公司	2010年6月	工程部
黄金创业园排水工程	三园公司	2010年6月	工程部
22 万伏变电站西主排水工程	拓展公司	2010年6月	工程部
普瑞西路 11 路灯安装工程	阳光富源公司	2010年11月	工程部
高冲重建地 6#道路及商业门面通道工程	三园公司	2010年11月	工程部
高冲重建地 1#、5#道路硬化及排水工程	三园公司	2010年12月	工程部
三木村雨、污排水管的工程	三园公司	2011年1月	工程部
国祥百年酒店场平土方工程	三园公司	2011年1月	工程部
金星路晟通国际大酒店人行道	双龙公司	2011年3月	工程部
航天磁电和沃茨阀门南侧 DN1000 管涵工程	三园公司	2011年3月	工程部
天园地芳及浩龙排污工程	三园公司	2011年3月	工程部
广发隆平标准厂房北侧高压铁塔护坡工程	长沙友仁建筑工程公司	2011年4月	工程部
投资服务中心综合办公楼室内环境处理工程	湖南中恒环保材料有限公司	2011年4月	工程部
马桥河西片区一期纳污管道工程	麟辉公司	2011年4月	工程部
旺旺新厂项目场平土方工程	望建集团黄金分公司	2011年5月	工程部
赤岗路二标 2000 南北走向管涵接出工程	中格建设集团星城分公司	2011年5月	工程部
中建重机项目场平土方工程	三园公司	2011年5月	工程部
海仑公司营销中心场平工程	望建集团黄金分公司	2011年5月	工程部
马桥河与知贤湖相交处简易过水渠工程	双龙公司	2011年6月	工程部
行政中心消防监控室应急工具配置	双龙公司	2011年7月	工程部
阜辉建筑场平工程	双龙公司	2011年8月	工程部

表6-5　　2010—2015年望城经开区投资项目工程质量监理情况统计表　单位：万元

工程项目名称	施工单位	监理单位	中标时间	费用金额	竣工验收时间
马桥河路下穿石长铁路工程	中铁二十五局集团第三工程有限公司	华南铁路监理公司长沙分公司	2008年4月	14.66	2010年2月
经开区投资服务中心	湖南格塘建筑工程有限公司	湖南正茂监理有限公司	2009年4月	19.5	2010年4月
企业孵化中心	湖南格塘建筑工程有限公司	湖南正茂监理有限公司	2009年4月	18.5	2011年9月
马桥河路支线工程	湖南格塘建筑工程有限公司	长沙展望监理有限公司	2010年6月	1.26	
马桥河西片区纳污管道工程	湖南麟辉建设集团有限公司	长沙展望监理有限公司	2010年9月	9.71	
长沙市望城污水处理厂马桥河西片区管道工程(航空路至同心路纳污支管）	湖南江南建筑工程有限公司	长沙建工工程监理有限责任公司（邀标）	2012年7月	2.2989	2012年8月
同心路提质改造	长沙桐木建设股份有限公司	湖南环宇建设工程咨询监理有限责任公司(邀标）	2012年7月	18.7494	2012年11月
马桥河路南延线	湖南省第三工程有限公司（一标） 湖南省青竹湖建设有限公司（二标） 望建（集团）有限公司（三标） 湖南万力建设集团有限公司（四标）	湖南环宇建设工程咨询监理有限责任公司	2013年6月	216.68	2014年12月
兰天汽车城排水渠改迁工程	湖南麟辉建设集团有限公司	长沙建工工程监理有限责任公司（邀标）	2013年11月	9.5352	2014年4月
知贤湖排水工程	湖南中格建设集团有限公司	长沙建工工程监理有限责任公司（邀标）	2013年12月	14	2014年6月
桃园路排水工程	湖南瑞和建筑工程有限公司	长沙建工工程监理有限责任公司（邀标）	2014年3月	7.4322	2014年8月

续表6-5

工程项目名称	施工单位	监理单位	中标时间	费用金额	竣工验收时间
沿河路一期	湖南尼塔园林建设工程有限公司	湖南环宇建设工程咨询监理有限责任公司	2013年11月	57.38	2014.4
金星路西延线	湖南奉天建设集团有限公司（一标）湖南金辉建设集团有限公司（二标）湖南雄新建筑工程有限公司（三标）	湖南环宇建设工程咨询监理有限责任公司	2014年2月	90.68	正在施工
高冲西侧排水管涵工程（一期）	湖南奇立建设工程有限公司	长沙建工工程监理有限责任公司（邀标）	2014年3月	17.467	正在施工
杨家湾路（金山路—马桥河路）	湖南西湖建筑工程有限公司	湖南环宇建设工程咨询监理有限责任公司(邀标）	2014年12月	19.8	正在施工
红家坡西路（雷高路 —望城大道）	湖南佳园建设工程有限公司	长沙建工工程监理有限责任公司（邀标）	2015年4月	19	正在施工
沿河路一期（普瑞大道—红家坡路） 红家坡东路（马桥河路—沿河路段）	长沙新康建筑工程有限公司（一标）长沙市洪山建筑有限公司（二标）	湖南环宇建设工程咨询监理有限责任公司	2015年9月	53.99	正在施工
杨家湾路（雷高路 — 望城大道段）	湖南西湖建筑工程有限公司	长沙升华建设项目管理有限公司（邀标）	2015年7月	10.26	正在施工
望城大道南延线	杭州新海建设工程实业有限公司	湖南环宇建设工程咨询监理有限责任公司	2015年4月	138.6	正在施工
望城大道（普瑞中路 -高新区段）	杭州新海建设工程实业有限公司	友谊国际工程咨询有限公司	2015年4月	140.8	正在施工
航空西路	湖南西湖建筑集团有限公司（一标）望建（集团）有限公司（二标）	湖南省硅谷项目管理有限公司	2015年10月	32.49	正在施工

说明：“邀标”系监理中标金额在20万元以下的工程项目，按属地原则，优先就近的有监理资质的监理单位承接监理业务。

第三章 人才管理

望城经开区人才管理分园区管委会和园区企业两大块，经开区管委会的人才引进由经开区党工委主管，人员管理归口办公室党建人力资源科负责；企业的人才引进和管理归口产业发展局协调。

◆第一节　人才引进

管理人才引进　2006年，三园整合设立望城经开区，机关管理人员为原班人马，基本未动。2010年，望城经开区核定编制53名，其中专项编制22名，全额拨款事业编制31名。2011年5月，望城经开区引进10名政府雇员，其中博士1人，硕士研究生7名。2014年，望城经开区管理人员中实际在职在编62名，政府雇员16名，临聘人员38名，合计在岗人员116名。望城经开区党工委、管委会采取编内组织安排与编外竞聘相结合的人才管理模式，其特点一是逢进必考，逢升必竞，人尽其能，优化组合；二是坚持德才兼备和知识化、专业化、年轻化的选人用人的原则。在现任（2015）领导班子成员和管理人员中，本科以上学历占75%以上，其中博士研究生1人，硕士研究生26人，从年龄结构来看趋于年轻化，领导班子和管理人员平均年龄约35岁，中层以上干部平均年龄为42岁。

企业人才引进　望城经开区建立了目标管理机制，引导企业重视人才引进。经开区制定的《企业目标管理考核实施办法》，将企业人才引进与培训工作纳入了目标管理考核的一项重要内容。同时，园区设立科技进步奖、优秀人才奖,激励企业引进优秀的创业创新领军人才、先进技术研发人才、高级管理人才、专业技术骨干人才。

打造和完善科技创新平台，聚集人才。2006年以来，望城经开区引导和扶持园区企业先后建立了4个国家级实验室、3个国家级技术中心、9个省级技术中心、16个市级技术中心、2个院士工作站。同时，全面落实各级各部门专项扶持政策，先后协助晟通科技集团、金龙铜业、泰嘉新材、万家乐等35家企业70多个项目争取到国家、省、市科技创新、科研平台建设等各类专项资金1.6亿元，支持企业人才聚集和开发工作。

畅通招聘渠道，多途径引进人才。充分发挥经开区管委会和企业的积极性,采取国内招聘与海外招聘相结合、专题会议招聘与网上招聘相结合的方式选拔引进人才。

优化服务环境，留住人才。望城经开区与企业合力解决人才（尤其是优秀紧缺人才）的居住条件、户籍安置、配偶工作、子女入学等诸方面的问题，如:为晟通科技集团公司、中航飞机起落架有限公司、长高集团等大型企业提供适量的生活配套用地，为企业人才建设生活小区；建起了晟通幼儿园、砂子塘新世博寄宿制学校；与交通部门协商开通园区公交线路；引进奥特莱斯购物公园等高品质生活设施等。

促进企业重视人才，表彰奖励杰出人才。望城经开区大力营造重视人才的氛围。 2014年，园区评选出湖南泰嘉新材料科技股份有限公司、湖南晟通科技有限公司、湖南派意特服饰有限公司、湖南天闻新华印务有限公司等8家企业为园区“重才爱才先进单位”，评选张春岩等7人为园区“科技创新杰出人才”。

望城经开区贯彻实施《长沙市引进紧缺急需和战略型人才计划》（亦称“3635”计划）。该计划明确全市用3年时间，支持和鼓励以企业为主体的用人单位，在工程机械、汽车及零部件、生物医药、电子信息及现代物流、新能源及新材料、文化创意等6个重点产业领域，引进500名左右经济社会发展紧缺急需和战略型人才。2014年5月9日，中共长沙市委组织部、市人力资源和社会保障局到望城宣传推进“3635”计划（长沙市引进紧缺急需和战略型人才计划）工作,专题会议在晟通科技有限公司举行,长沙市、望城区有关领导、望城经开区主要负责人及企业相关负责人共40人参加了会议。根据会议精神，望城经开区组织人员深入企业了解摸底，对各企业共需引进193名各类紧缺急需和战略型领军人才的具体情况，建立了摸底表，并制定了引进计划，采取措施逐步予以落实。

◆第二节　人才培训

园区企业人才培训分为在岗培训和校企挂钩培训两种方式，形成了产、学、研相结合的培训模式。在岗培训主要针对专业技术人员，校企挂钩即企业主动与高校、科研院所联系，争取在中、高端人才培训、科技攻关、新产品开发等方面得到高校和科研单位的指导和技术支持。

在岗培训　企业在岗培训由企业根据生产实际需要计划安排，由企业技术中心牵头，采取自办短期培训班、挑选部分一线技术骨干委托专业培训机构进行培训、岗位熟手带新手、师傅带徒弟等多种形式进行。2006年至2015年，园区企业共培训了专业技能人才5915人，其中高级技师184人，技师227人，高级工182人，中、初级工5322人。

校企挂钩　为提高企业管理团队的现代管理水平，科研团队的研发水平，望城经开区鼓励和支持企业与清华大学、中南大学、中国农业大学等13所高校、科研院所签订了人才培训服务和科技创新战略合作协议，建立了产业技术创新战略联盟，帮助企业建立校企挂钩机制，搭建了人才培训、技术交流合作平台34个。构建起了以园区为载体、企业为主体、高校和科研院所为技术支撑的产、学、研结合模式，开展了包括学历提升、中、高端专业技术提升、高难度技术课题攻关等方面的合作，全方位推进园区人才开发和科技创新。2006年至2015年，园区共培训6816人，其中经营管理人才1305人，学历提升达到研究生学历的507人、达到本科学历的2737人。

第四章 综治维稳

◆第一节　管理机制

机构　2010年12月，望城经开区成立社会综合治理委员会，主任张权，第一副主任吴皓，副主任谭平安、余梅香、浣望明、李彦波、李小平、杨智，成员单位：工会联合会 、办公室、社会事务局、产业发展局、招商合作局 、规划建设局、建设开发公司、投融资管理办公室、经开区财政分局、监察室、工商办、同兴派出所、经开区国土所、行政综合执法经开区中队、巡回法庭、相关街道及企业。

社会综合治理委员会下设综治维稳办公室，主任杨小科，常务副主任：谭雄，副主任张泽刚、李敏、刘开元、周交星、姚新利、胡小文，专干梁强。

园区综治委员会组织各成员单位、综治办工作人员开展社会管理综治维稳工作，明确了各成员单位及办公室的职能职责，并随时督查。各成员单位除认真做好本职工作外，还要积极配合协调与其他单位的相关工作。办公室负责日常管理事务，并做好资料收集、整理归档工作。

专门工作小组　综治委下设12个专门工作小组：“平安园区”创建工作小组、维稳工作小组、安全生产工作小组、项目建设环境维护工作小组、工民建纠纷处置工作小组、“法治园区”建设工作小组、治安巡防工作小组、流动人口管理工作小组、消防安全工作小组、禁毒工作小组、防范和打击邪教组织工作小组、交通安全工作小组。

为落实综治维稳责任制，望城经开区采用网格化巡防模式，将经开区区域划分为9个责任区块，明确了每个区块的责任人。各区块责任人负责确保本区块的日常巡防工作落实到位。综治委随机对其进行督查，确保园区生产、生活环境和社会秩序的稳定。

◆第二节 矛盾纠纷排解协调

望城经开区开发建设中在坚持依法依规、严格按政策办事的同时，建立了矛盾纠纷排解协调五项机制：

联席会议机制。组织综治维稳中心成员单位定期召开工作会议，就综治维稳工作情况进行沟通，对难点热点问题进行分析研究，会商解决办法，安排部署下一阶段工作。

排查化解机制。在综治委统一部署下，各成员单位对各自的工作范围和侧重点进行系统的排查梳理，及时发现掌握不稳定因素、治安隐患、消防隐患和安全生产隐患，社会治安动态及区域内带倾向性的社情民意，分类建立台账，逐一明确责任部门、责任领导和责任人，并采取相应措施及时化解。

以联调、联防、联勤、联治、联创为主要任务的联动机制。综治维稳中心成员单位的工作职责做到合中有分，分中有合。对多渠道排查出来的各类问题及时汇总、综合分析；解决处理问题整体联动、协调一致，成员单位之间信息共享，相互支持，密切配合，形成合力。

督查督办机制。建立健全工作责任制和责任追究制，对不稳定、不安定、不安全的问题，明确提出整改期限，督促落实整改措施，组织相关部门适时对责任单位的整改工作进行督促检查。

考核奖惩机制。制定了考核细则，明确了考核标准，实行平时考核与年终考核相结合、领导考核与民意测评相结合的考核机制，考核结果直接与评先、评优、晋级等挂钩。

◆第三节 信 访

机构 2003年以前，涉及园区开发建设的群众来信来访统一归口望城县信访局受理，园区负责做好协调工作。随着招商引资规模的扩大和园区开发建设的拓展及征地拆迁安置诸方面利益矛盾的凸显，信访量不断增大。2003年3月28日，园区成立信访工作领导小组，由陈勇任组长，余梅香任副组长，危建、任树标、朱若平、何润仕、张京湘为成员；领导小组下设办公室，张京湘兼任办公室主任。2004年“三园合一”后，重新调整了信访领导小组成员，建立健全了信访工作制度，信访工作归口社会事务局负责，纳入综治维稳的一项重要内容，形成统一协调机制。

接访调处 2005年12月23日，望城县信访局望信协字〔2005〕11号发来《关于协调办理李某某等3人信访问题的函》。李某某等3人为旺旺食品有限公司建厂初期入厂的装卸工，2005年12月被旺旺公司辞退，3人上访要求按《劳动法》的有关规定给予相应的补偿。园区信访办接函后即与旺旺公司联系，召集当事人协商，依法依规进行稳妥处理，确保信访问题在规定期限内得到妥善解决。

2008年8月，星城镇（现划属白沙洲街道）一村民先后4次到市、县信访局反映园区“强拆”其合法面积住房、新建猪场，请求处理，要求解决建设猪场用地问题。后经县、乡镇相关领导及园区职能部门当面向其宣讲政策，解释园区征拆行为是依法依规的。同时，根据实际情况给予协调处理，最终上访者表示无异议。

2009年11月12日，星城镇同心村一村民致信湖南省省长周强，反映2007年望城经开区在同兴村202亩工业用地项目征地拆迁中没有严格按政策法规给予“一户一基”的征拆补偿的问题。省信访局于2009年12月11日向园区转来“省长信箱”交办单。经开区党工委、管委会及时进行研究，派员会同信访办负责人上门，就征地拆迁补偿的相关政策进行了详细解释，并对原来的一些不明情况进行澄清核实，根据实际情况给予落实，使问题得以妥善解决。

2011年定为信访工作“主动服务年”。经开区认真落实望城区委、区政府关于“发展是大局，稳定也是大局”的工作要求，着力抓信访维稳机制创新，抓社会矛盾化解，抓工作责任落实。一是进一步健全完善信访工作机构和信访工作制度，组建了以党工委书记徐志刚为组长的信访工作领导小组，下设办公室主持日常工作，明确信访工作人员职责，保障信访工作有章可循，有序进行。二是认真做好接访工作，及时处理好来信来访，加大解决突出问题的力度，做到“因案施策，对症下药”，尽量避免因工作不当引发社会矛盾；对通过调解息访的群访案件在一段时间内要进行必要的回访，防止因细微末节问题滋生复访。三是认真承办上级交办的信访案件,绝不拖延,并将调处的结果及时上报。四是重视资料收集，加强档案管理。五是建立领导接访日制度，每周二、五上午为领导接访时间,每次安排两位领导接访,园区领导班子成员依次轮流接访。

2011年4月，黄金园街道桂芳村村民数人为征地拆迁后新增人口的购房补贴、补助等问题上访，信访办热情接访，耐心听取他们的诉求意见，讲清政策原则，按政策予以调解落实。

2013年，信访办接待群众来信来访19批（次）共38人，其中10批16人为拆迁补偿问题，6批16人为安置建房问题，3批6人（代表）为劳资纠纷。2013年6月，农民工代表2人为茶亭建筑工程公司总承包奥特莱斯3—10号栋拖欠农民工工资40余万元及质量保证金10万元超过合同期未能支付而上访。接访后，经开区信访维稳办负责人会同甲、乙双方协商，并明确农民工工资不能拖欠的法规性，最终总承建单位如数付清了农民工工资。2013年9月10日，大泽湖街道东马社区村民14人不待安置建房的规划、建设手续批下来就急于动工，被行政执法停工而上访，接访经办人会同各有关部门给予法规解释，同时采取措施迅速为建房户办理好规划、建设两证，使问题快速圆满解决。2014年，望城经开区开发建设中共有18批126人次上访，其中进京上访1人次，赴省上访2批5人次,到区信访局上访6批14人次，其余为直接来经开区信访办表达诉求。这些上访者90%是因征地拆迁补偿问题而上访。其中,白沙洲街道马桥河村村民28人、喻家坡街道高冲村15组村民30人、喻家坡街道村民22人、廖家坪街道三益村村民14人为集体上访。信访办采取重点走访、小型座谈、召开全体会议等多种形式，反复宣讲政策，把相关文件印发到户，三榜公示补偿数目，消除上访群众的疑虑，兼顾集体、个人利益，有效解决了有关问题，确保了望城经开区开发建设的有序进行和社会和谐稳定。2015年，望城经开区依照以上作法，把工作做在前面，村民因征地拆迁补偿问题，上访事件减少65%。

第七篇

法治 司法

NOMOCRACY AND JUSTICE

望城经开区法制、司法监管工作在望城区政法委和政府所属部门的统一领导和部署下开展。望城区公安局在望城经开区设立了同兴派出所，负责望城经开区东起雷锋大道，南到普瑞路，西抵黄桥大道，北至旺旺路核心区的治安保卫、户籍管理工作。望城经开区的范围内，还有3个派出所：高塘岭派出所,管辖高塘岭街道；黄金派出所，管辖金山桥、黄金园2个街道；星城派出所管辖白沙洲、大泽湖、月亮岛3个街道。望城区人民法院在望城经开区设立“望城经开区巡回法庭”，负责望城经开区范围内的民事案件和劳动仲裁。行政综合执法由望城区行政综合执法大队经开区中队组织实施。望城经开区范围内的食品、药品监督、市场监管由望城区市场和质量监督管理局在望城经开区设立的市场和质量监督管理所负责执行。其他相关的法制、司法工作由望城经开区办公室负责联系和协调。为园区经济和社会事业的发展，人民群众的安居乐业，园区内的和谐稳定保驾护航，确保一方平安。

第一章 公安

◆第一节 机构

1992年至2000年建园初期，园区范围内的治安管理，由望城县公安局及所属的城关镇派出所、黄金乡派出所、星城镇派出所管理。2001年至2006年三园合一前，望城县公安局安排干警驻园，负责高科技食品工业基地和台商投资区的治安工作。驻园干警直接与望城县公安局和各派出所联系，处理公安日常事务。国家望城农业科技园区的治安管理，直接由县公安局负责。

2006年9月13日，望城县公安局向长沙市公安局请示增设经开区派出所。12月15日，长沙市编委长编办发〔2006〕235号文通知，同意设立望城县公安局同心派出所。2007年2月7日，湖南省公安厅湘公部〔2007〕16号文件批复同意设立望城县公安局同心派出所，属行政派出所。2007年7月3日，望城县编委望编办发〔2007〕19号,将同心派出所更名为同兴派出所,核定人员编制13名。同兴派出所为园区中心派出所，管辖范围包括园区所涉及的高塘岭镇高冲、莲湖、喻家坡3个行政村及仁和社区，星城镇的戴公庙、中华岭、马桥河3个行政村和东马社区、星月社区，主要职责是园区内巡逻防控、社区警务、案件侦办、户籍管理、综合内勤等。2015年，同兴派出所有工作人员41人，其中民警13人,人口协管员10人，巡防人员18人。

◆第二节 侦查

刑事侦查 2006年12月，同兴派出所成立后，园区大部分范围的治安和警务工作交由同兴派出所负责。该所除履行日常治安警务外，还单独或参与侦破了多起大案要案。2007年，同兴派出所根据县公安局布署开展了春季严打工作，主要打击两抢一盗，打击“法轮功”“门徒会”等邪教组织，共破获“两抢一盗”案件21起，瓦解团伙5个，抓获团伙成员9人；协助县局成功捣毁“全能神”望城教会，及时遏制了邪教组织的蔓延势头。是年，同兴派出所根据园区实际情况，开展了以人口管理为重点的二代身份证发放和暂住人口、流动人口的清理整顿，主要清理了出租屋和暂住人口的发证，共计登记录入暂住人口8260人，出租房屋信息710条，同时对娱乐场所进行了清理整顿。2009年，同兴路派出所根据园区建设的需要开展了打击违法阻工、强揽工程的专项行动，成功处置违法阻工事件8起，行政拘留11人。2011年该所与区公安局刑侦大队联手，成功打掉一伙流窜于长沙、湘潭、邵阳等地市的具有极强反侦查意识的湘西籍持枪盗窃保险柜犯罪团伙，抓获犯罪嫌疑人8名，破获该团伙系列案件40余起。当场缴获作案车辆1台，仿六四式手枪1支，子弹2发及撬棍、套筒、起子、手套、手电等多种作案工具，收缴赃款1万多元，涉案价值100余万元。该团伙自2011年8月至12月，多次在高塘岭镇、望城经开区、黄金镇等区域连续作案，盗窃企事业单位的保险柜（箱），造成国家和集体财产损失。办案民警通过近4个月的缜密侦查，全盘掌握了犯罪分子的线索和活动规律，于12月3日凌晨展开收网抓捕行动，8名犯罪嫌疑人无一漏网。8人均对结伙盗窃保险柜的犯罪事实供认不讳。

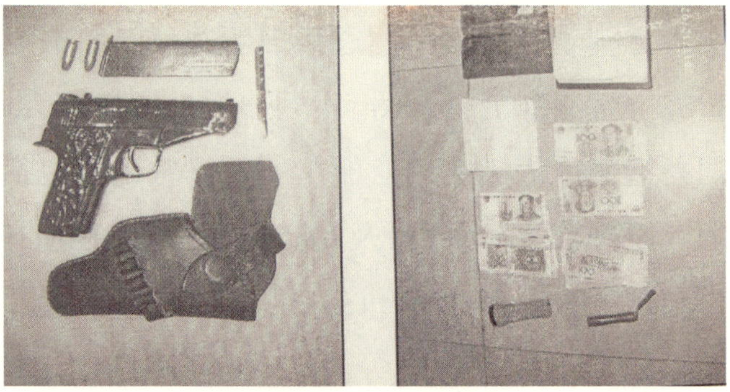

缴获的作案工具

2006年至2015年底，同兴派出所单独或参与侦破刑事案件共235起，有力打击了犯罪分子的嚣张气焰，确保了辖区内人民群众生命财产的安全。

经济犯罪侦查 同兴派出所自成立起，就有专人负责经济犯罪的侦查工作，为企业单位保驾护航。

2011年7月23日上午，望城经开区澳优乳业（中国）有限公司向同兴派出所报案称：其公司财务人员杨某基涉嫌挪用公司资金89.5万元，且一周未来公司上班，有携款潜逃的重大作案嫌疑。接到报案后，区公安局领导高度重视，成立了以主管刑侦的副局长周习文任组长、同兴派出所所长黄戬任副组长的专案领导小组，抽调同兴派出所精干警力和经侦大队警力协同作战，对案件展开深入调查。专案民警深入企业调查访问，对财务数据以及银行存取款凭证进行了核实。经调查初步认定公司财务人员杨某基有重大作案嫌疑。为避免打草惊蛇，稳住嫌疑对象，案件侦查工作对外保密。在专案民警的精心安排策划下，杨某基于7月25日傍晚回到澳优公司。专案组立即将其控制,带回派出所审查。经认真核对，犯罪嫌疑人共挪用公司资金65.5万元，其中用于炒股48万元、购买理财产品10万元、买房用去7.5万元。8月2日，专案组帮助企业从股市中追回挪用资金48万元，其余涉案资金也陆续被追回。案件全部侦查终结后，移送检察机关依法批捕。2011年12月31日，澳优乳业有限公司再次报案称：该公司仓库保管员刘某雪涉嫌利用职务之便侵占公司财物。接到报案后，同兴派出所高度重视，当即成立工作小组深入企业进行调查，在获取证据的基础上将刘某传唤审查。在审讯中，刘某交代了自2011年11月以来利用职务之便，将澳优奶粉偷出卖掉获利20余万元的犯罪事实。随后，同兴派出所依法将其刑事拘留。期间，专案组查出了同案犯王某，于2012年1月8日将另一犯罪嫌疑人王某莲抓获。经审查，王某莲交代了犯罪事实。涉案总值达100余万元、非法获利60余万元。派出所帮助企业及时挽回了损失。

截至2015年，同兴派出所协同园区公安局经侦大队侦办园区范围内经济犯罪案件6起，抓获犯罪嫌疑人8人，挽回经济损失537万元。

◆第三节　治安管理

治安管理　1992年至2000年，从旺旺公司的引进，到湖南省高科技食品工业基地的成立，该地区范围内的治安防控由所辖的乡镇派出所负责。2000年，高科技食品工业基地范围内共建有乡镇治保会4个，治保人员13人；街道、单位治保会25个，治保负责人45人；治安联防队6支，联防队员98人。2001年1月，由望城县公安局组织在高塘岭镇范围内开展以民警带队的万名群众义务轮流大巡逻活动。高科技食品工业基地范围内有义务巡逻队4支，日夜进行巡逻，该区域内入室盗窃等多发性事件明显减少。是年，该区域范围内治保会增至128个1080人，治保小组增至240个630人。

2006年，望城经开区开展创建“平安园区”活动，刚组建的同兴派出所为进一步加强治安防范，招聘了治安巡防队员16人，在民警带领下日夜巡逻，协助民警接处警和治安案件调查。2010年，园区组织开展“三防一打”（防群体性事件、防多发性案件、防安全生产事故、打击破坏电力电信交通设施）活动，园区内各派出所会同县公安局检查企业64家，查出治安隐患6处，安全隐患9处，对上述隐患及时制定了整改措施，适时督促落实到位。到2015年底，三个公安派出所共计处置涉园各类治安突发事件142起，其中，同兴派出所处置113起，确保了一方平安。

专项治理 园区专项治理包括治安环境整治、治赌、治黄、治歪风邪气等。同兴派出所适时组织力量，开展了专项治理。

重拳整治电子街治安环境。电子街位于同兴派出所辖区西北部，湖南信息职业学院和湖南旺旺食品有限公司中间的一条小型商业街 。该街道外来人口多，临街门面多，小商小贩多，治安状况相当复杂，是同兴派出所管理的一个重点区域。2011年年初，望城区公安局党委要求同兴派出所将电子街治安环境整治作为服务企业与高校的一项重要工作，为旺旺食品公司和湖南信息学院营造良好的生产生活环境和教学环境。对此，同兴派出所领导和全体干警认真研究，精心制定治理方案，重拳出击，取得了良好的整治效果。

治赌。信息学院保卫部门向派出所反映，电子街25号门面有人经营电游赌博室，引诱部分学生经常参与赌博，严重影响学校正常教学秩序，败坏了校风学风，请求派出所予以严厉打击。针对这一情况，同兴派出所领导立即部署整治行动，民警多次蹲点收集证据。2011年3月22日13时许，民警突击行动，将店主叶某和负责收钱上分的陈某以及正在参与赌博的王某等15人当场抓获，收缴扣押电游赌博机12台，依法给予叶某行政拘留10天的处罚，给予陈某等15人治安罚款，并将12台赌博机予以销毁。至2015年，同兴派出所共捣毁赌博窝点9个，抓获参赌人员126人，收缴赌资135万元，治安拘留47人次。

治黄。在例行巡逻中，同兴派出所民警发现电子街一个叫“湘西芷江酸萝卜”的店面内隐藏着一个卖淫窝点。经过多次踩点调查掌握充分证据后，民警制定了详细的行动方案。2011年4月7日18时许，派出所民警带领巡防队员，对

"湘西芷江酸萝卜"店进行突击检查，当场抓获正在卖淫嫖娼的乐某、傅某、钟某某、孙某以及容留卖淫的钟某、李某。同兴派出所依法对钟某、李某刑事拘留，对乐某等人予以治安拘留。

治歪风邪气。电子街临街门面中以网吧、美容美发店为主，大量社会青年长期聚集于此,经常发生斗殴滋事事件，群众反应强烈，要求派出所予以打击。2011年4月15日晚23时许，出租车司机龙某将出租车停放于旺旺食品厂路口待客，与驾驶摩托车的甘某发生争吵。甘某将龙某出租车玻璃打碎，随后甘某纠集其弟弟甘某斌、朋友李某、文某明等人持铁棍、菜刀等凶器对的士司机龙某进行追砍，将龙某打伤。接到报警后，民警迅速赶到现场，果断处置，将甘某等人强制带到派出所，将双方准备群殴的60余人驱散，及时制止了一场群体性斗殴事件。依法对甘某、李某处以行政拘留并罚款。4月29日20时许，社会青年黄某在旺旺食品公司利乐包装厂门口对旺旺公司一女员工进行言语挑逗，该员工同事严某制止黄某的行为，黄某便纠集社会青年贺某、黄某、李某等人对严某进行辱骂殴打，并将严某拖至电子街口一贺记炒货店威胁恐吓，逼迫其购买啤酒和芙蓉王香烟。因严某身上无钱，黄某等人便又将其拖到旺旺总厂围墙边再次殴打。严某亲人闻讯赶来后，黄某等人不但不罢休，反而对其亲人进行殴打。接到报警后，正在附近巡逻的同兴派出所民警与巡防队员快速反应，当场将黄某抓获，3天后又将另外3人抓捕，依法对寻衅滋事的黄某等4人实行刑事拘留，并呈请望城县人民检察院依法批捕。

◆第四节　户政管理

户籍管理　1992年至1997年5月，望城县高塘岭镇、星城镇、黄金乡内的农村户口由上述三个乡镇人民政府代管，城镇户口和务工人员暂住户口由所在地派出所管理。1997年6月，所有户口交由所在乡镇派出所管理。当时望城县设立了流动人口管理领导小组，负责对流入、流出人员登记管理，核发《暂住证》，在人口比较集中地区高塘岭派出所设立了暂住人口申报站。到2002年，湖南省高科技食品工业基地、湖南省台商投资区、湖南望城国家农业科技园区有暂住人口31000人。2015年12月，同兴派出所有户籍民警2名、人口协管员9名，采集的人口信息为出租屋1345家，流动人口23245人，寄住人口（为常住人口）15948人，从业人员22666人。星城派出所有户籍民警5名，人口协管员11名，采集的人口信息为：常住人口17634户、55089人，流动人口36855人，寄住人口9500人。黄金派出所有户籍民警3名、人口协管员10人，采集的人口信息为：常住人口9213户，30508人，流动人口23700人，出租房屋1388户，从业人员27757人。

外事管理　随着经开区产业的扩展，外资企业涉外酒店、涉外学校不断增多，园区内的各公安派出所对涉外单位及涉外人员，坚持严格按照外事管理工作要求，及时办理境外人员临住登记，做到了人来登记，人走注销，对涉外人员流动重点关注，不出现任何疏漏。截至2015年12月，同兴派出所有外来户籍人口17人，其中台湾籍人口16人；星城镇派出所辖区内有外籍人口6人；黄金派出所辖区内有外籍人口241人。

◆第五节　消防管理

1992年至1996年3月，望城县城关镇周边的消防工作，由望城县公安局消防股负责。1996年4月望城县成立消防大队，与武警部队望城县消防大队合署办公。是年，望城县计委要求所引进的企事业单位的建设和新建的房屋及建筑设施，必须经过消防大队消防设施审查盖章后才能开工建设，企业单位投产前应先经过消防大队消防检查验收。1998年3月成立中国人民武装警察部队望城县消防中队。当年望城县开展消防安全大检查，城关镇、星城、黄金三个派出所配合消防中队对新引进的23家企事业单位进行了认真检查，列管消防重点单位9家、重点整改单位4家。至2012年，望城经开区范围内共组织消防安全检查28次。2012年7月16日傍晚，湖南旺旺食品总厂一仓库因电路故障引发大火，武警消防支队派遣5个中队近200名官兵及时赶赴现场灭火，经过9个小时的奋战将大火扑灭，无一人伤亡，保住了旺旺的其他仓库和周边居民的生命财产安全。这次突发事故敲响了经开区企业消防管理的警钟，旋即，望城经开区管委会及时在园区范围内组织了一次消防安全隐患大排查，达到零隐患状态。到2015年，望城经开区范围内共组织消防安全大检查38次，出动警力1420人次，车辆360台次，发现火灾79处，责令停产停业23处次，限期整改230处，追究责任事故2人，治安处罚2人。

附：望城经开区消防控制室管理及应急程序

1.消防控制室必须实行24小时专人值班制度。

2.消防控制室的日常管理应符合《建筑消防设施的维护管理》的有关规定。

3.消防控制室应确保火灾自动报警系统和灭火系统处于正常工作状态。

4.消防控制室应确保高位水箱、消防水池、气压水罐等消防储水水量充足,确保消防泵出水管阀门、自动喷水灭火系统管道上的阀门常开，确保消防水泵、防排烟风机、防火卷帘等消防用电设备的配电柜开关处于自动（接通）位置。

5.接到火警报案后，消防控制室必须以最快方式确认。

6.火灾确认后，消防控制室必须立即将火灾报警联动控制开关转入自动状态，同时拨打“119”火警电话报警。

7.消防控制室必须立即启动单位内部灭火和应急疏散预案，并应同时报告单位负责人。

◆第六节　执法质量考评

园区内的星城派出所、黄金派出所、同兴派出所坚持严格执法，热情服务。在望城区公安局统一部署下,对辖区内发生的各类刑事案件和治安突发情况做到了及时快速出警，依法办案，从未出现过不作为、乱作为的情况。望城区公安局在历年的执法质量考评中对上述三个派出所的执法工作给予充分肯定，对同兴派出所重拳整治电子街治安环境、快速破获澳优乳业杨某特大挪用资金案、与区刑侦大队联手打掉特大持枪盗窃保险柜团伙案分别在《望城公安简报》第44期、第108期上进行了通报表扬。该所2008、2010、2011、2013年四次荣获执法先进单位，教导员张泽刚被评为“十佳雷锋式”民警并受到公安部部长郭声琨的接见；2014年，副所长曹杰被评为望城区首届“雷锋式‘五型’”(忠诚型、爱民型、清正型、敬业型、活力型）警察。星城派出所2008年被评为全省优秀公安基层单位、全省公安机关“三基一化”工程建设优秀基层单位。2011年被公安部授予全国一级公安派出所。2013年4月获评全省公安机关执法示范单位。2014年5月被确定为国务委员、公安部长郭声琨党的群众路线教育实践活动联系点。2014年9月被评为全国公安机关执法示范单位。黄金派出所2010至2012年连续三年被评为望城县（区）公安局公安工作优秀单位。2012年被评为出席湖南省公安派出所示范户籍室。2013年被评为长沙市公安局人口与出入境管理“十佳服务窗口”单位。2014年公安部授予“全国一级公安派出所”。

表7-1　　同兴派出所历任所长、教导员、副所长

职　务	姓　名	任职时间
所　长	任平安	2007-03—2008-07
	徐志敏	2008-08—2010-12
	黄　戬	2011-01—2015-12
教导员	谭志刚	2007-03—2008-07
	刘亚峰	2008-08—2010-12
	张泽刚	2011-01—2015-12
副所长	李　刚	2007-03—2008-07
	刘志礼	2008-08—2010-12
	龙　祥	2008-08—2010-12
	曹　杰	2011-01—2013-12
	田文斌	2011-01—2013-12
	代　辉	2014-01—2015-12
	阳　超	2014-01—2015-12
	姜雪峰	2014-01—2015-12

表7-2　　星城派出所历任所长、教导员、副所长

职　务	姓　名	任职时间
所　长	黄　戬	2006-01—2010-12
	钟兴伟	2011-01—2015-12
教导员	陈　维	2006-01—2010-12
	殷继杰	2011-01—2012-06
	王　力	2012-07—2015-12

续表7-2

职　务	姓　名	任职时间
副所长	廖建凯	2006-01—2007-04
	艾长源	2006-04—2006-05
	姚少军	2006-05—2012-06
	严亚伟	2006-05—2012-06
	虢志平	2007-07—2008-09
	曹　杰	2007-08—2010-12
	莫　浩	2007-08—2010-12
	栗　科	2010-12—2015-12
	李　浪	2010-12—2015-02
	肖国良	2012-06—2015-02
	杨罗群	2013-01—2013-12
	余勇军	2015-02—2015-12
	陈　毅	2015-02—2015-12

表7-3　黄金派出所历任所长、教导员

职　务	姓　名	任职时间
所　长	唐　波	2006-01—2010-12
	徐杰敏	2011-01—2012-05
	梁　熊	2012-06—2015-12
教导员	黄　辉	2006-01—2010-12
	徐启文	2011-01—2013-08
	陈友权	2013-09—2015-12

第二章 法院

◆第一节　机构

庭审现场

1992年至2012年4月，望城经开区范围内的案件审理，由望城县人民法院受理。2012年5月3日，中共望城区委、区政府在望城区人民法院召开现场办公会，同意成立长沙市望城区人民法院经开区人民法庭，先以巡回法庭的形式进驻园区，配备审判员3名，书记员1名。同年5月18日，望城区人民法院经开区巡回法庭在经开区挂牌，正式进驻园区开展工作。按照望城区委、区政府和区人民法院的要求，望城经开区巡回法庭坚持廉洁司法，能动司法，做到案结事了，主动做好法律服务，稳步推进法庭建设，为经开区的经济健康发展保驾护航。巡回法庭主要依法受理企业与企业之间、企业与公民之间的民商案件和劳动争议案件，有关刑事案件的审判仍由区人民法院受理。

◆第二节　民商案件审判

2013年4月，晟通科技集团有限公司诉江苏某铝业公司购销合同纠纷案，涉案标的1100万元，请求法院进行司法救助。法庭工作人员详细审查了所有资料后，决定立案，并派专人前往江苏某铝业公司送达有关法律文书。法庭上，审判员组织双方当事人进行调解，促使双方当事人达成和解协议，江苏某铝业公司即日付清了所欠晟通集团1100余万元，并赔偿晟通集团损失80万元。该案从立案到结案仅用了5天时间。

2015年年底，望城经开区巡回法庭深入企业和周边社区进行法律宣传102场，向园区公民提供法律服务300余人次，共审结民商案件65件。

◆第三节　诉前调解

从2012年5月至2014年，望城经开区巡回法庭共进行诉前调解结案76件，当事双方基本满意的71件，占93.42%。典型案例：2013年6月，望城经开区巡回法庭依法受理务工人员唐卫东诉湖南某房地产有限公司非法解除劳动关系纠纷一案，法庭审判人员主动上门耐心向企业负责人做工作，最终使劳资双方达成和解协议。湖南某房地产公司赔偿唐卫东15000元，依法维护了公民的合法权益。

表7-4　　经开区巡回法庭庭长、审判员、书记员

职　务	姓　名	任职时间
庭　长	补博霖	2012—2015-12
审判员	谭泽西	2012-05—2013-02
	颜曙明	2012-05—2014-03
	李胜贤	2013-05—2015-12
	彭小斌	2014-03—2015-12
书记员	刘　晨	2012-09—2013-04
	胡　殷	2013-05—2014-03
	唐玉娟	2014-03—2014-10
	栾慧钦	2014-10—2015-12

第三章 司 法

◆第一节 法治教育

1996年，国家实施“三五”普法规划。“三五”普法主要内容是学习宪法和与公民生活密切相关的基本法律知识以及社会主义市场经济法律知识。期间,园区企业员工的法制教育归口城区建设开发公司主抓。企业员工接受的法制教育形式主要是学习望城县人民政府下发的《农民普法简明读本》；企业管理人员参加行业主办的专业法规培训班培训，并参加县统一组织的普法考试。

2001年实施“四五”普法规划。“四五”普法重点是深入贯彻依法治国的基本方略，实现由提高全民法律意识向提高全民法律素质转变；提高领导干部的法律素质，注重由依靠行政手段管理向运用法律手段管理转变，积极推进依法治国，依法行政。期间，湖南省高科技食品工业基地和湖南省台商投资区党工委、管委会领导班子带头自觉学法、用法，用法律手段管理园区，推进园区开发建设,引导和组织园区企业员工开展普法教育,向企业发放普法书籍60册。组织机关干部、企业高管举办法制培训班2期，园区党政干部和参照公务员管理的人员通过实用型法律知识考试，合格率100%。

2006年，党中央、国务院转发《中央宣传部、司法部关于在公民中开展法制教育的第五个五年规划》，“五五”普法教育展开。

“五五”普法教育是“四五”普法教育的延伸，其目标是在公民学法、用法，提高法律素质的基础上着力培养法治观念和法治自觉性，在全社会形成崇尚法治的价值观和良好的法治氛围，不断提高各级政府乃至全社会的法治化管理水平，推进依法治国进程。望城经开区党工委组织专人编印了“五五”普法辅导资料400多份，举办辅导讲座2场。同时，对领导干部、一般干部、企业家和管理人员及广大员工分层次提出具体的普法目标，要求和督促党员干部参加望城县统一组织的普法考试。

2011年，“六五”普法实施，主要内容是学习宣传《中华人民共和国社会保险法》等七部新制定的法律和十部新修订的法律法规要点。湖南重点推出了《湖南省“六五”普法2011读本》。按照“六五”普法规划要求，园区结合“法律进机关、进乡村、进社区、进学校、进企业、进单位”的主题活动，特别加强了领导干部、公务员、青少年、企业经营管理人员、农民等不同对象的法制宣传教育，把领导干部宣传教育作为重中之重。

“六五”普法内容的重点，首先是宣传宪法，进一步增强全体公民的宪法意识、爱国意识、国家安全意识和民主法制观念，形成崇尚宪法、遵守宪法、维护宪法权威的良好氛围。其次，是加强中国特色社会主义法律体系的宣传，宣传相关法律法规，在全社会形成学法守法的良好法治氛围，增强法治理念，建设法治政府，争做守法公民。园区党工委、管委会组织全体机关党员干部、各企业主要负责人 举办了普法讲座3场，把《湖南省“六五”普法2011读本》发放到每个局（室）、各驻园机构及园区每个企业，要求各单位认真组织学习和讨论，并强调要求应考人员必须参加统一的普法考试。

◆第二节　法治服务

园区法治服务以维权为重点，由工会牵头，社会事务局、工商行政驻园办、综治维稳办等职能部门共同参与，形成监督协调机制。服务内容一是贯彻落实国家《劳动法》，规范企业用工法律程序。企业招工，依法签订劳务合同，明确劳资双方的权利和义务，员工的工资和福利待遇（包括养老、医疗、失业、工伤各类保险以及新颁布的女职工生育保险）都必须在合同中依法体现，具体明确；推进工资协商机制，保障员工的合法劳动收入，及时调处劳资纠纷。二是要求企业为员工提供安全的生产工作环境，按园区制定的责任目标足额投入安全生产实施费用，做到安全生产设施齐全；定期对工作场所进行职业危害因素检测、消防设施检测，定期为员工进行职业病体检。三是对工伤和因病、因灾的困难员工给予人文关怀，实施医疗救助和适当困难补助。四是聘请执业律师担任园区的常年法律顾问，为职工维权提供法律援助；为企业的生产经营活动提供法律服务，为企业的发明专利权、商标权、著作权等维权活动提供法律支持。

◆第三节　律师事务

委托授权　2008年1月，望城经开区聘请湖南星城律师事务所周小同律师担任法律顾问。每两年就双方的权利和义务签订一次合同。望城经开区委托授权法律顾问依照合同规定行使顾问权利，同时也要求法律顾问严格遵守律师职业道德，诚信、及时、勤勉地为望城经开区的经济活动提供法律依据和法律咨询服务，对望城经开区及其法人代表负责。

维权服务　法律顾问为经开区提供下列法律服务。

为望城经开区在经营决策、行政管理工作中遇到的涉及法律的重点问题提供意见、建议和法律依据。解答与业务有关的法律问题。参与望城经开区涉及的标的较大、条款较复杂或与望城经开区权益密切相关的重大经济合同项目的谈判。起草、审查、修改有关协议、合同及其他法律事务文书。优先代理望城经开区参加诉讼、调解或仲裁活动。代理望城经开区参与处理各种非诉讼法律事务。经委托为望城经开区在公司经营中的重大事项出具法律意见书。经授权就望城经开区经营活动中的有关事项发表授权律师声明及望城经开区特别授权的其他事务。

◆第四节　行政综合执法

机构　2006年5月，组建望城县城市管理执法大队望城经开区中队。该中队为望城城市管理局的下设机构，其职能仅为城管执法。2010年12月，望城县行政综合执法局成立，2011年3月9日正式挂牌办公。2012年7月，“望城县城市管理执法大队望城经开区中队”更名为“长沙市望城区行政综合执法望城经开区中队”，根据区编委三定方案结合执法工作实际，经开区中队配备工作人员20名。余艳辉任中队长，何佳金任指导员，周军良、邓燕洁任副中队长。

执法范围　望城区政府常务会议确定，望城区行政综合执法局行使城市管理、城乡规划、城乡建设、房产管理、水利河道等5个领域涉及8个部门，共27类行政处罚权限。其中，市政管理4项，城乡规划5项，城乡建设7项，房产管理4项，水利河道3项，土地资源管理1项，工商管理1项，公安管理2项。望城经开区中队主要负责园区及喻家坡街道范围内的行政综合执法工作。具体执法范围为雷锋大道以西，普瑞大道及三环线以北，旺旺路以南，西至乌山镇边界，同时包括雷锋大道以东，旺旺路以南的仁和重建地区域，望城大道以东、宝粮东路至雷锋大道口以南的莲湖重建地区域。

规范执法　望城经开区中队在望城区行政综合执法局的统一领导部署下，坚持依法依规行使综合执法权，主动争取乡镇（街道）的重视和支持，构建村级信息员网络，全面收集案源信息；严格按照相关法律罚则，杜绝随意性，确保自由裁量权的规范行使；坚持日常巡查与专项检查相结合，加大查办力度。该队所有执法案件的办理均严格遵循程序规定，调查取证全面，法条适用准确，自由裁量适用合理，让接受执法的当事人口服心服。2011年至2012年，该队办理各类行政处罚案件80多起；2013年至2015年共办理各类行政处罚案件187件，其中城管类163件、规划建房类12件、水利河道类12件，无一起抗法和投诉。

执法重点　城市管理执法。组织开展城市管理综合整治行动，大力开展城乡环境卫生整治、渣土扬尘治理，支持配合“十佳”乡镇（街道）创建活动开展相关工作。截至2015年年底，累计清除违法户外广告462处，治理流动摊担302处，整治店外经营316处，拆除违章搭建545处，查处违章渣土车75台(次)。

建设项目执法。截至2015年年底，对园区在建项目进行清查中发现存在问题项目64处，教育整改项目56个，立案查处8起。

典型案例　望城金锐科技有限公司于2012年4月开始，在望城经开区马桥河路1号新建1#、2#厂房。其中1#厂房偏离总规划图1.2米，退让泰嘉路道路红线，使泰嘉路路幅宽度由原审批的7米缩为5.8米。1#厂房建设工程造价280万元。所建围墙未按审批要求，退让道路红线1.5米，马桥河路与泰嘉路交叉口处围墙超出项目用地规划1米，违法违规占用道路红线。当事人上述行为违反了《中华人民共和国城乡规划法》第六十四条之规定，因违法建设部分面积超出规划建设面积10%以下，适用一般情节的裁量基准，望城经开区行政综合执法中队建议对金锐科技有限公司进行以下处罚：罚款人民币16.8万元；限期拆除不符合规划审批要求和超出项目用地红线的围墙。

2014年8月21日，望城超骏渣土砂石运输有限公司在望城区赤岗路高新物流园路段运输渣土，沿途撒落污染道路约15平方米。当事人的上述行为违反了《城市建筑垃圾管理规定》第二十三条的规定，可以处以5000元以上50000元以下的罚款。当事人的行为适用一般等次的裁量权基准。望城经开区行政综合执法中队给予望城超骏渣土砂石运输有限公司处以罚款5000元的行政处罚。

执法质量考评 2012年，望城经开区行政综合执法中队获评望城区综合执法局“突发事件应急处理先进集体”。2013年获评望城区 “执法案源信息管理先进集体”“共产党员示范岗”“信访工作先进集体”。

第八篇

社会事业 · 精神文明建设

SOCIAL CAUSE · SPIRITUAL CIVILIZATION CONSTRUCTION

望城经开区按照小机构、大服务和精简、统一、效能的原则管理经开区范围各项事业。

望城经开区科技事业由各企业单位主管，经开区产业发展局负责联系、协调、申报、统计工作。到2015年，望城经开区有高新技术企业34家，专业技术人员5738人，其中科研人员1582人，有院士3人，享受国务院特殊津贴的11人，获批院士工作站、博士后工作站5个。

教育事业由望城区教育行政主管部门配置资源并主管中小学教育，经开区所辖街道、行政村、社区协助配合管理。2014—2015年度望城经开区内有各类幼儿园38所，共167个班级，入园儿童4734人；有小学9所，139个教学班，教职工295人，在校学生5845人；有初级中学3所，81个教学班，教职工309人，在校学生4133人；有高级中学1所，53个教学班，教职工286人，在校学生3267人，其中西藏生139人。2012年，由晟通集团和望城经开区共同投资兴办的砂子塘世博寄宿制学校对外招生，2014—2015年度共有35个教学班，教职工103人，共有学生1556人。2015年望城经开区范围内有高等院校3所，共开设专业、系67个，在校学生38997人，其中外国留学生400人。

文化事业按照条块管理相结合的原则，地方文化由望城区文化体育广播电视局负责管理，企业文化由2007年望城县委、县政府批准成立的“金星文化产业园”负责规划、策划、管理、运营。

医疗卫生事业由望城区卫生局主管，街道、村、社区协管。到2015年，望城经开区范围内8个街道，共建有4个卫生院，各卫生院都开设了内科、外科、儿科、妇产科、骨伤科、放射科等科室，共设有病床150张。长沙医学院附属第一医院系湖南省卫生厅直管的集医疗、教学、科研于一体的三级综合性医院，设有22个临床医技科室，开设病床500张，有医护技人员300人。在经开区范围内有私营医院1所，设病床80张，有医护技人员80人。该院已列入望城区工伤医疗保险定点单位。

望城经开区的计划生育工作，按照属地原则，由街、居委会、社区、村负责，各驻园企业协助管理，经开区管委会协调配合，实行目标管理。

精神文明建设，按照市（长沙市）、区（望城区）统一布署，由经开区党工委、管委会，以及所属企业和所辖街道齐抓共管，形成两个文明一手抓。2013年、2014年、2015年连续三年，望城经开区被望城区委区政府评为“文明单位”。

第一章 科技事业

◆第一节 科研团队

2000年7月，湖南省政府批准在望城成立湖南省高科技食品工业基地。基地管委会坚持“高起点、高科技、高效益，现代化、生态化，充分体现经济效益与社会效益相统一”的开发宗旨，聘请湖南省食品工业处副处长刘于林、副研究员成映波等5人组成专家组，指导各企业开展科研工作，为基地企业不断输入高科技要素。其中，包括不断改进基础设施、设备上的安全报警系统，实施生产工艺流程上的节能减废、节水保温、无菌包装设计、食品添加剂等多种科技创新方案，着力打造高效、高速、高科技低耗能的生产基地。

湖南望城国家农业科技园区是经国家科技部批准成立的国家级农业科技园区。2001年10月31日，中共望城县委望发〔2001〕45号作出了《县委、县政府关于成立望城农业科技园区专家委员会并聘请袁隆平等15位专家为高级顾问的决定》，明确专家委员会的职能是：制定科学规划，依靠科学支撑，引进科技项目，实施科学管理，搞好科技培训。

表8-1　　望城国家农业科技园区专家委员会高级顾问情况一览表

姓名	单位（学术称号）	职称、职务
袁隆平	中国工程院院士	国家杂交水稻研究中心主任
刘　筠	湖南师范大学	教授、院士
周清明	湖南农业大学	校长、教授 、博士导师
青先国	湖南省农科院	研究员、副院长
彭廷柏	中科院长沙现代化研究所	研究员
雷秉乾	湖南省农业厅	高级农艺师、总农艺师
张继仁	湖南省政府参事室	教授、参事
王永安	国家林业局、中南调查规划设计院	高级工程师
肖兵南	湖南省畜牧兽医研究所	研究员、所长
黄　璜	湖南农业大学	教授、博士生导师
罗泽民	湖南农业大学理学院	教授、博士生导师
雍级三	湘泉集团酒业发展研究所、全国食品学会	高级工程师、副所长、理事
邓放明	全国肉制学会	副教授、常务理事
熊再辉	湖南省优质果茶繁育场	高级农艺师、厂长
成映波	湖南省高科技创业投资有限公司	副研究员

2004年，随着园区的整合、发展，园区成立了产业发展局负责推进多元化产业发展战略和产业结构升级，园区企业的科技创新能力和水平快速提升，科研团队逐年壮大。2006年，望城经开区企业拥有科技研发人员561人，专业技术人员3193人；　2010年有科研人员1195人，专业技术人员4461人；2012年有科研人员1274人，专业技术人员4804人。至2015年园区高新技术企业发展到34家，各企业拥有自己的科研机构（研发中心或技术中心）、科研团队，科技研发人员1582人，专业技术人员5738人。科技研发人员中有院士3人，高级工程师432人，享受国务院特殊津贴的专家11人。金龙铜业成功获批院士工作站，路凯（湖南）科技有限公司等5家企业成立了博士（后）工作站。

◆第二节　科研平台

2006年，新汇制药获评园区首个市级技术中心。2007年,亚华乳业和长高集团分别获评省级企业技术中心。2008年,望城经开区企业获评省级技术中心1个,市级技术中心1个。2009年,湖南金龙电缆有限公司获批国家级电线电缆质量安全示范性实验室，建有院士专家工作站。该公司还同时拥有铜铝材精深加工工程（技术）研发中心、高压局放实验室、再生铜铝利用湖南省研究中心和省级企业技术中心等多个科研平台。同年，天龙制药获评市级企业技术中心。2010年,晟通科技获批中国合格评定国家认可委员会（CNAS）认可实验室、国家企业技术中心、省级工程中心；湖南湘仪实验室仪器开发有限公司获评市级企业技术中心。2011年，亚华乳业获国家乳制品检测实验室；澳优乳业等3家企业获评市级企业技术中心。2012年，中联路面机械有限公司获批公路养护技术国家实验室，湖南联智桥隧技术有限公司等2家企业获批省级企业技术中心，路凯（湖南）科技获市级企业技术中心。2013年，中阀科技、长高集团、泰嘉新材等5家企业获批省级工程中心。同年，长高集团、泰山热工、澳优乳业等35家企业与国内外知名大学、科研院所建立了技术合作关系，其中有14家企业与大学、科研院所建立了产、学、研基地。

2015年，长高集团、中阀科技获评国家级企业技术中心，泰嘉新材、澳优乳业获评省级企业技术中心，联智桥隧获评省级预应力桥梁质量工程技术研究中心，长高集团、中阀科技获评省级工程中心，湖南大北农农业科技有限公司、湖南纳菲尔科技股份有限公司、天龙制药有限公司获评市级技术中心。

企业科技创新的推进，提升了望城经开区的整体科研实力和科技水平。2010年，望城经开区获评“湖南省十大最具投资价值产业园区”。同年8月，湖南省科技厅为望城经开区“湖南省有色金属新材料精深加工高新技术产业化基地”授牌。2011年5月，望城经开区被湖南省知识产权局确定为“湖南省知识产权试点园区”。2012年,有色金属新材料精深加工高新技术产业化基地和知识产权试点园区由省级跃升为国家级。2013年,望城经开区获评“长沙市创新型单位”“长沙市两型创建先进单位”“湖南省循环经济试点示范园区”。至2015年年末，望城经开区拥有10个科技园区。已拥有国家实验室4个，技术（工程）中心40个，其中国家级技术中心3个，省级企业技术中心6个，省级工程中心8个；已拥有市级技术中心11个，市级工程中心12个。诸多功能平台，使园区企业科技创新、新产品、新材料研发获得了国家和省、市各级的科研经费支持，有力助推园区产业经济由劳动密集型向高科技、高质量、高效益快速转型，朝“做大、做强、做优”的目标迈进。

湖南派意特服饰有限公司

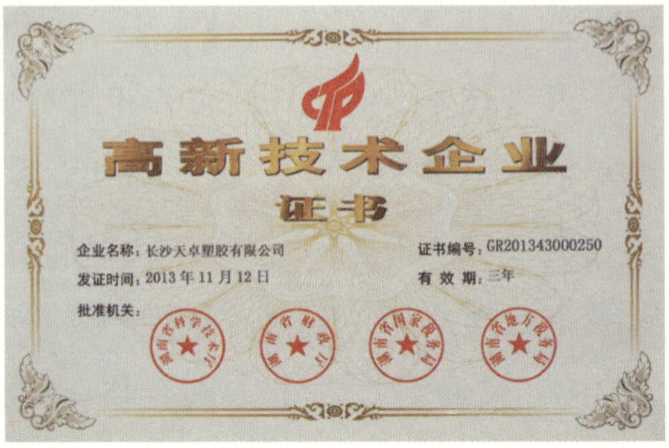

长沙天卓塑胶有限公司

湖南美特新材料有限公司

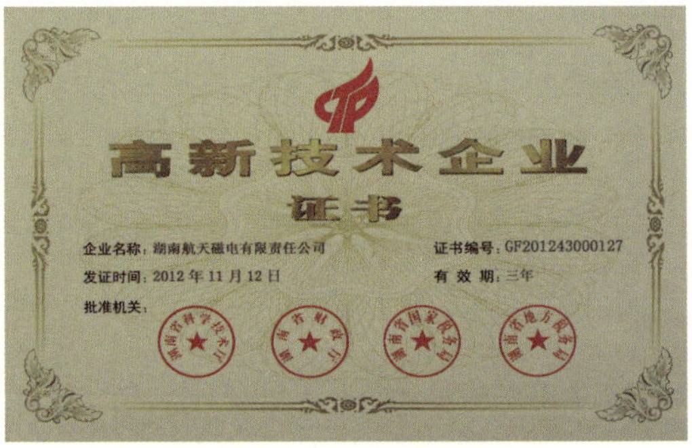

湖南航天磁电有限责任公司

◆第三节　科研项目

园区企业科技创新紧紧围绕节能环保新理念，着力加大科技投入，引进科技人才，研发新材料、引进新技术，开发新产品，提升产品质量，打造名、优、特品牌，增加产品附加值，增强了企业的市场竞争力。

2001年至2003年，湖南望城国家农业科技园区实施了由国家科技部批准立项的“奶牛无公害饲草生产与加工综合配套技术研究”等3个部级项目，于2005年9月获湖南省科技厅组织的专家组验收评审通过。

湖南晟通科技集团有限公司成立于2003年，是一家研发创新型多元化产业的大型企业集团，也是国家有色金属产业重点骨干企业。该公司从2010年开始致力于高附加值、高技术含量的轻量化全铝汽车的研制开发，当年还开展了“喷淋塔的喷淋阀控制系统”“铝箔退火工艺”“铝及铝合金用精炼剂的制备方法”等5个项目的科研攻关。公司先后投入上亿元建设汽车生产基地和专业化技术平台，现已成功研发铝合金箱式半挂车、铝合金罐车、铝合金多功能专用车等三大类别共八种车型。这类轻量化汽车在性能不变的基础上，比同类钢制车减重46%左右，节能效果和经济效益显著，为国内首创。2012年，该公司研发投入2亿元。至2014年，公司累计立项实施科研项目200余项，承担了国家“863”计划等国家、省、部委及市场急需的数十个技术产品开发项目，主要有“新型阴极结构高效节能铝电解技术与装备开发”“短流程制备高品质及铝板带箔关键技术与开发项目”“高性能铝箔关键技术研发和产业化”等项目。其中，“新型阴极结构高效节能铝电解技术”使电解铝直流能耗降至12000瓦时,达到世界先进水平。2015年，新立项的“300千安培电解槽技术改造”项目获得国家财政预算内支持。

湖南金龙国际集团创建于2006年9月，下辖6家全资子公司（金龙电缆、金龙铜业、金龙铝业、金龙金属制品、金龙再生资源、金龙投资），是国家高新技术企业。2010年9月起，该公司致力于“切向连续挤压机及用该机连续生产铝包铜管的工艺”“紫杂铜熔炼氧化还原系统”等7个项目的研发。公司与湖南大学联合开发的“高导电缆铝合金导体材料”得到了省、市、区科技部门的重视与立项支持，“紫杂铜熔炼炉纯氧技术制造”项目获市能源局立项，上述两大科技项目纳入了湖南省创新型产业集群项目库；“铜镁合金新材料研发及产业化”项目纳入省经信委新型工业化项目库；“紫杂铜熔炉系统综合节能技术改造”项目获省经信委新型工业化立项支持并推荐申报2014年国家资金支持项目；新建10万吨级再生铜杆生产线项目获得支持，已上报国家能源局，财政部立项；金龙再生资源循环利用示范基地已纳入国家节能减排财政政策综合示范建设项目库。该集团系“精炼铜国家标准”“防火电缆国家标准”“湖南省循环经济标准”参与企业。

湖南长高集团是一家研制和生产高压电器的骨干企业，也是国家星火计划重点高新技术企业和湖南省高新技术企业。该公司拥有长沙市科技创新创业领军人物廖俊德、邓文华领衔的科研团队，建有“新型智能高效输变电技术湖南省工程研究中心”和“输变电高压开关湖南省工程研究中心”两大科技创新平台。该公司与湖南大学电器与信息工程学院成立博士生科研基地，校企合作，推进科技创新，充分利用多个科研平台，发挥科技人才优势。从2009年起，校企合作开展的“特高压交流输电关键技术、成套设备及工程应用”“特高压串补用开关设备和阻尼装置研制”两大项目攻关，均获成功。2012年，该公司这两个科研项目成果分别获得国家科学技术进步特等奖和一等奖。“GW7C-1100D(W)/J6300-63户外特高压交流隔离开关”“GW7D-1100D(W)/J6300-63户外特高压交流隔离开关”“JW12-1100(W)/J63户外特高压交流接地开关”等9个系列产品已成功通过了国家检测监督中心的所有形式试验。同时，公司还通过了国家电网公司特高压建设部组织的联合审查，并于2013年5月4日通过了由国家能源局主持的国家级鉴定。2015年，该公司“智能高压配电箱总成系统零部件数字化车间项目”、“大容量远距离输送特高压交直流开关成套装备项目”获国家发改委第四专项基金立项；“智能化气体绝缘金属封闭开关设备技术开发项目”系湖南省科技厅、财政厅、经信委三家联合培育发展战略性新兴产业专项项目。

中联重科股份有限公司于2007年年底进驻望城经开区，2010年5月建成中联重科工业园。旗下子公司中联重科中旺分公司、长沙中联消防机械有限公司、中联重科路面机械公司相继入园投产。

中旺公司持续加大科研投入达700多万元，引进国内顶尖技术专家，成立了专门项目组。2012年，“四轮一带”项目完成阶段性预研工作。2013年，成功研制混凝土双层输送直管，对混凝土泵车进行升级换代，试制成功双层淬火管。其研制开发的混凝土双层弯管、眼镜板、切割环，与原产品相比，使用寿命翻番。研发高铬铸铁铸造工艺，将产品领域从砼输送管拓展到了搅拌机衬板、叶片；成功取得了双层砼输送管、双层弯管等耐磨件产品国内先进制造技术。2015年，公司投入280万元，成功研发、试制5.5毫米单双层直管、140-5拖泵管及新型经济型陶瓷切割环。

中联消防机械有限公司DG113项目,被列为“十二五”国家科技支撑项目。GKH高空作业车2013年5月在“北京国际消防展”发布，标志中国消防车的研发制造达到了一个新的高度。公司研制的32米登高平台消防车获中国消防协会科技创新三等奖；53米大型高空救援云梯消防车成为2013年湖南省消防首台(套)重大科技装备，获2013年湖南省科学技术进步奖。2014年，该公司重点攻关“zm75大功率举高照明消防车的研发及产业化”项目获得成功。2015年，公司技术中心参与制定了GB7956.12《举高消防车》国家标准。

中联路面机械公司2012年投入科研经费1600万元,主攻G系列摊铺机项目。2013年10月，公司研制的“SUPER65超级摊铺机”成功跻身中国工程机械“十大路面机械产品”行列。新系列产品在可靠性、先进性、节能减耗方面均取得了很大进步。2015年，公司投入700多万元，对“G”系列摊铺机产品全面进行升级换代。

长沙众城石油化工有限责任公司是一家高新技术企业，其研发中心在2011年获得 “长沙市企业技术中心”认证。科研项目“海洋石油钻井平台配套润滑材料的研制及产业化”被确定为湖南省科技计划一般项目，“风力发电机轴承润滑脂的开发”列入长沙市科技计划项目。2014年开始进行“一种低温扭矩密封脂”“一种复合多皂基自修复轴承润滑脂及其制备方法”两个项目研发成功，2015年申报专利，获得3项专利授权。

湖南省丽拓生物科技有限公司研发的新产品“粪便分析处理系统LTS-E100”为国内首创，获得国家发明专利及实用新型专利。2013年11月，公司在阴道内检测仪V400的基础上研制出升级仪器V800，能更准确的检测出多项指标;在LTS-300A自动制片系统基础上研发升级仪器LTS-300B，其自动化及灵敏度更高。该公司还对蛋白联检分析仪的性能、指标的改良提质获得成功，市场进一步扩大；其便隐血检测试剂盒、细菌性阴道内检测试剂盒已取得注册证书;新研发的轮状病毒检测试剂盒、轮腺病毒检测试剂盒，已进入临床试验。

路凯（湖南）科技有限公司是一家从事饲料添加剂研发和生产的专业公司;公司技术中心与国家植物功能成分工程技术研究中心、中科院亚热带农业生态研究所、长沙理工大学基因工程实验室及分子生物学实验室、中国农业大学、华中农业大学、湖南农业大学等高校和科研院所建立了紧密合作关系。2012年，其科技攻关项目“功能性寡糖氨基酸饲料添加剂的研究与产业化”被列为长沙市科技项目，与中科院联合开发的新饲料添加剂“精氨酸生素”产品,已向农业部申报新产品证书。

湖南丹维生物科技有限公司研发的主打产品为兽用针剂类。该公司一直以研发高热混感类产品为主，2012年开始加大新产品的研发力度，与湖南农业大学建立技术合作关系，全力开发“微生态制剂”项目。新产品已在省内邵阳、益阳、岳阳等地大中型养猪场试验。该技术的推广已被列入湖南省2013年养殖主推技术。

澳优乳业2010年12月19日经湖南省科技厅等4厅局评审认定为高新技术企业。2010年，公司重点进行“添加分泌型球蛋白a的婴幼儿配方奶粉及其制备方法”“一种含胡萝卜素的婴幼儿奶粉及其制备方法”两个项目的研发并获得成功，并获发明专利授权。2012年3月，公司携手北京大学医学部成立“北大•澳优母婴营养研究中心”，签署产、学、研十年战略合作协议，投入1000万元，设立澳优“产、学、研科研专项资金”和建立实习基地，双方联合组建权威专家团队，致力于母婴营养研究，开展母乳成分研究，婴幼儿营养配方成分研究、新品医学及喂养临床验证等工作。研究中心重点开展对母乳不同阶段渗透压值数据库及营养成分研究，明确了母乳压值范围，并把研究成果应用于澳优海普诺能力多有机配方奶粉及其系列产品中，通过改善工艺及配方，使渗透压值接近于母乳，从而降低了婴幼儿肾脏负担和肾结石风险。公司还对于羊奶粉在内的系列产品进行防过敏、提升免疫力等方面的临床研究和验证，以母乳氨基酸研究、组合蛋白质及氨基酸调制婴幼儿配方奶粉为重点，在引入国际研究成果的基础上开展新的自主研发，研究成果应用于海普诺1897产品，升级能力多产品中。2013年11月，澳优通过省级高新技术企业复审。2015年，公司投入1700万元，用于技术改造和产品升级。公司还与澳大利亚、法国等国家知名企业开展技术合作，与中国农业大学、湖南农业大学、中南林业科技大学、中南大学湘雅医学院等多个高等院校进行产、学、研合作，加快企业技术进步和产品研发步伐。在2013年中国（长沙）科技成果转化交易会上澳优与北京大学公共卫生学院、中国农业大学合作开展特殊配方婴幼儿奶粉的研究与开发、婴幼儿奶粉中营养成分的贮藏变化研究与应用项目，作为重大签约项目在本届科交会的闭幕式上进行了现场签约。

中航飞机起落架有限责任公司2012年有在研重点项目12项，2013年又新启动3项重点研制项目，年底全部按用户需求完成研制任务，科研计划完成率100%；已交付C919项目起落架铁鸟试验件和翼身组合体试验件，全面完成起落架批产交付任务，交付安装登机廊桥2条。该公司提交专利申请11项，已取得4项专利授权，其中3项为发明专利授权。2015年，公司与南京、北京、沈阳航空航天大学合作开展“TA600飞机起落架收放控制系统仿真”“TA600飞机前起落架摆振分析”等4项对外合作项目；与601所、603所等单位合作开展“全尺寸激光成形前起落架零件加工制造及装配”“民机长寿命前起落架转弯耐久性试验件（A320）”等横向科研项目研究。

湖南海星高科动力电池有限公司是2006年由湖南湘星实业投资与湘潭大学共同创建集研发、生产、销售于一体的高科技公司。公司注重技术创新和新产品开发，每年的研发投入均占当年销售收入的10%以上，汇集一流的行业精英,公司拥有一支含博士、硕士、本科生到工程专科生的多层梯队研发技术人才队伍。与湘潭大学、湖南大学、中南大学开展广泛合作。2010年，公司启动长沙市科技计划项目，其《汽车用动力锂电池及30Ah磷铁锂电池研发及产业化》于2013年6月顺利通过评审验收，已进入批量生产。2014年，该公司移动电源系列产品的研发取得了技术突破。

湖南新汇制药有限公司于2003年入驻望城经开区，2004年1月正式投产运营。投产当年即进行“浓缩型猴头健胃药的制备工艺”“滋肾健脑液及制备工艺”两个项目的研发。2009年，着力进行“伤痛药及其制备工艺”的研究。入园12年来，公司引进、培养造就了一支专业配置好、年龄结构合理、创新意识强的医药研发团队。公司技术中心获评为“长沙市药用菌丝体工程技术中心”“湖南省药用菌丝体综合利用工程实验室”。公司创新胃药“猴头健胃灵片产业化”被列为国家火炬计划，“食药真菌猴头菌培养物的新型固体发酵技术及产业化示范”被列入“十二五”农业领域“国家星火计划”。2015年，公司获得国家中药标准化项目立项，同时进行4个重大新药项目研发，年底完成了抗肿瘤新药“解毒和胃胶囊”试前研究、生物转化物抗血栓（心脑血管）5类新药基础研究和生物转化物HQ抗幽门螺杆菌5类新药基础研究。

湖南泰嘉新材料科技股份有限公司坚持创新研发，加大经费投入，公司企业技术中心已通过省发改委、省经信委的年度评审。该公司“年产1300万米双金属带锯条产业化”项目被列入2013年度第三批长沙市科技计划项目；“新型高速锯切用双金属复合带锯条产业化”项目被列入2013年望城区科技计划项目;公司通过多年自主研发所开发出的新产品“高速锯切用不分齿型硬质合金带锯条”，2014年获省经信委认定的全省工业领域“省百项重点新产品”称号;2015年，公司投入了890万元，进行“双金属带锯条高速钢颗粒焊接工艺研究”，同时筹建具备国际水准的“锯切实验室及检测中心”。

湖南泰山热工材料装备有限公司把“持续创新”定为公司发展的核心理念,致力于从生产制造商向高端科技技术性服务商转型。热处理是制约工程机械业发展的四大瓶颈之一，公司成立了泰山热工易文质教授热处理工程研究中心。著名热工专家易文质教授和彭兵、刘又文、梁耀能、陈克家、肖上工、何一正、瞿国瑞、戴又衡、陈其煌等一批顶级热处理专家成为首批特聘专家，全心专注热处理项目研究。该公司高品质渗硼垫处理技术达到国内先进水平，其生产的高品质渗硼模板被湖南省科技厅认定为高科技技术产品。公司与湖南科技大学化工学院合作建立了“材料热处理产学研基地”。

湖南天龙制药有限公司注重科技投入，不断研发新产品，大力提高产品科技含量。2008年，公司研发部改为企业技术中心。2009年，公司技术中心被长沙市经信委认定为市级企业技术中心。公司相继研究开发的提神醒脑系列、足浴系列等新产品，已通过湖南省卫生厅颁发了产品卫生许可证，其槐花维肤膏、三子强肾胶囊获国家发明专利，美兰坊产品已完成升级换代。2014年4月工厂生产的化妆品系列全面投放市场。2015年，公司投入500余万元，用于开展国家3类新药“盐酸瑞伐拉赞”、国家6类新药“盐酸阿比朵尔”的临床前研究和“养血润肠颗粒”临床研究。

湖南湘仪动力测试仪器有限公司通过不断的自主技术创新，在发动机（电机）试验台架、出厂检验台架、集装箱式台架等各种类型检测台架的研发技术、生产工艺方面取得了重大技术突破。该公司完成发动机控制仪及相关设备的升级换代设计工作，完成了SLQY-3差压孔板式的发动机漏气仪的研发工作，计划研制开发热模式进气流量计，提高产品的配套能力；完善新型结构的FC2005测试软件功能，完善JN应变片扭矩传感器；2013年年底完成变速箱试验台核心控制器的开发和调试。2015年，公司重点进行新能源汽车（电机）试验台架的技术研发。

长沙菱格木业有限公司2004年进入望城经开区。该公司主要生产与销售“天格”牌强化地板等系列产品。2009年至2012年，公司经过3年时间自主研发的AC5实木面复合地板批量生产；向望城区和长沙市科技局申报的科技项目“AC5实木面复合地板关键技术和产业化”通过层层审核后获得补贴资金30万元;2012年4月，该产品通过PCT途径分别在美国、加拿大、欧洲、巴西、印度申请国际发明专利。2013年12月，望城区科技局、长沙市科技局对长沙菱格木业自主研发的科技项目“HDF双层实木复合地板关键技术的研发和产业化”进行了立项。

湖南阳光富源光电产业有限公司是深圳市阳光富源科技有限公司下属的全资子公司，主要从事国际领先的大功率LED照明产品的研发、LED照明技术应用,拥有自主专利技术的RFSE大功率LED灯系列产品，在道路照明领域达到并超过了国际先进技术水平。公司开发技术研究中心拥有30多项技术发明专利，2013年成功研发最新散热体材料，填补了世界空白。特种散热材料的功能是自然散热，及非强制散热研发的一种新型材料，为中国原创技术，是国际上第一次依靠材料特性来散热的创举，国际上第一次将LED温升下降到20℃以下记录，是第一次将LED散热器重量下降到10g/w左右，第一次将LED散热器散热面积下降到34平方厘米，6.45℃温升时，用量为3g/w。特种散热材料在LED应用领域的创新应用，一是在传统LED光源应用领域，用冲压平面散热器，可与传统灯具配套；二是一站式应用，有LED路灯壳、传统路灯壳的用户，可代为设计配套光源与散热器，推荐光源，确保热性能、TP防水、电气安全性能合格，提供光源与散热器一体化模块；三是提供航天级LED专用《纳米导热膏》，热系数>50J/M.K,当纳米导热膏干了以后，热系数>100J/M.K。

湖南湘仪试验室仪器开发有限公司设有独立的技术开发部，聘请了多位权威大学教授任顾问，2012年又引进了多名沿海先进企业有丰富工作经验的资深工程师，组成一支强有力的研发队伍。公司已研究开发了我国目前最高转速的H2500R-2高速冷冻离心机；与美国贝克曼公司合作开发的全球最大容量的AVANTJ-XLC超大容量冷冻离心机已完成了样机制作测试，正在小批试制中；2013年，公司技术部开发的新产品L400迷你离心机、GL8R已批量生产。2015年,公司研究开发的“水平转子”，有20项专利技术经国家知识产权局审查通过并获得了专利证书。

长沙天映机械制造有限公司主要从事航空产业。2012年以来，该公司已完成某歼击机制氧系统、燃油系统、动静压系统试验车三大试验设备4套；完成航空发动机吞鸟（吞冰）实验装置（飞机鸟撞试验炮）4台；大型运输机飞机装配7项。2013年完成了《北斗导航系统机载用户装置在无人驾驶飞机和商务飞机上的应用》项目商业计划书，可行性研究报告；进行航空发动机吞鸟（吞冰）实验装置系列产品的设计工作；与西北工业大学、国防科技大学于启峰院士共同研制大型飞机机身装配测量对接平台，（该系统应用于航天测控技术和太空舱对接技术）；“大型移动超重机复杂构建精密加工及广域应用”已通过评审列入长沙市科技项目。2013年，公司通过了《武器装备科研生产单位三级保密资格认证》。2014年至2016年，规划完成4个核心项目：北斗导航机载用装置4个系列产品；大型飞机应用航天测控技术和太空舱对接技术进行机身装配对接平台的设计；飞机装配数字化设计制造、生产、激光定位装配；飞机零部件数字化设计及数控加工。

中阀科技（长沙）阀门有限公司设立有国家认定的企业技术中心水电阀门研究所、控制阀门研究所，主持修订《JB/T1768-2012固定锥形阀阀门行业标准》。该公司科技创新项目“高水头大口径水轮机进水双密封液控蝶阀”及“活塞式调节阀”研制已顺利通过省级科技成果鉴定，“湖南省特大口径电站阀门工程技术研究中心”项目经过湖南省科技厅评审，成功入选2013年度省级工程技术研究中心计划项目。2015年，该公司重点进行两个新产品的研发，一是基于物联网和移动通信的智能蝶阀，实现阀门的远程监控；二是基于流量/压力调节阀和管网压力实时反馈的供水管网压力管理一体化设备，该项目是国家水体污染与治理科技重大专项，由湖南省水力机械检测站出具了型式实验报告。

湖南联智桥隧技术有限公司业务范围涉及预应力智能张拉压浆设备研制，桥梁道路检测、设计、监理，桥隧加固施工项目，属于高新技术企业。公司获批湖南省企业技术中心。公司研制的“桥梁预应力智能张拉与压浆控制及远程监控系统”能让混凝土构件形成有效预应力体系，保证桥梁结构安全，显著延长预应力结构桥梁的寿命。2013年该技术项目申报“国家重点新产品”获得通过。2015年，公司成功研发出了“索式桥梁吊索智能张拉和调索系统”，该项技术成果通过了湖南省交通运输厅鉴定。

湖南兆恒材料科技有限公司的科研团队根据市场需求启动“粗孔配方泡沫”的研制，经过大量配方和工艺试验，先后研制出粗孔52、粗孔72兆赛泡沫样品，并进行了全面性能测试，获得直升机客户认可。根据无人机设计专家的建议，该公司利用自身PMI泡沫技术基础，研制出具有高耐热性、高比强度、高比模量、高吸波性的PMI复合泡沫样品，获得客户认可，开辟了高附加值的泡沫材料新领域。同时，公司结构件的研制工作也取得了重大进展，完成航空某所的雷达罩初样试制工作，与上海交大等高校合作，获得了“雷达罩用耐热透波PMI泡沫研制”配套科研项目支持；桥梁防撞缓冲泡沫材料与中科院大地所合作取得较大进展。此外，航天用方舱隔板和大巴车用车厢板项目的研制，于2014年底成功拿出样品。2015年完成航空某所的雷达罩合同要求，完成了某所无人机合同（共3架）的首架机的交付。

湖南航天磁电有限责任公司是湖南省高新技术企业，于2012年年底完成复审并颁发新的证书。公司技术中心被认定为长沙市企业技术中心。该公司新组建的“长沙市磁性材料与工程技术研究中心”于2013年7月获长沙市科技局验收通过并授牌。2013年至2014年，公司把节能环保、节能降耗作为科技创新重点攻关课题，通过改进球磨工艺配方，缩短球磨时间，每罐球磨料节约用电94千瓦时，单位能耗降17%；将球磨机的普通电机更换为节能电机，单球磨工序每年即可节约用电60.96万千瓦时；通过对压机进行改造，缩短压机充磁时间，每台压机充磁节约用电24千瓦时，生产现场100台压机共可节约用电2400千瓦时；通过改进烧结工艺曲线，加快推板速度，在提高电窑产量的同时，单位能耗下降6.5%；通过提高电力品质治理低压电网中的电力污染，减少设备运行故障，既能提高设备的使用寿命，又能节约电耗，电能分配适用效率提升5%-15%，节能率为9.47%；将原有的水循环真空设备管道进行改造，将真空设备用水全部回收；将循环水池用管道连接，使多个循环池连为一体，排水口减至1个，改造后，提高了水的循环利用率，年节约用水达6万吨。通过对现有电窑进行节能改造，利用余热装置将电窑高温区余热引向低温区，以达到节能目的；大幅提高生产效率，进一步降低单位产品能耗。改造后5条电窑每年可节约用电600万千瓦时，单位产品综合能耗降低25%。2015年，公司投入1650万元用于新材料、新技术、新工艺的研发。

湖南伊思丽珍珠有限公司是一家集珍珠养殖、加工、贸易于一体的股份制企业。公司设立有技术中心，信息资料丰富，研究设备设施齐全，硬件基础较好。2013年5月，该公司与湖南师范大学化学化工学院、高分子材料研究所的苏胜培教授签订了《珍珠低温漂洗加工技术合作协议》，研究珍珠低温漂洗技术中最关键的光亮剂和稳定剂的配方，利用传感技术，保持配方技术的稳定性，减少排放。其完成的《珍珠低温漂洗加工新技术研究及应用》课题成果申请列入了长沙市科技项目，并准备申请国家发明专利。公司从2013年起，加大科研投入，加强珍珠蚌种开发，积极推进池碟贝等优质蚌新品种的开发与推广，大力实施彩色珍珠、异形珍珠、有核珍珠、组合珍珠等技术的规模养殖，提高了珍珠插种技术的科技含量，提高了高档淡水珍珠比例，推广标准化养殖和循环养殖技术，有力推进了珍珠养殖生态化、规范化建设。

表8-2　　望城经开区企业一般性科研（技改）项目一览表

企业名称	科研（技改）项目	科技成果（含量）评价
旺旺集团湖南总厂	节能减废 TPM 改善方案	2013 年产生节能减废绩效 442.6 万元，完成当年目标 12.6%，TPM 改善方案节省 158.94 万元，完成全年目标 110%，污水处理 307559 吨，达国家一级排放标准
湖南天闻新华印务有限公司	人教社远程传版系统，新骑马联动线、无线胶装联动线、全自动薄膜包装机、商业轮转胶印机等技改项目	生产效率提高 14%，利润增长 8.01%
湖南大北农农业科技有限公司	仔猪教槽、保育料、猪配合料、预混料、鱼配合料	授权 1 项发明专利，8 项实用新型技术专利
湖南旺顺食品科技有限公司	“怡宝”SPM 质量与食品安全管理体系	2013 年 7 月通过总部审核，获 76.69 分比 2012 年提高 15 分
湖南（百威英博）啤酒有限公司	中水回用冷却循环项目	共计节水 319925 吨，节电 2150669 千瓦时，节标煤 4078 吨
湖南宝利沥青有限公司	生产工艺流程设备整改（改性沥青用反应釜、沥青反应釜出料系统、沥青反应装置、沥青高温罐、沥青进料系统）	杜绝“跑、冒、漏、滴”安全环保事故，获 5 项实用技术专利
湖南派意特服饰有限公司	无粘合衬高级西服研制开发	大幅降低企业运营成本，提高产品利润
长沙天卓塑胶有限公司	天卓牌环保管道及检查井	力学性能和理化卫生指标均经过国家权威专家权威机构检测达到相关标准要求
湖南光明乳品有限公司	光明键能大碗杯 140 克风味发酵乳（凝固型）	天然乳蛋白高达 3.4%，高于国家标准（2.3%），每千克富含 300 亿个 AB 倍护益生菌，是普通酸奶的 30 倍
长沙石油化工有限责任公司	海洋石油钻井平台配套润滑材料的研制及产业化、风力发电机用轴承润滑脂的开发	分别获得湖南省科技计划一般项目、长沙市科技计划项目
湖南美特新材料科技有限公司	高电压、高压实、高容量等多元化钴酸锂产品	实现多项历史零突破
湖南运发包装实业有限公司	锅炉煤改气等节能技术改造	日产能提高 20%，日能耗下降 5%
长沙市永生彩印有限公司	高级精品包装研制	总产值增长 5.1%
湖南康寿制药有限公司	麻古宣肺颗粒产业化、生血宝颗粒产业化	2013 年通过省科技厅评审并申报国家级科技项目
湖南坤源塑化有限公司	U-PVC、PE 给水管	提升产品质量，延长使用寿命（可用 50 年），入围《2013 年全国农村饮水安全工程材料设备产品》

续表8-2

企业名称	科研（技改）项目	科技成果（含量）评价
湖南邦德利建材有限公司	高晶天花格栅系列、邦德利墙面板、T 脚线等研发	为目前国内工艺先进、装饰效果最豪华的国际流行装饰材料
湖南省远景光电实业有限公司	研制开发光盘新产品	2013 年选送的新光盘获得第三届中国出版政府奖，印刷复制奖，质量奖的提名奖
湖南远航生物科技有限公司	植物提取物-绿原酸	可广泛应用于医药保健品、食品、化妆品、饮料及动物饲料
湖南捷顺工艺制品有限公司	陶瓷、玻璃工艺	出口美国、加拿大、英国、日本等国家
湖南交泰建材有限公司	艺术地坪系列、彩色砂浆内外墙系列	技术指标达到国内领先水平
湖南纳菲尔新材料科技股份有限公司	钨合金镀层工艺	防腐耐磨、节能环保、应用广泛，荣获国家技术发明二等奖，国家重点环境保护实用技术（A 类）
长沙黑金刚实业有限公司	凿岩机械和风动工具研制	根据客户需求设计、制造、具有更长作业寿命，性能稳定可靠
万家乐热能科技有限公司	清洁能源及可再生能源应用	全系列产品达到国家能效等级 2 级标准
湖南中吉科技有限责任公司	自动售货机的外观设计、电路、单片机抑软件开发	研发的硬币管理器获长沙市重大专项
湖南省德尚源耐磨工业有限公司	耐磨堆焊技术	使用寿命长、应用广泛、性价比优，2013 年获 1 项发明专利，8 项适用新型专利，申报湖南省高新技术产业化项目获审批通过
长沙新世管道有限公司	玻璃钢管道系列产品研发	玻璃纤维增强塑料电缆导管通过检测全面进入市场
湖南中沃水务环保科技有限公司	污水处理、海水淡化、中水回收，工业、医疗、实验室纯水系统方案	达到国家污水处理标准，循环利用水资源
湖南华一电机制造有限公司	稀土永磁直流无刷电机研制开发	拥有完全专利和自主知识产权
长沙弘瑞电器设备有限公司	非标绝缘件及硅橡胶产品的研制	确保在环境温度 -55℃～60℃之间各项性能表现稳定
湖南有色铍业特材有限公司	C17200 棒材研发生产 无流浇注-挤压-拉拔及热处理	从根本上解决了热处理温度不均匀和铍铜棒材硬度不均匀的质量问题，生产的洛氏硬度 HRC≥40 的 C17200 高强铍铜棒材明显高于国际及美标 HRC≥36 的硬度要求
湖南有色光电科技有限公司	矿山安全管理与控制平台应用项目，矿山信息尽人皆知管理系统应用项目，新型 LED 工矿灯及智能控制系统	获市科技局，省科技厅，财政厅，科技部三级科技计划和技改资金支持

NO. 2014001

绿色建筑节能推荐产品证书

Certificate for Recommended Products of Green & Energy-Saving

单位名称：广东万家乐燃气具有限公司

产品名称：燃气热水机组

经中国工程建设标准化协会绿色建筑节能推荐产品专家委员会审查、评定；你单位生产研发的该项产品，符合评审相关要求，特授予"绿色建筑节能推荐产品证书"，在工程建设领域推荐使用。

Upon the review and assessment of Expert Association of Green Building Energy Saving Recommended Products of China Association for Engineering Construction Standardization, we fond that the product manufactured and developed by your company has meet the requirements, so it is hereby award the product with "Certificate for Recommended Products of Green & Energy-Saving", which can be used in the field of construction.

有效期（Valid Time）：贰 年

公示查询：www.cecs.org.cn

2014年1月12日

万家乐燃气具有限公司

国家技术发明奖

证 书

为表彰国家技术发明奖获得者，特颁发此证书。

项目名称：高耐磨性、高耐蚀性、环保型钨合金电镀技术研发及应用

奖励等级：二等

获 奖 者：高 晖(湖南纳菲尔新材料科技股份有限公司)

2011年12月23日

证书号：2011-F-216-2-01-R04

湖南纳菲尔新材料科技股份有限公司

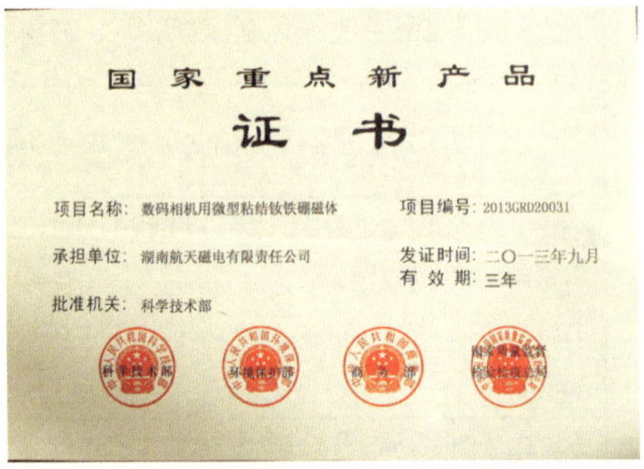
国 家 重 点 新 产 品

证 书

项目名称：数码相机用微型粘结钕铁硼磁体　项目编号：2013GRD20031

承担单位：湖南航天磁电有限责任公司　发证时间：二〇一三年九月

有 效 期：三年

批准机关：科学技术部

湖南航天磁电有限责任公司

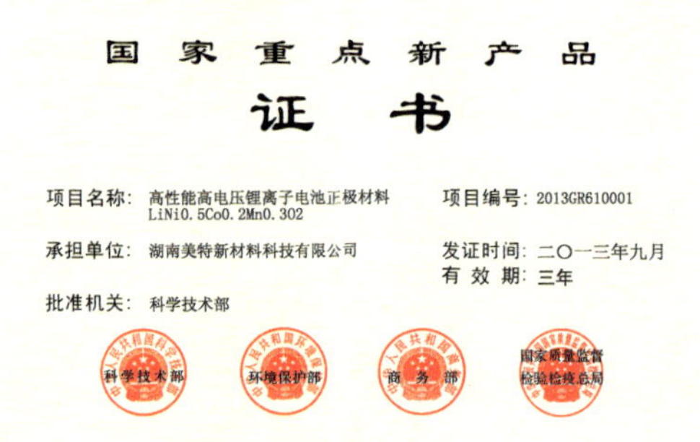
国 家 重 点 新 产 品

证 书

项目名称：高性能高电压锂离子电池正极材料 LiNi0.5Co0.2Mn0.3O2　项目编号：2013GR610001

承担单位：湖南美特新材料科技有限公司　发证时间：二〇一三年九月

有 效 期：三年

批准机关：科学技术部

湖南美特新材料科技有限公司

◆第四节　科研成果

专利授权　2000年，望城经开区开始有专利申报。当年5月，刘宗山研制成功用甲醛治疗动物传染病的注射剂，由湖南兆弘专利事务所代理申报国家发明专利获得授权。至2009年，十年间，园区每年获得国家授权专利都在个位数徘徊。2010年、2011年、2012年三年，是望城经开区科研成果丰收期，每年获得国家授权专利都在30项以上。2012年10月，长高集团申报的"开合高参数母线转换电流1100特高压隔离开关"技术获国家知识产权局发明专利授权。2013年在研项目700多项，但获授权专利仅为7项。2014年望城经开区共申报专利391项，其中发明专利135项；获国家授权专利265项，其中发明专利66项。

截至2015年，望城经开区累计申报专利1967项，共获国家授权专利726项，其中发明专利129项。

获奖项目 2007年，长高集团研制的“550KV超高压接地开关”获长沙市科技进步二等奖。2009年，嘉泰新材研发的“GKT608数控硬质合金卧式圆锯床”、长高集团研发的“GWTC-252-800三柱水平翻转式系列隔离开关”分别获长沙市科技进步三等奖。2010年，泰嘉新材研发的“高速锯切用双金属带锯条淬回火一体化生产线”研究成果获长沙市科技进步二等奖。2011年，金龙电缆研发的“高阻燃环保、消防型电缆”获长沙市科技进步二等奖；亚华乳业的“奶牛植物性生理与营养调控及优质奶制品开发”项目研究成果获湖南省科技进步三等奖。2012年，湖南纳菲尔新材料科技股份有限公司的“高耐磨、耐腐蚀性、环保型钨合金电镀技术研发及应用”获国家技术发明二等奖；金龙电缆研发的“用切项连续生产铝包铜管的工艺研发及应用”获长沙市科技进步二等奖；中联重科集团长沙中联消防机械有限公司研制的YT53云梯消防车、75KW大功率照明消防车均获得中国消防协会科技奖二等奖。2013年长高集团研发的 “特高压交流输电关键技术、成套设备及工程应用”获国家科技进步奖特等奖；金龙铜

湖南金龙国际铜业有限公司

湖南康寿制药有限公司

湖南大北农农业科技有限公司

广东万家乐燃气具有限公司

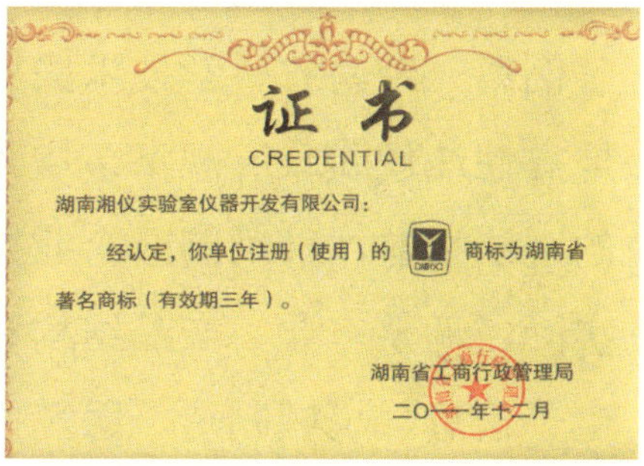

湖南湘仪实验室仪器开发有限公司

湖南湘仪实验室仪器开发有限公司

业的“切向连续挤压机连续生产铝包铜管的工艺研发与应用”等两大成果获长沙市科技进步二等奖。2014年，湖南联智桥隧、交通运输部公路科学研究所、交通运输部工程质量监督局共同研究成功的“桥梁预应力结构质量智能控制成套技术”，中阀科技（长沙）、长沙理工大学合作的关于“高水头大口径水轮机进水双密封液控碟阀的研制”，澳优乳业的“第四代婴幼儿配方奶粉研究与技术开发”均获得长沙市科技进步二等奖；湖南美特新材料科技有限公司、湖南有色金属研究院共同研究的“高电压，高压实钴酸锂正极材料的制备及产业化”获长沙市科技进步三等奖。

截至2015年，望城经开区企业产品获得国家奖励的8项、获行业和省部级奖励的30项、获得市级奖励的16项。

◆第五节 知识产权

根据《国务院关于进一步加强知识产权保护工作的决定》（国发〔1994〕38号）精神和《湖南省人民政府批转省专利管理局、省出版社、省工商行政管理局<关于进一步加强知识产权保护工作的意见>的通知》（湘政发〔1995〕3号）的相关指导意见，望城经开区建立起了相应的工作机制，成立了知识产权协调领导小组，切实加强对知识产权保护工作的领导。领导小组由园区管委会一名副主任任组长，主管知识产权全盘工作，由产业发展局一名副局长任副组长，具体负责相关的日常工作。领导小组支持园区企业对科研发明、技术创新成果开展申报评估，对各企业获得的授权专利权、著作权、商标权依法依规做好知识产权的管理和保护工作。

园区的知识产权保护工作归口产业发展局负责，司法、工商、行政执法等驻园机构密切配合、支持，形成统一协调、有效的知识产权管理、保护体系。

园区产业局组织企业科研团队、技术中心的负责人学习国家知识产权法律法规和《湖南省技术市场管理条例》《湖南省科学技术成果推广条例》《湖南省企业专利工作条例》等省级地方性法规和政府规章，增强知识产权保护意识和法制观念，依法保护本单位的合法权益，鼓励园区企业提高自主研究与开发能力，根据本单位、本行业的实际，调整产业、产品结构和科研方向，增加科研开发经费，加速生物技术、电子信息、机械制造、医药、化工以及现代服务业等方面的科技创新研究与专利成果的转化开发，加速高新技术产品与专利产品的商品化、产业化，推动科技进步与园区产业经济发展，及时表彰奖励各项发明创造的发明人、设计人。

1999年，湖南光明乳业生产的“光明”牌乳制品成为园区首个获评的中国驰名商标。至2015年，望城经开区共获评中国驰名商标13项，湖南省著名商标48项，湖南省名牌产品29项。

第二章 教育事业

◆第一节 学前教育

慧乐幼儿园

望洲幼儿园

1989年，望城县教委制定《望城县农村规范化学前班标准(试行)》。同年9月，各小学学前班接受5～6周岁的幼儿入班学习，学制一年。1996年后，学前班在班儿童人数呈逐年下降趋势。2002年以前，园区范围内没有幼儿园，有学前班13个，在班儿童341人。当年9月，望城县教育局要求各乡镇联校办好1所中心幼儿园，园区范围内由教育部门办起了3所幼儿园，入园幼儿118人。2004年后，民办幼儿园逐渐兴起，园区范围内先后办起了小灵通、清华摇篮、奥星等7所民办幼儿园.之后逐年发展。据望城区教育局2014年统计资料，园区规划控制范围内开办有备案幼儿园16所81个班，其中托管班4个，小班17个，中班22个，大班38个，入园幼儿2255人。16所幼儿园中公办3所共13个班，入园幼儿466人，其办学设施和师资由区教育局行政部门统筹安排。其余13所民办幼儿园，其办学设施、师资均由开办负责人自行解决，区教育局对其办学条件、师资水平、校车安全、食堂卫生及食物安全进行审查备案，随机督查，乡镇街道中心校协同做好日常管理工作。2014年9月至2015年，幼儿教育发展迅速，园区范围内幼儿园增加到38所、167个班，其中托班11个，小班43个，中班67个，大班46个，入园幼儿4743人。

◆第二节　初等教育

1992年，望城的小学布局基本上是一村一校。随着计划生育的落实，农村小学入学高峰期已过。从1995年开始，望城县进行中小学布局调整。至1999年，望城经开区区域内开设有小学10所、104个班，在校学生3763人，适龄儿童入学率100%，巩固率99.8%，共有教职员工189人。2001年8月，调整义务教育阶段课程设置，三至六年级增加实践活动课，三、四年级开设英语课，提高学生动手动口能力。2010年，由于望城经开区企业项目的迅速发展和城镇化的推进，园区范围内人口大幅增加，就读学生增加，小学在校学生达到4112人。2012年，园区内新增设长沙市砂子塘新世博寄宿制学校，至2015年下学期，开设有42个班，在校学生1920人，教职员工178人。2015年，撤并小学1所，园区现有小学9所，139个班，在校学生5845人。乡镇小学办学设施主要由社区负责，街道和区财政视具体情况给予适当支持。师资由区教育局统一配置，日常教育教学管理由乡镇中心校负责。

表8-3

2014—2015学年度望城经开区小学分校基本情况统计表

所属街道	学校名称	校园面积（平方米）	合计				一年级		二年级		三年级		四年级		五年级		六年级		教职工数
			班数	人数	其中女	少数民族	班数	人数	班数	人数	班数	人数	班数	人数	班数	人数	班数	人数	
	合计	167869	139	5845	2652	74	32	1283	29	1195	24	968	21	892	20	858	16	649	295
金山桥	桐林中心小学	25269	17	665	332	0	3	131	3	130	3	101	3	108	3	106	2	89	30
	香桥小学	8408	8	303	152	1	1	49	2	54	1	37	1	50	2	70	1	43	20
	星城实验第二小学	32430	18	694	326	9	5	195	3	120	3	111	2	92	3	111	2	65	20
黄金园	桂芳小学	3440	6	124	61	0	1	20	1	11	1	25	1	21	1	22	1	25	12
喻家坡	高冲小学	4336	6	145	76	0	1	25	1	21	1	24	1	26	1	25	1	24	12
	前进小学	15840	8	337	156	0	3	115	1	47	1	40	1	50	1	44	1	41	21
高塘岭	莲湖小学	6700	6	197	87	0	1	29	1	25	1	36	1	39	1	35	1	33	18
经开区	砂子塘新世博寄宿制学校	42000	35	1556	636	56	10	411	10	471	6	262	4	180	3	145	2	87	103
大泽湖	东马小学	29446	41	1824	826	2	7	308	7	316	7	332	7	326	5	300	6	242	59

◆学校选介

砂子塘新世博寄宿制学校　砂子塘新世博寄宿制学校，是由望城经开区、晟通集团共同投资新建的（经开区出资1400万元）、由砂子塘教育集团负责管理的一所全日制寄宿小学。学校紧邻望城经开区管委会，坐落在晟通城旁，交通便利，区位优势明显。学校占地4.92公顷，建筑面积达4.2万平方米，可开设48个教学班，容纳近2500名师生，是一所高标准的现代化寄宿制学校。

“新世博”传承砂子塘教育“和孩子们一起成长”的办学理念，以“博趣、博学、博雅、博文”为校训，以“三种课堂”为依托，以社团活动、国际文化交流为特色，致力培养具有世界眼光和博大胸怀的新世博学子。其独特的办学理念与教育教学实践得到了社会各界与广大家长、学生的一致认可。

新世博学校

星城实验第二小学　星城实验二小坐落在望城区雷锋大道与月亮岛西路交汇处,毗邻美丽的谷山体育公园，是一所由望城区政府重点打造的房地产配套学校。学校占地面积1.72公顷，建筑面积17027平方米，最大规模可开设32个班。学校建筑布局合理，各项教学设施一应俱全，图书室、阅览室、仪器室、实验室、美术室、音乐室、计算机室等功能专用室全面配套，乒乓球室、篮球场、田径场等体育设施完备。

星城实验二小

学校坚持“立人为本，立德为先，立学为基，立行为要”的办学理念，让学生的文化知识和综合素质都得到了全面提高，在全区学校目标管理和抽样检测中都获得优异成绩。

◆第三节　中等教育

初中　园区规划控制范围内建有公办初中3所：高塘岭中学、大湖中学、黄金中学。3所初中校园总占地面积12.81公顷，办学条件良好，建有教学楼、综合楼，装备有理、化、生专用实验室、图书阅览室、学生公寓、运动场、食堂等，各类设施齐全。可开设96个教学班，可容纳近5000名学生。师资队伍结构合理，管理规范，教育教学质量好。教育经费投入由区、街道两级负责。

表8-4　　2014—2015学年度望城经开区初中分校基本情况统计表

学校名称	校园面积（平方米）	合计				一年级		二年级		三年级		教职工数
		班数	人数	其中女	少数民族	班数	人数	班数	人数	班数	人数	
合计	128213	81	4133	1967	49	26	1277	27	1426	28	1430	309
黄金中学	31657	19	923	432	4	6	288	7	339	6	296	60
大湖中学	37948	26	1396	697	8	8	416	10	538	8	442	87
高塘岭中学	58608	36	1814	838	37	12	573	10	549	14	692	162

◆学校简介：

高塘岭中学　长沙市望城区望一高塘岭中学始创于1983年，学校前身名为向阳中学，后更名为高塘岭镇二中。2006年8月与高塘岭镇一中、三00厂子弟学校合并，名为高塘岭镇中学。合并后的校址定位于原高塘岭镇二中，望城区郭亮南路99号。2010年学校新建了门楼、教师办公室、科技综合楼、教师和学生公寓、食堂（含室内球场）、田径场。2014年8月与望城区第一中学联合办学，更名为望一高塘岭中学，望城一中学派出以名誉校长为主的优秀管理团队及部分骨干教师共同参与学校管理与教学。

学校现占地面积63994平方米，校园环境优美，设施设备齐全，实施信息

望一高塘岭中学

舞蹈队排练

化管理。学校现有教学班36个，在校学生1800余人，教职员工200余人，其中专任教师152人，本科学历145人，中学高级教师14人，中学一级教师142人，湖南省优秀教师8人，省、市级骨干教师40余人，望城区“名教师”12人。

学校先后荣获“湖南省合格学校”、长沙市“教学常规管理工作先进单位”、长沙市“综合治理先进单位”、长沙市“模范职工小家”、长沙市“百所现代教育技术实验学校”、长沙市“《国家体育锻炼标准》达标先进单位”、长沙市“装备管理先进单位”、长沙市“知识产权示范学校”、长沙市“创新教育专业委员会常务理事单位”、长沙市“德育研究先进集体”、长沙市“两型示范学校”、望城区“新课程改革实验基地”、“首批示范性学校”、“安全文明校园”、“科技示范学校”等荣誉。

大湖中学 大湖中学是一所乡镇中学。学校始建于1957年，校址在张家祠堂。1964年大湖人民公社重新选址白圭寺，建教学房4间，建筑面积约300平方米，教学班级4个，学生220余名，教职工6人，1970年更名为大湖中学。

大湖中学

1989年，在大湖乡党委、政府的全力支持下，学校新建了教学楼、教工宿舍、第一篮球场、第二篮球场、250米田径场。2002年，学校又相继建起了综合楼、食堂、学生公寓楼，校园占地面积拓展到3.79公顷，建筑面积12565.69平方米，绿化面积18305平方米。同时，学校装备有实验室、仪器室、图书室、电脑室、电子备课室、卫生室、风雨活动室、多媒体教室、校园网，图书、仪器、体育、卫生器材配备达省一类标准。

2015年，该校有教师76人，其中本科学历62人，大专学历11人， 高级职称2人，中级职称63人，县级名教师7人。学校坚持以“厚德、启智、益能、健体”为校训，以“励志、诚信、博学、创新”为校风，以“严谨、求实、敬业、爱生”为教风，以“乐学、善思、合作、创新”为学风。学校秉承着“面向全体，全面发展，注重基础，发展个性特长”的办学思想，确立了“以质量求生存，以特色促发展，以管理为保障，以和谐保平安” 的办学理念。

2015年，该校有教学班23个，学生1327人。学校获得了多方面的荣誉：2001年被评为长沙市“科技示范性学校”，2003年被评为长沙市“文明单位”，2007年被评为长沙市“现代教育技术实验学校”；2008年被评为长沙市“安全文明校园”，2009年被授予“长沙市人民防空教育示范校”，2010年被评为长沙市“科技示范学校”、英语教研组被评为湖南省“首届优秀教研组”，2011年被评为湖南省“文明交通示范单位”、长沙市“廉洁文化进校园示范单位”、长沙市“2011年度消防安全示范学校”，2012年被评为“长沙市‘五五普法’先进单位”，2014年被评为湖南省“中小学管理专业委员会常务副理事单位 ”、长沙市 “人防素质教育基地五星示范性单位 ”，2015年评为望城区“首届模范集体单位”长沙市“文明单位”，“全国模范职工之家”。

黄金中学 望城区黄金中学始建于1972年，位于雷高公路中段，望城文化走廊之内，是一所全日制初级寄宿中学。现有教学班15个、学生900余人，有教师52人,其中硕士研究生1人、本科学历44人；中学高级职称4人、中学一级职称40人；市级优秀教师、骨干教师4人，县级名教师5人。

黄金中学校门

该校占地3.17公顷，建筑面积7366平方米，校园绿化面积4800平方米。学校始终坚持“面向全体学生，优化教育过程，培养素质特长，促进全面发展” 的教育原则，把“求知、创新、发展、责任感”作为学生培养目标，逐步形成了以“面向全体，分层教学，培优补潜，人人成才”为主要特

学生公寓

色的教学模式，促使优等生更加优秀，不同层次、不同类别的学生都得到转化、提高和发展。学校一直以“自强不息”为校训，形成了“励志创新”的校风、“修身笃志、爱生敬业”的教风和“学会做人、学会求知、学会做事、学会共处”的学风，以“兴校育人、教书育人、管理育人、服务育人”为办学理念。近几年学校走特色立校之路，组织学生成立了新苗文学社、历史剧社、美术社、科技航模社等，通过各类活动的开展，有效提高了学生的综合素质。该校建校以来，每年都有学生在全国、省、市、区举办的相关大赛中获奖。

学校先后获得湖南省“合格学校”“芙蓉标兵岗”；长沙市“现代教育技术实验学校”“安全文明校园”“普通中小学常规管理工作先进单位”“示范性家长学校”，望城区“文明单位”“两型示范学校”“知识产权示范学校”“学雷锋示范学校”“食品安全工作示范学校”“德育工作先进单位”“科技示范学校”等荣誉。

高中　望城县最早建立的普通高中——望城县第一中学处于望城经开区范围内。1952年，望城县人民政府在高塘岭镇朱家冲村（今喻家坡街道）原楠香学校旧址创办县初级中学，1958年增办高中，更名为望城县第一中学。1959年长沙县、望城县合并为长沙县，该中学更名为“长沙县高冲中学”，1978年长沙、望城两县分立，该校恢复“望城县第一中学”（以下简称”望城一中”）名称 。

1997年8月，湖南省教育委员会发文批准望城一中为省级重点中学并授予“湖南省重点中学”牌匾。当时学校有27个教学班，在籍学生1568人（其中高中17个班，初中10个班）。2004年更名为“湖南省示范性普通高级中学”。到2015年下学期，望城一中已有53个教学班（全部为高中班），在籍学生及教职员工共3267人。2002年下学期，湖南省教育厅批准，望城一中开办西藏学生班,从2011年开始，由每年招收西藏生10名增加到每年40名。

望城一中教育、教学硬件设施齐全，有现代化的教学大楼3栋、理化生科技实验馆1座、体育艺术馆1座、办公楼1栋、学生食堂2个、学生公寓6栋（含西藏学生楼1栋）、教师宿舍6栋、标准田径场1个，篮、排球类运动场2个、新的图书信息中心正在修建。多媒体、数字化教学系统等教学设备设施，“智慧校园”之“超级校信”及“A佳教育”平台及高速校园网，是教育现代化的有力保障。

望城一中坚持“严谨、朴实、奉献、进取”的校训精神，坚持“为正人、为立业、全面发展、追求卓越”的办学理念，确立了“实施精致教育、培养完全人物”的办学策略，确立了“校园美、校风好、管理科学、质量一流”的办学目标，“一副健康身心，一个良好习惯，一种创新特质，一门艺术素养、一身国学传承、一生导师引领”已成为一中学子的共同特征而广为高等学校和社会各界赞誉。

至2015年年底，望城一中有特级教师4人，全国优秀教师、优秀班主任5人,湖南省第二批新世121人才工程人选1名，国家级骨干教师培训对象11人，省级骨干教师培训对象32人，有湖南省高考命题库专家2名，有名师工作室3个，获“长沙市华天优秀教师奖”的教师5名，3名教师被评为长沙市“九芝堂”优秀班主任，有省、市、区级名教师、学科带头人62人，高级教师104名。学校的办学业绩受到上级领导和社会各界的赞誉和肯定，中国教育电视台和《人民日报》《光明日报》《湖南日报》等各大媒体多次报道和推介望城一中办学业绩。湖南省人民政府在对望城一中督导评估意见中称：望城一中已成为区域内引领基础教育的示范性学校。近几年来，高考二本以上上线率都稳定在80%以上，学生特长得到了充分培养和挖掘，学生参加各类学科竞赛获得国家、省、市、县级奖励700余人次。西藏班工作稳步推进，学校现有在校西藏学生139人。至2015年，西藏班开办以来共招收14届共计314名西藏学生，已经毕业

望城一中校门

校园孔子塑像

校园名人雕塑

校园文化墙

11届共计174名学生，均以优异成绩进入全国各类重点大学（一本）深造。学校先后获得“全国群体工作先进单位”“全国模范职工之家”“全国后勤管理先进单位”“全国示范文学校园”“中国西部地区教育顾问学校”等荣誉称号400余项。

◆第四节　高等教育

2014年，望城经开区区域范围内有3所高校，在校学生38997人，教职员工1719人。3所高校中湖南信息职业技术学院和湖南商学院北津学院（北校区）系公办学校，长沙医学院系民办高校。

湖南信息职业技术学院　该校前身为湖南省电子工业学校，创办于1978年3月。1999年，该校升格为“湖南信息职业技术学院”，是湖南信息产业中唯一的公办全日制高等专科学校。该校位于喻家坡街道，与湖南旺旺食品总厂仅一街之隔。学校建筑面积11.76万平方米。升格当年招生175人，设电子信息与技术专业。2001年，175人全部毕业，就业率100%。随着信息产业的发展，2002年，学校招生2086人，开设13个专业，当年1141人毕业，毕业生就业率98.8%。学院与美国TBOY、加拿大QGT等大学建立交流合作关系，为学生提供出国深造的机会。2015年在校学生　8000余人，开设的专业增加到28个。该校教师队伍实力雄厚，有副教授以上高级职称的教师220人，硕士学位以上的教师154人，教学名师74人。毕业生就业率一直保持在90%以上。

该院获评教育部“高职高专人才培养工作水平评估优秀院校”、湖南省“示范性高等职业学院”、湖南省“文明高等学校”、湖南省“园林式单位”、湖南省“普通高校招生就业工作先进单位”。

湖南商学院北津学院　该校是湖南商学院的北校区，成立于2001年，是经省人民政府首批批准，并经教育部确认由湖南商学院创办的本科独立学院，因建校之初学院位于长沙西汉时诸侯的历史古城——北津城内，故取名北津学院。2006年，学院搬迁至望城东马社区（称东马校区亦即北校区），地处雷锋大道旁。

北津学院大门

校园占地面积31.35公顷，建筑面积11万平方米。其中，教学楼14310平方米、实验楼9025平方米、图书馆16361平方米，其余为8栋学生宿舍、2个学生食堂、和1栋办公楼、1栋教师公寓等。学校图书馆藏书89万册。

北津学院校园一角

北津学院现在是一所以经济学、管理学为主，涵盖经、管、文、法、理、工6大学科的多科性省属全日制普通本科院校。学院依托湖南商学院优质教学资源办学，现设立了经济系、财政金融系、工商管理系、会计系、信息系、公共管理系、法学系、外语系、旅游管理系、中文系、艺术系、计算机与电子工程系、体育课部、思想政治教育课部等14个教学系（部），开设28个本科专业，其中财务管理专业、信息管理与信息系统专业为省级特色专业。

2015年，在校学生7500余人，毕业生总人数2201人，初次就业率为79.51%，其中就业率较高的财政金融系为83.08%。

长沙医学院 该校是经教育部批准的普通高等学校，是全国第一所民办医学本科院校。其前身是全国人大代表、全国教育系统先进工作者、全国优秀教育工作者、院长何彬生教授于1989年创办的湘南中等卫生职业技术学校，1996年更名为湘南卫生中等专业学校，1999年升格为湘南医学高等专科学校，2001年校本部迁至长沙市望城县黄金乡金坪村（2010年更名为金评社区），地处雷锋大道旁。学校总占地面积140.7公顷，建筑面积55.75万平方米，其中，教学行政用房37.26万平方米，体育场馆3.3万平方米，学生宿舍15.19万平方米。2003年，该校通过湖南省专科学校教学工作合格评估，2005年经国家教育部批准升格为长沙医学院，2011年通过国家教育部本科教学工作合格评估。

学校认真贯彻党和国家的教育方针，遵循高等教育规律，依法治校。坚持“千年长医、济世惠民”的办学宗旨，坚持办学以教师为本，教学以学生为本的办学理念，弘扬“厚德、博学、储能、求真”的治学精神。学校坚持医学与人文相通，博学与专精兼取，理论与实践并重的教育思想；坚持质量立校、人才强校、错位竞争、特色拓进的发展战略，全面促进了学校科学发展。

学校坚持面向地方、服务基层的办学观，主要为基层医疗机构培养高素质医护人才；坚持立德树人的教育观，力求专业学习与人文修养、理论学习与社会实践、全面发展与个性发展相结合，全面提升学生综合素质；坚持能力为主、素质为重的质量观，不断优化人才培养方案，大力深化教学改革，着力培养学生实践能力和创新精神，全面提升人才培养质量。

该校办学条件日益完善，办学实力不断提升，新建了临床、护理、中医、生命科学等实验楼群，并配备了价值1.3亿元的现代化教学仪器设备，有各类实验室388间，部分实验室和仪器设备已处于国内医学院校先进水平。学校现有附属医院19所，实习医院138所，实习床位2万余张；已先后拥有“国家级特色专业”“省级特色专业”“省级重点建设学科”“省级示范实验室”“省级精品课程”“省级优秀教学团队”“省级优秀实习基地”等一大批国家和省级质量工程项目。

该校学科结构以医学为主，医学、文学、工学、理学各学科协调发展，已开设25个本、专科专业，面向全国31个省（直辖市、自治区）招生，现有全日制在校学生23497人，其中外国留学生400余人。

该校按照业尽其人、人尽其才、才尽其用的原则，不断完善人才培养、引进、使用与激励政策，以师强校。学校现有专任教师1719人，其中教授207人、副教授597人，博士111人、硕士779人，全国人大代表1人，全国教育系统先进工作者、劳动模范、全国优秀教育工作者1人，享受国务院政府殊津贴的专家9人，全国优秀教师2人，湖南省优秀教师1人，湖南省普通高校青年教师教学能手8人、获教学奉献奖1人，建成了一支师德优良、业务娴熟、结构合理、充满活力的教师队伍。学校现主持国家自然科学基金项目、全国教育科学规划课题、省部级科研课题210项，主持湖南省普通高等学校教学改革研究项目56项。

该校赢得了国家和社会的广泛认可，毕业生就业率在同类高校中一直名列前茅，保持在95%以上。多年来，已为国家输送了10万余名高素质的应用型高级医学卫生人才和其他专业高级人才。

该校依法治校，科学发展，已成为全国先进办学单位、中国十佳诚信民办高校、全国学校规范化管理示范单位、全国就业先进院校、湖南省十佳民办学校、湖南省文明高校、湖南省“园林式单位”、湖南省普通高等学校毕业生就业工作“一把手工程”优秀单位。

长沙医学院图书馆

第三章 文化事业

◆第一节　区域文化

传统文化艺术　望城境域临近省会长沙，20世纪末开始逐渐融入长沙市城区。传统文化艺术内涵丰富，表现形式多样，诸如民间故事传说、民谣、童谣、山歌、劳动号子等，虽群众耳熟能详，却少有脚本，靠口口相传下来。舞蹈有龙舞、狮舞、蚌舞、罗汉舞等，平常少见，只在年节或重大庆典集会上才上演。戏剧主要是花鼓戏，分专业剧团和草台班子（亦称地花鼓），经典剧目有《刘海砍樵》《山伯访友》《张先生讨学钱》《小姑贤》《蔡坤山犁田》等，也有京剧、湘剧票友聚会。曲艺有渔鼓、长沙弹词、小演唱、顺口溜、三句半、快板等，民间也有杂技魔术表演。书法、绘画等文化艺术也长期根植于群众文化生活中。望城的剪纸、皮影戏（俗称影子戏）也很有名，并申报了国家非物质文化遗产。具有很高文学性的诗词歌赋在望城有着悠久历史和群众基础，每逢春节，融书法艺术与祈福于一体的春联文化备受群众喜爱。从20世纪80年代，

文化遗产（皮影）

民俗文化节（书法）

望城成立了诗联学会，从1996年起，学会每年结集出版《望城诗联》，至2015年已出版了十九集。望城传统文化中还有实用性较强的婚嫁文化、丧葬文化、清明扫墓、农历七月半祭祖等祭祀文化，有由各姓氏家族修编的族谱祖训家规文化及民间信仰的宗教文化等。

舞龙大赛

现代文化艺术 随着经济社会的发展进步，尤其是改革开放以来，望城人民生活水平不断提高，群众对文化生活的需求不断增强，文化观念在悄然转变,欣赏水平也相应提高，文化内涵也在不断丰富，各类休闲娱乐、健身活动相继出现在群众文化生活之中，如大小KTV、舞厅、健身房，由街道、社区组织的腰鼓队、秧歌队，由群众自发组织的广场舞、街舞团队，还有乐队、流动家庭影院、动感电影等不断增加，与此同时，电视、网络等各种信息媒体在及时传播世界声音时，也给群众送上精彩的文化娱乐节目，群众文化生活多姿多彩。现代文化与传统文化对接，相互交融，极大地丰富了人民群众的文化精神生活，构建起了既有中华民族传统文化内涵，又有现代文化气息和地方特色的

企业文艺会演

企业文艺会演

广场舞大赛

望城诗联集

望城区域文化。

2013—2014年，望城编辑出版了集中展现望城区域文化的专辑，如《文化望城》《诗画望城》《望城记忆》《地名溯源》《诗词集注》等。望城经开区各行政单位、企业、街道组织干部职工，积极参与了这些文化艺术活动及各类竞赛。

文化设施与市场培育　望城文化设施建设与市场培育原则上是政府主导，公办、民办同步铺开。望城有政府财政投资建设的文化馆、图书馆、影视文化中心、广播电视台，专业花鼓戏剧团。望城乡、镇（街道）建有文化站、电影放映队、文化活动中心、网站等；社区（村）办有“农民书屋”；城区和乡镇也有民办的图书馆、图书室、报刊亭、流动书摊、文化活动中心等，把文化作为一种产业来做，还有兼具休闲文化与旅游功能的“农家乐”。园区企业办有集文化体育于一体的文体活动中心（活动室）和由工会主办的“职工之家”等。在园区范围内，作为产业发展的有金星文化产业园，主管音像制作、复制，印务等产业，兼具文化旅游的有集休闲、购物和制作销售宝玉石、黄金首饰、水晶、珍珠工艺品、珍珠美容保健品等中高档珠宝产品于一体的“天园地芳国际珠宝城”，有由奥特莱斯世界名牌折扣城控股有限公司建设的奥特莱斯电影院（2014年5月对外营业），还有晟通科技集团有限公司下设的文化艺术分公司。晟通文化艺术分公司主要经营文化产业项目，依托晟通集团核心产业轻金属“铝”材料为基础所研发的一系列涉及生活、装饰工艺艺术品，产品种类多达70余种，主要产品有铝箔工艺画、铝板画、铝箔手工艺品、铝浮雕等，既是对民族非物质文化的传承，又极具晟通行业特色。望城经开区内，还有湖南伊思丽珍珠有限公司出资3000万建设的占地1300平方米、建筑面积3000平方米的“珍珠文化科学技术普及场馆”。该馆由袁隆平院士题写馆名，场馆兼具科普与经营等多种功能，文化气息浓厚。

◆第二节　园区文化

台商投资区雕塑

区标雕塑　2001年3月，湖南省人民政府批准同意在望城设立“湖南省台商投资区”，列入省级开发区系列。园区即在旺旺路与泰嘉路（后建）交汇处设立大型标志，造型成一弧升指示箭头雕塑，上面“湖南省台商投资区”的题名，雄健有力，寓意园区招商引资，经济快速发展提升。

三园整合标志

2004年，“三园”整合，实行“三块牌子，一套人马”的管理模式。园区在金星中路中联重科工业园东南角建立“三园整合”象征性标志，由三根巨大方柱成品字形朝大道排列，柱身分别饰以红、黄、蓝三种颜色，寓意三园整合联为一体，多种经济要素兼容，园区人凝心聚力，推进产业经济快速发展。标志的左前方建有文化石墙，上面有“望城经济开发区”的题名。

经开区大型雕塑标志

2012年7月，望城经开区在同心路口右侧建立大型雕塑标志，由厚石建筑设计（上海）有限公司设计。该标志为钢管桁架结构，高7.43米，最大外伸长度4.86米。其造型既可解读为“望城”两字汉语拼音的首个字母“W•C”的组合，又诠释着“三园合一”的内涵。其灵动的造型酷似一只腾飞的凤凰，昭示望城经开区植好梧桐引凤凰，是中外有识之士、社会经济达人投资创业的理想之地。标志饰以全红色，象征着园区开发建设红红火火。在雕塑的基座上镌刻着园区16字发展理念：“产业立园、科技强园、生态建园、和谐兴园”，以激励经开区人一以贯之致力于将经开区建设成为一座工业化与城市化相协调，二、三产业相配套的现代化工业新城。2014年，望城经开区升级为国家级经济技术开发区，又在同心路口大型雕塑标志相对应的左侧绿地中安置巨石，上面镌刻着“望城经济技术开发区”的区名，厚重稳健，十分醒目。

经开区高新区分界

2014年10月，园区马桥河路南延线建成通车，望城经开区与高新区无缝对接。12月，经开区在马桥河路与雷高公路交汇处建立南大门地标雕塑。雕塑顶端为灯箱设计，四方饰以望城经开区区旗图案，无论白天、黑夜都清晰可见；其下以灯笼为原型，象征团圆、吉利，营造出一种喜庆的氛围。雕塑由5个灯笼构成，既有“五福临门”的寓意，又象征着“政治、经济、文化、社会、生态”五位一体。雕塑高18米，上面题有“望城经济技术开发区”的区名。该雕塑设计新颖，彰显了在共圆“中国梦”的大时代背景下，望城经开区人弘扬中华民族精神，凝聚发展力量，努力把园区打造成推进望城经济社会全面发展进步的重要基地的坚强意志。雕塑饰以全红色，象征着望城人民热烈欢迎各方投资客商和嘉宾朋友到来的火热之情和把望城建设得更加美丽繁荣的满怀激情。

区旗区歌　望城经开区区旗长1.92米，宽1.28米，底色为纯净的白色，整体给人以公正、端庄、生态、舒适的视觉感受。区旗的主体红橙色造型在白底上醒目突出，画面简洁明快，层次分明。图形由三条曲线从左至右延伸，在右边逐渐聚合，形成一个“e”字，象征“三园合一”，左边的三条曲线形似横摆的“W”字母，左边“e”形，上方稍有断开，可看成一个“C”字母，向右成一弧形与w重叠形成“望城”两字的首拼字母。标志下方有中、英文书写的“望城经济开发区”区名。“三元合e”这面旗帜中蕴含望城经济开发区现代工业化、现代城市化和友好的生态环境，6个e包含了望城经开区的特质和远景：生态（ecological）、舒适（easeful）、电子（electronic）、高科技、精

区旗设计

区旗

区歌

准（exact）、诚挚、认真（earnest）、激情、热忱（enthusiasm），灵动的线条舞动成翼，6个e在望城经开区飞腾。

《望城经开区之歌》由时任望城经开区管委会主任徐志刚作词，由殷景阳、张长松两位音乐人共同作曲。富有诗意的歌词，辅以铿锵热切的旋律，充分表达出经开区人开拓进取的坚强意志和满怀信心。

文化广场　2006年，望城在金星路与雷锋大道交会路口的东北角建设希望广场。命名希望广场源起原任中共中央总书记江泽民在1991年3月16日视察望城雷锋纪念馆时把望城誉为“希望之城”。广场中心矗立一大一小两组不锈钢钢架组成的雕塑，成倒“V”字造型，大小两个“∧”有一端交错，互为依靠,为“希望” 两个字汉语拼音首个字母“X、W”的变体连写。雕塑表面呈棱形体，显脊线，大“∧”形体外侧底端从下至上按大小依次缀饰着6只和平鸽,小“∧”外侧饰有2只和平鸽，均呈展翅飞翔之势。小“∧”下有大型长方体基座，基座四面均有青铜浮雕，正、背面都镌刻有“希望之城”字样，寓意望城必将建设成为文明和谐的“希望新城”。

希望广场掠影

在希望广场对面一侧建有以彰显雷锋精神为主题的文化广场，广场周边建有以雷锋精神为主要内涵的文化墙，装饰有五幅雷锋半身浮雕像并配有雷锋日记内容，供往来群众随时学习，以弘扬雷锋精神。

雷锋广场掠影

2008年6月，在雷锋大道与普瑞路交汇口靠近黄金创业园的东北角建设了一个“和”图腾文化广场。广场中央矗立一圆柱形和图腾柱，柱高12米，柱周身为巨型龙凤浮雕，龙昂首，势欲腾空；凤展翅，形若翔云，间饰99个篆体“和”字，将中华民族尊崇龙凤图腾、以和为贵的文化渊源与现代建设和谐社会的美好愿景融为一体，寓意中华民族都是龙的传人和“龙凤呈祥”的祈愿。在图腾柱下的西北面，嵌设有大理石材的大幅展卷，上面镌刻着时任望城县人民政府县长谭小平撰书的《和图腾柱铭》，正文共48句，每句4字，计192字。

2010年7月29日，望城经开区投资服务中心，企业孵化中心落成揭牌。同年12月，望城经开区党工委、管委会在中心前大片绿地中间安放着一方巨石，上面镌刻着谷善庆将军的题词“兴业富民 自强不息”，望城经开区人将该题词作为开拓奋进的“座右铭”。

“和”图腾广场

望城经开区企业孵化中心

企业孵化中心广场

◆第三节　企业文化

目标定位 望城经开区的管理者和企业家们深知人是企业发展的第一资源，良好的企业文化可以凝聚人、感召人、培养人、提升人、激励人。园区以“人为本”“和为贵”的传统文化理念为基础，用社会主义核心价值观体系引领企业文化建设，将先进的企业文化作为增强企业凝聚力、感召力并使之转化为生产力的企业灵魂，把企业文化建设作为提升企业“软实力”的必由之路。让现代经营理念、管理决策等通过弘扬企业文化深入人心，形成良好的企业道德规范，全面提高员工素质，融洽劳资关系，增强凝聚力；让员工在和谐的企业文化氛围中感受到企业的人文关怀，激发劳动热情和创新精神，以主人翁的责任感做好本职工作，与企业同呼吸、共命运，为企业做贡献，塑造企业的良好形象，使之收到良好的经济效益和社会效益。

主题 形式 内容 园区各企业根据自己的经营管理理念和自身实际，确定一个明确的主题来突出自己的企业文化。旺旺集团把“缘、自信、大团结”作为企业文化的主题，引导员工同心协力、真抓实干；金龙铜业首创企业文化八字方针“信任、共享、感恩、坚持”；大北农公司坚持“文化先导、资源集中、专业管理、绩效第一”的管理理念；长高集团在员工中提倡“崇尚和谐、遵纪守法、文明礼貌、守望相助”的文明道德新风；中联重科注重“责任”文化，从决策管理层到一线员工，都把责任担当看成首要义务并贯穿于生产经营全过程；天卓塑胶把“诚信为本、开拓创新、质量第一、服务至上”的生产经营理念定为企业文化不变的主题；康寿制药致力于“以服务人类健康为己任，传承中药文化，打造制药湘军，铸就康寿品牌”；长沙必拓普公司把“以人为本，构建和谐，营造心齐、气顺、劲足的企业环境”作为企业文化追求的目标；路凯科技着力打造“贴心服务,讲究信誉,团结协作,锐意进取”的“路凯文化”；菱格木业把“团结、民主、协作”作为企业文化的精髓，贯穿于管理、生产、经营全过程。尽管各企业单位对于企业文化的主题表述不同，但其彰显出的本质内涵都是诚信、和谐、协作、安全、绩效。丰富的内涵构成了园区企业文化的特质。

望城经开区企业文化的表现形式大致可分为视觉文化、行为文化和深层文化三个层次，内容丰富多彩。

园区企业厂区内合理的建筑布局，给人以和谐协调的视觉效果;精心设计、富有创意的大门（门楼），彰显出大气和艺术美感；具有代表性意蕴深邃的企业标牌（志）给人留下深刻的印象。例如晟通科技集团大门楼的弧形设计，看上去就像一道彩虹，其厂区办公大楼恢弘气派，生产区、生活区布局合理，给员工工作和生活以便利；天龙制药和金龙铜业集团两家公司的大门设计有各具特色的龙的造型，天龙制药大门设计采用简笔画的手法，将一条巨龙悬卧于大门之上，造型抽象简约而气势磅礴，而金龙铜业则在大门右侧饰有黑色大理石的墙面上镌刻一条翘首金龙，灵动标志与企业名称美妙吻合；中航公司大门口右侧安置的飞机模型给人以腾空而起、直插蓝天的视觉冲击，公司的特质蕴藏其中；奥特莱斯购物公园，为古城堡与联体别墅的有机组合，极具欧美建筑的风格；金桥国际商贸城是一座特大型全产业链现代新型商贸城，集商贸、仓储物流、娱乐、休闲旅游等多种功能于一体；在月亮河夹岸建设的滨河生态住宅区和主题公园，大有威尼斯水城风貌。

视觉文化还表现在园区、厂区的绿化美化上。按照望城经开区整体规划，园区总绿地面积1926.07公顷，占总用地的32.7%，分为防护绿地和公共绿地两大类别。望城经开区要求各企业厂区的绿地面积占用地面积的25%～40%，加强生态环境建设，打造花园式厂区，努力建成绿色企业、温馨家园。园区各企业配备了专职人员，培育园林花木，定期对绿化地带喷施药物，抑制蚊蝇虫蚁的繁殖，确保花木的正常生长，绿化、美化效果良好。新汇制药、派派食品、美特新材、有色铍业、中联重科、万家乐热能科技、长沙菱格木业等企业，厂区的绿地面积达到了40%，湖南海天电子有限公司等企业掩映在绿树花海之中，路凯（湖南）科技有限公司更是别出心裁在厂区前方的大草坪上修剪出显现“路凯”字样的绿色大幅书画卷，让人赏心悦目。园区企业注重环境卫生的常态化、制度化建设，落实“门前三包”责任制，明确责任人，做到“四无”“六净”，营造清新洁净的生产生活环境。人文与自然景观交融的企业文化，愉悦着员工的心情，减负了工作压力，对员工的生理、心理产生潜移默化的效应。

园区各企业在厂区员工上下班的集散区域设有“信息公布栏”“温馨提示牌”，在车间与车间连接部设有“指示牌”，在危险区域设有“警示牌”，在车间设有《安全生产标准化操作基本规范》等，各企业结合实际制定的规章制度，构成了企业的行为文化。

园区企业文化的深层次内容是多样性的。一是培育员工的主人翁精神和参与民主管理的意识，如金龙集团、众城石化、泰嘉新材等企业，编篡企业文化手册，创办企业文化专刊（专版），开设集团网站和职工QQ群，开辟企业管理论坛，在员工中开展“有奖征集合理化建议”等活动，鼓励员工为企业发展建言献策，在员工中开展“有奖征集合理化建议”等活动，使员工既自觉接受企业的管理规范，又积极主动地参与企业管理；湖南天闻新华印务有限公司等企业建立了职工代表大会制度，2013年，天闻新华印务第一届第七次职工代表大会审议通过了《关于明确2012年底以前公司内部退养政策的实施办法》，为1436名符合条件的内退员工拨付生活补贴款共计2151.14万元。二是采取多种培训形式，对企业各层次员工分别进行有计划、有针对性的培训，如对新员工举行上岗入职培训，对专职技术人员进行专业技能培训，对管理人员进行现代企业管理知识培训，对科研团队则采取校企挂钩、选送委托培训和在职学历培训，院士专家领衔指导。此外，企业还对员工统一进行法律法规教育培训和安全防范知识培训，组织员工开展劳动竞赛和技能比武，通过多渠道、多形式提高员工的综合素质。三是在员工中常年开展安全教育，使员工在思想上时刻绷紧安全弦。园区企业组织员工学习和执行《安全生产法》、《企业安全生产标准化基本规范》，增强职工的安全意识，提高员工安全防范技能；企业建立健全安全规章制度，强化安全管理，制定《环境/职工健康安全目标（指标）责任分解表》印发至车间、班组，与车间主任（班组长）签订《环境/职业健康、安全承诺书》；安排专职人员管理车间安全工作，组织相关人员随机监测和定期检查车间环境因素、危险源以及车间的消防设施，发现问题，立即整改，防微杜渐，防患于未然，避免安全事故的发生；同时，园区制定了《事故应急救援预案》，举行消防演练、环境污染防范、职业危害事故应急处置演练等，以达到避免或减少事故的目的。四是创造条件，丰富职工文化生活，开展形式多样的文体活动。望城经开区工会牵头成立了经开区职工文体协会，园区企业投入资金，并由工会牵头，建好“职工之家”，开辟阅览室、娱乐室、健身房、乒乓球室以及室外篮球场、足球场、网球场等活动场地，鼓励员工自发组织书画、剪纸、棋类、诗联、舞蹈等各种兴趣小组。园区职工文体协会组织篮球队、乒乓球队，每年开展比赛，评选出优胜者，园区企业组成单位代表队参加园区举办的篮球赛、乒乓球赛、卡拉OK赛、演讲比赛、书画赛、跳绳、拔河比赛等各种赛事，并给获得名次者物质奖励。中航飞机起落架有限责任公司工会职工之家被中华全国总工会授予“全国模范职工之家”；泰嘉新材料科技有限公司成立10周年庆典时，携手湖南卫视打造的电视文艺晚会于2013年10月15日在公司厂区精彩上演。五是实施人文关怀，改善员工食宿条件，看望慰问伤病员工，关心帮扶困难职工家庭，倡导善行义举，感恩回报社会。园区企业普遍加强对职工食堂的管理，从厨师配备、就餐条件到食堂卫生、食物安全，每个环节严格把关，保障职工吃到放心可口的热饭热菜；在职工宿舍安装空调、热水器，配备洗衣机，让员工工作好、生活好、休息好。对伤病职工和困难家庭给予格外关怀，企业领导和工会除代表组织看望慰问外，还在员工中倡导结对帮扶，守望相助，让员工真切感受到集体大家庭的温暖。园区企业还将这种人文关怀延伸到了周边社区及社会。湖南旺旺集团本着“人溺己溺”的感悟，奉行“取之于社会，当回报于社会”的精神，热心公益，致力于社会慈善公益事业，积极向受灾地区群众和贫困学生捐钱捐物。2013年8月，暑气逼人，旺旺集团即向湖南省内环卫工人捐赠“老翁凉茶”17446箱；湖南康寿制药有限公司一次向长沙市第一社会福利院捐赠价值20万元的药品；2013年7月11日，该公司又通过岳麓慈善会向岳麓区观沙岭社区卫生服务中心捐赠一批价值51796元的药品。泰山热工、泰嘉新材等一批企业建立“爱心基金会”，多年来一直坚持到周边社区走访困难群众，到敬老院、福利院慰问老人，给特困家庭学子、残障人员、“五保”老人送温暖。园区每年还组织企业员工无偿献血，仅2013年9月，园区就有24家企业和单位的100多名干部职工参加了献血，让“人间暖流”注入患者心田。2011年和2013年望城经开区两次被望城区委、区政府评为“年度无偿献血先进单位”。

企业拔河比赛

企业文艺会演

企业拓展训练

企业宣传牌

◆第四节　宗教文化

机构　教派　场所与管理　望城经开区宗教事务由望城区民族宗教管理局归口管理，望城经开区办公室1名专干负责联系、协调。截至2015年，望城经开区内有宗教场所3所，其中佛教场所1处——洗心禅寺，道教场所2处——老戴公庙和戴公陵园。

望城经开区全面贯彻党的民族宗教政策，依法加强宗教活动综合管理，破解宗教重点、难点问题，保证区域内公民合法的宗教信仰活动。2007年同心派出所会同望城县601办（打击邪教办公室）在连湖重建地内捣毁了邪教组织“全能神”教，抓获骨干分子2名。至2015年12月，望城经开区范围内共打掉邪教团伙3个，抓获“法轮功”等犯罪分子5人，净化了园区范围的宗教环境。确保园区范围内的宗教文化活动步入规范化、法制化轨道。

宗教慈善事业　望城区域的宗教慈善事业从小到大，慈善网络不断完善，慈善募集全面开展，救助力度不断加大，慈善氛围日益浓厚，合力把社会的关怀传递到最需要帮助的弱势困难群体，覆盖到最需要关注的领域。园区内洗心禅寺洗心基金会作为望城“大慈善”体系的一个重要组成部分，源于望城，惠及湖南全省，影响到全国。自2012年成立“洗心基金”以来，至2015年年底共募集助学善款870万元，帮助2211名寒门学子圆了大学梦，成为宗教界的一个慈善标杆。2013年8月，洗心禅寺“洗心基金”会长悟圣大和尚组织基金会其他负责人和1388名义工走访了全省1692户特困家庭，足迹遍及湖南全省14个地州市中的529个乡镇，期间，义工们动用车辆285台（次），总计行程11万多公里。

表8-5　洗心禅寺“洗心基金”2013年8月走访贫困家庭情况统计表

走访地区	乡镇（个）	走访家庭（户）	参与走访义工（人）	动用车辆（台）	总行程（公里）
长沙县、宁乡县、望城区、浏阳市	64	154	122	31	8970
株洲市、醴陵县	22	358	135	20	5100
湘潭市、湘乡县	15	83	100	25	1800
邵阳、武冈、洞口、隆回、新宁	47	106	96	7	9520
湘阴、平江	37	54	48	16	4200

续表8-5

走访地区	乡镇（个）	走访家庭（户）	参与走访义工（人）	动用车辆（台）	总行程（公里）
张家界、慈利、桑植	23	87	91	19	8100
益阳、桃江、安化	29	57	29	6	4600（其中水路35）
临澧、桃源	37	68	60	15	7800
涟源、新化、双峰、冷水江	28	86	160	21	8300
汝城、桂阳、临武、宜章	53	279	249	74	16000
东安、宁远、道县、藍山	43	115	100	19	9010
花恒、吉首、永顺、保靖、古丈、龙山	52	136	112	12	13600（其中水路20）
通道、靖州、会同、新晃、麻阳、溆浦、辰溪、沅陵	62	68	51	8	7600
衡阳、常宁、衡南	17	40	35	12	4900
合计	529	1691	1388	285	109500

◆宗教场所选介

洗心禅寺　洗心禅寺位于湖南长沙市望城区金山桥街道金坪社区的高顶山下，在望城经开区规划控制面积60平方公里范围内。

洗心禅寺原名洗心庵，为清初汉月法藏禅师于清太祖天命五年（公元1620）创建，至今已有近400年历史，佛脉渊源久远。原寺院为三进殿堂，两厢建有禅房、客堂、厨房斋堂大小共20余间房屋，有回廊、通道连接为一个整体；寺院背靠高顶山麓，坐东南朝西北，山上树木葱茏，左右两侧修竹掩映，环境清幽。寺前右侧有水塘，水塘北面有庙田1公顷。该为长沙河西一大寺庙,信众广布，香火旺盛。由于历史原因，从1957年开始，寺庙陆续被拆，至1958年，历经三百多年的大寺庙被夷为平地。

曾任中国佛教协会会长的释一诚老和尚于1949年在洗心禅寺剃度出家。60多年来，释一诚老和尚虔心修炼，习定不辍，爱国爱教，厚积禅心、佛心，修得功德圆满，发愿重建洗心禅寺。2002年9月委派法脉弟子悟圣为监院，启动重建工程。2003年10月，重建洗心禅寺工程奠基。一期工程以原寺址为基点,占地7.2公顷，总建筑面积3000余平方米，募资近5000万元，历时三年竣工，于2006年12月28日举行盛大落成开光法会。新寺规模远超原寺，坐向与原寺稍有调整，为正东西向，布局以中轴线为基准，中轴线上，依次为山门殿、天王殿、大雄宝殿和藏经楼。各殿依地势前仰后俯，依次迭进，各殿之间都留有空旷平台，进入山门殿后的各殿均拾级而上，平台和台级均为花岗石铺就。大殿两边均为厢房，左厢依次为虚怀堂、西归堂、鼓楼、禅堂和方丈楼；右厢依次为云海楼、客堂、钟楼、斋堂和尊客寮。整座殿宇回廊相衔，融殿、阁、堂、房于一体，庄严古朴，气势恢宏，红墙黄瓦，金碧辉煌，翘角飞檐，巧夺天工。殿内满堂缅白玉佛像，玉质上乘，雕琢精美，古朴神韵，法相庄严。其中三世佛每尊高5.8米，重30余吨。山门殿前有普渡桥，桥下河渠联通左右两大放生池。寺庙正前方是占地42亩、直径108米、能容纳上万人的洗心广场。广场地面以花岗石板和砖石相间铺就，且嵌入巨型“和”字，又于广场南面安置一巨型花岗石，上面刻有由释一诚老和尚题写的大“和”字，故又称“和”文化广场。广场前面建有高大的照壁，正面浮饰众多佛像，中书“洗心禅寺”四个大字，内面正中饰有千手观音，右侧镌刻着由望城县委书记撰书的《洗心禅寺重修记》，左侧镌刻着由韩邦亭撰文由余德泉教授书写的《和赋》。

2013年，洗心禅寺启动以禅学院禅修中心及其配套设施为重点的二期工程;该工程包括多佛宝塔、慈善中心、养老院、海会塔等建筑。完工后，寺院不仅招收出家僧众精研佛法，还吸纳短期出家、体验僧众生活的在家居士和海内外僧众。洗心禅寺已成为集弘法礼佛、教学、体验僧众生活、慈善事业、养老为一体的大型佛文化场所，更好地发挥着佛教界慈悲为怀、普度众生、回报社会的文化功能。

洗心禅寺

洗心禅寺佛殿

第四章 医疗卫生事业

◆第一节 医疗机构

望城经开区范围内及周边各街道、社区的医疗卫生工作由望城区卫生局主管。其所涉8个街道建有4个卫生院。各卫生院均设门诊、住院两部，配备病床30～40张，开设有内科、外科、儿科、妇科、骨伤科、放射科等科室，部分卫生院还开设有眼科或牙科。居民一般性疾病（包括小手术）都可到街道卫生院就诊。园区内各社区设有卫生室，居民有病既可就近到卫生室就诊，也可电话联系医生上门服务。此外，园区内还有两家专业医疗机构：长沙医学院附属第一医院，属长沙医学院配套的教学医院；恒康医院，为民营的结石专科医院。

长沙医学院附属第一医院是一家由湖南省政府统筹规划、湖南省卫生厅直管、报国家卫生部备案的集医疗、教学、科研于一体的非营利性三级综合性医院。该院2009年12月开业，拥有医疗用房面积4万平方米，单件万元以上医疗仪器设备150余台（件），先期开设正规病床200余张，2013年增加到500张。该院有医药技护人员300余人，开设有内科、外科、妇产科、儿科、口腔科、眼科、耳鼻喉科等临床医技科室22个。医院还特别开通了工伤病人就诊绿色通道，是一家能提供高科技、高层次诊疗服务的综合性医疗机构。

医院拥有医疗学术专家团队，在内科疑难杂症、心脑血管疾病、神经外科、脑肿瘤、动脉瘤、颅脑损伤及骨伤科等病症的病理研究和治疗方面都有一定的科研造诣和丰富的临床经验。

望城恒康医院座落在望城经开区，建立于2012年，位处雷锋大道与金星路交会处，是一家以结石专科为特色、以“大专科、小综合”为模式的学科齐全、专科特色突出的综合型专科医院。医疗使用面积6000平方米，有床位80张，医疗设施齐全，配备有钬激光、电切镜、经皮肾镜、德国双级等离子电切镜、腹腔镜德国进口碎石机、彩超、数码电子阴道镜、利普刀、尿液分析仪、全自动生化 、分析仪、血球计数仪、血凝仪、日本奥林巴斯显微镜、麻醉机、心电监护仪,高标准的洁净手术室等一大批现代化高科技诊疗设备。医院现有医护人员80人,拥有一支力量雄厚的专家团队,开设结石微创外科、普外科、结石科、内科、妇产科、中医科、视光中心、体检中心、医学检验科、医学影像科等临床医技科室，是长沙市望城区城镇职工、城乡居民医疗保险定点医院和望城区工伤医疗（康复)保险定点单位、望城区特困居民医疗救助定点单位。

该院坚持以“德高医粹、尚新至善”为院旨,秉承“精实至善、勤和厚德”的服务理念，以病人为中心，追求卓越，与时俱进，全力打造政府满意、百姓放心的品牌医院。

◆第二节　计划生育

1992年，望城县委、县政府坚定不移地贯彻实施计划生育基本国策、采取有力措施、实施目标管理、实行目标管理“一票否决”制度，纳入单位年度考核。是年，望城经开区范围内的乡镇都建起了专供计生办使用的“国策楼”，配有电脑、B超机等设备，形成了集计生办公室、协会活动室、服务所、人口学校于一体的计生工作阵地。当时，望城经开区范围内的引进单位和务工人员计划生育工作均由所在乡镇和村、居委会管理，各部门、单位协助管理，负责申报和药具、药品发放工作。

2002年4月，为配合加强园区计划生育工作，湖南高科技食品工业基地管委会决定成立计划生育工作领导小组，由管委会主任谭平安任组长，刘建武任副组长，刘卓、陈光宏为成员，刘卓任计生专干。

2006年，湖南省人民政府批准成立湖南望城经济开发区，内设机构中有了社会事务局，经开区正式参与社会事务的管理，但主要职责是负责园区的拆迁安置、社保、信访等，有关医疗、计生等社会事务的管理仍以乡镇为主，经开区配合协调。为把计生工作抓好、抓落实，望城经开区成立了以党工委书记为组长、管委会两名副主任任副组长的计划生育领导小组，在社会事务局设立办公室，配备了办公室主任和计生专干，专门负责园区计划生育的衔接协调工作。在望城县计生局的统一部署下，园区不断加大计划生育宣传教育和管理工作的力度，向园区干部职工和企业各单位发放《湖南省人口与计划生育条例图解手册》《育龄夫妇必读》《妇女、婚姻、家庭与法》《避孕方法的知情选择》等计生法规及各种科普读物2000余册，免费发放避孕药具，建立《避孕药具使用花名册》。园区计生办对望城经开区管委会机关干部职工中的育龄妇女造册登记，建立计生工作台账；园区与企业负责人签订《计划生育责任书》，要求各企业建立育龄妇女生育台账；针对工程项目建设农民工多的情况，经开区在与项目负责人签订合同时一并签订《计划生育合同》，要求施工单位确定一名计生专干，建立流动人口育龄妇女台账，并将计生名册及时报项目所在地的乡镇（街道）和村（社区）。2006年，望城经开区与长沙建筑工程集团有限公司等15家项目承建单位签订了计生合同书，合同明确规定了双方的权利和义务。这个制度一直坚持下来。在乡镇（街道）村（社区）和经开区的双重管理下，园区规划控制范围内没有发生违法超生的现象。望城经开区每年度向计生工作主管部门填报《计划生育报告单》，凡有关计生工作的第一手材料都按年度整理归档，单列计划生育卷目。

2009年11月，望城县人民政府望政发〔2009〕63号《望城县人民政府关于明确望城经济开发区管理范围向南扩充的有关事项的通知》中第三项（社会事务管理体制）明确“经开区现行管理范围内教育、卫生、计生、综治等社会事务的管理仍由当地乡镇负责”，望城经开区在上述各方面工作中予以衔接和协调并与所涉乡镇签订了计划生育目标责任书。

2010年5月，中共望城县委办公室《关于经开区与有关乡镇和县直部门工作对接会议纪要》中第5点（关于社会事务管理问题）再次明确：“经开区范围内教育、卫生、计生、民政、综合治理等社会事务的管理，按属地原则由乡镇为主负责，经开区协调配合。”

2012年，望城经开区首次与望城区委、区政府签订《人口与计划生育综合治理目标管理责任书》。

2014年1月17日，望城区政府下发望政发〔2014〕5号《长沙市望城区人民政府关于同意设立同心园社区的批复》。同心园社区的设立，主要是为加强望城经开区范围内社会事务的管理。社区属白沙洲街道，其辖区范围为：东至雷锋大道，西至桃源路，南至石长铁路，北至同心路，包括经开区管委会、晟通集团、金龙铜业、新世博学校、中联重科等15个企事业单位，以及奥特莱斯、晟通城、绿地房产三个住宅小区。至此，凡此区域范围内的计划生育等社会事务工作全部移交给同心园社区负责。

第五章 精神文明建设

◆第一节　公民道德建设

弘扬雷锋精神　望城是雷锋的故乡，雷锋精神是望城人民宝贵的精神财富，“雷锋家乡”是望城的一张闪光名片。望城人民怀着对雷锋的深厚感情，将每年3月定为“学雷锋活动月”，从1963年3月5日毛主席题词号召“向雷锋同志学习”，到1992年2月21日，江泽民总书记题词“学习雷锋同志，弘扬雷锋精神”，望城人民始终把雷锋家乡学雷锋作为一种政治优势、精神动力和自觉行为。望城经开区党工委、管委会注重把雷锋家乡的“名片”效应转化为推进园区产业经济发展的精神力量，把文化品牌转化为经济品牌，努力探索和发掘雷锋精神的时代内涵，引导园区党政干部、企业员工充分认识在改革开放、建立社会主义市场经济体制的历史新时期雷锋精神的时代意义，辩证地看待“公而忘私与按劳分配”“螺丝钉精神与自我价值”“助人为乐与竞争意识”“艰苦奋斗与高品质生活”等诸多新课题，使大家对“道德”与“利益”的关系有一个科学客观的认识；引导干部、员工创新学雷锋方式，使学雷锋活动与时俱进，立足长远，常学常新，让雷锋精神在每个党员干部、企业员工的岗位上闪光，在园区人中永久传承。

“岗位学雷锋”是园区开展学雷锋活动的主要形式。望城经开区党工委要求全体党政干部“学雷锋，勤政廉政，做推进园区产业发展的服务型公仆”，在企业员工中倡导“学雷锋、强素质、爱本职、讲协作、创绩效”。纪工委书记余梅香律己示范，保持一身正气，两袖清风，工作扎实，凡是园区企业向她反映的问题，无论分内分外，都认真地为其联系，协调解决，全力为企业保驾护航，被誉为企业的“保姆”。2006年余梅香被评为长沙市优秀党务工作者，2014年评为长沙市优秀组织工作者。园区社会事务局青年干部谭雄负责园区人口和计划生育、城市综合治理、住房保障、工会等有关工作，还兼任望城经开区通讯员，工作涉及面广，内容烦而杂，但他不厌其烦，按轻重缓急有序安排，工作绩效突出，2010年谭雄被区总工会评为“工会先进工作者”、2012年被区委组织部评为“十佳服务明星”，被区政府评为“城市综合治理先进个人”。望城区建设局驻园干部文斌坚持岗位学雷锋，服务园区企业，2012年、2013年连年被望城区城乡建设局评为先进个人。多年来，园区党工委、管委会坚持在企业评选年度“岗位学雷锋”“学雷锋 树新风”先进个人活动，对评选出的先进个人给予表彰奖励。

近年来，望城经开区还结合学雷锋活动组织开展了系列专题活动。

开展“学雷锋，爱乡亲”捐助活动。为帮助园区境域内白沙洲街道马桥河村特困家庭学生危镇湘、郑帅，经开区机关支部全体党员干部积极行动起来，一次性捐赠8500元，及时送到两个孩子手中。亚华乳业一困难职工，妻子因病去世，女儿年仅6岁，园区社会事务局几名干部得知后及时捐款1000元，并联系解决小孩入学就读问题。园区企业湖南旺旺集团近年来向地震灾区人民、湘西贫困山区学子以及环卫工人等共捐助60次，捐赠款物总额达3000万元。

开展“邻里守望”学雷锋志愿服务活动。望城经开区积极响应长沙市文明办的号召，在园区组织开展“邻里守望”志愿服务活动，大力弘扬“奉献、友爱、互助、进步”的志愿者精神，汇聚志愿力量，同心共筑中国梦。从2010年到2015年，园区组织机关干部、企业员工、志愿者200余人，分成30个小分队，通过结对帮扶、亲情陪伴等多种形式，慰问陪护“空巢”老人13人，慰问关爱留守儿童和特困家庭学生78人，慰问资助残障人员9人。天龙制药等企业还专门组织到周边的敬老院、光荣院等敬老养老场所开展慰问活动。

开展节日公益活动。如世界环境日组织志愿者、党员干部、共青团员、工会积极分子开展公共环境大扫除，送发环境保护宣传单；每年3月12日植树节，园区党工委领导带头义务植树，2000年至2015年园区干部职工累计义务植树8万多株。

望城经开区在政务服务大厅建立了“580”学雷锋志愿服务站。成立管理机构，设站长1名，副站长6名，实行轮流值班制度。在服务站设有接待茶水、办事咨询、针线包、手机应急充电、应急药品箱、免费打印、复印等服务项目，方便群众办事。

贯彻《公民道德建设实施纲要》 2001年10月，国家颁布《公民道德建设实施纲要》。当时，湖南高科技食品工业基地党工委、管委会（简称高科委）及时组织贯彻实施，成立了贯彻公民道德建设实施纲要领导小组，制定《公民道德建设实施纲要实施方案》，召开动员大会，宣讲《纲要》的意义，二十字公民道德规范所涵盖的四个方面的内容（即社会公德、职业道德、个人品德、家庭美德），提出深入开展群众性公民道德实践活动的具体要求，强调园区公民道德建设要重点突出职业道德建设，培养干部职工的敬业精神和诚信生产经营的企业精神。园区还充分利用“五四”“七一”“八一”“十一”等革命历史纪念日，“三八”“五一”“六一”等国际性节日举行群众性纪念、庆祝活动，在集会庆祝、亲友团聚的热烈氛围中，激发园区人对祖国、对人民、对家乡、对自然、对生活的热爱之情，陶冶园区人的道德情操。在公民道德实践活动中，望城经开区注重发现和树立典型，先后评选出4名道德楷模，宣传他们的事迹，让大家学有榜样，赶有目标，见贤思齐。

树立“八荣八耻”社会主义荣辱观 “八荣八耻 ”社会主义荣辱观是中国共产党中央委员会总书记胡锦涛2006年3月4日在政协民盟民进联组会议上首次提出的，指导我们在社会主义社会中明辨什么是光荣，什么是耻辱。望城经开区党工委及时在园区党员干部中传达、贯彻“八荣八耻”精神。同时，整理、印制宣传资料450份分发至各企业，要求组织员工认真学习讨论。针对在市场经济体制下，一些人思想上所滋生的拜金主义、享乐主义、见利忘义、损公肥私、不讲信用、欺骗欺诈等消极现象，望城经开区党工委组织开展了“作为一名企业家，一名党员（团员），一名有正义感、有良知的公民，我们应该如何正确区分美丑，明辨是非”的大讨论，把“八荣八耻”作为园区人的价值取向和行为准则。通过系列学习活动和反复宣传、讨论，园区党员干部、企业员工自觉践行“八荣八耻”社会主义荣辱观，争做引领社会新风尚的带头人。

学习、践行“社会主义核心价值观” 中国共产党第十八次代表选出来的新一届中央领导倡导树立社会主义核心价值观。社会主义核心价值观虽只有24个字，但内容涵盖了经济建设、政治建设、法制建设和社会生活的各个方面，形成一个完整的体系。望城经开区党工委、管委会把学习、践行社会主义核心价值观同党的群众路线教育实践活动紧密结合起来，要求机关党支部、联合支部和园区各企业党委、党支部将二者有机结合起来，统一纳入学习内容，纳入对照检查，纳入整改规划，并将“德”“和”“孝”“信”等，印制成大幅宣传画，在园区范围内几个大型在建项目（如高星物流园二期工程、金桥国际商贸城、旺旺新乳饮等）的围墙（栏）上张贴，形成专题宣传文化墙；制作小幅宣传画在园区各职能单位办公室、电梯间张贴，这些图文并茂的宣传形式,生动形象，贴近生活、贴近实际，起到了很好昭示和鞭策作用。望城经开区还利用《园区报》、经开区网站新闻视频等载体进行反复宣传，在各企业单位的电子显示屏上滚动播出，平面、立体结合，起到动静结合的宣传效果，在大环境与小空间的结合上营造出了浓厚的氛围，有力推进了园区社会主义核心价值观的学习和实践活动。

◆第二节　文明创建活动

望城经开区坚持“两个文明”建设一手抓。从2008年开始，园区在长沙市文明办、望城区文明办的指导下，围绕“五个文明”建设目标，统一部署、制定规划、分步实施、积极行动、狠抓落实，文明单位创建工作有序推进，取得显著成效。

夯实文明创建思想基础。望城经开区党工委、管委会明确了创建文明单位总体工作思路，制定了创建工作实施方案，成立了以党工委书记为组长的文明创建领导小组，把创建工作列入日常管理工作重要内容，常抓不懈；利用《望城园区报》、望城经开区网站、望城电视台等宣传媒体强化创建工作的舆论氛围，全方位、多层次引导经开区机关和园区企业干部员工将思想和行动统一到文明单位创建工作上来。

切实加强园区干部员工的思想道德建设。在园区建立“道德讲堂”，每月定期定主题组织学习教育活动，邀请相关专家和“道德模范”“道德标兵”“五好文明家庭”代表举行讲座，切实加强理想信念教育、形势政策教育、职业道德教育、文明风尚教育等，促进干部员工树立正确的人生观、世界观、荣辱观、社会主义核心价值观，构建文明和谐园区，为实现园区新一轮跨越发展奠定思想基础。

不断推进企业文化建设。望城经开区党工委不断加强和改进对企业文化建设的领导，要求企业投入相应的资金建设好自己的文化体育设施，工会牵头建好“职工之家”，有计划、经常性地组织员工开展各类文体活动，丰富员工的精神文化生活，形成了望城经开区企业文化建设活动的长效机制。望城经开区每年在各个主题教育活动中和节日节会等多个时间节点举办演讲比赛、知识抢答赛、企业之歌大赛以及篮球赛、乒乓球赛、棋类比赛、书画赛、春季马路赛拔河比赛等各种赛事，以推进企业文化发展；在每年3月学雷锋活动月中开展“添光彩 献爱心”系列活动；在“3·12”植树节，组织干部员工参与“我为园区添新绿”义务植树活动；“七一”期间，党工委组织下辖各支部党员开展“五共六助双结对”帮扶活动；每年组织干部员工参与义务献血活动。各类活动的开展，使企业文化的内涵日益丰富。

加强园区生态环境建设。经开区认真贯彻落实建设“两型”社会要求，把“生态建园”理念一以贯之于具体行动中。一是注意保护自然生态资源，在开发建设过程中切实加强土地集约节约利用，最大限度发挥土地利用率，项目用地尽可能保留自然山体、水体，尽可能保留原生态的地形地貌；二是注重环境整治，严把项目准入环评关，积极推进工业节能减排，鼓励企业采用清洁能源,发展循环经济，防止新增污染源，控制和消除老污染源；三是加强城市管理，规范渣土管理，遏制扬尘污染，实施企业门前三包制度，建设环境优美企业，推进绿化、亮化、美化工程，不断提升园区整体形象。

2010—2011年度，望城经开区获中共湖南省委、省政府“全省加速推进新型工业化三等奖”，望城经开区被中共望城区委、区政府评为“年度‘两帮两促’工作先进单位”“年度综治维稳工作先进单位”“年度无偿献血工作先进单位”“年度办公室优质服务工作先进集体”“年度住房保障工作先进单位”“年度和谐望城创建工作和谐机关”；被区总工会评为“年度工会工作先进单位”；被共青团望城区委评为“年度望城区五四红旗团委标兵”。2011—2012年度：被中共长沙市委、市人民政府评为“年度长沙市承接产业转移先进园区”“长沙市加速推进新型工业化工作优胜单位”；被中共湖南省委、省人民政府评为“全省加速推进新型工业化三等奖”单位；获省国土资源厅“湖南省开发园区年度节约集约用地一等奖”；被长沙市人民政府办公厅评为“长沙市年度建设用地节约集约利用考核优秀单位”；被望城区消防委员会评为“年度消防工作先进单位”；望城经开区团工委被共青团长沙市委员会评为“长沙市五四红旗团委”。2012—2013年度：望城经开区被长沙市国家安全领导小组评为“先进国家安全工作小组”、被长沙市住房公积金管理委评为“年度住房公积金管理工作先进单位”；获望城区委、区政府“年度招商引资工作特等奖”“年度经济运行工作先进单位”“年度工作绩效考核一等奖”“年度固定资产投资一等奖”。同年，还获评“年度‘两帮两促’工作先进单位”“年度无偿献血工作先进单位”。2014年3月，望城区委区政府授牌望城经开区为“文明单位”。

第九篇 党政群团

PARTY AND GOVERNMENT GROUP

望城经开区的党组织机构和行政机构以及相应的群团组织，都是随着园区开发建设规模的拓展，产业经济的发展壮大，根据园区的工作实际需要所设置并相继健全、完善的。

2000年7月，望城县经湖南省政府批复同意建立湖南省高科技食品工业基地。2001年2月，望城县委、县政府分别发文明确了基地的管理体制，设立了中共湖南省高科技食品工业基地工作委员会、湖南省高科技食品工业基地管理委员会。2001年9月，湖南望城农业科技园区获评为国家农业科技园区。同年10月，望城县委发文成立中共望城国家农业科技园区工作委员会，望城县编委发文成立望城国家农业科技园区管理委员会。2004年2月，长沙市编委发文，将湖南省高科技食品工业基地、湖南省台商投资区、望城国家农业科技园区整合，实行“三块牌子、一个班子”的管理体制；望城县委、县政府以原高科技食品工业基地的党工委、管委会为基础，整合为一个班子、一套人马，实施对三个园区的统一管理。2006年1月，国家发展和改革委员会发文通知，将湖南省高科技食品工业基地（湖南省台商投资区、湖南望城国家农业科技园区）更名为“湖南望城经济开发区”。同年2月，首届望城经开区党工委、管委会成立。新的领导班子把组织建设、思想建设、经济发展工作全面负责抓起来，在以后的发展过程中，主要领导同志和班子成员虽有所调整和异动，但望城经开区的经济规模却不断扩大，各项工作有序开展。

2003年7月，湖南省高科技食品工业基地党工委发文成立工会委员会、妇女联合会、共青团工委、关心下一代协会等群团组织。以后，群团工作的组织建设、思想建设，各项规章制度的确立和各项工作的开展都纳入园区党工委、管委会的议事日程。

第一章　中共组织

◆第一节　机构

领导机构　2000年7月13日，湖南省人民政府以湘政办函〔2000〕95号批复同意在望城建立湖南省高科技食品工业基地，属省级开发区系列。2001年2月22日，中共望城县委、望城县人民政府以望发〔2001〕15号文件明确了基地的管理体制，在高科技食品工业基地设立中共望城县湖南高科技食品工业基地工作委员会（简称党工委），负责基地的党、政全面工作，对县委负责。

2001年9月3日，科学技术部国科发农社字〔2001〕322号批复山东寿光等全国21个国家农业科技园区，湖南望城国家农业科技园区成为湖南唯一获批的国家农业科技园区。2001年10月16日，望城县编制委员会望编发〔2001〕8号批复通知成立湖南望城国家农业科技园区管理委员会，定编15人。与此同时，中共望城县委发文通知成立中共望城国家农业科技园区工作委员会领导园区工作。

2003年8月28日，湖南省编制委员会办公室以湘编办〔2003〕56号批复，明确湖南省高科技食品工业基地管委会为正处级机构。长沙市编委于2004年2月19日以长编委发〔2004〕3号文件通知将湖南省高科技食品工业基地、湖南省台商投资区、湖南望城国家农业科技园区整合，实行“三块牌子、一个班子”的管理体制。高科技园区党工委升格为正处级机构，仍为县委派出机构，内设5个局（室）均为正科级机构，共核定开发区专项编制20名，其中党工委书记兼管委会主任1名，副主任2名，副书记兼纪工委书记1名，受市、县两级授权,统一领导园区的开发、建设及相关社会事业的全面工作。

2006年1月26日，国家发展和改革委员会根据国办发〔2003〕70号《国务院关于清理整顿各类开发区加强建设用地管理的通知》精神，以2006年第8号公告将湖南省高科技食品工业基地（湖南省台商投资区、湖南望城国家农业科技园区）更名为“湖南望城经济开发区”，成立中国共产党望城经开区工作委员会。

工作机构 望城经开区首届党工委由5人组成,邱俊杰任书记,熊泽南任副书记,陈勇、谭平安、余梅香任委员,余梅香任纪工委书记。6月,熊泽南任党工委书记。2008年,徐志刚调经开区任党工委副书记,浣望民任委员。2011年,徐志刚接任党工委书记,张权调望城经开区任党工委副书记,李小平任委员。2012年,张权接任书记,吴皓调任望城经开区党工委副书记,增加李彦波、刘彪任委员。党工委成员由8人组成。

2012年12月25日，望城经开区党工委望开发〔2012〕35号作出了《关于调整党工委管委会领导班子成员分工的通知》，进一步明确了班子成员的工作职责。

张权，党工委书记，主持党工委全面工作，联系铜官循环工业基地等工业小区。

吴皓，党工委副书记、管委会主任，主持管委会全面工作，联系投融资管理办公室、建设开发公司、金星文化产业园、望城经开区征拆办工作和白沙洲街道相关工作。

谭平安，党工委委员、管委会副主任，协助管委会主任主持管委会日常工作，负责财税管理、投融资、征拆安置工作，分管投融资办、园区征拆办，联系财政分局、国土中心所和高塘岭街道、喻家坡街道相关工作。

余梅香，党工委委员、纪工委书记，协助党工委书记主持党工委日常工作,负责纪检监察、党群组织、绩效考核、人力资源管理、建设工程招投标等工作，分管办公室，联系大泽湖街道、月亮岛街道相关工作。

浣望民，党工委委员，管委会副主任，负责党工委宣传工作和招商引资、项目服务、产业发展、安全生产等工作，分管招商合作局、产业发展局，联系经开区工商驻园办和金山桥、黄金园街道相关工作。

刘彪，党工委委员、管委会副主任，兼铜官循环经济工业基地管委会主任,主持铜官循环经济工业基地管委员全面工作。

李彦波，党工委委员、管委会总规划师，负责规划管理、开发建设工作，分管规划建设局、建设开发公司。

李小平，党工委委员，负责社会治安综合治理、信访维稳、计生等社会工作，分管社会事务局、联系同心派出所、经开区行政综合执法中队、巡回法庭工作。

2015年12月，张权调任长沙市人大常委会副秘书长，张毅调任中共望城区委副书记（兼）、望城经开区党工委书记。

2014年2月15日，国办函〔2014〕24号复函，国务院同意望城经济开发区升级为国家级经济技术开发区，定名为“望城经济技术开发区”。这两次机构名称的变更，省、市、县委和编制部门都没有再单独发文明确职能职责和人员编制，党工委的名称随着上级批文明确的园区名称变更而变更，由“湖南高科技食品工业基地党工委”到“湖南望城经济开发区党工委”再到“望城经济技术开发区党工委”。园区党工委和管委会名称几经变更，一直坚持合署办公，一套人马，共同履责。

表9-1　中共湖南省高科技食品工业基地（台商投资区）工作委员会班子成员一览表

职　务	姓　名	任职时间	备　注
书　记	熊泽南	2001-02—2004-03	
副书记	余梅香	2003-03—2004.03	兼纪工委书记
委　员	陈　勇	2001-02—2004-03	
	任树标	2001-02—2004-03	
	何润仕	2002-02—2004-03	
	朱若平	2002-02—2004-03	
	张京湘	2002-02—2004-03	

表9-2　中共望城国家农业科技园区工作委员会班子成员一览表

职　务	姓　名	任职时间	备　注
书　记	王贵荣	2001-11—2004-03	
副书记	谭平安	2001-11—2004-03	
委　员	李炳炎	2001-11—2004-03	
	庾学军	2001-11—2004-03	

表9-3　中共湖南望城经济开发区（省级）工作委员会历任班子成员一览表

职　务	姓　名	任职时间	备　注
书　记	邱俊杰	2004-03—2006-05	兼
	熊泽南	2006-06—2011-06	
	徐志刚	2011-06—2012-10	
	张　权	2012-10—2014-02	
副书记	熊泽南	2004-04—2006-05	
	徐志刚	2008-12—2011-05	
	张　权	2011-07—2012-10	
	吴　皓	2012-09—2014-02	
委　员	陈　勇	2004-03—2006-06	
	谭平安	2004-03—2014-02	
	余梅香	2004-03—2014-02	纪工委书记
	浣望民	2006-10—2014-02	
	刘　彪	2011-12—2014-02	兼铜官循环园党工委书记
	李彦波	2009-08—2014-02	
	李小平	2010-12—2014-02	

表9-4 中共望城经济技术开发区（国家级）工作委员会班子成员一览表

职　务	姓　名	任职时间	备　注
书　记	张　权	2014-03—2015-11	
	张　毅	2015-11—	
副书记	吴　皓	2014-03—	
委　员	谭平安	2014-03—	
	余梅香	2014-03—2015-11	纪工委书记
	浣望民	2014-03—	
	刘　彪	2014-03—	2015-11—纪工委书记
	李彦波	2014-03—	
	李小平	2014-03—	

◆第二节　党的建设

机关党组织建设　2003年4月，望直工发〔2003〕14号文件通知，同意湖南望城高科技食品工业基地机关党支部选举与分工，机关党支部委员会由余梅香、杨中柱、陆正斌三人组成，余梅香任支部书记。

2004年10月25日，湖南高科技食品工业基地工委文件湘食基发〔2004〕7号《关于明确园区纪工委等党群组织成员的通知》中明确，机关党支部由毛正标任书记，陆正斌任副书记，秦正良、王姣妍、雍翠华任委员。

2005—2006年，机关支部改选，毛正标任书记，王姣妍任副书记，秦正良任组织委员。

2007—2009年，机关支部由莫小佳任书记，王姣妍、邹金任副书记，秦正良任组织委员，谭雄任宣传委员。

2010—2011年，机关党支部由吴南军任书记，邹金任副书记，王湖州任组织委员，谭雄任宣传委员。

2012—2015年，机关支部由杨文耀任书记，李敏、陈光宏任副书记，王湖洲任组织委员，李淞、钟源先后任宣传委员。

机关党支部坚持“三会一课”制度，坚持每月召开一次党支部会，半年召开一次支部民主生活会，并进行一次民主评议。扎实抓好支部的思想作风建设和组织建设，在园区党工委的领导和统一部署下，开展党的先进性教育活动，开展邓小平理论、“三个代表”重要思想、科学发展观等系列理论学习和实践活动，2013年下半年开始，组织开展党的群众路线教育实践活动，支委成员带头“照镜子”“正衣冠”，对照检查自身存在的“四风”问题，分析查找思想根源。制定整改措施，机关支部党员人人自查，在支部大会上严肃开展批评与自我批评、民主测评等。

机关党支部组建以来，一直重视抓组织建设。2003年8月，在湖南省高科技食品工业基地党工委主持下，机关支部承办了首届建党积极分子培训班，机关和企业共选送41人参加了园区建党积极分子培训学习。以后，每年都由党工委组织、机关党支部承办1-2期建党积极分子培训班，坚持不辍。在集中培训和重点培养的基础上，对达到入党条件的，按计划经考察合格后吸收到党组织中来。2000年,机关支部党员8人，2003年增加到16人。2005年,新发展2人，调入5人,机关党员人数23人。2007年,新发展2人,调入6人,机关党员人数31人。2010年，调入1人，发展2人，机关党员人数34人。2014年，发展新党员2人，调入机关的党员干部5人，调出1人,机关党员人数40人。2015年，调入党员干部1人，调出1人，未发展新党员，机关党员人数40人。

企业党组织建设　2001年11月12日，中共望城县委望发〔2001〕46号文件《关于加强非公有制经济组织党建工作的意见（试行）的通知》明确，有3名以上党员的非公有制企业都要成立党组织。望城经开区党工委认真落实县委关于非公有制企业党建工作要求，深入调研 ，积极探索 ，扎实推进党建工作。

企业党建工作一是抓集中组建。2003年，园区建立党委2个、支部6个。至2015年，园区企业已有62家非公有制企业建立了党组织。其中，总部在省市或部级直批的党委8个，如晟通集团、英博雪津、天闻印务、出版集团等，望城经开区党工委批准成立的党委3个（泰嘉新材、长高集团、亚华乳业），党总支1个（金龙集团），党支部如旺旺支部、天龙支部、黄金创业园支部等50个，做到了应建尽建。二是抓活动开展。望城经开区由纪工委书记牵头，与分管非公党建工作的干部分头深入企业指导党建工作，协调解决企业在生产经营、组织建设、活动开展、党员职工队伍教育管理等方面存在的问题，企业党建工作做到了有活动阵地、有学习计划、有组织发展，为非公党建工作逐步规范奠定了基础。三是抓队伍教育。截至2015年年底，园区非公有制企业共有党员2000多名，其中直管党员382名。为了充分发挥党组织在企业生产经营和企业文化建设中的积极作用，园区党工委积极引导和督促非公有制企业党组织加强对党员的教育。在这方面，工作出色的有天龙制药党支部、泰嘉新材党委、旺旺支部和长高集团党委等。这些单位都能根据自己的生产经营实际，组织党员学习教育活动，学习贯彻党的路线、方针、政策，学习法律法规和市场经济知识，组织订阅党报党刊、观看电教片等，采取多种形式，认真抓好党建工作。

组建联合支部 2004年10月，湖南省高科技食品工业基地党工委针对园区一些企业党员人数不足3人或由于种种原因暂不能组建党支部的特殊性，为加强对这些企业中的党员和临聘人员中的党员教育与管理，组建了联合党支部，由庾学军任书记，王冬梅、陈端霞、王姣妍任委员。联合支部统一组织党员开展学习和过组织生活，对党员的组织关系实行机动性管理。

联合支部班子每3年调整一次，由望城经开区党工委发文明确，前两届为连任。2013年，中共望城经开区工作委员会望经开工发〔2013〕20号通知任命经开区联合党支部委员会组成人员为：

书　记：陈端霞

副书记：夏志刚

委　员：彭　珊　杨　霞

◆第三节　党员主题教育活动

“三讲”教育 2000年5月，望城开展“三讲”教育活动。望城城管委领导班子，按照中央、省、市及县委扩大会议的统一部署，认真开展以“讲学习讲政治、讲正气”为主要内容的党性党风教育活动，全区分“思想发动、学习提高”“自我剖析、听取意见”“交流思想、开展批评”“认真整改、巩固成果”四个阶段按自上而下的原则，组织开展“三讲”活动。城管委领导班子成员领学了近20万字的学习资料，作了5000字以上的学习笔记，共写心得体会22篇，共征求意见37条，并根据群众评议意见制定了整改方案，边整边改。经过两个多月的学习教育，使党员干部在思想上、政治上、作风上、纪律上发生了明显的变化，主要有四个方面的收获：普遍受到了一次深刻的党性党风教育,进一步恢复和发扬了党的优良传统和作风；找准了党性党风方面存在的突出问题，进一步增强了解决自身问题的能力；经受了一次党内政治生活的严格锻炼；制订了整改措施，进一步明确了整改方向。

“三个代表”重要思想教育 2000年6月13日，望城县委举行学习“三个代表”（我们党在革命、建设、改革各个历史时期，总是代表着中国先进生产力的发展要求，代表着中国先进文化的前进方向，代表着中国最广大人民的根本利益。）重要思想报告会，邀请中共长沙市委常委、宣传部部长郑佳明作题为《认真学习“三个代表”重要思想，努力加强党的建设》的辅导报告。城管委的主要负责同志参加了报告会。报告会后，城管委主要领导在班子成员中传达了报告会精神。为把学习教育活动深入扎实开展起来，园区成立了“三个代表”重要思想学教活动领导小组，在城管委办公室和各处（室）设立意见箱，向城管委干部职工及各企业单位发放《征求意见表》《问卷调查表》各150份，收集到意见和建议51条，及时解决问题9个，密切了干群关系，促进了各项工作。

科学发展观教育 2002年11月8日，党的十六大胜利召开。2003年10月14日，在党的十六届三中全会上，中共中央又作出了《关于完善社会主义市场经济体制若干问题的决定》。《决定》提出了“统筹城乡发展、统筹区域发展、统筹经济社会发展、统筹人与自然和谐发展、统筹国内发展和对外开放”即“五个统筹”的思想，确立了人和经济社会全面发展的科学发展观。园区党工委认真组织全体党员干部、企业主要负责人学习、贯彻落实科学发展观，明确园区一定要坚持以科学发展观统领经济社会发展全局，坚持正确处理速度、质量和效益的关系，正确处理改革发展和稳定的关系，正确处理经济、社会和自然的关系，做到又好又快发展。

园区党工委依据当时全球经济持续低迷，国际需求日益萎缩的市场环境,提出了创新管理体制，实践科学发展，建设宜工宜居的“两型”新城的战略发展思想。把科学发展观教育活动与园区发展的实践结合起来，通过大会报告、外出观摩、开展讨论、基层调研等方式，使园区广大党员干部认识到科学发展观是园区工作的指导思想，建设宜工宜居的“两型”化新城是园区发展目标。工业作为国民经济的支柱产业必然是经济开发区的核心产业，“宜工”就是要营造适合经济企业生存和发展的外部环境。要在科学发展观的指导下，要引导企业加快产业结构调整步伐，积极推动规模企业、支柱产业做大做强；要大力发展特色产业、专业市场、休闲旅游、文化创意、现代物流等服务业态；要提供完整的基础配套设施。“宜居”就是要依托自然环境的现实，坚持科学规划、精品开发、合理配套、努力打造地标性建筑、高品质住宅和人文性景观，建设生态居住新区。科学发展观教育活动对望城经开区的发展产生了深远的影响。

共产党员先进性教育 2005年1月，望城县委按照中央、省、市统一部署，开展党员先进性教育活动。这次活动，望城县委安排分三个批次进行，历时一年半的时间。“三园”整合后的园区党工委党员先进性教育活动在第一批次进行。活动中，园区成立了领导小组，设立了办公室，由时任县委副书记兼园区党工委书记邱俊杰任领导小组组长。领导小组认真制定了“先教 ”工作方案，确定了“先教”工作分四步进行：第一步调查摸底，领导小组和办公室成员分头深入机关各内设局室和企业单位就党员队伍建设状况进行全面调研，模清了底子，总结分析了各类型、各层次党员的思想动态和存在的问题，为先进性教育活动的开展打下了坚实基础。第二步学习宣传，发放《保持共产党员先进性教育读本》、《望城县保持共产党员先进性教育学习资料》、中共望城县委《致全县党员的公开信》，园区党员人手一套，同时配套发放的资料还有《望城县第一、二、三批先进性教育活动指南》《党性分析测评问卷》《党员民主评议表》及各类知识讲座光盘等资料，要求各个党委、总支、支部认真组织党员进行学习、消化，提高思想认识。第三步对照检查：组织党员重温入党誓词，检查自己是否兑现了承诺；对照党章的基本要求，检查自己是否发挥了先锋模范作用；接受群众监督，广纳忠言，要求范围上求“广”，态度上求“诚”，方式上求“活”，归纳上求“准”，共征集到意见和建议381条。第四步分析整改，园区领导班子和各支部组织召开生活会，主动查找存在问题的根源，支部和个人都制定了整改方案，确保整改到位。园区领导小组成员分头参加生活会共17次，全程参与了教育活动。

理想信念教育 2012年12月，望城经开区党工委组织全体党员认真学习、贯彻落实党的十八大精神，及时抓好思想理论建设这个根本。党工委书记张权作了集中辅导报告，纪委书记余梅香主讲题为《补精神之钙祛灵魂之垢扬先锋之气》一课，向所属党委、党支部发放辅导资料350份，组织座谈讨论14场，党员干部写心得体会共1267篇。理想信念教育使园区党员、干部坚定了理想信念，矢志不渝为中国特色社会主义共同理想、为实现全面建成小康社会的宏伟目标而奋斗。

群众路线教育实践活动 2014年3月，第二轮党的群众路线教育实践活动全面铺开。望城经开区党工委成立了“党的群众路线教育实践活动领导小组”，领导小组下设巡回指导组联系指导园区所辖企业党组织开展教育实践活动。领导小组按照省、市、区委的部署要求，认真研究制定了《望城经开区深入开展党的群众路线教育实践活动实施方案》，明确了活动开展的总体要求、重点任务、方法步骤和组织领导。3月29日，望城经开区党工委主持召开了党的群众路线教育实践活动动员大会，机关党员干部和所有非公企业党组织负责人参加了会议。活动开展后，机关党员干部和各企业党组织认真组织学习了习近平总书记的系列重要讲话和关于教育实践活动的相关学习资料，结合园区党员思想和工作实际，对照检查单位和自身存在的“四风”问题，立学立行，边查边改。活动中，领导小组要求园区党员干部、尤其是领导干部走出机关，走向基层，走进企业，沉下身子，调查研究，用自己的眼睛看最真实的情况，用自己的耳朵听最真实的声音，拓宽工作渠道，创新工作方法，帮助基层、帮助企业、帮助群众解决实际问题。

望城经开区严格执行作风建设有关规定，开展“四风”专项整治，深入企业收集办结了97家企业提出的120个问题，企业满意率达100％；严格机关事务管理，腾退了超标办公用房；精简各类会议、文件20％以上；“三公”经费控制在预算范围之内。推进行政审批制度改革，制定了《望城经开区优化社会投资建设项目审批流程办法》行政审批较法定时限整体提速50％以上。

园区通过设立党的群众路线教育实践活动意见箱，在广泛征求园区职工和各企业意见的基础上，综合党员干部对照检查和民主生活会上的批评意见，分类整理，归纳为24大项整改问题，逐一制定整改措施，明确牵头领导、责任单位、整改时限，其中1项为立即整改，7月份制定相关制度；1项为立即整改，年底见实效；其余22项为立即整改，长期坚持。并印制成《中共望城经济技术开发区工作委员会党的群众路线教育实践活动整改问题清单公示》，公开张贴，接受党内外群众监督。

“三严三实”教育 2015年7月，望城经开区党工委组织机关党员干部、企业党组织负责人学习、传达党中央的部署精神，并结合望城经开区的实际，制定出了《望城经开区党员干部“三严三实”教育方案》。《方案》安排专题教育活动分三个阶段进行。

第一阶段认真学习和领会“三严三实”的深刻内涵，明确“三严三实”专题教育的指导思想、基本原则、目标任务。

第二阶段围绕“三严三实”的总要求，紧密联系领导班子和个人的思想工作实际，对照检查深入查摆问题，通过检查，党员干部认识到，“不严不实”的现象在一些部门或个人身上还不同程度存在，有的甚至还很严重，表现在：不担担子，不负责任；敷衍工作，慵懒散漫；自律不严，情趣不高。党员干部严肃认真开展批评和自我批评，同时敞开大门广泛征求群众意见，向园区直属单位和区各驻园单位发放征求意见表，组织召开有企业、园区范围内的乡镇街道负责人和“两代表一委员”参加的座谈会听取意见，通过多种形式共征求到意见254条。

第三阶段梳理整合群众意见，针对存在问题制定整改措施。园区党工委对征求到的254条群众意见进行梳理整合，归类为四个方面共33条，其中关于作风建设13条，干部教育管理2条，园区发展16条，征地拆迁2条。党工委理性对待群众意见，反思工作不足，查找问题原因，制定整改措施。在作风建设方面：要求党员干部尤其是班子成员进一步加强党性修养，坚定理想信念，牢记党的宗旨；提升道德境界，抵制歪风邪气，心存敬畏，手握戒尺，慎独慎微，勤于自醒，遵纪守法，为政清廉；加强民主监督，落实责任追究。在干部教育管理方面：加强正面引导，弘扬正能量，完善管理机制，细化考核办法。在园区发展方面，坚持科学引领，科学决策，从实际出发谋划园区发展，服务园区建设，脚踏实地，真抓实干，敢于直面矛盾，善于解决问题，制定了《2015年望城经开区领导干部联系服务项目公布榜》，抓好基础设施建设，落实“四个全方位”服务，推进企业转型升级，做强做优。在征地拆迁方面：严格按政策、按规矩办事，要求不走样，不伤民，加强与乡镇街道的协调沟通，共同做好征地拆迁安置工作。

◆第四节　党风廉政建设

机构　2004年6月，园区“三园合一”，设立纪工委，由党工委委员余梅香同志任纪工委书记（副县级），纪工委配备纪检专干，协助纪工委书记开展纪检监察和党风廉政建设工作。

2006年4月，望城县委书记罗衡宁，县委副书记、县长黄佳惠在园区召开办公会议，明确在园区纪工委加挂监察室的牌子，增设监察室主任职位，级别为副科级，增加编制1人。

2011年12月，望城区委书记黄佳惠在园区召开办公会议，再次明确望城经开区配备一名监察室主任（副科级）。2012年5月，陈光宏同志任监察室主任。

2012年11月，园区党工委成立党风廉政建设领导小组，由党工委书记张权任组长，纪工委书记余梅香任副组长，纪检监察室主任和两至三名党工委委员为成员，下设办公室，一名领导小组成员兼任办公室主任。领导小组的主要职责是领导部署党风廉政工作，强化党风廉政建设责任制、建章立制、考核测评、表彰先进和查处违纪行为。

2013年8月25日，望城经开区党工委望经开发〔2013〕20号《关于经开区党群组织人员人事任命的通知》中明确，经开区纪工委组成人员为：

书记：余梅香（中共长沙市委任命）

委员：杨文耀、廖建武、陈端霞、夏志刚、李敏、姚慧芝

制度　建章立制，严格要求，严明纪律是全面提高党组织的战斗力，充分发挥党员先锋模范作用的具体措施。

园区坚持办事公开、透明制度。对园区项目立项审批、项目建设、工程招投标、政府采购、规划调整等热点、重点领域的管理，园区坚持集体决策，按流程办事；在资金使用和管理上，严格采用预算管理；在招商引资项目确定上，坚持集体审查、会议决定，科学选择优质项目；在政府财政投资工程项目的确定和建设队伍的选择上，坚持集体讨论和公开、公示，严格实施招投标和规范的项目工程管理；在土地使用权出让、建设项目容积率调整等问题的处置上，坚持由主管部门提出意见，再会同驻园政府相关部门审核，最后由党工委扩大会议集体讨论或报区人民政府常务会议决策，确保决策民主科学；对企业的服务，倡导“服务零距离，生活有距离”，为企业提供“全天候、全方位、

全覆盖、全心意”的“四全”服务。

园区坚持党员严格自律制度,望城经开区党工委要求党员干部做到“五不准”：不准行贿受贿；不准参加涉及公务的宴请、休闲娱乐及钓鱼等活动；不准以任何方式向企业或个人索要物品；不准违反机关内各项规章制度；不准巧立名目，乱发钱、物。与此同时，园区还建立了干部职工礼金、礼品拒收、处理登记制度和干部廉洁自律举报制度，切实加强人民群众对机关党风廉政建设的监督。

廉政教育　艰苦奋斗、勤俭节约。望城经开区党工委要求全体党员干部发扬艰苦奋斗的光荣传统，勤政廉政，防腐拒贿；办事不讲排场，不摆阔气，不借红白喜事、生日庆典敛财，不搞铺张浪费；遵纪守法，不涉黄涉赌，不贪污挪用，不以权谋私。

狠抓学习教育，筑牢思想防线。坚持和改进“三会一课”制度，坚持集体学习与自学相结合。望城经开区党工委每季度组织一次党规党纪教育，预防职务犯罪及查处腐败典型案例分析对党员干部进行警示教育。党员干部每周学习不少于8小时，常温党章、誓词，牢记宗旨、义务，积极参加党的教育活动，永葆共产党员的先进性，严格遵守中央八项规定，严格遵守党的政治纪律。

执纪 监督 问责　2006年2月，湖南省高科技食品工业基地管委会湘食基发〔2006〕5号下发了《2006年管委会班子成员和内设局室主要负责人党风廉政建设职责》。2013年，中共望城经济开发区工作委员会望开发〔2013〕9号印发了《党工委班子成员及局室长党风廉政建设责任分解表》，进一步明确了各领导成员分管范围、主要责任、共同责任，形成了党工委领导、党工委、管委会齐抓共管、部门负责人为主要责任人的工作机制。

园区纪工委、监察室在上级纪检机关和党工委的领导下开展工作，协助党工委加强党风廉政建设和反腐败工作，开展督促检查惩治和预防腐败工作；检查执行党的政治纪律、组织纪律等各项纪律的情况；对党员干部身上存在的问题及时发现、纠正和查处。园区纪工委和监察室对园区苗头性问题及时与相关人员约谈、函询、诫勉谈话；受理对本部门领导班子及其成员、所属单位党组织、党员违反党纪行为的检举、揭发；对本部门和所属单位领导班子及其成员、同级党员干部的违反党纪情况，及时向上级纪检机关报告，并进行初步核实。2006年6月，园区纪工委配合市、县纪委查处了1名主要负责人，并移送司法机关处理。2011年6月，再次查处了1名主要负责人。

表9-5　　党工委班子成员及局室长党风廉政建设责任分解表

姓 名	职 务	分管范围	主要责任	共性责任
张 权	党工委书记	主持党工委全面工作	对经开区党风廉政建设和反腐败工作负总责；对建立健全惩治和预防腐败体系负总责；对经开区领导班子和内设局室长的党风廉政和工作作风建设负领导责任	1. 认真贯彻执行市、区委关于党风廉政和工作作风建设的决策与部署，贯彻落实党风廉政法规制度，推进制度创新，深化体制机制改革，从源头上预防和治理腐败； 2. 强化权力制约和监督，建立健全决策权、执行权、监督权既相互制约又相互协调的权力结构和运行机制，推进权力运行程序化和公开透明，完善内部管理制度，用制度管人、管事、管权钱。 3. 带好队伍、规范党务、政务，抓好所分管部门的党风廉政建设和作风建设 ，理顺园区与政府职能部门的审批权限 ，提高工作效率。 4. 严格教育、管理、监督所分管部门领导班子及其他人员的廉洁从政，发现有不廉洁问题，及时批评教育，促其纠正；对于严重违纪违法的，支持或协助执纪执法机关严肃查处，保持队伍纯洁性。 5. 按干部、人事管理制度管人用人，逢进必考，逢升必竞，严禁在分管范围安插临聘人员，严厉惩治用人上的不正之风。 6. 严格管理配偶、子女和身边工作人员，不许利用职权、职务和影响谋取非法利益或违规违纪 ，反
吴 皓	党工委副书记、管委会主任、建设开发公司董事长	负责管委会全面工作。主管投融资管理办公室、建设开发公司、征拆办工作	对管委会党风廉政建设负总责；对投融资管理办公室、建设开发公司、金星文化产业园领导班子的正职及其他成员的党风廉政建设负主要领导责任	
谭平安	党工委委员管委会副主任	协助主任主持日常工作，分管投融资管理办公室、征拆办公室工作。联系财政分局、园区国土所工作	对投融资办、征拆办的党风廉政建设负领导责任；对财政分局、经开区国土所的领导班子正职及其他成员的党风廉政建设分别负直接领导责任	
余梅香	党工委委员纪工委书记	协助党工委书记工作、主管纪检监察、党群组织、绩效考核、政工人事、招投标采购监管工作，分管办公室工作	对经开区的党风廉政建设负领导责任。对办公室的党风廉政建设负直接领导责任；对办公室领导班子的正职和其他成员的党风廉政建设分别负直接领导责任和主要领导责任	
浣望民	党工委委员管委会副主任	负责招商引资、项目服务、产业发展、安全生产工作，分管招商合作局、产业发展局，联系园区工商办工作	对招商合作局、产业发展局的党风廉政建设负领导责任。对招商合作局、产业发展局领导班子的正职和其他成员的党风廉政建设分别负直接领导责任和主要领导责任	
刘 彪	党工委委员管委会副主任	主持铜官循环经济工业园的全面工作	对铜官循环经济工业园的党风廉政建设负领导责任；对铜官循环经济工业园领导班子及其他成员的党风廉政建设分别负直接领导责任和主要领导责任	
李彦波	党工委委员管委会总规划师	分管规划建设局、建设开发公司工作，联系建设、规划驻园工作	对规划建设局、建设开发公司的党风廉政建设负直接领导责任；对规划建设局、建设开发公司的领导班子正职和其他成员分别负直接领导责任和主要领导责任	

续表9-5

姓名	职务	分管范围	主要责任	共性责任
李小平	党工委委员	分管社会治安综合治理、信访维稳、计生等社会事务工作，分管社会事务局，联系同心派出所和行政综合执法中队工作	对社会事务局党风廉政建设负直接领导责任；对同心派出所、行政综合执法中队和巡回法庭的领导班子正职和其他成员分别负直接领导责任和主要领导责任	对和克服好人主义。 7. 廉洁自律，带头遵守《廉政准则》和廉洁从政各项制度，并接受社会和舆论监督。 8. 转变作风，厉行节约，勤俭办事，反对和制止铺张浪费，行政费用支出减少5%。 9. 按“一岗双责”要求，实行党风廉政建设责任追究制，一级抓一级，层层抓落实。对主管和分管范围内的成员出问题负责任。直接领导责任人和主要领导责任人分别占当事人的内部经济处罚的1/3，其他责任按市、区纪委、监察局规定处理。
杨文耀	办公室主任	负责办公室全面工作	对办公室的党风廉政建设负直接责任。负责领导干部廉洁自律、改进工作作风、优化环境、优化环境纠正不正之风等各项党风廉政工作任务的组织和协调工作	
陈端霞	招商合作局局长	负责招商合作局全面工作	对招商合作局的党风廉政建设负直接责任。对项目入园的考察、审查、商务合同签订和执行等招商引资工作中的廉洁自律工作负主要责任	
佘赞威	社会事务局局长、征拆办主任	负责社会事务局、征拆办全面工作	对社会事务局、征拆指挥部的党风廉政建设负直接责任；对综治、维稳、城市管理、征拆安置、社保、就业、重建地管理等工作中的廉洁自律工作负主要责任	
谢鸿超	产业发展局局长	负责产业发展局全面工作	对产业发展局的党风廉政建设负直接责任。对服务企业、项目申报、资金争取等工作中的廉洁自律工作负主要责任	
杨晓科	金星文化产业园主任、建设开发公司经理	负责建设开发公司全面工作	对建设开发公司的党风廉政建设负直接责任；对工程测量、变更签证、建设监理等重点环节重点岗位负廉政建设主要责任	
舒志清	规划建设局局长	负责规划建设局全面工作	对规划建设局的党风廉政建设负直接责任。对规划审批、调整、办证等环节中的廉洁自律工作负主要责任	
廖建武	财政分局局长	负责财政分局全面工作	对财政分局的党风廉政建设负直接责任。对资金筹措、调度、拨付、使用、审查等环节的廉政建设工作负主要责任	
袁劲	投融资办主任	负责投融资办全面工作	对投融资办的党风廉政建设负直接责任；对融资和用地报批等重点环节重点岗位负廉政建设主要责任	

第二章 行政机构

◆第一节 机构

望城经开区的行政管理机构随着园区开发建设和发展壮大而变化，经历了“三园”整合前后及成立湖南望城经济开发区三个阶段。

1998年3月2日，中共望城县委常务会议研究决定成立“望城县城区开发建设管理委员会”，主抓城区开发建设和招商引资工作。3月3日，县委正式任命望城县城区开发建设管委会书记、主任、副主任。

书记：谭小杰　　委员：杨乐明　张石贵

主任：熊泽南　　副主任：陈　勇　何建光

同时，县委、县政府从各局、办、委抽调一批干部组成管委会，内设机构5个处（室），干部基本上都是兼职。

表9-6　　党工委班子成员及局室长党风廉政建设责任分解表

机　构	职　务	姓　名	任职时间
综合处（代办公室）	处　长	危　建	1998-03—2001-01
	副处长	杨　智	1998-03—2001-01
		苏建辉	1998-03—2001-01
工程处	处　长	任树标	1998-03—2001-01
	副处长	王建辉	1998-03—2001-01

续表9-6

机　构	职　务	姓　名	任职时间
拆迁处	处　长	梁志平	1998-03—2001-01
	副处长	张武明	1998-03—2001-01
招商处	处　长	何建光（兼）	1998-03—2001-01
	副处长	舒　展	1998-03—2001-01
保卫处	处　长	徐正明	1998-03～2001-01
	副处长	黄建刚	1998-03～2001-01

1999年3月19日，望城县政府望发〔1999〕16号文件决定将原星城房地产公司更名为“望城县城区开发建设总公司”，与望城城区开发建设管理委员会合署办公，实行“两块牌子、一套人马”的管理体制，对管委会的领导班子作了调整。

书　记：熊泽南

主　任：陈义文

副主任：危　建、任树标、朱若平

2001年以前（湖南省高科技食品工业基地成立前）望城所引进的企业，归口望城县城区开发建设管理委员会管理。

2001年2月22日，望城县委、县政府以望发〔2001〕15号文件明确：在湖南省高科技食品工业基地设立党的工作委员会和行政管理委员会，分别为县委、县政府派出机构，合署办公行使开发建设、招商引资、产业规划、引导扶植、社会服务等职能。

2001年3月27日，湖南省政府以湘政办函〔2001〕40号文件批准同意在望城设立“湖南省台商投资区”，列入省级开发区系列，实行市、县共管，以县为主的管理体制。

2001年12月21日，望城县政府望政干〔2001〕12号通知，设立望城国家农业科技园区管理委员会。同年，望城县机构编制委员会以望编发〔2001〕8号文件明确，湖南望城国家农业科技园区管理委员会核定事业编制15人，财政全额拨款。

2002年4月30日，望城县政府望政发〔2002〕39号文件明确：“湖南省高科技食品工业基地管理委员会”加挂“湖南省台商投资区管理委员会”牌子，属望城县政府派出的正科级机构，下设办公室、招商计划处、规划建设处、征拆安置处、开发经营处、科技产业发展处6个职能处（室），定机关事业编制20名，其中主任1名，副主任4名；管理人员实行国家公务员制度。同时明确湖南高科技食品工业基地、湖南省台商投资区两个园区合署办公，实行“两块牌子、一个班子、一套人马”的管理体制。

◆第二节　领导成员

表9-7　湖南省高科技食品工业基地（台商投资区）管理委员会班子成员一览表

职　务	姓　名	任职时间	备　注
主　任	陈　勇	2001-02—2004-03	
副主任	危　建	2001-02—2004-03	
	任树标	2001-02—2004-03	
	朱若平	2001-02—2004-03	
	何润仕	2001-02—2004-03	
	张京湘	2001-02—2004-03	

表9-8　湖南望城国家农业科技园区管理委员会班子成员一览表

职　务	姓　名	任职时间	备　注
主　任	谭平安	2001-11—2004-03	
副主任	刘建武	2001-11—2003-07	
	庾学军	2001-11—2004-03	
	李炳炎	2001-11—2004-03	
	李洪安	2001-11—2002-12	

2003年7月6日，湖南省编委以湘编办〔2003〕15号文件下发《关于加强开发区机构编制管理的意见》；同年8月28日，湖南省编办以湘编办〔2003〕56号批复确定湖南省高科技食品工业基地管理委员会为正处级机构。2004年2月19日，长沙市编委以长编委发〔2004〕3号文件通知将湖南省高科技食品工业基地、湖南省台商投资区、湖南望城国家农业科技园区整合，实行“三块牌子、一套班子”的管理体制，高科技园区党工委、管委会升格为正处级机构；

仍为望城县委、县政府派出机构；内设5个局（室），均为正科级机构，机关共核定专项编制20名，其中党工委书记兼管委会主任1名、副主任2名、副书记兼纪工委书记1名。

表9-9　　“三园”整合后管委会主要班子成员一览表

职　务	姓　名	任职时间	备　注
党工委书记	邱俊杰	2004-03—2006-04	望城县委副书记兼
	熊泽南	2006-05—2008-12	望城县副县长兼
管委会主任	熊泽南	2004-03—2006-04	望城县副县长兼
	徐志刚	2006-05—2008-12	
党工委委员、管委会副主任	陈　勇	2004-03—2006-06	
	谭平安	2004-03—2008-12	
党工委委员、纪工委书记	余梅香	2004-03—2008-12	

2006年1月26日，国家发展和改革委员会根据国办发〔2003〕70号《国务院关于清理整顿各类经济开发区加强建设用地管理的通知》精神，按照“布局集中，用地集约，产业集聚”的要求，以2006年8号公告将湖南省高科技食品工业基地（湖南省台商投资区、湖南望城国家农业科技园区）更名为“湖南望城经济开发区”（2009年后湖南望城国家农业科技园区单列出去）。

表9-10　　湖南望城经济开发区管理委员会班子成员一览表

职　务	姓　名	任职时间	备　注
主　任	徐志刚	2008-12—2011-07	
	张　权	2011-07—2012-12	
	吴　皓	2012-12—2014-02	
副主任	谭平安	2006-08—2014-02	
	浣望民	2006-10—2014-02	
	刘　彪	2012-02—2014-02	
	杨　智	2013-10—2014-02	
总规划师	李彦波	2009-08—2014-02	

2014年2月15日，国办函〔2014〕25号复函，国务院同意湖南望城经济开发区升级为国家经济技术开发区，定名为“望城经济技术开发区”。

表9-11　　国家级望城经济技术开发区管理委员会班子成员一览表

职　务	姓　名	任职时间	备　注
主　任	吴　皓	2014-03—	
副主任	谭平安	2014-03—	
	浣望民	2014-03—	
	刘　彪	2014-03—	兼铜官循环经济工业园管委会主任
	杨　智	2014-03—	
总规划师	李彦波	2014-03—	

尽管国家、省、市按照科学发展观，根据全国经济发展趋势和望城发展实际，几经调整变更开发区的机构、牌子、编制，领导班子也随即作出相应调整,但开发区机构编制管理的原则没有变化。为切实加强对开发建设的组织领导，望城经开区按照湖南省机构编制委员会湘编〔2003〕15号《关于加强开发区机构编制管理的意见》的规定，坚持五个原则，理顺了管理体制。

政企、政事、政社分开的原则。按照社会主义市场经济发展要求和现代社会生活的需求，把政府职能切实转变到经济调节、市场监管、社会管理、公共服务上来，把生产经营和投资决策权真正交给企业；把一些技术性、服务性的事务交给事业单位办理；把社会可以自我调节管理的职能交给社会中介组织。为此，望城经开区管理委员会下设了事业机构“投（融）资管理办公室”和直属企业“开发建设投资总公司”。

精简、统一、效能的原则。望城经开区按照“小机构、大服务”的要求确定职能和编制，经开区人以“兴业富民、自强不息”的理念，为企业和群众“服务全天候，服务全方位，服务全覆盖，服务全心力”，合力打造“现代化工业新城”。

权责一致的原则。合理划分事权，理顺条块以及行政层次之间的关系。望城经开区按照“‘一站式’受理、全程代办、‘一条龙’服务”制度为企业全程无忧服务，让企业放心投资，科学发展，依法经营，照章纳税。

实事求是，从实际出发的原则。据此，望城县（区）政府给望城经开区分批次增加事业编制共计28名、政府雇员编制40名，临聘人员由经开区根据实际工作需要，按从紧核定的原则安排，促进开发区又好又快发展。

优胜劣汰、动态管理原则。望城经开区坚持选人用人“逢进必考、逢升必竞、择优录取、公开公正”，对党工委班子成员（市委任命）以外的所有工作人员实行动态管理。2010年以来，望城经开区内设局（室）10个领导岗位每年实行“全体起立、竞争上岗、公平公正、择优任用”，以实绩论英雄，真正做到了干部能上能下、能进能出。

◆第三节 工作机构

2001年2月至2004年2月，湖南省高科技食品工业基地管理委员会下设6个处（室）（办公室、招商计划处、规划建设处、征拆安置处、开发经营处、科技产业发展处），核定事业编制30人。另设直属事业单位1个——投融资管理办公室。

2004年2月，“三园”整合，根据长编委发〔2004〕3号通知，园区内设工作机构为5个局（室）（办公室、规划建设局、招商合作局、农业科技发展局、社会事务局）行政级别均为正科级。

表9-12 各局（室）负责人一览表

机　构	职　务	姓　名	任职时间	备　注
办公室	主　任	毛正标	2004-02—2006-09	
规划建设局	局　长	任树标	2004-02—2006-09	
招商合作局	局　长	庾学军	2004-02—2006-09	
农业科技发展局	局　长	李炳炎	2004-02—2006-09	
社会事务局	局　长	何润仕	2004-02—2006-09	

2006年1月26日，湖南省高科技食品工业基地（湖南台商投资区、湖南望城国家科技园区）更名为“湖南望城经济开发区”。其内设机构和职能职责不变。

《湖南省编制委员会关于加强开发区机构编制管理的意见》指出：“产业园区管理机构按照精干、务实、高效的原则设置，建立灵活高效的运行机制。同级政府职能部门可在产业园区设立派出机构，代表本部门行使管理职能。”园区党工委、管委会对内设机构进行了适当调整，鉴于当年农业科技园区已外迁，故将原农业科技发展局改设为产业发展局，仍保留5个局（室），将金星文化产业园纳入开发区管理，直属事业单位增至2个，同时，组建了直属企业——望城经开区建设开发公司。

在调整机构的同时，园区党工委、管委会对内设机构定编、定岗、定责。

办公室（定岗12个，其中主任岗位1个，副主任岗位1～2个）下设综合文秘科、党建及人力资源科及后勤服务科。

表9-13　　望城经开区办公室历届负责人一览

职　务	姓　名	任职时间	备　注
主　任	莫小佳	2006-09—2008-09	
	吴南军	2009-12—2012-06	
	杨文耀	2012-04—	
副主任	邹　金	2006-09—2010-07	
	雍翠华	2006-09—2008-10	
	姚　杰	2008-12—2009-12	
	王娇妍	2009-12—2010-07	
	肖新苗	2010-07—2012-06	
	李　敏	2012-06—	

招商合作局（定岗10个，其中局长岗位1个，副局长岗位1～2个）下设服务项目科、招商一科、招商二科。

表9-14　　望城经开区招商合作局历届负责人一览表

职　务	姓　名	任职时间	备　注
局　长	谢洪波	2007-04—2010-07	
	邹　金	2010-07—2012-12	
	陈端霞	2012-12—2015-02	
	张宏彬	2015-03—	
副局长	陈端霞	2009-12—2012-12	
	袁　劲	2006-11—2014-10	
	周交星	2006-09—	
	苏文珊	2013-09—	

规划建设局（定岗12个，其中局长岗位1个，副局长岗位1～2个），下设管理科、规划科、建工科。

表9-15　　望城经开区规划建设局历届负责人一览表

职　务	姓　名	任职时间	备 注
局　长	张宏彬	2008-08—2011-01	
	舒志清	2011-11—2013-07	
	李雄辉	2013-08—	
副局长	陆正斌	2005-05—2007-04	
	李雄辉	2006-09—2013-07	
	龙元生	2007-07—2008-10	
	刘日刚	2008-07—2010-07	
	胡小文	2013-08—	

产业发展局（定岗12个，其中局长岗位1个，副局长岗位1～2个），下设综合调度科、产业服务科、运行统计科。

表9-16　　望城经开区产业发展局历届负责人一览表

职　务	姓　名	任职时间	备　注
局　长	何润仕	2006-09—2007-04	
	朱尚赤	2007-04—2010-07	
	谢鸿超	2010-06—	
副局长	秦正良	2005-06—2009-12	
	吴伟平	2005-06—	
	刘智平	2012-06—2012-10	
	夏志刚	2010-07—	
	刘开元	2013-02—	

社会事务局（定岗11个，其中局长岗位1个，副局长岗位1～2个），下设综合管理科、社会事务科、征拆安置科（与征地拆迁安置办公室合署办公）。

表9-17　望城经开区社会事务局历届负责人一览表

职　务	姓　名	任职时间	备　注
局　长	朱尚赤	2006-09—2007-04	
	陈正坤	2007-04—2010-07	
	刘群英	2010-07—2012-12	
	佘赞成	2012-12—2014-09	
	杨晓科	2014-09—2015-12	
副局长	邓文慧	2006-10—2009-12	
	周立良	2008-07—2010-07	
	欧文武	2009-11—2010-7	
	杨　胜	2010-07—2012-12	
	曾文武	2013-01—	
	袁建文	2013-03—2015-12	

直属事业单位2个：

金星文化产业园（定岗8个，其中主任岗位1个，副主任岗位2个），其职能职责根据文体旅游局的规定执行，党工委、管委会只负责园区范围内的相关管理。

表9-18　望城经开区金星文化产业园管理委员会历届负责人一览表

职　务	姓　名	任职时间	备　注
主　任	欧阳君利	2007-05—2011-07	
	邹　金	2011-08—2012-12	
	杨晓科	2012-12—2014-09	
	魏吉辉	2014-09—	

投（融）资管理办公室　2004年7月三园整合时期，成立投（融）资管理办公室（定岗5个，其中主任岗位1个，副主任岗位2个），下设投融资科、用地管理科。2009年1月6日，望城县编委发文同意将三园整合时期的投（融）资管理办公室更名为湖南望城经开区投（融）资管理办公室。2012年3月之前，未专设投（融）资管理办公室机构，由望城经开区管委会直管投（融）资工作。2012年3月，成立投（融）资管理办公室机构。

表9-19　望城经开区投融资管理办公室负责人一览表

职　务	姓　名	任职时间	备　注
主　任	谭平安	2012-03—2013-02	
	袁　劲	2013-03—2015-10	
副主任	袁　劲	2012-03—2013-03	
	何　谈	2014-09—	

直属企业：

建设开发公司　1999年3月，望城县政府发文设立望城县城区开发建设总公司，由陈义文担任总经理，危健、朱若平、任树标担任副总经理。2006年7月，湖南望城经开区正式挂牌成立，原望城县城区开发建设总公司交由望城经开区所辖，由望城经开区管委会主要领导兼任总经理。2011年7月19日，《望城县人民政府关于同意变更公司名称的批复》（望政发［2011］77号）同意将城区开发建设总公司更名为望城经开区建设开发公司，（定岗10个，其中总经理岗位1个，副总经理岗位2个）下设综合部、工程一部、工程二部、测量部，实行企业化运作。

表9-20　望城经开区建设开发公司历届负责人一览表

职　务	姓　名	任职时间	备　注
总经理	邹　金	2011-08—2012-12	
	杨晓科	2012-12—2014-09	
	魏吉辉	2014-09—	
副总经理	姚新利	2013-04—2015-04	

财政分局（定岗6个，其中局长岗位1个，副局长岗位1个）下设财务管理科、税收征管科、投资评审和招投标采购科。

表9-21　望城经开区财政分局负责人一览表

职　务	姓　名	任职时间	备　注
局　长	李小武	2006-11—2008-08	
	廖建武	2008-10—	
副局长	张　检	2006-09—2013-07	
	雍翠华	2008-10—2010-07	
	姚慧芝	2013-08—	

◆托管基地

表9-22　铜官循环经济工业基地历任班子成员一览表

职　务	姓　名	任职时间	备　注
党工委书记	张学峰	2008-03—2009-11	时任铜官镇党委书记兼基地党工委书记
	刘　彪	2011-09—2015-11	
党工委副书记	毛　斌	2013-10—	
	丁永胜	2013-12—	
管委会主任	冯海强	2008-09—2009-11	
	刘　彪	2009-12—2013-10	
	毛　斌	2013-10—	
管委会副主任	周宏杰	2008-03—2013-03	2008.03～2009.11任常务副主任
	瞿钢冰	2008-03—2009-11	
	何金华	2009-12—2014-03	2008.03～2009.11任基地综合处处长
	丁永胜	2009-12—	
	虢　军	2013-03—2014-02	
	黄勇军	2013-03—	
纪工委书记	虢　军	2011-01—2014-02	望城区纪委委派驻园
	胡巧云	2014-03—	望城区纪委委派驻园

表9-23　乌山创业富民基地历任班子成员一览表

职　务	姓　名	任职时间	备　注
管委会书记	朱飞跃	2008-12—2012-12	
	吕凯兴	2012-12—2015-12	
	丁　翔	2015-12—	
管委会主任	姚　杰	2011-08—	
管委会副主任	冯　峥	2008-12—2010-04	
管委会副主任	周志国	2010-05—2010-10	
	徐文昌	2010-11—2012-08	
	李　栋	2012-09—2014-02	
	宁静宇	2012-09—2014-02	

续表9-23

职　务	姓　名	任职时间	备　注
管委会副主任	任代伟	2014-02—2015-12	
	谭建刚	2015-12—	
	舒　鸥	2016-03—	
	戴　宇	2014-04—	

◆第四节 派驻机构

根据园区发展产业经济和各项社会事业的需要，区直各有关单位相继向园区派驻了机构或设立了窗口。至2014年，区直机关驻园机构有财政分局、同兴派出所、国土资源中心所、行政综合执法经开区中队、望城区人民法院经开区巡回法庭、工商驻园、规划驻园、建设驻园、环卫驻园、国税驻园、地税驻园、广电驻园等。

同心派出所设在经开区管委会办公大楼内,有所长1人、教导员1人、副所长4人、在编民警10人。

国土资源中心所驻地在雷锋大道与金星路交汇口西北角,有所长1人、副所长1人、专职国土员3人。

行政综合执法经开区中队驻地在雷锋大道与旺北路口西南角,有中队长1人、副中队长1人、执法人员20人。

经开区巡回法庭设在经开区管委会办公楼内,由庭长1名、法官2名、书记员1名组成。

望城区工商局驻园有主任1人 、副主任1人 、工作人员7人 。规划局驻园1人。建设局驻园2人。国税局驻园有工作人员5人,地税局驻园1人。环卫局驻园1人。

由于财政分局授权担负经开区财政、财务管理的主体职能，园区党工委、管委会视其如直属单位，比照内设机构进行定岗定责。其他驻园单位仍由所属原区直单位定岗定责，在园区执行相关的工作任务，接受园区相关局（室）的协调管理。

◆第五节 投资服务中心政务大厅

为方便园区企业和社区群众办事，望城经开区2006年5月设立投资服务中心政务大厅。政务大厅制定各项规章制度、管理办法及办事指南，实行“一站式”全程服务。服务中心分设规划驻园、建设驻园、国土驻园、工商驻园、环卫驻园及经开区社会事务6个服务窗口，在岗工作人员从开始的6人增加到2015年的9人。其主要职能是负责园区范围内个人建房及规划报批、报建的资料收集、处理；园区范围内工商企业的注册、报批、报建相关手续的办理；接受相关办事流程的咨询；维护企业及个人的合法权益、接受有关服务质量、办事效率、纠纷的投诉及进行法律法规的宣传。

第三章 社会团体

2003年7月，湖南省高科技食品工业基地党工委发文成立机关支部、工会联合会、妇女联合会、团工委、关心下一代协会等社团组织，并分别按程序报上级组织批准备案。从此，望城开发区有了健全的社会团体组织。2004年10月25日，党工委又再次发文明确了园区所建社团组织领导成员。2006年，省政府批准设立湖南望城经济开发区，社团工作被列入党工委的议事日程。

◆第一节　工会

机构　2003年9月16日，望城县总工会批复，同意成立湖南省高科技食品工业基地管理委员会工会组织，工会的人选须充分酝酿协商，实行民主选举，并将选举结果书面报告县总工会。

2003年12月19日，望城县总工会批复同意余梅香、雍翠华、苏建辉3位同志为湖南高科技食品工业基地工会委员，同意各位委员的分工，由余梅香同志任工会主席。

2004年10月12日，望城县总工会批复同意园区第二届工会委员会选举结果,同意李炳炎、秦正良、陈光宏、雍翠华、曾秋旭、胡清波6位同志当选为湖南高科技食品工业基地工委会委员，由李炳炎同志任工会主席。

2005年11月7日，望城县总工会望工组〔2005〕73号批复同意成立望城县高科技食品工业基地工会联合会，原湖南高科技食品工业基地管理委员会工会更名为“望城县湖南高科技食品工业基地管委会机关工会”。

2010年5月18日，望城县总工会望工发〔2010〕27号文通知，为了进一步加强工会组织规范化建设，建立健全组织网络，统一规范组织形式，经县总工会研究决定，将望城经开区工会委员会调整为工会联合会。工会联合会的组织,按《工会法》《中国工会章程》相关的民主程序办理。

2010年9月1日，中共望城经开区工委望经开工发〔2010〕20号党工委（扩大）会议纪要明确了经开区联合工会、团工委、妇委会、园区关协等群团组织负责人。望城经开区联合工会由周交星同志任主席、肖新苗同志任副主席，肖新苗（兼经审）、谭雄（组织）、彭珊（宣传和女工）任委员。

代表大会 2013年5月21日，望城经开区工会联合会召开第一次代表大会，参会人员81人，其中正式工会代表77人（其中企业工会代表70人、机关工会代表7人）。经开区党工委主要领导张权、吴皓、余梅香和望城区总工会主席张剑出席会议。余梅香主持会议。工会联合会主席（提名候选）向章平作大会工作报告，审议表决通过了《湖南望城经济开发区工会联合会第一次代表大会选举办法》《经开区工会联合会第一届委员会委员、经费审查委员会委员候选人名单》。通过投票选举，产生了望城经开区工会联合会第一届委员会。2013年6月25日，望城区总工会望工组〔2013〕41号文件批复望城经开区第一次会员代表大会选举结果的报告，同意向章平等11位同志组成湖南望城经济开发区工会联合会第一届委员会。向章平任主席，姚新利任副主席；同意由姚新利、陈光宏、姚慧芝3同志组成第一届经费审查委员会，姚新利任主任；同意由高婷、陈明、周密3人组成女职工委员会，高婷任主任。本届任期三年。至此，望城经开区健全了工会联合会机构，工会工作进入了新常态。

2013年8月25日，在民主酝酿选举的基础上，望城经开区党工委关于经开区党群组织组成人员人事任命的通知中明确——

经开区联合工会成员

主　席：向章平

副主席：姚新利

委　员：谭　雄、高　婷

2014年，望城经开区工会联合会组织机构进一步健全完善。

主　席：向章平

副主席：姚新利

委　员：陈光宏、杨杰辉、易长妹、钟志红、赵爱平、高　婷、龚京明、曹立志、谭雄（4名编制人员外的委员均为兼职）

下设经费审查委员会

主　任：姚新利

委　员：陈光宏、姚慧芝

女职工委员会

主　任：高　婷

委　员：陈　明、周　密

主要工作　经开区工会联合委员会成立后，从制度建设入手，建章立制，使工会各项工作有章可循，以自身建设的规范化带动企业工会工作的规范开展;积极督促企业规范基层工会，制定并颁发了《关于进一步加强企业工会工作的意见》。对企业工会提出“八有”规范措施，即有人员、有场地、有印章牌匾、有经费、有规章制度、有工作计划、有工作记录、有“职工之家”。在工会联合会的指导和督促下，截至2015年12月，望城经开区已组建的86家企业工会，都基本达到了“八有”要求，企业工会规范化水平有了显著提高。

在园区党工委、管委会的重视支持和望城区总工会的指导下，园区工会组织进一步明确了工会的职能，积极发挥工会作用，合力建设园区。园区工会组织和教育职工依照宪法和法律的规定行使民主权利，发挥国家主人翁精神和工人阶级主力军作用，通过各种途径和形式，参与管理园区的开发建设，推进园区经济社会发展。

园区工会积极维护职工的合法权益，帮助企业化解矛盾，规避风险，构建融洽的劳资关系。工会把规范劳动合同作为维权维稳的一项重要工作来抓。2014年组织园区86家企业完成了工资集体协商，调处劳资纠纷13起，接待来访申诉人员20余人次，敦促企业不断完善职工权益保障机制。

园区工会组织企业职工积极开展劳动竞赛、技术创新、职工培训和各种文体活动，在企业内部或同类企业间开展劳动竞赛和技术创新活动，收到了良好效果。至2015年年底，园区工会有计划安排职工短期集训95期，参加培训人数4105人；在岗培训和校企挂钩培训等多种形式培训17386人（次），有效提高了职工的政治思想、业务技能、安全生产、依法维权等综合素质。园区工会联合会还组建了经开区文体协会，为日常文体活动开展搭起了平台。2010年以来，工会精心组织的园区大型文体活动有：两届“天龙杯”职工篮球赛，三届“富基杯”企业职工乒乓球赛，“大美经开·腾飞经开”摄影作品征集活动，协办和园区组队参加了望城区“全民健身节‘绿地香树花城’春季马路赛”，组队参加了望城区“温馨杯”男子篮球赛等系列活动，丰富了园区文化，舒减了职工压力，展示了园区职工奋发向上的精神风貌。

◆第二节　共青团

机构　中国共产主义青年团望城经济技术开发区工作委员会成立于2003年7月，刘卓首任团工委书记。2006年7月，夏志刚接任团工委书记。2010年5月，增配办公室副主任彭珊兼任团工委副书记。团工委与管委会办公室合署办公。

经开区共青团工委围绕经开区经济发展、稳定大局开展工作，组织经开区共青团组织和团员青年围绕园区“建设现代化工业新城”开展各项活动，带领团员在建设中发挥主力军和突击队作用。团工委围绕经开区中心工作，推进经开区青年精神文明建设；指导并组织实施经开区青年的思想理论教育、宣传文化活动，培养、选拔、推荐、表彰优秀青年，维护青年的合法权益；指导经开区青年志愿者工作的开展；抓好经开区共青团的组织建设，协助党组织管理、培养、选拔年轻干部；调查青年思想动态和青年工作状况，研究经开区青年运动和青年思想教育问题，提出加强青年思想教育工作的意见，采取切实措施，提高团员、青年素质。

主要活动　开展“扶贫帮困，爱心助残”活动。每年3月学雷锋活动月，经开区团工委都要开展以扶贫帮困、爱心助残、让弱势群体生活更美好为主题的志愿者活动。2011年3月5日，经开区100多名志愿者在管委会大楼前向鲜红党旗、团旗庄严宣誓。现场共募集善款6808元及一批食品、药品。随后，志愿者在经开区纪工委书记余梅香的带领下慰问了星城镇敬老院的老人们；向东城镇特困户送上食品、药品和慰问金。

举办“青春飞扬拥抱梦想”主题活动。2013年5月4 日，经开区团工委举办庆祝“五四”青年节座谈会，30岁以下青年干部和政府雇员30多人参加，共话“五四”爱国精神和青年的时代使命。座谈会后，青年干部分别慰问和走访了丁字镇书堂山5户特困户和白箬铺“见翔科普图书馆”。

开展“分享一本好书建自己的图书馆”活动。经开区党工委向园区全体干部发出倡议：将你读过的好书和大家一起享，将手中闲置的图书捐赠出来，为园区“职工之家书屋”献出一份力量，自己的书屋自己建。共收到干部职工捐赠的图书300多本，为职工读书活动增添了书籍。

加强就业培训，推进园区青年就业。由经开区团工委牵头共组织就业培训14期，共培训1118人，共帮助安置望城当地青年合格普工、杂工、季节工1800余人。

◆第三节　妇联

机构　望城经开区妇女联合会（以下简称“园区妇联”）成立于2003年7月，由余梅香兼任主任，王冬梅兼任副主任。2004年10月，改由雍翠华任主任。2010年9月1日，望城经开区党工委（扩大）会议再次明确经开区妇委会由刘群英任主任，苏琳任副主任。由于工作需要进行人事调整，2013年，新选举的工会联合会选举产生了女职工委员会。从2013年起，由办公室副主任李敏兼任妇联主任。

园区妇联宣传贯彻党和国家有关保护妇女儿童的法律、法规、政策，维护本单位妇女儿童合法权益，负责对本单位女干部、女职工进行“自尊、自信、自立、自强”教育，推进“巾帼建功”活动深入开展；开展创建“五好文明家庭”的评比表彰活动，弘扬男女平等、尊老爱幼的家庭美德和勤俭节约、乐于奉献的传统美德；反映本单位女职工的合理要求，帮助本单位的妇女儿童解决实际困难，督促有关部门做好本单位妇女儿童保健工作；组织本单位女干部、女职工开展文化体育活动；配合本单位工会、团委做好相关工作。

望城经开区党工委、管委会关心和支持园区妇联工作，在人员配备、组织建设和经费保障方面都把女职工工作列入议事日程，有效维护了园区妇女儿童的合法权益。

主要活动　园区妇联组织和发动机关女干部、女职工和企业女职工学习政治时事，学习业务知识和专业技术，积极发挥妇女在园区经济社会建设中的“半边天”作用。经开区机关共有女干部32人，管委会班子和各局室均配有1——2名女干部。园区所属220多家企业中，有女企业家15人、女职工7000多人，企业高管女性占管理层人数的15%以上，是园区管理、开发建设的一支重要力量。园区妇联认真组织女职工积极参与各项公益活动，不断增强社会公德意识;充分调动巾帼志愿者的积极作用，结对帮困献爱心；有计划地组织女职工开展各项有益身心的文体活动；举办《女职工劳动特别规定》知识讲座和知识竞赛。

望城经开区投资服务中心政务大厅设有6个职能窗口，其中有女性5人在岗;为把这些对外窗口建设好，园区妇联抓了以下四个方面的工作：

开展“巾帼文明示范岗”创建活动。成立“巾帼文明示范岗”创建领导小组，由党工委委员、纪工委书记余梅香任组长，经开区管委会办公室副主任李敏、彭珊任副组长，成员从各窗口工作人员中选任，共8人组成。制定创建计划、创建宗旨、口号和工作职责；要求政务大厅人人参与、互相配合，把创建活动纳入各窗口岗位目标考核。

常抓学习，提升干部整体素质。建立“巾帼文明岗”学习制度，开展听党课、参加道德讲堂、参加法律知识培训和对口业务培训，开展“四自教育”，紧密结合党的群众路线教育实践活动、学习践行社会主义核心价值观等，强化窗口服务意识，深化服务内涵，提高服务质量，规范行业服务标准和窗口服务文明用语，做到“三声”（即来时有迎声、问时有答声、走时有送声）、“四心”（即接待要热心、解释要耐心、审核要细心、接受批评要虚心），实现投资服务“四统一”（即规划统一、标准统一、程序统一、条件统一）。

多种形式，丰富创建活动内涵。各窗口工作人员除结合自身工作特点和实际开展文明窗口创建外，还积极参与社会公益活动，如结对帮扶职工及周边社区贫困家庭，慰问关爱空巢老人和留守儿童，参与“慈善一日捐”献爱心活动、无偿献血活动等。

接受监督，长效树立窗口形象。政务大厅是“园区大前门”，大厅工作人员的一言一行都关系着园区的整体形象。各服务窗口秉承“文明、规范、务实、高效”的理念，严格执行各项规章制度，做到了统一着装上岗、挂牌服务、仪表端庄、举止文雅、精神饱满、服务热情。窗口还设立了意见薄，公布投诉电话，接受社会各界监督。

园区服务中心创建“巾帼文明岗”目标考核为100分，经相关部门考核，实得分为98分，一次性通过考核验收。

表9-24　　2013年3月8日望城经开区女企业家座谈会名录

序　号	企业名称	参加人员	职　务
1	交泰建材	韩　燕	总经理
2	纳菲尔新材	何凤姣	副总经理
3	丽拓生物	唐丽君	总经理
4	金龙电缆	毛冰花	总经理
5	奥特莱斯	黄高方	副总经理
6	旺旺食品	傅集雅	副总厂长
7	派派食品	邓浩一	董事长
8	泰嘉新材	杨李云	副总经理
9	泰山热工	蒋芳梅	总经理
10	金桥国际商贸城	谭玉兰	常务副总
11	晟通集团	黄　敏	副总
12	湖南有色	汪　晓	总经理
13	派意特服饰	姜学军	总经理
14	中联中旺	龚　敏	总工程师
15	康寿制药	钟　飞	董事长

◆第四节　关工委

机构　2003年7月，湖南高科技食品工业基地党工委、管委会发文批准园区成立群团组织：工会联合会、团工委、妇联和关心下一代协会。2006年1月；“三园”整合，更名为湖南望城经济开发区，关协更名为关心下一代工作委员会。在县关工委和经开区党工委、管委会的领导下，望城经开区关工委积极围绕年初制定的工作计划，抓住工作重点，紧密联系经开区工作实际，加强和完善自身规范化建设，不断提高工作水平，充分发挥了职能作用，切实履行成员单位职责。园区关工委成立以来，认真贯彻实施国家妇女儿童保护法，切实保障园区妇女儿童的合法权益，制定年度工作计划，采取有力措施，保证把相关工作落实到位；充分发挥“五老”作用，构建社会、学校、家庭有机结合的育人机制，保障少年儿童接受应有的义务教育和思想道德教育，净化育人环境，营造良好的育人氛围，关注特殊儿童群体，给特困、智障、残疾儿童以更多关爱和温暖，有计划组织少年儿童开展丰富多彩的文化娱乐活动，寓教于乐，让孩子们健康快乐成长。

为确保工作常年有序开展，关工委建立健全了学习制度、工作制度、活动制度、会议制度和接待日制度。

主要活动 常年开展“雷锋家乡学雷锋”“弘扬优秀传统文化，传承中华民族美德，争当雷锋精神传人”的主题教育活动。主要活动内容包括与学校配合组织学生参观雷锋纪念馆，学习雷锋平凡而伟大的共产主义精神；举办“做雷锋精神传人”演讲比赛，续写《雷锋日记》等。

组织“五老”进校园对中、小学生进行革命传统教育和中华文明美德教育，先后在10所小学，4所中学上课45堂。

每年“六一”儿童节表彰奖励园区职工未成年子女40人，每年表彰园区职工子女中获得“三好”学生荣誉的学生6～10人。

组织开展“小手牵大手，共建‘五好’家庭”活动。

组织园区少年儿童举行文艺节目汇演。

组织园区少年儿童看望孤寡老人和残疾儿童，开展送温暖、送关怀活动，以培养少年儿童尊老敬老、感恩回报社会的情感和责任感。

望城经开区第一届关心下一代协会组成人员名单：

荣誉会长：余梅香

会　长：李炳炎、陈光宏

委　员：雍翠华

秘书长：王姣妍

望城经开区第二届关心下一代工作委员会组成人员名单：

主　任：刘　科

秘书长：钟　源

附录

APPENDIX

◆人物名录

一、党代表

姓　名	性别	出生年月	籍贯	民族	党派名称	任职届别	单　　位	职　务
付胜龙	男	1962.10	湖南邵阳	汉族	中共党员	中共湖南省第九届、第十届党代表	湖南百家汇投资有限公司	董事长、总经理
徐　军	男	1962.04	湖南岳阳	汉族	中共党员	中共长沙市第十二届党代表	中航飞机起落架有限责任公司	董事长、总经理
余梅香	女	1958.12	湖南望城	汉族	中共党员	中共长沙市第十一届党代表	望城经开区	党工委、纪委书记

二、人大代表

姓　名	性别	出生年月	籍贯	民族	党派名称	任职届别	单　　位	职　务
何述金	男	1950.08	湖南洪江	汉族	—	第九届全国人大代表	湖南省新汇制药股份有限公司	董事长
徐运湘	男	1963.02	湖南隆回	汉族	中共党员	湖南省第十一届人大代表	湖南长沙运发包装实业有限公司	董事长
付胜龙	男	1962.10	湖南邵阳	汉族	中共党员	湖南省第第十二届人大代表	湖南南百家汇投资有限公司	董事长、总经理
毛炯明	男	1953.01	湖南湘潭	汉族	—	长沙市第十二届、十三届、十四届人大代表	湖南金龙集团公司	董事长
马孝武	男	1941.09	湖南长沙	汉族	中共党员	长沙市第十四届人大代表	湖南长高高压开关集团股份公司	董事长
吴世忠	男	1964.01	湖南常宁	汉族	中共党员	第十二届全国人大代表	湖南有色铍业有限公司	董事长

三、政协委员

姓　名	性别	出生年月	籍贯	民族	党派名称	任职届别	单　　位	职　务
姜学军	女	1969.04	湖南永州	汉族	中共党员	湖南省第十一届政协委员	湖南派意特服饰有限公司	董事长
毛冰花	女	1976.12	湖南湘潭	汉族	—	湖南省第十一届政协委员	湖南金龙电缆有限公司	总经理
付胜龙	男	1962.10	湖南邵阳	汉族	中共党员	湖南省第九届政协委员	湖南南百家汇投资有限公司	董事长、总经理

续表

姓　名	性别	出生年月	籍贯	民族	党派名称	任职届别	单　　位	职　务
徐清辉	男	1969.11	湖南望城	汉族	—	长沙市第十一届政协委员	湖南伊思丽珍珠有限公司	董事长、总经理
马　晓	男	1980.02	湖南长沙	汉族	—	长沙市第十一届政协委员	湖南长高高压开关集团股份公司	总裁

四、享受国务院特殊津贴专家

姓　名	性别	出生年月	党派名称	学位（职称）	单　　位	职　务
印遇龙	男	1956.01	九三学社	中科院院士	路凯（湖南）科技有限公司	顾问
何述金	男	1950.08	—	高级工程师	湖南新汇制药有限公司	董事长
张铁军	男	1975.04	—	高级工程师	湖南航天磁电有限责任公司	
詹枞生	男	1966.05	中共党员	研究员	湖南航天磁电有限责任公司	
何　斌	男	1959.08	中共党员	研究员	湖南兆恒材料科技有限公司	总经理
刘孟英	男	1941.06	中共党员	高级工程师	湖南金龙电缆有限公司	技术总监
夏为民	男	1944.03	中共党员	高级工程师	湖南湘仪动力测试仪器有限公司	技术顾问
李　铭	男	1969.06	中共党员	研究员 高级工程师	中航飞机起落架有限责任公司	总经理兼党委副书记
金　军	男	1964.03	中共党员	研究员 高级工程师	中航飞机起落架有限责任公司设计所	总设计师

五、荣获全国、省、市级劳动模范

姓　名	单位	奖项名称	授予单位	授予时间
曾昭亮	湖南天龙制药有限公司	全国五一劳动奖章获得者、湖南省劳动模范	全国总工会　湖南省总工会	2001年
姜学军	湖南派意特服饰有限公司	全国“三八”红旗手	全国妇联	2012年
何述金	湖南新汇制药股份有限公司	全国劳动模范、全国五一劳动奖章获得者	全国总工会	1995年
毛洪波	湖南天闻新华印务有限公司	全国五一劳动奖章获得者	全国总工会	2010年3月
任建华	中航飞机起落架有限责任公司	全国五一劳动奖章获得者	全国总工会	2001年4月
肖志谦	湖南旺旺集团有限公司	长沙市劳动模范	长沙市人民政府	2014年4月

续表

姓　名	单　位	奖项名称	授予单位	授予时间
王　乾	湖南天龙制药有限公司	长沙市劳动模范	长沙市人民政府	2001年
申桐英	湖南天龙制药有限公司	湖南省“三八”红旗手	湖南省总工会	
罗　均	湖南天闻新华印务有限公司	全国新闻系统劳动模范	人力资源和社会保障部 新闻出版署	2012年1月
蒯建政	湖南兆恒材料科技有限公司	湖南省劳动模范	湖南省总工会	
李布尔	长沙众城石油化工有限公司	长沙市劳动模范	长沙市人民政府	2014年
郑海英	湖南丹维生物科技有限公司	湖南省“三八”红旗手	湖南省总工会	2012年
上官兴	湖南联智桥隧技术有限公司	全国劳动模范	全国总工会	1989年9月
吴映辉	中航飞机起落架有限责任公司	陕西省劳动模范	陕西省人民政府	2007年
金　军	中航飞机起落架有限责任公司	长沙市劳动模范	长沙市人民政府	2014年4月
余梅香	望城经开区党工委	长沙市“三八”红旗手	长沙市妇联	2006年3月

六、高级专业技术职称人员

姓　名	性别	出生年月	党派名称	职　称	单　位	职　务
康新建	男	1958.01	中共党员	高级工程师	湖南有色铍业有限公司	董事长
赵　飞	男	1958.08	中共党员	高级工程师	湖南有色铍业有限公司	副总经理
全　俊	男	1976.02	中共党员	高级工程师	湖南有色铍业有限公司	管理部部长
李建华	男	1965.08	中共党员	高级工程师	湖南有色铍业有限公司	冶炼分公司党委书记
贺宇梁	男	1962.02	中共党员	高级工程师	湖南有色铍业有限公司	冶炼分公司生产技术室主任
谢奕斌	男	1971.11	—	高级工程师	湖南有色铍业有限公司冶炼分公司二车间	副主任
伏清明	男	1964.04	—	高级工程师（无线电）	湖南湘仪动力测试仪器有限公司	董事长
周存辉	男	1964.08	—	高级工程师	湖南湘仪动力测试仪器有限公司	技术副总经理
杨建西	男	1949.04	—	高级工程师	湖南交泰建材有限公司	董事长
何述金	男	1950.08	—	高级工程师	湖南新汇制药股份有限公司	董事长
龚志军	男	1972.04	中共党员	副教授	湖南亚华乳业有限公司	

续表

姓　名	性别	出生年月	党派名称	职　称	单　位	职　务
马孝武	男	1941.09	中共党员	高级工程师	湖南长高高压开关集团股份公司	董事长、总经理
廖俊德	男	1966.12	—	高级工程师	湖南长高高压开关集团股份公司	常务副总经理、总工程师
唐福军	男	1964.02	—	高级工程师	湖南长高高压开关集团股份公司	副总工程师
林　林	男	1967.07	—	高级会计师	湖南长高高压开关集团股份公司	常务副总经理
杨印宝	男	1963.03	中共党员	高级会计师	万家乐热能科技有限公司	董事长
史玉军	男	1963.05	中共党员	高级工程师	万家乐热能科技有限公司	常务副总经理
张　纯	男	1973.07	中共党员	高级经济师	万家乐热能科技有限公司	办公室主任
彭惠平	男	1957.06	—	高级工程师	万家乐热能科技有限公司	售后部负责人
黄　健	男	1966.06	—	高级物流师 高级营销师	湖南高星（钢铁）物流园	总经理
曾海雄	男	1974.05	—	高级工程师	湖南高星（钢铁）物流园	总工程师
付胜龙	男	1962.10	中共党员	高级经济师	湖南百家汇投资有限公司	董事长、总经理
王和良	男	1963.08	中共党员	高级经济师	湖南百家汇投资有限公司	商务五局局长
李钟森	男	1971.11	—	高级工程师	湖南百家汇投资有限公司	工程部部长
孙晓桃	女	1968.05	中共党员	高级（英语）翻译	湖南百家汇投资有限公司	商务三局局长
杨志强	男	1968.12	—	高级工程师	湖南百家汇投资有限公司	土建工程部经理
葛曙光	男	1967.08	—	高级工程师	湖南百家汇投资有限公司	结构设计师
何凤姣	女	1964.08	—	教授、博士生导师	湖南纳菲尔新材料科技有限公司	
邱文玉	男	1960.09	—	高级工程师	湖南大北农农业科技有限公司	
陈景云	男	1938.12	中共党员	高级工程师	长沙起重机厂有限公司	总工程师
刘孟英	男	1941.09	中共党员	高级工程师	湖南金龙电缆有限公司	技术总监
淡发金	男	1964.09	—	高级执业药师	湖南康寿制药有限公司	总经理

续表

姓　名	性别	出生年月	党派名称	职　称	单　位	职　务
段　熙	男	1970.09	—	高级执业药师	湖南康寿制药有限公司	生产总监
方一新	男	1970.08	—	高级执业药师	湖南康寿制药有限公司	车间主任
申湘佩	男	1981.08	—	高级执业药师	湖南康寿制药有限公司	QC 主任
彭动军	男	1956.04	—	高级工程师	湖南泰嘉新材料科技股份有限公司	技术中心主任
廖顺知	男	1964.07	—	高级工程师	长沙众城石油化工有限责任公司	
卢　金	男	1953.11	—	高级工程师	长沙众城石油化工有限责任公司	
何　斌	男	1959.09	中共党员	正研究员	湖南兆恒材料科技有限公司	总经理
马晓雄	男	1962.11	中共党员	正研究员	湖南兆恒材料科技有限公司	副总经理
剪建政	男	1954.06	中共党员	高级经济师	湖南兆恒材料科技有限公司	董事长
廖　文	男	1958.04	中共党员	高级经济师	湖南兆恒材料科技有限公司	副总经理
吴　珊	女	1973.10	—	高级工程师	湖南丹维生物科技有限公司	部门经理
余　林	男	1960.01	—	高级工程师	中联重科路面机械分公司	总经理助理、总工程师
贺　劲	男	1958.05	—	高级工程师	中联重科路面机械分公司	
徐仁建	男	1978.12	—	高级工程师	中联重科路面机械分公司	
喻　钢	男	1959.08	—	高级工程师	中联重科路面机械分公司	
朱春灿	男	1973.09	—	高级工程师	中联重科路面机械分公司	
苏华光	男	1963.04	—	高级工程师	湖南金龙铜业有限公司	总工程师
李碧平	男	1963.06	中共党员	高级工程师	湖南美特新材料科技有限公司湖南有色金属研究院	党委书记、副院长、总经理
刘志立	男	1963.03	中共党员	高级工程师	湖南美特新材料科技有限公司湖南有色金属研究院	副总经理
刘　军	男	1961.03	—	高级工程师	湖南美特新材料科技有限公司湖南有色金属研究院	部长
王安军	男	1965.09	中共党员	高级工程师	湖南有色铍业有限公司	副总经理
张　胥	女	1973.08	中共党员	副研究馆员	湖南有色铍业有限公司	副部长

续表

姓名	性别	出生年月	党派名称	职称	单位	职务
邓良俊	男	1963.01	中共党员	高级工程师	湖南有色铍业有限公司冶炼分公司	经理
陈亚萍	女	1974.08	—	高级会计师	湖南有色中央研究院有限公司	财务资产部部长
唐祎	女	1964.07	中共党员	高级经济师	湖南有色中央研究院有限公司	综合管理部、统计内控主办
易玄德	男	1963.11	中共党员	高级经济师	湖南省远景光电实业有限公司	董事长、总经理、党支部书记
李铭	男	1969.06	中共党员	研究员级高工	中航飞机起落架有限责任公司	总经理兼党委副书记
金军	男	1964.03	中共党员	研究员级高工	中航飞机起落架有限责任公司	总设计师
柳伟	男	1978.09	中共党员	高级经济师	中航飞机起落架有限责任公司	部长助理
程民主	男	1964.02	中共党员	研究员级高工	中航飞机起落架有限责任公司	副总经理
胡伟南	男	1962.05	中共党员	高级工程师	中航飞机起落架有限责任公司长沙事业部	副总经理
李江波	男	1966.06	中共党员	研究员级高工	中航飞机起落架有限责任公司	副总工程师兼汉中事业部经理
李杰	男	1963.07	中共党员	研究员级高工	中航飞机起落架有限责任公司	副总经理
刘传平	男	1962.09	中共党员	高级经济师	中航飞机起落架有限责任公司	党委副书记、副总经理
刘志刚	男	1961.02	中共党员	研究员级高工	中航飞机起落架有限责任公司	副总经理
孟清河	男	1974.01	中共党员	高级工程师	中航飞机起落架有限责任公司	总经理助理兼工程技术研究中心主任
唐长春	男	1978.11	中共党员	高级工程师	中航飞机起落架有限责任公司	副总经理
燕兴华	男	1963.08	中共党员	研究员级高工	中航飞机起落架有限责任公司	总经理助理
杨如军	男	1964.02	中共党员	研究员级高级经济师	中航飞机起落架有限责任公司	党委书记
杨双良	男	1972.10	中共党员	高级政工师	中航飞机起落架有限责任公司	副总经理
张家付	男	1968.08	中共党员	研究员级高工	中航飞机起落架有限责任公司	经理助理

续表

姓　名	性别	出生年月	党派名称	职　称	单　位	职　务
王志杰	男	1964.05	中共党员	研究员级高工	中航飞机起落架有限责任公司	副总工程师、部长
周文清	男	1969.12	中共党员	高级工程师	中航飞机起落架有限责任公司	保密技术员
王义宝	女	1968.03	—	高级工程师	中航飞机起落架有限责任公司	副部长
王小锋	男	1978.08	中共党员	高级工程师	中航飞机起落架有限责任公司	部长助理
张　骁	女	1963.04	中共党员	研究员级高工	中航飞机起落架有限责任公司	适航技术员
张湘明	男	1972.09	中共党员	高级政工师	中航飞机起落架有限责任公司	部长
陈云霞	女	1968.09	—	高级工程师	中航飞机起落架有限责任公司	干事
郑　锋	男	1967.10	中共党员	高级统计师	中航飞机起落架有限责任公司	副总经济师兼人力资源部长
张振涛	男	1968.05	中共党员	高级工程师	中航飞机起落架有限责任公司	部长
冯抗屯	男	1964.12	—	研究员级工程师	中航飞机起落架有限责任公司	
关远涛	男	1962.04	—	高级工程师	中航飞机起落架有限责任公司	
邱　欣	男	1961.02	—	高级工程师	中航飞机起落架有限责任公司	总工艺师
吴　英	女	1967.05	—	高级工程师	中航飞机起落架有限责任公司	
叶　鹏	男	1976.10	中共党员	高级工程师	中航飞机起落架有限责任公司	部长助理
叶先敏	男	1966.02	中共党员	副研究员级馆员	中航飞机起落架有限责任公司	处长
周一冰	男	1967.11	中共党员	高级工程师	中航飞机起落架有限责任公司	部长兼工程技术研究中心工艺所所长
龚晓梅	女	1967.10	中共党员	高级工程师	中航飞机起落架有限责任公司	
李茂会	男	1962.09	中共党员	高级工程师	中航飞机起落架有限责任公司	副部长
曾卫东	男	1966.10	中共党员	高级工程师	中航飞机起落架有限责任公司	副部长
张建国	男	1963.04	中共党员	高级工程师	中航飞机起落架有限责	部长兼客户服务

续表

姓　名	性别	出生年月	党派名称	职　称	单　位	职　务
邓晓山	男	1965.11	—	高级工程师	中航飞机起落架有限责任公司	
邓志云	男	1975.08	中共党员	高级工程师	中航飞机起落架有限责任公司	干事（室主任）
关　维	女	1969.05	—	高级工程师	中航飞机起落架有限责任公司	
黄海清	男	1975.04	—	高级工程师	中航飞机起落架有限责任公司	设计室主任
鲁德发	男	1969.01	—	高级工程师	中航飞机起落架有限责任公司	
慕建全	男	1967.12	中共党员	研究员级高工	中航飞机起落架有限责任公司	副主任兼设计所所长
宁晓东	男	1979.09	—	高级工程师	中航飞机起落架有限责任公司	设计室主任
孙继勇	男	1970.11	—	研究员级高工	中航飞机起落架有限责任公司	
吴乐夫	男	1964.02	中共党员	高级工程师	中航飞机起落架有限责任公司	副主任兼科信办主任
禹新鹏	女	1980.06	—	高级工程师	中航飞机起落架有限责任公司	结构室副主任
张　威	男	1980.01	—	高级工程师	中航飞机起落架有限责任公司	总体室主任
赵学俊	男	1959.02	中共党员	高级工程师	中航飞机起落架有限责任公司	
折世强	男	1968.03	—	研究员级高工	中航飞机起落架有限责任公司	
冯建林	男	1968.10	中共党员	研究员级高工	中航飞机起落架有限责任公司	总经理
吉　平	男	1963.07	中共党员	研究员级高工	中航飞机起落架有限责任公司	监事会主席
李扬明	男	1957.02	中共党员	高级工程师	中航飞机起落架有限责任公司	高级专务
孟　辉	男	1980.09	—	高级工程师	中航飞机起落架有限责任公司	主任助理
张志刚	男	1960.04	—	高级工程师	中航飞机起落架有限责任公司	
朱　敏	男	1963.05	中共党员	高级工程师	中航飞机起落架有限责任公司	副总经理
李志栋	男	1976.09	中共党员	高级工程师	中航飞机起落架有限责任公司	副总经理兼技术处处长

续表

姓　名	性别	出生年月	党派名称	职　称	单　位	职　务
胡伟南	男	1962.05	中共党员	高级工程师	中航飞机起落架有限责任公司	副总经理
张雪艳	女	1979.10	—	高级工程师	中航飞机起落架有限责任公司	副处长
陈湘华	男	1968.09	—	高级工程师	中航飞机起落架有限责任公司	
王　芳	女	1976.01	—	高级工程师	中航飞机起落架有限责任公司	
任辟宇	男	1957.12	中共党员	高级工程师	中航飞机起落架有限责任公司	
雷鸣双	男	1963.04	—	高级工程师	中航飞机起落架有限责任公司	
王建知	男	1968.11	—	高级工程师	中航飞机起落架有限责任公司	
龚国民	男	1971.01	中共党员	高级工程师	中航飞机起落架有限责任公司	副厂长
张家付	男	1968.08	中共党员	研究员级高工	中航飞机起落架有限责任公司	总经理
谭正华	男	1956.10	中共党员	研究员级高工	中航飞机起落架有限责任公司	质量管理处专务
刘柳奇	男	1962.09	中共党员	高级工程师（研究员级）	湖南联智桥隧技术有限公司	董事长
梁晓东	男	1973.02	中共党员	高级工程师（研究员级）	湖南联智桥隧技术有限公司	总经理
王毅威	男	1976.11	—	高级工程师	湖南联智桥隧技术有限公司	试验室主任
任协平	男	1966.10	—	高级工程师	湖南联智桥隧技术有限公司	总工程师
刘志辉	男	1974.04	中共党员	高级工程师	湖南联智桥隧技术有限公司	节能环保分公司总经理
熊　虎	男	1978.10	—	高级工程师	湖南联智桥隧技术有限公司	总工室主任
谭少海	男	1978.08	—	高级工程师	湖南联智桥隧技术有限公司	节能环保分公司副总经理
杨文选	男	1964.09	—	高级工程师	湖南联智桥隧技术有限公司	岳阳分公司总经理
吴晚升	男	1964.08	—	高级工程师	湖南联智桥隧技术有限公司	岳阳分公司副总经理
邬曙光	男	1974.10	—	高级工程师	湖南联智桥隧技术有限公司	
刘富宝	男	1955.05	—	高级工程师	湖南联智桥隧技术有限公司	

续表

姓　名	性别	出生年月	党派名称	职　称	单　位	职　务
陈　庆	男	1975.08	—	高级工程师	湖南联智桥隧技术有限公司	设计公司总经理
陈胜吉	男	1973.12	—	高级工程师	湖南联智桥隧技术有限公司	试验室主任
周延栋	男	1982.02	—	高级工程师	湖南联智桥隧技术有限公司	
廖辉红	男	1972.07	—	高级工程师	湖南联智桥隧技术有限公司	
张四全	男	1978.09	—	高级工程师	湖南联智桥隧技术有限公司	地下工程所副总工
徐运锋	男	1979.07	—	高级工程师	湖南联智桥隧技术有限公司	岳阳分公司业务经理
康新建	男	1958.01	中共党员	教授级高工	湖南有色铍业有限公司	董事长
赵　飞	男	1958.08	中共党员	教授级高工	湖南有色铍业有限公司	副总经理
王安军	男	1965.09	中共党员	高级工程师	湖南有色铍业有限公司	副总经理
全　俊	男	1976.02	中共党员	高级工程师	湖南有色铍业有限公司	部长
张　胥	女	1973.08	中共党员	副研究馆员	湖南有色铍业有限公司	副部长
邓良俊	男	1963.01	中共党员	高级工程师	湖南有色铍业有限公司冶炼分公司	经理
李建华	男	1965.08	中共党员	高级工程师	湖南有色铍业有限公司冶炼分公司	党委书记
贺宇梁	男	1962.02	中共党员	高级工程师	湖南有色铍业有限公司冶炼分公司	主任
谢奕斌	男	1971.11	中共党员	高级工程师	湖南有色铍业有限公司冶炼分公司	副主任
陈国军	男	1965.03	中共党员	高级教师（中学）	望城一中	特级教师
黄碧明	男	1962.08	中共党员	高级教师（中学）	望城一中	特级教师
李玉上	男	1963.03	中共党员	党总支书记　高级教师	望城一中	特级教师
詹浩波	男	1959.08	—	高级教师（中学）	望城一中	特级教师
武秋生	男	1982.07	中共党员	高级经济师	金星文化产业园	副主任

续表

姓　名	性别	出生年月	党派名称	职　称	单　位	职　务
余志斌	男	1978.11	中共党员	高级工程师	建设开发公司	副总经理
黄　宏	男	1978.10	九三学社社员	高级工程师	规划建设局	规划科科长
余海清	男	1971.07		高级工程师	规划建设局	测量专干

◆上级文件

湖南省人民政府办公厅

湘政办函[2000]95号

湖南省人民政府办公厅关于同意建立湖南省高科技食品工业基地的批复

长沙市人民政府：

你市《关于恳请支持在我市望城县兴建湖南高科技食品工业基地的请示》（长政[2000]11号）收悉。经省人民政府研究，现批复如下：

一、同意在望城县建立湖南省高科技食品工业基地，属省级开发区系列。你市要充分利用望城县食品工业较好的基础以及自然资源、交通设施、投资环境等方面的优势，建设好高科技食品工业基地。要重点发展一批科技含量高、市场前景好、经济效益优的高科技食品加工技术、食品机械制造技术及其产品，提升我省食品工业的技术和竞争力，充分发挥样板和示范作用，推动我省农村产业结构和工业结构调整。

二、湖南省高科技食品工业基地一期用地规模控制为2000亩，请你市严格按照望城县土地利用总体规模和县城建设总体规划选址定点。土地征用各项行政事业性收费比照重点建设项目实行减免优惠。

三、同意将湖南省高科技食品工业基地纳入长沙高新技术产业开发区，并享受长沙市高新技术开发区优惠政策。

四、省直有关部门要大力支持湖南省高科技食品工业基地建设。省计委、省科技厅、省财政厅等单位要在项目和资金上予以支持。

二〇〇〇年七月十三日

主题词：长沙　食品　基地　批复

抄送：省计委，省科技厅，省财政厅。

湖南省人民政府办公厅

湘政办函[2001]40号

湖南省人民政府办公厅
关于同意设立湖南省台商投资区的批复

长沙市人民政府：

你市《关于请求批准在望城县设立台商投资区的请示》（长政[2000]164号）收悉。经省人民政府研究，现批复如下：

一、同意在望城县设立湖南省台商投资区，列入省级开发区系列，实行市、县共管，以县为主。

二、台商投资区位于望城县城南，南邻石长铁路，北靠城白路，东至雷锋大道，西抵郭亮路，规划范围总用地5平方公里。

三、台商投资区要根据长沙市城市规划的总体要求，高起点、高标准、高质量进行科学规划，并按有关规定报省人民政府审批。要认真作好分期实施方案，保护生态环境。

四、台商投资区要坚持以发展现代工业为主，拓展出口为主，致力于发展高新技术产业的方针。要充分运用市场机制建设和管理园区，努力提高市场化程度，把台商投资区办成我省对外开放的窗口和发展外向型经济的基地。

五、台商投资区内的高新技术企业纳入长沙高新技术产业开发区，享受有关政策，区内其他企业享受省级开发区的有关政策；园区建设所需用地实行计划指标单列，可视进区项目情况，实行分批统征；土地征用各项行政事业性收费比照省重点建设项目实行减免优惠；对台商投资区实行“无费区”管理。省直有关部门和你市要大力支持湖南省台商投资区建设，并在资金上予以支持。

二〇〇一年三月二十七日

主题词：长沙　外商　投资区　批复

抄送：省委办公厅，省人大常委会办公厅，省政协办公厅，省委宣传部，省委统战部，省计委，省经贸委，省国土资源厅，省建设厅，省科技厅，省财政厅，省外经贸厅，省台办，省国税局，省地税局，望城县人民政府。

科学技术部文件

国科发农社字[2001]322号

关于批准山东寿光等21个农业科技园区为第一批“国家农业科技园区（试点）”的通知

各有关省、自治区、直辖市人民政府及新疆生产建设兵团：

依据《农业科技园区指南》和《农业科技园区管理办法（试行）》的总体部署，我部于2001年8月7—8日对第一批申报的农业科技园区进行了评审 。根据评审结果，并按照“先行试点、总结经验、稳步推进”的原则，现批准山东寿光等21个农业科技园区为第一批“国家农业科技园区（试点）”（见附件）。请各有关省、自治区、直辖市人民政府认真按照《农业科技园区指南》和《农业科技园区管理办法（试行）》的要求，认真抓好农业科技园区的组建工作，以便运行一段时间后考评、验收和正式挂牌。农业科技园区要以市场为导向，以先进适用技术为支撑，发挥区域优势，突出地方特色，加强农业技术的组装集成和科技成果转化，促进传统农业的改造与升级 ；通过政府引导 、社会参与,促进农业产业化经营；以改革创新为动力，完善运行机制，促进体制创新和科技创新，使农业科技园区真正成为农业技术组装集成的载体，市场与农户连接的纽带，现代农业科技的辐射源，人才培养和技术培训的基地，对周边地区农业产业升级和农村经济发展起示范带动作用。

附件：第一批“国家农业科技园区（试点）”名单

二〇〇一年九月三日

主题词：农业　科技　园区　通知

抄送：农业部、水利部、国家林业局、中国科学院、中国农业银行。

科学技术部办公厅　　　　　　　　2001年9月3日印发

附件：

第一批“国家农业科技园区（试点）”名单

序 号	片 区	园 区 名 称
1	东 部	山东寿光国家农业科技园区
2		浙江嘉兴国家农业科技园区
3		北京昌平国家农业科技园区
4		天津津南国家农业科技园区
5		江苏常熟国家农业科技园区
6		上海浦东国家农业科技园区
7		福建漳州国家农业科技园区
8		广东广州国家农业科技园区
9	中 部	河南许昌国家农业科技园区
10		湖南望城国家农业科技园区
11		黑龙江哈尔滨国家农业科技园区
12		河北三河国家农业科技园区
13		湖北武汉国家农业科技园区
14		辽宁阜新国家农业科技园区
15		吉林公主岭国家农业科技园区

续表

16	西 部	新疆生产建设兵团国家农业科技园区
17		甘肃定西国家农业科技园区
18		广西百色国家农业科技园区
19		重庆渝北国家农业科技园区
20		宁夏吴忠国家农业科技园区
21		四川乐山国家农业科技园区

长沙市机构编制委员会文件

长编委发[2006]33号

关于调整湖南望城经济开发区管理委员会有关机构编制事项的通知

望城县机构编制委员会：

你委《关于湖南高科技食品工业基地管理委员会相关机构级别事项的请示》（望编字[2006]3号）收悉。经研究，现将湖南望城经济开发区有关机构编制事项明确如下：

一、根据国家发展和改革委员会2006年8号公告精神，湖南高科技工业基地（湖南省台商投资区、湖南望城国家农业科技园区）更名为“湖南望城经济开发区”，可保留湖南望城国家农业科技园区的牌子。

二、同意湖南望城经济开发区管委会内设机构农业科技发展局更名为产业发展局，其主要职责是：负责湖南望城经济开发区产业布局、产业发展规划、产业结构、计划和产业政策的制订、审核、申报并组织实施；负责园区企业项目单位科研计划、项目、成果的申报管理和企业技术质量监督指导企业建立现代企业制度；负责园区内的统计和入区企业的年度考核；承担原农业科技发展的全部职能。

同意望城县财政局在湖南望城经济开发区设立派驻机构，名称为“湖南望城经济开发区财政分局”，正科级机构，核定领导职数为：局长1名（正科职）、副局长1名（副科职）。其主要职能是：负责湖南望城经济开发区的财政管理工作,编制湖南望城经济开发区年度财政预算；负责湖南望城经济开发区管委会相关部门单位的财务工作；负责湖南望城经济开发区的审计、监督工作;负责湖南望城经济开发区的投融资工作和运营运作；协调落实省级开发区的各项优惠政策，协助做好税收征管工作。

三、同意增加湖南望城经济开发区管委会开发区专项编制2名。

四、其他机构编制事项仍按长编委发[2004]3号文件执行。

长沙市机构编制委员会

2006年7月21日

主题词：机构　编制　通知

抄送：市委办、市政府办、市委组织部、市人事部、市财政局

长沙市机构编制委员会办公室　　　　2006年7月21日印发

共印25份

中共望城县委文件

望发[2007]17号

中共望城县委
望城县人民政府
关于进一步加快湖南望城经济开发区（湖南望城国家农业科技园区）建设与发展的决定

各乡镇党委、政府，县直机关各单位：

为贯彻落实“工业兴县、园区兴工”发展方针，不断增强望城经济开发区（湖南望城国家农业科技园区，以下简称“经开区”）在全县经济发展中的核心辐射作用，经县委、县政府研究，决定进一步理顺管理体制，创新运行机制，优化发展环境，全力推动经开区快速、持续、健康发展。

一、管理体制

1. 确定经开区规划控制范围以望政发[2004]96号文件有关规定为基础，新增范围由规划、国土部门依法依程序审查批准。在经开区规划控制管理范围内，授权经开区管委会集中行使项目立项、国土、规划、建设等方面县级行政管理职权，县级项目立项审批授权给经开区管委会招商合作局，县级规划、建设行政管理职权授权经开区管委会规划建设局，县直各部门予以指导。

2. 健全机构职能。赋予经开区项目立项、规划、建设、外资审批方面完全的县级管理权限，实行授权备案制，由县级行政职能部门授权经开区相应局室自行审批经开区范围内相关事务，报县职能部门备案。同意增设工商分局、国土中心所（分局）、公安派出所等派出机构。由编办牵头，报市编委及上级主管部门批准后执行。县环保、劳动、房产明确专人驻园办公。由经开区与相关县直主管部门对各派出机构和人员实行双重管理，以经开区管理为主。各单位、各部门设立的分支机构或明确的专管人员要授权到位，使其具备独立行使职能职责的权力。

3. 强化镇村支持配合。经开区所涉相关乡镇、村要全力支持协助经开区做好征拆安置等社会事务工作，维护经开区开发建设良好环境，将相关乡镇支持配合经开区工作情况纳入县年度目标管理考核，乡镇党委、政府主要负责人和村（社区）支部书记的考核考评以及调整配备要征求和尊重经开区党工委的意见。

4. 创新内部管理。在经开区实行灵活的干部人事制度和特殊的工资奖励制度。中层班子实行聘任制与任命制相结合，授权经开区党工委按领导职数要求自行聘任优秀人才担任中层领导干部，聘任后报县委备案。准许经开区在全县范围内择优使用一般干部以及自行聘用技术人员和优秀人才。县劳动、人事、编制部门安排的政策性安置人员原则上不进入经开区管委会工作，但优秀人才及专业技术人员要优先安排进入。

二、财政体制和投融资体制

5. 进一步对经开区实施积极的财政支持政策。县财政与经开区关于已核定企业的税收分成比例调整为2:8，经开区税收分成所得由县财政按月预拨，分季度核算。经开区要加强财政管理，规范支出行为。

6. 进一步扩大经开区融资渠道。支持经开区设立新的融资平台。采取灵活多样的方式，弥补经开区在县城公共基础设施方面的巨大投入。开行、农发行等政策性融资贷款重点向经开区倾斜。积极支持经开区争取中央、省、市专项资金，县内水利、农业、公路交通、工业技改等方面政策性投入重点支持经开区。

三、进一步优化发展环境

7.经开区实施“封闭式”管理。县直单位进入经开区执法，必须先经经开区管委会和县优化办登记备案。县直单位对经开区企业进行收费，须先提出方案，经经开区管委会、县优化办商经开开区企业依据收费标准核定并报县人民政府批准后执行，核定的收费额度一年一定。严格执行“督查先行责令改正制”、“同城一家检查制”，县直单位有不经核准乱执法、不按核定标准和额度乱收费、为经开区企业服务不到位等行为，遭企业投诉经查证属实的，由县纪委、监察局依据《行政问责制暂行规定》等相关文件追究相应责任。

中共望城县委

望城县人民政府

2007年3月22日

主题词：湖南望城经济开发区 建设与发展 决定

中共望城县委办公室　　　　2007年3月22日印发

（共印380份）

◆会议纪要

中共长沙市望城县委
常委办公会议纪要

望常办纪要[2008]6号

望城经济开发区发展建设办公会议纪要

3月28日，县委书记、县长黄佳慧主持召开办公会议，专题研究望城经济开发区（以下简称经开区）发展建设有关问题。会议听取了经开区工作情况汇报，并就相关问题进行了认真研究。现纪要如下：

会议要求，经开区要创新理念、创新思路、创新举措，朝着推动园区进入良性循环发展轨道的目标做好各项工作，在内部管理上进一步规划化、制度化，提高工作效率，外部运作上按市场规则经营，提高经济效益；以经营性收入逐步减少债务、消除包袱，全力支持项目和企业加快建设投产达效步伐，坚决实现今年各项目标任务。全县各级各部门要坚持实施“工业兴县、园区兴工”发展方针不动摇，全力支持经开区建设工作，切实突出为企业服务的宗旨，提升服务水平，采取全程代理、限时办结等措施，做到特事特办，急事急办，确保经开区封闭运行，为经开区提供优质高效服务。相关部门要规范驻园机构和人员管理，简化办事程序，提高办事效率和服务质量，为经开区及其企业创造良好的发展环境。

会议明确了以下具体事项：

1.关于经开区与城建投结算的相关问题。明确由城建投负责换出英博雪津项目230余亩抵押用地，并将红线交经开区；经开区负责完成喻家坡277亩房地产用地征拆，并将土地权属办理至城建投，高塘岭大道南延线道路工程移交城建投建设；城建投支付高武大道拆迁费用及工程款项、金甲重建地安置两路拆迁户费用两项共计3700余万元给经开区；明确县行政中心拟建用地按50万元/亩标准支付，用于经开区基础设施建设，县国土局负责将新月小区原32亩经营性用地指标置换给经开区。以本次会议明确事项为准，城建投与经开区之间发生的其它债权债务及费用全部结清。

2.关于移交月亮岛项目管理的问题。明确月亮岛项目账务及新月小区移交月亮岛项目协调领导校长办公室，由项目办牵头，危建同志负责，清理历史债务，处理遗留问题。经开区代管月亮岛项目期间支出的各项费用，经县财政局审核后，列入月亮岛开发成本，从月亮岛项目处置的专项资金中列支。

3.关于经开区以外重建地移交当地乡镇管理的问题。明确悦禧、金甲及高乌大道重建地由经开区完善配套，经县政府重建安置办等相关部门验收合格后，移交当地乡镇管理。

4.关于晟通科技、中航飞机起落架两宗工业用地变性的问题。明确县国土局对两宗拟变性土地以评估价格进行定西挂牌，专项用于两企业生产生活配套，禁止对外销售；两宗土地拍卖收入全额返还经开区以贴基础设施建设投入，挂牌过程中的税费、佣金、管理费根据成交价格收取，按县人民政府承诺的优惠价格结算，差额部分返还经开区。

5.关于金龙铜业融资的问题。明确由县国土资源局负责将金龙工业园中的75亩土地作为经营性用地将权属直接办理至经开区名下，由经开区给金龙铜业抵押融资以解决项目发展资金问题。

6.关于港湘置业用地变性问题。明确由县国土资源局负责对86.9亩土地按评估价格进行整体挂牌，根据规划确定经营性用地面积。前面地块用于珠宝交易市场建设，后面地块用于珠宝加工中心；土地挂牌交易收入全额返还经开区，税费、管理费、佣金根据成交价格收取，按县人民政府承诺的优惠价格结算，差额部分返还经开区。

7.关于41个工业项目土地权证办理的问题。明确由县国土资源局负责按历史遗留问题处理。

中共长沙市望城县委
常委办公会议纪要

望常办纪要〔2009〕19号

湖南望城经济开发区发展建设有关问题
办公会议纪要

2009年5月6日，县委书记黄佳惠主持召开办公会议，专题研究湖南望城经济开发区（以下简称“经开区”）发展建设有关问题。现纪要如下:

会议认为，近年来，经开区紧紧抓住战略发展机遇，加速推进新型工业化，突出抓好项目引进和服务，投资环境逐步优化，产业集群已具雏形，特别是扎实抓好奥特莱斯项目征拆新政策试点工作，协调服务京珠西线、石长铁路望城段增建二线等重大项目建设，各项工作整体推进，发展来势很好。

会议要求，全县各级各部门要充分认识到经开区是我县经济发展的重要增长极、推进我县工业化和城市化进程的加速器，高度关注和支持服务好经开区的发展建设。经开区要以只争朝夕的精神，以更加解放的思想和更加优良的发展环境，充分发挥自身优势，在激烈的区域经济竞争中争取主动加快发展；要围绕既定的各项工作目标，按月按季度进行工作调度，盘活闲置土地资源，抓好招商引资工作，加速推进项目建设，培育扶持企业发展，促使企业尽快落地投产达效，确保圆满完成或超额完成全年各项工作目标和任务。

会议明确了以下具体事项：

1. 明确由县规划局牵头，经开区规划建设局配合，做好经开区中长期发展控制性规划，规划控制范围内已建成规模以上企业及优势产业企业纳入经开区管理服务和统计。

2. 明确由经开区牵头负责，县直有关部门配合，迅速拿出食品外迁基地细化方案，做好项目选址和项目引进相关工作。

3. 明确县担保公司可适时扩充资本，重点服务支持经开区中小企业发展。

4. 明确经开区所属企业土地使用税统一按 4 元／m^2 标准征收，时间暂定一年，企业补缴税款免收滞纳金。

5. 同意经开区实施“成片开发”，明确由县国土局安排 3000 亩先征后转土地指标。

中共长沙市望城区委
常委办公会议纪要

望常办纪要〔2011〕41号

湖南望城经济开发区调研座谈会议纪要

2011年12月23日，区委书记黄佳惠率有关区领导和相关区直单位深入经开区进行调研，并组织召开座谈会议，听取经开区工作汇报，会议就经开区发展建设有关情况进行了认真研究。现纪要如下：

会议认为，经开区是望城新型工业化发展战略的主战场。2011年，在区委、区政府的正确领导下，经开区党工委、管委会领导班子科学谋划、精心部署，全体干部职工团结干事、全力以赴，经开区队伍建设和内部管理进一步加强，项目建设和招商引资等各项目标任务全面完成，基础设施不断完善，发展思路更加清晰，发展理念不断升级，发展成效十分明显，各项工作开创出崭新局面，已经成为全区经济社会发展的重要支柱，应予以高度肯定。

会议要求，2012年，经开区要坚持"强工兴园"的发展方针，坚持"打造千亿级、进军国家队"的奋斗目标，进一步明确工作思路，强化工作措施，抓好工作落实，努力实现技工贸收入 400 亿元以上，完成财政收入 20 亿元以上，新引进项目 30 个以上，启动新建和续扩建项目 40 个以上，争取融资 10 亿元以上，批准新增国有建设用地 3000 亩，完成征拆腾地 4000 亩，为全区经济社会发展作出新的更大的贡献。全区各级各部门要立足全局，主动作为，积极支持服务好经开区的建设和发展。

会议明确了以下具体事项：

1. 明确根据常委会会议精神，为经开区配备一名监察室主任（高配副科级），配齐经开区金星文化产业园管委会空缺的副职岗位。明确经开区联合工会相关职级按程序报批，并按程序选举产生工会主席、副主席。

2. 原则同意设立经开区法庭、工商经开区分局、安监局经开区执法分队，明确由区编委办牵头负责，相关部门配合，按程序进行申报。

3. 同意经开区以政府雇员方式继续面向社会招聘急需的专业技术人才，并同意按照入编和淘汰同时进行的原则，根据年底绩效考核结果，在现有政府雇员中确定部分优秀人才进入事业编制，明确今年根据有关要求可解决 1-2 名事业编制人员。

4. 明确经开区建设开发公司为金星大道西延线的建设主体，区财政对该工程给予 6000 万元的补贴。经开区要抓紧做好相关工作，迅速开工建设，争取明年建成。

中共长沙市望城区委
常委办公会议纪要

望常办纪要〔2013〕37号

园区发展建设办公会议纪要

2013年7月19日，区委书记谭小平主持召开园区发展建设办公会议，会议听取了相关工作情况汇报，并就有关问题进行了认真研究。现纪要如下：

会议认为，经开区、铜官循环工业基地、乌山创业富民基地及黄金创业园等工业园区在区委、区政府的正确领导下，充分发挥园区在区位、政策等方面优势，在加快项目招商、签约落地、投产达效等方面做了大量卓有成效的工作，为加快全区新型工业化、新型城市化进程作出了重要贡献，应予以充分肯定。

会议要求，各工业园区要充分发挥全区加快推进新型工业化的主力军、主战场作用，奋勇当先，主动作为，实现各园区统筹发展、协调发展、快速发展。**一是思路再宽一点。**各园区要积极引进遴选人才，不断开阔思维，从更高的高度、更大的范围来谋划园区发展，力争实现与周边各经济园区的错位发展、互补发展、竞争发展。**二是胆子再大一点。**要充分认识到望城良好的发展前景，善于从现有的融资渠道中遴选出最优的方案，做到敢于融资、适度负债。**三是步子再快一点**。要力争正在洽谈的大项目早日签约落户，加快大工业项目建设步伐，实现早日投产达效。**四是措施再硬一点**。要深入贯彻落实区委、区政府关于加快推进新型工业化文件精神，吸引投资商来望城投资兴业，鼓励已落户企业搞活生产经营，扩大生产规模，提高生产效益。**五是办法再多一点**。要借鉴外地一些好经验、好做法，寻求破解园区发展难题的办法，同时在合理合法的基础上，大胆试行一切有利于园区产业发展的方式方法。

会议明确了以下具体事项：

1. 明确经开区要积极争创国家级综合性产业园区，铜官循环工业基地要积极争创省级循环经济及精细化工产业专业园区，两大园区要实现错位发展、竞相发展。明确乌山创业富民基地和黄金创业园依托于经开区发展，要充分发挥其配套和补充功能，实现与经开区的融合发展、共同发展。明确铜官循环工业基地和乌山创业富民基地一起共同享受经开区同等财税政策，同时要大力支持社会资金创办的黄金创业园。

2. 明确由孔玉成同志牵头，谢进同志负责，按照“管而不死、放而不乱、责权匹配”的原则，对经开区财税体制进行微调，进一步理顺经开区、铜官循环工业基地、乌山创业富民基地和黄金创业园的管理体制、机制及职能职责。

3. 明确由区委办、区政府办负责，优先安排办公会议时间，对各园区重大项目引进问题按“一事一议”原则进行集体研究，加快推动项目签约落地。

4. 明确由孔玉成同志牵头，谢进同志负责，对园区重大项目融资形式、建设模式进行具体研究，鼓励园区按照规范、透明、最优的原则多形式、多模式积极融资，加快基础设施建设。

5. 明确由各园区、各部门紧密配合，充分履行职能职责，加紧与上级部门的有效衔接，积极争取国家、省、市关于园区发展的优惠政策。

6. 明确由刘林平同志牵头，杨利成同志配合，积极协调，精心组织好省工信委领导望城工作现场办公会议。

7. 明确由余学辉同志牵头，具体指导、加强协调，完成经开区、铜官循环工业基地、乌山创业富民基地的调区扩区工作，明确乌山创业富民基地整体规划纳入经开区。同意优先解决铜官循环工业基地急需项目用地调规指标1000亩，同时在河西片区解决融资用地 500 亩；同意三年内解决乌山创业富民基地项目用地调规指标2000亩，其中2013年解决500亩。

8. 原则同意经开区基础设施建设三年行动计划，要加快经开区与高新区重大交通干线的对接，特别是要加快望城大道、马桥河大道、先导区联络线、金星大道西延线等道路建设。铜官循环工业基地要加快电厂大道的建设。乌山创业富民基地要加快启动兴工大道、黄乌大道和金星西路乌山段建设。重大道路、重大基础设施可按投入和负担各承担50%费用的方式实行区、园共建。

9. 明确由余学辉同志牵头，研究具体办法，充分发挥区土地储备中心在土地储备、开发、融资方面的平台作用，全力支持经开区、铜官循环工业基地、乌山创业富民基地及黄金创业园的融资开发。

10. 同意在铜官循环工业基地设立环保监测所，由区环保局一名副局长兼任所长，进一步加强园区环保监管力度，协调园区项目办理环保手续。

11. 原则同意铜官循环园区规划建设生态湿地，形成与湘江、铜官古镇的生态隔离地带。明确由刘林平、余学辉同志负责，研究生态湿地具体规划、运作模式等问题。

12. 同意在2013年工业发展统筹资金中安排500万元支持乌山创业富民园建设。

13. 同意以乌山创业富民基地为基础成立望城区中小企业园管委会，与乌山镇合署办公，实行两块牌子、一套人马。明确由乌山镇域内上缴的社保资金根据特事特办的原则，全额返还乌山镇用于基地基础设施建设。

14. 同意按黄金创业园内企业正常生产经营每年上缴税收总额，从2013年开始连续三年从区工业发展资金中安排相应资金（上缴税收在500万元以内予以等额安排，500万元以上则按半安排），用于支持黄金创业园发展建设的贷款贴息等。同意黄金创业园享受经开区同类标准厂房项目产权出让政策，除保留孵化器服务基本功能外，其他物业均可对外（租）售。

◆领导讲话

在望城经开区十周年庆典上的讲　话

长沙市政府副市长、先导区管委会常务副主任　赵文彬

（2010年12月29日）

各位领导、各位嘉宾、同志们、朋友们：

在元旦佳节即将来临之际，望城经济开发区在这里举行庆典，隆重庆祝开发区成立十周年。借此机会，我代表长沙市政府、长沙大河西先导区，向望城经开区成立十周年表示热烈的祝贺！向长期以来关心支持长沙发展的各级领导、各界朋友表示衷心的感谢！

过去的十年，是望城人民群策群力、艰苦奋斗的十年。望城县委、县政府按照又好又快、率先发展的要求，艰苦创业，开拓创新，望城经开区从无到有，从小到大，不断成长，取得了引人瞩目的成绩。望城经开区十年的实践证明了在我们这个时代只要有眼光、有胆量、有毅力，一定能够创造辉煌的事业。大河西先导区担负着为中国发展探索新路径，为湖南经济作出新动力，为长沙城市奠定新格局的历史使命。望城经开区作为长沙大河西先导区的核心区之一，在这三个方面完全是可以大有作为的。我们希望望城经开区以更大的气魄在继续注重投资带动的同时，加大科技带动的力度，在继续注重工业发展的同时加大现代服务业发展的力度，实现从园区向城区的跨越，不断创造出新的辉煌！

最后祝愿各位领导、各位嘉宾、各界朋友新年快乐、合家幸福、万事如意！

谢谢大家！

在国家级望城经济技术开发区揭牌仪式上的讲话

长沙市委副书记、市长　胡衡华

（2014年9月29日）

尊敬的炼红书记、报翔副省长，各位领导、同志们：

大家下午好！

在这秋高气爽的美好时节里，我们欢聚在雷锋故乡，隆重举行国家级望城经济技术开发区揭牌仪式。我谨代表市委、市政府向望城经济技术开发区表示热烈的祝贺！向为园区开发、建设、升级付出辛勤劳动的同志们表示亲切的问候和衷心的感谢！

望城经开区升级为国家级经济技术开发区，成为我市第五个国家级开发区，是省、市推进新型工业化的重要成果，对于加快省、市转变经济发展方式，做大做强实体经济，扩大对外开放，具有重要意义，为长沙市推进“三倍计划”注入了新鲜的活力。

望城经开区升级为国家级经济技术开发区，体现了望城经开区的实力，佐证了望城这座“希望之城”名副其实，表明望城发展实业大有可为。希望望城经济技术开发区以“产业立园、项目强园、创新兴园”为统领，以国家级经济技术开发区的水准为要求，全面实施集群式项目的满园扩园行动和两型化管理的提标提档行动，大力促进园区产业发展、开发建设、功能配套、生态环境、城市管理、文化风貌等全方位品质提升，奋力推动园区转型创新发展，在全市“六个走在前列”大竞赛活动中当先锋、作表率，为长沙市加快建成“全面小康之市、两型引领之市、秀美幸福之市”做出新的更大的贡献。我们将一如既往关注望城经开区、大力支持望城经开区做大做强，在崭新的起点上，一步一个脚印朝着建设一流国家级园区的目标迈进！

谢谢大家！

在望城经开区十周年庆典上的致辞

中共望城县委书记　黄佳惠

（2010年12月29日）

尊敬的各位领导、各位来宾，同志们、朋友们：

大家上午好！

今天，我们在这里欢聚一堂，热烈庆祝湖南望城经济开发区建园十周年。借此机会，我谨代表县委、县人大、县政府、县政协，向望城经开区建园十周年表示热烈的祝贺！向出席庆典活动的各位领导、各位嘉宾表示热烈的欢迎！向为经开区的创立、发展做出过重要贡献和一直以来关心、支持、参与园区开发建设的各级领导、各位企业家和各界朋友表示衷心的感谢！

十年辉煌路，凯歌震云天。2000年，县委、县政府审时度势，依托区位和资源优势，作出了举全县之力打造湖南望城经济开发区的战略决策。十年来，在省、市的高度重视和有关部门的精心指导下，经开区锐意改革，勇于突破传统经济体制的束缚，敢闯敢试，成功实现了“三园合一”、“政企分开”、“以区带园”，闯出了一条改革创新的发展之路；坚持发展第一要务，汇聚优秀人才，集聚优质项目，吸纳优质资源，成功实现了“特色发展、差异发展、集群发展”，经济发展质量和效益不断提高。今天的经开区，年工业总产值已突破了200亿大关，年财税收入已经登上了10亿元台阶，成功入选了“湖南十大最具投资价值产业园区”；今天的经开区，万众一心开创了宏伟大业，千帆竞发迸发出强大活力，一首科学发展的史诗已经谱写了大气磅礴的开篇；今天的经开区，面向世界，面向未来，一幅现代园区的壮美画卷正在徐徐展开！经开区不仅为望城跻身“全省三强”、挺进“中部十强”、跨入“全国百强”作出了巨大贡献，而且也为望城实现新的跨越奠定了坚实基础。面对取得的成就，回眸十年的历程，感激之情油然而生。我们不会忘记省、市领导给予的无微不至的关怀，不会忘记各级各部门给予的密切配合和大力支持，不会忘记经开区创业者披荆斩棘、矢志不移的艰难探索，不会忘记中外客商投资兴业、为经开区所做出的巨大贡献。

成就载史册，任重而道远。“打造滨水新城区、建设幸福新望城”的宏伟大业激励着经开区作出新的更大贡献，也为经开区实现新的跨越开辟了广阔舞台。希望经开区抢抓机遇，开拓创新，勇当经济发展的领跑者，城市建设的实践者，体制机制创新的探路者，不断提升综合实力，奋力冲刺国家级经济开发区，为望城经济社会跨越发展再立新功。

回顾望城十年来发展历程，我们深刻地认识到，园区兴、望城兴。做大做强经开区过去是、现在仍然是望城科学发展的重中之重。县委、县政府将继续高度重视经开区的建设与发展，在发展服务不是给予有力的政策支持。各乡镇要主动加强与经开区的协作，积极探索工业园区建设与发展的新路子。县直各有关部门要提供更加主动、周到的服务，为经开区发展创造更加宽松的外部环境。

好风凭借力，乘势创辉煌。真诚地希望各级领导和各界朋友一如既往关心、支持经开区的建设与发展；真诚地希望广大企业家、投资者来经开区投资兴业，和我们一起共同创经开区更加美好的明天！

衷心祝愿望城经开区蓬勃发展、蒸蒸日上！

恭祝各位领导、各位嘉宾身体健康、工作顺利、万事如意！

谢谢大家！

奋力推动望城经开区在新的起点上杨帆起航

中共望城区委书记　谭小平

（2014年2月28日）

希望之城孕育发展新希望，魅力园区晋级国家大平台。2014年2月18日，望城经开区成功获批国家级经济技术开发区，这是望城经开区发展史上的喜事，也是望城发展的盛事，令人鼓舞，催人奋进。

成功升级为国家级经济技术开发区是一个崭新的起点，我们一定要努力加快转变经济发展方式，深化改革、扩大开放，坚决贯彻“以提高吸收外资质量为主，以发展现代制造业为主，以优化出口结构为主，致力于发展高新技术产业，致力于发展高附加值服务业，促进国家级经济技术开发区向多功能综合性产业区转变”的发展方针，全面落实省委、省政府“四化两型”总战略和“三量齐升”总要求，在建设“三市”实施“三倍”中争当排头兵，高起点谋划、高标准建设、高水平发展，努力把望城经开区建设成一流的国家级园区，推动区域经济更好更快发展。

历经十三年艰苦奋斗，望城经开区建设发展不断提速，已经形成了食品医药、有色金属精深加工暨先进制造、航空航天、现代商贸物流等四大主导产业，成功获批“长沙望城国家有色金属新材料精深加工高新技术产业化基地”。成功升级为国家级经济技术开发区，标志着望城经开区迈上了更高的发展平台，步入了崭新征程，当务之急，我们一定要抢抓发展机遇，牢牢把握以下四个重点。

一、在引建项目特别是重大项目上实现新突破

项目建设是经济工作的牛鼻子。我们把今年作为“大项目突破年”，把重大项目作为项目建设的重中之重，下大决心、出大力气，力争在大项目建设方面取得实质性突破。经开区作为望城区经济发展的引擎，将始终把项目建设尤其是大项目建设放在首要位置，一马当先，全力以赴抓项目，迅速形成万马奔腾抓项目、抓发展的生动局面。

在项目建设上紧盯几个大项目。一方面，紧盯重大产业项目，大力推动产业关联度强、带动作用大的项目，大力支持旺旺乳饮、高星物流园、金桥国际商贸城等项目加快建设，力促曾氏铝业、金荣科技、恒飞电缆等项目启动建设,为经开区产业大发展集蓄强大正能量。另一方面，紧盯重大基础设施项目,全力拉通经开区交通大骨架，把正在建设的黄桥大道、马桥河大道一举拉通，建立起沟通南北的交通要道，使望城经开区与长沙高开区实现全面对接、无缝对接。同时，尽快打通西部大通道，即先导区联络线，使经开区与京港澳高速这条国家级经济大动脉直接连通。

在项目引进上做成几笔“大买卖”。我们决心在今年内引进几个大型工业企业。市委对国家级园区提出了今年要引进一个投资50亿元产业项目的明确要求。我们不但要引进一个投资50亿元的项目，而且还要努力引进一批投资10亿元以上的企业。我们将把更多的精力放在招商引资上，以“钉钉子的精神”和“蚂蝗战术”紧盯项目，确保招大引强取得实质性的重大突破。

二、在培育产业特别是做大先进制造业上实现新突破

十三年艰苦创业，望城经开区从无到有，从小到大，产业基础不断夯实，四大主导产业初具规模，社会各界包括省、市领导和广大投资商，都十分看好望城的发展前景，都希望望城在产业发展上负更大的责任，挑更重的担子。市委、市政府多次对望城支柱产业建设提出了明确要求，要求望城要把工业经济做大，尤其要更加重视抓先进制造业，要把望城的先进制造业打造成为长沙地区工业的一个亮点。2014年，望城工业总产值要实现超过1000亿元的目标，全力做大工业经济这块蛋糕至关重要。近期，我们已经深入各个企业进行了调研,形成了发展先进制造业的专门报告，并且进行了专题研究，将把培育壮大先进制造业作为重中之重来扶持发展。

三、在提升品质特别是提升建设品质上实现新突破

当前，望城正处在推进“三大转变”、“建设现代化公园式城区”的关键时期，提升城市品质是摆在我们面前一项繁重而艰巨的任务。市委、市政府把提升城市品质作为当前的一项重要工作，继去年提出“城乡品质倍升”战略之后，现在又把“清洁城市”建设提到了前所未有的高度来看待和推进。对于产业园区，年初召开的市委经济工作会议明确提出要实施“两型化”管理的提标提档行动，按照资源节约、环境友好的要求，像打造城市新区一样建设和管理园区。从先进地区经验来看，园区应该是一个园林化的生态城区，三分之一是工业、三分之一是服务业、三分之一是绿化。因此，建设高品质园区，既是上级的明确要求，也是我们发展自身的需要，更是产业园区的发展潮流和趋势。因此，我们将立足产城一体、工业新城的发展定位，跳出园区就是“搞工业、建厂子”的思维定势，努力把望城经开区打造成“产城融合、宜业宜居”的现代城市工业经济综合体，始终坚持高标准规划、设计、建设和管理，坚持新型工业化与新型城镇化协调推进，不仅要建高标准的厂房、道路、绿化，还要建高标准商场、学校、医院、文体设施，让企业家和工人都感到在望城经开区工作舒适，生活便利。

四、在优化环境特别是优化服务环境上实现新突破

经开区是望城经济发展的主战场，环境好不好、服务优不优，集中反映了望城的整体发展环境。我们始终秉承“发展环境没有最好只有更好，优化环境只有起点没有终点”的理念，想企业之所想，急企业之所急，努力为企业提供更优质、更全面、更到位的服务。今年，我们将把行政效能建设作为一项重点工作来抓，结合党的群众路线教育实践活动，切实解决影响行政效能的突出问题，彻底改变行政效能不高的现状，真正让投资商满意、让企业家满意。从园区外部来讲，我们都要把握望城未来发展态势，主动对接、支持服务园区和企业，帮助园区和企业解决难点问题。街道和村（社区）将把服务和支持园区发展摆在更加重要的位置，切实优化施工环境，进一步淳化民风，引导老百姓都来支持园区和企业发展，营造全社会支持园区、服务园区的良好氛围。

千里之行，始于足下。我们一定凝心聚力，扎实工作，努力把望城经开区打造成一流的国家级园区，为长沙、湖南的发展作出无愧于时代和人民的新贡献！

（本文在望城经开区晋升国家级经开区之际载于长沙市人民政府主办《决策咨询》2014年第4期）

以科学发展为主题　以改革创新为动力 把望城经开区建设成为现代化综合性新城区

望城县委常委、望城经开区党工委书记　熊泽南

（2009年10月）

根据望城经开区“十一五”发展规划大纲，到2010年建园十周年之际，园区的发展目标是：建成区面积10平方公里以上，实现年工业总产值200亿元以上，实现年税收10亿元以上，产值过10亿元以上企业数量达到10家以上，主要经济指标追赶高新区（麓谷），跻身省内一流开发区之列，成为工业主导、多业并举、功能设施初步完备、集生产服务于一体的现代化综合性新城区。目前,望城经开区“十一五”规划实施进展情况良好，已经为2010年发展目标的实现奠定了坚实的基础。

经过创建8年来的建设开发，园区已经初具规模，建成区7平方公里，水、电、路、气、有线、互联网等配套设施完善，15平方公里规划控制范围内六纵六横道路骨架已经拉开，引进落户企业140余家，形成三大主导产业集群：即以旺旺食品、亚华乳业、澳优乳品、天龙制药、新汇制药等企业为代表的食品医药产业集群，以有色控股、有色总公司、晟通科技、金龙铜业、中航起落架、068航天磁电、中联重科、泰嘉新材等为龙头的有色材料深加工及先进制造机械产业集群，以湖南教育报刊社、湖南出版集团、运发包装等为核心的印刷包装产业集群。近三年来，园区进入一个加速发展时期，步入良性发展轨道，工业产值、财税收入年均增长40%以上，可用财力连年翻番，主要经济指标占县域经济总量的比重年均提升近10个百分点，已经成为县域经济的主体和支柱。这一切，均已成为园区建设现代化综合性新城区的坚实平台和良好基础。立足新起点，围绕建设现代化综合性新城区的发展目标需要，园区将从组织领导、服务方式、经营开发、内部管理等四个环节和方面进行创新，实施和推进一系列改革、从而推动园区实现新的跨越式发展：

1. 创新领导方式，加强班子建设，为现代化综合性新城区建设事业打造坚强领导核心。大胆启用和提拔优秀年青干部进入园区领导班子，使班子成员老中青搭配，年龄结构形成梯度，从而培养能够担当未来建设现代化综合性新城

区领导重任的管理者；加强对班子成员经济学、企业管理、经济法律、工程规划建设等方面知识的学习培训，拓宽领导班子成员知识面，使知识结构更趋合理，从而增强科学决策能力，提高科学决策水平；建立健全民主集中制，按照“重大事项集体决策、职责范围内分工负责”原则，完善团队领导方式，从制度上防止决策的随意性、盲目性，确保各项决策科学合理。

2.创新服务方式，提升服务水平，为现代化综合性新城区建设事业创造良好的发展环境。望城县委县政府提出的“双优”即优化环境、优质服务，服务是最大限度降低全球性金融危机的不利影响、营造经济发展“小环境”的有效举措。要以优质服务为中心、推动园区管委会从“行政区划管理模式”向“企业管理模式”转变。要按照“服务全方位、服务全覆盖、服务全天侯、服务全心力”的总体要求，通过首问责任制、服务承诺制、专家咨询制、企业服务110制等四大举措，提高服务水平，为企业生产、项目建设提供简便、快捷、高效的政务服务，保姆式、专业式、贴身式的生产服务，及时、规范、有力的法制服务。在做好“双优”服务的同时，要加强对企业的管理。2009年年初，经开区制定并下发了对企业目标管理考核细则，细则通过设置综合目标管理、税收贡献、履约守信、特别贡献等奖项，引导企业在努力提升经济效益的同时,关注社会效益；在注重产品质量、品牌形象的同时，做好门前三包责任制厂区环境美化等工作。

3.创新经营方式，提升建设开发水平，为现代化综合性新城区建设事业构筑坚实发展平台。2008年年底，经开区实施政企分开改革，由经开区开发建设投资总公司负责经开区范围内土地经营开发、基础设施建设管理等事务。征拆基础设施建设管理等可以认为是园区生产发展的支持性活动，要按照自主经营自负盈亏的原则推进征拆管理、工程管理工作的市场化进程，降低园区建设开发的成本。总公司要建立产权清晰、法人治理结构完善的现代企业制度，加快市场化、社会化步伐，充分利用市场资源、调动一切积极因素，实现多渠道融资，多头运作，加快园区建设开发步伐，实现国有资产增值。

4.创新内部管理，改革绩效考核、人事工资制度，为现代化综合性新城区建设事业营造干事创业的良好氛围。干部人事制度改革的目的在于增强干职工的工作责任心、提高工作积极性。2008年年底，经开区对管委会内设局室实行工作经费包干制，调动了各局室工作积极性。下一步，要科学合理制定对总公司、对内设局室的目标管理考核细则，并根据考核结果实行绩效工资制，适当拉开收入差距，并实行末位淘汰制，充分调动员工工作积极性。要按照市县纪委关于一把手不直接分管人事、财务、工程建设等事务的通知精神，规范程序,公开公正公平任用调整干部，让品德好、能干事、群众公认度高的优秀干部脱颖而出，从而建立鼓励积极进取的组织精神。总公司要按照优胜劣汰的市场规律，全面实施聘任制和绩效工资，打造园区建设开发的精英团队。要通过人事工资绩效考核制度改革，让广大干部职工焕发出“以一当十”的工作热情,拿出务实举措，破解发展难题，凝聚强大合力，加快推动园区发展。

改革创新是园区发展的竭动力。新的一年，望城经开区将积极探索、开拓创新，进一步理顺管理体制，集中经济管理职能，转移社会管理职能，创新投资、经营、用人机制，大力推进实体化经营、市场化运作、企业管理，实现经开区的快速高效发展，朝着建设宜工宜居的现代化综合性新城区目标努力奋斗！

在望城经开区十周年庆典上的讲话

望城经开区党工委副书记、管委会主任　徐志刚

（2010年12月29日）

尊敬的各位领导、尊敬的各位嘉宾，同志们、朋友们：

在这个辞旧迎新、充满喜悦的日子里，我们迎来了省市县各级领导、望城经开区各企业负责人、社会各界人士欢聚一堂，共同庆祝湖南望城经开区成立十周年。在此，我谨代表湖南望城经济开发区向出席今天庆典的各位领导、各位嘉宾、同志们、朋友们表示热烈的欢迎！同时，向荣获望城经开区十年十大突出贡献企业、十大突出贡献人物荣誉称号的企业和个人表示热烈的祝贺！

此时此刻，我们喜悦万分！十年耕耘，十年收获。十年来的艰苦磨炼，望城经开区的发展取得了累累硕果：

壮大了产业，引领望城走上了新型工业化的快车道。十年前，县委、县政府准确把握时代脉搏，审时度势，确立了“融城强县”的发展战略和“工业兴县、园区兴工”的发展方针。报省人民政府批准，依托旺旺食品厂，先后设立了湖南省高科技食品工业基地、湖南台商投资区，种下了工业化的希望和梦想。到如今，望城经开区已经成长为撬动望城从农业大县转变为经济强县的有力杠杆。今天的望城经济开发区，美国、加拿大、澳大利亚、比利时、日本、韩国等10多个国家及我国台湾和香港地区的投资商抢滩入驻，180余家工业企业云集于此，三大主导产业集群已然形成。2010年，望城经开区工业总产值登上200亿元台阶，占到了全县工业总产值的60%以上。看过去十年间，“长高神话”“泰嘉奇迹”“澳优传奇”“金龙速度”等企业成长佳话精彩演绎，工业产值年均增长30%以上。望城经开区充当了推动望城新型工业化进程的火车头。

拓展了城市，引领望城开启了新型城市化的新局面。十年前，望城经开区从财政借支28万元起家，从修建望城大道起步，在望城县城东南一隅破土开荒，筑巢引凤。当时规划控制面积不足7平方公里。到如今，扩充到75平方公里，主要基础设施覆盖30平方公里以上，供电、供气、电信和给排水等基础设

施全面完善，道路建设里程达45公里，征拆农民近3000户，建成15个安置小区,形成固定资产投入20多亿元。一条条融城大道与京珠西线、黄桥大道、石长铁路等纵横交错，形成了“大交通、大物流”的立体交通格局。园区的建设开发，将县城向东南方向迅速拓展，日益融入了长沙主城区，一座现代化工业新城的雏形已经展现。

增强了实力，引领望城谱写了跳跃式发展的新篇章。望城经开区成立十年来，财税收入保持年均增长40%以上，累计完成入库收入30余亿元，2010年提前1个月迈上10亿元台阶，占到全县财税收入的50%以上。经开区经济实力的迅猛增强，使望城摆脱了连续五年财税收入在2亿元左右徘徊的局面，支撑了望城在因区划调整面积缩减1/3的情况下，成功跻身全省三强、中部十强、全国百强。

扩大了开放，引领望城奏响了与时代同步的主旋律。十年来，望城经开区坚持“汇四海精英谋大业、聚五洲财气建奇功”，把招商引资作为第一菜单，10多个国家和地区180余家企业落户生根，一批批商界精英扎根望城，具有国际国内领先水平的生产技术、管理经验等给望城经济、社会、文化等各个领域带来了全方位、宽领域、深层面的影响，促进了发展，扩大了开放，提升了文明。同时，望城经开区通过成功承办首届湘台经贸高峰论坛、长沙安全食品创业基地专场推介会、望城有色专场推介会等重大活动，开放度、美誉度不断提升；被评为“湖南十大最具投资价值产业园区”、“望城十大名片”之一，成为了望城对外开放的重要平台。

此时此刻，我们感慨万千！十年成长，十年呵护。十年来的发展进步、辉煌成绩的取得，离不开一直关怀支持经开区发展的省、市、县各级领导，离不开为这方沃土奉献心智和青春的企业家朋友，离不开在这方热土上披星戴月、荣辱与共、艰苦奋斗的园区建设者，更离不开广大拆迁群众、父老乡亲的无私奉献！此时此刻，此情此景，千言万语都难以表达我们经开区人对各位的感激之情，让我谨以最深情的鞠躬表达经开区人对大家的万千感谢！谢谢大家！

此时此刻，我们思绪万端！十年洗礼，十年求索。十年的拼搏和心血，铸就了望城经开区的特质和经开区人的精神价值，继续发扬光大，将是我们经开区永远值得珍惜的宝贵财富。

要始终坚持“兴业富民、自强不息”的价值理念。十年来，一批又一批的经开区人前赴后继、艰苦创业，推动了望城经开区从小到大、由弱到强。无论在怎样艰难的处境中、怎样困难的条件下，扎根在园区人脑海中的，是兴业富民的责任感，是自强不息的进取精神；萦绕在园区人心头的，是望城县域经济的发展，是望城人民的富裕安康。“兴业富民、自强不息”，是园区的价值之魂，是园区可持续发展的生命之源。

要始终坚持建设现代化工业新城的目标定位。今天的开发区就是未来的城区。按照建设现代化工业新城的发展定位，我们坚持“科学发展、两型引领”，在园区建设过程中将“资源节约、环境友好”的要求真正落到实处；我们坚持“工业主导、多业统筹”，努力将园区建设成为产业的聚积区、经济的增长极、人民安居乐业的幸福城。

要始终坚持“产业立园、科技强园、生态建园、和谐兴园”的发展思路。坚持产业立园，根据园区实际地理资源禀赋，结合市场，科学确定主导产业，形成与周边园区的错位发展。坚持科技强园，让园区成为现代科技应用的平台，创新的载体，科学管理实践的试验田，打造核心竞争力。坚持生态建园，把城市建设与自然禀赋相结合，最大可能保留原始山体、水体，最大限度降低企业生产对环境的影响，既要有金山银山，又留得绿水青山。坚持和谐兴园，让广大人民群众共享园区发展成果，保障拆迁户群众安居乐业，引导企业、当地、部门相互沟通、相互理解、相互支持，形成推动园区发展的强大合力。

要始终坚持“服务全天候、服务全覆盖、服务全方位、服务全心力”的工作要求。服务是经开区立园的宗旨，服务创造价值。在十年历程中，经开区人贴心为企业服务，为人民群众服务，探索出了首问责任制、“一站式”审批、“一条龙”服务等一系列制度，营造了良好的投资环境，取得了以商引商的“洼地效应”。“金龙速度”“长高神话”不胫而走。在我们心中，服务没有最好，只有更好！

此时此刻，我们豪情万丈！十年拼搏，十年憧憬。“十二五”的宏伟蓝图召唤我们在新的起点上奋进。“十二五”期间，面对全球经济快速复苏的大好时机，面对长沙大河西先导区建设加快推进带来的良好机遇，面对县委、县政府率领全县人民“打造滨水新城区、建设幸福新望城”的大好形势，望城经开区将以科学发展观为指导，抢抓发展机遇，乘势而上，充分发挥区位交通、先行先试、产业基础三大优势，全面做大做强食品加工、有色金属新材料精深加工、现代商贸物流三大主导产业，加快推进新型工业化、新型城市化和信息化建设，到2015年实现主要经济指标翻两番，技工贸收入登上1000亿元台阶，实现财政税收40亿元，“鼎足三湘，争创一流”，努力朝国家级经济技术开发区而奋斗！

各位领导，各位嘉宾，朋友们，同志们：望城经开区的前进，似大河奔流,后浪前推生生不息；前进中的望城经开区，经风雨洗礼，昂首阔步全新起点！我们衷心期待各位领导一如既往关怀望城经开区的发展——你们是望城经开区的守护神；衷心期待各位企业家和商界精英一如既往支持开发区的发展——你们是望城经开区的先锋队;衷心期待社会各界人士一如既往关心园区的发展——你们是望城经开区的“亲友团”；衷心期待园区各位同仁一如既往奋勇推动园区的发展--你们是园区的开路人。衷心祝愿大家新年快乐，万事如意！谢谢！

坚定信心　砥砺奋进
努力夺取建设现代化工业新城新胜利

——在2011年度总结表彰暨2012年工作动员大会上的讲话

望城经开区党工委书记　张　权

（2012年2月7日）

各位领导，同志们：

今天，我们在这里隆重召开望城经开区2011年度总结表彰暨2012年工作动员大会，认真总结成绩，大力表彰先进，动员和号召园区上下进一步统一思想,坚定信心，砥砺奋进，扎实做好今年的各项工作，努力夺取建设现代化工业新城的新胜利！现在，我代表党工委、管委会讲三个方面的意见：

一、2011年，我们攻坚克难，奋力开拓，取得了不平凡业绩

刚刚过去的2011年，是经开区发展史上极不平凡的一年。这一年，面对复杂多变的经济形势和艰巨繁重的工作任务，经开区党工委和管委会在区委、区政府的坚强领导下，在区人大、区政协的监督支持下，在相关区直部门和乡镇的密切配合下，团结带领全体干部职工，凝聚园区企业的强大力量，抢抓望城“撤县设区”的历史机遇，紧紧咬住“打造千亿级、进军国家队”的奋斗目标，牢牢把握招商引资和项目建设等战略重点，努力突破发展要素瓶颈制约，实现了“十二五”的良好开局：全年完成规模工业总产值312亿元,增加105.8亿元，增长51.3%；实现财政总收入15.14亿元，同比增收4.57亿元，增长43.2%；完成固定资产投资104亿元，增加24.6亿元，增长30.9%，其中工业投资95亿元，增加29.7亿元，增长45.5%，技改投入75亿元,增加24.9亿元，增长49.7%；荣获长沙市2011年度科技进步目标考核一等奖，成功跻身首批“湖南省知识产权工作试点园区”和“长沙市创新园区”行列，为现代化工业新城的崛起奠定了坚实基础，进一步凸显了在望城经济社会发展中的主力军作用。

1.产业提质步伐加快

招商引资取得新突破。建立健全招商引资项目评估体系，完善前置审查和招商合同集体决策制度，引进项目数量、质量创历史新高。全年成功引进项目

35个，其中有浙江物产、江苏雨润、航天信息等5个世界500强和中国100强企业；有恒飞电缆、长高新材、省塑料研究所、韩国SJM汽配、联智桥隧等10余个税收过千万的企业。一批强优项目的引进，为园区发展注入了强劲活力。

大力引进发展标准厂房项目，成功引进投资20亿元规划建设42万平方米标准厂房的金荣科技园，为吸纳中小企业提供了广阔平台；加快推进黄金创业园、广发隆平科技园、爱晚工业园等标准厂房项目建设和招商工作，标准厂房租赁火爆。

*产业培育成果显著。*全力提升产业服务水平，服务主体由经开区单一主体向协同区直各部门联动转变，服务方式由被动呼叫向主动深入企业转变，服务方向由促进企业经济增长向全方位规范企业发展转变。全面推进“515”工程,切实帮助企业做大做强：食品加工产业稳步发展，全年实现产值50亿元；有色金属精深加工及先进制造（航空航天）产业迅速壮大，全年实现产值186亿元；现代商贸物流产业方兴未艾，高星物流园、大河西商贸城、大河西国际汽车城进入建设期。全年共申请专利372件，同比增长362%。成功申报省“四千工程”项目29个，市、区创业富民项目6个，市科技计划、节能减排等项目21个。新创了“金龙”“泰嘉”两个中国驰名商标，“天卓”“爱晚”“新汇”3个湖南省著名商标。积极搭建园区企业交流平台，进一步促进了园区企业之间平台互用、信息互通、资源共享。

2. 项目建设成效明显

*产业项目建设亮点纷呈。*制定出台了《项目建设协调服务办法》和《项目建设全程服务目录》，进一步规范了服务流程。坚持项目建设每周一调度，半月一督查制度，及时有效解决了项目建设中存在的问题。广发隆平、长缆附件、博翔纺织厂、黄金创业园等22个项目启动建设，宝利沥青、丽拓生物等17个项目实现投产运营，泰嘉新材二期、亚华乳业二期等36个续扩建项目有25个建成投产，项目建设各项指标均超额完成年度目标任务。

*基础设施建设有序推进。*规划建设局扎实工作，经开区60平方公里发展控制规划获得区人民政府批准，并纳入了长沙市总规范围，为园区发展提供了更为广阔的空间。全年启动基础设施建设项目9个，望城大道南延线（一期）、赤岗路建成通车；赤岗路西延线、马桥河路南延线、石长铁路配套工程启动建设；世博学校等项目建设进展顺利；石长铁路以南片区纳污管网、自来水、电

网、天然气、亮化、绿化工程同步推进，园区承载功能进一步增强。

3. 企业发展活力强劲

2011年，园区企业准确把握国内外宏观经济形势，认真分析行业发展的特点与规律，苦练内功，充分挖掘自身发展潜力，通过完善管理、自主创新、人才引进、战略合作等一系列有效措施，发展活力和核心竞争力进一步增强。

一年来，园区涌现了一批财税贡献大的企业：金龙铜业迈上新台阶，成功创造“三年三大步、四年四台阶、五年五跨越”的“金龙速度”，上缴税收1.81亿元；旺旺集团高度重视节能降耗，注重员工绩效管理，产值税收步步攀升，上缴税收1.23亿元；晟通科技依托国家级企业技术中心，成功研发全铝厢式半挂车、新型铝制交通站亭等，全年申请专利200多件，实现产值过百亿元,上缴税收 8359万元，成为长沙市第四家产值过百亿元企业；中联重科望城工业园在引进国际国内先进技术的同时，自强内功，产品竞争力持续提升，上缴税收6890万元。

涌现了一批成长发展快的企业：长高集团自落户望城以来，迅速成长壮大,继2010年成功上市后， 2011年又成功获评“国家火炬计划重点高新技术企业”殊荣；泰嘉科技注重诚信经营，实行6S日常管理考核，不断加大产品研发力度，成为金属切割带锯条国家标准的编制单位，已进入上市程序；国麟机械、天映机械、云川机械、泰山热工等企业积极开拓市场，不断扩大产能，为园区产业配套作出了积极贡献。

涌现了一批投资多、续建快的企业：这批企业中，有总投资35亿元的中航飞机起落架公司，有总投资5亿元的湖南航天磁电有限责任公司，有总投资2.57亿元的湖南泰嘉新材料科技股份有限公司，还有总投资1.2亿元的湖南宝利沥青有限公司等。这些企业抢时间，抓进度，新上项目均在年内成功实现了竣工投产达效。

涌现了一批重视创新成绩优的企业：新汇制药新胃药猴头健胃灵片、中吉科技智能网络售货机、路凯科技动物用抗病毒类植物提取物、众城石化风力发电润滑脂等均拥有了独立的自主知识产权；纳菲尔环保钨合金电镀项目已拥有7项发明专利，荣获2011年度国家技术发明奖二等奖。

涌现了一批力克时艰发展稳的企业：亚华乳业在全国乳业不景气的大环境下，不断创新，寻求突破，5万吨干粉生产线顺利投产，已走上加速发展轨道;天龙制药不断加大投入，开发新产品，成功进入化妆品行业；捷顺陶瓷克服外需市场行情低迷的不利因素，扩大生产，保持了良好的发展态势。

涌现了一批管理精细效益好的企业：百威英博、天闻印务、澳优乳业、派意特等企业采用先进的现代企业管理理念，创新管理手段，以管理出效益，以管理树品牌，企业不断发展壮大。

4. 发展保障更加有力

积极争取用地指标。总公司主动联系省国土、林业等部门，积极办理项目建设用地报批手续，全年获批新增国有建设用地3561亩，一次性解决林地采伐限额指标900亩，解决耕地占补平衡指标3000亩，满足了园区未来两年用地报批相关指标的需求。与此同时，还把握长沙市土地利用总体规划调整契机，在发展控制规划范围内新增建设用地规划面积9000余亩。

征拆安置强势推进。为有效破解征拆难题，我们采取了一系列行之有效的措施：一是精心挑选基层工作经验丰富的区、镇、村老干部20余人加入到征拆队伍，成立4个项目指挥部开展工作；二是进一步创新了工作机制，按照统一领导、统一安排、统一标准、统一核算、统一资金调度的模式，各指挥部实行每日一碰头，征拆办每周一会商，管委会每月一调度的工作机制，成立征拆工作政策法规组，进一步加大了依法拆迁的工作力度；三是切实加大政策宣传力度，全年分发征拆安置宣传资料5000余册，出动宣传车辆200多台次，张贴宣传标语牌匾500多幅（块）；四是加强了就业培训，全年为失地农民开办各类技能培训班14期，培训上岗人员1118人，安置望城本地就业劳动力1800余人。由于措施得力，全年启动征拆项目20个，完成拆迁腾地项目11个，完成拆迁面积3300多亩，搬迁217户，拆除房屋256栋，拆除房屋面积47930平方米，动迁人口850余人。拆迁户全部办理了限价商品房申购手续，征拆安置工作取得了历史性突破。

资金融通力度加大。财政分局积极筹措、调度、规范使用资金，确保了园区建设发展和日常运转的各项资金需要。园区各相关部门积极拓宽融资渠道，盘活存量土地，全年通过银行融资3.46亿元；挂牌出让工业项目用地8宗、成交总额4.19亿元；成功出让了经营性用地181.86亩，筹集基础设施和征地拆迁资金2.8亿元。各类资金的筹措到位为征拆安置和基础设施建设提供了有效保障。

相关部门鼎力配合。园区开发建设得到了相关镇、村（社区）、组的大力支持，也得到了全区相关职能部门的鼎力配合。星城镇、高塘岭镇、黄金镇党委、政府都明确了专人服务园区工作。区规划、国土、财政、林业、公安、征拆办、工业、国税、地税、工商、综合执法、商务、房产、环保、建设、安监质监等部门全力支持、紧密配合，为园区开发建设作出了积极贡献。园区派出所、国土所、城管执法中队和各驻园机构的同志们以事业为重，以经开区为家，为经开区的建设发展、和谐稳定付出了辛勤劳动，做出了突出贡献。

党的建设和队伍建设全面加强。我们狠抓党的建设和干部队伍建设，组织党员干部开展了纪念中国共产党成立90周年系列活动，进一步提高了园区内部的凝聚力和战斗力；切实加强党风廉政建设，不断完善各项规章制度，坚持用制度管人管权管事，进一步提高了各项工作的科学化、规范化、制度化水平；积极开展园区企业党建工作，使园区非公有制企业党组织发展到了39家，覆盖面和影响力进一步扩大；大胆创新人才引进机制，面向社会公开招聘了一批高学历、高素质的专业技术型政府雇员，进一步充实和优化了园区队伍。

5. 先进典型层出不穷

一年来，经开区上下锐意进取，开拓创新，出色完成了各项工作任务，涌现了一批创先争优、成绩卓著的先进单位和先进个人。

经开区办公室、规划建设局、社会事务局、财政分局、同心派出所等单位，团结务实，积极主动工作，成绩显著；晟通科技、金龙铜业、百威英博等园区企业把握发展大势，奋力开拓进取，在激烈的市场竞争中增强了实力，为经开区做大做强作出了巨大贡献；马桥河、高冲、桂芳、廖家坪、三益等村的支村两委和干部群众顾全大局，大力支持征拆工作，在园区发展史上谱写了动人的篇章。

在园区的开发建设中，一大批先进个人为我们树立了榜样。他们中，有兢兢业业、尽职尽责的吴南军、肖新苗、刘群英、邹金、李雄辉、凌玮琦、陆正斌、姚新利、周卓、刘双富等同志；有积极投身园区征拆安置工作，作出了重要贡献的许津轲、周六宏、潘惠先等同志；有舍小家为大家、耐心细致做群众工作的陈胜武、易强志、李炳炎、刘正杰、张其雄、朱正威、李应德、王四军杨建秋、危建红等同志。他们的敬业奉献精神，令人钦佩；他们的先进事迹，让人感动。在这里，我还要特别讲到的是，在我们的队伍中，还有一大批默默奉献，甘当无名英雄的好干部、好党员、好同志。正是由于有了这样一批“排头兵”，有了这样一批“孺子牛”，经开区2011年才铸就了新的辉煌，站在了新的起点。

回顾一年的工作，我们深刻地体会到，经开区要发展壮大，一是必须毫不动摇地坚持以项目建设为中心。我们只有突出项目重中之重的位置，想项目之所想，急项目之所急，帮项目之所需，才能实现强优项目大引进，征拆安置快速度，项目建设高水平，才能使园区保持旺盛的生命力。二是必须坚定不移地走改革创新之路。改革创新是经开区的“根”与“魂”，无论是招商引资、产业培育还是突破要素瓶颈制约，都需要创新体制机制。我们只有创新工作思路，以敢为人先、敢闯敢试的智慧与魄力，奋力开拓，才能真正做到先行一步创优势，快人一拍出实绩。三是必须服务大局、主动作为。经开区的一切工作，都必须从望城发展的大局出发，围绕区委、区政府的中心抓发展、促进步。我们只有务实进取、主动作为，才能开辟新境界，夺取新胜利。四是必须充分调动一切积极因素。摊子大、任务重、人员少是经开区目前存在的客观实际，我们只有善于借智、借力、借势，才能引来八方关注，赢得上下支持，凝聚起一切力量，不断开创新局面。

同志们！成绩来之不易，经验弥足珍贵。工作业绩的取得是区委、区政府正确领导和区人大、区政协监督支持及区直各部门、乡镇密切配合的结果，是园区广大干部职工真抓实干、顽强拼搏的结果，是园区企业家和全体员工艰苦创业、攻坚克难的结果，是驻园机构及基层组织积极配合、鼎力协助的结果，也是社会各界和广大人民群众积极参与、合作帮助的结果。在此，我代表经开区党工委、管委会向即将受到表彰奖励的先进单位和个人表示热烈的祝贺！向为经开区发展进步付出辛劳的各位领导、各位同志表示衷心的感谢！

在总结成绩的同时，我们也要清醒地看到：一是园区经济总量还不够大，结构还不够优，产业带动能力还不够强；二是资金、征拆、土地等方面的瓶颈制约还比较大；三是管理还有待进一步规范，工作作风还有待进一步改进，队伍素质还需进一步提高。对此，我们将高度重视，切实加以解决。

二、2012年，我们要坚定信心，砥砺奋进，努力夺取建设现代化工业新城新胜利

2012年是实施“十二五”规划、继往开来、开拓奋进的重要一年，也是加快转型升级、保持率先发展的关键一年，做好全年的各项工作，意义十分重大。当前，世界经济增速回落、复苏乏力，我国经济发展中不平衡、不协调、不可持续的矛盾和问题仍很突出，经济运行又出现了一些新情况、新问题，比如制造业遇到困境，房地产市场低迷等等。今天的经开区，正承受着来自结构调整、要素保障、园区竞争激烈等方面的巨大压力。可以说，2012年是充满挑战的一年。然而，尽管我们的面前存在诸多难以预见的风险与挑战，但经开区发展处于大有作为战略机遇期的向好形势仍然没有改变。不久前闭幕的中央经济工作会议确立了稳中求进的总基调，国家将继续实施积极的财政政策和稳健的货币政策，并释放出了一定要牢牢把握发展实体经济的信号；2月1日召开的国务院常务会议确定了一系列进一步支持小型微型企业健康发展的政策措施。可以乐观地预见，人才和资金等要素将更多地投向实体经济。随着省“四化两型”和市“沿江建设、跨江发展”战略的深入实施，长株潭“两型社会”综合配套改革向纵深推进，大河西先导区建设全面展开，特别是望城撤县设区后，区位优势的更加凸显和土地价值的进一步放大，我们突破要素瓶颈制约的有利因素将会更多。经过多年的努力，经开区“十里食城”“十里金城”“十里商城”的产业结构正协调有序发展，科学发展潜能将进一步释放，加之这些年我们铺排的一大批基础设施和产业项目有的已开始发挥效益，有的正蓄势待发，有的正加快建设。这一切，都为我们未来的发展提供了充足后劲。可以说，经开区跨越发展其时已至，其势已成。

2012年经开区工作的指导思想是：坚决贯彻落实党的区委全会和区人大、政协会议精神，大力实施“建设新城、强工兴园、城乡一体”发展方针，继续发扬“兴业富民、自强不息”的园区精神，牢固树立经营园区理念，积极培育壮大产业，强势推进项目建设，着力破解要素制约，完善提升基础配套，不断加强党的建设，朝着“打造千亿级，进军国家队”的宏伟目标奋勇前进。

主要目标是：全年实现工业总产值360亿元以上、商贸收入60亿元以上；财政总收入力争突破20亿元；新引进项目30个以上，启动新建和续扩建项目40个以上，实现投产项目20个以上；争取融资12亿元，获批新增国有建设用地3000亩；完成拆迁腾地4000亩。

1.突出项目带动，增强园区核心竞争力

强力提升招商水平。2012年，我们要主动对接全球500强、全国百强和大型央企，力争在引进重大战略性项目方面取得突破。要抓好产业链招商，积极引进食品加工行业的品牌企业、有色金属精深加工及先进制造行业的龙头企业、大型央企战略投资项目；要搞好现代商贸物流业专项市场招商，积极完善货运物流、仓储、电子商务等配套，做实现代商贸物流产业；要抓好标准厂房招商工作，既重数量更重质量，不断扩大招商成果。要积极盘活园区企业闲置土地、厂房资源，逐步清除“零税收”的项目。要认真研究产业、金融、财政、税收、土地政策，抓好网络招商、对口招商、以商招商，不断提高招商工作的效率和效益，实现科学招商工作目标。

着力推进规划管理。要充分发挥规划的龙头作用，精心编制好经开区控制性详规；要完成一站式规划服务平台建设，进一步规范办事流程，减化审批程序，提升服务效能；要加强规划批后管理，规范建设行为，维护良好的建设秩序。

全力推动项目建设。要积极协调，建立项目服务联动机制，加大对强揽项目附属工程、阻工闹事等违法行为的打击力度，切实优化发展环境。要突出重点，全力以赴推动旺旺乳品、高星物流园、大河西国际商贸城、雨润农副产品全球采购中心、湘能特钢、湘江涂料等重大项目开工建设，掀起项目建设新高潮。要支持金荣科技、恒飞电缆、中航起落架（二期）、航天磁电（二期）等在建和续扩建项目尽快启动建设，力促广发隆平、长缆电工、中联消防、大北农（二期）等项目投产。

合力强化企业服务。要大力实施“515”工程，出台并实施《“515”工程企业专项扶持资金使用办法》，积极支持一批发展势头好、发展潜力大的园区企业发展壮大。要积极探索产业发展规律，加强宏观经济政策、产业政策的研究，对产业进行一月一分析，及时把握企业动态，为园区企业发展提供专业化、个性化的服务和指导。要大力推动企业科技创新，积极开展知识产权进园区活动，加快省有色金属精深加工产业基地平台建设，争创国家级有色金属精深加工高新技术产业化基地。要突出企业创新主体，加强产学研合作，指导泰嘉科技、长高集团、亚华乳业等建立省级技术中心，扶持纳菲尔创建市级钨合金工程技术中心和知识产权示范单位。要不断完善公共服务平台，既大力整合社会中介机构资源，搭建园区创业辅导、法律辅导、科技创新、管理咨询、人才引进、投融资等综合性企业服务平台，又加强与区直各部门的联系和沟通，整合行政资源，建立健全部门联动工作机制，打造良好的政务服务平台，以优质的服务促进企业全面发展。要切实抓好安全生产和综治维稳工作，坚决实行安全维稳一票否决制度，努力形成“一把手”履行安全维稳第一责任、相关人员抓实抓好安全维稳工作、全体员工人人重视安全维稳工作的良好局面，确保企业安全生产、园区和谐稳定。

2. 完善基础配套，提升园区发展承载功能

着力打通向南向西交通干道。从2012年起，我们将按照适度超前的原则，有计划地推进马桥河路南延线、金星大道西延线、航空路西延线、沿河路、石长铁路配套工程等主要骨干道路的建设，以满足园区向西、向南发展的需要。

不断完善在建区基础配套。要根据项目建设的需要，分步实施，滚动建设，启动汽车城11万伏变电站项目建设，力争完成楠竹塘变电站增设万伏线路、汽车城给排水及污水管网、东马重建地排水管涵、赤岗路—雷高路排水管涵、世博学校等工程建设，为产业项目的生产生活提供强有力的配套。

稳步推进建成区提质改造。要根据财力，打造新城新亮点，进一步完善同心路、世博学校周边道路和园区建成区主干道路的标示系统、亮化设施，搞好美化工程；要大力推介百威英博、中航起落架、奥莱小镇“建成一片、绿化一片、美化一片”的成功做法，努力建设环境优美企业，提升园区整体形象。

3. 着力破解要素制约，强化园区建设发展保障

保障资金良性运转。保障资金良性运转是2012年工作的重中之重。我们要下大力气破解资金要素制约，坚持开源与节流并举的原则，努力实现资金的良性运转。要做活土地文章，通过加大经营性融资用地的宣传推介力度，加快熟地出让进度，引进战略投资者参与重点项目建设等措施，切实缓解融资压力；要积极争取银信部门信贷支持，保持适度银行贷款，尝试不同还款期限的贷款组合，利用梯度还款使资金循环更为顺畅；要拓宽依法征收的空间，挖掘征收潜力，做到既放水养鱼促发展，又依法征收增效益；要不断向市场、社会开放融资渠道，吸纳更多的社会资金投入园区开发建设；要严格预算控制，严格财经管理，科学调度和使用资金，把有限的资金用在刀刃上。

全力推进征拆安置。要进一步完善征拆工作机制，加大征拆专项资金的保障力度，积极探索快捷的征拆款项支付方式、板块预征土地模式及征拆工作宣传的方式方法，充分调动基层干部群众的工作积极性，全力打好征拆工作这场硬战，全面完成拆迁腾地4000亩以上的工作目标。要切实加快限价商品房建设步伐，扎实做好限价商品房申购组织工作，努力实现拆迁户“住有所居”的目标；要认真落实被征地农民转户进保工作，切实维护失地农民的合法权益。要对失地农民的就业情况进行台账管理，对经开区所辖区域的劳动力总量、结构等进行全面摸底，联合劳动部门分批次分类别进行就业培训。要切实掌握企业用工需求，大力促进失地农民充分就业。

扎实破解用地难题。要进一步加强与省、市国土部门、林业部门和相关单位的联系与协调，力争2012年获批新增国有建设用地3000亩。要坚持“有保有压、近远结合”的原则，科学铺排报批计划，重点保证基础设施用地、融资用地和优质项目、标准厂房项目的用地供应。要大力创建集约节约示范园区，健全闲置土地动态监管机制，通过完善土地闲置费收取、加强闲置土地处理等办法，进一步盘活土地资源，强化土地管理。

4. 切实加强党的建设和队伍建设，不断提升服务和管理水平

要以增强党组织战斗力和凝聚力为目标，进一步完善党建基础工作，大力开展“党务公开”“创先争优”“三联三为”等活动，积极推进党的建设和非公有制企业经济、文化建设有机融合。要在实现园区非公有制企业党组织全覆盖的基础上，进一步加强企业党支部（党委、党总支）的思想、组织、制度和阵地建设，加强积极分子队伍建设，重点引导发展一批企业家成为入党积极分子和党员，重点建设一批规范化的非公企业党组织阵地。要重点支持企业工会、工商联等群团组织建设，更好地发挥桥梁纽带作用，为园区发展作贡献。

要从加强学习教育培训入手，进一步提高干部职工的思想政治素质和业务工作水平。要加大局室长和内设科室长选拔培养使用力度，在政治上提高他们的地位，在生活上提高他们的待遇，让他们干起事来有动力、有激情、有劲头，干成事后有归宿感、成就感、幸福感，创新创业活力竞相迸发。要大力选拔优秀年轻干部到重要岗位历练，最大限度地调动人才的积极性。要以绩效考核为抓手，完善考核办法，细化考核指标，严格考核结果运用，进一步提高全体干部职工的执行力和工作绩效。要根据实际需要聘请一批高层次管理和专业技术人才，招聘一批综合素质较高的政府雇员、选调一批工作骨干，进一步优化队伍结构。

三、真抓实干，雷厉风行，只争朝夕做好当前工作

同志们！今年1月，园区完成财政总收入2.12亿元，实现了“开门红”。良好的开始是成功的一半，我们要以只争朝夕的精神扎扎实实做好当前工作：

1.狠抓各类生产要素供应，保障企业满负荷生产。积极协调各级各部门，全力做好生产要素的调度保障工作，尤其是要素供应紧张时期的水、电、气、电信的有序供应，充分满足企业满负荷生产的需求。园区企业要主动应对市场变化，积极开拓新市场，谋求更大发展空间；要狠抓各类要素供应，科学调度，迅速组织全面恢复生产。一步主动，步步主动。企业生产，我们必须一开始就抓紧抓好。

2.加快项目引进步伐，尽快形成招商和项目开工建设的热潮。要加快同旺旺总部、神州数码、大康牧业、普洛斯等企业洽谈项目落户的进度，做好参加中博会的项目准备工作，确保2月份实现10个项目签约；要及时召开项目促进会，集中解决在建项目亟待解决的矛盾和问题，督促各在建项目尽快建设，早日投产。要力促远航生物、国伟机械、长缆电工等一批具备开工条件的项目早日开工，为园区发展注入新活力。

3.强力推进征拆安置工作，确保项目用地供应。要以规范管理、完善体制机制为抓手，全面推进拆迁腾地、社保就业、重建地管理三项中心工作，统筹兼顾社会事务、拆违控违、综治维稳，做到和谐拆迁与司法拆迁同步，青苗、土地调查与房屋丈量同步，社保转户、就业培训与限价商品房申购同步，力争一季度完成高星物流园、湘江涂料、梦洁、湘能特钢、欧比佳、唯一幕墙等项目的征拆腾地，确保项目用地及时交付。

4.加快基础设施建设进度，为项目建设创造良好条件。要抓紧马桥河南延线、赤岗路西延线及污水管网建设，迅速启动世博学校周边配套的升级改造；协助航天磁电、世博学校等14个项目用地成交单位完善用地合法手续；做好梦洁家纺等8个项目用地挂牌前期准备工作；尽快完成高星物流、邵商投、商用重卡和兰天汽车城的场平工作，为项目的顺利开工创造良好条件。

同志们！成绩属于过去，未来需要拼搏。实践告诉我们，伟大的事业总是在不断地应对挑战与抢占先机中铸就新的辉煌。让我们在区委、区政府的正确领导下，以舍我其谁的气概，坚定信心，砥砺奋进，为望城经济社会又好又快发展做出新贡献，以优异成绩迎接党的十八大胜利召开！

转型升级 提质发展
全面争创一流的国家级园区

——在2015年总结表彰暨2016年经济工作会议上的讲话

望城区委副书记、望城经开区党工委书记 张 毅

（2016年2月1日）

同志们：

这次会议的主要任务是，全面贯彻落实党的十八届五中全会、中央省市经济工作会议和区委全会精神，认真总结“十二五”特别是2015年的各项工作，科学谋划“十三五”发展蓝图，研究部署2016年工作。区委、区政府高度重视这次会议，玉成书记、焱斌区长、金平主任、志平主席亲临会议，等下还将作重要讲话。在此，我谨代表望城经开区党工委、管委会，对各位领导、企业家和同志们莅临会议表示热烈的欢迎！对区委、区人大、区政府、区政协以及区直各部门和相关街道的关心支持表示衷心的感谢！下面我根据党工委、管委会研究的意见，讲几个方面的内容。

一、回顾“十二五”工作，提振加速发展的信心

过去的五年，是望城经开区历史上极具成效的五年，也是望城经开区建设发展升级进位的五年。五年来，面对复杂多变的经济形势和艰巨繁重的工作任务，我们在区委、区政府的坚强领导下，在区人大、区政协的监督支持下，在相关区直部门和街道的大力配合下，在全体干部员工的共同努力下，紧紧抓住“进军国家队”的奋斗目标，牢牢把握招商引资和项目建设两个工作重心，攻坚克难，砥砺奋进，圆满完成了“十二五”各项目标任务，园区经济社会实现了跨越式发展。

1. 这五年，园区经济实现了快速增长。主要经济指标在“十二五”期间实现翻番，保持了年均20%以上的高速增长，增速位居全市前列。规模工业总产值从206亿元跃升至770亿元，年均增长30.17%；规模工业增加值从60亿元增加到200亿元，年均增长27.23%；财政总收入从10.5亿元攀升到31.11亿元，年均增长24.26%；核心区国地两税从5.03亿元提升至13.97亿元，年均增长22.67%。“十二五”期间，园区成功升级为国家级经济技术开发区，获批全国

唯一的有色金属新材料精深加工高新技术产业化基地和国家知识产权试点园区,园区建设发展取得历史性突破，登上了更高的起点。

2. 这五年，园区建设取得了显著成效。“十二五”期间，园区滚动编制实施《基础设施三年行动计划》，铺排市政道路项目56个，完成投资34亿元，新增道路里程32公里。纵贯南北、直接连通高新区的马桥河路南延线竣工通车,横连东西、无缝接驳黄桥大道的金星路西延线通车在即，望城大道（石长铁路至普瑞大道段）、航空路东段、赤岗路、沿河路等道路完成建设，望城大道南延线、航空西路一期、沿河路二期、红家坡东路等道路启动建设，建成面积由“十一五”末的6平方公里拓展至目前的20平方公里，园区“东西互动、南北对进”的交通路网格局已然成型，拉开了园区发展的城市框架。“十二五”期间，铺排水、电、气项目217个，完成投资4.6亿元，完成了北片区污水治理、220千伏楠晟线迁改等工程建设；砂子塘新世博学校2012年9月建成投入使用，集购物、休闲、娱乐于一体的环球奥特莱斯购物公园2014年盛大开业，绿地香树花城、奥莱小镇、中航山水蓝天、晟通城等一批楼盘相继建成，新增6条公交线路，园区生产生活配套设施日趋完善，承载功能全面提升。

3. 这五年，园区产业得到了不断壮大。五年来，园区坚持“产业立园、项目兴园、创新强园”的发展理念，初步形成了有色金属新材料、食品加工、电子信息、现代商贸物流四大产业集群。五年来共引进项目173个，其中世界500强企业4家，上市企业11家。到2015年底，园区共有企业634家，其中规模以上企业130家，世界500强企业、境内外上市公司30家，产值过百亿元企业2家，产值过亿元企业65家，税收过亿元企业6家，税收过千万元企业32家；拥有中国驰名商标13个，湖南省著名商标48个，授权专利1000余件，国家级实验室4个，国家级企业技术中心3个，博士后工作站5个，省、市企业技术中心40个。

4. 这五年，园区政务效能获得了日益提升。发挥企业孵化中心作用，为37家入园企业提供临时办公场所，帮助13位创业者把发明和成果形成商品推向市场；成立“一站式”政务服务平台，为企业提供建设、规划、国土等方面的一条龙服务，有效提升了企业的办事效率；率先搭建政银企对接平台，着力改善企业融资环境，五年来帮助117家中小企业融资43亿元；开通企业服务110热线，24小时为企业提供全天候全方位服务，及时为企业解决各类问题。成立企业挂牌上市孵化基地，为企业提供上市培育及孵化、经营咨询及财务顾问等服务，搭建了多层次资本市场体系融资服务平台，成功帮助13家企业在上海股权交易所、湖南股权交易所挂牌。

二、总结2015年工作，坚定跨越发展的决心

2015年，我们以“项目攻坚年”为工作主线，强化项目责任，优化项目服务，刚化项目考核，求真务实，迎难而上，园区经济社会发展呈现出稳中有进、进中向好的良好态势。全年引进投资额5000万元以上的产业项目27个，总投资约210亿元。其中，投资过50亿元的项目2个，投资过10亿元的项目2个，投资过亿元的项目19个。全年铺排新建续建产业项目40个，计划总投资351.6亿元,年度完成投资100余亿元。成功发行7年期12亿元公司债券，通过银行融资6.8亿元。全年报批土地2152亩，挂牌出让用地19宗共计1658亩，强力推进12个项目的征拆扫尾工作，实现拆迁腾地2500余亩。园区全面超额完成年度目标任务，荣获了全省开发园区节约集约用地特等奖，在全省加速推进新型工业化大会上作了典型发言，展示了后发赶超的强劲态势。

回望发展历程，我们攻坚克难，奋力开拓，取得了令人鼓舞的成绩。这些成绩的取得，一是得益于区委、区政府的坚强领导。始终将园区作为全区经济发展的主战场，全方位支持园区发展，真正做到了园区经济发展需要什么帮助就给予什么支持。二是得益于重点骨干企业的支撑贡献。晟通集团适应市场变化，调整产业结构，消化过剩产能，不断开发高附加值的终端产品，建筑铝模板一举成为行业标杆，轻量化汽车成功进入海外市场，年产值突破350亿元。金龙铜业克服国际市场铜价低迷、行业下行困难，主动拓宽市场，通过加大科研投入，提高产品附加值，成功创建省级院士工作站，获全国有色金属行业先进集体殊荣，成为中石化、中石油、中国华能网湖南地区唯一电缆供应商，年产值过120亿元。澳优乳业积极开拓海外市场，收购荷兰海普诺凯乳业公司，在澳洲、欧盟布局原材料供应基地，构筑了一条从“牧场到工厂、研发到验证、品牌到销售”的全产业链，实现了全球资源的优化配置，产值达到37亿元，同比增长了42.9%。这批优秀企业，支撑了园区的发展规模，是园区高速发展的核心力量。三是得益于一批企业家的担当作为。今天即将受到表彰的，是园区企业家的优秀代表，他们科学把握发展大势，竭力奉献聪明才智，全力推进企业转型创新，为企业做大做强做出了巨大贡献。例如，望城十大杰出青年长高集团总裁马晓，带领公司开发国际领先水平1100千伏高压交流输电产品，成功收购杭州富特、湖南雁能森源、华网电力等6家公司，为企业转型发展奠定了坚实的基础。这批优秀企业家既实现了个人价值，又贡献了社会价值，挺起了经开区跨越发展的脊梁。四是得益于街道和区直部门的大力支持。黄金园、乌山、白沙洲、金山桥等街道主动担当责任，全力推进项目拆迁，为园区发展提供了坚实保障。特别是黄金园街道在中粮可口可乐项目拆迁过程中，仅用10天就完成了20户的拆迁任务，力促该项目从正式签约到开工建设仅用了48天，创造了新的“望城速度”。区发改局全力支持园区发展，全程协助园区跑部门汇报、跑手续办理，支持园区成功发行12亿元公司债券，为加速园区发展提供了资金保障。区公安分局同兴派出所依法行政，铁腕整治施工环境，在网讯通项目场平过程中依法抓捕强揽工程、阻工闹事人员11人，拘留8人，树立了法律权威，强烈震慑了违法犯罪行为。五是得益于园区广大干部员工的真抓实干。园区的广大干部员工，切实履行责任，主动担当作为，创新推动工作，用心智和汗水铸就了园区的辉煌事业。在此，我谨代表园区党工委、管委会向重视支持园区发展的各位领导，向为园区建设发展做出重大贡献的企业家和员工，向广大干部群众表示崇高的敬意和衷心的感谢！

在总结成绩的同时，我们也要清醒地看到：一是园区有色金属新材料产业一业独大，没有形成多点支撑的产业格局，园区经济抗风险能力不强；二是园区部分企业属于原材料加工型企业，产业链不长，附加值不高，终端产品少，市场占有率不高；三是基础设施投入不足、配套不全、平台不优，路没成网，交通不畅，区域价值没有得到充分释放；四是干部队伍中专业人员不多、技术服务水平不高，政务服务有待加强。这些困难和问题，我们必须认真研究，采取有效措施切实加以解决。

三、谋划“十三五”蓝图，树立赶超发展的雄心

“十三五”时期，是望城经开区乘势提速发展的黄金期，也是借势提质发展的攻坚期。我们既面临国际国内经济形势十分复杂、经济下行压力大、“稳增长、调结构”任务十分艰巨的挑战，又迎来了区域战略提升、资源要素集聚、发展动能释放等一系列重大发展机遇。一是融入湘江新区的战略发展机遇。园区既是长株潭“两型社会”建设综合配套改革试验区、长株潭自主创新示范区和环洞庭湖生态经济圈三大国家发展战略的叠加地，又是国家级湘江新区的核心产业发展区。湘江新区是全国第十二个、中部唯一的国家级新区，园区全境纳入并定位为湘江新区的先进制造业核心产业聚集区，是湘江新区实施“产城融合、以产兴城”的重点建设区域。湘江新区制定了发展十大改革举措，既将园区在发展战略上纳入了国家、省、市的顶层设计，享受政策红利，又使园区成为了湘江新区招商引资、平台建设、产业布局的重点建设区域。二是打造大河西交通枢纽的重点建设机遇。园区是长沙市城市规划的大河西交通枢纽。规划的金桥枢纽集渝长厦高铁、长株潭城铁、地铁2号线、长途汽车、城市公交于一体，目前已启动长株潭城铁建设，计划于2017年投入运营。长沙铁路货运西站，规划吞吐能力500万吨，通过石长铁路联通京广线，一期200万吨年内将建成投入运行。京港澳高速复线是一条纵贯南北的国家级交通大动脉，长沙至岳阳段有望年底建成通车；普瑞路京港澳联络线同步建成通车；长益高速复线穿越园区东西，已开工建设。这些重大交通工程的实施，将在园区构建一个集高铁、城铁、地铁、高速公路、快速路于一体的立体交通网络，形成“辐射三湘、连通全国”的大交通格局，极大地降低企业物流成本，形成投资的洼地；极大地聚集人流物流，提升区域的价值，为园区新一轮的跨越发展奠定坚实基础。三是释放望城撤县设区的高效体制机遇。望城撤县设区时，市委、市政府明确了只改名称、不改职能、体制和区划的“一改三不改”政策。几年的实践证明，在这种灵活的体制下，望城既享受千万级都市圈的经济辐射带动，又继续享有县级高效的行政管理权限。省、市、区高度重视园区发展，省政府明确进一步简政放权，下放省级审批权限，提升园区办事效率。市委、市政府出台了《深化园区行政审批制度改革指导意见》，全面建立“园内事园内办”的行政审批机制。区委、区政府十分明确，要举全区之力支持园区发展，全面下放行政审批事项，全面优化园区发展环境，全力支持园区做大做强。高效的政务环境，浓厚的发展氛围，将极大提升园区发展的软实力。

“十三五”期间的奋斗目标是：“打造千亿元主导产业，进军全国百强园区”。园区要主动担当作为，奋勇开拓发展，成为望城区经济发展的主战场和发动机、湘江新区重要的产业增长极和长沙经济的新亮点。力争“十三五”末，将有色金属产业打造成为长沙又一个千亿元产业；园区综合实力在全国近400家经济技术开发区和高新技术产业开发区中位列百强；努力将园区建设成为湘江新区先进制造业聚集区、全国有色金属产业示范基地和全国一流的国家级园区。

“十三五”期间的指标任务是：全面实施“总量倍增、质效齐升”计划，不断提升园区对区域经济增长的贡献率，不断提升园区在国家级园区中的影响力，确保“十三五”期间经济运行保持可持续的中高速增长，规模工业总产值年增长17%、财政总收入年增长17%、税收收入年增长12%，努力实现“十三五”末规模工业总产值、规模工业增加值、财政总收入、税收收入翻番，在区域竞争中超过宁乡经开区，赶上浏阳经开区，跻身全省三强。

“十三五”期间的发展理念是：坚持两型引领发展，建设秀丽优美的公园式园区。园区位于长株潭“两型社会”建设综合配套改革试验区，是望城区建设公园式城区的重要组成部分。两型引领是园区发展的标准，是园区发展必须坚守的标准。要严守生态红线，推进节能减排，淘汰落后产能，发展循环经济，坚持走“两型化”、“生态化”的发展之路，既要金山银山，更要绿水青山，绝不走高污染、高能耗、高排放的粗放式发展老路。坚持基础先行发展，建设高速高效的枢纽型园区。要坚持先筑巢后引凤，抓住长沙建设大河西交通枢纽的机遇，打通外向交通大动脉，完善内部交通微循环，提升基础设施配套能力，构建“大通道、大枢纽、大路网”，提质发展平台，提升区域价值。坚持产城融合发展，建设宜居宜业的现代化园区。产业是城市发展的基础，城市是产业发展的载体。要坚持工业化带动城市化、城市化促进工业化，实现“以产促城、以城兴产、产城融合”的可持续发展。坚持产业品质发展，建设又好又快的实力型园区。充分发挥园区的资源秉赋优势，保持产业发展的定力，以先进制造业为主体，以商贸物流业为补充，始终围绕有色金属新材料、食品加工、电子信息和商贸物流四大产业集群做大做强，按照供给侧和需求侧结构性改革的要求，做长产业链，提升价值链，丰富产业元素，坚持战略招商，实现产业高端化、企业集群化发展。

四、开局2016年工作，坚守品质发展的恒心

2016年，是“十三五”的开局之年，也是望城经开区新一轮发展的起步之年，做好全年各项工作至关重要。2016年工作总的指导思想是：全面贯彻党的十八届五中全会精神和习近平总书记重要讲话精神，认真落实区委全会精神，以“打造千亿主导产业、进军全国百强园区”为奋斗目标，全力实施“产业强园”和“人才兴园”两大发展战略，以项目建设为抓手，以战略招商为重点，

以产业提质为主线，确保规模工业增加值增长17%，财政总收入增长17%，确保税收收入增长12%、力争17%，引进投资过50亿元的工业项目2个以上、上市企业和行业知名企业10家以上、投资过5000万元的项目30个以上，新启动和续扩建项目54个以上，融资40亿元以上，新增土地报批、征拆、场平3000亩以上，努力实现“十三五”开门红。

为实现上述目标，我们必须抓好以下重点工作：

1．夯实基础，释放区域发展潜力。借外力打通对外交通大动脉。争取省、市支持，加快推进长益高速复线、长株潭城轨金桥交通枢纽站建设，力争启动三环线和普瑞大道立交互通；主动对接广铁集团和石长公司，加快建设石长铁路和长沙货运西站，启动高星物流园铁路专线建设，年内打通望城大道下穿石长铁路通道。聚内力完善内部交通大循环。按照“成片开发、成网建设、成块配套”的理念，完成望城大道南延线5.5公里城市主干道建设，实现航空西路、高塘岭大道、沿河路、红家坡东路等12条次干道和支路竣工通车；启动月亮岛西路、郭亮南路、长塘路、高原路等7条主次干道的建设；启动黄金大道、赤岗路西延线、高教路、原佳路、高乌路等22条市政道路建设的前期准备工作，打通园区断头路，扩大园区交通容量。增活力提升区域大配套。按照落得下企业、留得住员工的目标，加快推动桂芳变电站、园区地下管网影像系统等生产性配套设施建设；尽快启动金桥公交停保站、仁和学校等重大基础配套建设，重点将奥特莱斯打造成为一个集购物、餐饮、娱乐为一体的综合性消费节点和远郊商业亮点，切实增强园区的承载功能。

2．抓实项目，保持强劲增长的动力。始终抓住项目建设这个“牛鼻子”，做好“盘活存量、做大增量、扩大总量”三篇文章。抓实党政领导重点项目联系制度，继续实行重大项目建设周调度机制和项目建设手续全程代办制，坚持一线工作法，全面营造以项目“论英雄、排座次、定奖惩”的浓厚氛围。2016年，铺排产业项目54个，总投资507亿元，年度计划投资80.54亿元。突出抓好旺旺乳饮、湘江涂料等15个竣工项目的投产达效，释放新的增长动能；加快网讯通、恒飞电缆、中粮可口可乐等11个在建项目的建设进度，积聚新的发展势能；抓紧组织证通电子、智能交通产业园等15个新引进项目尽早开工，增强投资拉动效能。盘活永生彩印、纳菲尔等4家特困企业，采取关停并转的方式，联姻社会资本，加大技术改造和市场拓展力度，帮助“僵尸企业”涅槃重生。处置有色铍业、长房地产等7宗闲置用地，依法分类处置，一企一策帮扶,力促企业早日开工建设。

3. *务实招商，坚守品质发展的定力。*“今天的招商结果就是明天的产业结构”，坚守产业发展定力，坚持品质招商不动摇。*锁定战略招商*，以先进制造业为方向，以食品加工、有色金属新材料、电子信息三大产业为主体，主动对接世界500强、上市企业和行业前20强企业，研究企业投资需求，专业包装招商项目，储备2000亩招商熟地，诚信落实招商政策，全面浓厚招商氛围，力争全年引进投资过50亿元的工业项目2个以上、上市企业和行业知名企业10家以上、投资过5000万元以上的项目30个以上。*提质平台招商*，重点加强金桥国际商贸城、高星物流园、中德有色工业园、联东U谷、黄金创业园等商贸、工业地产的二次招商，明确招商导向，实施差异化发展，提高招商门槛，签订三方协议，确保招商品质。支持企业主动对接科研院所、行业协会，开展务实的招商活动，实现中小企业招商项目量的扩张。*提效定点招商*，进一步完善北京深圳、上海三个招商驻点，实行点对点和专人专业专职精准招商，量化招商考核指标，每个招商驻点要引进投资过亿元项目10个以上，确保定点招商更富成效。

4. *强实要素，激发后发赶超的活力。破解融资瓶颈。*抢抓国家“稳增长的政策机遇，积极争取农发行42亿元新型城镇化建设的政策性银行贷款；充分利用“AA”级平台票据融资优势，在成功发行一期中票的基础上，尽快启动二期企业债券和中票申报发行；包装好一批基础设施PPP项目，引导社会资本参与园区开发建设，推进融资渠道市场化转型；拓展融资平台，大胆尝试土地储备、项目开发和资本运营，做大园区固定资产，提升园区造血功能；发挥企业挂牌上市孵化基地融资功能，为中小企业与资本市场优质资源提供更多对接机会；精准施策，有效化解企业融资难题。*破解征拆瓶颈。*全面推行新的“三三制”征拆工作机制，实行片区指挥部领导下的分指挥部负责制，强化街道主体责任，维护征拆政策刚性，坚持一把尺子量到底，做到依法拆迁和阳光拆迁。2016年计划新铺排征拆项目15个，力争实现拆迁腾地3000亩以上，切实改变“项目等地”的现状，力求实现“地等项目”，把握新一轮发展的主动权。*破解政务瓶颈。*开展“产业强园”评先评优活动，对服务园区发展成效显著的区直部门、街道、村组予以表彰奖励，对非法阻工闹事和破坏发展环境的行为依法严厉打击；进一步完善“一站式”政务服务，为重点项目实施全程代办的“保姆式”服务；进一步简政放权，推行办事模块化，简化和公开办事程序，优化政务环境，提高行政效能，全面营造亲商爱商富商的浓厚氛围。

5.严实管理，凝聚推动发展的合力。实施“人才兴园”战略，引进一批专业技术人才，优化干部队伍知识结构；大力培养一批人才，不断提升干部员工的工作能力和水平；大胆提拔一批人才，树立狮子型干部导向，坚持有为才有位，不换状态就换人，用事业凝聚人心，以发展鼓舞士气。从严从实绩效考核，充分发挥绩效考核指挥棒作用，重点突出考核项目推进和指标增长，建立科学精准的综合性考核体系，细化考核指标，量化考核内容。街道重点考核征拆实效和项目施工环境，企业重点考核税收贡献、科技创新和技改投入，局室重点考核指标排位和工作创新，干部员工重点考核岗位履职、工作作风和工作创新，全面营造奋勇争先的干事创业氛围。作风建设常抓不懈，认真落实党风廉政建设“两个责任”和“一岗双责”，健全园区管理制度，坚持以制度管人管事，坚持民主集中制，贯彻落实“三重一大”制度，做到党风廉政建设工作制度化、常态化。健全安全生产、综治维稳、非公党建等方面的管理长效机制，为园区发展提供坚强保障。加强园区文化建设，大力弘扬“兴业富民、自强不息”的园区精神，注重区域营销和宣传，不断提高园区的知名度和美誉度，通过文化提升园区品味，激发干部员工共创成功的激情，展示昂扬向上的精神风貌。

同志们！新机遇承载新使命，新责任激发新作为。站在承前启后、继往开来的交汇点上，我们充满喜悦，信心满怀！让我们在市委市政府和区委区政府的正确领导之下，锐意进取，主动作为，真抓实干，千方百计破解发展难题，齐心协力厚植发展优势，为“打造千亿主导产业、进军全国百强园区”而努力奋斗！为建设更加美丽、强盛、幸福的名望之城而努力奋斗！

再接再厉　创新突破
努力实现经开区跨越发展

——在2012年度工作总结表彰暨2013年工作动员大会上的讲话

湖南望城经济开发区党工委副书记、管委会主任　吴　皓

（2013年2月7日）

各位领导，同志们：

今天，我们在这里隆重召开望城经开区2012年度工作总结表彰暨2013年工作动员大会，认真总结成绩，大力表彰先进，动员和号召经开区上下进一步统一思想，再接再厉，创新突破，扎实做好各项工作，努力实现跨越发展。现在,我代表党工委、管委会讲三个方面的意见：

一、沉着应对，砥砺奋进，实现了经济社会平稳较快发展

过去的一年，经开区党工委、管委会在区委、区政府的坚强领导和区人大、区政协的监督支持及相关区直部门、乡镇、街道的密切配合下，团结带领经开区全体干部职工，紧紧围绕“建设工业化与城市化相协调、二三产业相配套的现代化工业新城”的战略目标，牢牢把握“打造千亿级、进军国家队”的工作定位，开拓进取，攻坚克难，扎实工作，继续保持了经济平稳较快发展的良好势头。全年规模工业总产值突破400亿元，同比增长28%；完成固定资产投资120亿元，增长21%；完成工业投资115亿元，增长22%；财政总收入突破20亿元,比上年度净增5亿元，其中，国地税超8.3亿元，比上年度净增2亿元，创年净增长新高；长沙国家有色金属精深加工高新技术产业化基地顺利获批，荣获“长沙市创新园区”称号，跻身“国家知识产权试点园区”行列，发展平台进一步夯实，发展环境进一步优化，荣获2012年区绩效考核一等奖。

抢抓机遇，产业招商实现新飞跃。我们抓住中博会、昆明物流节、2012长沙（广州）招商项目推介会等一系列节会，广泛推介了经开区良好的投资环境,节会招商、组团招商、小分队招商、以商招商等取得良好效果。成功引进旺旺休闲食品群、军民结合卫星产业园、曾氏铝业、统一马口铁、万家乐、华南光彩光电、省军事博物馆、金红叶纸业等37个项目。这些项目中，公司总部落户经开区的3个，投资10亿元以上、年产值50亿元以上、年税收5000万元以

上的重大战略性项目4个，投资亿元以上、年税收可实现1000万元以上的优质工业项目12个。一大批强优项目的成功入驻，为望城经开区四大主导产业的集群式发展注入了强劲活力。

乘势而上，打赢征地拆迁攻坚战。2012年，我们在2011年征拆工作实现历史性突破的良好基础上，进一步创新工作举措，大力推行了“和谐征拆法制化、征拆管理制度化、征拆审核程序化、征拆补偿规范化、安置就业信息化”，进一步加强了工作调度，积极协调解决了征拆工作中遇到的各类困难和问题；进一步整合资源，充分发挥乡镇改街道后属地协调优势，委托街道负责辖区内项目拆迁工作，形成了多主体拆迁、项目单位支持、统一协调推进的联动征拆工作格局。全年完成拆迁项目19个，拆迁房屋263户309栋，完成拆迁腾地4512亩，切实保障了金桥商贸物流城、高星钢铁物流园、湘江涂料等一批重点项目的顺利推进。我们大力实施惠民工程，妥善安置拆迁群众，桂芳花园限价商品房顺利启动建设，全年累计为857名拆迁群众发放购房补贴6839万元，为935人办理了转户参保，为新政拆迁户办理申购限价商品房540套计56155平方米。我们加大劳动用工安置力度，组织失地农民就业培训，推荐1500余人次成功就业。搭建社会事务管理信息平台，创建了征拆安置就业信息平台，有效提高了征拆安置就业工作的透明度。

主动作为，资金筹措实现大突破。“融资难”是经开区开发建设和企业发展壮大的瓶颈之一。为突破这一瓶颈的制约，过去的一年，我们在加快经营性用地出让、积极联系交通银行、长沙银行等银信部门争取适度贷款的同时，还大胆探索了BT融资模式，适当吸纳民间资本参与经开区建设，全年共筹集资金约14亿元，有效保障了经开区建设发展资金良性运转。与此同时，我们还组织有关银行、担保机构等深入企业，创新开展企业债转股、银票贴现、税融通、仓单抵押等业务，全年共帮助企业融资10.16亿元，积极为企业争取上级扶持政策、补助资金，为49个项目争取专项资金2780万元。

科学谋划，规划编制绘就新蓝图。2012年，我们顺利完成并经区规委会通过了望城经开区南北两片60平方公里的控制性详细规划；编制完成了北斗星航空航天主题公园规划和同心路、金星路、航空路绿化亮化设计等；我们全面对接长沙市城市总体规划、长沙市土地利用规划，实现无缝对接，高度融合；我们主动作为，统筹布局，与先导区、麓谷高新区的主干路网，协调布局产业项目，统一规划市政管网，按照“两型社会”的要求，科学谋划了宜业宜居的现代化工业新城蓝图。

克难奋进，项目建设再添新亮点。2012年，按照“一个项目、一名领导、一套班子、一抓到底”的原则，我们全力加速新开工、续扩建、已签约项目的建设进度和建成区的提质改造。项目规划建设审批方面，全年共审批规划编制22个；核发项目规划用地许可证合计用地面积1700余亩；建设工程规划许可证副本建筑面积约77万平方米；建设工程规划许可证正本建筑面积约16万平方米。办理建筑工程施工许可证副本建筑面积68万平方米；办理建筑工程施工许可证正本面积12万平方米。出具电力、电信、给水、排水等走廊30余项；出具项目规划设计条件30余份；调查设计蓝线20余份。产业项目建设方面，新开工的项目有：万家乐热能科技产业园、金桥商贸物流城、高星（钢铁）物流园、大河西汽车城等16个，其中金桥商贸物流城完成860余亩土地的挂牌出让，半年内实现了1009亩的拆迁腾地，一个月内完成了860余亩的清表工作和100余亩的场平工程；湖南高星（钢铁）物流园首期54栋商业市场门面和1栋高层信息大楼约20万平方米的市场交易区年初启动建设，仅半个月时间，市场区1568个门面就租售一空。续扩建项目有：中航起落架、航天磁电、中联消防、中联路机泰嘉新材等24个。竣工投产项目有：大北农、欧柏泰克、广发隆平、中联消防中联路机等20个。基础设施建设方面，新世博学校通过竣工验收并顺利开学；赤岗路西延线、同心路提质改造工程全面竣工；马桥河路南延线、金星西路提质改造等项目正加快实施；同心、东马、桂芳等重建地和经开区骨干道路的亮化、绿化、给排水、管线铺设等工程进展顺利。

真抓实干，企业发展取得新成就。企业生产攻坚克难，取得了可喜的经济效益。在全球经济疲软、不景气的情况下，晟通科技加速从传统制造业向研发创新型多元化发展转型，集团产值在上年度首破100亿元后又创新高，销售收入达到150亿元；金龙集团沉着应对市场压力，及时调整结构、不断完善管理积极开拓市场，年产值突破80亿元、年税收达2.4亿元，自2009年投产以来产值、税收年均增幅分别达56%和40%；澳优乳业完成对荷兰海普诺凯乳业集团全资收购，实现年产值11.26亿元；旺旺集团狠抓节能降耗和食品安全，在国内食品企业中保持标杆形象，经济效益同步攀升，上缴税收1.7亿元；中联重科望城工业园重创新、抓管理，实现了持续发展，上缴税收1.12亿元；众城石化紧跟国内外发展动态，为客户量身定做润滑油产品，连续三年保持每年10%的增速，实现年产值1.45亿元；康寿制药与中达骛马合作，引进战略投资者广东信华泰投资担保有限公司，大力开发具有自主知识产权产品，四个品种、六个品规进入国家基本药物目录，实现年产值6200多万元；百威英博、泰嘉新材、奥特莱斯、长高集团、天闻印务等企业年上缴税收超过了1000万元；金红叶纸业、永生彩印、长城钢构、中煤百通、前元新材等企业大力发展生产、狠抓市场营销，实现了发展新突破。企业各项工作齐头并进，取得了良好的社会效益。光明乳业重视节能减排，加强设备改造，成为经开区第一家主动申报“清洁生产”环评项目的企业；澳优乳业在狠抓生产经营的同时，把节能降耗工作放在突出位置，获得“两型示范企业”及“绿色企业”两项殊荣；天龙制药重视环境建设，被评为长沙市“花园式”单位；湖湘贡、派派食品重质量、守诚信，着力打造放心食品；大北农新增年产值30万吨绿色饲料生产线，实现当年开工当年投产；众城石化、泰嘉新材、航天磁电等企业在节能减排、环保建设、就业安置、安全生产等方面取得新进步，社会效益大幅提高。品牌建设卓有成效,奠定了企业长远发展的坚实基础。晟通科技、菱格木业、派意特三家企业成功获批国家驰名商标；天卓、湖湘贡等企业喜获湖南省著名商标共6个；金龙铜业、金龙电缆、派意特衬衣、天卓管材等产品跻身“湖南省名牌产品”行列。今天的望城经开区已拥有国家驰名商标11个、湖南省著名商标42个、湖南名牌产品10个。科技创新可圈可点，有效推动了企业转型升级。晟通科技依托国家认定企业技术中心、国家认可检测中心、博士后科研工作站、中南大学—晟通科技研究院等科技研发平台和国家级研发团队，着力实施“国家‘863’计划”“国家重大科技成果转化项目”“‘十二五’国家科技支撑计划项目”等重大项目，取得明显成效；金龙集团精心建设省级企业技术中心、省级工程研究中心、企业院士工作站，大力开展科研工作，全年新申请专利8件，其中发明专利5件，并获得中国侨界科技创新成果奖、湖南省科学技术发明奖和长沙市科技进步奖；新汇制药下大力气建设生物药用菌丝体工程中心，与中南大学、美国等国内外研究机构开展合作，公司生产的具有独立自主知识产权的生物中药健胃灵获得湖南省高新技术产业化发展和长沙市科技重大项目支持，被评为长沙市技术创新示范企业；纳菲尔新材料将荣获国家技术发明二等奖的“高耐磨性、高耐蚀性、环保型钨合金电镀技术”广泛运用于石油化工产品领域，产品通过中国石油和化学联合会组织的科技成果鉴定，荣获国家科技计划项目科技型中小企业技术创新基金二等奖；交泰建材、湘仪动测等7家企业入围市知识产权战略培育工程；坤源塑化、邦德利建材、阳光富源、新世管道等企业的产品进入“长沙市自主创新和节能环保产品”行列，纳入长沙市政府采购目录；宝利沥青、泰山热工等14家企业获得省市创新科技计划项目支持。2012年，经开区企业共申请各项专利417件，创历史新高。内部管理科学高效，大力促进了“两个效益”提升。百威英博采用世界领先的现代企业管理理念，科学管理成效显著，中航飞机起落架、爱晚床俱、普瑞温泉酒店、中阀科技等企业不断完善科学管理体系，企业生机勃发，实现了“两个效益”同步提升。

以人为本，“两型”建设更上一层楼。集约节约用地实现了新突破。面对建设用地供需矛盾加剧的实际，我们一是实行“源头节地”规划先行，严格执行土地利用规划，完善了产业发展规划，更加严格规范了项目准入标准，做到了“提高土地利用效率”从源头抓起。二是促进了“腾笼换鸟”，切实加大了闲置用地处置力度。一年中，湖南省动物药厂、中航起落架、有色中央研究院运发包装、瑞威电工等企业的闲置土地及厂房5宗用地实现了“腾笼换鸟”。望城经开区在土地集约节约利用方面的工作得到了省、市的高度肯定，在全省开发园区2011年度节约集约用地先进单位评审中，名列省级开发园区第一名，喜获300亩新增建设用地指标奖励。与此同时，望城经开区还以最高分喜获长沙市2011年度建设用地节约集约利用考核“优秀单位”殊荣。城市综合治理取得了新成效。我们按照区委、区政府的统一部署，大力开展“城市综合治理百日行动”，拆除了经开区内主次干道两厢的违章户外广告，美化了市容；整治了雷锋大道两侧的摊点，畅通了道路；做好了企业“门前三包”、文明交通宣传、道路保洁等工作，共拆除违章户外广告、灯箱招牌347处、违章搭建130处计5600平方米，成功遏止了42起违法乱建、违章扩建、未批先建、擅自改建行为。和谐园区建设打造了新亮点。综治维稳方面，我们切实加大设施设备投入，强化派出所与企业内保的联防联动，治安防控和综合治理有机结合，为创建平安和谐园区构建了强大的防护网。维护经济秩序方面，我们及时调处各类矛盾纠纷，企业与员工、企业与周边村组村民的矛盾得到有效化解。新设立的经开区巡回法庭在调解矛盾纠纷、提供法律咨询服务等方面大力服务基层，为经开区法制建设提供了有力的保障。

凝聚合力，队伍建设再上新台阶。过去的一年，我们坚持以人为本，以打造“学习型、创新型、服务型、效能型”干部队伍为目标，大力加强了党的建设和干部队伍建设。一是党的建设全面加强。我们以喜迎十八大和学习贯彻党的十八大精神为主题，大力开展了创先争优和学雷锋系列活动，增强了党的凝聚力和战斗力。非公党建工作实现新突破：全年新发展党员37名；新组建非公企业党组织24家，至此，经开区非公企业党组织已达63家，共产党员已达800人，党建覆盖面和党员影响力进一步扩大和加强。二是机关作风建设全面加强。一年来，我们以依法行政为主线，以制度建设和绩效考核为抓手，按照“为民、务实、清廉、高效”的要求，修订出台了一系列规章制度，不断创新管理理念，大力强化业务培训，增强了服务意识，改进了工作作风，切实加强干部队伍建设，提高了行政效能。三是人才队伍建设全面加强。我们内部选聘了5名副科级以上领导干部，竞岗选拔了一批科（部）长，面向社会招聘了一批高学历、高素质的专业技术型政府雇员，切实加强了人才梯队建设，激发了人才机制的活力，干部队伍凝聚力有效加强。

一年来，经开区上下积极进取，奋发作为，涌现出一大批先进集体和个人。产业发展局、投融资办等扎实工作、创新管理，取得了良好业绩；行政综合执法经开区中队、同心派出所、国土中心所、财政分局和各驻园机构为经开区的建设发展付出了辛勤的劳动；高冲、桂芳、马桥河等村（社区）的干部群众舍小家顾大家，为征拆工作做出了突出的贡献。李淞等16位同志立足本职，兢兢业业，在平凡的工作岗位做出了不平凡的成绩，被评为“经开区先进工作者”；杨文耀、邹金、刘群英、陈端霞、袁劲、李敏、周交星、陆正斌、姚新利、彭珊、刘双富、凌玮琦、周中立、戴海波、苏琳、黄婧等同志表现突出，获得区政府嘉奖荣誉；李秋山等13位同志积极支持经开区征拆安置工作，为经开区和谐征拆发挥了重要作用，被评为“支持经开区征拆安置工作先进个人”。这些先进集体和个人，是经开区建设发展的“先锋队”，是经开区创先争优的“排头兵”，为我们树立了学习的榜样。

回望发展历程，我们不畏艰辛、不曾懈怠，取得了显著成绩；踏寻发展足迹，我们不懈追求、不断探索，积累了宝贵经验。实践启示我们：干事业一是要发扬主动精神。主动则常得胜。只有超前谋划，主动作为，谋事在前，做事在前，我们加快发展的步伐才能永不停滞；只有强化超前服务意识，变被动服务为主动服务，我们才能凝聚起经开区发展的强大合力。二是要发扬协作精神;团结就是力量，只有真诚团结，密切协作，才能使加快发展的积极因素和潜在能量得到极大地调动和充分地发挥；也只有真诚团结，密切协作，我们的工作效能才能得到更大的提升。三是要发扬创新精神。创新，是经开区发展的核心动力源。只有不断创新，我们才能把潜在的优势显化为发展的优势；只有不断创新，我们才能不断壮大，在激烈的竞争中脱颖而出。

同志们！成绩饱含着汗水，经验是智慧的结晶。2012年工作业绩的取得，是区委、区政府正确领导、区人大和区政协监督支持、区直各部门和街道（乡镇）密切配合的结果，是经开区广大干部职工真抓实干、顽强拼搏的结果，是经开区企业家和全体员工艰苦创业、攻坚克难的结果，是驻园机构和经开区基层组织主动作为、鼎力协助的结果，也是社会各界和广大人民群众积极参与、合作帮助的结果。在此，我谨代表经开区党工委、管委会向即将受到表彰奖励的先进单位和个人表示热烈的祝贺！向为经开区发展进步付出辛劳的各位领导、各位同志表示衷心的感谢！

成绩属于过去，未来需要开拓。在总结成绩的同时，我们必须清醒地看到,我们还存在许多不足，前进的道路上还会有不少的困难和问题。比如，经济总量还不够大、结构还不够优、发展还不够快，区内企业中世界五百强、全国百强、行业领军企业的数量还不多，企业科技创新能力还不够强，我们破除要素制约的任务还很艰巨，制约经开区发展的体制机制障碍还有待进一步破除,我们的工作作风还有待进一步转变、工作效能还有待进一步提升等等。对于这些困难和问题,我们必须高度重视,在今后的工作中切实加以克服和解决。

二、再接再厉，创新突破，夺取跨越发展新胜利

乘党的十八大胜利召开的强劲东风，2013年，可以说是进入新时期、新阶段，实现新发展的开局之年，是国际国内宏观经济形势企稳向好的重大转折之年，是望城经开区承载坚实基础、抢抓重大机遇、开启新的征程、实现跨越发展的关键之年。做好这一年的工作，对于望城经开区“打造千亿级、进军国家队”“建设现代化工业新城”，具有重大的现实意义和深远的历史意义。

当前，我们面临的困难和挑战不容忽视。从宏观层面看，各大国际权威分析机构相继调低世界经济增速预期，世界经济总体上还面临着很大的不确定性;我国经济增长下行压力和产能相对过剩的矛盾加剧，企业要素成本上升和创新能力不足的问题并存，发展不平衡、不协调、不可持续的问题依然突出。从经开区发展实际看，土地供应仍然有限，土地倒挂情势依然严峻，资金压力持续增大。对此，我们必须保持清醒头脑，增强忧患意识，未雨绸缪，积极应对，采取有力措施予以化解。在看到不利因素的同时，我们更要看到有利条件,坚定发展信心。中央、省、市对今年经济形势的判断都是“整体态势趋好”。中央经济工作会议指出，我国发展仍处于重要战略机遇期的基本判断没有变，但其内涵和条件发生了很大变化。我们现在面临的机遇，不再是简单纳入全球分工体系、扩大出口、加快投资的传统机遇，而是倒逼我们扩大内需、提高创新能力、促进经济发展方式转变的新机遇。特别是国家继续实施积极的财政政策和稳健的货币政策，将适度增加财政赤字和国债规模，增加中央预算内投资和中央代发地方债券,适当扩大社会融资总规模,这对我们来说都是重大利好。

2013年经开区工作的指导思想是：以科学发展观为指导，深入贯彻党的十八大精神，按照区委一届十次全会和区人大一届一次、区政协一届一次会议部署，以招商引资为主题，以项目建设为主线，以产业服务为重点，以征地融资为主攻，切实加强规划建设管理、基础设施建设和干部人才队伍建设，不断提升经济实力和发展水平，为争创国家级开发区，建设工业化和城市化相协调、二三产业相配套的现代化工业新城而奋斗！

主要目标是：规模工业总产值增长25%以上，超过500亿元；财政总收入增长25 %，达到25亿元，其中国、地两税增长21%，达到10亿元以上；固定资产投资增长20%，达到125亿元；技改投入增长20%,达到 110亿元以上。实现招商引资项目35个以上，其中重大产业项目10个以上；新启动项目和续扩建项目40个以上，项目建设投入达到 100亿元以上；完成征拆腾地面积4000亩以上；完成土地报批3000亩以上，实现融资12亿元以上；完成马桥河南延线、金星西路和沿河路建设，启动望城大道南延线建设；力争成功申报国家级经开区！

为实现上述目标，我们要抓好以下重点：

1. 致力招大引强，推进产业结构优化升级

2013年，我们要以工业招商专题推介会为契机，继续坚持围绕四大主导产业，把招商引资的重点放在投资规模大、经济效益好、科技含量高、带动能力强的项目上，放在延伸产业链条、提升产业层次、促进产业集聚上。要瞄准“长三角”“珠三角”“环渤海”等沿海资本活跃的地区，紧盯大集团、大企业，积极引进大型央企和国内外500强企业，更加突出选资补链、突出战略性新兴产业，努力在招大引强上取得新突破；要创新招商方式，积极抢抓源头招商的主动权；要重视以商招商，千方百计为现有企业创造好的投资生产环境，以优质、高效、全面的服务赢得企业的信赖，让他们成为帮助招商的“红娘”。

2. 强化统筹协调，确保项目建设又好又快

2013年，我们要深入开展“项目突破年”活动，“一切围绕项目干、一切围绕项目转”，落实重大项目建设领导联系、部门负责、定期报告、动态管理等制度，采取多种方式，整合各方力量，层层分解任务，形成抓项目、促发展的合力，确保项目建设按计划顺利推进。投融资办要加强与国土、林业等部门的沟通衔接，积极主动做好土地调整和用地报批工作，争取项目用地早日获批。社会事务局要充分调动街道的工作积极性，加强与区法院的沟通协调，有针对性地做好司法强拆准备工作。招商合作局要加强与项目单位对接，积极争取项目单位资金支持，努力形成多主体拆迁、项目单位支持、依法依规统一协调推进的良好征拆局面，确保项目顺利落地开工。招商、规划、投融资办、建设开发公司等部门要紧密配合，进一步优化办事流程，精简审批环节，压缩办理时限，全力做好项目场平和水、电等基础设施配套工作，为项目顺利建设创造条件。纪检部门、同心路派出所、城管执法中队等部门要扎实开展好重点工程和项目建设环境专项整治，严厉查处和打击影响项目建设、破坏发展环境的行为，为项目建设顺利推进营造良好环境。各项目单位要坚持高起点规划设计、高质量建设监管、高标准常态管理，使所建项目真正成为精品力作。2013年，要力争实现高星（钢铁）物流园、金桥商贸城、大河西汽车城、万家乐热能科技应用产业园、统一马口铁、富虹锌业、新通轨道等项目加快推进，曾氏铝业、恒飞电缆、金荣科技等项目启动建设，晟通集团、金龙铜业、中联重科等投产企业扩大投资规模的目标。

3. 创新制度建设，大力提升管理服务水平

经过十二年的发展，经开区已走出了粗放型发展的初级阶段。我们要以敢为人先的勇气，善为人先的智慧，创新制度建设，切实强化经开区精细化管理。要强化规划控制，合理确定规划条件，优化项目布局和空间结构，树立规划权威，不断提升规划建设水平。要严格执行区委、区政府土地基准定价，按照集体讨论、重大事项一事一议的原则，确定合理的土地价格，有效改变工业用地价格倒挂严重的局面；要强化项目引进环保、税收、就业指标和项目建设进度约束，合理确定商务合同有效期限和合同解除条件，构建项目进入和退出机制，切实提高招商效益。要切实规范招投标管理和工程质量监管、安全监管，做到招投标依法依规依程序，签证办理以及建后管理严格、规范、到位；要加快重建地移交和城管、电力、绿化、环卫移交步伐，按照“建成一片，移交一片”的原则，既履行好经开区应履行的社会管理职能，又不出现经开区办社会的局面。要大力提升服务水平，坚持一月一报表，及时反馈企业生产、经营、市场、效益等情况；坚持一月一调查问卷，及时收集、处理、解决好企业反映的问题；要积极为企业争取项目和资金支持，帮助企业缓解资金压力，组织、引导和鼓励各类资金投向企业，促进企业健康成长。要积极为企业提供生产性、生活性服务配套，为企业发展创造良好环境。要充分发挥已经打造好的国家、省、市基地的平台作用，用好用足政策，做优食品产业，做强有色金属精深加工暨先进制造业，大力培育航空航天产业，切实加快商贸物流业又好又快发展。

4. 有效整合资源，谋求要素瓶颈更大突破

一是聚集建设资金。要做活土地文章，通过加快熟地出让进度，以土地联合储备合作开发的方式引进战略投资者参与重点项目建设等措施，切实缓解融资压力；要拓宽融资渠道，多元化融资，吸引更多的社会资本、民间资本参与经开区建设，最大限度地满足基础设施建设的资金需求。二是集约节约利用土地。发挥规划对土地出让、开发强度和时序的控制作用。从现在起，无论是工业用地、商住用地，还是公建配套设施用地，都要严格按照规划用途使用，杜绝开发建设的随意性和盲目性；要切实加大土地清理，强化已供地的跟踪管理，对长期批而未用、用而未尽的，要及时清理，坚决依法收回；对低效和落后产能占地，要适时进行“腾笼换鸟”。要强化“效益”观念，充分发挥好投资的引导作用和杠杆作用，把好投资强度关，防止“大企业小投资”现象，真正实现“寸土寸金”；要着眼产业升级、产业集群和新兴产业培育，优先向高效项目、高新项目、成长性好的项目配置土地。

5. 坚持全员共建，营造和谐优美兴业环境

要贯彻落实区委、区政府建设“现代化公园式城区”的战略部署，加大资金投入，建设精品工程，不断提升经开区品位，精心打造宜工宜居的“现代化工业新城”。要有计划地推进马桥河路南延线、金星路西沿线、航空路西延线沿河路、望城大道南延线等主要骨干道路和给排水、电力电信、燃气、供热等重要配套设施的建设，进一步完善“新城”路网体系，提升承载功能；要对经开区骨干道路、重建地进行提质改造，面向社会积极寻找合作伙伴，促进航空航天主题公园项目进入实质性开发建设阶段；要加强对大气污染源、工业废水固体废弃物的治理和监控，鼓励企业进行技术改造，采用清洁生产技术，推进工业节能减排；要鼓励企业积极参与城市环境综合治理工作，努力建设环境优美企业，不断提升望城经开区的整体形象；要落实主体责任，狠抓安全生产，深入开展安全整治，不断完善安全保障机制，坚决遏制重大事故发生；要抓实抓好食品安全工作，确保不发生重特大食品安全事故；要以保障辖区内失地少地农民和企业流动人口的合法权益为重点，扎扎实实把民生工作落到实处，确保社会和谐稳定。

6. 加强队伍建设，充分激发干事创业活力

加强思想作风建设。要切实加强思想政治工作，营造以事业为重、以发展为先的良好工作氛围；要进一步加强纪律、制度建设，严肃治理“庸、懒、散奢”等不良风气；要加强廉政思想文化建设，切实履行好“党要管党、从严治党”职责；要切实改进工作作风，倡导服务至上、效率优先、密切协同、严谨细致、勤奋踏实的工作作风，树立经开区人良好形象，为经开区的建设和发展提供坚强有力的保障。加强党的组织建设。要切实加强党的基层组织建设，充分发挥党组织在推动发展、服务群众、凝聚力量、促进和谐等方面的强大作用;要积极开展各种寓教于乐、凝心聚力的文化活动，进一步建设朝气蓬勃、积极向上的经开区文化。加强人才梯队建设。要进一步深化干部人事制度改革，大力营造公正、公平、公开的用人环境，加大干部提拔力度，让有激情、有定力、有办法的干部能脱颖而出。要逐步为表现优秀的政府雇员解决事业编制，进一步提高合同聘用人员的待遇。要加大干部培训力度，通过轮岗、业务技能培训、企业家授课等方式，切实提高干部队伍素质。要继续引进专业技术人员，进一步充实人才队伍。

三、雷厉风行，扎实苦干，确保新年开好局

同志们！今年1月以来，经开区各企业和项目单位稳步推进各项工作，成功应对了冰冻雨雪天气，确保了节会期间和谐稳定；预计到2月底，经开区可完成财政总收入4.37亿元，完成规模工业总产值80亿元，实现新年“开门红”。

一年之计在于春。一季度，既是各项工作的开局之期，又是保稳定、促发展的关键时段。现在，一季度还剩一个月的时间了，我们一定要雷厉风行，抓紧做好当前各项工作，努力实现2013年良好开局。

1. 要着力推进工业经济和产业发展，确保实现良好开局。企业作为发展的主体，要结合当前经济形势和企业年度发展目标，积极谋划好开局工作，开好春节放假“收心会”，迅速组织启动和恢复生产，开足马力，为实现全年的新目标奠定坚实基础。各级各部门要继续立足“企业至上”的服务理念，进一步加强企业运行监测，采取有效措施，重点做好生产要素的调度保障工作，力保水、电、气、讯供给和道路通畅，及时帮助协调解决企业生产经营中出现的困难和问题，确保企业正常生产运营。

2. 要迅速掀起项目建设和引进热潮，形成新年新气象。一是要迅速启动征拆工作。要下大力气完成曾氏铝业、马桥河路南延线、蓝盾机电板块、中南鑫邦二期、联智桥隧、金荣科技等项目的征拆任务，切实保障项目建设用地。二是要积极推进项目建设。要搞好相关用地的场平工作，要加紧进行马桥河路南延线、金星路西延线等政府投资项目建设，迅速组织万家乐、长缆电工、统一马口铁罐、金桥国际商贸城等新建项目开工，立即恢复和开启长沙航空工业园、湖南航天工业新材料基地、天园地芳珠宝城、奥特莱斯等20余个续扩建项目建设，迅速掀起新年项目建设高潮。二是着力抓好招商引资。要扎实做好5月份工业招商专题推介会的前期准备工作，加快对接洋河酒业、驰宏锌锗、江淮汽车等项目，以更加行之有效的方式大力宣传推介经开区的投资环境，积极寻求对接全球500强、中国百强和大型央企等优质企业的机会和渠道，努力实现招商引资“开门红”。

3. 要切实抓好安全生产和社会稳定，实现平安和谐开局。一是丝毫不能放松安全生产工作。经开区各企业、各施工单位要继续全面落实安全生产主体责任，强化安全防范措施，切实防止安全生产事故的发生。要根据春节长假后的实际情况，对启动建设的项目和恢复生产的设备的安全保障设施进行一次全面的隐患排查。要健全完善应急协调联动和快速反应机制，确保遇到突发事件能及时有效处置。二是要继续确保社会稳定。经开区各级领导干部和企业负责人要深入基层、深入群众，扎实细致办好顺民意、解民忧、惠民生的实事。要严格落实维护社会稳定责任制，把各项工作做深、做细、做实。要高度重视并切实做好信访工作，切实解决征地拆迁、环境保护、劳动争议等群众反映强烈的相关问题。要深入基层，深入企业了解情况，对容易引发信访特别是群体性信访的问题，做到早发现、早控制、早化解，努力把问题解决在基层和萌芽状态。要加强社会治安综合治理，保持对各类违法犯罪的高压严打态势，切实保护人民群众生命财产安全。

同志们！“建设现代化工业新城”，任重道远，需要我们接力探索。当前,我们正处在经开区突破发展的关键时期，一个个难关需要我们去突破，一道道难题需要我们去解答。我们必须兢兢业业地工作，奋发作为，在创造性地工作中完成时代赋予的光荣而艰巨的任务。人民对经开区的未来满怀期待，我们对2013年的工作充满信心！让我们在区委、区政府的坚强领导下，着眼现实,统领未来，再接再厉，创新突破，努力实现经开区跨越发展，为建设现代化公园式城区做出新的更大的贡献！

◆媒体报道

长沙晚报 2010年12月27日 星期一 夜班编辑中心主编
责编/胡兆红 美编/邓莉娜 校读/李娟

打造千亿级 进军国家队

——望城经开区成立十周年巡礼

●10年前，望城经开区是一粒播下的种子

●今天，它成为“湖南省十大最具投资价值产业园区”

●5年后，园区内“十里食城”、“十里金城”、“十里商城”三雄并起

剑之道，贵在蓄势，贵在藏锋。十年磨剑，一朝亮剑，必定光芒四射，举世皆惊；一朝舞剑，必定从心所欲，无坚不摧。湖南望城经济开发区，历经十年拼搏奋斗，历经十年风雨兼程，如同一把盖世神剑，从三湘大地上脱颖而出，光芒璀璨地呈现在世人面前。

一、十年磨一剑

望城经开区站在新起点

新世纪之初，当市场经济大潮涌动之时，望城县委、县政府准确把握时代的脉搏，审时度势，确立了“融城强县”的发展战略和“工业兴县、园区兴工”的发展方针，先后设立了湖南省高科技食品工业基地、湖南台商投资区，并明确了“专业立园、特色立园”的发展思路。十年前种下的一颗种子，到今天，望城经济开发区已经成长为有力支撑望城成功跻身全省三强、中部十强、全国百强的大树，结出了累累硕果：

十年前的规划不足7平方公里，到今日，已经扩充到75平方公里；十年前，偏居望城县城东南一隅，靠雷锋大道与长沙连接，到今日，六条融城大道与长沙全面对接，京珠西线、黄桥大道、普瑞大道、石长铁路等纵横交错，“大交通、大物流”的立体交通格局已然形成；十年前，依靠旺旺集团起步，到今日，近180家名企云集，形成了三大主导产业：以旺旺食品、澳优乳业、亚华南山、百威英博等为骨干的食品加工产业；以中国五矿湖南有色控股、晟通

科技、金龙铜业、中航飞机起落架、航天磁电等为龙头的有色金属精深加工及先进制造产业；以裕田奥特莱斯、天园地芳珠宝城、高星钢材物流园、长沙大河西国际商贸城为代表的现代商贸物流产业；十年前，靠财政借支28万元起家，百业待兴，到今日，年工业总产值突破200亿元，财政收入跨入10亿元台阶，主要经济指标居全省省级开发区前列；十年前，精心打造湖南省高科技食品工业基地、湖南台商投资区两块招商品牌，到今天，又喜添“湖南省十大最具投资价值产业园区”“湖南省有色金属精深加工高新技术产业化基地”两块金质招牌。

经开十年，是经开区人“兴业富民、自强不息”的十年，也是望城强力推行新型工业化、新型城市化的十年。十年磨一剑，望城经开区实现了从量变到质变的跨越，站在了一个崭新的起点上。

二、扬眉剑出鞘

望城经开区开启新征程

“十二五”期间，望城经开区将以科学发展观为指导，抢抓发展机遇，以建设现代化工业新城为目标，充分发挥区位交通、先行先试、产业基础三大优势，坚持“产业立园、科技强园、生态建园、和谐兴园”发展理念，努力完成四大任务：一是拉开开发架势，75平方公里规划控制范围内主要交通基础设施基本建成；二是提升承载功能，建成区覆盖面积40平方公里以上，相关基础设施配套全面完善；三是培育优势产业，巩固提升食品加工产业，做强做大有色金属精深加工及先进制造产业，突出发展现代商贸物流产业，全面打造以旺旺路为轴心的“十里食城”，以金星大道为主轴的“十里金城”，以望城大道为轴线的“十里商城”，培育产值过100亿元项目5个，产值过10亿元项目10个，产值过亿元的项目50个；四是展示新城风貌，按照“两型社会”示范区、城乡统筹样板区的要求，把资源节约、环境友好放在首位，高标准编制75平方公里控制规划，高标准设计、高水平建设管理园区基础设施及各类项目。

立马扬鞭，剑锋出鞘，建设富裕、开放、文明、生态的现代化工业新城的使命引领经开区人踏上新征程。

三、刑天舞神剑

望城经开区追求新跨越

千里之行，剑舞刑天之志。望城经开区人矢志不移的是建设现代化工业新城的目标，是县域经济的振兴，是望城百姓的富裕安康。

五年以后，75平方公里规划控制范围内重大交通基础设施全面拉开，45平方公里范围内厂房林立，道路宽敞、绿树成荫，一个环境友好、资源节约、设施齐全、功能完善的现代化工业新城将铿锵崛起于湘江之滨。

五年以后，“十里食城”“十里金城”“十里商城”三雄并起，支撑园区年产值过千亿元，财税收入过40亿元，主要经济指标在2010年基础上翻两番，一个综合实力“鼎足三湘创一流”的经济开发区将完美呈现在世人面前。

五年以后，以创建国家级经济技术开发区为目标，机构设置合理，管理科学规范，运作廉洁高效，一支具有国际化视野、高度职业化、专业化、知识化的队伍正创造着园区未来的辉煌。

舞剑之最高境界在于人剑合一，剑随心走。在市场经济的大潮之中，望城经开区人挥舞神剑，劈波斩浪。站在十年的里程碑旁，回头遥望，十年的辉煌将永远为历史所铭记。放眼远眺，更加宏伟的蓝图在前方。望城经开区人万分珍惜十年来的辉煌成果，倍添干劲，拾级而上，正朝着打造千亿级、进军国家队的宏伟目标阔步前行！

（唐群雄　袁也）

长沙晚报 CHANGSHA EVENING NEWSPAPER | A16 | 特别报道 | 2014年9月30日 星期二 夜班编辑中心主编 责编/徐运源 美编/谭杏 校读/刘芳

望城经开区新起点上扬帆起航

——希望之城孕育发展新希望　魅力园区晋级国家大平台

核心提示

成功升级为国家级经济技术开发区是一个崭新的起点，望城经开区将坚决贯彻“以提高吸收外资质量为主，以发展现代制造业为主，以优化出口结构为主，致力于发展高新技术产业，致力于发展高附加值服务业，促进国家级经济技术开发区向多功能综合性产业区转变”的发展方针，全面落实省委、省政府“四化两型”总战略和“三量齐升”总要求，在率先建成“三市”、强力实施“三倍”、加快现代化进程中争当排头兵，努力建设成一流的国家级园区。

2014年9月29日，国家级望城经济技术开发区正式挂牌，成为长沙市最“年轻”的国家级园区。13年来，经开区人“开疆拓土”，留下一串串闪光的足迹，今天又迎来了一个更高的起点，将在更宽广的平台上大展宏图！

A 在引建项目上实现新突破

一幢幢现代化的厂房拔地而起；园区内道路纵横交错，四通八达；处处钢架林立、焊花飞溅，生产建设如火如荼；走进国家级望城经济技术开发区，现代化工业新城的气息扑面而来。

国家级平台极大地提升了望城经开区的招商引资优势。当天，在望城经开区这块热土上，又有中德有色工业园、网讯通光通信设备项目、开利星空进口汽车三个重大项目的集中签约入驻。

集中签约的三个项目涵盖了有色金属精深加工及先进制造、电子信息、高端进口汽车销售等多个领域和行业，3个项目的总投资达162亿元，一期投资82亿元，项目全部建成达产后预计年产值可达200亿元以上，缴纳税收10亿元以上。

望城经开区作为望城经济发展的引擎，将始终把项目建设尤其是大项目建设放在首要位置，一马当先、全力以赴抓项目，迅速形成万马奔腾抓项目、抓发展的生动局面。望城区委书记谭小平豪情满怀：在项目引进上，树立着眼长远、敢于让利的理念，以“钉钉子精神”和“蚂蝗战术”紧盯项目，确保招大引强取得实质性的重大突破，引进一个以上投资过50亿元的项目和一批投资过10亿元的企业！

据介绍，中德有色工业园以全方位开展中德资金、技术、人才、管理、金融等方面的合作为目标，重点引进德资企业，形成有色金属精深加工、新能源、新材料、高端先进制造等技术密集型产业集群，努力打造中德企业合作基地和有色产业精深加工示范园区，推动区域科技创新和产业转型升级，项目计划总投资100亿元，其中一期投资20亿元，2015年力争引进第一批德资企业入驻，2017年实现产值100亿元以上。

湖南网讯通科技股份有限公司拟投资52亿元人民币，建设光通信芯片、光器件以及通信设备等涵盖电子通信行业全产业链的通信设备产业园。项目方掌握了在光配线网络、光无源器件及天线方面的部分关键技术，并组建了一支由行业专家为主的团队进行光通信芯片、光器件的研发。项目计划建设周期为三年，达产后每年可实现产值约100亿元，上缴税收不低于3亿元。

开利星空进口汽车城项目计划总投资10亿元，建设集高端进口汽车直销、售后、维修、电商等于一体的综合汽车城项目，全部投入运营后，可引进50-70家高端进口汽车经销商入驻，每年预计可实现营业收入30亿元以上，上缴税收1亿元以上。

在招商引资上，今年以来，望城经开区牢固树立招商引资首位意识，全面推进招商引资改革，出台并实施《关于全面创新招商引资工作的实施办法》，加强了招商引资工作的顶层设计；深入推进高位招商、协会招商、平台招商、以商招商、活动招商、网络招商，构建了“领导带头、部门主攻、全员参与”的大招商格局，健全招商信息收集、整理、筛选、评价工作机制，规范项目洽谈程序和招商合同文本，提高了招商引资的效率和质量。

在项目建设上，望城经开区一方面紧盯重大产业项目，大力支持旺旺乳饮、高星物流园、金桥国际商贸城等项目加快建设，力促曾氏铝业、金荣科技、恒飞电缆等项目启动建设，为经开区产业大发展集蓄强大正能量；另一方面紧盯重大基础设施项目，将尽快建成马桥河大道、先导区联络线等主干道路，全力拉通经开区交通大骨架，使望城经开区无缝对接、全面融入全市、全省乃至全国发展大格局。

据悉，望城经开区全年铺排的产业项目39个，预计总投资285亿元，年度投资100亿元以上，其中核心区投资80亿元以上。在建项目有旺旺乳饮、高星物流园、金桥商贸城、金荣科技、有色钨钼靶材、万家乐热能应用科技产业园博翔纺织厂、统实包装、优美科富虹锌业、梦洁家纺、湘江涂料、天卓塑胶、唯一幕墙等28个。

B 在培育产业上实现新突破

13年前，寥寥无几的几家企业，从财政借支的28万元资本，开发县城东南一片6.33平方公里的荒野——那时，望城经开区显得太过单薄。

目前望城经开区规划控制面积已达60平方公里，全境纳入长沙市城市建设整体规划，建成面积已达20余平方公里，主要基础设施覆盖30平方公里以上，道路建设里程逾45公里；美国、加拿大、比利时、日本、韩国、澳大利亚等十几个国家我国台湾、香港地区的270多家知名企业云集于此，30多家境内外上市公司、世界500强企业抢滩入驻。

13个春秋，望城经开区走过了从无到有、从小到大波澜壮阔的发展历程：从当初的一片荒芜到今天成为点石成金的财富洼地；从望城大道的修建到“五纵六横”主干路网框架的构筑，从招商引资到选商选资；从依托旺旺一家食品工厂到百威英博、中航起落架、晟通集团、大河西国际商贸城、大河西国际汽车城等重大项目的引进；从单一产业到食品医药、有色金属精深加工及先进制造、航空航天、现代商贸物流等四大主导产业的集群式发展，“十里食城”“十里金城”“十里商城”已具雏形；省市领导、社会各界和广大投资商都十分看好希望之城——望城的发展前景。

2013年，望城经开区实现规模工业总产值513.3亿元、实现税收25.62亿元，已经成为长沙大河西先导区的核心区。如今，望城经开区已拥有了“国家有色金属新材料精深加工高新技术产业化基地”“湖南省十大最具投资价值产业园区”“湖南省知识产权工作试点园区”“长沙市创新型园区”等诸多“国字号”“省字号”光环。

2014年，随着国家级经济技术开发区的成功获批，一大批特重大项目在望城经开区落地生根。产业链条进一步延伸，产业支撑地位正日益凸显。望城经开区跨越发展其时已至，其势已成。

“下一步，望城经开区将把先进制造业作为发展的战略重点，全力支持有色金属、食品加工、航空航天等产业加快发展，打造百亿级工业航母集群。”望城经开区党工委书记张权介绍，将力促万家乐、旺旺乳饮等重大项目投产达效，推动晟通科技、中联重科等重点企业稳步发展，努力培育具有重大支撑作用的骨干企业方阵；加快战略性新兴产业突破性发展，力争在高端装备制造、新能源、新材料等方面抢占制高点，推动2014年望城工业总产量迈上1000亿元台阶。

近年来，根据沿海发达地区电子信息产业转移规律，结合长沙市电子信息产业集群、高端人才优势和自身产业升级需求，望城经开区审时度势，高标准规划了1200亩的电子信息产业园，通过不断完善产业园的交通、电力、通讯、物流、教育、医疗等生产生活配套，实行覆盖土地、财税、科技、技改等全方位的优惠政策，大力引进电子信息类企业及高端人才入园，不断集聚产业规模，提升发展水平。

8月上旬，望城经开区电子信息产业园一期项目签约，共引进深圳欧智通科技、芯图科技、普方达科技、展业模具等电子信息及配套企业8家，投资方拟在园区投资10亿元，建设无线网络设备、平板电脑、高清播放器、掌上电脑等生产项目，项目达产后，预计每年可实现产值30亿元，实现税收1.5亿元左右。

目前，园区已引进汉耐电子、硕博电子、库特电子、海天电子、艾诺机器人、欧柏泰克软件园等电子信息类企业近20家，年营业收入达50亿元以上。

C 在提升品质上实现新突破

望城正处在推进“三大转变”“建设现代化公园式城区”的关键时期，提升城市品质是摆在大家面前一项繁重而艰巨的任务。市委、市政府把提升城市品质作为当前的一项重要工作，继去年提出“城乡品质倍升”战略之后，现在又把“清洁城市”建设提到了前所未有的高度来看待和推进。

望城经开区的建设理念也已经刷新：新型工业化与新型城镇化协调推进，致力于打造“产城融合、宜业宜居”的现代城市工业经济综合体。

“我们将立足产城一体、工业新城的发展定位，跳出园区就是‘搞工业、建厂子’的思维定势”，望城经开区管委会主任吴皓说，经开区始终坚持高标准规划、设计、建设和管理，坚持新型工业化与新型城镇化协调推进，不仅要建高标准的厂房、道路、绿化，还要建高标准商场、学校、医院、文体设施，让企业家和工人都感到在望城经开区工作舒适，生活便利。

今年铺排的基础设施项目中，马桥河路南延线、沿河路、金星路西延线等三条主干道路加快推进，6项管涵工程、近20项电力、绿化、给排水工程同步跟进，累计完成投资约2.5亿元。目前，望城奥特莱斯购物公园已经投入运营,望城经开区商业区、生活区、工业区的布局正在不断完善。

一个个企业接踵而至，一座座高楼拔地而起，园区环境优美而磅礴大气，一个工业特色鲜明、新兴产业集聚的工业新城区已展示在世人面前！

“金桥国际市场集群在望城经开区落户，是非常明智的选择。在我们眼中,这里是天生之城、天赐之城、天和之城、天作之城、天成之城。”大汉集团董事长、湖南百家汇投资有限公司董事长傅胜龙对望城经开区赞不绝口：这里的发展理念很吸引人，打造既宜居又宜业的现代化公园式工业新城，一座座工厂俨然一个个小公园，生产、生活、生态在这里融合共生，商业、产业、集群在这里倾情演绎！

“朝着建设城市化与工业化相协调、二、三产业相配套的现代化工业新城的宏伟目标奋勇前行，为望城建设现代化公园式城区增光添彩！”在新的起点上，望城经开区以全国一流国家级开发区的标准要求自己，大力促进园区产业发展、开发建设、生态环境、城市管理、文化风貌等全方位品质提升，奋力推动园区转型创新发展。像打造城市新区一样高水准、高档次建设和管理园区，提升园区承载能力，完善园区功能配套，提升园区形象品位，彰显园区文化软实力，使园区成为产城融合、宜业宜居、精致精美的现代城市工业经济综合体

D 在优化环境上实现新突破

望城经开区是望城经济发展的主战场，环境好不好、服务优不优，集中反映了望城的整体发展环境。经开区始终秉承“发展环境没有最好只有更好，优化环境只有起点没有终点”的理念，想企业之所想，急企业之所急，努力为企业提供更优质、更全面、更到位的服务。

“依据规划，将在2023年打造成为全球500强，公司下一步的扩张仍选择在望城经开区发展。”晟通科技集团运营副总监汪奕醒深有感慨。

晟通科技是一家特大型综合性高新技术股份制企业，系中国三大具备完整铝产业链企业之一，连续四年蝉联中国企业500强。让汪奕醒感触最深的是当

地的服务意识。汪奕醒说，他与望城区及望城经开区领导初次见面，便收到了领导们主动递上来的名片，并让他“只要公司有困难，随时拨打电话！”。

今年以来，经开区把行政效能建设作为一项重点工作来抓，结合党的群众路线教育实践活动，切实解决影响行政效能的突出问题，真正让投资商满意、让企业家满意。同时，引导全区各级各部门和广大人民群众把服务和支持园区发展摆在更加重要的位置，程切实优化施工环境，进一步淳化民风，营造全社会支持园区、服务园区的良好氛围。坚持“到班子成员、到局室负责人、到企业、到项目、到具体负责人、到时间”的项目建设倒逼机制和“每日一碰头、每周一会商、每月一调度”的项目建设调度机制，切实提高了项目建设服务效率；建立项目预警和退出机制，进一步规范从立项审批、报规报建到竣工验收的项目建设序，扎实推进了项目建设精细化管理；加大对阻工闹事、强揽工程等违法行为的打击力度，进一步净化了项目建设环境。

与此同时，切实帮助企业排忧解难，指导晟通集团、长高集团、金龙铜业等32家企业申报国家、省、市24大类76个项目；帮助中航起落架、金龙铜业、泰嘉科技、天龙制药等13家企业融资5.28亿元；邀请中国科协、中国有色金属工业协会、中南大学及相关科研院所开展了“院士专家长沙·望城行”活动，破解了晟通科技、金龙铜业、泰嘉科技等7家有色制造企业14个技术难题；办结了企业走访调研中收集到的120个问题。

园区人开拓创新的伟大征程又是新的起点！凝聚起强大的合力，高扬起远航的风帆，朝着建设现代化公园式工业新城的目标奋勇前行，望城经开区一定能奔向辉煌灿烂的明天！

（唐群雄 彭珊 杨泽平）

封二 园区 湖南日报 2014年12月17日 星期三

绿色经济风光无限

——国家级望城经济技术开发区建设生态工业园纪实

在湘江北去入洞庭之处，在雷锋故土之上，她巍然而立！

望城经济技术开发区，刚刚挂牌的国家级工业园区！

说它是工业园区，又分明是仪态万方的城市公园！

马桥河、黄金河、月亮河穿流而过，碧波荡漾的两岸，湿地公园星罗棋布，两岸各50米宽的绿轴，芳草萋萋，杨柳摇曳，白鹭成行，百鸟呈祥，数十个公园，错落有致，竞抖芬芳。

说它是城市公园，又俨然是一座工业新城！

国内唯一的飞机起落架生产基地，屈指可数的航天工业城，中国最大的铝制品企业，国家有色金属产品精加工之地，还有最大的钢锯生产企业，最大的铜制品生产企业，最大的循环经济园，全扎堆于此！

说它是城市公园，是工业园区，它又是一座商贸新城，中南最大的钢材物流园，最大的商业摩尔，中部乃至中国最大的名品折扣城，全都聚集于此！

工业文明与生态文明和生共荣，工业经济与现代商贸并驾齐驱，产业繁荣与城市建设比翼齐飞……

融合，聚集能量，产生巨变；多样，丰富元素，缤纷色彩。望城经开区以其独特别样，以其多姿多彩，释放着魅力，演绎着辉煌。

连续8年以两位数的增幅发展，就在全国经济步入“新常态”的今年，望城经开区仍扶摇直上：全年工业投入达100亿元；规模工业总产值650亿元，同比增长26.7%；项目投入和产值增幅均名列长沙市园区前列。

1.一个颠覆传统的理念

今年9月，一份《望城经开区生态控制线规划》出笼。

这份长达百页、沉甸甸的规划，生态成为“高压线”，严禁触碰。开发区建设“不挖山、不填水、不毁洲、不砍树、不损绿”，凡坡度大于25度、相对高差大于30米的小山包，全部划上红色保护线，60平方公里的规划区域内，生态占地达1/4，生态公园多达20余个。

还有，水廊、风廊、交通廊，动植物迁徙道。白鹭、池鹭、竹鸡的廊道为20米，鹿、兔、野山羊的廊道宽达300米！

工业园区作生态线控制规划，这是长沙首次，国内鲜闻！

经济开发区，顾名思义，就是建工业厂房，种产业大树。产业之树，才是结金果、银果的“摇钱树”啊！

传统的线性经济告诉我们，有限的土地上，聚集的企业越多，效益越大。

60平方公里土地上，15平方公里是“种生态”，其决策者的理念是：GDP是今天的效益，而生态是未来的效益。

将生态作未来的效益，一个颠覆传统的理念，带来一串别开生面的举措：

利利平，一个享誉三湘的豆制品企业，在两年前的深交会上，高调入驻望城经开区。然而，企业已到手的用地蓝线图，与园区刚刚获批的生态控制线撞车，企业选址于一个禁止开发的生态公园。对企业服务有“保姆”美称的望城经开区，在生态“高压线”前却一反常态，异常坚决。近百次的登门做工作，主动掏腰包赔偿损失，终于得到企业的理解，愉快地另择厂址！

马桥河，从开发区腹地穿过，10里长河，两岸是投资者青睐的开发宝地，望城经开区却在两岸分别划定50米宽的绿轴，建风光带，建湿地公园，还在河道上架起了5座拱桥。一河碧波，两条绿带，五座彩虹，娇装打扮的马桥河，让望城经开区平添几分娇媚，几分灵动！

月亮河原是一条“无名沟”，水流枯竭，乱石成堆，经开区拓河道，清乱石，挖淤泥，硬是修理出一条碧波荡漾、绿堤绕岸的新河，还取了个诗意盎然的名字——月亮河。

生态，成为园区的生命工程，未来效益工程，也成为园区企业的自觉选择与职责担当。

长高集团，世界第一个特高压隔离开关的研发与生产者，一个开关闸门，就有2层楼高。去年企业收入4.8亿元，今年达8亿元。占地面积160亩企业里芳草青青，鸟语花香，银瀑飞泻，小溪潺潺，假山奇石，相映成趣。

这个十年前原工厂曾经被当地农民以污染之由围攻、逼走的小企业，今天成为望城人票箱里跳出的“美丽企业”！

从怀化迁徙而来的天龙制药，就是一个大花园。公司占地面积72907平方米，绿化覆盖面积45774平方米，覆盖率达62%。17万株乔木、50万株花卉构成一个绿意葱茏、七彩斑斓的画卷，还有办公楼里的空中花园，大楼前的喷泉，职工之家中的人工湖，亭廊楼榭，处处环嵌着一种浪漫芬芳之气！

播绿、复绿，经开区一种集体动作，一种新常态。

园区六纵四横、10条总里程达140公里的道路两旁，都种上树木、花草，企业的空坪隙地都披上绿装。

2014年，一年造绿1000亩！

园区金星路5公里路段上，原来枯萎的樟树，全部换上桂花树，一路桂花香。分车道旁的茶花、红叶石楠、紫薇，花卉苗木多达20余种，春、夏、秋、冬常绿，五彩缤纷，变化不断！

2. 一场脱胎换骨的整治

一场“雷霆行动”的整治，在望城经开区打响。这场整治，剑指环境。

望城经开区，要绿水青山，更要蓝天白云。空气的污染，排放的超标，成为环境的杀手。整治，就从环境的“杀手”开刀！

渣土扬尘，是一个建设中园区环境污染的第一元凶，经开区的十多平方公里土地上，就有40多个建设工地摆开龙门阵，一份《渣土扬尘整治施工方案》，疏而不漏，六个源头，六个标准，六个标准化，半年的行动整治，元凶制伏，乱源根治。

一根烟囱，一年排放的二氧化碳数以万吨计算。

烟囱，工业园区的又一个污染源。

从前，望城经开区建成区11.4平方公里的土地上，耸立着14根烟囱，49台锅炉。百威英博啤酒厂的一根烟囱，高达80米，底座的直径达10米，成为园区的一大“标志”！

百威英博建这个庞然大物的烟囱，也是不得已而为之。当时的望城经开区,没有开通燃气，只能“自力更生”配套。

拆烟囱，成为开发区环境整治的“攻坚战”。

以百威英博为例，改煤为天然气，每瓶啤酒成本增加6分，全年成本增加上千万元，而啤酒销售又不能加价。拆烟囱，等于要了企业的“真金白银”啊!

14根烟囱，为14个规模企业，这是一场利益之战。一家家登门入户劝说，一次次伤筋动骨的碰撞，14根烟囱倒地，49台燃煤锅炉寿终正寝，近400家企业全部用上清洁能源!

雨污分流，工业园区环境整治的又一力举。

按惯例，园区企业雨、污排放一根管，然而每年雨季，排水陡增，水管排放受阻，导致污水回流，成为环境污染的一大隐患。

为此，望城经开区“雷霆行动”打破惯例，成建制、全区域开展雨污分流,一厂两管，一条排污，一条排雨。围墙外面园区投入，围墙里面企业投入,个个企业“破膛开肚”，雨污分流不留空白!

治天治地治水治大气的“雷霆行动”让望城经开区的天蓝了、水净了，空气优良率年均为92%。尤为可喜的是，带来企业“脱胎换骨”的嬗变，“同在蓝天下，共护一方土”成为每个园区企业的一份职责，一份坚守。

作为铝产品精加工的晟通科技，已是铝制品行业的科技王牌企业，“两型”产业的典范，可企业对环境整治的探索从未止步。金属加工气体排放虽然早已达标，但晟通一次次改变清水涂料的配方，不断优化气体处理。铝轧制过程中的润滑油稍有不慎就会泄露，晟通科技通过三年攻关，试制出全油回收装置,污油废气的整治工作从不停息，一直向更严格的指标控制努力。

长高集团开关制造，热处理原是高温，易产生有害气体，企业投入1000多万元，改为常温，锁住了“妖孽”!

泰嘉新材料公司，为了不让含有油脂的冷却液污染环境，企业每年投入300多万元，请专业公司回收。

清洁生产，静音生产，循环利用……近400家企业，家家出新招，使绝技,为环境埋单，为生态效劳!

3. 一座宜工宜居的新城

“爸爸去哪儿了，去金桥买商铺去了。”就在这个大雪节气已至的寒冬，一个热络的广告词在同城的各大媒体飞传！

于是，寒冬涌起一股热潮，同样被寒冬笼罩的房市冒出一股热气！

金桥国际市场群，成为望城经开区演绎的一个商业传奇。

金桥国际市场群为2010年第四届世界湘商大会的重大签约项目，由位列中国企业500强396位的大汉集团领衔，联手19家湘商领军企业共同打造。

总建筑面积1500万平方米、总投资600亿元的金桥，依托长沙未来最大转乘中心——金桥枢纽站，以国际最先进的商贸市场规划理念，打造湖南首个万亿级商贸产业新城。建成后，将是一个拥有企业总部城、家居建材城、百货食品城、金融后台城、智能仓储城、电子商务城等20多个市场集群，10万商家、30万人流，以不可超越的宏大规模创中国城市之最！

11月30日，金桥首期商铺开盘，3000客户入内，看铺者摩肩接踵，售楼现场一天瓶装矿泉水就喝了1.5吨，一天销售8亿元！

金桥董事长称其为“天生之城、天赐之城、天和之城、天作之城、天成之城”。

其实，大汉曾在河东的三湘创办了一个规模空前的“大汉城”，苦苦经营了三年，还门可罗雀，不想大汉进驻河西，竟旗开得胜，是望城经开区这片热土，颠覆了长沙几千年形成的“西文东市”的定律，改写了长沙的商贸繁荣史

就在集吃、住、行、玩、购于一体的商贸新城——金桥华丽亮相时，一路颠簸、坎坷而来的名品折扣城奥特莱斯小镇也盛装开业。

诞生于时尚之都——法国巴黎的奥特莱斯，在全世界已有150家旗舰店。作为市场的“精灵”，从来只在繁华闹市驻足。然而，刚刚成立几年的望城经开区，就以非凡气魄拥揽了这个世界名品折扣城，而且以1500亩用地、50亿元的投资打造长沙旗舰中心。

六年的筚路蓝缕，六年的砥砺前行，一片欧式楼群落成，一个集名品、影视、餐饮、休闲、娱乐于一体的商业摩尔在今年国庆开街，当天商家就赚了个盆盈钵满。

与金桥、奥特莱斯一起唱红望城经开区现代商贸大戏的还有高星物流。

早在2008年9月23日，随着一个名叫“高星物流园”项目在望城呱呱落地,望城经开区产城一体新局因此开启。

由湖南龙头企业和立东升与世界500强浙江物产合作打造的高星物流，投

资数百亿，占地2300亩，打造一个集加工、仓储、电子商务为一体的中南地区最大的钢材物流园区。铁路专线已经入园，2011年10月中旬，首期市场开盘，1568个铺面销售一空，随后的二期、三期销售一直火爆！

有人分析，高星物流，配套辐射的是湘江以西的97个工业园区，这，是高星红火昌盛的奥秘之一。

现代商贸企业的入驻，增加了人气，闹火了经济。

随高星物流园、奥特莱斯、金桥国际之后，大河西商贸城、雨润农副产品全球采购中心、大河西国际汽车城纷至沓来，次第开花。国内地产王——绿地集团，长沙地产魁首——长房公司强势进驻，还有麦当劳、肯德基接踵而至……

三湘名校——长沙砂子塘教育集团也在区里抢滩，建起砂子塘新世博学校,引来了河东的家长们到这里购房，以谋那一席难求的学位！

宜居宜业的环境“十里食城”“十里金城”　“十里航城”“十里商城”构筑了望城经开区最独特、最靓丽的风景！

4. 一园绿色经济成风景

宜商宜居的产业环境，蓝天白云、青山绿水的生态环境，增强了望城经开区的吸引力。就在金融危机连锁反应下，全国大大小小的开发区在凄风苦雨中挣扎之时，望城经开区高调宣传：我们不为项目发愁。

全国最大的飞机起落架生产企业在这里驻足，世界一流的航天工业新城区在这里崛起；

国内屈指可数的航空航天磁电工业园在这里建设；

世界最大的“米龙”旺旺食品在这里翔起，啤酒行业的“龙头老大”百威英博在这里扎根；

世界第一个特高压开关在这里出笼，最大金额的电力配套合同从这里飞出；

世界最大的铝制品企业在这里诞生；湖南最大的循环利用铜制品企业也在这里成长……

22年前，还是台湾宜兰县的一个食品小厂的旺旺，揣着900万美元来望城创业，“旺旺”在望城真的旺了。在望城的土地上，“旺旺”9次追加投资，先后建起了8个“旺旺”厂，世界“米龙”由此而出。

如今，“旺旺”成了台湾的首富；眼下，“旺旺”又投资6亿美元，建设一个年产值60亿元的“食品航母”。

成立于2003年的晟通集团，如鲲鹏展翅、扶摇直上，一举成为我国三大具备完整铝产业链的企业之一，是我国唯一能规模生产航天军工所需“低硅低铁”电解铝企业，其高精铝箔加工项目为世界第一。晟通是全国三家生产轻量化全铝商用车企业之一，成为能源革命的先行者。其生产的14.6米铝合金厢式半挂车每辆可减重3.4吨，减排10%。

晟通集团已连续4年蝉联中国企业500强，立志在2023年跻身世界500强，成为具有国际一流管理水平和较强核心竞争力的国际型企业集团。

金龙集团作为湖南循环经济第一企，它利用废铜回收再加工，每年生产铜制品6万吨，因此，每年节约标煤22万吨，减少二氧化碳排放30万吨，相当于每年植树造林22万亩！

在有色金属加工业下降80%的状况下，金龙一路飙升，去年产值87亿元，今年可破百亿！

董事长毛炯明豪言，金龙目标，循环经济冲刺千亿元，电子商务再过千亿元！

泰嘉新材料，落户望城区区几年，一举成为由欧、美、日垄断的金属带锯条市场的“黑马”，今年8月在德国汉诺威展销会上，泰嘉以全球第五的骄人业绩，引得同行的首肯，行业老大的德国威库斯董事长，亲自将泰嘉的参展代表请进锯条俱乐部，为来自中国的企业打开大门。

2000年成立的望城经开区，已有美、加、比利时、韩、澳等国家与地区的30多个世界500强和境内外上市企业，创出中国驰名商标、湖南著名商标68个，拥有了国家有色金属新材料精深加工高新技术产业化基地、国家知识产权试点园区、湖南十大最具投资价值产业园、湖南集约节约用地第一名等金字招牌。

今年2月，望城经开区跻身国家级经济技术开发区行列。

望城经开区，这个产城一体，二、三产业融合，宜业宜居的新型园区，两型产业正如雨后春笋蓬勃生长，产值占比达80%。一园绿色经济，展示其迷人风景、诱人风光！

（陶芳芳 张土旺 彭珊）

封二 2015年12月2日 星期三 今日长沙 湖南日报

前　言

望城经济技术开发区——长沙最“年轻”的国家级经济技术开发区。

在这里，两个 “度”勾勒出这里的气象：

热度！纷至沓来的客商考察，接踵而至的项目签约或启动。今年1月至10月，共有15家企业落户经开区，几乎每月都有项目“落地”，投资金额达200多亿元。

速度！一个项目从接触、谈判到签约，最短只需1个礼拜，一个项目从启动到投产运营，最快只用了半年时间。

在这里，口耳相传最多的是两则故事：

“雷锋故事”家喻户晓，“雷锋”这个名字已经超越时空，成为引导人们崇德尚义、向上向善的精神力量。

“旺旺故事”是一段财富传奇，23年前，台湾宜兰县的一个食品小厂的旺旺，揣着900万美元到望城创业，先后建起了8个“旺旺”厂。如今，“旺旺”成了世界“米龙”。

两则故事听起来并无交织，但却一脉相连。

望城区委书记孔玉成说：说到雷锋，人们会想到道义和信仰，责任和担当，作为雷锋的故乡，望城人秉承：“活着，就是为别人生活得更美好”的原则，为客商和企业营造一个良好的人文环境。而“旺旺”的财富故事，更是“雷锋”故事的最好注解，只有良好的人文土壤、成熟的经商环境，企业才能做大、做强。

故事最富有感染力，也最能给人留下深刻印象。

翻开望城经开区的“成长史”：

从28万元财政借支起家到今年工业总产值逾800亿元，税收达20亿元，近四年产值、税收均翻了两番，经开区的经济比重已占到望城的70%，成为望城经济发展的引擎；

从一片荒野到现在成为“国家有色金属新材料精深加工基地”“国家知识产权试点园区”“湖南十大具有投资价值产业园区”等国家、省、市发展平台；

从零散单一的企业“落户扎根”到形成食品加工、有色金属精深加工、电子信息、现代商贸物流4大产业集群。

这部成长史“看似寻常最奇崛，成如容易却艰辛”。

其实，观察解读望城经开区应该是多维度的，但毫无疑问，产业发展是立园之本，从产业发展这个维度看望城，或许才能更好体会这座小城正在崛起的蓬勃后劲。

1. **“喝好奶到望城”**

这是一句介绍，也是一份邀约；

这是一份自信，也是一份自豪。

如果不是亲自来过，的确难以置信，这里是湖南最大的乳制品生产基地。

“这句话绝不是自吹自擂”。经开区产业发展局负责人说，园区乳饮企业有三大特点。

品牌好。目前园区拥有乳制品产业规模企业10余家，其中既有包括旺旺、光明乳业、欧必佳等在内的国内龙头企业，也有包括澳优、合生元等国际品牌。

品种齐。从液态奶到配方奶，从乳饮到酸乳，产能占到了全省乳制品产量85%以上。其价位也涵盖了低中高三个档次。

质量优。从2011年起，园区所有的乳制品企业全部获得了由国家质检总局颁发的生产许可证。在每一家乳制品企业，都可以看到投资巨大的先进生产线，以及建有先进检测能力的化验室，严格的监管体系，保证了对购入的生乳和原料乳粉的优质，其中仅婴幼儿配方乳粉生产企业自检项目就多达60多项……

相比北方而言，南方并不是一个奶资源丰富的地区，何以在湘中一隅的望城，出现乳制品企业“扎堆”的现象？

光明乳业是国内仅次于伊利和蒙牛的乳业品牌，也是最早在望城建有生产基地的乳制品企业之一。厂区占地不到4公顷，共有8条生产线，年销售收入在3亿元左右。

湖南光明乳业有限公司总经理李丹在回想当初为何“落户”望城时，并没有太多的“甜言蜜语”，只是简单概括为“这里的人好，政策好，发展潜力巨大”。

彼时的望城只是一个人口不到50万的小县城，在经开区没有成立的上个世纪90年代，当时县里设立了台商投资区，准备打造食品科技园，对于当时基础条件并不好的望城来说，在上一轮招商引资的比拼中，“除了更优惠的政策，就是最真诚的服务态度。”

如果说光明乳业的落户还带有一定的“偶然性”，那么其后纷至沓来的乳制品企业便有了一种“必然性”。

历史的车轮滚滚向前，随着2000年经开区的成立，交通基础设施的不断改善，再到撤县设区，李丹当时感受到的“发展潜力”开始显现：随着岳麓大道的拉通，望城已经是包括公路、铁路、航空、水运、城市交通“五位一体”的交通枢纽，2014年晋升为国家级开发区又是发展的新节点。

这些都是“引凤而来”的必备条件，但更为重要的是逐渐形成的商业生态氛围。

2014年才落户望城的合生元湖南公司总经理陈志伟并不讳言地说，公司之所以选择落户望城，最重要的是这里成熟的乳制品生产环境：成熟的产业工人，现成的生产线，功能完善的厂房，更快感知乳饮行业发展的前沿信息……

这里是湖南最大的乳制品生产基地，但要做到“好奶”还需要企业自身的不断提升，澳优乳业是望城本土培育的第一家上市公司，也是国内婴幼儿配方奶粉的领军企业之一，已并购荷兰公司，其产品目前已走出国门，远销海外。目前，澳优正推行“牧场到工厂，研发到验证，品牌到销售”的全产业链模式,率先催热园区食品加工行业的转型升级。

乳制品行业在望城的发展已有15个年头，但发展态势“方兴未艾”。

2013年，旺旺集团投资3.5亿美元新建乳饮项目，建成后可实现年产值60亿元；

2014年，素加食品（合生元）扩大产能，建成后实现年产值10亿元；

……

据统计，今年，园区乳制品加工产业增速稳健，全年完成规模工业产值有望突破百亿元，经开区负责人介绍，下一步要结合望城日臻成熟的人文生态旅游，让“喝好奶到望城”不再成为一个概念，而是真正走入消费者的心里，内化成消费者心目中的一个符号。

2. 有色金属新材料看望城

11月8日，立冬，湿冷的长沙寒意阵阵。

但在位于经开区的中德有色产业园内，横幅高挂，彩旗招展，一片热气腾腾的景象。

中德产业园是目前湖南唯一与德国展开全方位合作的平台，由望城经开区和湖南省有色局、湖南省贸促会、德国中小企业联合会、金荣集团等五方共同建立，旨在打造代表全球有色金属行业发展最高水平的发展“特区”。

当天，中德企业(湖南)国际合作服务中心揭牌成立，湖南省人民政府副省长何报翔、德国梅前州副州长蒂尔·巴克豪斯共同揭牌，32家德国企业参加。中心拟为中德双方企业提供信息交流、技术转化、资源共享、市场开拓等综合服务。

为什么又是望城？

因为这里是全国唯一的国家级有色产业基地，省政府《关于支持有色金属产业又好又快发展的意见》中提到的三大集团有色控股、晟通科技、金龙铜业全都落户在望城经开区。

成立于2003年的晟通集团，如鲲鹏展翅、扶摇直上，一举成为我国三大具备完整铝产业链的企业之一，是我国唯一能规模生产航天军工所需“低硅低铁”电解铝企业，其高精铝箔加工项目为世界第一。晟通是全国三家生产轻量化全铝商用车企业之一，其生产的14.6米铝合金厢式半挂车每辆可减重3.4吨，减排10%，去年产值已达305亿元。

晟通生产的建筑铝模板可重复使用200次，还可回收，彻底解决建筑木模板施工的污染和浪费。晟通铝模板目前已广泛应用于万科等大型房地产企业及全国十多个省、市，正掀起建筑材料的绿色旋风。

金龙集团作为湖南循环经济第一企，它利用废铜回收再加工，每年生产铜制品6万吨，因此，每年节约标煤22万吨，减少二氧化碳排放30万吨，相当于每年植树造林22万亩！

在有色金属加工业下降80%的状况下，金龙一路飙升，去年产值已破百亿！

泰嘉新材料，落户望城经开区后，一举成为由欧、美、日垄断的金属带锯条市场的“黑马”，在德国汉诺威展销会上，泰嘉以全球第五的骄人业绩，引得同行的首肯，泰嘉生产的金属带锯条，改变了国内靠圆盘锯动割噪音大、浪费大，而靠进口又价格昂贵的状况，成为国内金属带锯生产第一企！

龙头企业的带动效应无穷，西湖电缆、恒飞电缆等一批重量级的有色金属企业先后进驻，短短几年时间，望城经开区已拥有47家有色产业企业，2014年实现规模工业产值477亿元。

“罗马不是一天建成的”。望城经开区有色金属新材料产业经历了创业期、成长期，目前已进入突破期，要打造千亿级有色金属产业园，下一步主要就是与德国为主的欧美企业开展国际合作。

走出国门，跨洋牵手，历史将从这里掀开新的篇章！

3. 电子信息期待望城

这是移动互联网的时代，站在“互联网+”的风口上，望城经开区如何乘风而上？

11月10日，湖南网讯通科技发展有限公司产业园项目在望城经开区开工建设。该项目投资52亿元，旨在打造一个涵盖光通信芯片、光器件、通信设备等电子通信行业全产业链的通信设备产业园。项目建成后，预计每年可实现产值约100亿元，并将进一步提升望城经开区电子信息、智能装备制造、节能环境研究产业的核心竞争力。

此前的10月30日，深圳证通电子互联网大数据科技产业园正式签约落户望城区。该项目计划总投资50亿元，建设大数据、云计算产业基地，打造长沙大数据中心，实现年产值80亿元，年税收6亿元以上。

加大对电子信息产业的培育，望城正疾速地奔跑在路上。

为吸引电子信息产业转移，加快推进“互联网+”相关产业发展，望城高标准规划了1200亩的电子信息产业园，目前已引进深圳欧智通科技、芯图科技、普方达科技 、展业模具等电子信息及配套企业近30家。按照计划，电子信息产业园拟引进投资100亿元以上，重点吸引无线设备、平板电脑、智能手机、高清播放器、模具、自动化设备、软件研发等优秀电子信息类企业落户园区，全部投入运营后，预计每年可实现产值300亿元以上。

望城经开区招商合作局局长张宏彬说，园区食品加工、有色金属新材料、现代商贸物流等几大产业目前都在推进电子信息化的建设，从而加速产业转型升级和创新驱动发展。这是趋势，也是未来，不可阻挡！

“春江水暖鸭先知”，企业已经在行动！

金桥国际副总经理谭玉兰说，这个时代，产业发展不与互联网、不与手机终端合作必将会赶不上未来信息化发展的高速通道。金桥国际市场集群与惠普华为结为战略合作伙伴，建金桥云，打造“智慧金桥”，同时与义乌购合作，建“金桥购”，为每个客商赠送网上店，实现020，投资和招商300个移动互联企业，打造电商国际大厦，真正实现“买全球、卖全球”。

经开区管委会主任吴皓说，电子信息产业是国家重点发展的战略性新兴产业，湖南省“互联网+”三年行动计划中，全省互联网产业规模到2017年将达到4000亿元以上，对于致力于发展电子信息产业的望城来说，将迎来重大契机。

4.现代商贸物流聚焦望城

成熟的工业园区必将催生配套的商贸物流市场。

金桥国际商贸城一期已建成170万平方米；高星钢铁物流园一、二期已建成54万平方米；环球奥特莱斯一期10万平方米，二期即将又建设30万平方米。二、三产业的配套，产业之间的配套，产业内部的链条延伸，是望城经开区正在打造的产业集成、集约之路的缩影。

11月初，在湖南高星物流园钢材城，站在总经理汤静辉的办公室，从高处望去，规划整齐的三层高商铺房，一排排次第铺开，蔚为壮观！

3848间铺面，全部售罄！为啥卖得这么火？

因势而动，顺势而为！

何为势？

“长沙专业市场向西转移已是大势所趋”。汤静辉说，东拆西建大势下,河东的大量商户迫切需要一个高端智能的仓储基地，望城经开区具有发展土地和空间的绝佳优势，且坐拥立体交通路网优势，是市内专业市场的最佳承接地。

从货物交易到装柜上车，再从市场出发驶入高速通向四面八方，“我的运输成本、时间成本都将大大提高”。万象板材区域总经销黄国华的说法更为形象。

2008年，湖南高星物流园项目选择在望城落子，项目由世界500强企业开发运营，以4600亩超大规模，涵盖五金建材、钢材、仓储物流三大业态。

2013年，湖南史上占地面积最大城市运营项目——金桥国际在望城开工。

项目总规划面积为1.1万亩，总投资600亿元，建成后，将集商品交易、会展博览、仓储物流、电子商务、金融后援、总部基地、休闲娱乐、旅游度假及相关生活配套等功能于一体，打造成为中西部金融商贸物流中心。

两大专业市场群宛如两颗“双子星”互相辉映。

高星物流园汇聚了钢材、五金机电、装饰建材，金桥国际百货、服饰、休闲娱乐等业态与之形成互补，“双子星”形成长沙河西最大规模的专业市场集群，蕴含前所未有的经营机会。

何为势？

当城市向东的承载力日益趋向饱和，向西，就成为了历史的必然选择。

2014年，长沙新规划11个专业市场群，其中，金桥国际市场集群、高星物流园、雨润农产品全球采购中心均齐聚望城经开区市场群。在公布的11个拟建专业市场群业态导向中，望城经开区市场群作为“排头老大”，未来将成为长沙工业品交易市场和工业生产资料交易市场重要区域，承接包括建材、家具、百货、服装、农产品及钢材在内的多个专业市场区。

政府的导向，发展的方向，就是大前景。

今年3月21日，湖南物流专线联盟同时正式进驻高星，从高桥等地搬迁来200条零担专线，为大河西、大长沙商贸业提供强有力的物流支撑；

4月12日，湖南省建筑防水材料商会主体进驻高星，高星物流园将构建长沙乃至中南地区的“防水材料大世界”；

4月20日，500余位五金机电商户、1100多个五金机电品牌、湖南省长沙市五金商会、湖南省长沙市机电商会、湖南省河北商会3大五金机电商会主体联合进驻高星。

……

相较于河东的成熟饱和，长沙河西的需求、发展潜力、辐射力要远远超出河东，抢先布局，掌握先机，就能在未来抢先收获财富。

望城经开区下一步将走“互联网+”的产业信息化之路，国际合作的产业升级之路，集成集约的产业聚集之路。

“希望有眼光、有实力的企业家及各地商户们，把总部、区域总部搬到望城经开区”。望城区委书记孔玉成说，政府将优化服务，开辟绿色通道，打通内外交通线，发布优惠政策，切实为入驻企业、商户排忧解难，将望城打造成为中部产业高地、财富“洼地”、生活福地！

跋

望城经济技术开发区管委会主任

《望城经济技术开发区志（1992—2015）》编纂工作启动于2014年4月18日。为切实加强领导，我们成立了由园区党工委和管委会成员组成的《望城经济技术开发区志（1992～2015）》编纂委员会，下设编辑部；编辑部设立编审委员会和修志办公室，由党工委委员余梅香、李小平先后担任编委会主编、办公室主任杨文耀任修志办主任，全面负责指导、协调修志工作；聘请四位资深专家为顾问，指导修志；聘请三位老同志任执行主编、副主编，负责主笔编修。与此同时，我们要求园区各职能部门及各企业确定本单位两位同志分别为志书资料收集责任人和执行人。2014年6月25日，编纂委员会组织召开“望城经开区修志工作动员大会”，与会者242人，修志工作全面展开。2015年11月，志书完成初稿，编审委员会的同志随即对稿件进行了初审，提出了补充资料及修改的具体意见。修志办对志书进行了第一轮修改。尔后，编辑部又将修改后的稿件分送园区各职能部门及各企业负责人或专人审阅，核实入志资料。修志期间，我们三次请长沙市地方志办公室和望城区史志档案局的领导、专家审稿点评，反馈意见后，认真修改，数易其稿并多次组织专人做好文字校对工作。2016年9月6日，长沙市地方志办公室组织省、市相关单位的领导和专家对《望城经济技术开发区志（1992—2015）》进行了终审。按照终审意见，编辑部又从形式到内容进行了认真的修改后送方志出版社审稿。2016年底，《望城经济技术开发区志（1992—2015）》终于成书，即将付梓。

手捧沉甸甸的60余万言的书稿，我对志书编辑部的全体同志、园区各局室、企业单位的负责人和180多位资料员的辛勤劳动心生由衷的敬意；对方志出版社的领导和编辑、长沙市地方志办公室的贺国成、赵祖翔、高路和望城区史志档案局李文沙、龙宇等几位领导和专家，为成书劳心费力审阅、不厌其烦点评指导，深为敬佩并表示由衷的感谢！

阅读全文，掩卷遐思。24年前的望城，是一个养猪产粮为主的农业县，工业基础薄弱。1993年，全县年财政收入才首次过亿元。望城经开区在这个基础上孕育、成长、壮大，于2014年跻身国家级经济技术开发区行列，2015年规模工业总产值达766亿元，财政收入达31亿元。这是一个艰难而壮丽的发展历程：一批批经开区人攻坚克难，砥砺奋进，始终坚持“产业立园、科技强园、生态建园、和谐兴园”的发展理念，始终坚持建设现代化工业新城的目标定位，在望城这块古老的土地上成就了一座工业化与城市化相协调、产业配套、宜业宜居的现代化工业新城。历史是人民创造的，历史为人民而书写。《望城经济技术开发区志（1992—2015）》真实地纪录了这一发展历程，其客观的史料，平实的记叙，是对望城人民的礼赞，也是对这个充满传奇时代的讴歌。作为这场伟大变革的参与者，我和所有望城经开区人无不为之自豪！

首次编纂志书，让我们积累了丰富的经验，也留下了宝贵的教训。志书编纂过程中，最大的困难是资料的收集和甄别。园区少数职能部门对工作资料的收集、整理、归档不及时、不全面，有的甚至不准确，只好抽专人去补充整理。究其原因，主要是思想上的不够重视，档案资料工作的规章制度没有完全落实；也有的是因为人事异动，没有做好资料的及时归档和移交工作等。首次修志，让我们更加深刻体会到了尊重历史、保存史实的重要。

由于园区参与志书编纂的同志过去都没有编写志书的经历，缺乏经验，囿于理论修养和业务水平，书中疏漏和错误之处庶几难免，诚请专家与读者批评指正。

2016年12月28日

望城经济技术开发区 发展理念

产业立园　科技强园

生态建园　和谐兴园

望城经济技术开发区 发展宗旨

产业升级　生活融城

生态持久　文化延续